D1666140

Dieter Stummel

Standardvertragsmuster zum Handels- und Gesellschaftsrecht
Deutsch-Englisch

German-English Standard Forms and Agreements in Company and Commercial Law

by

Dr. Dieter Stummel

5th edition

2015

C.H.BECK

Standardvertragsmuster zum Handels- und Gesellschaftsrecht

Deutsch-Englisch

von

Dr. Dieter Stummel

5. Auflage

2015

C.H.BECK

Über den Autor

Dr. Dieter Stummel hat einige Jahre als Rechtsanwalt in international tätigen Anwaltskanzleien gearbeitet. Nach langjähriger Tätigkeit für einen US amerikanischen Gastronomiekonzern ist er nunmehr für ein Europäisches Unternehmen als Chefsyndikus tätig.

The Author

Dr. Dieter Stummel has worked for several years in international law firms. After having worked for an US-American gastronomy group for many years he is now working as General Counsel for a European company.

www. beck.de

ISBN 978 3 406 66425 0

© 2015 Verlag C. H. Beck oHG
Wilhelmstraße 9, 80801 München
Druck und Bindung: Beltz Bad Langensalza GmbH
Neustädter Straße 1–4, 99947 Bad Langensalza

Satz: Druckerei C. H. Beck Nördlingen
(Adresse wie Verlag)

Gedruckt auf säurefreiem, alterungsbeständigem Papier
(hergestellt aus chlorfrei gebleichtem Zellstoff)

Vorwort zur 5. Auflage/Hinweise zur Benutzung

Neben der kritischen Überprüfung und Überarbeitung bestehender Vertragswerke (z.B. der Satzung der Unternehmergesellschaft) wurden in die fünfte Auflage auch neue Verträge aufgenommen, nämlich der Gebietsentwicklungsvertrag (Market Development Agreement) und die Kommissionsvereinbarung (Commission Agreement).

Bei den englischsprachigen Vertragsfassungen, die britischem Englisch folgen, handelt es sich ausschließlich um Formulierungsvorschläge aus der anwaltlichen Praxis; eine terminologische Fachpublikation ist hingegen nicht angestrebt. Aus diesem Grund erfolgen auch keine Quellenangaben. Alternative Übersetzungsvorschläge wurden dort unterbreitet, wo nach den Erfahrungen in der Vertragspraxis häufig unterschiedliche Begriffe vorgeschlagen werden. Hinweise auf Anlagen zu Verträgen sind gelegentlich nur zu Illustrationszwecken gemacht; in diesen Fällen gibt es keine gesonderte Ausformulierung.

Die Silbentrennung beruht auf den Regelungen und Empfehlungen des Verlages Oxford University Press.

Für Anregungen und Kritik aus dem Leserkreis bleibe ich weiterhin dankbar.

August 2014   *Dieter Stummel*

Preface to the 5th Edition/Note on the Use

Apart from a critical review and adjustment of existing agreements (e.g. the Memorandum of Association of an "Entrepreneur Company"), I have added a couple of new agreements to the fifth edition: the Market Development Agreement and the Fcommission Agreement.

The agreements in English language are based on British English and their proposed wording is based on legal practice only; they are not meant of be a publication of translation terminology. Therefore, no references have been made. Alternative translation proposals have been made where, based on the author's practice, different terms are being proposed. References to annexes have quite often been made for illustration purposes only; in such cases, no wording has been provided.

The hyphenation is based on the rules and recommendations of the Oxford University Press Publishers.

I continue to appreciate comments and critique form the reader.

August 2014   *Dieter Stummel*

Inhaltsverzeichnis

Table of Contents

I. Handelsregister-anmeldungen

I. Registration with the Trade Register[1]

1. Anmeldung eines Einzelkaufmannes

1. Registration as Sole Tradesman

An das
Amtsgericht ......
Registergericht

To the
Local Court[2] of ......
Trade Registrar

Betreff: Anmeldung eines Einzelkaufmannes

Re: Registration of a Sole Tradesman

Hiermit wird zur Eintragung in das Handelsregister angemeldet:

I herewith apply for the following registration with the trade register[1]:

Ich betreibe ein Restaurant unter der Firma ...... mit Sitz in ......

I operate a restaurant under the trade name ...... with its seat in ......

Das Unternehmen erfordert nach Art und Umfang einen kaufmännisch eingerichteten Gewerbebetrieb. Ich führe die kaufmännischen Bücher des Unternehmens.

The type and size of the enterprise requires a business set up as commercial enterprise. I am in charge of keeping the accounts of the enterprise.

Ich zeichne die Firma wie folgt:

The company name, handwritten, reads as follows:

......

......

Der zuletzt festgestellte Einheitswert des Betriebsvermögens beträgt ...... €.

The rateable value of the enterprise's assets, as determined through the most recent assessment, is ...... €.

Die Geschäftsadresse des Unternehmens ist ......

The place of business of the company is located in ......

......, den   ......
Unterschrift

......, the ....
Signature

Beglaubigungsvermerk

Certificate of the Notary[3]

Ich beglaubige hiermit die Echtheit der vorstehenden Unterschrift als die Unterschrift von
Herrn/Frau ......

I hereby certify the above signature to be the true signature of

Mr/Ms ......

---

[1] Neben *trade register* ist auch *commercial register* durchaus gebräuchlich.
[2] Oftmals auch mit *municipal court* übersetzt.
[3] *Notary Public* ist ebenfalls gebräuchlich.

geboren am ...... in	born the ...... in ......
wohnhaft in	with residential address in ......
ausgewiesen durch Vorlage seines/ ihres Reisepasses.	identified through presentation of his/ her passport.
...... (Ort/Datum)	......, the ......

......	......
Unterschrift des Notars[4]	Signature of Notary

---

[4] Nach der Handelsregisterverordnung wird das Handelsregister seit 2007 elektronisch geführt.

2. Anmeldung einer GmbH

2. Registration of a Limited Liability Company

An das
Amtsgericht ......
Registergericht

To the
Local Court of ......
Trade Registrar

Betreff: Gründung einer Gesellschaft mit beschränkter Haftung unter der Firma ...... GmbH mit Sitz in ......

Re: Incorporation[1] of a Limited Liability company under the trade name ...... with its registered office in ......

Hiermit werden folgende Urkunden vorgelegt:

Herewith, the following documents are submitted:

1. Ausfertigung der Urkunde über die Errichtung einer Gesellschaft mit beschränkter Haftung unter der Firma ...... GmbH (Urk. Nr. ...... des Notars ...... in ......), die auch die Bestellung der Unterzeichner zu Geschäftsführern der Gesellschaft enthält.

1. A certified copy of the incorporation certificate of a Limited Liability company under the trade name ...... (Deed No. ...... of the Notary Public ...... in ......) including the appointment of the undersigned as directors of the Company.

2. Eine Kopie der vorgenannten Urkunde zur Weiterleitung an die Industrie- und Handelskammer ......

2. A copy of the above referenced document to be forwarded to the Chamber of Commerce of ......

3. Eine Liste der Gesellschafter.

3. A list of shareholders.

4. Eine Unbedenklichkeitsbescheinigung des Finanzamtes ......

4. A clearance certificate[2] from the fiscal authority.[3]

Wir melden die Gesellschaft und uns als deren Geschäftsführer zur Eintragung in das Handelsregister an.

We apply for registration of the Company and ourselves as its directors with the trade register.

Wir versichern, dass die Stammeinlage in bar erbracht ist und dass auf die Stammeinlage im Nominalwert von ...... € ein Betrag in gleicher Höhe einbezahlt wurde.

We affirm that the nominal amount of each share has been contributed in cash and that ...... € has been paid in for the shares in the same nominal amount.

Wir versichern ferner, dass die eingezahlten Beträge sich in der freien Verfügung der Geschäftsführung befinden.

We further affirm that the above funds are at the free disposal of the management.

Wir zeichnen unsere Namensunterschriften wie folgt:

We sign our names as follows:

....

....

(Unterschrift)   (Unterschrift)

(Signature)   (Signature)

Die Regelung der abstrakten Vertretungsbefugnis lautet wie folgt und wird ebenso eingetragen werden:

The general provisions governing the corporate signature power shall read and be registered as follows:

---

[1] Statt des hier verwandten Begriffes wird auch *establishment* vorgeschlagen.
[2] Möglich wäre auch *certificate of compliance*.
[3] Auch *tax office* ist als Übersetzung durchaus gebräuchlich.

(1) Die Gesellschaft hat einen oder mehrere Geschäftsführer. Sind mehrere Geschäftsführer bestellt, so wird die Gesellschaft von je zwei Geschäftsführern gemeinschaftlich oder einem Geschäftsführer zusammen mit einem Prokuristen vertreten. Sind mehrere Geschäftsführer bestellt, kann die Gesellschafterversammlung einem, mehreren oder allen Geschäftsführern Einzelvertretungsbefugnis erteilen.

(2) Bei Rechtsgeschäften mit einem verbundenen Unternehmen kann ein Geschäftsführer sowohl die Gesellschaft als auch das verbundene Unternehmen vertreten, soweit er auch zur Vertretung des verbundenen Unternehmens befugt ist. Die Geschäftsführer können außerdem durch die Gesellschafterversammlung für einzelne Rechtsgeschäfte oder ganz allgemein von den Beschränkungen des Selbstkontrahierens gem. § 181 BGB befreit werden.

Als neuer Geschäftsführer versichert jeder von uns,

(i) dass er in den letzten fünf Jahren nicht rechtskräftig wegen einer Insolvenzstraftat nach den §§ 283 bis 283 d StGB (Bankrott, Verletzung der Buchführungspflicht, Schuldner- oder Gläubigerbegünstigung) verurteilt worden ist.

(ii) uns ist weder durch gerichtliches Urteil noch durch vollziehbare Entscheidung einer Verwaltungsbehörde die Ausübung eines Berufs, eines Berufszweigs, Gewerbes oder Gewerbezweigs im In- oder Ausland untersagt worden.

(iii) uns ist bekannt, dass die Zeit, in der ein Täter auf behördliche Anordnung in einer Anstalt verwahrt worden ist, in die Frist nicht eingerechnet wird.

Der beglaubigende Notar hat uns heute darüber belehrt, dass wir zur unbeschränkten Auskunft hierüber verpflichtet und falsche Angaben nach § 82

(1) The Company has one or more directors. If more than one director shall have been appointed, then the Company shall be represented jointly by two directors or by one director in conjunction with an authorized clerk (*Prokurist*). The shareholders' meeting may vest one, several or all directors with sole power of representation, if a multiple of directors shall have been appointed.

(2) In case of any legal transactions with affiliate entities, a director may simultaneously represent the Company and such affiliated entity if he/she is also authorised to represent the affiliate. In addition, the shareholders' meeting may, as a general rule or on a case-by-case basis only, relieve any director from the restrictions on self-contracting according to § 181 of the German Civil Code.

As newly appointed directors, we each and individually affirm:

(i) That, during the past five years, we have not been convicted of a criminal insolvency offense pursuant to §§ 283 to 283 d of the German Criminal Code (fraudulent bankruptcy, infringement of book keeping duties, fraudulent preference of creditors or debtors)

(ii) That no court decision or enforceable public authority decree exists that prohibits us from carrying out any profession, any type of profession or any business or type of business in our home country or abroad.

(iii) We are aware that any term during which the offender is placed in an institution shall not be included in the calculation of the term.

We have been instructed by the certifying Notary Public that we are under an obligation to unlimited disclosure of any incident referred to above and that

Abs. 1 Nr. 5 GmbHG strafbar sind (Freiheitsstrafe oder Geldstrafe).

any false information may result in criminal prosecution according to § 82 (1) No. 5 of the German Act on Limited Liability Companies (imprisonment or fine).

Wir sind gegen über dem Registergericht voll auskunftspflichtig im Sinne des Bundeszentralregistergesetzes.

We are fully responsible for complying with the disclosure requirements to the registrar in accordance with the German Federal Act on the Registration of Criminal Offences.

Die Geschäftsräume der Gesellschaft befinden sich in ......

The business premises of the Company are located in ......

Nach Vollzug der Anmeldung bitten wir um die Erteilung von drei beglaubigten Handelsregisterauszügen betreffend die Eintragung der Gesellschaft auf Kosten der Gesellschaft.

We hereby request that three certified copies of the trade register regarding the registration of the Company be provided at the expense of the Company to us upon completion of the registration.

...... , den ....
(Unterschrift)

...... , the ....
(Signature)

...... , den ....
(Unterschrift)

...... , the ....
(Signature)

(Notarieller Beglaubigungsvermerk)

(Notary certificate of signatures)[4]

---

[4] Der Wortlaut entspricht dem vorhergehenden Formular, bezogen auf beide Geschäftsführer.

3. Anmeldung einer Zweigniederlassung

3. Registration of a Branch Office

An das
Amtsgericht ......
Registergericht

To the
Local Court of ......
Trade Registrar

Betreff: Anmeldung einer inländischen Zweigniederlassung der ...... OHG mit Sitz in ......, Deutschland

Re: Incorporation of a domestic branch office of ...... OHG (general partnership) with registered offices in ......, Germany

I. Handelsgeschäft

I. Commercial Business

Ich betreibe in ...... unter der Firma ...... ein Unternehmen, das dort im Handelsregister des Amtsgerichts ...... unter Handelsregister A unter der Nummer ...... eingetragen ist.
Der Geschäftsgegenstand ist die Führung gastronomischer Betriebe.

I operate a commercial business in ...... under the trade name ......, which is registered with the trade register in section A of the local court in ...... with number ......
The purpose for which the business is established is the operation of gastronomy enterprises.

Ich melde hiermit zur Eintragung im Handelsregister A des Registergerichts an:
Ich habe in ...... eine Zweigniederlassung errichtet mit identischer Firma wie die OHG, nämlich ...... Die Geschäftsräume der Zweigniederlassung befinden sich in ......
Der letzte Einheitswert des Betriebsvermögens der Hauptniederlassung beträgt € ......; das Betriebsvermögen der Zweigniederlassung beträgt überschlägig € ....

I hereby apply for registration with the trade register in section A of the trade registrar as follows:
I have established a branch office in ...... under the same trade name as the OHG (general partnership) i.e. ......
The premises of the branch offices are in ......
The rateable value of the enterprise's assets, as determined through the most recent assessment, is ...... €; the rateable value of the branch offices is approximately ...... €.

II. Zeichnung der Unterschrift

II. Signatures

Als persönlich haftender Gesellschafter der ...... OHG zeichne ich meine Namensunterschrift zur Aufbewahrung bei Gericht wie folgt:
......

As general partner of the ...... OHG (general partnership) I hereby sign for custody with the local court as follows:
......

III. Anlagen

III. Attachments

Dieser Handelsregisteranmeldung ist ein Auszug aus dem Handelsregister

Attached to this trade register application is an extract of the trade register of

der ...... OHG sowie eine notariell beglaubigte Kopie dieser Anmeldung
zum Verbleib bei den Registerakten des
Gerichts der OHG beigefügt.

......
Ort, Datum

......
(Unterschrift des OHG Gesellschafters)

(Notarieller Beglaubigungsvermerk)

the ...... OHG together with a certified
copy of this application for filing with
the registration files of the court of the
OHG.

......
Place, Date

......
(Signature of the partner of the OHG)

(Notary Certificate of signatures)

4. Anmeldung einer englischen Limited

4. Registration of an English Private Company Limited by Shares

An das
Amtsgericht ......
Registergericht

To the
Local Court of ......
Trade Registrar

Betreff: Neuerrichtung einer inländischen Zweigniederlassung der ...... Limited mit eingetragenem Sitz in ......, England und Wales unter der Firma ......

Re: Incorporation of a domestic branch of ...... Limited with registered seat in ...... England and Wales under the trade name ......

Die Anschrift der Zweigniederlassung lautet: ....

The mail address of the branch is as follows: ......

I. Ausländische Hauptverwaltung

I. Foreign Head Office

Die Firma ist im Handelsregister von England und Wales unter der Firmennummer ...... die Firma als Gesellschaft mit beschränkter Haftung (nach englischem Recht) mit Sitz in ......, eingetragen. Die Geschäftsadresse der Gesellschaft ist ....
Gegenstand des Unternehmens ist die Durchführung von Handelsgeschäften aller Art.
Die Haftung der Gesellschafter ist beschränkt.
Das Kapital der Gesellschaft beträgt ...... Britische Pfund und ist in ...... Aktien zu je ...... Pence unterteilt.
Sacheinlagen wurden weder vereinbart noch geleistet.
Der Gesellschaftsvertrag ist am ...... abgeschlossen worden.
Die Gesellschaft ist auf unbestimmte Zeit errichtet.

The Company is registered as Private Company Limited by Shares (pursuant to the laws of England and Wales) with the Companies House of England under the registration number ...... with registered offices in ...... The mail address of the Company is ......
The purpose for which the Company is established is the conduct of trading of any kind.
The liability of the shareholders is limited.
The capital of the Company is ...... GBP and is divided into ...... shares of ...... pence each.
Contributions in kind have neither been agreed nor provided.
The Memorandum of Association was entered into on ......
The Company has been established to remain existent for and indefinite period of time.

Die Geschäftsführer der Gesellschaft vertreten die Gesellschaft ...... (einzeln oder gemeinschaftlich).

The directors of the Company represent the Company ...... (individually of jointly).

II. Zeichnung der Unterschriften

II. Signatures

Die Geschäftsführer zeichnen ihre Unterschrift zur Aufbewahrung bei Gericht wie folgt:
......
......

For custody with the local court the Directors sign as follows:

......
......

III. Anmeldung der inländischen Zweigniederlassung

Wir melden die Zweigniederlassung der Gesellschaft und uns als deren ständige Vertreter zur Eintragung in das Handelsregister an.
Die vorstehend in I. genannte Gesellschaft hat in Deutschland eine Zweigniederlassung unter der Firmenbezeichnung ...... errichtet. Die Anschrift der Zweigniederlassung lautet: ......
Gegenstand der Zweigniederlassung ist die Durchführung von Handelsgeschäften aller Art.
Zu ständigen Vertretern der Zweigniederlassung sind folgende Personen bestellt worden
......
......
Die ständigen Vertreter vertreten die Gesellschaft ...... (einzeln oder gemeinschaftlich).

III. Application for Registration of a Domestic Branch

We hereby apply for registration of the Company's branch and ourselves as its permanent representatives with the trade register.
The Company referred to in I. above has incorporated a branch in Germany under the trade name ...... The mail address of the branch is as follows: ......
The purpose for which the branch is established is the conduct of trading of any kind.
The following individuals have been appointed as permanent representatives of the Company:
......
......
The permanent representatives represent the Company ...... (individually or jointly).

IV. Anlagen

Der Handelsregisteranmeldung sind folgende Urkunden in öffentlich beglaubigter Form sowie in beglaubigter Übersetzung in die deutsche Sprache beigefügt:
1. Auszug aus dem Handelsregister von England und Wales zum Nachweis der Eintragung der Gesellschaft.
2. Satzung der Gesellschaft
3. Gesellschafterbeschlüsse bereffend die Bestellung der Geschäftsführer der Gesellschaft.

IV. Attachments

The following documents certified by a notary public together with a certified translation into the Germany language are attached to the filing.

1. Extract from the Companies House of England and Wales to evidence the registration of the Company.
2. Memorandum of Association of the Company.
3. The shareholders' resolution regarding the appointment of the directors of the Company.

V. Kosten und Abschriften

Die Kosten dieser Urkunde und ihres Vollzuges trägt die Zweigniederlassung.
Von dieser Urkunde erhalten je eine beglaubigte Abschrift:
1. Die Zweigniederlassung an ihre Geschäftsadresse

V. Costs and Copies

The branch office shall be liable for the costs of this instrument and its execution.
A certified copy of this instrument shall be given to:
1. The branch office to its mail address.

2. Die Gesellschaft an die vorstehend in Ziff. I. bezeichnete Geschäftsadresse
3. Die Kanzlei ...... als Steuerberater der Zweigniederlassung.

Es wird um Vollzugsmitteilung an die Gesellschaft und den unterfertigten Notar gebeten.

......

Ort, Datum

......

(Unterschrift des/der Geschäftsführer der Gesellschaft)

(Notarieller Beglaubigungsvermerk)

2. The Company to its mail address referred to in paragraph I above.
3. The firm ...... as tax advisors to the branch offices.

It is requested that the report of the execution be given to the Company and the undersigning notary.

......

Place, Date

......

(Signature of the director/s of the Company)

(Notary Certificate of signatures)

5. Anmeldung einer Abberufung und Neubestellung eines Geschäftsführers

An das
Amtsgericht ......
Registergericht

Betreff: Firma ...... GmbH mit Sitz in ......, HRB Nr. ......, Geschäftsadresse in ......

Ich lege hiermit den nachfolgenden Gesellschafterbeschluss im Original vor und beantrage zur Eintragung im Handelsregister wie folgt:
1. Herr ......, Ingenieur, ist nicht mehr Geschäftsführer der Gesellschaft.
2. Herr ......, Kaufmann, geboren am ......, ist zum neuen Geschäftsführer der Gesellschaft bestellt.

Er vertritt die Gesellschaft satzungsgemäß.

Zur Aufbewahrung bei Gericht zeichnet er seine Namensunterschrift wie folgt:

......

(Versicherung des Geschäftsführers)

(Notarieller Beglaubigungsvermerk)

5. Registration of Appointment and Withdrawal of a Director[1]

To the
Local Court of ......
Trade Registrar

Re: Messrs. ...... GmbH with seat in ......, HRB[2] No. ...... with its place of business in ......

I herewith submit the following original of the shareholders' resolution and apply for the following registration with the trade register:
1. Mr/Ms ......, engineer, is no longer director of the Company.
2. Mr/Ms ......, tradesman, born on ...... is appointed as new director of the Company.

He shall represent the Company in accordance with its articles of incorporation.[3]

For custody with the local court, he signs as follows:

......

(Standard director's affirmation)

(Notary certificate of signatures)

[1] Gelegentlich wird auch *General Manager* vorgeschlagen, was allerdings wohl eher auf den alleinigen Geschäftsführer zutreffen dürfte.
[2] *Trade register division* B könnte man erläuternd hinzufügen.
[3] Die Übersetzungen variieren z.T. beträchtlich; angeboten wird daneben *articles of association, (corporate) statutes, by-laws, shareholders' agreement.*

6. Anmeldung einer Ab- berufung und Neubestellung eines Prokuristen	6. Registration of Appointment and Withdrawal of a Procurist Holder[1]

An das Amtsgericht ...... Registergericht	To the Local Court of ...... Trade Registrar

Betreff: Firma ...... GmbH mit Sitz in ......, HRB Nr. ......, Geschäftsadresse in ......

Re: Messrs. ...... GmbH with seat in ......, HRB No. ...... with place of business in ......

Ich beantrage in meiner Eigenschaft als alleinvertretungsberechtigter Geschäftsführer der Gesellschaft zur Eintragung im Handelsregister wie folgt:

In my capacity as managing director of the above Company with sole signature power I hereby apply for the following registration with the trade register:

1. Die Prokura von Herrn/Frau ......, Ingenieur/in, ist erloschen.
2. Herr ......, Kaufmann, sowie Frau ......, Juristin, wurde Prokura in der Weise erteilt, dass jeder von ihnen die Gesellschaft jeweils gemeinsam mit einem anderen Prokuristen oder einem Geschäftsführer vertritt (Gesamtvertretungsmacht).

1. The office of Mr/Ms ......, engineer as procurist holder has expired.
2. Mr ......, (business man) and Ms ...... (lawyer) have been appointed procurist holders such that each has the authority to represent the Company in conjunction with a another procurist holder or a director (joint authority).

Zur Verfügung über Grundstücke oder zur Belastung von Grundstücken sind sie nicht berechtigt.

They shall not be entitled to dispose of or to create encumbrances on real estate.

Zur Aufbewahrung bei Gericht zeichnen die Prokuristen die Firma sowie ihre Namensunterschrift mit Prokuristenzusatz wie folgt:

For custody with the local court, the procurist holders sign as follows:

......
(Prokurist 1)

......
(Procurist Holder)

......
(Prokurist 2)

......
(Procurist Holder)

Der zuletzt festgestellte Einheitswert des Betriebsvermögens betrug ...... €.

The rateable value of the enterprise's assets, as determined through the most recent assessment, has been ...... €.

....
Geschäftsführer
......, den ......

....
Managing Director
......, the ......

(Notarieller Beglaubigungsvermerk)

(Notary certificate of signatures)

---

[1] Die Übersetzungsmöglichkeiten sind so uneinheitlich wie vielfältig. So wird wie vorliegend entweder der Versuch einer unmittelbaren Übersetzung unternommen (z. B. *procurist* oder *procurist holder*) oder eine funktional orientierte Umschreibung versucht (z. B. *authorized representative* oder *authorized clerk*), was wiederum im Hinblick auf die Unterscheidbarkeit gegenüber dem Begriff des Handlungsbevollmächtigten nicht ganz unproblematisch ist.

7. Anmeldung des Eintritts und des Ausscheidens eines OHG-Gesellschafters

7. Registration of Entry and Exit of a Partner of a General Partnership

An das
Amtsgericht ......
Registergericht

Betreff: Firma ...... OHG in ......, HRA Nr. ......, Geschäftsadresse in ......

Wir, die sämtlichen Gesellschafter, melden an:

X ist als weiterer persönlicher haftender Gesellschafter eingetreten.
Y ist als persönlich haftender Gesellschafter ausgeschieden.
Der Einheitswert des Betriebsvermögens beträgt ...... €.

...... , den ......
                                    ......
                        (Unterschrift)

(Notarieller Beglaubigungsvermerk)

To the
Local Court of ......
Trade Registrar

Re: General Partnership ...... in ......, HRA No. ...... with place of business in ......

We, the sole partners, hereby file for the following registration:

X has joined as a further general partner.
Y has withdrawn as general partner.

The rateable value of the business enterprise is ...... €.

...... , the ......
                                    ......
                        (Signature)

(Notary certificate of signatures)

II. Vertriebs- und Lizenzverträge

1. Franchisevertrag[1]

Zwischen
(1) ...... – nachstehend „Franchisege-ber" genannt –

(2) ......, Deutschland – nachstehend „Franchisenehmer" genannt –

(3) ......, Deutschland
(4) ......, Deutschland
(5) ......, Deutschland
– nachstehend „Gesellschafter des Franchisenehmers" genannt –

Inhaltsübersicht

II. Distribution and Licence Agreements

1. Franchise Agreement

between
(1) ...... – hereinafter referred to as the "Franchisor" –

(2) ......, Germany – hereinafter referred to as the "Franchisee" –

(3) ......, Germany
(4) ......, Germany
(5) ......, Germany
– hereinafter referred to as the "Share-holders of the Franchisee" –

Table of Contents

---

[1] Herrn Rechtsanwalt *Christof Lamberts*, München, danke ich für außerordentlich wertvolle Hinwei-se nebst Regelungsvorschläge zu diesem Vertrag. Der Vertrag regelt eine Gastronomie-Franchise und umfasst insoweit auch branchenspezifische Sachverhalte.

Präambel

A. Der Franchisegeber hat eine Restau-
rantgestaltung sowie ein Betriebssystem entwickelt, bei der spezielle,
neuartige und einmalige Techniken,
Erkenntnisse, Fachwissen, Erfahrungen, geschützte Informationen, Urheberrechte und andere gewerbliche
Schutzrechte im Zusammenhang
mit der Entwicklung und dem Betrieb von Gaststätten mit begrenz-
tem Angebot verwendet werden.
Diese sind als „...... Restaurants"[2]
bekannt. Zu diesem Betriebssystem
gehört ein anerkanntes Programm
für den Entwurf, die Ausstattung
und Farbgestaltung der Restaurant-
gebäude, der Küchen und Gaststät-
teneinrichtungen sowie deren Anordnung; zu diesem System gehören
ferner der Service, die Qualität und
Einheitlichkeit der angebotenen Produkte und Dienstleistungen sowie
die Verfahrensweise für die Überwachung des Warenbestandes und
die Kontrolle der Geschäftsführung
(nachstehend   zusammenfassend
„Franchisesystem" genannt). Die
Grundlagen des Franchisesystems
sind in dem Betriebshandbuch niedergelegt.

B. Der Franchisegeber betreibt in ......,
im Inland und in anderen Län-
dern ...... Restaurants und gewährt
Franchiserechte zum Betrieb von
...... Restaurants nach dem Franchisesystem unter Verwendung von
Marken, deren Nutzung der Fran-

Introduction

A. The Franchisor has developed a restaurant format and operating system, utilising specialised novel and
unique techniques, knowledge, expertise, experience, proprietary information, copyrights and other intellectual property rights relating to
the development and operation of
limited menu restaurants. These are
known as "...... Restaurants". This
operation system includes a recognised programme for the design,
decor and colour scheme for restaurant buildings, kitchen and dining
room equipment and its layout;
such system further includes the
service format, quality and uniform-
ity of products and services offered,
and procedures for inventory and
management control (collectively:
the "Franchise System"). The fun-
damentals of the Franchise System
are recorded in the Operations
Manual.

B. The Franchisor operates ...... Restaurants domestically and in other
countries granting franchises to operate ...... Restaurants using the
Franchise System and such trademarks as the Franchisor may
authorise from time to time for use

---

[2] Hier (und an den im Folgenden offengelassenen Stellen) wäre die für die Franchise-Restaurants
vorgesehene Markenname des Franchisegebers einzufügen.

chisegeber jeweils für den Betrieb von ...... Restaurants gestattet.

C. Die Qualität der in den ...... Retaurants angebotenen Produkte und Dienstleistungen genießt in der Öffentlichkeit einen anerkannt guten Ruf; dieses positive Image war und ist für den Franchisegeber sowie für seine Franchisenehmer von einzigartigem Vorteil.

D. Dem Franchisenehmer sind die Vorteile geschildert worden, die ihm durch seine Identifizierung mit dem Franchisegeber, die Gewährung der Franchiserechte durch den Franchisegeber und die Möglichkeit, das Franchisesystem und die Marken des Franchisegebers zu verwenden, zukommen.

Andererseits ist der Franchisenehmer auch auf die mit einem Engagement verbundenen Risiken hingewiesen worden. Mit der Unterzeichnung dieses Vertrages erklärt er, dass er vor Abschluss ausreichend Gelegenheit hatte, das Franchisesystem in allen Einzelheiten aus eigener Anschauung kennen zu lernen und die von dem Franchisegeber bezüglich des Franchisesystems, der wirtschaftlichen Grundlagen und dieses Franchisevertrages gemachten Angaben zu überprüfen bzw. durch einen von Berufs wegen zur Verschwiegenheit verpflichteten Dritten überprüfen zu lassen. Des Weiteren versichert der Franchisenehmer über das zum Start und Betrieb eines ...... Restaurants erforderliche finanzielle Leistungsvermögen, die kaufmännischen Kenntnisse und insbesondere die praktischen Erfahrungen zu verfügen.

Soweit dem Franchisenehmer Angaben oder Schätzungen zu Umsätzen eines Franchise-Restaurants mitgeteilt worden sind, gehen die Vertragsparteien übereinstimmend

in conjunction with ...... Restaurants.

C. The quality of products and services offered in ...... Restaurants are of a high reputation and positive image with the public, which reputation and image have been and continue to be unique benefits to the Franchisor and its franchisees.

D. The Franchisee has been made aware of the benefits to be derived from being identified with and licensed by the Franchisor and being able to utilise the Franchise System and the Franchisor's Trademarks which the Franchisor makes available to its franchisees.

On the other hand, the Franchisee has also been made aware of the risks associated with its venture. By signing the Agreement, it[3] declares that, prior to conclusion, it was given sufficient opportunity to familiarise itself with all details of the Franchise System from its own perspective and to verify or have verified through a third person (being subject to professional secrecy) the statements that the Franchisor has made in relation to the Franchise System, its financial principles and this Agreement. The Franchisee further declares to have the financial capability necessary to start and operate a ...... Restaurant, the business expertise and in particular the practical experience.

As far as the Franchisee has been provided with sales information or estimates of a franchise restaurant, the parties mutually assume that such information is exclusively

---

[3] Die Übersetzung „geschlechtsneutraler" Personalpronomen ist uneinheitlich. Während im US amerikanischen Rechtskreis „it" gebräuchlich ist, wird in Großbritannien oftmals „he" bevorzugt.

davon aus, dass diese Informationen ausschließlich auf in der Vergangenheit liegenden Tatsachen gegründet sind und daher nur in beschränktem Umfang ein Bild über die mögliche finanzielle Leistungsfähigkeit eines bestimmten Restaurants, das unter der Marke des Franchisegebers eröffnet wurde oder eröffnet werden soll, vermitteln können.

Der Franchisenehmer erkennt ausdrücklich an, dass ihm von dem Franchisegeber keine Rentabilitätsgarantie für das Franchise-Restaurant erteilt wurde und er zugleich darauf hingewiesen worden ist, dass die ihm mitgeteilten wirtschaftlichen Daten des Franchisesystems auf Erfahrungen des Franchisegebers aus eigenen Restaurants und/oder vergleichbaren Franchise-Restaurants zurückgehen.

In jedem Fall wird von dem Franchisegeber keine Gewährleistung für die Erzielbarkeit bestimmter Umsätze oder Erträge übernommen.

based on historical data. It may therefore provide only a limited picture of the possible financial potential of a given restaurant that has or shall be opened under the Franchisor's brand.

The Franchisee expressly acknowledges that the Franchisor has not been given any guarantee in relation to the profitability of the Franchise Restaurant and that it has been advised simultaneously that all financial data of the Franchise System made available to it has been based on the Franchisor's experience and/or comparable franchised Franchise Restaurants.

In any event, the Franchisor does not give any warranty in relation to the attainability of certain sales or profits.

§ 1 Definitionen

In dieser Vereinbarung haben die nachstehend aufgeführten Begriffe, sofern nicht der Sachzusammenhang eine anderweitige Interpretation nahe legt, die nachfolgend jeweils definierte Bedeutung:

„Aktuelles Erscheinungsbild"[4]
  bezeichnet das aktuelle physische Erscheinungsbild neuer ...... Restaurants zum Eröffnungszeitpunkt, das durch Beschilderung, Farbstreifen, Farbgestaltung, Menütafeln, Beleuchtung, Einrichtung, Ausführung und sonstige nichtbauliche Maßnahmen geprägt wird.

§ 1 Definitions

In this Agreement unless the context requires a different interpretation the following expressions shall have the following meaning:

"Current Image"
  means the current physical appearance of new ...... Restaurants at the opening date as it relates to signage, fascia, colour schemes, menu boards, lighting, furniture, finishes and other non-structural matters generally.

---

[4] Die der anglo-amerikanischen Vertragspraxis folgende Voranstellung eines Definitionenkataloges geht gelegentlich damit einher, definierte Begriffe auch im deutschen Vertragstext groß zu schreiben, obwohl dies – streng genommen – orthographisch unrichtig ist.

„Betriebshandbuch"
bezeichnet das Betriebshandbuch, das Bestandteil dieser Vereinbarung ist und einen oder mehrere Bände umfassen kann, von dem Franchisegeber stets auf den neuesten Stand gebracht wird und einheitliche Richtlinien, Spezifikationen und Verfahren für den Betrieb eines ...... Restaurants aufstellt, die jeweils von dem Franchisegeber festgelegt werden einschließlich der schriftlichen Ergänzungen ohne Rücksicht darauf, ob diese in das Handbuch eingeheftet werden.

"Operations Manual"
means the manual of operating data that shall form part of this Agreement and may comprise one or more volumes, as updated by the Franchisor setting out certain uniform standards, specifications and procedures for the operation of a ...... Restaurant that the Franchisor shall determine from time to time including any written additions thereto whether or not physically incorporated into such manual.

„......"
bezeichnet die ...... GmbH mit dem Sitz in ......, eingetragen im Handelsregister des Amtsgerichts ...... unter HRB ......, einer Tochtergesellschaft des Franchisegebers[5]

"......"
means ...... GmbH with its registered office in ......, registered with the trade register of the local court of ...... under HRB ......, a subsidiary of the Franchisor

„...... Marken"[6]
hat die in Abs. B der Präambel festgelegte Bedeutung mit der Maßgabe, dass die in Deutschland derzeit verwendeten Marken in Anlage 1 zu dieser Vereinbarung aufgeführt sind.

"...... Trademarks"
shall have the meaning set out in paragraph B of the Introduction provided that the trademarks currently used in Germany are listed in Annex 1 to this Agreement.

„Franchisesystem"
hat die in Abs. A der Präambel festgelegte Bedeutung.

"Franchise System"
shall have the meaning set out in paragraph A of the Introduction.

„Franchise-Restaurant"
bezeichnet alle Räumlichkeiten einschließlich zugehöriger Lagerräume und Außenbereiche (insbesondere Terrassen, Parkplätze), wie sie an dem Standort vorhanden sind.

"Franchise Restaurant"
means all premises including pertinent storage facilities and surroundings (in particular terrace and parking space) that shall exist at the Location.

„Restaurantmanager"
hat die nachstehend in § 8 (1) beschriebene Bedeutung.

"Restaurant Manager"
shall have the meaning set out in Clause 8 (1) hereto.

„Standort"
bezeichnet die in der Anlage 2 beschriebenen Örtlichkeit

"Location"
means the place defined in the Annex 2 hereto.

---

[5] Ausländische Franchisegeber, namentlich solche aus den USA, erbringen zuweilen die franchisevertraglich geschuldeten Leistungen durch inländische verbundene Unternehmen.
[6] Auch hier wäre der Markenname des Franchisegebers einzusetzen.

„Umsatz"
hat die nachstehend in § 9 (3) niedergelegte Bedeutung

„Verbundenes Unternehmen"
bezeichnet jedes – auch ausländische – Unternehmen, das nach den in
§ 15 AktG niedergelegten Grundsätzen (einschließlich der dort enthaltenen Verweisungen) als verbundenes
Unternehmen definiert ist.

"Sales"
shall have the meaning set out in
Clause 9 (3) hereto.

"Affiliated Company"
means any – including any foreign –
company which, based on the
principles set out in § 15 of the
German Stock Corporation Act
(including any references made
therein), shall be defined as an
affiliated company.

§ 2 Gewährung eines Franchise-
rechts, Laufzeit der Vereinbarung, kein Gebietsschutz

§ 2 Grant of a Franchise Right;
Duration of the Agreement;
No Territorial Protection

(1) Der Franchisegeber gewährt dem
Franchisenehmer im Vertrauen auf die
Richtigkeit seiner im Bewerbungsver-
fahren von ihm gemachten Angaben
das Recht, das …… System und
die …… Marken nach Maßgabe der
Bestimmungen dieses Vertrages für den
Betrieb eines …… Restaurants an dem
in Anlage 2 bezeichneten Standort zu
nutzen.

(1) In reliance upon the accuracy of the
information furnished by the Franchisee in the application procedure, the
Franchisor grants to the Franchisee the
right to use the …… System and the
…… Trademarks in accordance with
the terms of this Agreement for the
operation of a …… Restaurant at the
Location specified in Annex 2 hereto.

(2) Dieser Franchisevertrag hat eine
Laufzeit von 20 (zwanzig) Jahren und
tritt mit seinem Abschluss in Kraft.
Eine ordentliche Kündigung dieses
Vertrages ist bis zum Ende der Vertragslaufzeit ausgeschlossen. Das Recht
zur außerordentlichen Kündigung
gem. § 17 (1), zur Sonderkündigung
gem. § 17 (2) sowie zum Widerruf nach
dem Verbraucherkreditrecht – sofern
dieses anwendbar ist – bleiben unberührt.

(2) This Franchise Agreement shall
have a duration of 20 (twenty) years
and shall enter into full force and effect
at the date of its conclusion. Prior to the
expiry of such term, ordinary termination rights shall be excluded. This shall
be without prejudice to the right of
termination for good cause in accordance with Clause 17 (1) and the
special termination right according to
Clause 17 (2) or the right to withdraw
herefrom based on the provisions of
German consumer credit law (if applicable).

(3) Der Franchisenehmer hat keinen
Anspruch auf die Einräumung einer
Ausschließlichkeit oder auf die Gewäh-
rung eines Gebietsschutzes.

(3) The Franchisee has no right to be
granted exclusivity or territorial protection.

(4) Der Franchisenehmer bestätigt, dass
er an dem Entwurf und Entwicklung
des Franchise System keinen Anteil
und von den Einzelheiten des Systems
keine Vorkenntnis hatte. Er bestätigt
weiterhin, dass ihm an dem Franchise

(4) The Franchisee confirms that it
had no share in the concept and development of the Franchise System and
had no prior knowledge of the details
of such system. It further acknowledges
that it shall have no rights in the Fran-

System oder den ...... Marken oder Teilen hiervon keine Rechte zustehen, soweit sie ihm nicht durch diesen Franchisevertrag eingeräumt werden.

chise System and the ...... Trademarks or parts thereof unless the same shall have been granted to it through this Franchise Agreement.

§ 3 Abschlussgebühr

Der Franchisenehmer verpflichtet sich, für den von ihm als Franchise-Restaurant zu eröffnenden Standort an den Franchisegeber eine Abschlussgebühr, deren Höhe in Anlage 3 bezeichnet ist, zu entrichten. Dieser Betrag ist spätestens 14 (vierzehn) Kalendertage vor der Geschäftseröffnung des Franchise-Restaurants zur Zahlung fällig. Mit der Abschlussgebühr beteiligt sich der Franchisenehmer an den von dem Franchisegeber im Zusammenhang mit der Betriebseröffnung erbrachten Leistungen, insbesondere der Auswahl des Standortes, den Systemeingliederungsleistungen, sowie an den allgemeinen Verwaltungskosten. Die Abschlussgebühr stellt daher kein Entgelt für die von dem Franchisegeber zu erbringenden laufenden Leistungen nach diesem Franchisevertrag dar. Die Abschlussgebühr ist aus diesem Grund auch nicht zurückzuerstatten, wenn der Franchisevertrag einvernehmlich aufgehoben oder vorzeitig beendet wird. Mit der Abschlussgebühr werden keine Nutzungsrechte für die Marken des Franchisegebers abgegolten.

§ 3 Franchise Fee

The Franchisee agrees to pay to the Franchisor an initial fee in the amount specified in Annex 3 for the Franchise Restaurant to be opened at the Location. This amount shall be due and payable by no later than 14 (fourteen) days prior to the opening of the Franchise Restaurant business. Through payment of the franchise fee, the Franchisee makes a contribution for all services that the Franchisor renders in conjunction with the opening, in particular any costs incurred for the selection of the Franchisee from various applicants, the system integration services and the general overhead. The franchise fee does therefore not constitute a fee for the ongoing services that the Franchisor must provide in accordance with this Franchise Agreement. Therefore, the franchise fee shall not be refundable if the Franchise Agreement is prematurely discontinued by mutual arrangement or terminated. The franchise fee shall not constitute a consideration for the rights to use the Franchisor's trademarks.

§ 4 Engagement und Status des Franchisenehmers, Betriebspflicht, Anmietung des Standorts; Nutzung sowie Bau und Ausstattung des Franchise-Restaurants, Eröffnungstermin

(1) **Handeln für eigene Rechnung.** Der Franchisenehmer versichert, dass er diese Vereinbarung ausschließlich für eigene Rechnung schließt und die hiernach erworbenen Franchiserechte, sofern ihm keine Übertragung nach § 15 dieser Vereinbarung gestattet worden ist, ausschließlich für eigene Rechnung wahrnimmt und wahrnehmen wird.

§ 4 Involvement and Status of the Franchisee, Duty to Operate; Rent of Location; Use and Construction of the Franchise Restaurant; Opening Date

(1) **Operation on Own Account.** The Franchisee represents and warrants that it enters into this Agreement exclusively on its own account and shall acquire and maintain the franchise rights obtained hereunder only for its own account unless it has been authorised to transfer the same in accordance with Clause 15. The Franchisee shall ensure

Der Franchisenehmer hat sicherzustellen, dass er rechtlich und tatsächlich über die gesamte Vertragslaufzeit in der Lage bleibt, alleinverantwortlich die in diesem Franchisevertrag niedergelegten Verpflichtungen zu erfüllen. Näheres zur Vertragspartei, Änderungen in der Gesellschafterstruktur und Beteiligungen an dem Unternehmen des Franchisenehmers ist in § 16 geregelt.

Der Franchisenehmer hat die ihm nach diesem Franchisevertrag eingeräumten Rechte mit der Sorgfalt eines ordentlichen Kaufmanns auszuüben und zu nutzen.

(2) Selbstständiger Unternehmer, keine Vertretungsmacht des Franchisenehmers. Der Franchisegeber und der Franchisenehmer stellen einvernehmlich fest, dass der Franchisenehmer ein von dem Franchisegeber unabhängiger und selbstständiger Unternehmer ist. Er ist weder Stellvertreter noch Angestellter des Franchisegebers, noch Mitgesellschafter (Joint Venture Partner). Zwischen dem Franchisenehmer und dem Franchisegeber besteht auch kein Treuhandverhältnis.

Der Franchisenehmer ist nicht berechtigt, Erklärungen im Namen des Franchisegebers abzugeben oder als Stellvertreter des Franchisegebers aufzutreten. Der Franchisenehmer verpflichtet sich, im Schriftverkehr in seiner Eigenschaft als Franchisenehmer klarzustellen, dass er als Franchisenehmer des Franchisegebers auftritt. Der Franchisenehmer verpflichtet sich ferner auf Verlangen des Franchisegebers durch geeignete Hinweise im Franchise-Restaurant klarzustellen, dass er das Franchise-Restaurant als selbstständiger Unternehmer und Franchisenehmer des Franchisegebers betreibt.

(3) Betriebspflicht. Während der Laufzeit dieser Vereinbarung hat der Franchisenehmer das Recht und die Pflicht, das Franchise-Restaurant in Übereinstimmung mit den Regelungen dieser Vereinbarung zu betreiben. Eine (auch

that it throughout the entire term of this Agreement shall have the factual and legal authority to comply at its own responsibility with the obligations set out in the Franchise Agreement. Details of the parties to this Agreement, changes of the shareholder structure and shares in the franchise entity are set out in Clause 16.

The Franchisee shall exercise and use its rights awarded under this Franchise Agreement with the diligence of a reasonable tradesman.

(2) Self-employed Entrepreneur; No Power of Representation of the Franchisee. The Franchisor and the Franchisee mutually agree that the Franchisee is a self-employed entrepreneur independent of the Franchisor. It shall neither act as agent or employee of the Franchisor nor as co-shareholder (joint venture partner). There shall also be no trust relationship between the Franchisee and the Franchisor.

The Franchisee shall not be entitled to file any notices in the name of the Franchisor or act as an authorised representative on behalf of the Franchisor.

The Franchisee agrees to clarify in any kind of correspondence that it acts as Franchisee of the Franchisor. The Franchisee further agrees to clarify upon demand of the Franchisor through appropriate reference that it operates the Franchise Restaurant as an independent entrepreneur and as Franchisee of the Franchisor.

(3) Duty to Operate. Throughout the term of this Agreement the Franchisee shall have the right and obligation to operate the Franchise Restaurant in accordance with the provisions of this Agreement. Any (even temporary) dis-

nur zeitweilige) Einstellung des Geschäftsbetriebes während der Vertragslaufzeit ohne vorherige schriftliche Zustimmung des Franchisegebers ist nicht zulässig. Hiervon ausgenommen ist die Einstellung auf Grund behördlicher sofort vollziehbarer Anordnung.

(4) Nutzung und eigenverantwortliche Anmietung des Franchise-Restaurants, Franchisenehmer oder Gesellschafter als Eigentümer. Das Franchise-Restaurant darf während der Laufzeit dieses Vertrages ausschließlich zum Betrieb eines ...... Restaurants genutzt werden. Der Franchisenehmer ist für die Anmietung des Standortes selbst verantwortlich. Der Franchisegeber übernimmt keine Gewähr dafür, dass dem Franchisenehmer die erforderlichen Flächen an dem Standort zur Verfügung stehen. Der Franchisenehmer und seine Gesellschafter haben sicherzustellen, dass der Mietvertrag für den Standort das Recht des Franchisegebers oder einem mit diesem verbundenen Unternehmen vorsieht, nach einer Beendigung dieses Franchisevertrages für die verbliebene Laufzeit des Mietvertrages in das Mietverhältnis einzutreten. Zur Prüfung des Eintrittsrechts ist der Mietvertrag vor Abschluss dem Franchisegeber vorzulegen.

Soweit der Franchisegeber oder ein mit dem Franchisegeber verbundenes Unternehmen den Standort an den Franchisenehmer vermietet, erfolgt dies durch gesondert abzuschließenden Mietvertrag.

Soll das Franchise-Restaurant in Räumlichkeiten betrieben werden, die im Eigentum des Franchisenehmers oder eines Gesellschafters des Franchisenehmers oder die im Eigentum einer Gesellschaft stehen, die der Franchisenehmer und/oder seine Gesellschafter beherrscht/en oder die im Eigentum eines mit dem Franchisenehmer verbundenen Unternehmen stehen, so versichern der Franchisenehmer und die Gesellschafter des Franchisenehmers, dass die Räumlichkeiten zum Betrieb

continuation of the business operations during the term of this Agreement without prior written consent of the Franchisor shall not be permitted. This shall not apply to a cease of business operations as a result of an immediately enforceable order of a public authority.

(4) Use and independent Lease of Franchise Restaurant; Franchisee or Shareholder as Owner. During the term of this Agreement, the Franchise Restaurant must be used exclusively for the operation of a ...... Restaurant.

The Franchisee shall be solely responsible for renting the location. The Franchisor does not represent that the required space of the Location shall be available to the Franchisee. The Franchisee and its shareholders shall ensure that the lease agreement for the Location provides the right of the Franchisor (or affiliates of the Franchisor) to take over the lease agreement upon premature termination of the Franchise Agreement. For the purposes of verifying such right of entry, the lease agreement shall prior to conclusion of the same be made available to the Franchisor for inspection.

As far as the Franchisor or any affiliate of the Frachisor shall make available the Location to the Franchisee by way of lease, this shall be effected through a separate lease agreement.

In the event that the Franchise Restaurants shall be operated in a location that shall be the property of the Franchisee or a shareholder of the Franchisee or any company under control of the Franchisee or its shareholders, then the Franchisee and its shareholders hereby undertake that the premises shall be suitable for the operation of a Franchise Restaurant. The Franchisee and its shareholders further represent and warrant that neither public nor private law provisions and/or conditions or

eines Franchiserestaurants geeignet sind. Der Franchisenehmer sowie die Gesellschafter des Franchisenehmers versichern weiterhin, dass weder öffentlich-rechtliche noch zivilrechtliche Vorschriften und/oder Auflagen oder vertragliche Vereinbarungen dem Betrieb des Franchise-Restaurants entgegenstehen. Der Franchisenehmer und seine Gesellschafter haben sicherzustellen, dass der Eigentümer der Räumlichkeiten nach einer Beendigung dieses Franchisevertrages vor der vereinbarten Laufzeit für die ohne die vorzeitige Beendigung verbliebene Laufzeit dem Franchisegeber (oder einem mit ihm verbundenen Unternehmen) einen Mietvertrag zu marktüblichen Konditionen anbieten.

(5) **Bau und Ausstattung des Franchise-Restaurants.** Der Franchisenehmer verpflichtet sich, das Franchise-Restaurant durch von Seiten des Franchisegebers empfohlene Unternehmen erstellen und ausstatten zu lassen. Der Franchisenehmer ist berechtigt, qualifizierte Unternehmen vorzuschlagen. Eine hiernach anerkannte Qualifikation setzt einschlägige Erfahrungen mit dem schlüsselfertigen Bau und Ausstattung von Restaurants der Schnellgastronomie voraus, die auf Verlangen des Franchisegebers durch entsprechende Referenzen nachzuweisen sind.
Die vom Franchisenehmer zu erteilenden Bau- und Ausstattungsaufträge sind mit dem Franchisegeber abzustimmen.

(6) **Eröffnungstermin.** Der Franchisenehmer wird den Betrieb des Franchise-Restaurants bis spätestens zu dem in Anlage 2 genannten Zeitpunkt aufnehmen. Erfolgt die Eröffnung nicht bis dahin, so kann der Franchisegeber dem Franchisenehmer zur Eröffnung eine Nachfrist von drei Monaten setzen. Nach Ablauf dieser dreimonatigen Nachfrist ist der Franchisegeber berechtigt, die außerordentliche und fristlose Kündigung des Franchisevertrages zu erklären.

contractual arrangements contravene the operation of the Franchise Restaurant. The Franchisee and its shareholders shall ensure that the owner shall offer to the Franchisor (or any affiliate thereof) the premises upon premature expiry of the Franchise Agreement for the balance of the term of such agreement at market conditions.

(5) **Construction and Equipment of the Franchise Restaurant.** The Franchisee agrees to have constructed and equipped the Franchise Restaurant only through companies that shall have been recommended by the Franchisor. The Franchisee may propose qualified companies. Any qualification accepted hereunder shall require a relevant experience in the turnkey construction and equipment of restaurants in the quick service restaurant business which shall be evidenced through appropriate references upon demand of the Franchisor.
Any construction or equipment order shall be co-ordinated with the Franchisor.

(6) **Opening Date.** The Franchisee shall commence the operation of the Franchise Restaurant by no later than the date indicated in Annex 2. If the opening shall not have been made at that date, then the Franchisor may grant a grace period of three months to the Franchisee. Upon expiry of such three months grace period the Franchisor shall be entitled to serve notice of termination of the Franchise Agreement for good cause with immediate effect.

(7) **Erfüllung   öffentlich-rechtlicher Auflagen.** Der Franchisenehmer verpflichtet sich, auf seine Kosten sämtliche Konzessionen und andere gesetzlich vorgesehen Erlaubnisse für den Betrieb des Franchise-Restaurants zu beantragen und aufrechtzuerhalten, sowie alle einschlägigen öffentlich-rechtlichen Anforderungen und Auflagen zu erfüllen, die den Bau, die Ausstattung und den Betrieb des Franchise-Restaurants sowie die Zubereitung von Speisen und den Verkauf von Waren in dem Franchise-Restaurant betreffen.

Der Franchisenehmer ist darüber hinaus verpflichtet, alle sonstigen auf ihn anwendbaren gesetzlichen Vorschriften bei dem Betrieb des Franchise-Restaurants strikt einzuhalten.

(8) **Verbesserungen/Erfindungen.** Der Franchisenehmer verpflichtet sich, dem Franchisegeber sämtliche Entwicklungen oder Neuerungen, die das Franchisesystem verbessern könnten, zur Kenntnis zu bringen und sie nur mit dem Einverständnis des Franchisegebers für das Franchise-Restaurant zu benutzen. Der Franchisegeber ist berechtigt, diese Entwicklungen oder Neuerungen unentgeltlich in eigenen Restaurants (oder Restaurants mit ihm verbundener Unternehmen) zu erproben und gegebenenfalls in das Franchisesystem zum Vorteil des Franchisegebers und seinen Franchisenehmern aufzunehmen. Der Franchisenehmer gewährt dem Franchisegeber zu diesem Zweck schon jetzt ein unentgeltliches Nutzungsrecht oder, soweit es sich um eine schutzfähige Entwicklung/Neuerung handelt, eine nicht ausschließliche Lizenz.

(7) **Compliance with Public Law Requirements.** The Franchisee agrees to apply for and maintain for the operation of the Franchise Restaurant at his own expense all concessions and other permits required by public laws and to comply with any relevant public requirements or duties imposed on the construction, the equipment and the operation of the Franchise Restaurant, the preparation of food or the sale of products in the Franchise Restaurant.

The Franchisee further agrees to strictly comply with all other statutory provisions applicable to it with regard to the operation of the Franchise Restaurant.

(8) **Improvements/Inventions.** The Franchisee agrees to notify the Franchisor of any developments or inventions that may improve the Franchise System and shall use these for the Franchise Restaurant only with prior approval of the Franchisor. The Franchisor shall have the right to test these developments and inventions in its own restaurants (or restaurant of affiliate entities) free of charge and introduce the same into the Franchise System for the benefit of the Franchisor and the Franchisee, as appropriate. For such purposes, the Franchisee hereby grants to the Franchisor a right of use free of charge or a non-exclusive license to the extent that proprietary rights are associated with the development/invention.

§ 5 Richtlinien und Einheitlichkeit

Der Franchisenehmer erkennt an, dass das Franchisesystem sowie seine einheitliche Anwendung ein fundamentaler Bestandteil dieser Vereinbarung ist und dass dessen strikte Beachtung eine notwendige, aber auch sinnvolle – auch

§ 5 Standards and Uniformity

The Franchisee acknowledges that the Franchise System and its uniform implementation is a fundamental part of this Agreement and the strict adherence to it is a necessary and reasonable obligation in the interest of the Franchisee.

und insbesondere im Interesse des Franchisenehmers liegende – Verpflichtung darstellt. Der Franchisenehmer verpflichtet sich, während der gesamten Vertragslaufzeit jederzeit die Anforderungen des Franchisesystems und insbesondere des Betriebshandbuches exakt zu befolgen. Der Franchisegeber behält sich vor, das Franchisesystem, insbesondere das Betriebshandbuch und das aktuelle Erscheinungsbild unter Wahrung der gemeinsamen Interessen der Vertragspartner und unter rechtzeitiger Vorabinformation des Franchisenehmers zu ändern. Der Franchisenehmer verpflichtet sich insbesondere, jederzeit die nachstehend aufgeführten Vorgaben zu erfüllen:

(1) **Betriebshandbuch.** Dem Franchisenehmer wurde das Betriebshandbuch während der Verhandlungen über diesen Vertrag zur Einsichtnahme und Prüfung vorgelegt. Ausgehändigt wird dem Franchisenehmer das Betriebshandbuch bei Abschluss dieses Vertrages, gleichgültig, ob dieser Vertrag den Vorschriften der §§ 474 ff. BGB unterliegt oder nicht. Im Falle eines Widerrufes nach diesen Vorschriften gilt § 17 (3) entsprechend. Der Franchisenehmer hat den Erhalt des Betriebshandbuches schriftlich zu quittieren.

Der Franchisenehmer verpflichtet sich, die Aufbewahrung des Betriebshandbuches im Franchise-Restaurant sicherzustellen und mit allen Änderungen und Ergänzungen nach deren Erhalt im Franchise-Restaurant vervollständigen zu lassen.
Der Franchisenehmer erkennt an, dass Änderungen der in dem Betriebshandbuch enthaltenen Richtlinien, Spezifikationen und Verfahren von Zeit zu Zeit notwendig und geboten sind. Der Franchisenehmer verpflichtet sich, derartige Änderungen, Überarbeitungen und Ergänzungen des Betriebshandbuchs zu beachten. Der Franchisenehmer darf das Betriebshandbuch ausschließlich für den Betrieb des

The Franchisee agrees to strictly comply at all times with the requirements of the Franchise System, in particular with those of the Operations Manual. The Franchisor reserves its right to alter the Franchise System including, without limitation, the Operations Manual and the Current Image with due observance of the mutual interests of the parties hereto and with timely information to the Franchisee in advance. In particular, the Franchisee shall at all times comply with the following covenants:

(1) **Operations Manual.** The Operations Manual has been made available to the Franchisee for inspection and assessment during the negotiations of this Agreement. Upon conclusion of this Agreement, the Franchisee shall be given the Operations Manual regardless of whether paragraphs 474 et seq. of the German Civil Code apply or not. As far as the Franchisee shall have the right to rescind this Agreement pursuant to these provisions, Clause 17 (3) shall apply accordingly. The Franchisee shall acknowledge in writing the receipt of the Operations Manual.
The Franchisee agrees to ensure that the Operations Manual shall be kept at the Franchise Restaurant and that all changes or additions thereto shall be inserted upon receipt of the same.

The Franchisee agrees that changes in relation to standards, specifications and procedures as set out in the Operations Manual may become necessary and desirable from time to time. The Franchisee agrees to comply with such modifications, revisions and additions to the Operations Manual. The Franchisee shall use the Operations Manual only for the operation of the Franchise Restaurant; the Operations Manual

Franchise-Restaurants benutzen; eine Entfernung des Betriebshandbuches aus dem Franchise-Restaurant ist nicht gestattet.

Im Falle eines Widerspruchs zwischen dem Betriebshandbuch und dieser Vereinbarung gelten die Regelungen dieser Vereinbarung vorrangig. Verweisungen auf die jeweiligen Parteien schließen deren Einzel- und Gesamtrechtsnachfolger ein.

Das dem Franchisenehmer zur Verfügung gestellte Betriebshandbuch ist in deutscher Sprache abgefasst. Von dem Franchisenehmer gewünschte Übersetzungen in eine andere Sprache erfolgen ausschließlich auf Kosten und in eigener Verantwortung des Franchisenehmers.

(2) **Gebäude und Räumlichkeiten.** Das Franchise-Restaurant ist in Übereinstimmung mit der von dem Franchisegeber hierfür zu erteilenden Genehmigung zu errichten und auszustatten; jede spätere Änderung des Erscheinungsbildes bedarf der vorherigen schriftlichen Zustimmung des Franchisegebers.

Der Franchisenehmer ist verpflichtet, das Franchise-Restaurant in gutem Zustand zu erhalten und alle von dem Franchisegeber redlicherweise für die Aufrechterhaltung des aktuellen Erscheinungsbildes für notwendig gehaltenen Reparaturen, Verbesserungen und Veränderungen vornehmen. Der Franchisenehmer verpflichtet sich, den von dem Franchisegeber Einzelfall gestellten Anforderungen innerhalb einer von dem Franchisegeber gesetzten angemessenen Frist nachzukommen.

(3) **Ausstattung.** Das Franchise-Restaurant ist so zu kennzeichnen, zu möblieren und auszustatten, dass die Ausstattung und Möblierung einschließlich der Einbauten den Spezifikationen gem. Betriebshandbuch sowie dem Aktuellen Erscheinungsbild entsprechen. Das Franchise-Restaurant ist ausschließlich mit solchen Einrichtungsgegenständen zu versehen, deren Art und räumliche

may not be removed from the Franchise Restaurant.

In the event of any contradiction between the Operations Manual and this Agreement, the provisions of this Agreement shall prevail. Any reference to a party shall include individual or universal successors.

The Operations Manual made available to the Franchisee shall be in the German language. Any translations, as desired by the Franchisee shall be at the expense and at own responsibility of the Franchisee.

(2) **Building and Premises.** The Franchise Restaurant shall be constructed and equipped in the manner authorised and approved by the Franchisor; its appearance shall not thereafter be altered except as may be approved in writing by the Franchisor.

The Franchisee shall maintain the Franchise Restaurant in good condition and make all repairs, improvements and alterations as may be reasonably determined by the Franchisor to be reasonably necessary to maintain the Current Image. The Franchisee shall comply with the Franchisor's requirements as determined from time to time within such timeline that the Franchisor shall reasonably require.

(3) **Equipment.** The Franchisee agrees to install such signage and provide such equipment for the benefit of the Franchise Restaurant (including installations) that shall conform to the Current Image and current specification as set out in the Operations Manual. Only equipment and equipment layouts that shall have been approved by the Franchisor as meeting its general

Anordnung der Franchisegeber vorher als mit seinen allgemeinen Kriterien und Anforderungsrichtlinien übereinstimmend genehmigt hat.

Der Franchisenehmer verpflichtet sich, die Einrichtungsgegenstände unter strikter Beachtung der Anforderungen des Betriebshandbuchs instandzuhalten sowie veraltete oder gebrauchsunfähige Einrichtungsgegenstände durch neuwertige Gegenstände zu ersetzen. Diese müssen dem Standard entsprechen, der zum jeweiligen Zeitpunkt eines neu eröffneten ...... Restaurants gültig ist.

Auf Verlangen des Franchisegebers ist der Franchisenehmer verpflichtet, zusätzliche Einrichtungsgegenstände in den Standort einzubringen oder veraltete Einrichtungsgegenstände durch neue zu ersetzen; der Franchisenehmer wird diese Gegenstände innerhalb einer angemessenen, von dem Franchisegeber zu bestimmenden Frist auf seine Kosten einbringen.

Auf Verlangen des Franchisegebers hat der Franchisenehmer Ausstattungs- und/oder Einrichtungsgegenstände, soweit sie sich nicht in Übereinstimmung mit diesem Vertrag in dem Franchise-Restaurant befinden, auf seine Kosten unverzüglich zu entfernen.

(4) Verkaufsautomaten, Geldspielgeräte etc. Es ist dem Franchisenehmer nicht gestattet, ohne vorherige schriftliche Zustimmung des Franchisegebers im Franchise-Restaurant Telefonzellen, Zeitungsständer, Musikautomaten, Karussells, Zigaretten-, Kaugummi-, Süßigkeiten- oder Spielautomaten oder sonstige mechanische oder elektronische Vorrichtungen, die man üblicherweise in Spielhallen antrifft, oder andere Verkaufsautomaten – gleich welcher Art – aufzustellen. Der Franchisenehmer verpflichtet sich jedoch, auf Verlangen des Franchisegebers solche Verkaufsautomaten/Maschinen zu installieren, falls diese Bestandteil des Aktuellen Erscheinungsbildes werden sollten.

criteria and performance standards shall be used at the Franchise Restaurant.

All equipment shall be maintained in a condition that meets the operational standards specified in the Operations Manual; as equipment becomes obsolete or inoperable, the Franchisee shall replace such items with new equipment. Such equipment must be in conformity with the standard applicable to new ...... Restaurants at the time of replacement.

Upon demand of the Franchisor the Franchisee shall install additional equipment in the Location or replace obsolete by new equipment; the Franchisee shall install such equipment within such timeline as the Franchisor may reasonably specify.

Upon demand of the Franchisor the Franchisee shall immediately remove at its own expense any equipment and/or parts of the interior of the Franchise Restaurant to the extent that these shall not meet the requirements of this Agreement.

(4) Vending Machines, Money Gambling Machines, etc. The Franchisee may not install any telephone booths, newspaper racks, juke boxes, rides, cigarette, gum or sweet machines, games or any other type of machines normally found in amusement arcades nor any other vending machines of any kind without the prior written approval of the Franchisor. However, the Franchisee shall be obliged to install such vending machines/machines if the same shall become part of the Current Image.

Die Pflicht zur Entfernung von Gegenständen gem. vorstehendem Abs., die sich nicht in Übereinstimmung mit diesem Vertrag in dem Franchise-Restaurant befinden, gilt entsprechend.

The duty to remove items according to the preceding paragraph shall apply to any item that shall have been installed in the Franchise Restaurant contrary to the provisions of this Agreement.

(5) ...... **Marken.** Die ...... Marken dürfen ausschließlich in der von dem Franchisegeber genehmigten Weise und an den von dem Franchisegeber genehmigten Stellen in Übereinstimmung mit dem aktuellen Erscheinungsbild und der aktuellen Spezifikation des Betriebshandbuchs angebracht werden. Sie sind Instand zuhalten und zu unterhalten. Es ist dem Franchisenehmer nicht gestattet, ... Marken an anderen als den genehmigten Platzierungen ohne vorherige schriftliche Zustimmung des Franchisegebers anzubringen.

(5) ...... **Trademarks.** The Franchise Restaurant shall be equipped only with such items which kind and layout shall have been approved by the Franchisor as meeting the Current Image and the current specifications and the Operations Manual. These shall be kept in order and be maintained. The Franchisee may not install any ...... Trademarks at places other than those for which the Franchisor shall have granted its prior written approval.

(6) **Werbung und Verkaufsförderung.** Die Verwendung von Materialien jeglicher Art, die der Werbung und/oder Verkaufsförderung innerhalb und außerhalb des Franchise-Restaurants dienen sowie der Einsatz von Werbespots oder ähnlicher Instrumente, bedarf der vorherigen schriftlichen Zustimmung von des Franchisegebers. Erst nach Erteilung der Einwilligung dürfen diese nach Maßgabe der Einwilligung eingesetzt, verkauft oder verteilt werden.
Sämtliche Materialien, auf denen ...... Marken angebracht sind, müssen die von dem Franchisegeber bestimmten Registrierungs- oder Lizenzvermerke tragen.
Der Franchisenehmer verpflichtet sich, den von dem Franchisegeber für Werbung, Verkaufsförderung und Öffentlichkeitsarbeit aufgestellten Richtlinien gem. Betriebshandbuch für das Franchise-Restaurant nachzukommen. Er wird allen gesetzlichen Vorschriften für Werbung, Verkaufsförderung und Öffentlichkeitsarbeit beachten.
Der Franchisenehmer verpflichtet sich, den Gebrauch von Werbematerial (einschließlich Werbespots), das von dem Franchisegeber beanstandet wird, un-

(6) **Advertising and Promotion.** Only such advertising or promotional materials, slogans or other similar items may be used inside or outside the Franchise Restaurant and only advertising spots that are approved by the Franchisor in writing prior to use shall be used. These may only be used, sold or distributed after such approval has been given.

All materials on which ...... Trademarks are used shall bear such notice of registration or license legend as the Franchisor may specify.

The Franchisee agrees to adhere to the advertising and promotional and public relation standards established by the Franchisor from time to time in the Operations Manual for the Franchise Restaurant. It shall adhere to all statutory laws regarding advertising, promotion and public relations.

The Franchisee agrees to immediately remove or discontinue the use of any objectionable advertising material (including advertising spots) upon receiv-

verzüglich nach Erhalt einer Untersagungsmitteilung einzustellen. Sollte der Franchisenehmer den Gebrauch des beanstandeten Materials nicht unverzüglich nach Erhalt einer solchen Mitteilung einstellen, ist der Franchisegeber oder ein hierzu befugter Vertreter berechtigt, die Räumlichkeiten des Franchise-Restaurants während der Öffnungszeiten zu betreten und das beanstandete Material zu entfernen und entschädigungslos zu vernichten.

(7) **Speisekarte, Lagerung, Zubereitung und Behandlung von Speisen und Getränken.** Der Franchisenehmer ist verpflichtet, nur solche Speisen anzubieten, die der Franchisegeber zur bestmöglichen Bearbeitung/Nutzung des Marktes sowie zur Sicherstellung eines einheitlichen Erscheinungsbildes des Franchisesystems geeignet erscheinen. Es ist dem Franchisenehmer nicht gestattet, nicht im Betriebshandbuch aufgeführte Artikel ohne vorherige schriftliche Genehmigung des Franchisegebers in den Verkehr zu bringen.
Der Franchisenehmer verpflichtet sich zur strikten Beachtung aller Vorgaben, die sich aus dem Betriebshandbuch ergeben oder die in anderer Weise von dem Franchisegeber vorgeschrieben werden, insbesondere im Hinblick auf die Zutaten, die Lagerung, die Handhabung, die Methode der Zubereitung, den Service, das Gewicht, die Größe der servierten Produkte, die Anforderungen an Sauberkeit, an Gesundheit und an sanitäre Einrichtungen. Alle Gerichte, Getränke und sonstige Gegenstände dürfen nur in solchen Verpackungen serviert und verkauft werden, die den Spezifikationen des Betriebshandbuchs oder, sofern dort nicht vorhanden, den anderweitig mitgeteilten Vorgaben des Franchisegebers entsprechen.

(8) **Einhaltung gesetzlicher Vorschriften; Hygienestandards.** Der Franchisenehmer verpflichtet sich, den in dem Franchise-Restaurant durchgeführten Geschäftsbetrieb in jeder Hinsicht, ins-

ing a default notice from the Franchisor. If the objectionable material is not removed immediately upon receipt of the Franchisor's notice, the Franchisor or its authorised agent may at all reasonable times enter the premises to remove and destroy the objectionable material without compensation to the Franchisee.

(7) **Menu, Storage, Handling of Food and Beverages.** The Franchisee shall offer only such menu items that the Franchisor may deem appropriate to take fullest advantage of the potential trade market and achieve a uniform image of the Franchise System. The Franchisee may not offer any items that are not set forth in the Operations Manual or have been otherwise approved by the Franchisor in writing.

The Franchisee shall strictly adhere to all specifications contained in the Operations Manual or as otherwise prescribed by the Franchisor from time to time as to ingredients, storage, handling, method of preparation and service, weight and dimensions of products served, and standards of cleanliness, health, and sanitation. All food, drinks, and other items will be served and sold in packaging that meets the specifications of the Franchisor's Operations Manual or, in the absence of such specifications, shall comply with directives that the Franchisor shall have communicated otherwise.

(8) **Compliance with Laws; Hygiene Standards.** In all matters including (without limitation) those relating to health, safety and hygiene, the Franchisee shall at all times conduct the opera-

besondere hinsichtlich Gesundheit, Sicherheit und Hygiene, jederzeit in voller Übereinstimmung mit den gesetzlichen und behördlichen Anforderungen sowie den Anforderungen des Betriebshandbuchs zu gestalten. Sollten verschiedene Vorschriften im Widerspruch zueinander stehen, wird der Franchisenehmer dem höchsten geforderten Standard nachkommen. Er verpflichtet sich insbesondere, die Vorschriften der Verpackungsverordnung einzuhalten und sich einem von Franchisegeber zu bestimmenden Entsorgungskonzept anzuschließen sowie die auf das Franchise-Restaurant entfallenden Kosten in voller Höhe zu tragen.

Sofern der Franchisegeber ein signifikantes Gesundheits- und/oder Sicherheitsrisiko erkannt hat oder sich ein diesbezüglicher begründeter Verdacht besteht, kann der Franchisegeber von dem Franchisenehmer verlangen, das Franchise-Restaurant so lange zu schließen, bis die Gefahr beseitigt worden ist. Der Franchisegeber ist verpflichtet, ein diesbezügliches Verlangen zu begründen, sowie konkrete Maßnahmen, die zur Beseitigung der Gefahr notwendig erscheinen, vorzuschlagen und den Franchisenehmer bei der möglichst umgehenden Wiedereröffnung des Franchise-Restaurants zu unterstützen. Der Franchisenehmer verpflichtet sich schon jetzt, einem Schließungsverlangen des Franchisegebers gem. vorstehender Regelung nachzukommen.

Schadensersatzansprüche des Franchisegebers wegen Nichterfüllung, insbesondere wegen entgangener Royalties oder Werbekostenbeiträge, bleiben unberührt.

(9) **Öffnungszeiten.** Soweit nicht anderweitig zwischen dem Franchisenehmer und dem Franchisegeber vereinbart und soweit gesetzlich und behördlich zulässig, ist das Franchise-Restaurant täglich mindestens für 12 (zwölf) Stunden für das Gaststättengeschäft zu öffnen (Mindestöffnungszeit),

tion at the Franchise Restaurant strictly in accordance with all requirements of the law, any competent authority and the Operations Manual. In the event of conflicting standards, the Franchisee shall comply with the highest standard required. In particular, it shall adhere to the provisions of the German Packaging Ordinance and participate in a waste disposal system as may prescribed by the Franchisor and shall bear all costs that shall be allocated to the Franchise Restaurant.

In the event that the Franchisor identifies, or reasonably suspects the existence of any significant risk to health or safety in any aspect of the operation at the Franchise Restaurant, the Franchisor may require the Franchisee immediately to close the Franchise Restaurant until the hazard has been eliminated. The Franchisor shall specify the grounds for taking such action and such steps, if any, as it believes are necessary to eliminate the hazard and shall co-operate with the Franchisee to enable the Franchisee to re-open the Franchise Restaurant as soon as possible. The Franchisee hereby agrees to comply with a closure request that the Franchisor shall make in accordance with the foregoing provisions.

This shall be without prejudice to the Franchisor's right to seek damage compensation for breach of contract, in particular, for loss of royalty or advertising payments.

(9) **Hours of Operation.** Unless the Franchisor and the Franchisee shall have agreed otherwise and as far as permitted by law or any order of a public authority, the Franchisee shall operate the Franchise Restaurant for at least 12 (twelve) hours daily (minimum opening hours) provided that the open-

wobei die Öffnungszeiten mit dem Franchisegeber vor Eröffnung des Franchise-Restaurants abzustimmen sind. Der Franchisegeber erkennt an, dass im Hinblick auf die Lage der Franchise-Restaurants im Einzelfall Abweichungen von diesen Mindestöffnungszeiten notwendig werden können; in diesen Fällen wird der Franchisegeber seine schriftliche Zustimmung zu vom Franchisenehmer erbetenen Verkürzungen der Mindestöffnungszeit nicht ohne wichtigen Grund versagen.

(10) **Dienstkleidung.** Alle im Franchise-Restaurant beschäftigten Mitarbeiter müssen die von dem Franchisegeber vorgeschriebene Dienstkleidung tragen. Der Franchisegeber ist zur verbindlichen Bestimmung des Designs, der jeweiligen Farbgebung und Spezifikation berechtigt.

(11) **Interne Prüfungshandlungen.** Der Franchisenehmer verpflichtet sich, auf Verlangen des Franchisegebers interne Prüfungshandlungen, die das Franchisesystem vorsieht, selbst vorzunehmen.

(12) **Übertragbare Krankheiten.** Der Franchisenehmer verpflichtet sich, den Franchisegeber unverzüglich zu benachrichtigen, sofern und sobald eine gravierende übertragbare Krankheit oder Infektion bei Mitarbeitern oder Kunden des Franchise-Restaurants auftritt oder ein diesbezüglicher Verdacht besteht.

(13) **Zutritt und Inspektion.** Zur Überwachung der Einhaltung der Vorgaben des Franchisesystems, insbesondere der Regelungen des Betriebshandbuches und dieser Vereinbarung ist der Franchisegeber zu den Öffnungszeiten, (in dringenden Fällen jederzeit), berechtigt, das Franchise-Restaurant zu betreten und zu überprüfen, ob der Franchisenehmer seine Verpflichtungen aus diesem Vertrag, insbesondere die Standards nach § 5 (8) dieser Vereinbarung ordnungsgemäß erfüllt. Solche Inspektionen können unangemeldet stattfinden. Der Franchisegeber wird hierbei

ing hours shall be pre-agreed by the Franchisor prior to the opening of the Franchise Restaurant. The Franchisor acknowledges that the location of the Franchise Restaurant may from time to time justify deviations from the minimum opening hours; in such cases the Franchisor shall not unreasonably withhold any written approval to the shortening of opening hours that the Franchisee shall have requested.

(10) **Uniforms.** All employees at the Franchise Restaurant shall wear uniforms previously approved by the Franchisor; the Franchisor may from time to time determine the design, colour and specification.

(11) **Self-Audit Scheme.** The Franchisee shall upon demand of the Franchisor participate in any self-audit scheme that may from time to time form part of the Franchise System.

(12) **Communicable Diseases.** The Franchisee shall immediately notify the Franchisor of any actual or suspected occurrence of any serious communicable disease or infection at or among staff or customers at the Franchise Restaurant.

(13) **Right of Entry, Inspection.** The Franchisor shall at all times have the right to enter the Franchise Restaurant during the opening hours (in urgent cases at any time) to conduct such reasonable activities as it deems necessary to ascertain compliance with this Agreement, in particular the standards set out in Clause 5 (8) hereof. The inspections may be conducted without prior notice. The inspections shall be performed in a manner that minimises interference with the operation of the Franchise Restaurant.

den Betrieb des Franchise-Restaurants so wenig wie möglich beeinträchtigen.

(14) **Ausschließliche Verwendung autorisierter Produkte.** Der Franchisenehmer verpflichtet sich, für den in dem Franchise-Restaurant durchgeführten Restaurantbetrieb ausschließlich von dem Franchisegeber autorisierte Produkte zu verwenden. Der Franchisegeber wird dem Franchisenehmer hierzu schriftliche Vorgaben erteilen.

(15) **Bezugspflicht.** Der Franchisenehmer verpflichtet sich, seinen Bedarf an Lebensmitteln und anderen Produkten, die in dem Franchise-Restaurant benötigt bzw. verabreicht werden, ausschließlich bei seitens des Franchisegebers für Deutschland autorisierten Lieferanten zu decken (dies bezieht sich sowohl auf den Produzenten als auch auf den/die Zwischenhändler). Die Vorgabe autorisierter Lieferanten und Produzenten dient ausschließlich der Gewährleistung des einheitlichen hohen Qualitätsstandards des Franchisesystems. Die Produzenten und Lieferanten unterliegen zu diesem Zwecke laufenden strengen Qualitätskontrollen des Franchisegebers. Eine Liste der inländischen für Deutschland autorisierten Lieferanten und Produzenten ist diesem Vertrag als Anlage 5 beigefügt. Der Franchisegeber ist berechtigt, die Bezugsquellen aus wichtigem Grund zu ändern.

Der Franchisenehmer ist berechtigt, andere als die in Anlage 5 genannten Lieferanten und Produzenten vorzuschlagen. Von Seiten des Franchisenehmers vorgeschlagene Lieferanten und Produzenten, wird der Franchisegeber anhand der gültigen Standards überprüfen und unter Angabe von Gründen autorisieren oder ablehnen. Der Franchisegeber ist berechtigt, von jedem Lieferanten, den der Franchisenehmer benennt, eine Vertraulichkeitserklärung einzuholen, bevor der Franchisegeber Produkt-, Liefer- oder sonstige Spezifikationen offenlegt.

(14) **Use of Approved Products only.** The Franchisee agrees to use for the operation of the Franchise Restaurant only those products that shall have been authorised by the Franchisor. The Franchisor shall provide the Franchisee with written directives therefor.

(15) **Supply Commitment.** The Franchisee shall purchase for the Franchise Restaurant and use within the same only the food and other products from suppliers that the Franchisor shall have authorised for the territory of Germany (which shall include manufacturers and/or dealers). The sole purpose of such authorisation of suppliers and manufacturers is to ensure a uniform premium quality standard of the Franchise System. Therefore, manufacturers and suppliers are subject to ongoing rigid quality controls conducted by the Franchisor. A list of domestic suppliers authorised for Germany is attached hereto as Annex 5. The Franchisor reserves its right to alter the sources of supply for good cause.

The Franchisee shall have the right to propose suppliers and manufacturers other than those listed in Annex 5. Should the Franchisee propose an alternative supplier, then the Franchisor shall evaluate such supplier against its current criteria and either approve or disapprove such supplier, giving reasons. Any supplier proposed by the Franchisee may be required to sign a suitable confidentiality undertaking before the Franchisor discloses confidential product, delivery or other specifications.

(16) Dem Franchisegeber bleibt das Recht vorbehalten, den Bezug von Fleisch, Fisch, Kartoffelprodukten und/oder Brötchen, die nach eigens für das Franchisesystem entwickelten Spezifikationen des Franchisegebers hergestellt werden, auf eine oder mehrere Lieferquellen zu beschränken. Der Franchisenehmer verpflichtet sich, seinen Bedarf ausschließlich bei diesen Lieferanten zu decken.

(17) Der Franchisenehmer ist berechtigt, Waren von anderen Franchisenehmern zu erwerben, die von diesen ursprünglich in Übereinstimmung mit deren Franchisevertrag von authorisierten Lieferanten erworben wurden und die den Spezifikationen gem. Betriebshandbuch oder sonstiger Vorgaben gem. vorstehender § 5 (14) entsprechen.

§ 6 Dienstleistungen des Franchisegebers

Der Franchisegeber sichert zu, dass entweder der Franchisegeber selbst oder mit dem Franchisegeber verbundene Unternehmen den Franchisenehmer nach Maßgabe der nachstehenden Regelungen laufend unterstützen werden:

(1) **Training.** Der Franchisegeber organisiert und führt laufend Trainingsprogramme und Fortbildungsveranstaltungen für Restaurantmanager, Assistentmanager, Shiftmanager und sonstiges Personal (Crew) durch. Die Einzelheiten des Schulungsprogramms ergeben sich aus Anlage 4. Den in dem Franchise-Restaurant künftig beschäftigten Mitarbeitern wird die Möglichkeit eingeräumt, an den Schulungsprogrammen teilzunehmen, die der Franchisegeber in Schulungseinrichtungen sowie in Restaurants des Franchisesystems in Deutschland durchführen wird. Das Schulungspersonal wird von dem Franchisegeber laufend selbst fortgebildet, um aktuelle Kenntnisse vermitteln zu können. Das Schulungsmaterial

(16) The Franchisor reserves its right to limit the authorised sources of supply to one or few sources for meat, fish, potato products and/or buns which are manufactured to proprietary specifications of the Franchisor exclusively developed for the benefit of the Franchise System. In case of such restriction, the Franchisee shall purchase only from these suppliers.

(17) The Franchisee shall be entitled to purchase from another franchisee any products that were originally purchased from authorised suppliers in accordance with this Agreement and which meet the specifications set out in the Operations Manual or other directives pursuant to Clause 5 (14) above.

§ 6 Services of the Franchisor

The Franchisor agrees to ensure that either the Franchisor itself or an Affiliate Company shall support the Franchisee on a permanent basis in accordance with the following provisions:

(1) **Training.** The Franchisor establishes and conducts on an ongoing basis training programmes and upgrade training for restaurant managers, assistant managers, shift managers and other staff (crew). Details of the training programme are set out in Annex 4. All employees that shall work at the Franchise Restaurant in the future are granted the opportunity to participate in training programmes that the Franchisor shall conduct in training facilities and in restaurants of the Franchise System in Germany.

The Franchisor provides ongoing upgrade training to its training staff to enable the transfer of state of the art know how. The training material

unterliegt einer laufenden Überprüfung und Aktualisierung.

(2) **Neuentwicklungen; Verbesserungen.** Der Franchisegeber wird dem Franchisenehmer alle Neuentwicklungen, Verfahren und Verbesserungen zugänglich machen, die die Zubereitung von Speisen, die Restaurantausstattung, die Nahrungsmittelprodukte, die Verpackung sowie die Leitung von …… Restaurants betreffen.

(3) **Marketing und Kommunikation.** Der Franchisegeber beobachtet laufend den Produktmarkt und Konkurrenzunternehmen sowie sich abzeichnende Trends. Der Franchisenehmer wird entsprechend informiert. Nationale und regionale Werbemaßnahmen werden von dem Franchisegeber geplant und durchgeführt. Gleiches gilt für den Versand von Promotions-Materialien. Der Franchisegeber berät den Franchisenehmer bei Maßnahmen der lokalen Werbung und Verkaufsförderung und vermittelt Kontakte zu Werbeagenturen und Herstellern von Promotions-Materialien. Auf Wunsch des Franchisenehmers beteiligt sich der Franchisegeber an Preisverhandlungen. Der Franchisegeber übernimmt die PR- und Krisenkommunikation bei Vorfällen im Franchise-Restaurant.

(4) **Betriebswirtschaftliche Unterstützung.** Der Franchisegeber wird den Franchisenehmer auf Wunsch bei der Einrichtung der Buchhaltung sowie bei der Einführung von Systemen zur Kostenüberwachung und der Warenbestandskontrolle beraten. Der Franchisegeber analysiert die Gewinn und Verlustrechnungen des Franchiserestaurants und gibt Empfehlungen zur Ertragsoptimierung und Kostenkontrolle ab. Benchmarking/Betriebsvergleiche mit anderen Franchise-Restaurants werden zur Optimierung der Restaurantperformance durchgeführt. Der Franchisegeber berät weiterhin bei der Gestaltung der Arbeitsplätze und der Personaleinsatzplanung. Auf Wunsch

is subject to ongoing revision and update.

(2) **New Developments; Improvements.** The Franchisor shall notify the Franchisee of any new developments, procedures and improvements that relate to product preparation, restaurant layout, food ingredients, packaging and the management of …… Restaurants.

(3) **Marketing and Communication.** The Franchisor maintains an ongoing monitoring of the product market and competitive entities or imminent trends. The Franchisee shall be informed thereof. National and regional promotions shall be planned and implemented by the Franchisor. The same applies to the distribution of promotional material. The Franchisor agrees to advise the Franchisee in relation to local marketing and promotional activities and shall procure contacts to agencies and producers of promotional material. Upon demand of the Franchisee the Franchisor shall participate in the negotiation of prices. The Franchisor shall procure the public relations work and crisis communication in the event of any incident in the Franchise Restaurant.

(4) **Operational Support.** The Franchisor agrees to support the Franchisee upon demand in the installation of an accounting and cost control system including an inventory management system. The Franchisor shall analyse the profit and loss statements of the Franchise Restaurant and shall give advice in relation to optimisation of profits and cost control. Benchmarking/comparison of locations shall be conducted with other Franchise Restaurants to maximise the restaurant performance. The Franchisor further agrees to give advice on the layout of work place and the scheduling of labour. Upon demand, the Franchisor shall procure points of contact with

vermittelt der Franchisegeber Kontakte zu finanzierenden Banken und nimmt an Finanzierungsgesprächen teil.

(5) **Qualitätssicherung.** Zur Gewährleistung einer hohen Produktqualität überprüft der Franchisegeber laufend das Lieferanten und Produzenten-Portfolio sowie die Kundenakzeptanz der im Franchisesystem angebotenen Produkte. Der Franchisegeber führt Besichtigungen der Lieferanten- und Produzentenbetriebe zur Gewährleistung spezifikationskonformer Warenproduktion und Warenverteilung durch. Der Franchisegeber führt ferner Konsumententests zur Bewertung der Akzeptanz einzelner im Franchisesystem angebotenen Produkte durch. Die Preise und Lieferbedingungen bestehender Lieferanten und Produzenten werden mit deren Konkurrenten verglichen und Preisreduktionsverhandlungen geführt. Der Franchisegeber unterstützt und berät den Franchisenehmer in allen Fragen der Lebensmittelsicherheit und Hygiene.

(6) **Audits.** Zur Sicherstellung einer gleich bleibend hohen Qualität der verabreichten Waren sowie der Führung des Franchise-Restaurants entsprechend dem Betriebshandbuch führt der Franchisegeber regelmäßig detaillierte Prüfungen des Restaurantbetriebes durch. Der Franchisenehmer erhält einen spezifizierten Bericht über die Ergebnisse der Prüfungen.

(7) **Teilnahme an Verhandlungen.** Auf Wunsch nimmt der Franchisegeber an Gesprächen mit Behörden teil. Der Franchisegeber unterstützt den Franchisenehmer auf Wunsch bei Mietvertragsverhandlungen, soweit nicht der Franchisegeber oder ein mit dem Franchisegeber verbundenes Unternehmen den Standort an den Franchisenehmer vermietet.

financing institutions and shall participate in negotiations on financing.

(5) **Quality Assurance.** To ensure high product quality, the Franchisor conducts audits of the supplier and manufacturer portfolio on an ongoing basis and on the reputation with customers of the products offered in the Franchise System. The Franchisor conducts audits of the supplier and manufacturer facilities to ensure compliance of the production and distribution of the products with the specifications. The Franchisor further conducts consumer testing to assess the image of specific products offered within the Franchise System. Prices and conditions of supply are compared with offerings of competitors and negotiations on price reduction conducted. The Franchisor supports and advises the Franchisee in all matters of food safety and hygiene.

(6) **Audits.** To ensure a permanent high quality of products and operations of the Franchise Restaurant in accordance with the Operations Manual, the Franchisor conducts regular audits of the restaurant operations. The Franchisee is provided with a detailed report on the results of such audits.

(7) **Participation in Negotiations.** Upon demand, the Franchisor will participate in negotiations with public authorities. Upon demand, the Franchisor will support the Franchisee in rent negotiations unless the Franchisor or an Affiliate Company shall rent the Location to the Franchisee.

§ 7 Generalüberholung und Wiederaufbau des Franchise Restaurants

(1) Sollten die Räumlichkeiten, in denen sich das Franchise-Restaurant befindet, durch Feuer oder andere Ereignisse beschädigt oder zerstört werden, so ist der Franchisenehmer verpflichtet, die betroffenen Räumlichkeiten samt Nebenflächen wieder aufzubauen bzw. Instand zu setzen. Der Franchisenehmer wird dies innerhalb eines angemessenen Zeitraumes auf seine Kosten ggf. unter Verwendung von etwaigen Versicherungsleistungen bewerkstelligen. Das Franchise-Restaurant in dem wiederaufgebauten bzw. erneuerten Gebäude hat dem aktuellen Erscheinungsbild der ...... Restaurants zu entsprechen. Soweit auf Grund behördlicher Anordnung bauliche Veränderungen erforderlich werden, wird der Franchisenehmer diese einhalten.
Alle Pläne und Spezifikationen sind dem Franchisegeber zur vorherigen Genehmigung vorzulegen. Sofern die Kosten zur Gewährleistung des Aktuellen Erscheinungsbildes die Kosten der Wiederherstellung des ursprünglichen Erscheinungsbildes übersteigen und sich die Versicherungsleistungen allein aus diesem Grund als unzureichend erweisen sollten, ist der Franchisenehmer (in Abweichung von der Verpflichtung zur Gewährleistung des Aktuellen Erscheinungsbildes) berechtigt, den Standort entsprechend seines ursprünglichen Erscheinungsbildes wieder aufzubauen.

(2) Die Regelungen zur Errichtung und Ausstattung des Franchise-Restaurants gem. §§ 4 (3) und 9 (2) und (3) gelten entsprechend.

§ 8 Ausbildung und Mitarbeiter, Restaurantmanager; Abwerbeverbot

(1) **Restaurantmanager.** Der Franchisenehmer bestellt einen Restaurantma-

§ 7 Refurbishment and Reconstruction of the Franchise Restaurant

(1) In the event that the premises in which the Franchise Restaurant is located shall be damaged or destroyed by fire or any other peril, the Franchisee shall at its own expense repair or reconstruct the premises. The Franchisee shall perform the same at its own expense within a reasonable period of time using insurance moneys received. The Franchise Restaurant in the re-erected building must reflect the then Current Image of ...... Restaurants. The Franchisee shall comply with any structural change requirements that the public authorities may impose from time to time.

All plans and specifications shall be submitted to the Franchisor for prior approval. If the costs of meeting the Current Image exceed the costs of reinstatement to the previous image of the Location and for that reason alone the insurance moneys are insufficient, the Franchisee may (in deviation from the obligation to meet the Current Image) reinstate the Location to its original image.

(2) The provisions on the construction and equipment of the Franchise Restaurants according to Clause 4 (3) and 9 (2) and (3) shall apply accordingly.

§ 8 Training and Employees; Restaurant Manager; Non-Solicitation

(1) **Restaurant Manager.** The Franchisee shall appoint a restaurant manager

nager, der für die ordnungsgemäße Durchführung des operativen Betriebes im Rahmen des Tagesgeschäfts des Franchise-Restaurants verantwortlich zeichnet. Ein so bestellter Restaurantmanager hat vor Beginn seiner Tätigkeit das für Restaurantmanager vorgesehene Schulungsprogramm gem. Anlage 4 zu dieser Vereinbarung erfolgreich zu absolvieren.

Es obliegt dem Franchisenehmer sicherzustellen, dass sich der Wohnsitz des Restaurantmanagers in einer Nähe zum Franchise-Restaurant befindet, die ihm die Führung des Tagesgeschäfts ermöglicht. Der Franchisenehmer wird ferner sicherstellen, dass der Restaurantmanager dem Franchise-Restaurant seine gesamte Arbeitskraft widmet.

Jeder Restaurantmanager, die Assistantmanager und die Shiftmanager müssen vor ihrem Tätigkeitsbeginn erfolgreich an einem von dem Franchisegeber in Deutschland durchgeführten Schulungsprogramm gem. Anlage 4 zu dieser Vereinbarung teilgenommen haben.

(2) Die Schulung der Mitarbeiter wird an einem von dem Franchisegeber zu bestimmenden Ort durchgeführt, wobei der Franchisegeber bestrebt sein wird, die Ortsbestimmung unter weitestgehender Berücksichtigung geäußerter Präferenzen des Franchisenehmers zu treffen.

(3) Der Franchisenehmer ist verpflichtet, auf Verlangen des Franchisegebers Mitarbeiter des Franchise-Restaurants zur Teilnahme an von dem Franchisegeber durchgeführten Fortbildungsveranstaltungen zu entsenden, um die jeweils neuesten Betriebsstandards zu vermitteln.

(4) Die Teilnahme an den Schulungs- und Fortbildungsprogrammen ist durch die Royalties nach § 9 (1) dieses Vertrages mit abgegolten. Die Reise-, Unterkunfts- und Verpflegungskosten, die dem Franchisenehmer durch die Teilnahme an diesem Programm erwachsen, sind selbst zu tragen.

who shall be responsible for the day to day operations of the Franchise Restaurant. Any restaurant manager so appointed shall prior to commencement of his employment have successfully undergone the restaurant manager training in accordance with Annex 4 to this Agreement.

The Franchisee agrees to ensure that the restaurant manager shall live in the vicinity of the Franchise Restaurant to facilitate day to day management. The Franchisee shall further ensure that the restaurant manager shall dedicate his entire working capacity to the Franchise Restaurant.

Any restaurant manager, the assistant managers and the shift managers shall prior to commencement of their employment have successfully undergone the training programme in accordance with Annex 4 to this Agreement conducted by the Franchisor for Germany.

(2) The training of employees shall be held at a location that shall be designated by the Franchisor but the Franchisor shall strive to choose the location according to the preferences of the Franchisee.

(3) Upon demand of the Franchisor, the Franchisee shall cause employees of the Franchise Restaurant to participate in further training programme of the Franchisor to acquire knowledge of the most current operational standards.

(4) The participation in such training programme shall be regarded as compensated by the royalty payments according to Clause 9 (1) hereof. The Franchisee shall be responsible for all travel and living expenses arising from the participation in such programmes.

(5) Der Franchisenehmer stellt sicher, dass in dem Franchise Restaurant stets eine ausreichende Anzahl von geschulten Mitarbeitern tätig ist.

(6) **Beschäftigungsbedingungen.** Die Bedingungen, zu denen der Franchisenehmer seine Mitarbeiter beschäftigt, werden von dem Franchisegeber weder geprüft noch genehmigt. Der Franchisenehmer verpflichtet sich allerdings, dem Bundesverband der Systemgastronomie e. V. beizutreten und insoweit gültige Tarifvorgaben (Mantel- und Entgelttarif) bei der Ausgestaltung von Arbeitsverhältnissen zu beachten. Der Franchisegeber erhält von dem Franchisenehmer eine Kopie der Aufnahmeerklärung des Bundesverbandes der Systemgastronomie e. V.

(7) **Abwerbeverbot.** Der Franchisenehmer und seine Gesellschafter verpflichten sich, keinen Arbeitnehmer/Angestellten des Franchisegebers oder einem mit dem Franchisegeber verbundenen Unternehmen oder einem anderen Franchisenehmer (des Franchisegebers) weder direkt noch indirekt zu abzuwerben, anzustellen oder in sonstiger Weise zu beschäftigen, es sei denn der betroffene Arbeitnehmer/Angestellte ist bereits 6 (sechs) Monate aus den Diensten des betreffenden ausgeschieden oder der betreffende Arbeitgeber/Dienstherr hat vorher seine schriftliche Zustimmung zu einer Anstellung oder sonstigen Beschäftigung des Arbeitnehmers/Angestellten gegeben.

(5) The Franchisor agrees to ensure that at all times there shall be a sufficient number of trained employees working in the Franchise Restaurant.

(6) **Conditions of Employment.** The Franchisor has neither evaluated nor approved the conditions under which the Franchisee employs its staff. However, the Franchisee agrees to acquire membership in the German Association of the System Gastronomy e. V. and to respect applicable tariff guidelines (framework and salary tariff arrangements) in the creation of employment agreements. The Franchisee shall provide the Franchisor with a copy of the admission notice of the German Association of System Gastronomy e. V.

(7) **Non-Solicitation.** The Franchisee and its shareholders shall not make any approach directly or indirectly, to entice or induce any employee of the Franchisor or of an Affiliate Company of the Franchisor or of another franchisee (of the Franchisor) to leave such employment, to start any employment or other occupation unless the relevant employee shall have left the employment with the relevant employer for longer than 6 (six) months or the relevant employer has given its written consent to a new employment or any other occupation of the employee.

§ 9 Gebühren und Werbekostenbeiträge, Kaution, Aufrechnung und Zurückbehaltung

(1) **Royalties.** Der Franchisenehmer verpflichtet sich, an den Franchisegeber als Gegenleistung für die Benutzung der …… Marken und des Franchisesystems eine prozentuale Gebühr, bezogen auf den im Franchise-Restaurant erzielten Umsatz zu zahlen. Der Prozentsatz der Gebühr ist in Anlage 3 zu dieser Vereinbarung bezeichnet. Der Franchi-

§ 9 Royalty and Advertising Contribution; Security Deposit Set-Off and Retention

(1) **Royalty.** The Franchisee shall pay to the Franchisor as compensation for the use of the …… Trademarks and the Franchise System a royalty by reference to a percentage of Gross Sales generated in the Franchise Restaurant. The percentage rate is specified in Annex 3 to this Agreement. By the 15th (fifteenth) day following the end of the

senehmer verpflichtet sich, bis zum 15. (fünfzehnten) Tag eines jeden Monats bei Franchisegeber eingehend den Umsatz des Vormonats des Restaurants originalschriftlich auf einem von dem Franchisegeber vorgegebenen Formblatt zu melden und – hierauf basierend – ebenfalls bis zum 15. (fünfzehnten) Tag eines jeden Monats eingehend die Royaltyzahlung für den Vormonat zu leisten. Der Franchisenehmer hat die Royaltyzahlungen in € auf ein von dem Franchisegeber zu benennendes Konto in der Bundesrepublik Deutschland zu leisten. Die Zahlungen erfolgen in voller Höhe ohne Abzüge. Dieses Abzugsverbot gilt insbesondere für im Abzugswege erhobene Steuern.

preceding month, the Franchisee shall deliver to the Franchisor a return of Gross Sales in writing on a form prescribed by the Franchisor and pay the royalty for the preceding month. All royalties shall be paid by the Franchisee to the Franchisor in € into such bank account in Germany as the Franchisor shall designate by prior written notice to the Franchisee. Such payment shall be paid in full free of any deductions or set-off whatsoever including but not limited to withholding tax or similar taxes.

(2) **Werbung und Verkaufsförderung.** Der Franchisenehmer verpflichtet sich, an den Franchisegeber oder an einen von dem Franchisegeber zu bestimmenden Dritten als Werbekostenbeitrag einen prozentualen Betrag, bezogen auf den im Franchise-Restaurant erzielten Umsatz zu zahlen. Der Prozentsatz ist ebenfalls in Anlage 3 zu dieser Vereinbarung bezeichnet. Dieser Werbekostenbeitrag ist in gleicher Weise und mit gleicher Fälligkeit wie die Royalties gem. vorstehender § 9 (1) zu ermitteln und zu entrichten.

Der Franchisegeber wird diesen Werbekostenbeitrag, abzüglich der Kosten des Verwaltungsaufwands und etwa anfallender Steuern, zum allgemeinen Nutzen des Franchisesystems für Werbung, Verkaufsförderung und Öffentlichkeitsarbeit verwenden und daraus insbesondere die Kosten für den Entwurf, die Herstellung sowie die Beseitigung von Werbe- und Verkaufsförderungsmaterial und diejenigen Kosten der Marktforschung bestreiten, die sich unmittelbar auf die Entwicklung und die Effektivität der Werbung und Verkaufsförderung beziehen.

Der Franchisegeber ist berechtigt, den Werbekostenbeitrag des Franchisenehmers mit entsprechenden Zahlungen anderer Franchisenehmer des Franchi-

(2) **Advertising and Sales Promotion.** The Franchisee shall pay to the Franchisor or its designee as advertising contribution an amount calculated by applying the percentage of the Gross Sales generated in the Franchise Restaurant. The percentage rate is also stated in Annex 3 to of this Agreement. The advertising contribution shall be calculated and be payable in the same manner as the royalty referred to in Clause 9 (1) above.

This advertising contribution, less administrative expenses and any applicable taxes, will be used for advertising, sales promotion and public relations including, without limitation, costs of development, production, removal of advertising and sales promotion materials. It shall also be applied to market research expenses directly related to the development and evaluation of the effectiveness of advertising and sales promotion.

The Franchisor shall have the right to combine the Franchisee's advertising contribution payment with payments from other Franchisees to form an

segebers zu einem Werbefonds zusammenzufassen und die so zusammengefassten Mittel auf einer ausgewogenen und sachgerechten Grundlage für die Werbung, Verkaufsförderung und Öffentlichkeitsarbeit in dem Marktgebiet zu verwenden, in dem Franchise-Restaurants belegen sind. Dies kann in räumlicher Hinsicht sowohl im Inland als auch im Ausland geschehen und – in sachlicher Hinsicht – auch zur Mitfinanzierung der Entwicklungskosten für Produkte geschehen, die mehr als ein Marktgebiet betreffen.

advertising fund which will be used on a fair and reasonable basis for advertising, sales promotion and public relations in the market area in which franchise restaurants are located. Geographically, this may cover national and international markets or be applied to co-finance creative or production costs of materials used in more than one market area.

Dem Franchisenehmer wird nahegelegt, an der Gestaltung der Werbung, der Verkaufsförderung und der Öffentlichkeitsarbeit für das Franchise-Restaurant teilzunehmen. Der Franchisegeber behält sich allerdings das Recht vor, erhaltene Werbekostenbeiträge ausschließlich nach eigenem Ermessen zu verwenden.

The Franchisee is encouraged to participate in the planning of advertising, sales promotions and public relations for the Franchise Restaurant. However, all expenditures of such payment moneys shall be at the discretion of the Franchisor.

Da der Franchisegeber in der Regel bereits vor Eröffnung des Franchise-Restaurants Verpflichtungen für Werbung und Verkaufsförderung eingeht, wird der Franchisenehmer an den Franchisegeber auf Verlangen eine angemessene Vorauszahlung auf die ab der Betriebseröffnung eines Franchise-Restaurants fällig werdenden Werbekostenbeiträge leisten; diese Vorauszahlung darf jedoch nicht den Betrag übersteigen, der für die ersten drei Monate nach Betriebseröffnung auf der Grundlage des durchschnittlichen Umsatzes, unter Anwendung des in der Anlage 3 geregelten Prozentsatzes, für das betreffende Restaurant erwartet werden kann. Die Vorauszahlung wird dem Franchisenehmer auf mit der Betriebseröffnung fälligen und – soweit hierdurch noch nicht ausgeglichen – auf später fällig werdende Werbekostenbeiträge angerechnet.

As the Franchisor will normally incur expenses for advertising and promotion prior to the opening of the Franchise Restaurant, the Franchisee shall upon demand of the Franchisor make a reasonable advance payment. However, such advance payment shall not exceed an amount that can be reasonably expected for the first three months based on average monthly sales of the restaurant and the application of the percentage rate referred to in Annex 3. The advance payment shall be credited towards the months of advertising payments as they fall due or the succeeding months, as the case may be.

Unbeschadet der vorgenannten Verpflichtungen ist der Franchisenehmer verpflichtet, von Lieferanten erhaltene Zuschüsse für Werbung und Öffentlichkeitsarbeit dem Fonds ebenfalls zur Verfügung zu stellen; dies hat spätes-

Notwithstanding the above referenced obligations, the Franchisee shall pay into the advertising fund all marketing and promotion contributions received from suppliers; this shall be effected by the 15th (fifteenth) day of the month

tens am 15. (fünfzehnten) Tag des auf den Empfang der Werbezuschüsse folgenden Monats zu geschehen.

succeeding the receipt of the contribution.

(3) **Umsatz.** Der Begriff „Umsatz" im Sinne dieser Vereinbarung bezeichnet die Summe aller Beträge, die in dem Franchise-Restaurant durch den Verkauf von Waren, Produkten oder Dienstleistungen erzielt werden. Der Verkauf von ...... Produkten[7] außerhalb des Franchise-Restaurants ist dem Franchisenehmer nicht gestattet. Sollte der Franchisegeber allerdings in Abweichung hiervon Zusatzverkäufe im Einzelfall gestatten, so fallen diese ebenfalls unter den Begriff des Umsatzes.

(3) **Sales.** The term "Sales" as used in this Agreement shall include all sums charged for the sale of goods, products, or services in Franchise Restaurant. The sale of ...... products away from the Location is not authorised. However, should the Franchisor, in deviation therefrom, authorise any such sales, then these will be included within the definition of Sales.

Der Umsatz ist unter Ausschluss der gesetzlichen Abgaben, wie etwa der Umsatzsteuer zu bestimmen. Die Umsatzsteuer wird der Franchisenehmer von den Letztverbrauchern unter Anwendung des jeweils geltenden Steuersatzes direkt erheben.

Sales shall not include any fiscal duties such as VAT. Any VAT shall be collected by the Franchisee from customers based on the applicable tax rate.

(4) **Kaution.** Zur Sicherung aller Ansprüche des Franchisegebers gegen den Franchisenehmer aus diesem Vertrag leistet der Franchisenehmer eine nicht aufrechenbare Kaution in Höhe von ...... €. Der Betrag ist bei Abschluss des Franchisevertrages zur Zahlung an den Franchisegeber fällig. Der Franchisegeber ist verpflichtet, diese Kaution auf einem Sparkonto zu banküblichen Zinsen anzulegen. Die Zinsen stehen dem Franchisenehmer zu. Der Franchisenehmer hat das Recht, als Sicherheitsleistung eine von ihm auf seine Kosten beizubringende unbefristete, unbeschränkte, unwiderrufliche und selbstschuldnerische Bankbürgschaft einer deutschen Großbank zu erbringen. Die Bürgschaft muss den Verzicht auf die Einreden der Anfechtbarkeit und der Aufrechenbarkeit gem. §§ 770, 771 BGB sowie den Verzicht auf die Einreden gem. §§ 768, 776 BGB und den Verzicht das Recht der Hinterlegung enthalten. Die Bürgschaft muss auf erste Anforde-

(4) **Security Deposit.** The Franchisee shall provide a security deposit (free of any rights of set off) in the amount of € ...... to cover all claims of the Franchisor against the Franchisee under this Agreement. Such amount shall be due and payable to the Franchisor upon conclusion of the Franchise Agreement. The Franchisor shall place the security deposit into a savings account that shall bear ordinary interest rates. Any interest shall be due to the Franchisee. The Franchisee shall have the right to procure the security deposit through an open-ended, unlimited, irrevocable and principal guarantee of a reputable German bank. The guarantee shall waive any rights to avoidance and set off according to §§ 770, 771 of the German Civil Code, any rights under §§ 768, 776 of the German Civil Code and the right to place a deposit. The guarantee shall be payable on first demand. It shall be provided within the earlier of a week after conclusion of this Agreement.

---

[7] Auch hier wäre der Markenname des Franchisegebers einzusetzen.

rung zahlbar sein. Sie ist innerhalb von einer Woche nach Abschluss dieser Vereinbarung vorzulegen.

(5) **Verbot der Aufrechnung; Zurückbehaltung; Leistungsverweigerung.** Zur Aufrechnung, Zurückbehaltung oder Leistungsverweigerung nach § 320 BGB ist der Franchisenehmer nur berechtigt, wenn sein Gegenanspruch rechtskräftig festgestellt, unbestritten oder von dem Franchisegeber anerkannt ist.

(6) **Verzugszinsen/Rechtsanwaltshonorare.** Sollte der Franchisenehmer mit der Begleichung fälliger Zahlungen nach diesem Vertrag in Verzug kommen, wird er hierfür an den Franchisegeber Verzugszinsen in Höhe von 7 (sieben) Prozent p.a. über dem Basiszinssatz der Europäischen Zentralbank zahlen. Die Geltendmachung eines höheren Verzugsschadens bleibt unberührt.
Der Franchisenehmer verpflichtet sich, alle Kosten, einschließlich (nach RVG zu ermittelnder) Rechtsanwaltsgebühren, die dem Franchisegeber bei der Durchsetzung der Bestimmungen, dieser Vereinbarung im Verzugsfall insbesondere aber auch bei der Wahrnehmung von Kündigungsrechten entstehen, zu erstatten.

(7) **Einzugsermächtigung.** Der Franchisenehmer erteilt dem Franchisegeber hiermit eine Einzugsermächtigung. Der Franchisenehmer erstattet dem Franchisegeber alle Kosten, insbesondere Bankgebühren, die entstehen, sofern die erteilte Einzugsermächtigung von der bezogenen Bank zurückgewiesen wird. Schadenersatzansprüche des Franchisegebers bleiben unberührt.

§ 10 Informations- und Kontrollrechte, Buchführung und Buchprüfung

(1) Die Sicherstellung der einheitlichen Anwendung des Franchise-Systems erfordert die Überprüfung der Franchise-

(5) **Prohibition to Set-Off; Retention Right; Suspension Right.** The Franchisee may not exercise any set-off, retention or suspension rights according to § 320 of the German Civil Code unless these claims shall have been conclusively determined through a court ruling or shall be undisputed or accepted by the Franchisor.

(6) **Default Interest and Attorney's Fees.** If the Franchisee shall be in default with any payments to be made under this Agreement, then it shall pay to the Franchisor an annual default interest rate of 7% above the base rate of the European Central Bank. This shall be without prejudice to any higher compensation claim arising from the default.

The Franchisee shall refund all costs, including attorney's fees (based on German Attorney's Fee Act) incurred by the Franchisor in enforcing the terms of this Agreement in the event of a default but also through the exercise of termination rights.

(7) **Direct Debit.** The Franchisee hereby gives the Franchisor authorisation to direct debit. The Franchisee shall indemnify the Franchisor against all costs arising from refusal of the bank to honour a direct debit note. This shall be without prejudice with regard to claims for damage compensation that the Franchisor may have.

§ 10 Information and Control Rights; Book Keeping and File Audit

(1) The safeguard of a consistent application of the Franchise System requires the monitoring of the Franchisee by the

nehmer durch den Franchisegeber. Der Franchisegeber ist daher berechtigt, jederzeit Kontrollen des Geschäftsbetriebs des Franchisenehmers durchzuführen. Der Franchisenehmer verpflichtet sich, dem Franchisegeber auf Verlangen jederzeit solche Unterlagen zur Verfügung zu stellen oder wahlweise die Einsicht zu gestatten, anhand derer der Franchisegeber die ordnungsgemäße Einhaltung vertraglicher Verpflichtungen durch den Franchisenehmer überprüfen kann.

(2) **Buchführung/Gewinn- und Verlustrechnung.** Der Franchisenehmer ist verpflichtet, seine Buchhaltung entsprechend den Vorgaben des Franchisegebers zum Kontenplan und Kontenrahmen einzurichten. Der Franchisenehmer hat die Handelsbücher für sein Unternehmen korrekt und vollständig zu führen. Er wird dem Franchisegeber jeweils bis zum 15. (fünfzehnten) Tag eines jeden Monats eingehend einen Bericht über den Geschäftsverlauf einschließlich Gewinn- und Verlustrechnung und Monatsbilanz des Vormonats in der von dem Franchisegeber genehmigten Form übersenden. Er wird dem Franchisegeber darüber hinaus Kopien seiner Summen- und Saldenlisten zur Verfügung stellen.
Auf Verlangen des Franchisegebers wird der Franchisenehmer dem Franchisegeber auch andere Finanzinformationen übermitteln (z.B. Kopien seiner Umsatzsteuererklärung).
Der Franchisenehmer verpflichtet sich, den Betrieb des Franchise-Restaurants bankmäßig getrennt von seinen sonstigen Geschäftsaktivitäten abzuwickeln, insbesondere insoweit ein gesondertes Bankkonto einzurichten.

(3) **Jahresabschluss.** Der Franchisenehmer wird dem Franchisegeber ferner seinen geprüften und – auf Verlangen des Franchisegebers – testierten Jahresabschluss innerhalb einer Frist von drei Monaten nach Beendigung seines Wirtschaftsjahres übermitteln.

Franchisor. Therefore, the Franchisor may at all times conduct audits of the business operations of the Franchisee. The Franchisee agrees to provide the Franchisor with all documents or, alternatively, have such documents inspected, through which the Franchisor can validate compliance of the Franchisee with its contractual duties.

(2) **Book Keeping/Profit and Loss Statement.** The Franchisee agrees to set up its book keeping procedures in relation to the structure and standard of accounts in accordance with the instructions that the Franchisor may give. The Franchisee shall keep accurate and complete records of its business. It shall furnish the Franchisor with monthly profit and loss statements for the Franchise Restaurant by the 15th (fifteenth) date of each month for the preceding month in the format prescribed by the Franchisor. In addition, it shall furnish the Franchisor with copies of a turnover and balance summary.

Upon demand of the Franchisor, the Franchisee shall provide the Franchisor with other financial information (including copies of its VAT declarations).
The Franchisee agrees keep any accounts relating to the operation of the Franchise Restaurant separate from other business activities and shall for such purposes establish a separate bank account.

(3) **Annual Report.** The Franchisee shall provide the Franchisor with its audited and (upon demand of the Franchisor) certified annual report by no later than three months after expiry of the preceding fiscal year.

(4) **Buchprüfungen.** Der Franchisenehmer räumt dem Franchisegeber das Recht ein, zu jeder angemessenen Zeit die betreffenden Geschäftsbücher des Franchisenehmers hinsichtlich des Franchise-Restaurants zu prüfen. Der Franchisenehmer verpflichtet sich, die Aufzeichnungen seiner Umsätze für mindestens 24 (vierundzwanzig) Monate nach deren Übermittlung an den Franchisegeber aufzubewahren. Sofern sich bei einer Buchprüfung Abweichungen von mehr als 2% (zwei Prozent) zwischen den von dem Franchisenehmer gemeldeten und den von dem Franchisegeber tatsächlich festgestellten Umsätzen ergeben, wird der Franchisenehmer dem Franchisegeber sämtliche Kosten im Zusammenhang mit der Buchprüfung einschließlich der Kosten eingeschalteter Berater (Wirtschaftsprüfer) sowie die angefallenen Reise- und Personalkosten sowie der Kosten für Unterkunft erstatten.

Der Franchisenehmer verpflichtet sich, dem Franchisegeber auf Verlangen bis zur Einrichtung der elektronischen Datenübertragung und Weiterverarbeitung jederzeit seine Warenumschläge sowie die Zusammensetzung des Warensortiments bezüglich des Franchise-Restaurants mitzuteilen.

(5) **Freier Datentransfer.** Der Franchisenehmer wird dem Franchisegeber oder dem von dem Franchisegeber zu benennenden Repräsentanten jederzeit die in seinem POS-System[8] enthaltenen Informationen zugänglich machen. „Zugänglich machen" im Sinne dieser Vereinbarung bedeutet die Mitwirkung zur Installation eines für den Franchisegeber akzeptablen Verfahrens, durch das Informationen oder Daten von einem durch den Franchisenehmer oder einem von ihm Bevollmächtigten betriebenen POS-System auf einen Computer oder ein System übertragen werden, das von dem Franchisegeber oder

(4) **Audits.** The Franchisee agrees that the Franchisor or its representatives shall, at all reasonable times, have the right to examine or audit the books and accounts of the Franchisee in relation to the Franchise Restaurant. The Franchisee shall retain sales records for a period of at least 24 (twenty-four) months after the same have been made available to the Franchisor. In the event that a discrepancy is found between the reported sales and actual sales which exceeds 2% (two per cent), the Franchisee shall reimburse the Franchisor for all costs of the audit including the costs of any advisors (accounting firms) and costs for travel, lodging and wages.

The Franchisee agrees to inform the Franchisor upon demand of the turnover of products and the product mix until a system for the transfer and processing of electronic data has been established.

(5) **Unrestricted Data Transfer.** The Franchisee shall make available to the Franchisor or any designated representative all information that shall be available in its POS system. "Availability" under this provision shall include co-operation in the establishment of a system acceptable to the Franchisor through which any information or data of a POS system operated by the Franchisee or any designated representative can be transferred to a computer or system operated by the Franchisor or any Affiliated Company and this shall include the immediate accessibility of the above referenced information

---

[8] Die Bezeichnung POS steht für Point of Sales (= Verkaufsstelle), ist aber in dieser Terminologie auch in der deutschen Franchise-Vertragspraxis gebräuchlich.

mit dem Franchisegeber verbundenen Unternehmen betrieben wird und
schließt die jederzeitige Zugriffsmög-
lichkeit durch den Franchisegeber (oder
durch ein mit dem Franchisegeber verbundenes Unternehmen) auf die vorgenannten Informationen ein.

(6) **Ermächtigung zur Datenverarbeitung.** Der Franchisenehmer gestattet
dem Franchisegeber bzw. mit dem
Franchisegeber verbundenen Unternehmen, alle in dem POS-System gespeicherten Informationen für Zwecke dieser Vereinbarung zu benutzen und zu
verarbeiten; der Franchisegeber sichert
zu, dass die Verwendung dieser Daten
stets unter Einhaltung aller daten-
schutzrechtlichen Vorschriften erfolgt.
Der Franchisenehmer ist damit einver-
standen, dass im Rahmen des Franchi-
se-Vertrags die über seine Person und
die über das Vertragsverhältnis maßgeblichen Umstände von dem Franchisegeber und/oder von mit dem Franchisegeber verbundenen Unternehmen
gespeichert, aktualisiert und/oder ge-
löscht und erforderlichenfalls, soweit
nicht dadurch offenkundig die Interessen des Franchisenehmers verletzt werden, an Dritte übermittelt werden.

through the Franchisor (or any Affiliated Company).

(6) **Authorisation to Data Processing.**
The Franchisee authorises the Franchisor (or any Affiliated Company) to use
and process all information that shall be
stored in the POS system for the purposes of this Agreement; the Franchisor
shall ensure that the use of such data
shall be made with due observance of
all data protection laws. The Franchisee
agrees that within the framework of
this Agreement all principal information relating to this Agreement may be
stored, updated and/or deleted or
made available to third parties unless
the same should result in an obvious
violation of the interests of the Franchisee.

§ 11 Nutzung von Marken des Franchisegebers, Markenverletzung

(1) **Zuordnung der ...... Marken.** Der
Franchisenehmer und seine Gesellschafter erkennen hiermit an, dass
alle Eigentumsrechte und sonstigen
Schutzrechte an dem Franchisesystem,
den ...... Marken gem. Anlage 1, der
Ausstattung, dem Dekor sowie dem
Erscheinungsbild von ...... Restaurants
ausschließlich dem Franchisegeber zustehen. Dies gilt auch für alle zukünftige Marken und Zeichen oder andere
gewerbliche Schutzrechte und Urheberrechte des Franchisegebers, die im
Franchisesystem Verwendung finden
sowie Domains und e-Mail Adressen
des Franchisegebers.

§ 11 Use of Trademarks of the Franchisor, Trademark Infringements

(1) **Allocation of ...... Trademarks.** The
Franchisee and its shareholders hereby
acknowledge that all proprietary rights
and other intellectual property of the
Franchise System, the ...... Trademarks
listed in Annex 1, the equipment, décor
and the visual image of ...... Restaurants shall be exclusively vested with the
Franchisor. This shall apply also to
future trademarks and signs or other
intellectual property rights of the Franchisor used in the Franchise System
including any domains and e-Mail
addresses of the Franchisor.

(2) **Nutzungsrecht an ...... Marken.**
Während der Laufzeit dieses Vertrages
ist der Franchisenehmer berechtigt und
verpflichtet die ...... Marken gem. Anlage 1 nach Maßgabe dieser Vereinbarung und des Betriebshandbuches zu
verwenden. Dies gilt auch für zukünftige Marken und Zeichen oder andere
gewerbliche Schutzrechte, die im Franchisesystem Verwendung finden und
die von dem Franchisegeber durch
schriftliche Erklärung gegenüber dem
Franchisenehmer zur Nutzung frei gegeben werden.

Der Franchisenehmer wird die ihm
eingeräumten Nutzungsrechte an den
...... Marken sowie zukünftige Marken
und Zeichen oder andere gewerbliche
Schutzrechte, die gem. vorstehendem
Abs. von dem Franchisegeber zur Nutzung frei gegeben wurden, ausschließlich im Rahmen des in § 2 (1) dieser
Vereinbarung geregelten Nutzungs-
zwecks verwenden.

(3) **Verwendung von Marken.** Der
Franchisegeber versichert, dass die in
Anlage 1 aufgeführten Marken tatsächlich verwendet werden. Der Franchisegeber gewährleistet jedoch nicht, dass
zukünftige Marken und Zeichen oder
andere gewerbliche Schutzrechte, die
gem. Abs. (1) von dem Franchisegeber
zur Nutzung frei gegeben werden,
während der Laufzeit dieser Vereinbarung stets in rechtlich unbedenklicher
Weise verwendet werden können. Darüber hinaus ist es möglich, dass ......
Marken, zukünftige Marken und Zeichen oder andere gewerbliche Schutzrechte des Franchisegebers von Dritten
benutzt werden, ohne dass der Franchisegeber dies genehmigt hat.

(4) **Handelsbezeichnung/Firmenname
des Franchisenehmers.** Bei dem Gebrauch einer Handelsbezeichnung oder
eines Firmennamens sowie von Domains und e-Mail Adressen darf der
Franchisenehmer ohne schriftliche Zustimmung des Franchisegebers keine
...... Marken, Abwandlungen hiervon
oder mit ihnen zu verwechselnde Mar-

(2) **Right to use the ...... Trademarks.**
The Franchisee shall have the right and
the obligation to use the ...... Trademarks referred to in Annex 1 in
accordance with this Agreement and
the Operations Manual. This shall also
apply to any future trademarks and
signs or other intellectual property that
shall be used in the Franchise System
and that the Franchisor shall have
approved for use through notice in
writing.

The Franchisee shall use the ......
Trademarks and any future trademarks
and signs or other intellectual property,
the use of which has been approved by
the Franchisor in accordance with the
foregoing provision exclusively for the
purposes set out in Clause 2 (1) above.

(3) **Use of Trademarks.** The Franchisor
represents that the trademarks listed in
Annex 1 are effectively used. However,
the Franchisor makes no representation
and warranty that future trademarks
and signs or other intellectual property
that the Franchisor shall approve for
use in accordance with subsection (1)
above shall be available for use through
the term of this Agreement without any
legal implications. Moreover, it may be
possible that some of the ...... Trademarks, future trademarks or signs or
other intellectual property of the Franchisor may be used by third parties
although the same shall not have been
approved by the Franchisor.

(4) **Trade Name/Company Name of the
Franchisee.** In using a trade or
company name or domains or e-Mail
addresses the Franchisee shall not
use any ...... Trademarks, variations
thereof or other trademarks confusingly
similar to these or signs without having
first obtained written approval of the
Franchisor. The Franchisee shall after

ken oder Zeichen verwenden. Von dem Franchisegeber zugelassene Domains und/oder e-Mail Adressen wird der Franchisenehmer nach Beendigung dieses Vertrages nicht mehr nutzen.

(5) **Verwechslungsfähige Marken.** Der Franchisenehmer verpflichtet sich, die Eintragung von ...... Marken in anderen Warenklassen als den bestehenden oder von mit den ...... Marken (auch zukünftigen) verwechslungsfähigen Marken oder Zeichen weder selbst zu betreiben noch betreiben zu lassen. Der Franchisenehmer verpflichtet sich weiterhin, verwechslungsfähige Marken oder Zeichen nicht zu verwenden. Auf Verlangen des Franchisegebers wird er sämtliche Rechte an auf seine Veranlassung eingetragenen ...... Marken oder anverwechslungsfähigen Marken oder an-Zeichen, sollte er solche gleichwohl erwerben, auf den Franchisegeber unentgeltlich übertragen oder – sofern eine Übertragung nicht möglich ist – dem Franchisegeber unentgeltlich ein ausschließliches, unbeschränktes und unterlizenzierbares Nutzungsrecht einräumen.

(6) **Angriff und Verletzung bestimmter Marken.** Der Franchisenehmer wird ...... Marken, zukünftige Marken und Zeichen oder andere gewerbliche Schutzrechte des Franchisegebers weder selbst angreifen, insbesondere durch Löschungsklagen, Nichtigkeitsklagen und/oder Widersprüche noch verletzen noch durch Dritte angreifen oder verletzen lassen noch Dritte bei einem Angriff oder einer Verletzung in irgendeiner Form unterstützen.

(7) **Markenverletzungen durch Dritte.** Der Franchisenehmer verpflichtet sich, den Franchisegeber unverzüglich von jeder ihm bekannt werdenden Verletzung oder Nachahmung von ...... Marken oder Zeichen sowie jedem Bestreiten der Benutzung von ...... Marken oder Zeichen zu unterrichten. Der Franchisegeber verpflichtet sich, sofern nach Einholung von juristischem Rat

expiry of this Agreement no longer use domains and/or e-Mail addresses shall have previously the Franchisor shall have previosty approved.

(5) **Confusingly Similar Trademarks.** The Franchisee agrees to refrain and cause any other of its agents to refrain from activity in conjunction with the registration of ...... Trademarks in other classes or any trademarks or signs that are confusingly similar to existing or future ...... Trademarks. The Franchisee further agrees to refrain from the use of confusingly similar trademarks or signs. Upon demand of the Franchisor it shall transfer to Franchisor free of charge any rights arising from the registration of any ...... Trademarks or any other trademark or sign that shall be confusingly similar thereto. If such transfer shall not be possible, it shall grant to the Franchisor an exclusive and unlimited license (which shall be sublicensable) free of charge.

(6) **Challenge and Infringement of certain Trademarks.** The Franchisee shall not challenge or have challenged through any third party the ...... Trademarks, future trademarks or signs or other intellectual property of the Franchisor, in particular through action for avoidance or nullity and/or opposition proceedings nor shall the Franchisee support a third party by any means in relation to any trademark challenge or infringement.

(7) **Third Party Trademark Infringements.** The Franchisee shall notify the Franchisor of any infringement or copy of ...... Trademarks or signs and of any challenge of the use of ...... Trademarks or signs immediately upon becoming aware of the same. The Franchisor agrees to pursue any illegal use of ...... Trademarks or signs if, as a result of obtaining legal advice confirming that

gute Erfolgsaussichten bestehen und der Franchisegeber ein entsprechendes Vorgehen für sinnvoll hält, gegen den rechtswidrigen Gebrauch von ...... Marken oder Zeichen vorzugehen. Der Franchisenehmer verpflichtet sich, den Franchisegeber bei der Verfolgung von Verletzungen, Nachahmungen, rechtswidrigem Gebrauch oder Missbrauch der ...... Marken oder Zeichen oder des Franchisesystems in Form der Weitergabe aller ihm bekannten Informationen zu unterstützen. Der Franchisenehmer verpflichtet sich, Gerichtsverfahren oder andere Verfahren, die die ...... Marken oder das Franchisesystem zum Gegenstand haben, ohne vorherige schriftliche Zustimmung des Franchisegebers nicht zu betreiben.

it has a valid case, it considers a lawsuit to be appropriate. The Franchisee agrees to support the Franchisor in pursuing any infringements, copying, illegal use or misappropriation of the ...... Trademarks or signs or the Franchise System through transfer any information made available to it. The Franchisee agrees to refrain from any lawsuit or other proceedings in relation to ...... Trademarks or the Franchise System unless otherwise approved by the Franchisor in writing.

§ 12 Wettbewerbsverbot

Während der Laufzeit dieses Franchisevertrages darf der Franchisenehmer gastronomische Betriebe jeder Art nur mit schriftlicher Einwilligung des Franchisegebers betreiben. Der Franchisenehmer darf sich ferner ohne schriftlicher Einwilligung des Franchisegebers nicht an Unternehmen, die einen oder mehrere gastronomische Betriebe betreiben, beteiligen oder ein derartiges Unternehmen in irgendeiner Form begünstigen oder für ein derartiges Unternehmen tätig sein.

§ 12 Restrictive Covenant

The Franchisee shall during the term of this Agreement not engage directly or indirectly nor be employed in the operation of any catering enterprises unless the same has been approved by the Franchisor. The Franchisee further agrees, to refrain from acquiring an interest in any type of restaurant operating one or more catering enterprises or promote such entity by whatever means or be employed by any such entity.

§ 13 Haftungsfreistellung, Haftung des Franchisegebers, Versicherungen

(1) **Rechtsgeschäfte mit Dritten, Haftung gegenüber Dritten, Freistellung.** Aus Rechtsgeschäften des Franchisenehmers mit Dritten wird der Franchisegeber nicht verpflichtet. Der Franchisenehmer ist für alle Verluste und Schäden sowie Haftungsverbindlichkeiten gegenüber Dritten, die durch den Besitz, das Eigentum oder den Betrieb des Franchise-Restaurants entstehen, verantwortlich. Dies gilt insbesondere für geltend gemachte Ansprüche auf

§ 13 Indemnification, Liability of the Franchisor, Insurance Arrangements

(1) **Transactions with Third Parties, Liabilities towards Third Parties, Indemnification.** Transactions that the Franchisee shall enter into with third parties shall not be of binding effect on the Franchisor. The Franchisee shall be responsible for all losses or damages and liabilities to third parties arising from or in conjunction with possession, ownership or operation of the Franchise Restaurant. This shall apply in particular to claims or demands for

Ersatz von Personen- oder Sachschäden – gleich welcher Art – und der Franchisenehmer stellt den Franchisegeber von solchen Ansprüchen vollumfänglich frei.

Insbesondere stellt der Franchisenehmer den Franchisegeber und mit dem Franchisegeber verbundene Unternehmen (insbesondere die ...... GmbH) von jeglicher Haftung gegenüber Dritten bzw. Haftungsansprüchen von Dritten, die durch den Besitz, das Eigentum oder den Betrieb des Franchise-Restaurants entstehen, frei. Er erstattet von dem Franchisegeber zur Abgeltung vorgenannter berechtigter Ansprüche geleistete Zahlungen. Die Freistellungs- und Erstattungspflicht gilt nicht, sofern das Schadensereignis nachweisbar auf ein grob fahrlässiges oder vorsätzliches Fehlverhalten des Franchisegebers, oder eines seiner Angestellten, durch Vertreter, Erfüllungsgehilfen oder eines mit dem Franchisegeber verbundenen Unternehmens beruht. Der Franchisenehmer verpflichtet sich, den Franchisegeber unverzüglich von der Erhebung gegen ihn erhobener Klagen oder der Geltendmachung von Ansprüchen in Kenntnis zu setzen und auf Verlangen des Franchisegebers alle diesbezüglichen Unterlagen zur Verfügung zu stellen.

Das Recht des Franchisegebers, den Franchisenehmer auf Grund vorgenannter Haftungstatbestände auf Schadensersatz in Anspruch zu nehmen, bleibt unberührt.

(2) **Haftung des Franchisegebers.** Der Franchisegeber haftet nur bei Vorsatz oder grober Fahrlässigkeit. Für einfache Fahrlässigkeit haftet der Franchisegeber nur und begrenzt auf den vertragstypischen vorhersehbaren Schaden, sofern eine Pflicht verletzt wird, deren Einhaltung für die Erreichung des Vertragszwecks von besonderer Bedeutung ist (Kardinalpflicht). Eine weitergehende Haftung auf Schadenersatz ist – ohne Rücksicht auf die Rechtsnatur des geltend gemachten Anspruchs – ausge-

damages to property or for injury of any kind and the Franchisee agrees to indemnify the Franchisor against any such claims.

In particular, the Franchisee agrees to indemnify the Franchisor or any Affiliated Companies of the Franchisor (in particular ...... GmbH) against any liability/claims as a result of the control or ownership of the Franchise Restaurant. It shall refund to the Franchisor any payments that the Franchisor shall have made to satisfy such justified claims. The duty to indemnification and refund shall not apply if the underlying incident can be proved to have been caused through gross negligence or wilful misconduct of the Franchisor or any of its employees, representatives, agents or any affiliate. The Franchisee shall immediately notify the Franchisor of any litigation that shall have been started or of any claims that shall have been raised against it and shall upon demand of the Franchisor make available to it all relevant documents.

This shall be without prejudice to the right of the Franchisor to recover damage compensation from the Franchisee as a result of the above referenced incidents.

(2) **Liability of the Franchisor.** The Franchisor shall only be liable for gross negligence and wilful misconduct. Any liability arising from simple negligence of the Franchisor shall only give rise to damages that, based on the agreement, were typically predictable and only if an obligation of significant impact to the achievement of the purpose of this agreement (material obligation) shall have been violated. Any further liability to damages – regardless of the type of claim involved – shall be excluded.

schlossen. Vorstehende Haftungsbe-
schränkungen bzw. -ausschlüsse gelten
nicht für die Fälle des anfänglichen
Unvermögens.

Soweit die Haftung des Franchisegebers ausgeschlossen oder beschränkt
ist, gilt dies auch für die persönliche
Haftung ihrer Angestellten, Arbeitnehmer, Mitarbeiter, Vertreter und Erfüllungsgehilfen.

(3) **Versicherungen.** Der Franchisenehmer verpflichtet sich, auf eigene
Kosten eine Betriebshaftpflichtversiche-
rung einschließlich Mietsachschaden-
versicherung bei einer renommierten
europäischen oder amerikanischen Versicherungsgesellschaft abzuschließen
und zu unterhalten, die außer solchen
Risiken, die nach anwendbarem natio-
nalem Recht versichert werden müssen,
neben einer Produkthaftpflicht auch
alle gesetzlichen Haftungsrisiken im
weitesten Sinne sowie eine Betriebsun-
terbrechung abdeckt. Die Versicherungssumme darf € …… (in Worten:
€ ……) pro Schadensfall nicht unterschreiten. Der Franchisenehmer verpflichtet sich ferner, eine Sachscha-
densversicherung (Feuer-, Einbruch-,
Diebstahl-, Vandalismus-, Leitungswas-
ser-, Sturm-, Hagel-, Glas- und Be-
triebsschließungsversicherung sowie
Elementarschäden) zum Neuwert des
Franchise-Restaurants, mindestens jedoch € …… abzuschließen, soweit ein
solcher Versicherungsschutz nicht bereits von einem Vermieter sichergestellt
worden ist.

Da der Franchisenehmer als wirtschaftlich und rechtlich selbstständiger Kaufmann tätig ist, wird ihm dringend
empfohlen, in angemessener Weise
Kranken- und Lebensversicherungen
abzuschließen, um so eine Kranken-
und Altersversorgung sicher zu stellen.
Der Franchisenehmer wird vor Eröffnung des Franchise-Restaurants dem
Franchisegeber auf Verlangen nachweisen, dass ein wirksamer Versicherungsschutz nach vorstehendem Abs. 1 gegeben ist. Auf Verlangen von des Fran-

The limitation or exclusion of liability,
as set out above, shall not apply to any
lack of competence authority existing
from the outset of the agreement.

Any exclusion or limitation of liability
of the Franchisor shall also extend to
the personal liability of its employees,
workers, staff, representative and
agents.

(3) **Insurance.** The Franchisee shall
carry and maintain at his own expense
throughout the term of this Agreement
a liability insurance including a minimum property damage coverage with a
reputable European or US insurance
company which, in addition to those
risks required to be covered by local
law, shall also cover product liability
and statutory liability of any kind including business interruption cover.
The insurance amount shall be no less
than …… € (€ ……) per occurrence.
The Franchisee further agrees to carry
out a property damage insurance (fire,
burglary and housebreaking, theft,
vandalism, water-pipe, storm, hail
storm, glass and a business closure insurance including elementary damages)
at the replacement value of the Franchise Restaurant, but in any event at no
less than …… €, unless such insurance
coverage shall already have been provided by the landlord.

As the Franchisee is an economically
and legally independent tradesman, it
is strongly recommended that a health
and life insurance coverage be procured
to ensure medical treatment and old
age pension.

Upon demand of the Franchisor the
Franchisee shall demonstrate prior to
the opening of the Franchise Restaurant
that a valid insurance coverage pursuant to subsection (1) above has been put
in place. Upon demand of the Franchi-

chisegebers hat der Franchisenehmer auch nach Abschluss dieses Vertrages geeignete Nachweise über den (ununterbrochenen) Fortbestand des Versicherungsschutzes zu führen.

sor, the Franchisee shall after conclusion of this Agreement provide the Franchisor with evidence of the (uninterrupted) insurance coverage.

§ 14 Steuern

(1) Der Franchisenehmer verpflichtet sich, sämtliche fälligen Steuern zu zahlen, die an den Besitz, das Eigentum oder den Betrieb des Franchise-Restaurants oder an andere, dem Franchisenehmer von dem Franchisegeber zur Verfügung gestellte Gegenstände anknüpfen. Im Falle eines Verfahrens, das die Steuerpflicht des Franchisenehmers zum Gegenstand hat, ist der Franchisenehmer berechtigt, in dem Besteuerungsverfahren die Richtigkeit sowie die Höhe der Besteuerung überprüfen zu lassen. Im Übrigen wird der Franchisenehmer das ihm rechtlich Zumutbare tun, um die Zwangsvollstreckung in Vermögenswerte des Franchise-Restaurants zu vermeiden.

(2) Sämtliche Gebühren, Beiträge oder Kosten, die in dieser Vereinbarung erwähnt werden, verstehen sich ausschließlich Umsatzsteuer oder anderer Steuern, die hierauf erhoben werden. Der Franchisenehmer verpflichtet sich, solche Steuern zu zahlen (bzw. bei seinen Letztverbrauchern zu erheben).

§ 15 Abtretungsverbot, Verkauf des Franchise-Restaurants; Vorkaufsrecht des Franchisegebers

(1) Dem Franchisenehmer ist es nicht gestattet, ohne schriftliche vorherige Zustimmung des Franchisegebers Rechte und Ansprüche aus diesem Vertrag, das Franchise Restaurant oder betriebsnotwendiges Vermögen zu verfügen, insbesondere diese zu veräußern, zu übertragen, zu verpachten, zu belasten, zu lizenzieren oder unterzulizenzieren.

§ 14 Taxes

(1) The Franchisee shall pay when due all taxes levied or assessed by reason of the Franchisee's possession, ownership or operation of the Franchise Restaurant or items loaned to the Franchisee by the Franchisor. In the event of any dispute as to the liability for a tax assessed against it, the Franchisee may contest and have reviewed the validity or the amount of the tax. The Franchisee shall undertake reasonable efforts to prevent seizure against the equipment of the Franchise Restaurant.

(2) All royalties, fees and other charges referred to in, or payable in accordance with, this Agreement are quoted exclusive of any value added or other tax chargeable thereon. The Franchisee shall pay any such tax as required by law (and collect the same from its customers).

§ 15 Prohibition of Assignment, Disposal of Franchise Restaurant; Pre-Emption Rights[9] Refusal of Franchisor

(1) The Franchisee shall not dispose of, sell, transfer, lease, encumber, license or sublicense any rights and claims under this Agreement or the Franchise Restaurant or equipment necessary for the operation of the Franchise Restaurant without prior written approval of the Franchisor.

---

[9] Gebräuchlich ist auch die Übersetzung in „right of first refusal".

(2) Beabsichtigt der Franchisenehmer den Verkauf des Franchise-Restaurants, so hat er dies dem Franchisegeber unverzüglich unter Angabe der persönlichen und wirtschaftlichen Verhältnisse des potentiellen Erwerbers schriftlich anzuzeigen. Die Angaben müssen den Franchisegeber die Lage versetzen, die Eignung des potentiellen Erwerbers als Franchisenehmer detailliert zu prüfen. Der Anzeige ist der abschließend ausverhandelte Entwurf des Vertrages zwischen dem Franchisenehmer und dem potentiellen Erwerber beizufügen.

Der Franchisegeber wird innerhalb von 21 (einundzwanzig) Tagen nach Empfang der Anzeige nebst den vollständigen Informationen und dem Vertragsentwurf gem. vorstehendem Absatz dem Franchisenehmer mitteilen, ob dem Kaufvertrag zwischen dem Franchisenehmer und dem potentiellen Erwerber unter Übertragung der Rechte und Pflichten aus diesem Franchisevertrag an den potentiellen Erwerber zugestimmt wird oder ob die Zustimmung nicht erteilt wird oder ob der Franchisegeber selbst oder ein von dem Franchisegeber zu benennender Dritter das Franchise-Restaurant zu den Konditionen des Vertragsentwurfs zwischen dem Franchisenehmer und dem potentiellen Erwerber erwirbt.

Der Franchisegeber ist in seiner Entscheidung in keiner Form eingeschränkt. Der Franchisegeber kann die Zustimmung zu dem Verkauf an den potentiellen Erwerber davon abhängig machen, dass der Franchisenehmer und/oder seine Gesellschafter für die Verpflichtungen aus diesem Franchisevertrag weiterhin haften. Erwirbt gemäß der Mitteilung des Franchisegebers ein von dem Franchisegeber benannter Dritter das Franchiserestaurant, so steht der Franchisenehmer für die Zahlung des Kaufpreises garantiemäßig ein.

Mit dem Vollzug des Verkaufs an den Franchisegeber oder an den von dem Franchisegeber benannten Dritten scheidet der Franchisenehmer als bishe-

(2) If the Franchisee intends to dispose of the Franchise Restaurant, it shall immediately notify the Franchisor thereof specifying all personal and financial information of the proposed buyer. Such information shall enable the Franchisor to evaluate in detail the individual capability of the proposed buyer as franchisee. The notice shall be accompanied by a copy of the draft agreement as has been conclusively negotiated between the Franchisee and the prospective buyer.

The Franchisor shall within a period of 21 (twentyone) days after receipt of the notice including the complete information and the complete copy of the draft agreement pursuant to the foregoing provision notify the Franchisee whether it is prepared to approve or refuse approval of the transfer of rights and obligations of the Franchise Agreement to the proposed buyer or whether the Franchisor or any third party designated by the Franchisor shall acquire the Franchise Restaurant at the terms and conditions of the draft agreement between the Franchisee and the proposed buyer.

The Franchisor shall have absolute discretion in its decision. The Franchisor is free to make its approval to the sale to the proposed buyer contingent upon a continued co-liability of the Franchisee and/or its shareholders for liabilities under this Franchise Agreement. In the event that, following a notice from the Franchisor, a third party designated by the Franchisor shall acquire the restaurant, then the Franchisee shall guarantee the payment of the purchase price.

Upon conclusion of a sale to the Franchisor or to a third party designated by the Franchisor, the Franchisee shall be mutually released as party to this

riger Vertragspartner einvernehmlich aus dem Vertrag aus. Bis dahin begründete Verpflichtungen der Vertragsparteien bleiben unberührt.

(3) Verkauft der Franchisenehmer zum Betrieb des Franchise-Restaurants notwendige Gegenstände, insbesondere Einrichtung und Ausstattung, so steht dem Franchisegeber jeweils ein Vorkaufsrecht nach den Bestimmungen der §§ 463 ff. BGB zu.

§ 16 Vertragspartner, höchstpersönliche Verpflichtungen der Gesellschafter des Franchisenehmers, Mithaft der Gesellschafter

(1) **GbR als Franchisenehmer.** Ist eine Gesellschaft bürgerlichen Rechts Franchisenehmer, so sind alle Gesellschafter der Gesellschaft bürgerlichen Rechts aus diesem Franchisevertrag als Gesamtschuldner persönlich verpflichtet und als Gesamtgläubiger berechtigt.

(2) **Gründung/Übernahme einer Gesellschaft durch den Franchisenehmer.** Gründet oder übernimmt der Franchisenehmer zum Zwecke des Betriebes des Franchise-Restaurants einen Personen- oder Kapitalgesellschaft, so gehen die Rechte und Pflichten aus diesem Vertrag nicht auf die gegründete oder übernommene Gesellschaft über. Der Franchisegeber kann mit schriftlicher Erklärung jedoch der Gesellschaft die Nutzung der in diesem Franchisevertrag zugunsten des Franchisenehmers vorgesehenen Rechte gestatten. Der Franchisegeber wird die entsprechende Einwilligung jedoch nur erteilen, wenn die vom Franchisenehmer gegründete oder übernommene Gesellschaft ausschließlich von dem/den Franchisenehmer/n gehalten wird.
Für den Fall der Erteilung der Einwilligung durch den Franchisegeber nach vorstehenden Absatz, bleibt die Haftung des Franchisenehmers für alle Verpflichtungen aus diesem Franchisevertrag gegenüber dem Franchisegeber

Agreement. This shall be without prejudice to any obligations of the parties hereto accrued as at such date.

(3) If the Franchisee disposes of any assets necessary for the operation of the Franchise Restaurant, in particular any furnishing or equipment, then the Franchisor shall have a right of first refusal in accordance with §§ 463 et seq. of the German Civil Code.

§ 16 Parties to this Agreement, Strictly Personal Obligations of the Franchisee's Shareholders, Co-liability of Shareholders

(1) **Civil Code Partnership as Franchisee.** If the Franchise Agreement should be signed by a civil code Partnership then all partners of such Partnership shall be jointly bound and liable under this Franchise Agreement and shall have rights as co-creditors.

(2) **Incorporation/Take Over of a Company as Franchisee.** If the Franchisee shall establish or acquire a Partnership or company to operate the Franchise Restaurant, then the rights and obligations hereunder shall not transfer to such incorporated or acquired entity. However, the Franchisor may through written notice allow such entity to share the rights awarded under the Franchise Agreement for the benefit of the Franchisee. The Franchisor shall consider any approval only if the entity is exclusively controlled by the Franchisee/s.

Any Franchisor approval pursuant to the foregoing provision shall be without prejudice to the full liability of the Franchisee for any obligations under the Franchise Agreement which shall continue to exist. The acquired or in-

bestehen. Die übernommene oder gegründete Personen- oder Kapitalgesellschaft haftet als Gesamtschuldner neben dem Franchisenehmer.

(3) **Gesellschaft als Franchisenehmer, Zustimmung zur Verfügung über Anteile.** Ist der Franchisenehmer eine Personen- oder Kapitalgesellschaft, so ist die zum Zeitpunkt des Abschlusses des Franchisevertrages gültige Gesellschafterliste in Anlage 3 zu diesem Vertrag mit ihrer jeweiligen Beteiligung genannt. Der Franchisenehmer und seine Gesellschafter versichern, dass die in Anlage 3 enthaltenen Angaben über die Anteilsinhaber und den Umfang ihrer Beteiligung zur Zeit des Abschlusses dieser Vereinbarung vollständig und richtig sind und dass die Anteilsinhaber, soweit nicht anders vermerkt, ihre Anteile nicht als Treuhänder für Dritte halten.
Es ist den Gesellschaftern des Franchisenehmers nicht gestattet, ohne schriftliche Einwilligung des Franchisegebers ihre Anteile an dem Franchisenehmer zu verfügen, insbesondere diese abzutreten und zu verpfänden.

(4) **Beteiligung am Franchisenehmer, Sicherstellung der verantwortlichen Führung.** Eine Beteiligung Dritter an dem Unternehmen des Franchisenehmers, etwa in Form einer stillen (auch atypischen) Beteiligung (auch Unterbeteiligung) ist nur zulässig, sofern der Franchisenehmer rechtlich und tatsächlich in der Lage bleibt, alleinverantwortlich die in diesem Franchisevertrag niedergelegten Verpflichtungen zu erfüllen.
Die Gesellschafter des Franchisenehmers haben sicherzustellen, dass eine Beteiligung Dritter an dem Kommandit-, Stamm- oder Grundkapital des Franchisenehmers nur dergestalt erfolgt, dass der Dritte bzw. die mehreren Dritten zusammen weniger als 25 % (fünfundzwanzig Prozent) der Anteile am Kommandit-, Stamm- oder Grundkapital halten.

corporated partnership or company shall have co-liability with to the Franchisee.

(3) **Company as Franchisor; Approval to Disposal of Shares.** If the Franchisee shall be incorporated as Partnership or company, then the list of partners/shareholders as at the date of the conclusion of this Agreement shall be as set out in Annex 3 specifying the size of shareholdings. The Franchisee and its shareholders represent and warrant that as at the date of the conclusion of this Agreement, the information on the shareholders and the amount of their shareholding as set out in Annex 3 are complete and accurate. Unless specified otherwise, no shareholder shall hold its share on trust for the benefit of any third party.

The shareholders may not dispose of their shares (which shall include, without limitation, any assignment or pledge) without prior written approval of the Franchisor.

(4) **Shares in the Franchisee; Guarantee of Management Responsibilities.** Any third party shareholding in the Franchisee entity such as a silent Partnership (including a non standard partnership and any sub-participation) shall only be permitted if the Franchisee remains legally and beneficially capable of performing at its own responsibility all duties set out in this Franchise Agreement.

The shareholders of the Franchisee shall ensure that any third party shareholding in the Franchisee (whether as limited Partnership share or as shareholding in a limited liability company or stock corporation) shall remain below 25 % (twentyfive percent).

Änderungen in der Gesellschafterstruktur des Franchisenehmers oder Beteiligungen an dem Unternehmen des Franchisenehmers sind dem Franchisegeber unverzüglich schriftlich mitzuteilen. Der Franchisenehmer ist verpflichtet, zum Beginn eines jeden Kalenderjahres dem Franchisegeber eine aktuelle Gesellschafterliste zu übersenden.

In allen Fällen der Beteiligung – gleich in welcher Form – ist von dem Franchisenehmer und seinen Gesellschaftern sicherzustellen, dass diejenige Person/en, mit der/denen der Franchisegeber die Verhandlungen zum Abschluss dieses Franchisevertrages geführt hat und der/die die persönlichen Voraussetzungen zur Führung des Franchiserestaurants mitbringende Gesellschafter/Geschäftsführer/Gesellschafter-Geschäftsführer rechtlich und tatsächlich in der Lage bleibt/en, alleinverantwortlich die in diesem Franchisevertrag niedergelegten Verpflichtungen zu erfüllen.

(5) **Persönliche Mithaft der Gesellschafter des Franchisenehmers.** Alle Gesellschafter des Franchisenehmers – mehrere als Gesamtschuldner – stehen für die vollständige und rechtzeitige Erfüllung aller aus dieser Vereinbarung und ihrer Beendigung resultierenden Zahlungsverpflichtungen des Franchisenehmers im Wege eines hiermit erklärten Schuldbeitritts ein. Dies gilt auch für Schadenersatzansprüche. Diese Haftung der Gesellschafter des Franchisenehmers bleibt auch dann bestehen, wenn der/die Gesellschafter aus ihrer Gesellschafterstellung ausscheiden. Eine Haftungsentlassung setzt eine ausdrückliche schriftliche Erklärung des Franchisegebers voraus.

(6) **Weitere höchstpersönliche Verpflichtungen der Gesellschafter des Franchisenehmers.** Über die in diesem Vertrag bereits vereinbarten höchstpersönlichen Verpflichtungen (z. B. aus § 4 (4), § 13 (2), (3) und (4)) erkennen die Gesellschafter des Franchisenehmers

Any change of the shareholder structure in the Franchisee or shareholdings in the Franchisee entity shall immediately be notified to the Franchisor. The Franchisee shall provide the Franchisor with an updated shareholder list at the start of each calendar year.

In all cases of shareholding – regardless of which type – the Franchisee and its shareholders shall ensure that the individual with whom the Franchisor shall have negotiated this Franchise Agreement and who shall have satisfied the personal requirements to operate the Franchise Restaurant as shareholder/general manager/managing partner shall at all times retain legal and beneficial ability to comply with the duties under this Franchise Agreement.

(5) **Personal Liability of the Shareholders of the Franchisee.** All shareholders of the Franchisee – any number of shareholders shall be treated as co-debtors – represent and warrant as co-debtors the complete and timely discharge of any payment obligations of the Franchisee under this Agreement which shall include any claims for damage compensation.

Such liability of the shareholders of the Franchisee shall remain in full force and effect even if the shareholder/s shall withdraw from their shareholder status. Any discharge from liabilities shall require an express written release of the Franchisor.

(6) **Other Strictly Personal Duties of the Franchisee's Shareholders.** In addition to the express undertakings under this Agreement (such as set out in Clauses 4 (4), 13 (2), (3) and (4)) each of the shareholders of the Franchisee individually and separately acknowledge to

hiermit jeder für sich als persönlich verbindlich folgende Verpflichtungen an, wobei auch Gesellschafter des Franchisenehmers, die aus ihrer Gesellschafterstellung ausscheiden, vollumfänglich verpflichtet bleiben:

a) Sämtliche Verpflichtungen des Franchisenehmers aus § 11 (…… Marken) dieses Vertrages, insbesondere aus

- § 11 (4): Bei dem Gebrauch einer Handelsbezeichnung oder eines Firmennamens sowie von Domains und e-Mail Adressen ohne schriftliche Zustimmung des Franchisegebers keine …… Marken, Abwandlungen hiervon oder mit ihnen zu verwechselnde Marken oder Zeichen zu verwenden und von dem Franchisegeber zugelassene Domains und/oder e-Mail Adressen nach Beendigung dieses Vertrages nicht mehr zu nutzen;
- § 11 (5): Nicht die Eintragung von …… Marken in anderen Warenklassen oder von mit den …… Marken (auch zukünftigen) verwechslungsfähigen Marken oder Zeichen weder selbst zu betreiben noch betreiben zu lassen oder verwechslungsfähigen Marken oder Zeichen zu verwenden und diese widrigenfalls unentgeltlich an den Franchisegeber zu übertragen oder – sofern eine Übertragung nicht möglich ist – dem Franchisegeber unentgeltlich ein ausschließliches, unbeschränktes und unterlizenzierbares Nutzungsrecht einzuräumen;
- § 11 (6): …… Marken, zukünftige Marken und Zeichen oder andere gewerbliche Schutzrechte des Franchisegeber nicht anzugreifen oder zu verletzen bzw. nicht angreifen oder verletzen zu lassen oder dieses zu unterstützen;
- § 11 (7): Dem Franchisegeber unverzüglich von jeder bekannt werdenden Verletzung oder Nachahmung von …… Marken oder

be bound by the following undertakings which shall continue to be binding regardless of any subsequent cease of shareholder status:

a) All obligations of the Franchisee under Clause 11 (…… Trademarks) of this Agreement including, without limitation,

- Clause 11 (4): In using a trade or company name or domains or e-Mail addresses the Franchisee shall not use any …… Trademarks, variations thereof or other trademarks confusingly similar to these or signs without having first obtained written approval of the Franchisor and in shall refrain after expiry of this Agreement from any use of domains and/or e-Mail addresses as approved by the Franchisor;
- Clause 11 (5): To refrain (and cause any third party to refrain) from any activity in conjunction with the registration of …… Trademarks in other classes or any trademarks or signs that are confusingly similar to existing or future …… Trademarks and to refrain from the use of confusingly similar trademarks or signs and to transfer these to the Franchisor upon demand free of charge or – if such transfer shall not be possible – to grant to the Franchsior an exclusive and unlimited license (which shall be sub-licensable) free of charge;
- Clause 11 (6): Not to challenge or have challenged through any third party the …… Trademarks, future trademarks or signs or other intellectual property of the Franchisor, or support any such activities;
- Clause 11 (7): To notify the Franchisor of any infringement or copy of …… Trademarks or signs and of any challenge of

Zeichen sowie jedem Bestreiten der Benutzung ...... Marken oder Zeichen zu unterrichten.

b) Gem. § 12 während der Laufzeit dieses Franchisevertrages gastronomische Betriebe jeder Art nur mit schriftlicher Einwilligung des Franchisegebers zu betreiben; ferner sich ohne schriftliche Einwilligung des Franchisegebers nicht an Unternehmen, die einen oder mehrere gastronomische Betriebe betreiben, zu beteiligen oder ein derartiges Unternehmen in irgendeiner Form zu begünstigen oder für ein derartiges Unternehmen tätig zu sein.

c) Auf Verlangen des Franchisegebers sind die Gesellschafter des Franchisenehmers verpflichtet, aus ihrem Kreis eine Person zu bestimmen, die die gleichen Schulungen wie der Restaurantmanager zu durchlaufen hat.

§ 17 Außerordentliche Kündigung und Kündigungsfolgen

(1) **Außerordentliche fristlose Kündigung.** Jede Vertragspartei ist berechtigt, diesen Franchisevertrag aus wichtigem Grund außerordentlich und fristlos kündigen. Ein zur außerordentlichen und fristlosen Kündigung berechtigender wichtiger Grund ist insbesondere dann gegeben, wenn das Vertrauensverhältnis zwischen den Vertragspartnern auf Grund eines von dem anderen Vertragspartner gesetzten Grundes für den kündigenden Vertragspartner so nachhaltig gestört ist, dass eine Fortsetzung des Franchisevertrages nicht in Betracht kommt.

Sind mehrere Personen Franchisenehmer, so entsteht ein Kündigungsgrund bereits dann, wenn die betreffenden Umstände in der Person eines Franchisenehmers eintreten. Die gleichen Grundsätze finden auf Gesellschafter des Franchisenehmers Anwendung.

Ein wichtiger, den Franchisegeber zur außerordentlichen und fristlosen Kündigung berechtigender Grund liegt insbesondere aber nicht ausschließlich vor,

the use of ...... Trademarks or signs.

b) Not to engage directly or indirectly in the operation of any catering enterprise without prior approval of the Franchisor (according to Clause 12 above); furthermore, not to acquire any interest in any type of restaurant operating one or more catering enterprise or to support such entity by whatever means or be employed by any such entity without prior approval of the Franchisor.

c) Upon demand of the Franchisor the shareholders of the Franchisee shall designate a representative amongst its members who shall undergo the same training as the restaurant manager.

§ 17 Termination for Good Cause and Effects of Termination

(1) **Termination for good cause with immediate effect.** Each party to this Agreement may terminate this Agreement for good cause with immediate effect. A good cause shall justify a termination with immediate effect only if the mutual trust in the parties' relationship has, as a result of an incident caused by the other party, suffered serious disruption such that a continuation of the Franchise Agreement shall be beyond consideration.

In the event that the Franchisee consists of more than one individual, then a termination for good cause shall be justified if the relevant incidents relate to one individual only. The same principles shall apply to any shareholders of the Franchisee.

The occurrence of any of the following events shall (without limitation) constitute good cause for termination:

wenn eines der nachstehend aufgeführten Ereignisse eintritt:

a) Der Franchisenehmer eröffnet innerhalb der dreimonatigen Nachfrist gem. § 4 (6) das Franchise-Restaurant nicht.

b) Der Franchisenehmer kommt seiner Verpflichtung zur Zahlung der Kaution bzw. der Stellung der Sicherheit durch eine Bürgschaft gem. § 9 (3) trotz angemessener Nachfristsetzung nicht nach.

c) Der Franchisenehmer verletzt Verpflichtungen betreffend den Betrieb des Franchise-Restaurants nach Maßgabe dieser Vereinbarung und der im Betriebshandbuch enthaltenen Richtlinien. Dies gilt insbesondere aber nicht ausschließlich bei Verletzung der Bestimmungen gem. § 5 (5) Nutzung der …… Marken, gem. § 5 (6) Werbung und Verkaufsförderung, gem. § 5 (7) Lagerung, Zubereitung und Behandlung von Speisen und Getränken, gem. § 5 (8) Einhaltung der Hygienevorschriften, gem. § 5 (9) Einhaltung der Öffnungszeiten, gem. § 5 (14) ausschließliche Verwendung autorisierter Produkte sowie gem. § 5 (15) Bezugspflicht. Die Kündigung setzt eine fruchtlose Abmahnung mit angemessener Fristsetzung durch den Franchisegeber voraus.

d) Der Franchisenehmer oder ein Gesellschafter des Franchisenehmers verstößt gegen die Bestimmungen des § 11 (4) Gebrauch von Handelsbezeichnung oder Firmennamen, des § 11 (5) Eintragung von …… Marken, verwechslungsfähigen Marken oder Zeichen, des § 11 (6) Angriff/Verletzung von …… Marken, zukünftige Marken und Zeichen oder andere gewerbliche Schutzrechte des Franchisegebers.

e) Der Franchisenehmer befindet sich mit mindestens zwei aufeinander folgende Termine mit der Zahlung der nach dieser Vereinbarung zu entrichtenden Royalties und/oder Werbekostenbeiträge oder eines nicht

a) The Franchisee fails to open the restaurant despite having been granted a grace period according to Clause 4 (6) above;

b) The Franchisee fails to pay a security deposit and/or to procure a guarantee pursuant to Clause 9 (3) above despite having been granted a reasonable grace period;

c) The Franchisee is in breach of its contractual duties relating to the operation of the Franchise Restaurant in accordance with the terms of this Agreement and the guidelines of Operations Manual. In particular, this shall refer to the duties set out in Clause 5 (5) Use of …… Trademarks, Clause 5 (6) Marketing and Promotion, Clause 5 (7) Storage, Preparation and Handling of Food and Beverages, Clause 5 (8) Compliance with Laws and Hygiene Standards, Clause 5 (9) Compliance with Agreed Opening Hours, Clause 5 (14) Use of Authorised Products only, Clause 5 (15) Supply Commitment. Any Termination shall require a prior warning notice of the Franchisor accompanied by a reasonable grace period;

d) The Franchisee or any shareholder of the Franchisee shall be in breach of Clauses 11 (4) Use of Trade and Company Names, Clause 11 (5) Registration of …… Trademarks or confusingly similar trademarks and signs, Clause 11 (6) Attack/Infringement of …… Trademarks, future trademarks or signs or other intellectual property of the Franchisor;

e) The Franchisee shall be in default with minimum two consecutive payments of royalties or advertising contributions or with a not merely insignificant amount of royalties and advertising contributions and it fails

unerheblichen Teils der zu entrichtenden Royalties und/oder Werbekostenbeiträge in Verzug und unterlässt es, trotz Mahnung und Nachfristsetzung des Franchisegebers, diese Zahlung innerhalb der gesetzten Frist zu leisten.

f) Der Franchisenehmer macht vorsätzlich falsche Angaben bei den Umsatzmeldungen oder bei einer anderen Rechnungslegung, zu der er nach dieser Vereinbarung verpflichtet ist.

g) Der Franchisenehmer stellt den Betrieb des Franchise-Restaurants ein und nimmt ihn trotz Abmahnung durch den Franchisegeber innerhalb der gesetzten angemessener Frist nicht wieder auf.

h) Der Franchisenehmer oder einer seiner Gesellschafter verletzt die Bestimmungen nach § 19 (2) (Geheimhaltung).

i) Der Franchisenehmer oder einer seiner Gesellschafter betreibt während der Laufzeit dieses Franchisevertrages gastronomische Betriebe ohne schriftliche Einwilligung des Franchisegebers oder hat sich ohne schriftliche Einwilligung des Franchisegebers an Unternehmen, die einen oder mehrere gastronomische Betriebe betreiben, beteiligt oder ein derartiges Unternehmen in irgendeiner Form begünstigt oder ist für ein derartiges Unternehmen tätig geworden.

j) Ein weiterer Franchisevertrag zwischen dem Franchisegeber und dem Franchisenehmer, der einen anderen als den vertragsgegenständlichen Standort betrifft, ist außerordentlich und fristlos von dem Franchisegeber gekündigt. Dies gilt insbesondere, wenn der andere Franchisevertrag auf Grund Zahlungsverzuges des Franchisenehmers oder Verstoß gegen die Betriebspflichten von dem Franchisegeber gekündigt wurde.

k) Der Mietvertrag über den Standort wird auf Grund schuldhaften Verhaltens des Franchisenehmers oder

to discharge the same despite receiving a warning notice within a reasonable grace period that the Franchisor has specified;

f) The Franchisee intentionally makes any materially false statement in connection with any sales report or any other account required hereunder which it is obliged to disclose under this Agreement;

g) The Franchisee shall cease operations of the Franchise Restaurant and, despite receiving a warning notice from the Franchisor, shall fail to resume to operations within a reasonable period of time;

h) The Franchisee or one of its shareholders shall be in breach of Clause 19 (2) (Secrecy);

i) The Franchisee or one of its shareholders shall, during the term of this Agreement, engage in catering operations without prior written approval of the Franchisor or shall, without having obtained prior written approval of the Franchisor, acquire a share in one or more catering operations or shall have promoted or be employed by such entity;

j) The Franchisor has terminated for good cause and with immediate effect any other franchise agreement referring to a Location other than the Franchise Restaurant that existed between the Franchisor and the Franchisee. In particular, this shall apply if the Franchisor has terminated the other franchise agreement as a result of payment default or a breach of the operational duties;

k) The landlord shall have terminated the rent agreement for good cause and with immediate effect as a result

einer seiner Gesellschafter durch den Vermieter außerordentlich gekündigt.

l) Über das Vermögen des Franchisenehmers wird das Insolvenzverfahren eröffnet oder die Eröffnung wird mangels Masse abgelehnt.

(2) **Sonderkündigungsrecht des Franchisegebers.** Der Franchisegeber ist zur fristlosen Kündigung dieses Vertrages berechtigt, wenn der Mietvertrag über den Standort beendet oder gekündigt worden ist.

(3) **Konsequenzen einer Kündigung, Inbesitznahme und Weiterbetrieb durch den Franchisegeber.** Mit der Kündigung dieser Vereinbarung verliert der Franchisenehmer das Recht, die ...... Marken und Zeichen und das Franchisesystem zu benutzen. Dem Franchisenehmer ist es insbesondere untersagt, als Franchisenehmer des Franchisegebers aufzutreten oder Geschäftsgeheimnisse des Franchisegebers, Betriebsverfahren, Materialien zur Verkaufsförderung, ... Zeichen oder andere verwechslungsfähige Marken und Zeichen zu benutzen. Der Franchisenehmer verpflichtet sich, unverzüglich das ihm zur Verfügung gestellte Betriebshandbuch einschließlich etwaiger Kopien oder Übersetzungen zusammen mit allen anderen von dem Franchisegeber erhaltene Materialien an den Franchisegeber zurückzugeben. Dies gilt insbesondere für Dokumentation von Geschäftsgeheimnissen, Anleitungen zum Betrieb des Franchise Restaurants oder Geschäftspraktiken des Franchisesystems.

Zur Zurückbehaltung ist der Franchisenehmer nur berechtigt, wenn sein Gegenanspruch rechtskräftig festgestellt, unbestritten oder von dem Franchisegeber anerkannt ist.

Nach einer außerordentlichen Kündigung des Franchisevertrages ist der Franchisegeber berechtigt, unabhängig von der Rechtswirksamkeit der außerordentlichen Kündigung, das Franchise-Restaurant in Besitz zu nehmen so-

of breach of contract of the Franchisee or its shareholders;

l) The Franchisee shall become subject to insolvency proceedings or the opening of the same shall have been refused due to insufficient asset base.

(2) **Special Termination Right of the Franchisor.** The Franchisor may terminate this Agreement with immediate effect if the lease agreement for the Location shall have expired or been terminated.

(3) **Effects of Termination, Repossession and Continuation of Operations by the Franchisor.** Upon termination of this Agreement, the Franchisee's right to use the ...... Trademarks and signs and the Franchise System shall terminate. In particular, the Franchisee shall not thereafter be entitled to identify itself as a Franchisee of the Franchisor or use any of the Franchisor's trade secrets, operating procedures, promotional materials, ... signs or any trademarks or signs confusingly similar. The Franchisee shall immediately return to the Franchisor the Operations Manual made available to it including any copies or translations thereof, together with all other material that the Franchisor shall have made available. In particular, this shall apply to documentation of trade secrets, instructions to operate the Franchise Restaurant or any business practice of the Franchise System.

The Franchisor may exercise retention rights only if its counter-claim has been confirmed by a conclusive court judgement, or is undisputed or accepted by the Franchisor.

Upon termination of the Franchise Agreement for good cause, the Franchisor shall, without prejudice to the binding legal effect of the termination, have the right, to take control and continue the operation of the Franchise

wie das Franchise-Restaurant weiter zu betreiben, um die Kontinuität des Restaurantbetriebes zu gewährleisten.

Restaurants to ensure continuity of restaurant operations.

(4) Ankaufsrechte und Vorkaufsrechte des Franchisegebers. Der Franchisenehmer räumt dem Franchisegeber und der ...... GmbH jeweils das Recht ein, nach Kündigung oder Beendigung dieser Vereinbarung, sämtliche gebrauchsfähigen Papierwaren, Container und Speisekarten, die ...... Marken (auch zukünftige) oder Zeichen oder Handelsnamen tragen, zum dann maßgeblichen Zeitwert zu erwerben. Ferner sind der Franchisegeber und die ..... GmbH jeweils berechtigt, die Restauranteinrichtung und Ausstattung, Möblierung, Einbauten und Zeichen zu erwerben. Dem Franchisegeber und der ...... GmbH steht jeweils insoweit ein Vorkaufsrecht gem. §§ 463 ff. BGB zu.

(4) Purchase Rights and Right of First Refusal of the Franchisor. The Franchisee grants to the Franchisor and ...... GmbH upon termination or expiration of this Agreement, the option to purchase all usable paper goods, containers and printed menus bearing any of the ...... Trademarks (including future trademarks), or signs or trade names at their then current market value. Moreover, the Franchisor and ...... GmbH shall be entitled to purchase the restaurant equipment and furniture, fixtures and signs. To that extent, the Franchisor and ...... GmbH shall have a right of first refusal pursuant to §§ 463 et seq. of the German Civil Code.

(5) Im Falle der Kündigung dieses Vertrages durch den Franchisegeber ist der Franchisenehmer auf Verlangen des Franchisegebers verpflichtet, an der Übertragung eines für den Standort bestehenden Mietverhältnisses auf den Franchisegeber oder auf eine von dem Franchisegeber zu bestimmende dritte Person mitzuwirken. Der Franchisenehmer erklärt schon jetzt seine Zustimmung zu einer Übertragung des für den Standort bestehenden Mietvertrages.

(5) In the event of a termination of this Agreement by the Franchisor the Franchisee shall upon demand of the Franchisor be obliged to co-operate in the transfer of the lease that shall be existing for the Location to the Franchisor or any third party designated by the Franchisor. The Franchisee already hereby approves the transfer of the lease for the Location.

(6) Sofern der Franchisegeber oder die von dem Franchisegeber bestimmte dritte Person die Übernahmerechte gem. vorstehendem Abs. (4) oder die Vertragseintrittsrechte gem. vorstehendem Abs. (5) nicht ausübt, verpflichtet sich der Franchisenehmer, unverzüglich auf Verlangen des Franchisegebers sämtliche Zeichen zu entfernen.

(6) If the Franchisor or any third party that the Franchisor shall have designated shall not exercise the takeover rights according to subclause (4) above or the right to succession rights according to subclause (5) above, then the Franchisee agrees to immediately remove all trademarks upon demand of the Franchisor.

§ 18 Vertragsstrafe

§ 18 Penalty

Verstößt der Franchisenehmer oder einer seiner Gesellschafter gegen eine der von ihm/ihnen nach diesem Franchisevertrag übernommenen Verpflichtungen, so hat der Betroffene für jede

The Franchisee agrees to pay to the Franchisor a penalty for any negligent breach of a duty assumed under this Agreement caused by itself or any shareholder provided that the Franchi-

schuldhafte Zuwiderhandlung eine, von dem Franchisegeber nach billigem Ermessen festzusetzende, im Streitfall vom zuständigen Gericht zu überprüfende, Vertragsstrafe zu zahlen.

Unabhängig davon stehen dem Franchisegeber weiterhin die Rechte zu, den Franchisevertrag aus wichtigem Grund zu kündigen, Schadensersatzansprüche geltend zu machen, sowie sonstige Ansprüche aus diesem Vertrag durchzusetzen.

sor shall have the right to determine such amount on a reasonable basis and such amount shall remain subject to a review of a competent court.

This shall be without prejudice to the Franchisor's right to serve notice of termination for good cause, to seek compensation of damages or to enforce any claims under this Agreement.

§ 19 Gerichtsstand, anwendbares Recht, Geheimhaltung; Vollmacht, Sonstiges

§ 19 Venue, Applicable Law, Secrecy, Authorisation, Others

(1) **Gerichtsstand, anwendbares Recht.** Ausschließlicher Gerichtsstand ist ...... Dies gilt auch bei Streitigkeiten über den Bestand dieser Vereinbarung.

Diese Vereinbarung wird durch die Annahme und Unterzeichnung durch den Franchisegeber, wirksam. Auf den Vertrag und seine Auslegung findet das Recht der Bundesrepublik Deutschland mit Ausnahme der Bestimmungen des deutschen internationalen Privatrechts Anwendung.

(1) **Jurisdiction/Governing Law.** The courts of ...... shall have exclusive Jurisdiction. This shall also apply to disputes on the validity of this Agreement. This Agreement shall become valid and binding though acceptance and signature of the Franchisor. It shall be governed and construed under and in accordance with the laws of Germany except the provisions of German Private International Law.

(2) **Geheimhaltung.** Der Franchisenehmer und dessen Gesellschafter haben über den Inhalt dieser Vereinbarung, insbesondere über die hierin vereinbarten Konditionen, sowie über den Inhalt des Betriebshandbuches Verschwiegenheit zu bewahren. Er wird den in dem Franchise-Restaurant beschäftigten Personen eine Geheimhaltungsverpflichtung in Bezug auf diese Vereinbarung sowie auf die nachfolgend aufgeführten Umstände auferlegen.

Der Franchisenehmer verpflichtet sich insbesondere, sämtliche Materialien, die ihm zu treuen Händen übergeben oder in anderer Weise zur Verfügung gestellt worden sind sowie sämtliche Informationen, die ihm gegenüber offengelegt worden sind, oder während der Laufzeit dieses Vertrages offengelegt werden, vertraulich zu behandeln.

(2) **Secrecy.** The Franchisee and its shareholders shall keep confidential the content of this Agreement, in particular the terms and conditions agreed hereunder. It shall impose such duty to keep confidential to its staff employed in the Franchise Restaurant in relation to this Agreement and the incidents referred to below.

In particular, the Franchisee shall keep confidential all material that has been given to it on trust or received otherwise including all information that has been disclosed or made available to it during the term of this Agreement. Specifically, this shall apply to the contents of the Operations Manual and any translation thereof; such informa-

Dies gilt insbesondere für den Inhalt des Betriebshandbuchs und dessen Übersetzung; derartige Informationen stellen Geschäftsgeheimnisse des Franchisegebers dar und dürfen nur für den Betrieb von Franchise-Restaurants oder anderer ...... Restaurants verwendet werden. Der Franchisenehmer verpflichtet sich, Geschäftsgeheimnisse ausschließlich in dem für den Betrieb des Franchise-Restaurants notwendigen Umfang seinen Mitarbeitern zugänglich zu machen und Dritten nicht zu offenbaren. Ausgenommen sind verbundene Unternehmen, die die Informationen kennen müssen und die derselben Geheimhaltungsverpflichtung unterworfen sind.

Der Franchisenehmer wird insbesondere dafür Sorge tragen, dass die Fertigung von Kopien oder die Veröffentlichung von Inhalten des Betriebshandbuches oder anderen vertraulichen oder geschützten Informationen, die er von dem Franchisegeber erhalten hat, unterbleibt. Es ist dem Franchisenehmer gestattet, Übersetzungen aus dem Englischen in die deutsche Sprache zu erstellen, sofern seine Mitarbeiter nicht über ausreichende Englischkenntnisse verfügen.

(3) **Vollmacht zugunsten der ...... GmbH.** Der Franchisegeber bevollmächtigt hiermit die ...... GmbH, für sie alle Erklärungen – auch einseitige – gegenüber dem Franchisenehmer, seinen Gesellschaftern und seinen Angestellten/Arbeitnehmern im Zusammenhang mit dem Abschluss, der Durchführung und der Beendigung dieses Franchisevertrages für den Franchisegeber abzugeben. Der Franchisenehmer und die Gesellschafter des Franchisenehmers nehmen hiermit von dieser unbefristeten Generalvollmacht Kenntnis.

(4) **Salvatorische Klausel.** Sollte eine Bestimmung dieses Vertrages ganz oder teilweise unwirksam oder undurchsetzbar sein, werden die Wirksamkeit und

tion shall be treated as trade secrets of the Franchisor and may only be used for the operation of Franchise Restaurants or other ...... Restaurants. The Franchisee agrees not to divulge any of the trade secrets to any third person other than the Franchisee's employees and then only to the extent necessary for the operation of the Franchise Restaurant. This shall not apply to Affiliated Companies that shall need to know such information and shall be subject to the same secrecy.

In particular, the Franchisee shall ensure that no copies of the Operations Manual shall be made and no content of it or of any confidential or proprietary information received from the Franchisor shall be divulged. The Franchisee shall be entitled to prepare translations from the English into the German language, if its employees should not be in sufficient command of the English language.

(3) **Authorisation of ...... GmbH.** The Franchisor hereby authorises ...... GmbH to make all statements on behalf of the Franchisor (including unilateral notices) towards the Franchisee, its shareholders or its employees/workers in conjunction with the conclusion, performance or termination of this Franchise Agreement. The Franchisee and its shareholders hereby take due notice of such unlimited general power of attorney.

(4) **Severability.** If any provision of this Agreement shall be entirely or partly invalid or unenforceable, this shall not affect the validity and enforceability of

Durchsetzbarkeit aller übrigen Bestimmungen dieses Vertrages davon nicht berührt. Die unwirksame oder undurchsetzbare Bestimmung ist als durch diejenige wirksame und durchsetzbare Bestimmung als ersetzt anzusehen, die dem von den Parteien mit der unwirksamen oder undurchsetzbaren Bestimmung verfolgten wirtschaftlichen Zweck am nächsten kommt.

(5) **Schriftformklausel.** Änderungen und Ergänzungen dieser Vereinbarung einschließlich dieser Schriftformklausel bedürfen zu ihrer Wirksamkeit der Schriftform, sofern das Gesetz keine strengere Form vorschreibt.

……, den ……
……
als Franchisegeber

……, den ……

……   ……
Franchisenehmer   Gesellschafter des
                                Franchisenehmers

all other provisions of this Agreement. An invalid or unenforceable provision shall be regarded as replaced by such a valid and enforceable provision that as closely as possible reflects the economic purpose that the parties hereto had pursued with the invalid or unenforceable provision.

(5) **Written Form.** Any changes or supplements to this Agreement including this written form clause shall not be valid unless made in writing and provided that statutory law does not prescribe a more rigid form.

……, the ……
……
as Franchisor

……, the ……

…….   …….
Franchisee   Shareholders of
                                    the Franchisee

2. Handelsvertretervertrag

2. Sales Agency Agreement

§ 1 Gegenstand des Vertrages

§ 1 Purpose of Agreement

(1) Die Firma ...... (nachfolgend „Prinzipal" genannt) überträgt hiermit ...... (nachstehend „Handelsvertreter" genannt) ihre Alleinvertretung für das in Anlage 1.1 beschriebene Gebiet für die folgenden Erzeugnisse: ....

(1) The ...... (hereinafter referred to as the "Principal") hereby assigns to ...... (hereinafter referred to as the "Sales Agent") the exclusive agency for the district described in Annex 1.1 hereto for the following products: ....

(2) Der Prinzipal behält sich vor, in dem genannten Bezirk persönlich oder durch seine Angestellten tätig zu werden.

(2) The Principal reserves its[1] right to initiate or have initiated through its staff its own activities within the defined territory.

§ 2 Pflichten des Handelsvertreters

§ 2 Duties of the Sales Agent

(1) Der Handelsvertreter hat die Aufgabe, mit Interessenten seines Bezirks Verkaufsgeschäfte für den Prinzipal zu vermitteln.

(1) The Sales Agent shall have the responsibility to act as an agent on behalf of the Principal with regard to sales transactions with interested parties resident in his area.

(2) Er ist verpflichtet, die Interessen des Prinzipals mit der Sorgfalt eines ordentlichen Kaufmanns wahrzunehmen. Er wird insbesondere die Abnehmer und Interessenten seines Bezirks regelmäßig besuchen. Er wird dem Prinzipal laufend über seine Tätigkeit berichten und ihm unverzüglich Kopien wesentlicher Geschäftsbriefe übersenden. Wird ihm ein außerhalb seines Bezirks bestehender Bedarf an den in § 1 (1) genannten Erzeugnissen bekannt, so wird er davon dem Prinzipal umgehend Mitteilung machen; ein Anspruch auf Provision entsteht dadurch nicht.

(2) He shall safeguard the interests of the Principal with the care of a reasonable tradesman. In particular, he shall visit the customers and interested parties of his territory on a regular basis. He shall provide the Principal with regular reports on his activities on a regular basis and shall immediately forward to him copies of material business letters. If he shall become aware of any demand for products listed in § 1 (1) above outside his territory, he shall immediately notify the Principal thereof; this shall not be regarded as to cause any claim for commission payment.

(3) Er ist während der Dauer dieses Vertragsverhältnisses verpflichtet, jeden Wettbewerb gegenüber dem Prinzipal zu unterlassen. Er darf sich weder unmittelbar noch mittelbar an einem Wettbewerbsunternehmen beteiligen oder ein solches in sonstiger Weise fördern. Er darf weder innerhalb noch

(3) During the term of this Agreement he shall not enter into any activities that may be in competition with the Principal. He may not acquire a direct or indirect share in a competitive entity and may not promote such entity otherwise. He may not enter into any agency agreement with such company within

---

[1] Siehe Anmerkung 1 auf S. 17 zum Franchisevertrag. Das neutrale „it" scheint im vorliegenden Fall naheliegend, da sich hinter dem „Principal" ein Unternehmen verbirgt.

außerhalb seines Bezirks eine Firma vertreten, die gleiche oder gleichartige Erzeugnisse herstellt oder vertreibt, selbst wenn es sich nur um gebrauchte Gegenstände handelt. Ausnahmen bedürfen der schriftlichen Einwilligung des Prinzipals.

(4) Will der Handelsvertreter zusätzlich die Vertretung einer Firma übernehmen, die nicht gleiche oder gleichartige Erzeugnisse herstellt oder vertreibt, so bedarf er des Einverständnisses des Prinzipals, das jedoch nur verweigert werden darf, wenn ein wichtiger Grund, der dem Handelsvertreter mitzuteilen ist, entgegensteht. Die beabsichtigte Beschäftigung eines Untervertreters ist dem Prinzipal mitzuteilen.

(5) Der Handelsvertreter ist in eigener Verantwortung verpflichtet, die Regeln des lauteren Wettbewerbs zu beachten.

(6) Er darf Geschäfts- und Betriebsgeheimnisse, die ihm durch seine Tätigkeit für den Prinzipal in irgendeiner Weise bekannt geworden sind, keinen dritten Personen mitteilen oder verwerten. Dies gilt auch nach Beendigung des Vertragsverhältnisses.

§ 3 Pflichten des Prinzipals

(1) Es steht dem Prinzipal frei, ein vom Handelsvertreter vermitteltes Geschäft abzuschließen oder abzulehnen. Er hat dem Handelsvertreter unverzüglich Mitteilung über die Annahme, Ablehnung oder Nicht- bzw. Andersausführung eines Geschäfts zu machen. In dieser Mitteilung und dabei den maßgeblichen Grund bekannt zugeben, soweit nicht ein wesentliches Interesse des Prinzipals entgegensteht.

(2) Preisänderungen sind dem Handelsvertreter unverzüglich bekannt zugeben.

(3) Der Prinzipal wird den Handelsvertreter über seine Verhandlungen mit Abnehmern oder Interessenten des Bezirks unterrichten. Er wird ihm insbesondere unverzüglich Durchschrift we-

or outside his territory that produces or distributes the same or similar products, even if this shall refer to second-hand products. Any exceptions shall require written approval of the Principal.

(4) If the Sales Agent intends to take over the agency for a company that does not produce or sell the same or similar products, then he shall require the approval of the Principal therefor. However, such approval may only be refused for good cause that shall be notified to the Sales Agent. If the Sales Agent intends to retain a sub-agent, he shall notify the Principal thereof.

(5) The Sales Agent shall be solely responsible for adhering to the regulations against unfair competition.

(6) He may not use or disclose to any third party any business or trade secrets that he shall become aware of during his work on behalf of the Principal or shall acquire otherwise. This shall also extend to the time after expiry of this Agreement.

§ 3 Duties of the Principal

(1) The Principal shall be free to accept or reject a transaction that shall have been arranged by the Sales Agent. He shall immediately notify the Sales Agent of any acceptance, rejection, refusal or variation of the execution of a transaction and specify the reason therefor unless material interests of the Principal shall demand otherwise.

(2) Any variations of price shall be immediately notified to the Sales Agent.

(3) The Principal shall inform the Sales Agent of any of its own negotiations with customers or interested parties of the district. In particular, it shall immediately provide the Sales Agent with a

sentlicher Geschäftsbriefe übersenden und ihn nach Möglichkeit von seiner Absicht, Abnehmer oder Interessenten zu besuchen, verständigen.

§ 4 Provisionsanspruch des Handelsvertreters

(1) Der Handelsvertreter erhält für alle Verkaufsgeschäfte, die der Prinzipal mit Abnehmern des in § 1 (1) genannten Bezirks während der Dauer des Vertragsverhältnisses über die in § 1 (1) genannten Erzeugnisse abschließt, vorbehaltlich der Sonderregelung der nachfolgenden Absätze 3 und 4, eine Provision von ......% (...... Prozent), sofern es sich um Verkaufsgeschäfte handelt, die der Handelsvertreter vermittelt hat Für sonstige Verkaufsgeschäfte beträgt die Provision ......% (...... Prozent).

(2) Geschäfte, die erst nach Beendigung des Vertragsverhältnisses abgeschlossen werden, sind nicht provisionspflichtig.

(3) Der Provisionsanspruch für Verkaufsgeschäfte mit im Gebiet des Handelsvertreters ansässigen Exportfirmen, für Verkäufe von Ersatz- und Reserveteilen sowie von Fremderzeugnissen, bleibt einer separaten Vereinbarung vorbehalten, soweit diese nicht wesentliche Bestandteile der in § 1 (1) aufgeführten Erzeugnisse sind.

(4) Führt der Handelsvertreter mit einem Interessenten seines Bezirks die Vor- oder Preisverhandlungen, wird das Geschäft dann aber durch das Stammhaus oder eine Einkaufszentrale des Interessenten außerhalb des Bezirks abgeschlossen, so erhält der Handelsvertreter für dieses Geschäft die volle Provision, wenn der für das Stammhaus oder die Einkaufszentrale zuständige Handelsvertreter bei der Vermittlung des Geschäfts nicht gleichfalls wesentlich mitwirkt; dieser erhält keine Provision. Wirkt jedoch der für das Stammhaus oder die Einkaufszentrale

§ 4 Commission Claim of the Sales Agent

(1) The Sales Agent shall receive a commission of ......% (...... percent) for all sales transactions that the Principal during the term of this Agreement shall enter into with customers resident within the territory specified in § 1 (1) above for the products referred to in § 1 (1) above. This shall apply notwithstanding the specific provisions in subclauses 3 and 4 below and only for those sales transactions for which the Sales Agent shall have acted as agent. For other sales transactions, the commission shall be ......% (...... percent).

(2) Transactions that shall be entered into after expiry of the Agreement shall not be subject to a commission payment.

(3) The commission claim for sales transactions with export companies resident within the district that refer to spare or reserve parts or third party products shall be subject to a separate arrangement unless those parts shall be an integral part of the products listed in § 1 (1) above.

(4) If the Sales Agent shall conduct prenegotiations or price negotiations with an interested party in his district but the transaction is subsequently completed through the head office or a purchasing office located outside the district, then the Sales Agent shall retain the full commission for such transaction. However, this shall apply only if the sales agent responsible for the head office or the purchasing office shall not be involved in which case no commission to such agent shall be payable. If, however, the sales agent responsible for the head office or the purchasing office

zuständige Handelsvertreter gleichfalls wesentlich mit, so wird die Provision geteilt. Ob ein solcher Fall vorliegt und in welchem Verhältnis die Provision zu teilen ist, entscheidet der Prinzipal nach billigem Ermessen nach Anhörung beider Handelsvertreter, sofern sich diese nicht über die Teilung der Provision einigen. Bei der Provisionsteilung ist für jeden der beiden Handelsvertreter der mit ihm vereinbarte Provisionssatz maßgebend.

shall be materially involved, then the commission shall be divided. If the agents shall not agree on the division of the commission, then the Principal shall use its reasonable discretion to determine after hearing both sales agents if the above is the case and in which proportion the commission shall be divided. The agreed individual commission rate for each of the sales agents shall be applicable in conjunction with the division of commission.

§ 5 Berechnung und Fälligkeit der Provision

(1) Die Provision wird von dem in Rechnung gestellten Entgelt des Verkaufsgeschäfts – ausschließlich Mehrwertsteuer, abzüglich etwaiger Rabatte, ausgenommen Barzahlungsrabatte – berechnet. Nebenkosten wie Fracht, Rollgeld, Verpackung und Inbetriebsetzungskosten kommen in Abzug, soweit sie gesondert in Rechnung gestellt sind. Entgelte für Montage und ähnliche Nebenleistungen, die im Wesentlichen aus Arbeitsaufwand bestehen, kommen in Abzug, auch wenn sie nicht gesondert in Rechnung gestellt sind.

(2) Zu der Provision erhält der Handelsvertreter die darauf entfallende Mehrwertsteuer, wenn und soweit er selbst mehrwertsteuerpflichtig und damit zum besonderen Ausweis der Mehrwertsteuer in einer Rechnung verpflichtet ist. Auf Verlangen des Prinzipals hat der Handelsvertreter hierüber einen entsprechenden Nachweis zu führen. Stellt sich heraus, dass der Vertreter nicht mehrwertsteuerpflichtig ist, so wird seine Provision auch rückwirkend um den Anteil gekürzt, den der Prinzipal als Vorsteuer im Fall der Mehrwertsteuerpflicht des Handelsvertreters hätte geltend machen können.

§ 5 Calculation and Maturity of Commission Payments

(1) The commission payment shall be based on the price that has been invoiced for the sales transaction (excluding VAT[2], if any, and minus any discounts except cash payment discounts). Any ancillary costs such as freight, haulage, packaging and costs of putting into operation shall be deducted as far as those have been invoiced separately. Any fees for installation or other ancillary services that essentially consist of labour costs shall be deducted even if they shall not have been invoiced separately.

(2) In addition to the commission the Sales Agent shall receive the applicable VAT thereon if and to the extent that he shall be VAT liable and therefore obliged to separate specification of VAT in the invoices. Upon demand of the Principal the Sales Agent shall demonstrate the same. If, as a result thereof, the Sales Agent shall not be subject to VAT then his commission shall be deducted by such amount that the Principal could have claimed, had the Sales Agent been subject to VAT.

---

[2] Die Begriffe Umsatzsteuer und Mehrwertsteuer werden durchgängig mit *VAT (Value Added Tax)* übersetzt.

(3) Der Handelsvertreter hat Anspruch auf Provision nach Eingang der Zahlung des Abnehmers und nach Maßgabe des eingegangenen Betrages. Für die Fälligkeit der Provision gelten die gesetzlichen Bestimmungen.

(3) The Sales Agent shall receive the commission upon receipt of the payment of the customer in accordance with the received amount. The commission claim shall become due and payable in accordance with the provisions of applicable statutory law.

§ 6 Vertragsdauer

(1) Dieser wird Vertrag auf unbestimmte Zeit geschlossen. Die nach den gesetzlichen Vorschriften zulässige Kündigung hat durch einen eingeschriebenen Brief zu erfolgen.

(2) Ist als Handelsvertreter eine Firma bestellt, deren Inhaber ein Einzelkaufmann ist, so gilt dieser Handelsvertreter im Sinne dieses Vertrages.

(3) Ist eine Gesellschaft als Handelsvertreter bestellt, so ist bei Änderung der Gesellschafter oder Geschäftsführer oder bei wesentlicher Änderung des Gesellschaftsvertrags dem Prinzipal Mitteilung zu machen. Dieser ist zu außerordentlicher Kündigung berechtigt, wenn die Fortsetzung des Vertragsverhältnisses ihm unter den veränderten Umständen nicht zumutbar ist.

(4) Der Handelsvertreter hat nach Vertragsende das in seinem Besitz befindliche Werbematerial und die sonstigen Geschäftsunterlagen (Preislisten, Zeichnungen, Muster usw), soweit sie Eigentum des Prinzipals sind, unverzüglich an diesen zurückzugeben.

§ 6 Term of Agreement

(1) This Agreement shall be concluded for an indefinite period of time. Any notice of termination as permitted by statutory law shall be served through registered mail.

(2) If a company shall be appointed as Sales Agent and should its owner be a sole tradesman then he himself shall be regarded as the Sales Agent for the purpose of this Agreement.

(3) If a company shall be appointed as Sales Agent then any change of shareholders or managing directors or any material change of the shareholders agreement shall be notified to the Principal. It shall have the right to termination for good cause if, in view of the changed situation, the continuation of the Agreement shall not be reasonably acceptable.

(4) Upon expiry of the Agreement the Sales Agent shall return all advertising material and other business documents (price lists, drawings, samples etc.) that he shall possess as far as the same shall be property of Principal.

§ 7 Schiedsgericht

(1) Sämtliche Streitigkeiten, die aus oder im Zusammenhang mit diesem Vertrag entstehen, sind unter Ausschluss des ordentlichen Rechtsweges durch ein Schiedsgericht zu entscheiden.

(2) Bei Streitigkeiten, die einen Streitwert bis zu 40.000 € betreffen, besteht das Schiedsgericht aus einem Schieds-

§ 7 Arbitration Panel

(1) All disputes arising from or in conjunction with this Agreement shall be subject to arbitration proceedings. The ordinary court proceedings shall be excluded.

(2) For any disputes with a value of no more than 40,000 €, the arbitration panel shall consist of one arbitrator. The party

richter. Die Partei, die das Schiedsgericht einzuberufen wünscht, hat der anderen Partei diese Absicht unter Darstellung des Sachverhalts mittels Einschreibebrief mitzuteilen. Die Parteien sollen versuchen, sich innerhalb von 30 Tagen seit Zugang des Briefes über die Benennung eines Schiedsrichters zu einigen. Kommt die Einigung innerhalb dieses Zeitraums nicht zustande, ist jede Partei berechtigt, den Präsidenten der für den Geschäftssitz des Unternehmens zuständigen Industrie- und Handelskammer zur Benennung eines Schiedsrichters anzurufen. Die Anrufung ist der anderen Partei mittels Einschreibebrief mitzuteilen.

(3) Bei Streitigkeiten mit einem höheren Streitwert als 40.000 € besteht das Schiedsgericht aus zwei Schiedsrichtern, von denen jede Partei einen benennt, und einem Vorsitzenden, der von den beiden Schiedsrichtern gewählt wird. Die Partei, die das Schiedsgericht einzuberufen wünscht, sendet der anderen Partei einen Einschreibebrief unter Angabe des Vor- und Zunamens und der Anschrift des Schiedsrichters, den sie benennt, sowie eine Darstellung des Sachverhalts. Die andere Partei ist verpflichtet, innerhalb von 30 Tagen nach Erhalt des oben erwähnten Briefes der ersten Partei den Vor- und Zunamen sowie die Anschrift des von ihr zu benennenden Schiedsrichters mittels Einschreibebrief mitzuteilen. Benennt eine der Parteien keinen Schiedsrichter, so wird dieser auf Antrag der anderen Partei von dem erwähnten Präsidenten der Industrie- und Handelskammer ernannt. Die beiden Schiedsrichter sollen versuchen, innerhalb von 30 Tagen den Vorsitzenden zu wählen. Kommt die Wahl des Vorsitzenden innerhalb dieses Zeitraums nicht zustande, so wird der Vorsitzende auf Antrag einer Partei von dem oben erwähnten Ausschuss ernannt.

intending to convene the arbitration court shall notify the same to the other party through registered mail describing the underlying facts. The parties shall attempt to achieve an agreement on the appointment of an arbitrator within 30 days after receipt of such letter. If no agreement shall have been achieved within such period of time, then each party shall be entitled to seek recourse to the President of the Chamber of Industry and Commerce being the proper authority for the registered office of the company to appoint an arbitrator. The application shall be notified to the other party, through registered mail.

(3) For any disputes exceeding a value of 40,000 €, the arbitration panel shall consist of two arbitrators (of which each party shall appoint one each) plus a chairman who shall be appointed by the two arbitrators. The party intending to convene the arbitration panel shall notify the same to the other party through registered mail notifying the name and surname of the arbitrator that he shall appoint and a description of the facts. The other party shall within a period of 30 days after receipt of the above referenced letter notify through registered mail to the first party the name and the surname of the arbitrator that he shall appoint. If either of the parties shall not specify an arbitrator, then, upon demand of the other party, such arbitrator shall be appointed by the referenced President of the Chamber of Industry and Commerce. Both arbitrators shall attempt to appoint a chairman within 30 days. If they should fail to agree on the chairman within such period of time, then, upon demand of either party, the chairman shall upon demand of either party be appointed through the above referenced panel.

3. Vertragshändlervertrag	3. Authorised Dealer Agreement

§ 1 Gegenstand des Vertrages

Der Hersteller überträgt hiermit dem Vertragshändler für das in Anlage 1 festgelegte Vertragsgebiet das ausschließliche Recht zum Vertrieb von Vertragsware. Diese Übertragung umfasst die in Anlage 2 aufgeführten Produkte und schließt die Leistung des in Anlage 3 bezeichneten Kundendienstes sowie die darin niedergelegten Richtlinien ein.

§ 2 Rechtsstellung des Vertragshändlers

(1) Der Vertragshändler kauft und vertreibt Vertragsware und erbringt die erforderlichen Kundendienstleistungen ausschließlich im eigenen Namen und auf eigene Rechnung.

(2) Er ist nicht berechtigt, für den Hersteller zu handeln oder für diesen Verpflichtungen einzugehen.

§ 3 Vertragsware und Vertragsgebiet

(1) Vertragswaren sind alle vom Hersteller hergestellten Produkte, wie sie in Anlage 2 aufgeführt sind, sowie die entsprechenden Ersatz- und Zubehörteile.

(2) Der Hersteller ist verpflichtet, dem Vertragshändler andere als die in Anlage 2 aufgeführten Produkte als Vertragsware anzubieten, sofern er diese herstellt. Der Vertragshändler ist zur Aufnahme des Vertriebs dieser Produkte verpflichtet.

§ 1 Subject of Agreement

The Manufacturer[1] hereby assigns to the Authorised Dealer the exclusive right to distribute the contractual products within the territory described in Annex 1. Such assignment shall comprise the products listed in Annex 2 and include the customer service referred to in Annex 3 and the guidelines specified in that Annex.

§ 2 Status of the Authorised Dealer

(1) The Authorised Dealer agrees to buy and sell the contractual products and provide the necessary customer service exclusively in its own name and at its own expense.

(2) It shall not be entitled to act on behalf of or to enter into any commitments on behalf of the Manufacturer.

§ 3 Contractual Products and Contractual Territory

(1) Contractual products shall be all products produced by the Manufacturer that are specified in Annex 2 including any spare parts and accessory equipment.

(2) The Manufacturer shall be required to offer to the Authorised Dealer products other than those listed in Annex 2 as contractual products if those are manufactured by it. The Authorised Dealer shall be required to include these products into the distribution activities.

---

[1] Die Großschreibung im Englischen erfolgt in der Kautelarpraxis bei definierten Begriffen – hier: der Person des Vertragshändlers – die entweder nur im Vertragstitel stattfindet, soweit es die Parteien betrifft, häufig aber in einem separaten Definitionenkatalog niedergelegt ist.

(3) Es steht dem Hersteller frei, Vertragswaren unter Wahrung einer angemessenen Ankündigungsfrist von sechs Monaten aus Anlage 2 zu streichen, wenn das Produkt nicht mehr oder nicht mehr zu wirtschaftlich vertretbaren Bedingungen hergestellt wird.

§ 4 Vertragsgebiet

(1) Vertragsgebiet ist das in der diesem Vertrag als Anlage 1 beigefügten Gebietskarte durch farbige Umrandung näher bezeichnete Gebiet.

(2) Der Vertragshändler ist verpflichtet, im Vertragsgebiet ansässigen Endverbrauchern Vertragsware anzubieten.

(3) Der Vertragshändler ist nicht berechtigt, in dem Vertragsgebiet Filialen und Niederlassungen ohne Zustimmung des Herstellers zu errichten. Gleiches gilt für den Einsatz von Unterhändlern oder Handelsvertretern. Die Zustimmung darf nur aus sachlich gerechtfertigten Gründen versagt werden. Unterhändler und Handelsvertreter sind in gleicher Weise vertraglich zu binden wie der Vertragshändler nach diesem Vertrag selbst gebunden ist.

(4) Die Belieferung von im Vertragsgebiet geschäftsansässigen Dritten mit Vertragsware durch den Hersteller (Direktvertrieb) ist nur in folgenden Fällen zulässig:
a) Belieferung von internationalen oder nationalen Behörden oder Bundesbehörden.
b) Belieferung von im Vertragsgebiet ansässigen Großunternehmen, zu deren Belieferung der Vertragshändler auf Grund der Größe seines Betriebes und seiner finanziellen Ausstattung nicht in der Lage ist.

(5) In diesen Direktvertriebsfällen wird der Hersteller den Vertragshändler wie folgt beteiligen:

Der Vertragshändler, in dessen Gebiet die Bestelladresse fällt, erhält eine Be-

(3) The Manufacturer shall be free to withdraw contractual products from Annex 2 upon observance of a reasonable notice period of six months if the production shall be discontinued entirely or are no longer produced by reason of improportionate economic conditions.

§ 4 Contractual Territory

(1) The contractual territory shall include the area described in Annex 1 through a coloured frame.

(2) The Authorised Dealer shall offer the contractual products to all end users resident in the contractual territory.

(3) The Authorised Dealer shall not be entitled to establish representative offices and branches within the contractual territory without approval of the Manufacturer. The same applies to the use of sub-dealers or sales agents. The approval may be refused for valid reasons only. Sub-dealers and other sales agents shall be subject to the same contractual obligations as the Authorised Dealer under this agreement.

(4) The Manufacturer may (by way of direct distribution) deliver products to any third parties resident within the contractual territory in the following events only.
a) Deliveries to international or national authorities or federal authorities.
b) Deliveries to corporations operating in the contractual territory where the Authorised Dealer, based on the size of its company and its financial capability, shall not be able to provide such delivery.

(5) In those cases of direct distribution the Manufacturer shall provide the Authorised Dealer with the following share:
The Authorised Dealer to which the order address belongs to shall receive

teiligungsprovision in Höhe von mindestens ......% (...... Prozent) vom Net-
to-Einkaufspreis der Vertragsware,
mindestens jedoch € ...... (...... €) zuzüglich gesetzlicher Mehrwertsteuer.

(6) Der Hersteller wird das Vertragsgebiet des Vertragshändlers nicht ohne
sachlich gerechtfertigten Grund ändern
oder einen weiteren Händler im Vertragsgebiet einsetzen. Der Hersteller ist
in diesen Fällen verpflichtet, eine Ankündigungsfrist von sechs Monaten
nach Abstimmung mit dem Vertragshändler einzuhalten.

§ 5 Sonstige Vertretungen des Vertragshändlers; Ausschließlichkeit

(1) Der Vertragshändler vertritt gegenwärtig – als Eigenhändler/Kommissio-
när oder Handelsvertreter – folgende
Produkte: ......

(2) Dazu erteilt der Hersteller durch
Unterzeichnung dieses Vertrages seine
Zustimmung.

(3) Der Vertragshändler verpflichtet
sich, außer den vorbezeichneten Produkten keine gleichartigen Produkte im
Vertragsgebiet zu vertreiben, die mit
den in Anlage 2 aufgeführten Vertragswaren in Wettbewerb stehen.

§ 6 Verkaufsziele

(1) Der Vertragshändler verpflichtet
sich, aktiv den Vertrieb von Vertragswaren im Vertragsgebiet zu fördern.

(2) Die Vertragsparteien werden spätestens bis zum 31. 10. für das Folgejahr
Verkaufsvorgaben über die vom Vertragshändler zu erreichenden Verkaufs-
und Absatzzahlen für Vertragswaren
vereinbaren. Dabei sind der Vorjahres-
absatz, die Marktgegebenheiten sowie
die örtlichen Besonderheiten zu beachten.

as a share a commission fee in the
minimum amount of ......% (...... percent) of the net purchase price for the
contractual products but in no event
less than € ...... (...... €) plus statutory
VAT.

(6) The Manufacturer shall not vary the
contractual territory of the Authorised
Dealer or appoint a further authorised
dealer for the contractual territory
without valid reason. In such case the
Manufacturer shall observe a notice
period of six months after consultation
with the Authorised Dealer.

§ 5 Other Agencies of the Authorised Dealer; Exclusivity

(1) The Authorised Dealer is currently
acting as agent/commission agent or
sales representative for the following
products: ......

(2) By signing this Agreement the
Manufacturer approves such agency.

(3) Safe as for the above mentioned
products, the Authorised Dealer agrees
to refrain from the sale of products
similar to these products within the
contractual territory that may be in
competition with the contractual products referred to in Annex 2.

§ 6 Sales Targets

(1) The Authorised Dealer agrees to
actively promote the sale of the contractual products in the contractual territory.

(2) By no later than 31 October of each
year the parties of this Agreement shall
agree on sales targets for the Authorised Dealer that shall be achieved in the
following year in relation to sale and
distribution of the contractual products.
The parties shall take into account the
sales of the previous year, the market
conditions and any local specifics.

§ 7 Kundendienstrichtlinie und Gewährleistung

(1) Der Hersteller hat für die Durchführung von Kundendienstleistungen, insbesondere von Gewährleistungsarbeiten die in Anlage 3 niedergelegten Richtlinien erlassen.

(2) Der Hersteller übernimmt gegenüber dem Vertragshändler Gewähr für die Qualität der Vertragswaren entsprechend seinen Allgemeinen Verkaufs- und Lieferbedingungen (Anlage 4).

(3) Der Vertragshändler seinerseits verpflichtet sich, seinen Kunden gegenüber eine diesen Bedingungen entsprechende Gewährleistung zu übernehmen.

(4) Der Vertragshändler darf für die Durchführung von Gewährleistungsarbeiten nur solche Ersatzteile einsetzen, die vom Hersteller vertrieben werden oder von ihm empfohlen worden sind.

(5) Der Vertragshändler verpflichtet sich, allen in- und ausländischen Besitzern von Vertragsware Kundendienst zu leisten, der Reparatur- und Wartungsarbeiten umfasst und die Funktions- und Betriebssicherheit der Vertragsware sicherstellt. Zu diesem Zweck wird der Vertragshändler ein Original-Ersatzteillager vorhalten; die Einzelheiten sind in den Richtlinien gem. Anlage 3 festgehalten.

§ 8 Werbung

(1) Der Vertragshändler wird die Vertragsware nur unter dem vom Hersteller vorgegebenen Namen und Markenzeichen vertreiben. Für die Namens- und Markenverwendung gelten die Einzelheiten der Richtlinien gem. Anlage 3.

(2) Der Vertragshändler verpflichtet sich, für die Vertragsware aktiv Werbung zu betreiben.

(3) Der Hersteller wird auf eigene Kosten die überregionale Medienwerbung übernehmen.

§ 7 Customer Service Directives and Warranty

(1) The Manufacturer has established certain guidelines specified in Annex 3 for the provision of customer services and in particular for warranty services.

(2) The Manufacturer shall assume towards the Authorised Dealer full warranty for the quality of the contractual products in accordance with its general terms and conditions of supply (Annex 4).

(3) The Authorised Dealer agrees on its part to assume the same warranty in accordance with this terms and conditions towards its customers.

(4) The Authorised Dealer may only use those spare parts for the performance of warranted works that are distributed or recommended by the Manufacturer.

(5) The Authorised Dealer agrees to provide customer services to all domestic or foreign users of the contractual products. These services shall include repair and maintenance to ensure full functional and operational safety of the contractual products. For such purposes the Authorised Dealer agrees to maintain a stock of original spare parts; details are set out in the guidelines of Annex 3.

§ 8 Advertising

(1) The Authorised Dealer shall sell the contractual products only under the name and trademarks that shall have been directed by the Manufacturer. The use of names and trademarks shall be made in accordance with the details of the guidelines set out in Annex 3.

(2) The Authorised Dealer agrees to actively conduct promotions for the contractual products.

(3) The Manufacturer shall conduct national media advertising at its own expense.

§ 9 Geschäftsbetrieb

(1) Der Hersteller wird den Vertrags-händler bei der Errichtung und Aus-gestaltung seines Geschäftsbetriebes sowie bei der Durchführung des Kundendienstes beraten und unterstüt-zen.

(2) Neben einer Bevorratung an Ersatz-teilen wird der Vertragshändler not-wendiges Spezialwerkzeug vorhalten. Die Einzelheiten sind in der Richtlinie gem. Anlage 3 festgehalten.

§ 10 Schulung

Zur Durchsetzung der Vertriebsziele im Vertragsgebiet wird der Vertragshänd-ler für eine angemessene Schulung sei-ner Mitarbeiter Sorge tragen. Der Her-steller bietet dem Vertragshändler dafür entsprechende Lehrveranstaltungen und Schulungsseminare an; Schu-lungspläne wird der Hersteller dem Vertragshändler laufend übermitteln. Die Kosten der Schulungen werden vom Vertragshändler übernommen.

§ 11 Pflichten des Herstellers

(1) Der Hersteller wird nur solche Ver-tragsware liefern, die den allgemein anerkannten Regeln der Technik sowie den bestehenden Unfallverhütungs-, Arbeitsschutz- und sonstigen vergleich-baren Vorschriften entspricht.

(2) Der Hersteller wird dem Vertrags-händler alle zur Erfüllung seiner Ver-triebspflicht erforderlichen Dokumenta-tionen kostenfrei überlassen.

(3) Im Übrigen wird der Hersteller den Vertragshändler bei seiner Tätigkeit nach besten Kräften unterstützen, ihn von technischen Veränderungen und Verbesserungen an der Vertragsware rechtzeitig unterrichten.

§ 9 Business Facilities

(1) The Manufacturer shall advise and support the Authorised Dealer in rela-tion to the establishment and layout of the business facilities and the provision of customer service.

(2) In addition to the storage of spare parts the Authorised Dealer shall store necessary special repair equipment. Details are set out in the guidelines of Annex 3.

§ 10 Training

The Authorised Dealer shall procure adequate training of its staff to achieve sales targets in the contractual territory. For such purposes the Manufacturer shall offer to the Authorised Dealer in-struction seminars and training courses; the Manufacturer shall provide the Authorised Dealer with training mate-rial on an ongoing basis. The Author-ised Dealer shall bear the costs of such training.

§ 11 Duties of the Manufacturer

(1) The Manufacturer shall deliver only those contractual products that comply with generally accepted technical fea-tures and with applicable provisions on accident prevention, work environment protection or other similar provisions.

(2) The Manufacturer shall provide the Authorised Dealer free-of-charge with all documentation necessary for the performance of his distribution duties.

(3) Moreover, the Manufacturer shall support the Authorised Dealer in its activities on a best effort basis and shall notify to it all technical changes and improvements of the contractual prod-ucts.

§ 12 Preise und Lieferbedingungen

(1) Die dem Vertragshändler zustehende Vergütung ist der Händlerrabatt. Die vereinbarten Rabatte ergeben sich aus der Rabattstaffel, die sich auf bestimmte Produktgruppen bezieht (Anlage 5).

(2) Die Preise der Vertragsware, die der Hersteller dem Vertragshändler berechnet, bestimmen sich nach dem vom Hersteller unverbindlich empfohlenen Listenpreis abzüglich des jeweiligen Rabattes.

(3) Die Listenpreise für Vertragsware dürfen mit Wirkung gegenüber dem Vertragshändler nur unter Einhaltung einer viermonatigen Ankündigungsfrist durch schriftliche Erklärung verändert werden. Die bereits vom Hersteller bestätigten Verträge werden hiervon nicht berührt.

(4) Hersteller und Vertragshändler sind sich darüber einig, dass die Weiterverkaufspreise sowohl für Vertragsware als auch für die Ersatz- und Zubehörteile nach der Marktsituation vom Vertragshändler eigenverantwortlich festgelegt werden.

§ 13 Zahlungsbedingungen

(1) Die vom Hersteller gelieferten Vertragswaren sind zahlbar netto innerhalb einer Frist von ...... Tagen oder mit ...... % Skonto innerhalb einer Frist von ...... Tagen.

(2) Soweit abweichende Zahlungsziele abgesprochen werden, müssen diese schriftlich vom Hersteller bestätigt werden. Dies gilt insbesondere für Kreditierungsabreden.

§ 14 Geheimhaltungs-, Informations- und Auskunftspflichten

(1) Die Vertragsparteien dürfen Geschäfts- und Betriebsgeheimnisse sowie

§ 12 Prices and Conditions of Delivery

(1) The remuneration of the Authorised Dealer shall be the dealer's discount. The agreed discount rates are set out the discount schedule that refers to certain product groups (Annex 5).

(2) The prices of the contractual products that the Manufacturer shall charge to the Authorised Dealer shall be based on the non-binding list price recommended by the Manufacturer minus the applicable discount.

(3) The Manufacturer may vary the list price for the contractual products towards the Authorised Dealer by written notice observing a notice period of four months. Existing agreements that shall have been confirmed by the Manufacturer shall not be affected.

(4) The Manufacturer and the Authorised Dealer agree that the Authorised Dealer shall be free to fix retail prices for contractual products and for spare parts and accessory equipment based on the market situation.

§ 13 Terms and Conditions of Payment

(1) The contractual products delivered by the Manufacturer shall be paid for on a net basis within a period of ...... days or with ...... % discount if payment is made within ...... days.

(2) Any other payment terms that may be agreed shall require written confirmation of the Manufacturer. In particular, this shall apply to any credit arrangements.

§ 14 Duties to Secrecy, Information and Disclosure

(1) The parties to this Agreement agree not to disclose any business or opera-

vertrauliche Informationen Dritten nicht zugänglich machen.

(2) Der Vertragshändler und der Hersteller werden sich jederzeit über ihnen bekannt gewordene Markenverletzungen und wesentliche Verletzungen des Gesetzes gegen den unlauteren Wettbewerb informieren und bei der Abwehr derartiger Rechtsverletzungen zusammenarbeiten.

§ 15 Vertragsdauer

(1) Dieser Vertrag wird auf unbestimmte Zeit geschlossen; er tritt mit seiner Unterzeichnung in Kraft.

(2) Der Vertrag kann von jeder der Vertragsparteien durch ordentliche Kündigung jeweils zum 31. 12. mit einer Frist von einem Jahr im Voraus schriftlich gekündigt werden. Nach einer fünfjährigen ununterbrochenen Vertragsdauer beträgt die Kündigungsfrist zwei Jahre, nach einer zehnjährigen Vertragsdauer drei Jahre.

(3) Jede Vertragspartei hat bei wichtigem Grund das Recht zur fristlosen Vertragskündigung. Die Kündigung bedarf der Schriftform. Schadensersatzansprüche bleiben vorbehalten.

(4) Mit Zugang der ordentlichen Kündigung entfällt die Verpflichtung zur ausschließlichen Bindung zwischen Hersteller und Vertragshändler.

§ 16 Verpflichtungen bei Vertragsende

(1) Der Vertragshändler hat dem Hersteller alle ihm überlassenen Dokumente, an denen nach diesem Vertrag Eigentum des Herstellers besteht, zurückzugeben, sofern er sie nicht noch zur Durchführung von Gewährleistungsarbeiten benötigt.

(2) Der Hersteller verpflichtet sich auf Anforderung, den Vertragshändler im

tions secrets or any confidential information to third parties.

(2) The Authorised Dealer and the Manufacturer shall mutually inform each other of any trademark infringements or material infringements of the Act on Unfair Competition that they shall become aware of and shall cooperate in the defence against any such infringements of law.

§ 15 Term of Agreement

(1) This Agreement shall be agreed for an indefinite period of time; it shall come into force and effect upon its execution.

(2) Each party hereto may terminate the Agreement by ordinary written notice of termination that shall be served by no later than 31 December and shall take effect at the expiry of the succeeding year. After an uninterrupted contract term of five years, the notice period shall be two years and three years after a contract term of ten years.

(3) Each party to this Agreement may terminate this Agreement for good cause with immediate effect. The notice of termination shall be in writing. Claims for damages shall remain unaffected.

(4) After receipt of the ordinary notice of termination, the duty to exclusive relationship between the Manufacturer and the Authorised Dealer shall cease to exist.

§ 16 Duties upon Expiry of the Agreement

(1) The Authorised Dealer shall return to the Manufacturer all documents that it shall have received and that, based on this Agreement, shall be the property of the Manufacturer unless it shall require the same for the performance of warranty works.

(2) Upon demand, the Manufacturer shall agree to deliver to the Authorised

ausreichenden Umfang mit Ersatzteilen zu den bisherigen Vertragskonditionen zu beliefern, damit dieser in die Lage versetzt wird, die ihm gegenüber seinen Kunden obliegenden Gewährleistungsverpflichtungen sowie Kundendienst- und Inspektionsarbeiten innerhalb der Gewährleistungsfrist in vollem Umfange nachzukommen. Dies gilt nicht, falls der Vertragshändler eine fristlose Kündigung zu vertreten hat.

(3) Der Hersteller ist auf Verlangen des Vertragshändlers verpflichtet, die bei diesem vorhandenen Bestände an Vertragswaren einschließlich Ersatz- und Zubehörteilen zu angemessenen Bedingungen zurückzukaufen, wenn es sich um voll funktionsfähige und nicht gebrauchte Produkte handelt. Dies gilt nicht, falls der Vertragshändler eine fristlose Kündigung zu vertreten hat.

(4) Die Vertragsware wird an den Hersteller frei von Lasten Dritter rückübereignet, Zug um Zug gegen Zahlung des Rückgabewertes.

§ 17 Verschiedenes

(1) Die Aufrechnung ist nur bei unstreitigen, rechtskräftig festgestellten und anerkannten Forderungen zulässig.

(2) Alle Vereinbarungen sind in diesem Vertrag enthalten.

(3) Gerichtsstand für alle Ansprüche aus diesem und auf Grund dieses Vertrages ist der Sitz des Herstellers. Dieser behält sich jedoch das Recht vor, den Vertragshändler auch an seinem Wohnsitzgericht zu verklagen.

(Unterschriften)

Anlagen:
1. Vertragsgebiet
2. Vertragsprodukte
3. Kundendienst
4. Allgemeine Einkaufsbedingungen

5. Rabattliste für Produktgruppen

Dealer an amount of spare parts at the former terms and conditions sufficient to enable the Authorised Dealer to fully comply with any warranty, service or maintenance obligations that it may have towards his customers. This shall not apply to cases where the Authorised Dealer has caused a termination for good cause.

(3) Upon demand of the Authorised Dealer, the Manufacturer shall be under the obligation to repurchase the entire stock of contractual products including spare parts and accessory equipment at reasonable terms and conditions if the products are fully functioning and unused. This shall not apply in cases where the Authorised Dealer has caused a termination for good cause.

(4) The contractual products shall be retransferred to the Manufacturer free of any third party rights in exchange for the payment of the return value.

§ 17 Miscellaneous

(1) A right of set-off shall only be possible with undisputed, conclusively determined or accepted claims.

(2) All arrangements are set out in this Agreement.

(3) The venue for all claims arising from, or based on, this Agreement shall lie with the place of the Manufacturer's registered office who reserve its right to sue the Authorised Dealer at the court of its residence.

(Signatures)

Annexes:
1. Contractual Territory
2. Contractual Products
3. Customer Service
4. General Terms and Conditions of Supply
5. Discount Schedule for Product Groups

4. Lizenzvertrag	4. Licence Agreement

§ 1 Gewerbliche Schutzrechte

(1) Der Lizenzgeber besitzt die Patente für die Herstellung der in Anlage 1.1 genannten Lizenzgegenstände (nachfolgend: „Lizenzgegenstände"), angemeldet beim ...... am ...... (nachfolgend: „Patente")

(2) Der Lizenzgeber versichert, über die Patente uneingeschränkt verfügungsberechtigt zu sein.

(3) Der Lizenzgeber hat Dritten bisher keine Lizenzen für die Patente erteilt.

§ 2 Technisches Know-how

Der Lizenzgeber verfügt auf dem Vertragsgebiet auch über das in Anlage 2 niedergelegte technische Know-how. Dieses Know-how ist für die Herstellung der Lizenzgegenstände wesentlich.

§ 3 Lizenzgewährung/Sachlicher Bereich der Lizenz

Der Lizenzgeber gewährt dem Lizenznehmer hiermit eine Lizenz (nachfolgend: „Lizenz") nach Maßgabe der Regelungen dieses Vertrages. Die Lizenz erfasst das gesamte Anwendungsgebiet der Erfindungen, einschließlich der Verwendung des technischen Know-how gem. § 2, wie sie in den in § 1 genannten Patenten beschrieben sind.

§ 4 Art der Lizenz

(1) Die Lizenz umfasst die Herstellung, den Gebrauch und den Vertrieb der von den Patenten geschützten Gegenstände. Es handelt sich um eine ausschließliche Lizenz.

(2) Der Lizenzgeber bleibt jedoch berechtigt, die unter die Lizenz fallenden Gegenstände selbst in dem in § 5 ge-

§ 1 Intellectual Property Rights

(1) The Licensor owns the patents necessary for the manufacturing of the licensed products listed in Annex 1.1 hereto (the "Licensed Products") which have been registered with the ...... on ...... (the "Patents").

(2) The Licensor represents and warrants that it may dispose of the Patents free of any restriction.

(3) The Licensor has to date not granted any licences for the Patents.

§ 2 Technical Know How

The Licensor also owns for the contractual territory certain technical know how specified in Annex 2. This know how is material to the manufacturing of the licensed products.

§ 3 Grant of Licence/Range of Licence

The Licensor hereby grants to the Licensee a licence (the "Licence") subject to the terms and conditions of this Agreement. The Licence shall cover the entire area of application of the inventions including the utilisation of the technical know how according to § 2 hereof as described in § 1 above.

§ 4 Type of Licence

(1) The Licence shall include the manufacturing, the utilisation and the distribution of the products protected by the Patents. It constitutes an exclusive licence.

(2) The Licensor, however, reserves its right to manufacture, utilise and distribute the products that fall under the

nannten Gebiet herzustellen, zu gebrauchen und zu vertreiben.

licence on its own account within the territory specified in § 5 hereof.

§ 5 Vertragsgebiet/ Exportbeschränkungen

(1) Die Lizenz gem. § 4 gilt für die in Anlage 5.1 genannte Gebiete.

(2) In anderen Gebieten innerhalb der Europäischen Union darf der Lizenznehmer nicht herstellen, soweit und solange die in § 1 genannten Lizenzerzeugnisse durch parallele Patente geschützt sind. In Gebieten außerhalb der Europäischen Union darf der Lizenznehmer auch dann nicht herstellen, wenn dort keine Schutzrechte bestehen.

(3) Der Lizenznehmer darf nur in die in Anlage 5.3 genannten Gebiete exportieren.

(4) Der Export in andere Gebiete innerhalb der Europäischen Union ist nicht zulässig, soweit und solange die in § 1 genannten Lizenzerzeugnisse durch parallele Patente geschützt sind. In Gebiete außerhalb der Europäischen Union ist ein Export auch dann unzulässig, wenn der Lizenzgeber in diesen Gebieten keine Schutzrechte besitzt.

(5) Der Lizenznehmer verpflichtet sich, für jeden Fall eines unzulässigen Exports eine Vertragsstrafe in Höhe von € ...... zu zahlen.

§ 6 Unterlizensierung

(1) Der Lizenznehmer darf Unterlizenzen nur mit Zustimmung des Lizenzgebers vergeben. Sie darf nur versagt werden, wenn ein wichtiger Grund vorliegt. Der Unterlizenzvertrag muss alle wesentlichen Bestimmungen dieses Vertrages enthalten, insbesondere die Kennzeichnung gem. § 20 und die den Warenbezug gem. § 21.

(2) Die Unterlizenz ist vom Bestand der diesem Vertrag unterliegenden Hauptlizenz abhängig.

§ 5 Contractual Territory/ Export Restrictions

(1) The Licence according to § 4 above shall apply to all territories specified in Annex 5.1 hereto.

(2) As long as the licensed products referred to in § 1 are protected through parallel patents, the Licensee may not manufacture the same in other territories within the European Union. In territories outside the European Union the Licensee may not manufacture even if there shall be no trademarks in these areas.

(3) The Licensee may only export into those areas listed in Annex 5.3 hereto.

(4) As long as the licensed products referred to in § 1 are protected through parallel patents, the Licensee may not export in other territories within the European Union. In territories outside the European Union any export shall be prohibited even if the Licensor shall not own any trademarks in such territories.

(5) The Licensee agrees to pay a penalty of ...... € for any event of unauthorised export.

§ 6 Sub-Licencing

(1) The Licensee may grant sub-licences only with prior written consent of the Licensor. Such consent may only be withheld for good cause. The sublicensing Agreement must contain all material provisions of this Agreement including, without limitation, provisions in relation to labelling according to § 20 hereof and supply according to § 21 hereof.

(2) The sublicence shall fully depend on the validity of the main Licence being subject to this Agreement.

§ 7 Übertragung der Lizenz

Die Übertragung der Lizenz oder ihre Einbringung in ein mit dem Lizenznehmer unmittelbar oder mittelbar verbundenes Unternehmen bedarf der vorherigen schriftlichen Zustimmung des Lizenzgebers.

§ 8 Eintragung der Lizenz

Jede Partei ist berechtigt, auf ihre Kosten die ausschließliche Lizenz in die Patentrolle eintragen zu lassen. Der Lizenzgeber stellt dem Lizenznehmer alle erforderlichen Vollmachten und Unterschriften zur Verfügung.

§ 9 Übergabe des Know-how

(1) Der Lizenzgeber wird dem Lizenznehmer die in Anlage 1.1 bezeichneten, zur Herstellung des Lizenzgegenstandes erforderlichen Unterlagen innerhalb einer Frist von zwei Wochen nach Zahlung der in § 14 genannten Beiträge zur Verfügung stellen.

(2) Der Lizenzgeber haftet nur dafür, dass die Herstellungsunterlagen mit der Sorgfalt ordentlicher und verantwortungsbewusster Ingenieure und Techniker hergestellt sind und die Güte dieser Unterlagen durch praktische Erprobung festgestellt ist.

§ 10 Technische Hilfe

(1) Der Lizenzgeber wird dem Lizenznehmer alle zur Herstellung der Lizenzgegenstände notwendigen Auskünfte erteilen und ihm, falls erforderlich, weitere technische Unterlagen zur Verfügung stellen.

(2) Der Lizenzgeber entsendet 5 qualifizierte Fachleute zur Anleitung des Lizenznehmers bei der Herstellung des Lizenzgegenstandes: Diese Unterwei-

§ 7 Transfer of Licence

The transfer of the Licence or its contribution to an entity directly or indirectly affiliated to the Licensee shall require prior written consent of the Licensor.

§ 8 Registration of Licence

Each party hereto may at its own expense register the exclusive Licence with the Patent Register. The Licensor shall for such purposes furnish the Licensee with all the necessary authorisations and signatures.

§ 9 Transfer of Technical Know How

(1) The Licensor shall within a period of two weeks after having received payment of the amounts referred to in § 14 provide the Licensee with all documentation necessary for the manufacturing of the licensed products referred to in Annex 1.1 hereto.

(2) The Licensor's liability shall be limited to the extent that the manufacturing documentation has been prepared with the diligence of prudent and responsible engineers and technicians and that the quality of such documentation has been verified through practical testing.

§ 10 Technical Assistance

(1) The Licensor shall provide the Licensee with all information necessary for the manufacturing of the licensed products and with further technical documentation, as required.

(2) The Licensor shall delegate 5 qualified experts for instruction of the Licensee with regard to the manufacturing of the licensed products. The duration of

sung ist auf einen Zeitraum von höchstens 5 Mannmonaten beschränkt.

such instruction shall be limited to a maximum period of 5 man months.

§ 11 Haftung für Mängel

Der Lizenzgeber haftet nur für die technische Ausführbarkeit und Brauchbarkeit der Erfindung, desgleichen nur für die Beeinträchtigungen des Lizenzrechts durch Rechte Dritter, die bei Abschluss des Vertrags vorhanden sind. Dies gilt nur, sofern der Lizenzgeber diese Beeinträchtigung bei Vertragsschluss kennt oder fahrlässig nicht kennt. Der Lizenzgeber haftet insbesondere nicht für die kaufmännische Verwendbarkeit und die Fabrikationsreife der Erfindung.

§ 11 Liability for Faults

The Licensor shall only be responsible for the technical feasibility and usefulness of the invention as well as for any adverse impact on the licensed right through third party rights that shall have existed already at the date of the conclusion of this Agreement. This shall only apply if the Licensor shall been aware or negligently unaware of such adverse impact at the date of the conclusion of this agreement. In particular, the Licensor shall not be responsible for the economic feasibility or the production readiness of the invention for serial manufacturing.

§ 12 Lizenzgebühr/Aufrechnungsbeschränkung

(1) Der Lizenznehmer wird an den Lizenzgeber eine Lizenzgebühr in Höhe von ...... % (...... Prozent) des seinen Abnehmern in Rechnung gestellten Entgelts für den Verkauf von Lizenzgegenständen, abzüglich Verkaufssteuern (z. B. Umsatzsteuer) und etwaigen Rabatten außer Barzahlungsrabatten.

(2) Aufrechnungsrechte stehen dem Lizenznehmer nur zu, wenn seine Gegenforderung anerkannt, unbestritten oder rechtskräftig festgestellt worden ist.

§ 12 Royalty/Restriction to Set-Off

(1) The Licensee shall pay to the Licensor as royalty ...... % (...... percent) of the fees invoiced to its customers for the sale of the licensed products less any sales taxes (e.g. VAT)[1] and any discounts excluding cash discounts.

(2) The Licensee may not exercise any right of set-off unless its counter claims have been accepted, are undisputed or conclusively determined through court decision.

§ 13 Mindestlizenzgebühr/Kündigung/Meistbegünstigung

(1) Die Höhe der insgesamt zu zahlenden Lizenzgebühren darf unabhängig vom tatsächlichen Absatz der Lizenzgegenstände nicht niedriger sein als ...... € im ersten Jahr, ... € im zweiten

§ 13 Minimum Royalty/Termination/Most Favoured Treatment

(1) Regardless of the number of licensed products sold the amount of the overall royalty shall not be less than € ...... in year 1, ... € in year 2 and ...... € in year 3 and subsequent years.

---

[1] Die Begriffe Umsatzsteuer und Mehrwertsteuer werden durchgängig mit *VAT (Value Added Tax)* übersetzt, siehe auch Fußnote 1 zum Handelsvertretervertrag.

Jahr, ... € im dritten und den folgenden Jahren.

(2) Wird die Mindestlizenzgebühr nicht
gezahlt oder das Lizenzrecht nicht ausgeübt, so kann der Lizenzgeber nach
vorheriger Fristsetzung und Androhung die vereinbarte Ausschließlichkeit
des Vertrages und/oder den Vertrag
insgesamt kündigen. Die Frist beträgt
6 (sechs) Wochen zum Quartalsende.

(2) If the Licensee fails to pay the minimum royalty or to exercise the licensed
rights, then the Licensor may, subject to
prior prescription of a deadline and
warning notice, terminate the exclusivity awarded hereunder and/or this
Agreement in its entirety. The notice
period shall be 6 (six) weeks effective as
at the end of a calendar quarter.

(3) Falls der Lizenzgeber nach Abschluss dieses Vertrages einem anderen
Lizenznehmer innerhalb der EU güns-
tigere Bedingungen einräumt, so ist er
verpflichtet, diese in gleicher Weise
auch dem Lizenznehmer zu gewähren.

(3) If, subsequent to the conclusion of
this Agreement, the Licensor shall grant
to any other Licensor within the European Union any better terms and conditions, then it shall be required to award
these in the same fashion to the Licensee.

§ 14 Zahlung für Überlassung von Unterlagen und Informationen (Know-how)

§ 14 Payment for the Delivery of Documentation and Information (Know-How)

Der Lizenznehmer ist verpflichtet, an
den Lizenzgeber innerhalb von vier
Wochen nach Inkrafttreten des Vertrages ohne Anrechnung auf die Lizenzgebühr einen Betrag von ...... € auf ein
von dem Lizenzgeber zu bezeichnendes
Bankkonto zu zahlen.

The Licensee shall within four weeks
after this Agreement has become valid
and binding pay to the Licensee
...... € which shall not be credited towards any royalty payment and which
shall be paid to a bank account specified by the Licensor.

§ 15 Abrechnung und Lizenz- zahlung

§ 15 Accounting and Royalty Payment

(1) Der Lizenznehmer hat über die
Lizenzgebühr zum Ende jedes Kalendervierteljahres – erstmals zum ......
2009 – abzurechnen. Er ist verpflichtet,
innerhalb von 2 Monaten nach jeder
vorhergehenden Abrechnungsperiode
dem Lizenzgeber eine detaillierte Abrechnung gem. den in § 16 vereinbarten
Angaben vorzulegen sowie die sich
hieraus ergebenden Lizenzgebühren
auf das gem. § 14 genannte Konto zu
überweisen.

(1) At the end of each calendar quarter
the Licensee shall settle the accounts for
the royalty provided that the first settlement date shall be ...... 2009. It shall
be required to provide the Licensor
within the earlier of 2 months after expiry of the previous accounting period
with a detailed statement with all information specified in § 16 hereof and
shall pay the royalty so calculated to
the bank account specified pursuant to
§ 14.

(2) Die Zahlung der Lizenzgebühr hat
spätestens bis zum 15. des auf die Abrechnung folgenden Monats zu erfolgen. Erfolgt sie bis dahin nicht, so ist sie

(2) The payment of royalty shall be
made by no later than the 15th date of
the month following the settlement of
accounts. If the same shall not have

seit diesem Zeitpunkt mit 7% (sieben Prozent) über dem jeweiligen Basiszinssatz der Europäischen Zentralbank zu verzinsen. Der Zinssatz ist niedriger anzusetzen, wenn der Lizenznehmer nachweist, dass auf Grund des Zahlungsverzugs ein geringerer Schaden entstanden ist.

been made as at such date, then there shall be interest thereon in the amount of 7% (seven percent) of the base rate of the European Federal Reserve Bank. The interest rate shall be reduced if the Licensee proves that the payment default has caused lower damage.

§ 16 Buchführungspflicht

Der Lizenznehmer ist verpflichtet, über die Herstellung von Lizenzgegenständen gesondert Buch zu führen.

§ 16 Duty to Book-keeping

The Licensee shall ensure separate book-keeping for the manufacturing of the licensed products.

§ 17 Einsichtsrecht

Der Lizenzgeber ist jederzeit berechtigt, die Buchführung des Lizenznehmers über die Herstellung von Lizenzgegenständen auf ihre Richtigkeit und ihre Übereinstimmung mit der allgemeinen Buchführung des Lizenznehmers durch einen zur Verschwiegenheit verpflichteten Buchprüfer prüfen zu lassen. Die Kosten der Prüfung trägt der Lizenzgeber.

§ 17 Inspection Rights

The Licensor shall at all times be entitled to audit or have audited through an accountant (who shall be bound to confidentiality) the book-keeping of the Licensee on the manufacturing of the licensed products for accuracy and the conformity with the general book-keeping procedures of the Licensee. The Licensor shall bear the costs of such audit.

§ 18 Wegfall gewerblicher Schutzrechte/Keine Erstattung von Lizenzgebühren

Werden hiernach genutzte gewerbliche Schutzrechte auf Betreiben Dritter rechtskräftig für nichtig erklärt, so bleibt der vorliegende Vertrag gleichwohl bestehen. Der Lizenznehmer hat jedoch das Recht, binnen einer Frist von zwei Monaten seit Rechtskraft der Entscheidung über die Nichtigkeit der gewerblichen Schutzrechte den Vertrag schriftlich zu kündigen. Die Kündigungsfrist beträgt 3 Monate. Bezahlte Lizenzgebühren können nicht zurückgefordert werden. Entsprechendes gilt, soweit das in Anlage 1.1 bezeichnete Know-how offenkundig wird, sofern das Offenkundigwerden ist nicht vom Lizenznehmer zu vertreten ist.

§ 18 Cessation of Intellectual Property Rights/No Refund of Royalty

If, as a result of a third party intervention, any intellectual property rights used hereunder shall be conclusively annulled then this shall not affect the validity of this Agreement. The licensee shall, however, have the right to terminate this Agreement in writing within a period of two months after the decision on the annulment of the intellectual property rights shall have become conclusive. The notice period shall be 3 months. Any royalties that shall have been paid may not be reclaimed. The same shall apply if the know-how described in Annex 1.1 shall become common knowledge unless the same shall have been caused by the Licensee.

§ 19 Qualität der lizenzierten Gegenstände

(1) Der Lizenznehmer ist verpflichtet, den Lizenzgegenstände in der in Anlage 19.1 niedergelegten Qualitätsstandards herzustellen.

(2) Der Lizenzgeber ist berechtigt, die Einhaltung dieser Verpflichtung durch eigenes Fachpersonal zu überwachen: Der Lizenznehmer ist verpflichtet, dem Fachpersonal des Lizenzgebers während der üblichen Betriebsstunden ungehindert Zugang zu seinen Fertigungsstätten zu gewähren.

(3) Der Lizenzgeber kann die Auslieferung von Lizenzgegenständen geringer Qualität untersagen.

§ 20 Kennzeichnung der Lizenzgegenstände

(1) Der Lizenznehmer ist verpflichtet, die Lizenzgegenstände dauerhaft lesbar mit fortlaufenden Nummern und dem deutlich sichtbaren Hinweis: „Hergestellt unter Lizenz ……" zu versehen.

(2) Der Lizenznehmer ist berechtigt, seinen Firmennamen auf den Lizenzgegenständen anzubringen.

§ 21 Bezug notwendiger Gegenstände

Der Lizenznehmer ist verpflichtet, vom Lizenzgeber alle in Anlage 21 genannten zur Herstellung des Lizenzgegenstandes notwendige Gegenstände zu beziehen.

§ 22 Wettbewerbsverbot – Geheimhaltung

(1) Der Lizenznehmer ist nicht befugt, das ihm im Zusammenhang mit den lizenzierten Schutzrechten bekannt gewordenen Wissen für Herstellung, Gebrauch und Vertrieb von Konkurrenzprodukten zu verwenden.

§ 19 Quality of the Licensed Products

(1) The Licensee shall be required to manufacture the licensed products in accordance with the quality standards described in Annex 19.1 hereto.

(2) The Licensor shall have the right to monitor compliance with such obligation through its own staff. The Licensee shall allow the Licensor's staff unrestricted access to its production facilities during the customary hours of operation.

(3) The Licensor may prohibit the delivery of licensed products of inferior quality.

§ 20 Labelling of Licensed Products

(1) The Licensee shall label the licensed products with successive and permanently readable numbering and the clearly visible reference: "Manufactured under the license of ……".

(2) The Licensee shall have the right to place its company name on the licensed products.

§ 21 Supply of Necessary Equipment

The Licensee shall supply from the Licensor all equipment necessary for the manufacturing of the licensed products listed in Annex 21 hereto.

§ 22 Restrictive Covenant – Secrecy

(1) The Licensee may not use the knowledge obtained in conjunction with the licensed intellectual property for manufacturing, use or distribution of competitive products.

(2) Der Lizenznehmer ist verpflichtet, alle Informationen streng vertraulich zu behandeln, welche in dem ihm übergebenen technischen Know-how enthalten sind. Die Geheimhaltungspflicht gilt für eine Dauer von 5 (fünf) Jahren, gerechnet ab Beendigung dieses Vertragsverhältnisses, es sei denn, die Beendigung beruht auf einem vom Lizenzgeber gesetzten wichtigen Grund, der zur Kündigung des Vertrages durch den Lizenznehmer geführt hat.

(3) Ausgenommen von der Geheimhaltungspflicht sind alle die technischen Informationen, die dem Lizenznehmer bereits vor dem Übergabezeitpunkt bekannt waren. Soweit dies der Fall ist, ist der Lizenznehmer verpflichtet, diese Informationen dem Lizenzgeber schriftlich innerhalb einer Ausschlussfrist von 4 (vier) Wochen, gerechnet ab Übergabedatum, anzuzeigen. Unterlässt der Lizenznehmer diese Mitteilung, so wird unwiderleglich vermutet, dass es sich um geheimhaltungsbedürftiges Know-how handelt.

(4) Die Geheimhaltungspflicht erlischt des Weiteren dann, wenn das geheimzuhaltende Know-how öffentlich bekannt wird, ohne dass hierfür eine Vertragsverletzung des Lizenznehmers ursächlich war.

§ 23 Kein Angriff auf gewerbliche Schutzrechte

Der Lizenznehmer ist verpflichtet, die vertraglich gewährten gewerblichen Schutzrechte weder selbst anzugreifen noch durch Dritte angreifen zu lassen, es sei denn, dass der Lizenzgeber die Erfindung vor der Anmeldung der Schutzrechte bekannt gemacht hat.

§ 24 Erfahrungsaustausch

Die Vertragsparteien werden sich unverzüglich über alle Verbesserungen, Veränderungen oder Erfindungen auf dem Vertragsgebiet unterrichten.

(2) The Licensee shall keep strictly confidential all information that shall be part of the technical know how that has been made available to it. Such confidentiality undertaking shall remain in force for a period of 5 (five) years which shall start upon termination of this Agreement unless the termination shall have been due to a good cause at the responsibility of the Licensor that has led to a termination of this Agreement by the Licensee.

(3) The secrecy shall not extend to technical information that the Licensee has been aware of prior to the transfer date. The Licensee shall notify the Licensor in writing of any such information within a period of 4 (four) weeks after the transfer date. In the absence of any such notification of the Licensor it shall be conclusively assumed that such know-how is confidential.

(4) The secrecy shall also cease to exist if the confidential know-how shall become common knowledge unless the same shall have been caused by an infringement of contractual obligations by the Licensee.

§ 23 No challenge of Intellectual Property Rights

The Licensee undertakes to refrain from any attack and shall cause any third party to refrain from any attack against the intellectual property rights granted under this agreement unless the Licensor shall have made public the invention prior to the application of the intellectual property rights.

§ 24 Exchange of Experience

The parties hereto agree the immediately inform each other of any improvement, change or inventions within the scope of this Agreement.

§ 25 Verbesserungs- und Anwendungserfindungen

Die Vertragsparteien sind verpflichtet, auf Verbesserungs- oder Anwendungserfindungen (abgeleitete Erfindungen) gegen Zahlung einer angemessenen Gebühr einander nicht-ausschließliche Lizenzen zu gewähren.

§ 26 Verteidigung gewerblicher Schutzrechte

(1) Der Lizenzgeber ist verpflichtet, auf seine Kosten alle erforderlichen Maßnahmen zu ergreifen, um Verletzungen der vertraglich eingeräumten gewerblichen Schutzrechte durch Dritte zu unterbinden.

(2) Die Vertragspartner werden einander von allen in Erfahrung gebrachten Verletzungen der Vertragsschutzrechte im Vertragsgebiet unterrichten und bei deren Bekämpfung in jeder erforderlichen Weise unterstützen.

§ 27 Aufrechterhaltung gewerblicher Schutzrechte

Der Lizenzgeber ist verpflichtet, die vertraglich eingeräumten gewerblichen Schutzrechte auf seine Kosten aufrechtzuerhalten.

§ 28 Verpflichtungen bei Ansprüchen Dritter

Wird der Lizenznehmer infolge der Benutzung der Vertragsschutzrechte wegen Patentverletzung angegriffen, hat er den Lizenzgeber hiervon unverzüglich zu unterrichten und ihm die Möglichkeit zu geben, sich an einem eventuellen Rechtsstreit zu beteiligen. Alle gerichtlichen und außergerichtlichen Kosten sowie Schadensersatzleistungen hat der Lizenznehmer zu tragen.

§ 25 Inventions regarding Improvements and Applications

The parties hereto agree to mutually grant a non-exclusive license in exchange for a reasonable remuneration for any invention regarding improvements or applications (derivative inventions).

§ 26 Protection of Intellectual Property

(1) The Licensor shall at its own expense take any action to prevent an infringement by third party individuals of the intellectual property rights.

(2) The parties hereto mutually agree to notify each other of any infringement of the intellectual property rights that they shall become aware of and the grant of all support necessary to fight the same.

§ 27 Preservation of Intellectual Property Rights

The Licensor shall preserve at its own expense the contractual proprietary rights.

§ 28 Duties upon the Raise of Third Party Claims

If the Licensee, as a result of the use of the intellectual property rights, shall be attacked for patent infringement, then it shall immediately notify the Licensor thereof and allow it the opportunity to be joined in potential litigation. All out of court and in court costs and any compensation payments shall be borne by the Licensee.

§ 29 Nachvertragliche Pflichten des Lizenznehmers

(1) Nach Ablauf der Vereinbarung darf der Lizenznehmer die gewerblichen Schutzrechte, soweit sie noch in Kraft sind, nicht benutzen.

(2) Der Lizenznehmer ist verpflichtet, ihm vom Lizenzgeber mitgeteiltes technisches Wissen auch über das Ende dieses Vertrages hinaus (im Rahmen von § 22) geheim zuhalten.

§ 30 Kündigung aus wichtigem Grund

(1) Über die im Vertrag geregelten Kündigungsrechte hinaus kann dieser unter den gesetzlich geregelten Voraussetzungen aus wichtigem Grund gekündigt werden.

(2) In diesem Falle hat der Vertragspartner, der die fristlose Kündigung auszusprechen beabsichtigt, dem anderen Teil unter Androhung der Kündigung eine angemessene Frist zur Behebung/Beseitigung des Kündigungsgrundes zu gewähren.

§ 31 Laufzeit des Vertrages

(1) Der Vertrag tritt mit Unterzeichnung und Erteilung aller für seine Durchführung erforderlichen Genehmigungen in Kraft.

(2) Der Vertrag läuft am …… aus.

§ 32 Teilnichtigkeit

Sollte eine Bestimmung dieses Vertrages ganz oder teilweise unwirksam oder undurchsetzbar sein, werden die Wirksamkeit und Durchsetzbarkeit aller übrigen Bestimmungen dieses Vertrages davon nicht berührt. Die unwirksame oder undurchsetzbare Bestimmung ist als durch diejenige wirksame und durchsetzbare Bestimmung als

§ 29 Post contractual Duties of Licensee

(1) Upon expiry of the Agreement the Licensee may not use any intellectual property rights that shall be still in force.

(2) The Licensee shall keep confidential beyond the expiry of this Agreement (subject to § 22 hereof) all technical knowledge that the Licensor shall have made available to it.

§ 30 Termination for Good Cause

(1) In addition to the grounds of termination specified hereunder, this Agreement may be terminated for good cause in accordance with the provisions of statutory law.

(2) In such event, the party hereto intending to serve notice of termination shall combine the notice to terminate with a reasonable grace period to remove the ground for termination.

§ 31 Duration of the Agreement

(1) This Agreement shall enter into full force and effect upon the signature and award of all approvals required for its execution.

(2) This Agreement shall expire on ……..

§ 32 Partial Invalidity

If a provision of this Agreement shall be or become invalid, then this shall not affect the validity of the other provisions. In lieu of the invalid provision such regulation shall apply that shall to the closest extent possible reflect the purpose of the Agreement and the intention of the parties hereto as at the date of the conclusion of this Agree-

ersetzt anzusehen, die dem von den Parteien mit der unwirksamen oder undurchsetzbaren Bestimmung verfolgten wirtschaftlichen Zweck zum Vertragszeitpunkt am nächsten kommt. Dies gilt entsprechend für unbeabsichtigte Vertragslücken.

ment. The same shall apply to any unintentional regulatory gaps.

§ 33 Gerichtsstand

Für alle Streitigkeiten aus oder im Zusammenhang mit diesem Vertrag wird die Zuständigkeit des Gerichts ...... vereinbart.

§ 33 Venue Clause

All disputes arising from or in conjunction with this Agreement shall be referred to the courts of ....

§ 34 Anzuwendendes Recht

Auf das Vertragsverhältnis findet ausschließlich deutsches Recht Anwendung.

§ 34 Applicable Law

This Agreement shall be exclusively governed by German Law.

Anlagen:

Lizenzgegenstände
Vertragsgebiet
Exportgebiete
Qualitätsstandards
Notwendige Gegenstände

Annexes:

Licensed Products
Contractual Territory
Export Areas
Quality Standards
Necessary Equipment

5. Gebietsentwicklungs-
vertrag

zwischen

......

(„Franchisor")

und

......

(„Gebietsentwickler")

PRÄAMBEL

Der Franchisegeber hat ein System zum Betrieb von Schnellrestaurants entwickelt und etabliert (**„Franchise System des Franchisegebers"**).

Das Franchise System des Franchisegebers expandiert im In- und Ausland durch den Abschluss von Entwicklungsverträgen sowie von Franchiseverträgen in der Weise, dass für jedes Restaurant (**„Franchise Restaurant"**), das nach den Regelungen eines Entwicklungsvertrages eröffnet werden soll, jeweils ein separater Franchisevertrag geschlossen wird (**„Franchise Vertrag"**).

Der Gebietsentwickler beabsichtigt, im Gebiet von ......, wie näher in Anlage 1 zu diesem Vertrag definiert (**„Entwicklungsgebiet"**), Franchise Restaurants in Übereinstimmung mit der Marktentwicklungsstrategie des Franchisegebers und nach Maßgabe der Regelungen dieses Gebietsentwicklungsvertrages zu entwickeln und zu betreiben.

DIES VORAUSGESCHICKT, TREFFEN DIE PARTEIEN FOLGENDE VEREINBARUNG:

§ 1 Entwicklungsrechte

(1) Dem Gebietsentwickler wird hiermit vorbehaltlich der nachfolgend in § 1(4) getroffenen Regelung das Recht eingeräumt, im Falle der Erfüllung sämtlicher nachstehend in dieser Ver-

5. Market Development
Agreement

made between

......

("Franchisor")

and

......

("Area Developer")

WHEREAS

Franchisor has developed and rolled out a system for operating quick service restaurants (**"Franchisor Franchise System"**).

The Franchisor Franchise System is expanding nationally and internationally through development and franchise agreements such that a separate franchise agreement (**"Franchise Agreement"**) is executed for each restaurant (**"Franchise Restaurant"**) that is opened under the terms of a development agreement.

Area Developer intends to develop and open Franchise Restaurants under the Franchisor brand in ......, as more specifically described in Annex 1 to this Agreement (**"Development Territory"**) based on the Franchisor's market development strategy and subject to the terms and conditions of this Development Agreement.

NOW IT IS HEREBY AGREED:

§ 1 Development Rights

(1) Subject to § 1(4) below, Area Developer is hereby granted the right to develop and, subject to the full satisfaction of the terms and conditions of this Agreement, to be franchised to operate

einbarung geregelten Voraussetzungen im Entwicklungsgebiet nach Maßgabe der in dieser Vereinbarung niedergelegten Regelungen sowie den Regelungen der jeweils für jedes der Franchise Restaurants abzuschließenden Franchiseverträge Franchiserechte für den Betrieb von Franchise Restaurants eingeräumt zu erhalten. Vor Eröffnung eines Franchise Restaurants muss der Gebietsentwickler für jedes von ihm zu eröffnende Restaurant einen Franchisevertrag entsprechend der dieser Vereinbarung als Anlage 2 beigefügten Fassung abschließen.

(2) Die nach § 1(1) vorstehend eingeräumten Entwicklungsrechte werden, sofern und soweit der Gebietsentwickler alle mit dem Franchisegeber geschlossenen Verträge ordnungsgemäß erfüllt, während der Laufzeit dieser Vereinbarung für das Entwicklungsgebiet exklusiv eingeräumt (**„Exklusivität"**).

(3) Der Franchisegeber behält sich das uneingeschränkte Recht vor, Lizenzrechte für die Entwicklung und den Betrieb von Franchise Restaurants an (i) Tankstellen, (ii) Militäreinrichtungen einschließlich zugehöriger Versorgungseinrichtungen, (iii) Autobahnen, (iv) Bahnhöfen, (v) Flughafenterminals, (vi), Hotels, (vii) Universitäten und Schulen, (viii) Vergnügungsparks, (ix), Kreuzfahrtschiffen, (x) Krankenhäusern und Altenheimen sowie (xi) Sportstadien und Sportklubs (**„Institutionelle Standorte"**) zu vergeben.
Shopping Center fallen nicht unter die Kategorie „Institutionelle Standorte", sofern diese nicht lediglich Bestandteile einer der vorstehend in (i) bis (xi) genannten Standortkategorien sind.

(4) Unbeschadet der dem Gebietsentwickler nach § 3 und Anlage 3 eingeräumten Entwicklungsrechte ist der Franchisegeber berechtigt, nach eigenem Ermessen dem Gebietsentwickler die erforderliche Zustimmung zur Entwicklung und zum Betrieb eines Fran-

Franchise Restaurants within the Development Territory upon the terms and conditions of this Agreement and the respective Franchise Agreements for such Franchise Restaurants. Area Developer hereby accepts the grant of rights referred in this § 1(1), subject to the terms of this Agreement. Prior to the opening of each Franchise Restaurant, Developer must enter into a Franchise Agreement in the form attached to this Agreement as Annex 2 with respect to each individual Franchise Restaurant.

(2) The Development Rights granted pursuant to § 1(1) above shall during the term of this Agreement and for as long as Area Developer is in full compliance with all agreements made with Franchisor be exclusive for the Development Territory (**"Exclusivity"**).

(3) Franchisor hereby reserves the unrestricted right to license others to develop and operate Franchise Restaurants at (i) petrol stations, (ii) military establishments, including their adjacent housing and support areas, (iii) motorway stations, (iv) railway stations, (v) airport terminals, (vi) hotels, (vii) universities and schools, (viii) amusement parks, (ix) cruise ships, (x) hospitals and residences and (xi) sport centers and clubs (**"Institutional Locations"**).

Institutional Locations shall, however, exclude shopping centers provided that such shopping center is not integrated in any of the locations set forth under (i) through (xi).

(4) Despite the development rights and without affecting the development obligations of Area Developer as detailed in § 3 and in Annex 3, Franchisor may at its sole discretion refuse to grant Area Developer the right to develop a Franchise Restaurant at a particular

chise Restaurants in Teilen oder im gesamten Entwicklungsgebiet im Einzelfall durch schriftliche jederzeit zulässige Erklärung zu versagen. Der Franchisegeber ist insbesondere berechtigt, nach eigenem Ermessen die Zustimmung zur Entwicklung und zur Eröffnung eines Franchise Restaurants zu verweigern, falls der Franchisegeber den betreffenden Standort oder das vorgesehene Gebiet für den Betrieb eines Franchise Restaurants für ungeeignet hält.

location or within a particular area in the Development Territory through giving notice to Developer. In particular and without limiting Franchisor's sole discretion, Franchisor may refuse to grant Area Developer the right to develop a Franchise Restaurant if Franchisor considers a particular location or particular area as inappropriate for the operation of a Franchise Restaurant.

§ 2 Laufzeit des Entwicklungsvertrages

(1) Die anfängliche Laufzeit dieser Vereinbarung beträgt … (…) Jahre gerechnet ab dem Datum der Vertragsunterzeichnung durch alle Parteien (**„Vertragsbeginn"**) und vorbehaltlich einer etwaigen vorzeitiger Beendigung nach den Reglungen dieses Vertrages (**„Anfangslaufzeit"**).

(2) Der Gebietsentwickler hat die Option, die Anfangslaufzeit (mit der Folge der Verlängerung der Gesamtlaufzeit) für einen weiteren Zeitraum von … (…) Jahren (**„Verlängerungszeitraum"**) zu verlängern, sofern folgende Voraussetzungen erfüllt sind:

a) Der Gebietsentwickler hat den Franchisegeber durch schriftliche Erklärung spätestens 6 Monate vor Ablauf der Anfangslaufzeit über seine Absicht in Kenntnis gesetzt, die Laufzeit dieser Vereinbarung zu verlängern.

b) Der Gebietsentwickler hat zum Zeitpunkt der vorstehend in lit. (a) vorgesehenen Erklärung sowie zum Zeitpunkt, an dem die Verlängerung wirksam wird, alle Regelungen (Verpflichtungen) dieser Vereinbarung einschließlich derjenigen des Entwicklungsplanes (wie nachfolgend definiert) ordnungsgemäß erfüllt.

c) Der Gebietsentwickler hat zum Zeitpunkt der Optionsausübung und zum Zeitpunkt, an dem die Verlänge-

§ 2 Term of Development Agreement

(1) The term of this Agreement shall be for an initial period of …… (……) years commencing as of the date at which this Agreement shall have been signed by all Parties hereto (**"Commencement Date"**), subject to any earlier termination in accordance with the terms of this Agreement (the **"Initial Term"**).

(2) Area Developer shall have an option to extend the Initial Term (which extension shall form a part of the Term) for a further period of …… (……) years (**"Extended Term"**), provided that:

a) Area Developer has given Franchisor written notice of its intention to exercise its option to extend this Agreement no later than 6 months before the expiry of the Initial Term;

b) Area Developer has, at the time of the notice pursuant to lit. (a) and upon the effective date of the extension, fully complied with the terms and conditions of this Agreement, including the Development Schedule (as defined below),

c) Area Developer has, at the time of exercise and upon the effective date of the extension, fully complied with

rung wirksam wird, alle Regelungen (Verpflichtungen) der bestehenden Franchiseverträge ordnungsgemäß erfüllt.

d) Der Gebietsentwickler erfüllt zum Zeitpunkt der Optionsausübung und zum Zeitpunkt, an dem die Verlängerung wirksam wird die nachstehend in § 4 niedergelegten Voraussetzungen und

e) der Gebietsentwickler und der Franchisegeber haben sich für den Verlängerungszeitraum auf einen neuen Entwicklungsplan für das Entwicklungsgebiet geeinigt.

(3) Keine der Vertragsparteien ist zur vorzeitigen ordentlichen Kündigung dieses Vertrages während der Anfangslaufzeit sowie des Verlängerungszeitraums berechtigt. Das Recht zur außerordentlichen und fristlosen Kündigung dieses Vertrages nach § 314 BGB (siehe § 6 nachstehend) bleibt unberührt.

§ 3 Entwicklungsverpflichtungen

(1) Der Gebietsentwickler verpflichtet sich, eine Mindestanzahl von Franchise Restaurants innerhalb des Entwicklungsgebietes entsprechend der Regelungen des dieser Vereinbarung als Anlage 3 beigefügten Entwicklungsplanes zu entwickeln und in Übereinstimmung mit den hierfür jeweils abzuschließenden Franchiseverträgen zu betreiben. Es wird klargestellt, dass bestehende Restaurants des Gebietsentwicklers im Entwicklungsgebiet bei der Prüfung unberücksichtigt bleiben, soweit es um die Einhaltung der Entwicklungsziele des Entwicklungsplanes geht. Alle im Entwicklungsplan vorgesehenen Ziele verstehen sich ohne Berücksichtigung etwaiger Schließungen; sofern der Gebietsentwickler ein oder mehrere Restaurants schließt, erhöht sich die Anzahl der zu entwickelnden Restaurants entsprechend.

(2) Es werden ausschließlich Standard Franchise Restaurants (ausgenommen

the terms and conditions of all Franchise Agreements;

d) Area Developer, at the time of exercise and upon the effective date of the extension, satisfies the requirements set out in § 4 below; and

e) Area Developer and Franchisor shall have mutually agreed on a new development schedule for the Development Territory for the Extended Term.

(3) Neither Party shall be entitled to ordinary termination of this Agreement during the Initial Term and the Extended Term. This shall be without prejudice to the right of either Party to terminate this Agreement for good cause and with immediate effect pursuant to § 314 of the German Civil Code (see § 6 below).

§ 3 Development Obligations

(1) Area Developer shall develop and open for business and keep open pursuant to the terms of the Franchise Agreements a minimum number of Franchise Restaurants within the Development Territory in strict compliance with the Development Schedule attached as Annex 3. For the avoidance of doubt, any existing restaurants of the Area Developer in the Development Territory shall not be included for purposes of determining Area Developer's compliance with the targets set out in the Development Schedule. All of the targets set forth in the Development Schedule are expressed net of closures, if Area Developer closes one or more restaurants, then the number of restaurants to be developed shall increase accordingly.

(2) Only standard Franchise Restaurants (which shall, for the avoidance of

sind hier also insbesondere, was die Parteien hiermit klarstellen, Kiosk oder Shop on Shop Formate) bei der Prüfung berücksichtigt, ob der Gebietsentwickler die Verpflichtungen des Entwicklungsplanes eingehalten hat.

(3) Unbeschadet gesetzlicher oder vertraglicher Rechte und Ansprüche, die dem Franchisegeber im Falle einer Verletzung von Vorgaben dieser Vereinbarung zustehen gilt für den Fall, dass der Gebietsentwickler die Entwicklungsziele dieser Vereinbarung oder im Verlängerungsfall diejenigen eines neuen Entwicklungsplanes verfehlt haben sollte: (i) Dem Gebietsentwickler wird einen Zeitraum von sechs (6) Monaten – gerechnet nach Ablauf der betreffenden Entwicklungsjahres – die Möglichkeit eingeräumt („Heilungszeit"), die geschuldete Anzahl von Restaurants zu erreichen und (ii) der Gebietsentwickler wird an den Franchisegeber für jedes nicht vertragsgemäß entwickelte Restaurant eine Vertragsstrafe in Höhe von …… € leisten („Kompensationszahlung"). Die Kompensationszahlung ist innerhalb von 30 Tagen nach Ablauf des betreffenden Entwicklungsjahres zur Zahlung fällig. Falles der Gebietsentwickler die Entwicklungsziele innerhalb des Heilungszeitraumes nicht erreicht haben sollte oder die Kompensationszahlung nicht innerhalb der Fälligkeit gezahlt worden ist, steht dem Franchisegeber das Recht zu, nach seinem Ermessen (i) die Exklusivität oder (ii) diese Vereinbarung insgesamt zu kündigen.

(4) Unbeschadet der vorstehenden Regelungen vereinbaren die Parteien, dass auf Seiten des Gebietsentwicklers, sofern er die nachstehend in § 3 (5) niedergelegten Verpflichtungen erfüllt, im Falle des Nichterfüllung der Verpflichtungen des Entwicklungsplanes, keine Vertragsverletzung gegeben ist, wenn eine der nachgenannten Umstände vorliegen sollte, die sich außerhalb des Einflussbereiches des Gebietsentwicklers befinden und derartige Umstände

doubt, exclude kiosk or shop in shop formats) shall be included for purposes of determining Developer's compliance with the Development Schedule.

(3) In addition to any other legal rights and remedies available to the Franchisor from any breach of any provision set out in this Agreement or at Law, if Area Developer fails to achieve the opening targets and, if this Agreement is extended pursuant to § 2(2) above, any target agreed in such additional development schedule then (i) Area Developer will have a six (6) month period after the expiration of the relevant development year (the **"Cure Period"**) to achieve the relevant opening target and (ii) Area Developer will pay to Franchisor an amount of …… € for each restaurant that has fallen short of the development target (the **"Cure Payment"**). The Cure Payment will be due and payable within thirty (30) Days of the end of the relevant development year. If Developer fails to achieve the opening target by the expiration of the Cure Period or if Developer fails to pay the Cure Payment to Franchisor within such 30-Day period, Franchisor may, in its sole discretion, (i) terminate Exclusivity or (ii) terminate this Agreement in its entirety.

(4) Notwithstanding the foregoing, provided that it has complied with the provisions of § 3(5) below, Area Developer shall not be deemed to be in breach of the Development Schedule if its failure to perform its obligations as set out in the Development Schedule results from the following events that were beyond the reasonable control of Area Developer, which events must have a continuous impact for a period of three (3) months or more and make

für einen Zeitraum von mindestens drei (3) Monate andauern, sofern diese dazu geführt haben, dass der Gebietsentwickler außerstande oder gewesen ist oder nur mit unverhältnismäßigen Mitteln imstande gewesen wäre, die im Entwicklungsplan vorgesehenen Entwicklungszeiträume zu erfüllen („**Fälle höherer Gewalt**").

it impossible or commercially impracticable to achieve the opening targets by the applicable deadlines set forth in the Development Schedule (**"Force Majeure Events"**).

(5) In einem Fall höherer Gewalt wird der Gebietsentwickler den Franchisegeber unverzüglich über einen solchen Umstand informieren und hierbei über den Grund und die Auswirkungen Auskunft geben, die die ordnungsgemäß Vertragserfüllung ausschießen oder verzögern. Er wird wirtschaftlich zumutbare Anstrengungen unternehmen, um die Auswirkungen der Fälle höher Gewalt auf die Vertragserfüllung zu minimieren und sich in die Lage zu versetzen, die Erfüllung der vertraglichen Verpflichtungen baldmöglichst wiederaufzunehmen. Soweit erforderlich, werden die Parteien die Fristen des Entwicklungsplanes oder die Anzahl der darin vereinbarten Restaurants anpassen.

(5) Upon the occurrence of a Force Majeure Event, Developer shall promptly notify the Franchisor in writing of the nature and extent of the force Majeure Event causing its failure or delay in performance and shall use all commercially reasonable efforts to mitigate the effect of the Force Majeure Event to carry out its obligations under the Development Schedule in any way that is reasonably practicable and to resume the performance of its obligations as soon as it is reasonably possible. The Parties agree to adjust the deadlines or the number of restaurants of the Development Schedule, as necessary.

(6) Der Gebietsentwickler ist berechtigt, Franchise Restaurants schneller als im Entwicklungsplan vorgesehen zu entwickeln, sofern

(6) Area Developer is free to develop Franchise Restaurants at a faster rate than as set out in the Development Schedule, provided that:

a) bei jedem dieser Restaurants das hiernach vertraglich vorgesehene Verfahren durchlaufen wird; und

a) Each Restaurant shall be developed in accordance with the terms and conditions and procedures described in this Agreement; and

b) der Gebietswickler auch im Übrigen alle Verpflichtungen des Entwicklungsplanes erfüllt hat.

b) Developer shall otherwise be in compliance with the Development Schedule.

Jedes Restaurant, das schneller als nach dem Entwicklungsplan vorgesehen entwickelt wird, wird auf die Erreichung der Entwicklungsziele des Entwicklungsplanes vollumfänglich angerechnet.

Any Restaurants developed faster than as provided for in the Development Schedule shall be included in determining Developer's compliance with it.

§ 4 Verfahren bei Standortentwicklung

§ 4 Site Development Procedures

(1) Dieser Vertrag gewährt keine Franchiselizenz für den Betrieb von Fran-

(1) This Agreement is not a franchise for the operation of Franchise Restau-

chise Restaurants; die Parteien sind sich darin einig, dass hiermit nur die Voraussetzungen geregelt werden, unter denen bei vollständiger Erfüllung durch den Gebietsentwickler dem Gebietsentwickler die Aussicht eingeräumt wird, individuelle Franchiselizenzen für jedes von ihm nach Maßgabe dieser Vereinbarung entwickelte Franchiserestaurants zu erhalten.

(2) Im Hinblick auf jedes nach dieser Vereinbarung zu entwickelnde Franchise Restaurant muss der Gebietsentwickler bei dem Franchisegeber eine Expansionsgenehmigung in Übereinstimmung mit den zu diesem Zeitpunkt jeweils gültigen Regularien beantragen und erhalten („**Expansionsgenehmigung**"). Der Gebietsentwickler akzeptiert, dass unbeschadet sonstiger Regelungen dieser Vereinbarung, die nachstehend in § 4 niedergelegten Kriterien als Teil der zum Vertragsschlusszeitpunkt gültigen Expansionsrichtlinien erfüllt sein müssen.

(3) Falls die Voraussetzungen für die Erteilung der Expansionsgenehmigung nicht erfüllt sind, berechtigt dies den Franchisegeber, die Erteilung der Expansionsgenehmigung zu verweigern; die Verweigerung lässt die Verpflichtung zur Erfüllung des Entwicklungsplanes unberührt.

(4) Um die Expansionsgenehmigung zu erhalten, muss der Gebietsentwickler folgende Voraussetzungen erfüllen:

  (i) Er und mit ihm verbundene Unternehmen müssen vollumfänglich die Vorgaben dieser Vereinbarung oder sonstiger bestehender Franchiseverträge erfüllt haben; dies schließt die Beachtung der darin geregelten Standards, Spezifizierungen, Verfahren und Richtlinien ein, die im Hinblick auf die betrieblichen Standards, die Inneneinrichtung oder das äußere Erscheinungsbild von Franchise Restaurants vom Franchisegeber erlassen worden sind;

rants, but is intended by the Parties to set out the terms and conditions which, if fully performed by Area Developer, shall make Developer eligible to be considered for individual franchises for each of the Restaurants to be developed under this Agreement.

(2) With respect to each Franchise Restaurant to be developed pursuant to this Agreement, Area Developer must apply for and obtain expansion approval in writing from Franchisor through its standard approval procedures then in effect (**"Expansion Approval"**). Notwithstanding any provision in this Agreement to the contrary, Developer agrees that, as part of the Expansion Approval procedures as at the date of this Agreement, Developer must, as a condition to the granting of Expansion Approval, have obtained all approvals specified in this § 4.

(3) Failure to meet the requirements necessary to obtain Expansion Approval shall constitute valid grounds for Franchisor for refusing such approval and shall not affect the development obligations set out in the Development Schedule.

(4) To qualify for Expansion approval, Area Developer must

  (i) be in full compliance with the terms and conditions of this Agreement, Developer and its Affiliates must be in full compliance with the provisions of each of any existing respective Franchise Agreements with Franchisor, including the standards, specifications, procedures and guidelines that Franchisor has issued in relation to operational standards or interior and exterior image of the Franchise Restaurants,

(ii) Alle gegenüber dem Franchisegeber bestehenden Zahlungspflichten
müssen erfüllt sein.

(iii) Alle sonstigen gegenüber dem
Franchisegeber obliegenden Verpflichtungen aus dieser Vereinbarung und aus geltenden Franchiseverträgen müssen von Seiten des
Gebietsentwicklers und mit ihm
verbundener Unternehmen ordnungsgemäß erfüllt sein; es darf
kein Umstand gegeben, sein, der
den Franchisegeber berechtigen
würde, diese Vereinbarung außerordentlich und fristlos zu kündigen.

(5) Nach Erteilung der Expansionsgenehmigung muss der Gebietsentwickler bei dem Franchisegeber unter Beachtung der vom Franchisegeber im
Einzelfall definierten Genehmigungs-
richtlinien die Genehmigung einholen,
das Franchise Restaurant an dem in
Aussicht genommenen Standort zu
bauen (**„Standortgenehmigung"**).

§ 5 Franchisevertrag; Gebühren

(1) Nach Erfüllung der nachstehenden
Voraussetzungen im Hinblick auf jedes
Franchise Restaurant, das der Gebiets-
entwicklung zu eröffnen beabsichtigt,
nämlich

a) der Erteilung der Franchisegeneh-
migung und der Expansionsgenen-
migung durch den Franchisegeber in
Bezug auf das in Aussicht genommene Franchise Restaurant,

b) der Vollendung des Baus und dem
Abschluss der Einbauten des Franchise Restaurants in Übereinstimmung mit den vom Franchisegeber
genehmigten Plänen,

c) die Einhaltung aller Vorgaben dieser
Vereinbarung im Hinblick auf Training und Personalbesetzung für das
neu zu eröffnende Franchise Restaurant,

d) die an den Franchisegeber erfolgte
Zahlung der Franchise Fee in Bezug
auf das neu zu eröffnende Franchise
Restaurant,

(ii) be current in all monetary obligations owed to Franchisor.

(iii) be in full compliance with all other
of their respective obligations to
Franchisor and its Affiliates including in relation to this Agreement
and any Franchise Agreement and
no event that would entitle Franchisor to service notice of termination of this Agreement for good
cause must have occurred..

(5) Once Expansion Approval is obtained, Area Developer shall seek approval of Franchisor to build a Franchise Restaurant at a particular location
within the Development Territory ("Site
Approval") in accordance with approval procedures that Franchisor may
issue from time to time.

§ 5 Franchise Agreement; Fees

(1) Upon fulfilment of the following
conditions precedent in relation to each
Franchise Restaurant which the Area
Developer intends to open;

a) issuance by Franchisor of Expansion
Approval and Site Approval with
regard to the proposed Franchise
Restaurant;

b) the completion of the construction
and fitting out of the Franchise Restaurant in accordance with plans
and specifications approved by Franchisor;

c) compliance with the requirements of
this Agreement regarding the proper
training and staffing of all employees designated to work in the proposed Franchise Restaurant;

d) payment to Franchisor of the Franchise Fee required in respect of the
Restaurant to be opened;

e) die Unterzeichnung des für das neu zu eröffnende Restaurant vorgesehenen Franchisevertrages,

f) die vollständige Erfüllung der dem Gebietsentwickler und mit ihm verbundener Unternehmen obliegenden Verpflichtungen aus bestehenden Franchiseverträgen bezogen auf den Zeitpunkt, an die Erteilung einer Franchiselizenz erbeten wird,

ist der Gebietsentwickler berechtigt, das Franchise Restaurant für seinen Geschäftsbetrieb zu eröffnen.

(2) Die Laufzeit des Franchisevertrages beträgt …… (……) Jahre.

(3) Der für die Royalty für die Werbekostenbeiträge vorgesehene Prozentsatz ergibt sich aus den Regelungen des Franchisevertrages und gründet sich auf die monatlichen Umsätze (ohne Mehrwertsteuer).

§ 6 Kündigung der Exklusivität und/oder des Entwicklungsvertrages

(1) Keine der Parteien ist, sofern nicht ein unter § 314 BGB (außerordentliche und fristlose Kündigung) fallender Sachverhalt vorliegt, berechtigt, diese Vereinbarung vor Ablauf der in § 2 geregelten Laufzeit dieses Entwicklungsvertrages vorzeitig ordentlich zu kündigen.

(2) Jede Partei ist berechtigt, diese Vereinbarung nach § 314 BGB aus wichtigem Grund außerordentlich und fristlos zu kündigen.

(3) Zusätzlich ist der Franchisegeber berechtigt, anstelle einer außerordentlichen und fristlosen Kündigung aus wichtigem Grund (sofern die dafür erforderlichen Voraussetzungen nach § 314 BGB gegeben sind), gegenüber dem Gebietsentwickler die hierin niedergelegte Exklusivität zu kündigen, woraufhin der Franchisegeber das Recht erwirbt, im Entwicklungsgebiet eigene Restaurants zu entwickeln oder zu betreiben oder Entwicklungs- und

e) execution of the Franchise Agreement for the proposed Franchise Restaurant;

f) full compliance by Developer, its Affiliates, and Principals with the requirements of this Agreement and all Franchise Agreements in force at the time a grant of a franchise is requested;

Area Developer shall be entitled to open the Franchise Restaurant for business.

(2) The duration of each Franchise Agreement shall be twenty (20) years.

(3) The Royalty percentage and Advertising Contribution percentage shall be as set out in each Franchise Agreement and shall be based on monthly Gross Sales (excluding VAT).

§ 6 Termination of Exclusivity and/or Development Agreement

(1) Except as provided otherwise in § 314 of the German Civil Code (termination for good cause), neither party shall be entitled to terminate this agreement before the expiry of the Term of this Development Agreement, as set out in § 2 above.

(2) Either Party may terminate this Agreement in accordance with § 314 of the German Civil Code for good cause and with immediate effect.

(3) In addition, the Franchisor may, instead of terminating this Agreement in its entirety for good cause and with immediate effect (provided such termination shall be possible according to § 314 of the German Civil Code) terminate the Exclusivity whereupon Franchisor shall be entitled to develop and operate own restaurants in the Development Territory or grant development or franchise rights to third party franchisees in the Development Territory.

Franchiserechte für das Entwicklungsgebiet an dritte Franchisenehmer zu
vergeben.

(4) Eine Kündigung dieser Vereinbarung berührt die Wirksamkeit der zum
Zeitpunkt der Kündigung bestehenden
Franchiseverträge nicht. Diese Franchiseverträge bleiben unberührt und gelten auch nach Kündigung des Entwicklungsvertrages fort.

(4) Any termination of this Agreement
shall be of no effect to franchise agreements that shall be in force at the date
of termination. These franchise agreements shall survive the termination of
the Development Agreement.

§ 7 Vertraulichkeit

(1) Der in diesem Entwicklungsvertrag verwendete Begriff „vertrauliche
Informationen" umfasst vertrauliche
und geschützte Informationen des
Franchisegebers oder mit ihm verbundener Unternehmen, insbesondere Be-
triebshandbücher oder sonstige Informationen in Bezug auf Standards,
Spezifikationen oder betriebliche Ver-
fahrensweisen, Trainingsunterlagen,
Marketing- und Geschäftsinformatio-
nen, Lebensmittelspezfikationen oder
Finanzinformationen über den Franchisegeber oder mit ihm verbundener
Unternehmen.

§ 7 Confidentiality

(1) The term "Confidential Information"
as used in this Development Agreement means all confidential and proprietary information of Franchisor or
any of its Affiliates, including without
limitation, Franchisor's operations
manuals and other information on
standards, specifications and operating
procedures, training material, marketing and business information, food
specifications and financial information
in relation to Franchisor and its Affiliates.

(2) Der Gebietsentwickler verpflichtet
sich, die nachfolgenden Vorgaben einzuhalten und wird daher:

a) zu jeder Zeit, sowohl für die Dauer
   der Grundlaufzeit, als auch (soweit
   relevant) für die Dauer des Verlän-
   gerungszeitraumes sowie für den
   Zeitraum nach Kündigung oder Beendigung die vertraulichen Informationen strikt vertraulich behandeln,
b) vertrauliche Informationen nur für
   die Entwicklung und den Betrieb
   von Franchise Restaurants verwenden,
c) vertrauliche Informationen keiner
   dritten Person zugänglich machen,
   sofern die betreffende Person oder
   das betreffende Unternehmen den
   Zugang hierzu nicht für die Entwicklung oder den Betrieb von Franchiserestaurants benötigt.

(2) Area Developer undertakes to comply with the following obligations and
shall:

a) at all times, both during the Initial
   Term and the Extended Term (if any)
   and following its termination or expiration, maintain the Confidential
   Information in strict confidence;

b) use the Confidential Information
   only in the development and operation of Franchise Restaurants;

c) not disclose the Confidential Information to any person except those
   people or companies who have a
   specific need to have access to it for
   the development and operation of
   any of Franchise Restaurants.

§ 8 Abtretung und Übertragung

(1) Der Gebietsentwickler ist nicht berechtigt, ohne vorherige Zustimmung des Franchisegebers diesen Entwicklungsvertrag ganz oder teilweise zu übertragen oder in sonstiger Weise hierüber zu verfügen oder Unterlizenzen in Bezug auf hiernach eingeräumte Rechte zu erteilen.

(2) Die vorstehend geregelte Verfügungsbeschränkung umfasst, was hiermit klargestellt wird,

a) die Gewährung von Unter-Franchiselizenzen zugunsten einer Person oder

b) die Einräumung einer Beteiligung an einem Franchise Restaurant zugunsten einer Person.

§ 9 Verpflichtungen der Gesellschafter

(1) Der Gebietsentwickler und seine Anteilseigner (``Gesellschafter'') gewährleisten und sichern – jeweils unabhängig voneinander – gegenüber dem Franchisegeber uneingeschränkt zu, dass zum Vertragsschlusszeitpunkt der Anteilsbesitz an dem Gebietsentwickler sich so, wie in Anlage 4 aufgeführt, verhält. Auf Verlangen des Franchisegebers verpflichten sich der Gebietsentwickler und die Gesellschafter, dem Franchisegeber beglaubigte Abschriften des Gesellschaftsvertrages, von Gesellschaftervereinbarungen oder der Satzung der Gebietsentwicklers und der Gesellschafter sowie etwaiger Änderungen zu übermitteln.

(2) Jeder Gesellschafter übernimmt hiermit gegenüber dem Franchisegeber die Bürgschaft nach § 765 und § 767 BGB für auf alle Zahlungsverpflichtungen des Gebietsentwicklers aus dieser Vereinbarung und allen Franchise Verträgen. Jeder Gesellschafter verzichtet auf die Einrede der Anfechtbarkeit oder Aufrechenbarkeit nach § 770 BGB, soweit dies nicht unstreitige oder rechtskräftig festgestellt Gegenforderungen

§ 8 Assignment and Transfer

(1) This Development Agreement may not be assigned or otherwise disposed of by Area Developer in whole or in part nor shall Developer have any right to sub-license any of the rights granted under this Agreement, without the prior consent of Franchisor.

(2) For the avoidance of doubt, the restriction set out above shall specifically include:

a) the granting of sub-franchise to any person or

b) the granting of any interest in any Franchise Restaurant to any person.

§ 9 Obligations of Principals

(1) The Area Developer and its shareholders (``Principals'') represent and warrant jointly, severally and unconditionally to Franchisor that at the date at which this Agreement is signed, the shareholdings in Developer are owned as set out in Annex 4 to this Agreement. Upon request of Franchisor, Developer and Principals shall promptly furnish Franchisor with certified copies of articles of association, bylaws and other governing documents of Developer and Principals, and any amendments thereto.

(2) Each Principal hereby guarantees to Franchisor pursuant to § 765 and § 767 of the German Civil Code, the fulfilment of all payment obligations of Developer arising from this Agreement and all Franchise Agreements. Each Principal hereby waives his or its right of contestability and of set-off pursuant to § 770 of the Germany Civil Code, provided that no undisputed or conclusive counter-claims are involved as well

betrifft; ferner auf die nach § 771 BGB bestehenden Einreden.

(3) Jeder Gesellschafter übernimmt ferner die im Wege einer selbständigen Verpflichtung und unabhängig vom anderen Teil die gesamtschuldnerische Mithaft für alle nicht finanziellen Verpflichtungen des Gebietsentwicklers aus dieser Vereinbarung.

§ 10 Wettbewerbsbeschränkung, Vertragsstrafe

(1) Der Gebietsentwickler verpflichtet sich, während der Laufzeit dieser Vereinbarung keine direkte oder indirekte Beteiligung an einem Unternehmen zu erwerben, das direkt oder indirekt im Wettbewerb mit dem Franchisesystem des Franchisegebers/dem Franchisegeber steht („**Wettbewerbsunternehmen**"). Zur Klarstellung wird festgehalten, dass alle in Anlage 5 zu dieser Vereinbarung aufgeführten Konzepte sowie alle Quick Service Restaurantkonzepte als Wettbewerbsunternehmen gelten. Der Gebietsentwickler verpflichtet sich, in Bezug auf ein Wettbewerbsunternehmen ein solches nicht zu führen, zu erwerben, hierfür zu bauen, ein solches zu gründen, zu beraten, zu finanzieren oder es in anderer Weise zu unterstützen oder hierfür entgeltlich oder unentgeltlich tätig zu sein. Diese Wettbewerbsbeschränkung gilt innerhalb und außerhalb des Entwicklungsgebietes.

(2) Sofern der Gebietsentwickler gegen die hiernach übernommene Wettbewerbsbeschränkung verstößt, wird er an den Franchisegeber eine vom Franchisegeber zu bestimmende angemessene Vertragsstrafe zahlen. Die Parteien vereinbaren, dass die Bestimmung der gerichtlichen Kontrolle durch ein hierfür im Einzelfall zuständiges Gericht unterworfen wird. Die Vertragsstrafe ist für jede Woche erneut verwirkt, solange die Verletzungshandlung andauert und bleibt solange verwirkt, wie die Verletzungshandlung insgesamt andauert.

as the defence in accordance with § 771 BGB of the German Civil Code.

(3) Each Principal Developer hereby assumes joint and several liability for all non-monetary obligations of Area Developer arising from this Agreement.

§ 10 Restrictive Covenant, Penalty

(1) During the term of this Agreement, Area Developer undertakes not to acquire a direct or indirect share in an enterprise which is in direct or indirect competition with the Franchisor Franchise System and/or with Franchisor (**"Competing Enterprise"**). For the avoidance of doubt, any concept listed in Annex 5 to this Agreement and any other quick service restaurant concepts with shall be regarded as Competing Enterprise. The Area Developer agrees not to own, lead, acquire, build, incorporate, advise, finance and/or provide support to any Competing Enterprise and/or act on behalf of a Competing Enterprise (whether against remuneration or free of charge). This restrictive covenant shall apply in and outside of the Development Territory.

(2) In the event that the Area Developer is in breach of this restrictive covenant, it shall pay to Franchisor a penalty which Franchisor shall determine for such purpose in a fair and equitable manner. The Parties agree that such determination shall be subject to review by the competent German courts having jurisdiction in the event of a dispute. The Penalty shall recur for any week of infringement and shall remain in force for as long as the infringement continues.

§ 11 Schlussbestimmungen

(1) Falle eine Bestimmung dieser Vereinbarung ganz oder teilweise unwirksam ist, bleiben die übrigen Bestimmungen dieser Vereinbarung hiervon unberührt. Eine urwirksame oder undurchführbare Bestimmung soll durch eine wirksame und durchsetzbare Bestimmung ersetzt werden, die dem wirtschaftlichen Zweck der unwirksamen Bestimmung entspricht oder möglichst nahe kommt.

(2) Die Parteien halten fest, dass abweichende oder zusätzliche mündliche Nebenabreden zu dieser Vereinbarung nicht getroffen sind.

(3) Änderungen oder Ergänzungen dieser Vereinbarung (einschließlich dieser Klausel) bedürfen zu ihrer Wirksamkeit der Schriftform.

(4) Diese Vereinbarung und ihre Auslegung unterliegen dem Recht der Bundesrepublik Deutschland (unter Ausschluss der Vorschriften des Deutschen Internationalen Privatrechts sowie der Regelungen des Übereinkommens der Vereinten Nationen über Verträge über den internationalen Warenkauf).

(5) Als ausschließlicher Gerichtsstand für alles Streitigkeiten aus und im Zusammenhang mit dieser Vereinbarung wird die Zuständigkeit der Gerichte von …… vereinbart.

…… Ort/Datum

……   ……
Franchisegeber Gebietsentwickler

……
Gesellschafter

Anlage 1 zum Entwicklungsvertrag
Entwicklungsgebiet
Anlage 2 zum Entwicklungsvertrag
Muster Franchisevertrag
Anlage 3 zum Entwicklungsvertrag
Entwicklungsplan
Anlage 4 zum Entwicklungsvertrag
Gesellschafter und Anteilsverhältnisse
Anlage 5 zum Entwicklungsvertrag
Wettbewerbsunternehmen

§ 11 Final Provisions

(1) If any provision of this Agreement or parts thereof shall be invalid, this shall be of no effect to the validity of the remaining provisions of this Agreement. Any invalid provision which cannot be executed shall be replaced by such effective provision that can be executed and, from an economic standpoint, comes as close as possible to the invalid provision.

(2) The Parties confirm that no verbal arrangements have been made in addition or contrary to the terms of this Agreement.

(3) Any changes in or amendments to this Agreement (which shall include this clause) must be in writing.

(4) This Agreement shall be governed by and, be construed in accordance with, the laws and regulations of the Federal Republic of Germany (excluding the provisions on German Private International law and the provisions of the UN Convention on Contracts for the International Sale of Goods).

(5) The courts of …… shall have exclusive jurisdiction for any disputes arising from or in connection with this Agreement.

…… Place/Date

……   ……
Franchisor   Area Developer

……
Principals

Annex 1 to Development Agreement
Development Territory
Annex 2 to Development Agreement
Form of Franchise Agreement
Annex 3 to Development Agreement
Development Schedule
Annex 4 to Development Agreement
Shareholders and Shareholdings
Annex 5 to Development Agreement
Competing Enterprises

6. Kommissions-vereinbarung

zwischen

......

nachfolgend „Prinzipal" genannt

und

......

nachfolgend
„Kommissionär" genannt

wird folgende Kommissionsvereinbarung geschlossen.

Präambel:

Prinzipal und Kommissionär haben sich darauf verständigt, dass der Kommissionär unter Ausnutzung seiner Branchenkenntnis die in Anlage 1 bezeichneten im Eigentum des Prinzipals stehenden Gegenstände (**„Kommissionsware"**) an interessierte Dritte (**„Endabnehmer"**) nach Maßgabe der Regelungen dieser Vereinbarung veräußern darf.

Dies vorausgeschickt, treffen die Parteien folgende Vereinbarung:

§ 1 Vertragsgegenstand

(1) Der Kommissionär wird hiermit auf der Grundlage der in dieser Vereinbarung nachstehend getroffenen Regelungen von dem Prinzipal beauftragt, die Kommissionsware an interessierte Endabnehmer zu verkaufen und zu übereignen.

(2) Der Prinzipal hat dem Kommissionär bestimmte Angaben zur Beschaffenheit, der Herkunft und zu allen sonstigen Merkmalen der Kommissionsware gemacht, die nach Ansicht des Prinzipals bei der Kaufentscheidung durch die Endabnehmer von Bedeu-

6. Commission Agency Agreement

made between

......

hereinafter referred to as „Principal"

and

......

hereinafter referred to as
„Commission Agent"[1]

Whereas:

Principal and Commission Agent have agreed that Commission Agent shall, based on its industry expertise, sell, subject to the terms and conditions of this Agreement, to interested third parties (**"Ultimate Buyers"**) the items listed in Annex 1, all of which are the property of Principal (**"Goods on Consignment"**).

Now, the Parties hereto have agreed as follows:

§ 1 Subject of Agreement

(1) The Principal hereby retains Commission Agent to sell and transfer title in relation to the Goods on Consignment to Ultimate Buyer subject to and, in accordance with, the terms of this Agreement.

(2) Principal has provided Commission Agent with certain Information on the Goods on Consignment with respect to condition, original and other characteristics which, in the opinion of Principal, will have an effect on the purchase through the Ultimate Buyers. This in-

---

[1] Denkbar auch: „General Commission Agent".

tung sind. Diese Angaben darf der Kommissionär gegenüber Endabnehmern zu Informationszwecken übermitteln. Sonstige Angaben zur Kommissionsware dürfen Dritten gegenüber nur nach vorheriger Zustimmung des Prinzipals gemacht werden. Der Kommissionär ist nicht befugt, im Namen des Prinzipals rechtsgeschäftliche Garantien im Hinblick auf die Beschaffenheit der Kommissionsware zu übernehmen.

formation must be provided by Commission Agent to Ultimate Buyers for information purposes only. Any other information with respect to the Goods on Consignment must be made available to third parties only after having obtained prior approval of Principal. Commission Agent shall not be authorized to enter into any contractual representation and warranty in relation to the Goods of Consignment on behalf of the Principal.

§ 2 Vertragslaufzeit; Lagerung; Versicherung

(1) Diese Kommissionsvereinbarung beginnt mit beidseitiger Unterzeichnung dieses Vertrages und endet außer im Falle einer Kündigung gem. § 9 mit der vollständigen Veräußerung der Kommissionsware.

§ 2 Duration; Storage, Insurance

(1) This Commission Agency Agreement shall start the at which both parties have signed this Agreement and shall, unless in any event of premature termination in accordance with § 9 below, expire at such date at which the Goods on Consignment shall have been fully sold.

(2) Der Kommissionär verpflichtet sich, die Kommissionsware ordnungsgemäß zu lagern. Die Lagerung darf ausschließlich in einer Räumlichkeit erfolgen, die der ausschließlichen Verfügungsgewalt des Kommissionärs unterliegt. Die Räumlichkeit muss ausreichend beheizt, belüftet, verschließbar und mit einer Alarmanlage gesichert sein.

(2) Commission Agent undertakes to properly store the Goods on Consignment. Storage must only be made in such premises that are exclusively accessible by the Commission Agent. The storage facility must be sufficiently heated, ventilated and lockable and be equipped with burglar alarm.

(3) Der Kommissionär gewährleistet, dass die Kommissionsware während der Laufzeit dieser Vereinbarung gegen Diebstahl, Feuer und Leitungswasserschäden bis zu einer Mindestdeckungssumme in Höhe von € …… pro Schadensfall versichert ist. Auf Verlangen des Prinzipals wird der Kommissionär dem Prinzipal geeignete Nachweise für das Bestehend eines solchen Versicherungsschutzes übermitteln.

(3) Commission Agent represents an warrants that the Goods on Commission shall, during the term of this Agreement, at all times be insured against burglar, fire and water damages with a minimum coverage of € ….. per incident. Upon request of Principal, Commission Agent shall provide Principal with evidence in relation to the existence of such insurance coverage.

(4) Der Kommissionär verpflichtet sich, die vorgenannte Deckungssumme auf Verlangen des Prinzipals auf eine vom Prinzipal gewünschte Deckungssumme zu erhöhen. Hierdurch verursachte Prämienerhöhungen fallen ausschließ-

(4) Commission Agent agrees to increase the above coverage amount upon demand of Principal. Any increase of insurance premium payments shall be at the sole expense of Principal and shall be charged by Commission Agent

lich dem Prinzipal zur Last und werden zusammen mit der Provisionsrechnung von dem Kommissionär ohne Aufschlag weiter berechnet.

free of any mark-up with the commission invoices.

(5) Die Kommissionsware bleibt bis zur vollständig erfolgten Bezahlung Eigentum des Prinzipals.

(5) Goods on Commission shall remain property of Principal until full payment has been made.

§ 3 Gewährleistungen des Prinzipals

§ 3 Principal's Representations and Warranties

(1) Der Prinzipal gewährleistet, dass die in Anlage 1 gemachten Angaben in Bezug auf die Kommissionsware richtig sind. Die Kommissionsware ist ausschließlich Eigentum des Prinzipals, was dieser hiermit versichert.

(1) Principal represents and warrants that all information set out in Annex 1 which was provided with respect to the Goods on Consignment are accurate. Principal represents and warrants that these Good on Consignment are exclusive property of Principal.

(2) Der Prinzipal erklärt, dass ihm keine verdeckten Mängel oder Funktionsstörungen in Bezug auf die Kommissionsware bekannt sind.

(2) Principal further states that it is not aware of any hidden defects or any malfunction with respect to the Goods on Consignment.

§ 4 Verkaufspreise

§ 4 Sales Prices

(1) Die Parteien vereinbaren hiermit die Geltung der in Anlage 1 in Bezug auf die Kommissionsware jeweils ausgewiesenen Angaben zu den jeweiligen Nettoverkaufspreisen (Verkaufspreis ohne gesetzliche Umsatzsteuer) dieser Gegenstände. Diese für die Kommissionsware ausgewiesenen Preise sind Nettoverkaufspreise und stellen Mindestverkaufspreise dar.

(1) The Parties agree to the sales prices indicated in Annex 1 for the respective Goods on Consignment shall form an integral part of this Agreement and shall be net amounts (sales prices without VAT). These prices specified for the Goods on Consignments shall be without any VAT and be regarded as minimum sale prices.

(2) Der Kommissionär ist nicht berechtigt, die Kommissionsware zu verkaufen oder zu veräußern, sofern der hierfür (jeweils) vorgesehene Preis unter dem Mindestverkaufspreis liegen soll. Hiervon kann im Einzelfall nur durch ausdrückliche Erklärung des Prinzipals abgewichen werden. Eine solche Erklärung erfolgt schriftlich und muss entweder die Mindesthöhe des für den Artikel im Einzelfall geltenden Mindestverkaufspreises oder den völligen Verzicht auf einen solchen Mindestverkaufspreis angeben.

(2) Commission Agent shall not be entitled to sell or transfer title of the Goods on Consignment for any price which is less than the minimum sales prices unless otherwise agreed through express written instruction of Principal. Such instruction must be in writing and specify either the minimum sales price for the particular item or the complete waiver with respect to any minimum sales price.

(3) Der Kommissionär ist nicht berechtigt, mit Endkunden Stundungsvereinbarungen in Bezug auf Kaufpreise für die Kommissionsware zu treffen. Er darf Endabnehmern Zahlungsziele von mehr als 10 Tagen nur mit Zustimmung des Prinzipals einräumen.

(3) Commission Agent shall not be entitled to enter into any any to deferred payment arrangement with Ultimate Buyers with respect to the Goods on Consignment. Any term of credit exceeding 10 days shall require prior written consent of Principal.

§ 5 Verfügung über Kommissionsware

(1) Der Kommissionär wird durch diese Vereinbarung, ohne dass es einer gesonderten Vollmachtsurkunde bedarf, ermächtigt, im eigenen Namen jedoch ausschließlich für Rechnung des Prinzipals die Kommissionsware an Endkunden zu verkaufen und das Eigentum an der Kommissionsware auf solche Endkunden zu übertragen.

(2) Der Kommissionär wird durch geeignete Vereinbarungen gegenüber den Endkunden sicherstellen, dass die Kommissionsware bis zur vollständigen Bezahlung des Kaufpreises im Eigentum des Prinzipals verbleibt.

(3) Will der Kommissionär die Kommissionsware ganz oder teilweise selbst erwerben, hat er dies dem Prinzipal unter Angabe des von ihm gewünschten Gegenstandes sowie des hierfür jeweils in Aussicht genommenen Kaufpreises mitzuteilen.

§ 5 Transfer of Goods on Consignment

(1) Commission Agent shall, by virtue of this Agreement only and without obtaining any further proxy, be entitled to sell the Goods on Consignment to Ultimate Buyers on its own behalf but for the Principal's account only and be authorized to transfer full title of the Goods on Consignment to Ultimate Buyers

(2) Commission Agent shall through appropriate arrangements with Ultimate Buyers ensure that Principal remains unrestricted owner of the Goods on Consignment until full payment of purchase price has been made.

(3) Should Commission Agent intend to purchase from Principal any of the Goods on own account, it will notify Principal accordingly indicating which of the goods it intends to purchase at what price.

§ 6 Provision

(1) Dem Kommissionär steht im Falle einer erfolgten Veräußerung eine Provision in Höhe von ...... % des Nettoverkaufspreises der Kommissionsware zu. Liegt der tatsächliche Kaufpreis im Einzelfall um mindestens ...... % über dem Mindestverkaufspreis, erhöht sich die Provision für den betreffenden Gegenstand auf ...... % des tatsächlich erzielten Nettoverkaufspreises.

(2) Die Provision ist mit Abrechnung der Kommissionstätigkeit gem. nachfolgendem § 7 Abs. 1 zur Zahlung fällig.

§ 6 Commission Payment

(1) Commission Agent shall in case of any successful transfer receive as commission ...... % of the net purchase prices of the Goods on Consignment. In case that the actual purchase prices exceeds ...... % of the minimum purchase price for any particular item, then the commission payment shall increase by ...... % of the net purchase price for this particular item.

(2) Commission payment shall become due and payable upon notice of settlement in accordance with § 7 (1) below.

§ 7 Abrechnung von Verkäufen	§ 7 Accounting of Sales Transactions

(1) Der Kommissionär wird den Prinzipal über jeden von ihm abgeschlossenen Verkauf innerhalb von zwei Wochen nach erfolgten Verkauf schriftlich informieren. Er wird sich insoweit des vom Prinzipal vorgegebenen Reporting Formats bedienen, in der Verkaufsgegenstand, Netto-Verkaufspreis, Name und Anschrift des Endkunden sowie die vom Kommissionär zu beanspruchende Provision – als Nettobetrag – anzugeben sind. Der Kommissionäre wird ferner dem Prinzipal eine den steuerlichen Anforderungen genügende Provisionsrechnung übermitteln.

(1) Commission Agent agrees to notify Principal of any completed sale transaction within 2 weeks after completion of the same. Fur such information, the reporting format prescribed by Principal must be used specifying the items that has been sold, the net sales price, name and full address of End User and the commission payment that Commission Agent is entitled to receive – all of these must be specified in net amounts. Commission Agent will further issue to Principal a proper tax invoice with respect to the commission payment.

(2) Der Kaufpreis ist vom Kommissionär an den Prinzipal innerhalb von drei Wochen nach dem erfolgten Verkauf auf ein vom Prinzipal anzugebendes Konto überweisen. Der Kommissionäre ist berechtigt, die ihm geschuldete Provision hiervon in Abzug zu bringen, sofern eine ordnungsgemäße Rechnungstellung gem. § 7 Abs. 1 erfolgt ist.

(2) The Commission Agent agrees to pay any sale and purchase to the Principal to an account that shall be specified by Principal by no later than three weeks after completion of the sales transaction. Commission Agent shall be entitled to deduct from such payment its commission payment provided an proper invoice in accordance with § 7 (1) has been issued.

§ 8 Gewährleistungsansprüche von Endkunden	§ 8 Warranty Claims of Ultimate Buyers

Der Prinzipal stellt den Kommissionär von sämtlichen Gewährleistungsansprüchen von Endkunden frei. Dies gilt nicht für solche Mängel oder Beschädigungen, die an der Kommissionsware durch den Kommissionäre oder seine Erfüllungsgehilfen verursacht worden sind oder die aus einer Garantiezusage des Kommissionärs resultieren, die dieser entgegen seiner Verpflichtung gem. § 1 Abs. 2 gegenüber Endkunden abgegeben hat.

Principal shall indemnify and hold harmless Commission Agent against any warranty claims of Ultimate Buyers. This shall not apply for any faults or defects that in relation to the Goods on Consignment shall have been caused by Commission Agent of any of its Employees or Agents or arising from any representation and warranty that Commission Agent has given to Ultimate Buyers contrary § 1 (2) above.

§ 9 Beendigung des Vertrages	§ 9 Termination/Expiry of this Agreement

(1) Diese Vereinbarung hat eine Festlaufzeit von …… Monaten. Sie kann bis zum Ablauf von keiner Partei ordentlich gekündigt werden. Das Recht jeder

(1) This Agreement shall have a fixed term of …… months. It may, not be orderly terminated by either party until the expiry date. This shall be without

Partei zur außerordentlichen und fristlosen Kündigung aus wichtigem Grund gem. § 314 BGB bleibt unberührt.

(2) Nach Ablauf des vorgenannten Zeitraumes verlängert sich diese Vereinbarung auf unbestimmte Zeit und kann von jeder Partei mit einer Frist von …… Wochen zum Ende eines Kalendermonats gekündigt werden.

(3) Für das Recht zur außerordentlichen und fristlosen Kündigung gelten die gesetzlichen Vorschriften (§ 314 BGB).

(4) Im Falle der Vertragsbeendigung ist bei dem Kommissionär etwa noch vorhandene Kommissionsware auf Kosten und Gefahr des Prinzipals an einen vom Prinzipal anzugebenden Ort zu verbringen. Auf Verlangen des Prinzipals wird der Kommissionär, eine Transportversicherung abschließen. Die Aufwendungen hierfür gehen zu Lasten des Kommissionärs.

(5) Zurückbehaltungsrechte stehen dem Kommissionäre gegenüber dem Herausgabeanspruch nicht zu; es sein denn es handelt sich bei den Gegenforderungen des Kommissionärs um vom Prinzipal anerkannte oder rechtskräftig festgestellte Forderungen.

§ 10 Schlussbestimmungen

(1) Nebenabreden zu dieser Vereinbarung sind nicht getroffen. Änderungen und Ergänzungen zu dieser Vereinbarung sowie dieser Schriftformklausel bedürfen zu ihrer Rechtswirksamkeit der Schriftform. Ergänzend gelten die Vorschriften des Handelsgesetzbuches (§§ 383 ff HGB).

(2) Sollte eine Bestimmung dieser Vereinbarung ganz oder teilweise unwirksam oder undurchsetzbar sein, werden die Wirksamkeit und Durchsetzbarkeit aller übrigen Bestimmungen dieser Vereinbarung davon nicht berührt. Die

prejudice to the right of either party to premature termination for good cause and with immediate effect pursuant to § 314 of the German Civil Code.

(2) After expiry of the above term, this agreement shall automatically extend for an unlimited duration any may be orderly terminated by either party with a notice period of …… weeks before the expiry of any calendar month.

(3) The right to termination for good cause and with immediate effect shall be as set out in § 314 of the German Civil Code.

(4) In case of termination or expiry, Commission Agent shall return to Principal at the expense and risk of Principal to a venue to be specified by Principal any leftover Goods on Consignment. Upon demand of Principal, Commission Agent shall procure transport insurance. Any expenses therefor shall be at the account of Principal.

(5) Commission Agent shall not be entitled to any rights of retention on relation of any claim of return of the Principal; this shall not apply in the event that claims of Commission Agent have been accepted by Principal or been conclusively awarded through court decision.

§ 10 Final Provisions

(1) No side arrangements to this Agreement have been made. Any changes or additions to this Agreement or any variation of this clause shall only be valid if made in writing. In addition, the provisions of the German Code of Commerce shall apply (§§ 383 ff HGB).

(2) If any provision of this Agreement shall prove to be invalid or unenforceable then this shall be without prejudice to the validity or enforceability of the other provisions of this Agreement. The invalid or unenforceable provision shall

unwirksame oder undurchsetzbare Bestimmung ist als durch diejenige wirksame und durchsetzbare Bestimmung
als ersetzt anzusehen, die dem von den
Parteien mit der unwirksamen oder undurchsetzbaren Bestimmung verfolgten
wirtschaftlichen Zweck am nächsten
kommt.

in such case be deemed to have been
replaced by such valid and enforceable
provision which comes closest to the
economic purpose of the invalid or unenforceable provision.

Ort/Datum

......, ...

Place/Date

......

Unterschriften

......

Signatures

......

**Anlage 1 – Kommissionsware und Mi-
ndestverkaufspreise**

**Annex 1 – Commission Goods and Mi-
nimum Sales Prices**

III. Gesellschafts-rechtliche Verträge

1. BGB Gesellschaftsvertrag

§ 1 Gesellschafter/Zweck

Die aus A, B, C bestehende Gesellschaft bürgerlichen Rechts hat zum Zweck die Entwicklung, Bebauung, Vermietung und sonstige nicht gewerbliche Verwertung des in der Anlage 1 bezeichneten Grundstücks.

§ 2 Einlagen/Beteiligung

(1) Die Gesellschafter A und B erbringen Bareinlagen. A zahlt € 500.000 ein und B zahlt € 250.000 ein. Der Gesellschafter C erbringt eine Sacheinlage, nämlich seine künftigen Planungsleistungen als Architekt des Objekts bis zur Erteilung der Baugenehmigung.

(2) Am Vermögen sowie am Gewinn und Verlust und an den stillen Reserven sind die Gesellschafter A mit 50% sowie die Gesellschafter B und C mit jeweils 25% beteiligt. In diesem Verhältnis sind die weiteren erforderlichen Einlagen zu erbringen.

(3) Im Fall einer Fremdfinanzierung, die so weit wie benötigt zulässig ist, sind auf Verlangen der Bank alle Gesellschafter verpflichtet, die persönliche gesamtschuldnerische Mithaftung zu übernehmen und sich der sofortigen Zwangsvollstreckung zu unterwerfen.

§ 3 Geschäftsführung und Vertretung

(1) Die Geschäfte der Gesellschaft werden, soweit nichts anderes bestimmt ist, von allen Gesellschaftern gemeinschaftlich geführt. Die Gesellschaft wird von allen Gesellschaftern gemeinschaftlich vertreten.

III. Corporate Agreements

1. Civil Code Partnership Agreement

§ 1 Partner/Purpose

The purpose of the Civil Code Partnership consisting of the individuals A, B and C is the development, construction, lease and any other non-commercial use of the real estate described in Annex 1 hereto.

§ 2 Partnership Capital/Partners

(1) Partners A and B agree to provide cash contributions. A shall contribute € 500,000 and B agrees to contribute € 250,000. Partner C agress to make a contribution in kind, i.e. the future planning services as architect of the real estate until the construction permit has been granted.

(2) The Partners' share in the estate, profits and losses and the hidden reserves shall be such that A shall have 50% and B and C shall have 25% respectively. Any additional contributions that may become necessary will be contributed according to such proportion.

(3) In the event of debt financing which shall be permitted to the extent required all Partners shall upon demand of the bank be required to assume full personal co-liability and to surrender to immediate execution proceedings.

§ 3 Management and Representation

(1) Unless provided otherwise, the Partners agree to jointly manage the business of the partnership. They are entitled to jointly represent the partnership.

(2) Die Gesellschafter können durch Beschluss einen oder mehrere gemeinschaftlich zu geschäftsführungs- und vertretungsberechtigten Gesellschaftern bestimmen oder eine so erteilte Bestellung widerrufen. In diesem Fall sind die übrigen Gesellschafter von der Geschäftsführung und Vertretung ausgeschlossen. Die geschäftsführungs- und vertretungsberechtigten Gesellschafter sind berechtigt, die Ausstellung einer notariellen Vollmacht für alle oder einzelne Geschäfte zu verlangen.

(3) Die Vertretungsbefugnis der geschäftsführenden Gesellschafter bezieht sich nur auf das Gesellschaftsvermögen; persönliche Verpflichtungen eines Gesellschafters können nur mit dessen Zustimmung begründet werden.

§ 4 Gesellschafterbeschlüsse

(1) Soweit nichts anderes bestimmt ist, sind Gesellschafterbeschlüsse nur wirksam, wenn ihnen alle Gesellschafter zugestimmt haben.

(2) Handelt es sich um Gegenstände der laufenden Verwaltung oder um Entnahmen, wird nach der Beteiligung am Vermögen der Gesellschaft abgestimmt, wobei die einfache Mehrheit aller Stimmen ausreicht. Steht den Entnahmen kein entsprechender Gewinn der Gesellschaft gegenüber, ist Zweidrittelmehrheit erforderlich. Für derartige Entnahmen vor voller Fertigstellung und Vermietung des Objekts gilt Abs. 1.

(3) Soll aus wichtigem Grund eine Vollmacht nach § 3 Abs. 2 entzogen werden, entscheidet die einfache Mehrheit aller Stimmen.

§ 5 Dauer der Gesellschaft

Die Gesellschaft besteht auf unbestimmte Zeit. Sie kann vor dem Ende des dritten auf die Vollendung des Bauvorhabens folgenden Jahrs nur aus wichtigem Grund gekündigt werden,

(2) The Partners may through resolution grant management and representation authority to one or more Partners or withdraw such authority. In such event, the remaining Partners shall be excluded from any management and representation authority. The Partners with management and representation authority shall have the right to demand the execution of a notarial power of representation for all or for single transactions.

(3) The representation authority of the managing Partners extends to the Partnership estate only; any personal liability of a Partner may only be incurred with its approval.

§ 4 Partners' Resolutions

(1) Unless provided otherwise, Partners' resolutions shall only be valid if all Partners have given their consent thereto.

(2) Voting on issues of the day to day management or withdrawals shall be in proportion to the amount of Partnership interest and single majority of the votes cast shall be sufficient. If withdrawals shall not be covered by corresponding profits of the partnership, then a majority of $2/3$ shall be required. Subclause (1) above shall apply to any such withdrawals prior to the completion and lease of the property.

(3) The simple majority of votes cast shall be sufficient for any withdrawal of power of representation in accordance with § 3 (2) above.

§ 5 Duration of Partnership

The Partnership will remain in force for an indefinite period of time. Prior to the expiry of the third year after completion of the construction project, it may only be terminated for good cause;

zu einem späteren Zeitpunkt mit einer Frist von zwölf Monaten zum Jahresende.

thereafter a notice period of 12 months effective as at the end of any calendar year shall apply.

§ 6 Verfügung über Beteiligungen

(1) Die Übertragung von Beteiligungen oder Teilen davon auf andere Gesellschafter oder auf Abkömmlinge ist zulässig.

(2) Sonstige Übertragungen unter Lebenden bedürfen der vorherigen Zustimmung aller Gesellschafter. Dies gilt auch für Übertragungen im Rahmen von Umwandlungen nach dem Umwandlungsgesetz. Geht ein Gesellschafter durch eine Aufspaltung unter, haben die übrigen Gesellschafter das Recht zu bestimmen, auf welchen der übernehmenden Rechtsträger der Anteil übergeht. Das Gleiche gilt für Belastungen jeder Art sowie für Abtretungen und Belastungen der Gewinnansprüche oder des Auseinandersetzungsguthabens.

(3) In Angelegenheiten des täglichen Geschäftsbetriebes oder bei Entnahmen erfolgen die Gesellschafterbeschlüsse mit einfacher Mehrheit der abgegebenen Stimmen auf der Grundlage der jeweiligen Höhe der Beteiligungen. Falls Entnahmen nicht durch entsprechende Erträge der Gesellschaft gedeckt sein sollten, ist eine Mehrheit von $^2/_3$ erforderlich. Abs. 1 gilt entsprechend für Entnahmen vor Fertigstellung oder vor Abschluss des Mietvertrages.

(4) Die Entscheidungen im Wege einfacher Mehrheit der abgegebenen Stimmen gelten auch in Bezug auf den Widerruf der Geschäftsführungsbefugnisse nach § 3 (2).

§ 7 Nachfolge von Todes wegen

(1) Die Gesellschaft wird durch den Tod eines Gesellschafters nicht aufgelöst, vielmehr mit allen übrigen Gesellschaf-

§ 6 Disposal of Partnership Interest

(1) The transfer of the Partnership interest or parts thereof to other Partners or their descendants shall be permitted.

(2) Any other transfer *inter vivos* shall require the prior consent of all Partners. This applies equally to any transfer as a result of a transformation under the German Transformation Act. If a Partner shall cease to exist as a result of a division, then the remaining Partners have the right to determine which legal entity shall take over the Partnership interest. The same principles apply to any encumbrance (of any kind), to assignment transactions and to any encumbrance on profit participation rights or liquidation proceeds.

(3) Votes on issues of the day to day management or withdrawals will be cast in proportion to the size of Partnership interest and a simple majority of the votes cast shall be sufficient. If withdrawals shall not be covered by corresponding profits of the partnership, then a majority of $^2/_3$ shall be required. Subclause (1) above shall apply to any such withdrawals prior to the completion and lease of the property.

(4) The simple majority of votes cast shall be sufficient for any withdrawal of power of representation in accordance with § 3 (2) above.

§ 7 Succession upon Decease

(1) The decease of a Partner shall not cause dissolution of the Partnership but shall rather lead to a continuation with

tern sowie einem von dem verstorbenen Gesellschafter bestimmten Erben fortgesetzt.

(2) Mehrere Erben sind verpflichtet, einen gemeinschaftlichen Vertreter zu bestellen, der alle Rechte, auch nach Auseinandersetzung der Erbmasse, gegenüber den Mitgesellschaftern und der Gesellschaft wahrnimmt. Bis zur Bestellung dieses gemeinschaftlichen Vertreters ruhen alle Mitwirkungsrechte der Erben. Ist ein Testamentsvollstrecker vorhanden, so ist dieser Vertreter, ggf. gemeinschaftlicher Vertreter. Ihm sind von den nachfolgenden Erben etwa erforderliche Vollmachten zu erteilen.

§ 8 Auflösung/Ausscheiden

(1) In allen übrigen Fällen, in denen das Gesetz die Auflösung der Gesellschaft vorsieht, auch im Fall einer Kündigung, können die Gesellschafter beschließen, dass der Gesellschafter, in dessen Person der Auflösungsgrund eingetreten ist bzw. der gekündigt hat, verpflichtet ist, mit der Folge aus der Gesellschaft auszuscheiden, dass sein Anteil den übrigen Gesellschaftern anwächst. Der oder die verbleibenden Gesellschafter können stattdessen auch die Übertragung des Anteils des Ausscheidenden auf eine oder mehrere von ihnen benannte Personen verlangen. Der Beschluss muss binnen drei Monaten ab Eintreten des Auflösungsgrunds oder Zugang der Kündigungserklärung gefasst werden; dem betroffenen Gesellschafter steht dabei kein Stimmrecht zu.

(2) § 737 BGB findet Anwendung. Wichtiger Grund ist auch die Pfändung eines Anteils, die trotz einmonatiger Fristsetzung nicht beseitigt wird.

(3) Die vorstehenden Bestimmungen gelten auch in der Zweimanngesellschaft.

all remaining Partners and any successor that the deceased Partner(s) shall have designated.

(2) Where several successors exist, they shall appoint a joint representative who after settlement of the estate may exercise all rights towards to fellow Partners and the partnership. All codetermination rights of the heirs shall be suspended until the appointment of a joint representative. If an executor shall have been appointed, then such executor will be the representative or common representative, as applicable. Any succeeding heirs will agree provide the executor with any necessary power of representation.

§ 8 Dissolution/Withdrawal

(1) In all other cases where statutory law dictates the dissolution of the Partnership including cases of termination, the Partners may resolve that the Partner having caused a ground for dissolution or having served notice of termination is obliged to withdraw from the Partnership such that its Partnership interest shall accrue to the remaining partners. The remaining Partner(s) may instead require the transfer of the withdrawing Partner's Partnership interest to one or several designated individuals. The resolution must be adopted within three months after the ground for dissolution has occurred or the notice of termination has been received; the affected Partner will have no right to vote.

(2) § 737 of the German Civil Code shall apply. Execution proceedings on the Partnership interest are deemed to constitute good cause if the same shall not have been discontinued within a deadline of one month which has been set for such purpose.

(3) The aforementioned provisions shall also apply to a Partnership of two individuals.

§ 9 Abfindung

(1) In allen Fällen des Ausscheidens ist an den ausscheidenden Gesellschafter eine Abfindung zu zahlen, die sich aus der Bewertung der Gesellschaft auf den Zeitpunkt des Ausscheidens ergibt. Für diesen Zeitpunkt ist ein Auseinandersetzungsstatus aufzustellen. Zum Vermögen gehörende Grundstücke, grundstücksgleiche Rechte oder Gebäude sind mit 90% des Verkehrswerts anzusetzen. Sind sie mit höher valutierenden Grundpfandrechten belastet, ist der Wert bis zur Höhe dieser Valuten – jedoch nur soweit sie objektbezogen sind – anzusetzen; in diesem Fall dürfen jedoch die Anschaffungs- und Herstellungskosten abzüglich einer normalen Abschreibung nicht überschritten werden. Das voraussichtliche Ergebnis schwebender Geschäfte ist in die Ermittlung des Wertes der Beteiligung am Stichtag einzubeziehen; § 740 BGB wird ausgeschlossen.

(2) Besteht Streit über die Höhe der Abfindung, entscheidet hierüber ein von beiden Parteien benannter Schiedsgutachter, der Wirtschaftsprüfer oder Wirtschaftsprüfungsgesellschaft sein muss. Kommt eine Einigung über dessen Benennung nicht zustande, ist er durch die Wirtschaftsprüferkammer zu bestimmen. Die Kosten für die Ermittlung der Höhe der Abfindung sind von der Gesellschaft und von dem ausscheidenden Gesellschafter jeweils zur Hälfte zu tragen.

(3) Die Abfindung ist binnen drei Monaten nach Vorliegen des Auseinandersetzungsstatus auszuzahlen. Die verbleibenden Gesellschafter können jedoch, wenn und soweit die Zahlung der Abfindung nach Abs. 1 für die Gesellschaft im Hinblick auf deren Vermögens- und Ertragslage unzumutbar ist, die Auszahlung in höchstens fünf gleichen Jahresraten beschließen; in diesem Fall ist das Auseinandersetzungsguthaben ab dem Tag des Aus-

§ 9 Settlement Payment

(1) In all cases of withdrawal the withdrawing Partner is entitled to a settlement payment which shall be based on the valuation of the Partnership as at the withdrawal date. For such date, a settlement status shall be prepared. Any assets including real estate, quasi-real estate rights or buildings shall be assessed at 90% of their fair market value. If these shall be encumbered by land charges at higher current value then the valuation shall be equal to an amount being no higher than these values provided that the land charge relates to the asset only. The amount may not be higher than the initial costs and production costs less ordinary depreciation. The estimated outcome of pending transactions will be included in the valuation of the Partnership interest as at the due date; § 740 of the German Civil Code shall be excluded.

(2) In case of a dispute on the settlement amount, the decision is made through an arbitrary opinion of an individual/entity which shall be appointed by the parties hereto and be an accountant or an accounting firm. If there is no agreement on the appointment, then the Association of Accountant's chamber shall appoint the same. The costs of the calculation of the settlement amount will be split between the Partnership and the withdrawing Partner on an equal basis.

(3) The settlement amount must be paid within three months after availability of the settlement status. However, the remaining Partners may decide to effect the payment in five equal annual instalments if and to the extent that the payment of the settlement amount according to subclause (1) above shall, in view of the financial and profitability status, result in an undue burden for the partnership. In such case, the settlement credit shall bear an annual in-

scheidens mit ......% jährlich zu verzinsen.

(4) Das Ausscheiden ist von einer zu erbringenden Gegenleistung nicht abhängig. Von Verbindlichkeiten der Gesellschaft ist der Ausscheidende durch die Gesellschaft freizustellen. Seine Haftung für einen sich nach Abs. 1 etwa ergebenden Fehlbetrag gem. § 739 BGB bleibt unberührt.

§ 10 Gerichtsstand/Mediation

(1) Wegen aller auf dem Gesellschaftsverhältnis beruhenden Streitigkeiten vereinbaren die Beteiligten, soweit zulässig, das Landgericht ...... als ausschließlich zuständig.

(2) Die Beteiligten verpflichten sich, vor Erhebung einer Klage einen Versuch zum gütlichen Ausgleich zu unternehmen. Hierbei ist ein Schlichtungsverfahren durchzuführen, nach dessen Scheitern erst Klage erhoben werden kann. Schlichter soll Frau ...... sein. Die Gesellschafter können jederzeit einstimmig Frau ...... durch eine andere Person ersetzen.

§ 11 Schlussbestimmungen

(1) Änderungen und Ergänzungen dieses Vertrags bedürfen der Schriftform. Das gilt auch für die Änderung dieser Schriftformklausel.

(2) Sollten einzelne Bestimmungen dieses Vertrags ganz oder teilweise unwirksam sein oder werden, wird dadurch die Gültigkeit des Vertrags im Übrigen nicht berührt. Anstelle der unwirksamen Bestimmung gilt eine Regelung, die dem Zweck der Gesellschaft und dem Willen der Gesellschafter zum Zeitpunkt des Abschlusses dieses Vertrages am ehesten entspricht. Entsprechendes gilt im Fall von ungewollten Regelungslücken.

terest at a rate of ......% as from the withdrawal date.

(4) The withdrawal shall not be conditional upon any consideration. The Partnership shall indemnify the withdrawing individual from all liabilities of the partnership. This shall not prejudice liability for any shortfall that may arise under subclause (1) above pursuant to § 739 of the German Civil Code.

§ 10 Venue/Mediation

(1) As far as permitted, the exclusive venue for all disputes about the Partners' relationship shall be the District Court of ....

(2) The parties agree to try an amicable settlement before filing a lawsuit. For such purposes, a mediation procedure will be conducted and a lawsuit may only be started if such procedure has failed. Ms. ...... shall serve as mediator. The Partners shall be free to replace Ms. ...... by any other individual at any time.

§ 11 Final Provisions

(1) Any changes or supplements to this Agreement shall be in writing. This applies equally to the change of this written form clause.

(2) If a provision of this Agreement shall be or become invalid, then this will not affect the validity of the other provisions. In lieu of the invalid provision such regulation shall apply that to the closest extent possible reflects the purpose of the Partnership and the intention of the Partners as at the date of the conclusion of this Agreement. The same principles apply to any unintentional regulatory gaps.

2. OHG-Gesellschaftsvertrag

2. General Partnership Agreement

§ 1 Firma und Sitz

(1) Die Gesellschaft hat die Firma …… OHG.

(2) Sitz der Gesellschaft ist ……

§ 1 Firm Name; Registered Office

(1) The Partnership shall have the name …… OHG.

(2) The registered Office of the Partnership shall be ……

§ 2 Gegenstand des Unternehmens

(1) Gegenstand des Unternehmens ist …….

(2) Die Gesellschaft ist zu allen Handlungen berechtigt, die unmittelbar oder mittelbar der Erreichung des Gesellschaftszwecks dienen.

§ 2 The Corporate Purpose

(1) The corporate purpose of the enterprise is …….

(2) The Partnership may conduct all business and perform all acts that may directly or indirectly serve the corporate purpose.

§ 3 Gesellschaftskapital/ Gesellschafter

(1) Das Gesellschaftskapital beträgt € ……

(2) Gesellschafter sind Herr X mit einer Einlage von 100.000 €, Frau Y mit einer Einlage von 50.000 € und Herr Z mit einer Einlage von 150.000 €. Die Einlagen sind in bar bei Abschluss dieses Gesellschaftsvertrags zu erbringen.

(3) Der in Abs. 1 genannte Betrag der Einlage eines Gesellschafters bezeichnet zugleich seinen festen Kapitalanteil im Sinne dieses Vertrages.

§ 3 Partnership Capital/ Partners

(1) The Partnership capital shall be …… €.

(2) The Partners shall be Mr X with a capital contribution of € 100,000, Mrs Y with a capital contribution of € 50,000 and Mr Z with a capital contribution of € 150,000. The capital contributions shall be made in cash as at the date of the conclusion of this Partnership Agreement.

(3) The proportion of the (liability) contribution of a Partner in accordance with subclause 1 above shall also determine the fixed share capital under this Agreement.

§ 4 Gesellschafterkonten

(1) Für jeden Gesellschafter wird ein Kapitalkonto, ein laufendes Konto und ein Rücklagenkonto geführt.

(2) Auf den Kapitalkonten wird der Kapitalanteil des Gesellschafters gebucht. Die Kapitalkonten werden als unverzinsliche Festkonten geführt.

§ 4 Partners' Accounts

(1) For each Partner, there will be set up a capital account, a current account and a reserve account.

(2) The capital share of the Partner shall be credited towards the capital account. The capital accounts shall be maintained as a fixed account with no interest.

(3) Auf den laufenden Konten werden entnahmefähige Gewinnanteile, Entnahmen, Zinsen, Gesellschafterdarlehen sowie der sonstige Zahlungsverkehr des Gesellschafters mit der Gesellschaft gebucht. Sie werden nach der Staffelmethode mit ......% p.a. über dem jeweiligen Diskontsatz der Europäischen Zentralbank verzinst. Die Zinsen gelten im Verhältnis der Gesellschafter zueinander als Aufwand bzw. Ertrag.

(4) Auf den Rücklagenkonten werden Einlagen, die nicht Einlagen im Sinn des § 3 sind, nicht entnahmefähige Gewinnanteile sowie Verlustanteile des Gesellschafters gebucht. Diese Konten sind unverzinslich und stellen keine Verbindlichkeiten der Gesellschaft dar, begründen jedoch im Fall der Liquidation der Gesellschaft einen Anspruch auf Vorabauszahlung und können nur zusammen mit der Beteiligung übertragen werden.

§ 5 Geschäftsführung/Vertretung

(1) Zur Geschäftsführung und Vertretung der Gesellschaft ist jeder Gesellschafter allein berechtigt und verpflichtet.

(2) Die Gesellschafter sind von den Beschränkungen des § 181 BGB befreit.

(3) Die Gesellschafter führen die Geschäfte der Gesellschaft in Übereinstimmung mit den gesetzlichen Bestimmungen und diesem Gesellschaftsvertrag.

§ 6 Wettbewerbsverbot/ Schweigepflicht

(1) Kein Gesellschafter darf während seiner Zugehörigkeit und der Dauer von zwei Jahren nach seinem Ausscheiden mit der Gesellschaft unmittelbar oder mittelbar in deren räumlichem oder sachlichem Tätigkeitsbereich in

(3) Distributable profit shares, withdrawals, interest payments, shareholder loans and other payment transactions of a Partner shall be credited towards the current account of the Partners. They shall bear an annual interest at a rate of ......% above the discount rate of the European Federal Reserve Bank and shall be calculated on an equated basis. For the purposes of the inter-shareholder relationship, these interest payments shall be regarded as expense/income.

(4) Non-distributable profits and all Partners' contributions other than contributions referred to in contributions under § 3 above including Partner's share in losses shall be credited towards the reserve accounts. These accounts shall bear no interest and shall not be regarded as a liability of the Partnership but shall upon liquidation of the Partnership create a claim for an advance payment. They may only be transferred together with the Partnership interest itself.

§ 5 Management/Representation

(1) Each Partner shall have the sole power and duty to management and representation of the Partnership.

(2) The Partners shall be relieved from the restrictions pursuant to § 181 of the German Civil Code.

(3) The Partners shall conduct the management of the Partnership in accordance with statutory law provisions and this Partnership Agreement.

§ 6 Restrictive Covenant/Secrecy

(1) No Partner may during the time of the partnership and two years after withdrawal from the Partnership directly or indirectly engage in competitive activities or promote any activities competitive to the geographical or

Wettbewerb treten oder fremden Wettbewerb fördern. Räumlicher Tätigkeitsbereich im Sinn dieses Wettbewerbsverbots ist ......, sachlicher Tätigkeitsbereich im Sinn dieses Wettbewerbsverbots ist ...... Rein kapitalistische Beteiligungen an anderen Gesellschaften sind von diesem Wettbewerbsverbot nicht erfasst.

(2) Tritt ein Gesellschafter ohne vorherige schriftliche Zustimmung der übrigen Gesellschafter zu der Gesellschaft in Wettbewerb, hat er für jeden Fall der Zuwiderhandlung € ...... als Vertragsstrafe an die Gesellschaft zu zahlen. Bei fortgesetzter Zuwiderhandlung gelten je zwei Wochen des Verstoßes gegen das Wettbewerbsverbot als eine unabhängige und selbstständige Zuwiderhandlung. Das Recht der Gesellschaft, Unterlassung und Schadensersatz zu verlangen, wird hierdurch nicht berührt, doch wird die Vertragsstrafe auf den Schadensersatz angerechnet. Die Zustimmung ist zu erteilen, wenn die Einhaltung des Wettbewerbsverbots das berufliche Fortkommen des Gesellschafters unzumutbar erschweren würde.

(3) Jeder Gesellschafter ist verpflichtet, über vertrauliche Angelegenheiten, die ihm in seiner Eigenschaft als Gesellschafter im Rahmen seiner Tätigkeit für die Gesellschaft zur Kenntnis gelangen, insbesondere über die Bilanzen sowie die Verhandlungen und Beschlüsse der Gesellschafter, Dritten gegenüber Stillschweigen zu bewahren. Diese Verpflichtung besteht auch nach seinem Ausscheiden fort. Die Schweigepflicht gilt nicht für die Vorlage von Bilanzen der Gesellschaft bei Banken. Außerdem darf jeder Gesellschafter vertrauliche Angelegenheiten Angehörigen eines zur Berufsverschwiegenheit verpflichteten rechts-, wirtschafts- oder steuerberatenden Berufs anvertrauen, wenn und soweit dies zur Wahrung seiner eigenen berechtigten Interessen erforderlich ist. Weitere Ausnahmen von der Schweigepflicht können im Einzelfall

business scope of the Partnership. The geographical scope under this restrictive covenant shall be defined as ......; the business scope under this restrictive covenant shall be defined as .... Pure financial shareholdings in other companies shall not fall under this restrictive covenant.

(2) If a Partner enters into competitive activities against the Partnership without prior written approval of the remaining Partners, then it shall pay to the Partnership as a penalty € ...... per infringement. In case of continuous infringement the duration of every two weeks of infringement of the restrictive covenant shall be regarded as a separate and independent infringement. The Partnership reserves its right to claim cease and desist and/or damage compensation; however, any penalty is to be deducted from the damage compensation. The approval is to be granted if the compliance with the restrictive covenant would unreasonably hinder the professional development of the Partner.

(3) Each Partner shall keep strictly confidential towards third parties all confidential matters that it shall become aware of in its capacity as Partner during its work for the Partnership, in particular in relation to the balance sheets and negotiations and resolutions of the Partners. Such obligation shall survive its withdrawal. The duty of confidentiality shall not apply to the submission of the balance sheet of the Partnership to banks. Moreover, each Partner may disclose confidential issues to any individual engaged in the profession of attorney, tax advisor or accountant if and to the extent this shall be necessary to protect its own equitable interest. Further releases from the duty of confidentiality may be permitted through Partners' resolution.

durch Gesellschafterbeschluss zugelassen werden.

§ 7 Gesellschafterversammlung/ Gesellschafterbeschlüsse

(1) Soweit sich die Gesellschafter nicht abweichend einigen, werden Gesellschafterbeschlüsse in Gesellschafterversammlungen am Sitz der Gesellschaft gefasst. Jeder Gesellschafter kann mittels Übergabe-Einschreiben unter Übersendung der Tagesordnung mit einer Ladungsfrist von drei Wochen eine Gesellschafterversammlung einberufen. Die Gesellschafterversammlung ist beschlussfähig, wenn mindestens drei Viertel des Gesellschaftskapitals anwesend oder vertreten sind; sonst ist unverzüglich eine neue Gesellschafterversammlung einzuberufen, die ohne Rücksicht auf das vertretene Kapital beschlussfähig ist.

(2) Die Gesellschafter beschließen in allen Angelegenheiten mit einfacher Mehrheit der abgegebenen Stimmen, soweit nicht dieser Vertrag oder zwingende gesetzliche Vorschriften eine andere Mehrheit vorschreiben. Je € 100 einer Einlage gewähren eine Stimme. Gesellschafterbeschlüsse, durch die der Gesellschaftsvertrag geändert oder die Gesellschaft aufgelöst wird, bedürfen der Einstimmigkeit. Gesellschafterbeschlüsse werden vom ältesten Komplementär schriftlich niedergelegt und unverzüglich allen Gesellschaftern zugeleitet.

§ 8 Jahresabschluss/ Gewinn und Verlust

(1) Der Jahresabschluss ist von den Gesellschaftern in den ersten fünf Monaten nach Ende des Geschäftsjahrs nach den gesetzlichen Gliederungs- und Bewertungsvorschriften und – soweit handelsrechtlich zulässig – unter Berücksichtigung der steuerlichen Vorschriften über die Gewinnermittlung aufzustellen.

§ 7 Partners' Meetings and Resolutions

(1) Unless the Partners agree otherwise, Partner resolutions in partnership meetings shall be adopted at the registered office of the Partnership. Each Partner may convene a Partners' meeting by hand-delivered registered mail to all Partners specifying the agenda which shall be received by no later than three weeks before the date of the Partners' meeting. The Partners' meeting shall constitute the proper quorum if a minimum of $3/4$ of the partnership interest shall be present or represented; otherwise another Partners' meeting shall be convened immediately which shall be regarded as the proper quorum regardless of the presence of the represented partnership interests.

(2) In all matters the Partners shall adopt resolutions through a simple majority of the votes cast unless this Agreement or mandatory statutory provisions shall dictate a different quorum. Each 100 € of a partnership interest shall represent one vote. Partner resolutions changing the Partnership Agreement or dissolving the Partnership shall require unanimous voting. Partnership resolutions shall be recorded in writing by the oldest Partner and shall be forwarded to all Partners immediately.

§ 8 Annual Report/ Profit and Loss

(1) The Partners shall prepare the annual report in accordance with the statutory provisions on the format and valuation and – as far as permitted by the German Code of Commerce – in accordance with the statutory tax provisions regarding the computation of taxable profit.

(2) Der Jahresabschluss ist, soweit eine Prüfung gesetzlich oder durch Beschluss der Gesellschafter vorgeschrieben ist, dem Abschlussprüfer unverzüglich zur Prüfung vorzulegen.

(3) Der Jahresabschluss ist unverzüglich nach seiner Fertigstellung, im Fall des Abs. 2 unverzüglich nach Eingang des Prüfungsberichts bei der Gesellschaft, den Gesellschaftern zur Beschlussfassung über die Ergebnisverwendung vorzulegen.

(4) Am Gewinn und Verlust nehmen die Gesellschafter im Verhältnis ihrer Kapitalanteile teil.

(5) Ein Jahresfehlbetrag (Verlust) ist auf die Rücklagenkonten zu verteilen. Ein Jahresüberschuss (Gewinn) ist auf die laufenden Konten der Gesellschafter zu buchen, maximal jedoch bis zur Höhe von 50% des Jahresüberschusses. Der danach verbleibende Betrag ist auf die Rücklagenkonten zu buchen.

§ 9 Verfügungen über Anteile

(1) Die Übertragung von Anteilen, einschließlich der Übertragung im Rahmen von Umwandlungen nach dem Umwandlungsgesetz, bedarf eines zustimmenden Beschlusses der übrigen Gesellschafter mit mindestens drei Vierteln ihrer Kapitalanteile. Geht ein Gesellschafter durch eine Aufspaltung unter, haben die übrigen Gesellschafter das Recht, durch mit gleicher Mehrheit zu fassenden Gesellschafterbeschluss zu bestimmen, auf welchen der übernehmenden Rechtsträger sein Anteil übergeht. Durch einen gleichzeitig mit einfacher Mehrheit der abgegebenen Stimmen gefassten Beschluss kann der Erwerber in diesen Fällen von Geschäftsführung und Vertretung ausgeschlossen werden.

(2) Veräußert ein Gesellschafter seinen Anteil, steht den übrigen Gesellschaftern ein Vorkaufsrecht im Verhältnis ihrer Kapitalanteile zu. Der Verkäufer

(2) If an audit is mandatory according to applicable statutory law or has been determined through Partners' resolution, the annual report shall submitted to the auditors for audit without delay.

(3) Immediately after completion or immediately after the Partnership shall have received the audit report in accordance with subclause 2 above, the annual report shall be submitted to the Partners for resolution on the use of profits.

(4) The Partners shall participate in the profit and loss in proportion to their partnership interest.

(5) Any annual deficit (loss) shall be allocated to the reserve accounts. Any annual surplus (profit) shall be credited to the current accounts of the Partners provided that the amount may not exceed 50% of the annual surplus. Any amount that shall be left shall be credited towards the reserve accounts.

§ 9 Disposal of Partnership Interest

(1) Any disposal of partnership interests including a transfer within the scope of a transformation pursuant to the German Transformation Act shall not be valid unless the same has been approved by the Partners with a majority voting of at least of ¾ of the Partnership interests. If a Partner ceases to exist as a result of a division then the remaining Partners shall have the right to determine through a majority voting as set out above which one of the acquiring entities shall assume its Partnership interest. Through a simultaneous resolution with a simple majority of votes cast the acquiring party may be excluded from the management and representation.

(2) If a Partner sells its partnership interest, then the remaining Partners shall have a right of first refusal in proportion to their partnership interest. The

hat sämtlichen Gesellschaftern unverzüglich je eine beglaubigte Abschrift des mit dem Käufer abgeschlossenen Vertrags durch Übergabe-Einschreiben zuzusenden. Diese haben innerhalb eines Monats nach Zugang schriftlich gegenüber dem Käufer zu erklären, ob sie ihr Vorkaufsrecht ausüben oder darauf verzichten. Eine nicht fristgerechte Erklärung gilt als Verzicht.

(3) Verzichtet ein Gesellschafter auf sein Vorkaufsrecht, steht es den übrigen Gesellschaftern im Verhältnis ihrer Kapitalanteile zu. Dieses Vorkaufsrecht ist innerhalb eines Monats ab Kenntnis vom Verzicht schriftlich auszuüben, spätestens aber innerhalb von zwei Monaten nach Zugang des in Abs. 2 bezeichneten Briefes.

(4) Wird das Vorkaufsrecht gem. Abs. 2 und 3 ganz oder teilweise nicht ausgeübt, kann der gesamte Anteil übertragen werden, ohne dass es einer Zustimmung gem. Abs. 1 bedarf. Die Regelung des Abs. 1 S 3 bleibt unberührt.

(5) Geht ein Anteil durch Umwandlung nach dem Umwandlungsgesetz oder durch Einbringung oder Anwachsung auf einen Dritten über, hat der übertragende Gesellschafter den anderen Gesellschaftern im Verhältnis ihrer Kapitalanteile ein dem Vorkaufsrecht an dem Anteil entsprechendes Ankaufsrecht an den durch ihn oder durch ein mit ihm im Sinn des § 15 AktG verbundenes Unternehmen als Gegenleistung erworbenen Gesellschaftsanteilen an dem Dritten einzuräumen. Der Ankaufspreis entspricht der nach § 12 Abs. 1 zu zahlenden Abfindung. Bei Nichteinräumung durch den ausscheidenden Gesellschafter binnen einer Frist von drei Monaten ab dem Übergang kann der Dritte gem. § 11 Abs. 1 ausgeschlossen werden. Auf das Ankaufsrecht finden die Abs. 2 bis 4 sinngem. Anwendung.

(6) Rechte und/oder Pflichten aus diesem Vertrag können nicht übertra-

seller agrees to immediately through hand delivered registered mail letter provide all Partners with a certified copy of the agreement concluded with the buyer. They shall within a period of one month after receipt notify the buyer in writing of any intention to exercise or decline the right of first refusal. Any notice given after such deadline shall be deemed as a decline.

(3) If a Partner shall waive its right of first refusal, then the same will be allocated to the remaining Partners in proportion to their partnership interest. Such right of first refusal shall be exercised in writing within two months after receipt of the letter referred to in subclause (2) above.

(4) If the right of first refusal pursuant to subclause (2) or (3) shall not be exercised in whole or in part then the entire partnership interest may be disposed of without consent according to subclause (1) above. This shall be without prejudice to subclause (1), sentence 3 above.

(5) If a partnership interest shall transfer to a third party as a result of a transformation according to the German Transformation Act or as a result of a contribution or accretion, then the transferring Partner shall award to the other Partners an acquisition right (comparable to the pre-emption rights in the Partnership interest) with regard to those shares in the third party that it (or an affiliated company in terms of § 15 of the German Stock Corporation Act) shall have received as a consideration. The acquisition price shall be equal to the settlement payment according to § 12 (1) below. If the withdrawing Partner shall fail to award the same within a period of three months after transfer, then the third party may be excluded in accordance with § 11 (1) below. Subclauses (2) to (4) shall apply accordingly to the acquisition right.

(6) Rights and/or obligations arising from this Agreement may not be trans-

gen oder belastet werden. Belastungen der Beteiligung, insbesondere die Verpfändung, die Bestellung eines Nießbrauchs, die Einräumung von Unterbeteiligungen oder einer Rechtsstellung, auf Grund deren dem Gesellschafter nur noch treuhänderische Befugnisse an seinem Anteil verbleiben oder die die Ausübung seiner Gesellschafterrechte an die Zustimmung eines Dritten bindet, sind unzulässig.

(7) Die Abs. 1 bis 6 gelten auch für den Teil eines Anteils.

§ 10 Dauer/Kündigung/Auflösung

(1) Die Gesellschaft besteht auf unbestimmte Zeit.

(2) Jeder Gesellschafter kann sie unter Einhaltung einer sechsmonatigen Frist auf den Schluss eines Geschäftsjahrs, erstmals zum …… gegenüber den anderen Gesellschaftern durch Übergabe-Einschreiben kündigen. Das Recht zur Kündigung aus wichtigem Grund bleibt unberührt.

(3) Der kündigende Gesellschafter scheidet mit Wirksamwerden der Kündigung aus der Gesellschaft aus. Er ist gem. § 12 abzufinden. Die Gesellschaft wird von den übrigen Gesellschaftern fortgeführt.

(4) Die Auflösung nach § 133 HGB wird, soweit gesetzlich zulässig, ausgeschlossen.

§ 11 Ausschluss eines Gesellschafters/Zwangsabtretung

(1) Die Gesellschafter können den Ausschluss eines Gesellschafters, die Übertragung seines Anteils auf die übrigen Gesellschafter im Verhältnis ihrer Kapitalanteile oder die Übertragung seines

ferred or encumbered. Encumbrances on the partnership interest shall include, without limitation, the pledge, the grant of a usufruct, the award of sub-participation rights or a legal status based on which the Partner shall be left with a trustee status in its partnership interest only or the exercise of the Partners' rights shall be become subject to the approval of a third party. Any of the above transactions shall be inadmissible.

(7) Subclauses 1 to 6 shall also apply to parts of a Partnership interest.

§ 10 Duration/Termination/ Dissolution

(1) The Partnership shall remain in force for an indefinite period of time.

(2) Each Partner may terminate the Partnership towards the other Partners through hand-delivered by registered mail observing a notice period of 6 (six) months effective as at the end of a fiscal year but in any event no earlier than by …… This shall be without prejudice to the right to serve notice of termination for good cause.

(3) The terminating Partner shall withdraw from the Partnership at the date at which the termination comes into full force and effect. It shall receive a settlement payment according to § 12. The Partnership shall be continued among the remaining Partners.

(4) Any dissolution of the Partnership according to § 133 of the German Code of Commerce shall, to the extent permitted by law, be excluded.

§ 11 Exclusion of a Partner/ Compulsory Transfer

(1) The Partners may vote on the exclusion of a Partner or the transfer of the Partnership interest to the remaining Partners in proportion to their partnership interest or the transfer of its part-

Anteils auf einen Dritten beschließen, wenn er dafür einen wichtigen Grund im Sinn des § 133 HGB gegeben hat. Der betroffene Gesellschafter hat dabei kein Stimmrecht. Mit Zugang des Beschlusses beim ausgeschlossenen Gesellschafter scheidet dieser aus der Gesellschaft aus.

(2) Ein wichtiger Grund ist es insbesondere, wenn

a) über das Vermögen eines Gesellschafters ein Insolvenzverfahren eröffnet oder die Eröffnung mangels Masse abgelehnt wird,

b) in den Anteil eines Gesellschafters die Zwangsvollstreckung betrieben und nicht binnen zwei Monaten nach Aufforderung an den Gesellschafter, spätestens bis zur Verwertung des Anteils, aufgehoben wird,

c) ein Gesellschafter gegen eine sich aus dem Gesellschaftsverhältnis ergebende Verpflichtung verstößt und den Verstoß trotz Abmahnung nicht unverzüglich abstellt,

d) ein Gesellschafter über seinen Anteil unter Verstoß gegen § 9 zu verfügen versucht,

e) ein Gesellschafter den Gesellschaftsvertrag kündigt oder Auflösungsklage erhebt.

(3) Die Abfindung nach § 12 Abs. 2 ist im Fall des Ausschlusses von der Gesellschaft, im Fall der Übertragung vom Erwerber zu zahlen. Die Wirksamkeit von Ausschluss und Übertragung ist nicht von einer etwaigen Zug um Zug zu erbringenden Gegenleistung abhängig. Sicherheitsleistung kann nicht verlangt werden.

§ 12 Abfindung

(1) Ein ausscheidender Gesellschafter erhält vorbehaltlich des Abs. 2 eine Abfindung in Höhe des seinem Kapitalanteil entsprechenden anteiligen Unter-

nership interest to third party in the event that it shall have given rise to a good cause as defined in § 133 of the German Code of Commerce. To that extent, the relevant Partner shall have no voting rights. The excluded Partner must withdraw from the Partnership upon receipt of the resolution.

(2) The following shall (without limitation) be regarded as good cause:

a) The assets of a Partner shall become part of insolvency proceedings or a petition to open insolvency proceeding shall have been dismissed due to the lack of assets.

b) The partnership interest of a Partner shall become subject to execution proceedings and such proceedings shall not have been discontinued within two months (although the Partners had requested the same), but no later than until sale of the partnership interest.

c) A Partner shall violate its obligations under the partnership and shall continue such violation despite receiving a warning notice.

d) A Partner shall attempt to dispose of its partnership interest in violation of § 9 above.

e) A Partner shall serve notice of termination of the Partnership Agreement or shall start legal action to dissolution of the Partnership.

(3) Any settlement payment in accordance with § 12 (2) below shall be made by the Partnership in case of exclusion and by the acquiring party in case of a transfer. The effectiveness of the exclusion and transfer shall not be contingent upon payment of a consideration in return therefor. The provision of a security deposit may not be claimed.

§ 12 Settlement Payment

(1) Subject to subclause (2) below, a withdrawing Partner shall receive a settlement payment equal to the pro rata capitalised value of the enterprise

nehmenswerts zum Zeitpunkt seines Ausscheidens. Der Unternehmenswert ist nach der Methode zu bestimmen, die das Institut der Wirtschaftsprüfer der Stadt ...... zum Zeitpunkt des Ausscheidens zur Ermittlung des Ertragswertes jeweils empfiehlt. Die so ermittelte Abfindung bleibt auch dann maßgeblich, wenn sich auf Grund von steuerlichen Außenprüfungen oder durch anderweitig veranlasste Änderungen der Veranlagung die Ermittlungsgrundlagen nachträglich verändern.

(2) Scheidet ein Gesellschafter gem. § 11 aus, erhält er als Abfindung den Buchwert seiner Beteiligung zum Zeitpunkt des Ausscheidens, sofern dieser niedriger ist als die Abfindung gem. Abs. 1. Der Buchwert entspricht dem Saldo sämtlicher für den ausscheidenden Gesellschafter bei der Gesellschaft geführten Gesellschafterkonten. § 740 BGB wird ausgeschlossen. Sollte im Einzelfall rechtskräftig festgestellt werden, dass die Abfindungsregelung dieses Absatzes rechtsunwirksam oder unzumutbar ist, so ist die niedrigste noch zulässige Abfindung zu gewähren.

(3) Besteht Streit über die Höhe der Abfindung, entscheidet hierüber ein von beiden Parteien benannter Schiedsgutachter, der Wirtschaftsprüfer oder Wirtschaftsprüfungsgesellschaft sein muss. Kommt eine Einigung über dessen Benennung nicht zustande, ist er auf Antrag jeder der Parteien durch die Wirtschaftsprüferkammer zu bestimmen. Der Schiedsgutachter setzt die Höhe der Abfindung verbindlich fest. Die Kosten für den Schiedsgutachter tragen der ausscheidende Gesellschafter und die Gesellschaft je zur Hälfte.

(4) Die Abfindung ist ab dem Tag des Ausscheidens mit ......% über dem jeweiligen Leitzins der EZB (Europäische Zentralbank) p.a. zu verzinsen und zusammen mit den jeweils angefalle-

at the time of its withdrawal. The capitalised value shall be determined through the method that the Institute of Accountants of the City of ...... in shall recommend at the date of the withdrawal. The settlement payment so calculated shall also remain relevant if the valuation basis shall be subsequently changed as a result of a tax authority audit or changes caused otherwise.

(2) If a Partner shall withdraw according to § 11 above, then it shall receive a settlement payment equal to the book value of its partnership interest as at the withdrawal date if the same shall be lower than the settlement amount under subclause (1) above. The book value shall be equal to the balance of the partnership accounts that shall be held for the benefit of the withdrawing Partner as at the date of withdrawal. § 740 of the German Civil Code shall not apply. If, in a particular case, it shall be conclusively determined that this settlement provisions shall be invalid or improper, then the lowest permissible settlement amount shall be paid.

(3) Any dispute on the amount of the settlement payment shall be subject to decision by way of expert opinion by an arbitrator who shall be appointed by the parties hereto and shall be an auditor or an accounting firm. If no agreement on the appointment shall be achieved, then the arbitrator shall upon demand of either party be appointed through the Chamber of Auditors. The arbitrator shall conclusively determine the amount of settlement payment. The withdrawing Partner and the Partnership shall bear the costs of the arbitrator in equal shares.

(4) The settlement amount shall carry interest the calculation of which shall start at the date of the withdrawal and shall be at an annual rate of ......% above the base rate of the European

nen Zinsen in drei gleichen Jahresraten zu zahlen. Die erste Rate ist am Ende des Monats zahlbar, der der Feststellung der Abfindungshöhe folgt, die folgenden Raten jeweils zum 1. 1. der Folgejahre. Die Gesellschaft ist berechtigt, die Abfindung ganz oder teilweise früher zu zahlen; zur Sicherheitsleistung ist sie nicht verpflichtet.

Central Bank and shall be payable in three equal annual instalments together with interest accrued thereon. The first instalment shall be payable as at the end of the month succeeding the determination of the settlement amount; the following instalments shall be payable as at the 1st of January of the following years. The Partnership shall be free to pay the settlement amount or parts thereof at an earlier date. It shall not be required to provide a security deposit.

§ 13 Nachfolge von Todes wegen

(1) Stirbt ein Gesellschafter, wird die Gesellschaft mit den von ihm von Todes wegen Bedachten, ggf. seinen gesetzlichen Erben fortgesetzt. Falls einer von diesen verlangt, Kommanditist zu werden, ist ein Beschluss nach § 11 zulässig. Werden durch Nachfolge von Todes wegen mehrere Personen Gesellschafter, sind sie von Geschäftsführung und Vertretung ausgeschlossen.

(2) Die übrigen Gesellschafter können innerhalb von 2 (zwei) Monaten ab dem Todestag des Gesellschafters einstimmig beschließen, die Gesellschaft ohne einen oder alle von Todes wegen Bedachten oder gesetzlichen Erben fort zu setzen oder deren Anteile auf die übrigen Gesellschafter im Verhältnis ihrer Kapitalanteile oder auf eine oder mehrere Dritte zu übertragen. Die betreffenden Bedachten oder Erben scheiden mit Fassung des Beschlusses rückwirkend zum Todestag aus. Die Abfindung nach § 12 Abs. 1 ist im Fall der Nichtfortsetzung von der Gesellschaft, im Fall der Übertragung vom Erwerber zu zahlen. § 12 Abs. 3 und 4 gelten entsprechend.

§ 13 Succession upon Decease

(1) In the case of decease of a Partner the Partnership shall be continued with the successors that shall have been appointed through testamentary disposition or shall be the statutory heirs. If any of these individuals shall demand the status of a limited partner, then a resolution according to § 11 shall be permitted. If, as a result of a succession upon decease, there shall be more than one partner, then these shall be excluded from management and representation.

(2) The other Partners may within a period of 2 (two) months after the date of death unanimously vote that the partnership be continued with one or all of the beneficiaries or heirs or that their partnership interest be transfered to the remaining Partners in proportion to their partnership interest. Upon adoption of such resolution the relevant beneficiaries or heirs shall withdraw effective as at the date of the decease (retroactively). The settlement payment in accordance with § 12 (1) shall be effected by the Partnership in case of the discontinuation of the Partnership and by the buyer in case of a transfer. § 12 (3) and (4) shall apply accordingly.

§ 14 Geschäftsjahr/ Bekanntmachungen

(1) Geschäftsjahr ist das Kalenderjahr. Das erste Geschäftsjahr ist ein Rumpfgeschäftsjahr; es endet am 31. 12. des Jahres, in dem die Gesellschaft nach Gründung ihre Geschäftstätigkeit aufgenommen hat.

(2) Bekanntmachungen der Gesellschaft erfolgen im Bundesanzeiger.

§ 15 Teilunwirksamkeit/ Vertragsänderungen

(1) Sollte eine Bestimmung dieses Gesellschaftsvertrags oder eine künftig in ihn aufgenommene Bestimmung ganz oder teilweise unwirksam oder undurchführbar sein oder die Wirksamkeit oder Durchführbarkeit später verlieren oder sollte sich im Gesellschaftsvertrag eine Lücke herausstellen, soll hierdurch die Gültigkeit der übrigen Bestimmungen nicht berührt werden. Anstelle der unwirksamen oder undurchführbaren Bestimmung oder zur Ausfüllung der Lücke gilt eine angemessene Regelung, die, soweit rechtlich zulässig, dem am nächsten kommt, was die Vertragschließenden gewollt haben oder nach dem Sinn und Zweck des Vertrags gewollt hätten, falls sie den Punkt bedacht hätten.

(2) Beruht die Unwirksamkeit oder Undurchführbarkeit einer Bestimmung auf einem darin festgelegten Maß der Leistung oder der Zeit (Frist oder Termin), ist mit einfacher Mehrheit der abgegebenen Stimmen das der Bestimmung am nächsten kommende rechtlich zulässige Maß zu vereinbaren.

(3) Alle das Gesellschaftsverhältnis betreffenden Vereinbarungen zwischen Gesellschaftern oder zwischen Gesellschaft und Gesellschaftern bedürfen zu ihrer Wirksamkeit der Schriftform, soweit sie nicht eines Gesellschafterbeschlusses oder notarieller Beurkundung bedürfen. Das gilt auch für einen et-

§ 14 Fiscal Year/Publications

(1) The fiscal year shall equal the calendar year. The first fiscal year shall be a shortened fiscal year; it shall end on the 31 December of the year in which the Partnership shall have started its business.

(2) All publications of the Partnership shall be made in the Federal Gazette.

§ 15 Partial Invalidity/ Change of Agreement

(1) If any provision of this Partnership Agreement or any future provision added to it (or parts of any such provisions) shall be invalid or incapable of implementation, or shall subsequently lose its validity or the capability of implementation, or if any gap shall occur, then this shall not affect the validity of the other provisions. In lieu of the invalid provision or the provision incapable of implementation or for the purposes of closing the gap, such reasonable provision shall apply which, to the extent permitted by law, shall most closely reflect the intention of the parties to this Agreement or which they would have intended to choose in accordance with the purpose of this Agreement, had they given their attention to such point.

(2) If the invalidity or the inability to implementation of a provision shall arise from any amount or time (deadline or date) set out therein, the parties shall through simple majority decision agree on such amount that is permitted by law and is as close as possible to the amount set out in such provision.

(3) All agreements referring to the relationship among the Partners or between the partnership and the Partners shall require written form for its validity as far as no partner resolution or notarial form is required. This shall also apply to a possible waiver of the written form requirement.

waigen Verzicht auf das Erfordernis der
Schriftform.

§ 16 Gerichtsstand

Gerichtsstand für alle auf dem Gesellschaftsverhältnis beruhenden Auseinandersetzungen der Gesellschafter
miteinander und mit der Gesellschaft
ist der Sitz der Gesellschaft.

§ 16 Venue Clause

The venue for all disputes among the
Partners and for disputes arising from
the Partnership shall be at the registered office of the Partnership.

3. Gesellschaftsvertrag einer Kommanditgesellschaft

3. Limited Partnership Agreement

§ 1 Firma und Sitz

(1) Die Gesellschaft hat die Firma ...... KG.

(2) Der Sitz der Gesellschaft ist ......

§ 1 Firm Name; Registered Office

(1) The Partnership shall have the name ...... KG.

(2) The registered office of the Partnership shall be ......

§ 2 Gegenstand des Unternehmens

(1) Gegenstand des Unternehmens ist ......

(2) Die Gesellschaft ist zu allen Handlungen berechtigt, die unmittelbar oder mittelbar der Erreichung des Gesellschaftszwecks dienen.

§ 2 The Corporate Purpose

(1) The corporate purpose of the enterprise is ......

(2) The Partnership may conduct any kind of business and perform all acts that may directly or indirectly serve the corporate purpose.

§ 3 Gesellschaftskapital/ Gesellschafter

(1) Das Gesellschaftskapital beträgt ...... €.

(2) Persönlich haftende Gesellschafter („Komplementäre") sind
...... („Komplementär I") mit einer Einlage in Höhe von ...... €,
...... („Komplementär II") mit einer Einlage in Höhe von ...... €.
Kommanditisten sind
...... („Kommanditist I") mit einem in das Handelsregister einzutragenden Kommanditanteil in Höhe von ...... €,

...... („Kommanditist II") mit einem in das Handelsregister einzutragenden Kommanditanteil in Höhe von ...... €.

(3) Der Betrag der (Haft-)Einlage eines Gesellschafters gem. Abs. 2 bezeichnet zugleich seinen festen Kapitalanteil im Sinn dieses Vertrages.

§ 3 Partnership Capital/Partners

(1) The Partnership capital shall be ...... €.

(2) Partners with personal liability ("General Partners") shall be
...... ("General Partner I") with a contribution of ...... €, and
...... ("General Partner II") with a contribution of ...... €.
Limited partners shall be
...... ("Limited Partner I") with a liability contribution to be registered as a limited partner's capital contribution of ...... €.
...... ("Limited Partner II") with a liability contribution to be registered as a limited partner's capital contribution of ...... €.

(3) The amount of the (liability) contribution of a Partner in accordance with subclause 2 above shall also determine the fixed share capital under this Agreement.

§ 4 Gesellschafterkonten	§ 4 Partners' Accounts

(1) Für jeden Gesellschafter wird ein Kapitalkonto, ein laufendes Konto, ein Rücklagenkonto und ein Verlustvortragskonto geführt.

(1) For each Partner, there will be set up a capital account, a current account a reserve account and a loss carry forward account.

(2) Auf den Kapitalkonten werden die Einlagen gem. § 3 gebucht. Die Kapitalkonten werden als unverzinsliche Festkonten geführt.

(2) The contributions pursuant to § 3 above shall be credited towards the capital account. The capital accounts will be maintained as a fixed account with no interest.

(3) Auf den laufenden Konten werden entnahmefähige Gewinnanteile, Entnahmen, Zinsen, Gesellschafterdarlehen sowie der sonstige Zahlungsverkehr des Gesellschafters mit der Gesellschaft gebucht. Sie werden nach der Staffelmethode mit ......% p.a. über dem jeweiligen Leitzins der Europäischen Zentralbank verzinst. Die Zinsen gelten im Verhältnis der Gesellschafter zueinander als Aufwand bzw. Ertrag.

(3) Distributable profits, withdrawals, interest payments, shareholder loans and other payment transactions of a Partner shall be credited towards the current accounts. These shall bear an annual interest at a rate of ......% above the base rate of the European Reserve Bank that shall be calculated on an equated basis. For the purposes of the inter-share-holder relationship, these interest payments shall be regarded as expense/income.

(4) Auf den Rücklagenkonten werden nicht entnahmefähige Gewinnanteile sowie Einlagen eines Gesellschafters, die keine Einlagen gem. § 3 darstellen, gebucht. Diese Konten sind unverzinslich und stellen keine Verbindlichkeiten der Gesellschaft dar, begründen jedoch im Fall der Liquidation der Gesellschaft einen Anspruch auf Vorabauszahlung und können nur zusammen mit der Beteiligung übertragen werden.

(4) Non-distributable profits and all Partners' contributions other than contributions referred to in contributions under § 3 above shall be credited towards the reserve accounts. These accounts shall bear no interest and shall not be regarded as a liability of the Partnership but shall upon liquidation of the Partnership create a claim for an advance payment. These may only be transferred together with the Partnership interest itself.

(5) Auf den Verlustvortragskonten werden die anteiligen Verluste gebucht. Diese Konten sind unverzinslich und gehen im Fall der Übertragung der Beteiligung mit dem Kapitalkonto auf den Rechtsnachfolger über. Die Verlustvortragskonten stellen keine Verbindlichkeiten der Gesellschafter dar, sind jedoch im Fall der Liquidation der Gesellschaft vorab auszugleichen, ohne dass dies eine Nachschusspflicht der Gesellschafter begründete.

(5) The allocated losses shall be booked onto the loss carry forward accounts. These accounts shall carry no interest and may only transferred to a successor in case of a disposal of the partnership interest. These loss carry forward accounts shall not be regarded as a liability of the Partners but shall upon liquidation of the Partnership be settled through an advance payment; this shall not create an obligation to make additional contributions.

§ 5 Geschäftsführung und Vertretung

(1) Ist nur ein Komplementär vorhanden, ist dieser allein zur Geschäftsführung und Vertretung der Gesellschaft berechtigt und verpflichtet. Sind zwei oder mehr Komplementäre vorhanden, sind diese zur Geschäftsführung nur gemeinschaftlich berechtigt und verpflichtet. In diesem Fall wird die Gesellschaft durch einen Komplementär in Gemeinschaft mit einem anderen Komplementär oder einem Prokuristen vertreten.

(2) Jeder Komplementär erhält für seine Tätigkeit eine monatlich im Voraus zu zahlende Vergütung von ...... €, die Aufwand der Gesellschaft darstellt. Die Vergütung ist jährlich in der ordentlichen Gesellschafterversammlung nach § 7 Abs. 2 unter Berücksichtigung des Umfangs der Tätigkeit, der Entwicklung der Lebenshaltungskosten sowie der Ertragslage der Gesellschaft durch Beschluss mit Wirkung ab dem nächsten Kalendermonat neu festzusetzen.

§ 6 Wettbewerbsverbot/ Schweigepflicht

(1) Kein Gesellschafter darf während seiner Zugehörigkeit und der Dauer von zwei Jahren nach seinem Ausscheiden mit der Gesellschaft unmittelbar oder mittelbar in deren räumlichem oder sachlichem Tätigkeitsbereich in Wettbewerb treten oder fremden Wettbewerb fördern. Räumlicher Tätigkeitsbereich im Sinn dieses Wettbewerbsverbots ist ......, sachlicher Tätigkeitsbereich im Sinn dieses Wettbewerbsverbots ist die ...... Rein kapitalistische Beteiligungen an anderen Gesellschaften sind von diesem Wettbewerbsverbot nicht erfasst.

(2) Tritt ein Gesellschafter ohne vorherige schriftliche Zustimmung der übri-

§ 5 Management/Representation

(1) A General Partner shall be entitled to sole signature power and is obliged to represent the Partnership as long as it is the sole General Partner. If the Partnership shall have two or more General Partners, then these shall be entitled and obliged to jointly represent the partnership. For such purposes, the Partnership shall be represented through a General Partner in conjunction with another General Partner or a procurist holder.

(2) Each General Partner shall receive a monthly remuneration of ...... €, payable in advance, for its work that shall be regarded as expenses for the Partnership. The remuneration shall be subject to re-determination through a resolution on an annual basis in the ordinary Partners' meeting according to § 7 (2) below in accordance with the quantity of work, the development of the cost of living and the operating results of the Partnership. It shall take effect as at the succeeding calendar month.

§ 6 Restrictive Covenant/Secrecy

(1) No Partner may during the time of the Partnership and two years after withdrawal from the Partnership directly or indirectly engage in competitive activities or promote any activities competitive to the geographical or business scope of the Partnership. The geographical scope under this restrictive covenant shall be defined as ......; the business scope under this restrictive covenant shall be defined as ...... Pure financial shareholdings in other companies shall not fall under this restrictive covenant.

(2) If a Partner shall enter into competitive activities against the Partnership

gen Gesellschafter zu der Gesellschaft in Wettbewerb, hat er für jeden Fall der Zuwiderhandlung ...... € als Vertragsstrafe an die Gesellschaft zu zahlen. Bei fortgesetzter Zuwiderhandlung gelten je zwei Wochen des Verstoßes gegen das Wettbewerbsverbot als eine unabhängige und selbstständige Zuwiderhandlung. Das Recht der Gesellschaft, Unterlassung und Schadensersatz zu verlangen, wird hierdurch nicht berührt, doch wird die Vertragsstrafe auf den Schadensersatz angerechnet. Die Zustimmung ist zu erteilen, wenn die Einhaltung des Wettbewerbsverbots das berufliche Fortkommen des Gesellschafters unzumutbar erschweren würde.

(3) Jeder Gesellschafter ist verpflichtet, über vertrauliche Angelegenheiten, die ihm in seiner Eigenschaft als Gesellschafter im Rahmen seiner Tätigkeit für die Gesellschaft zur Kenntnis gelangen, insbesondere über die Bilanzen sowie die Verhandlungen und Beschlüsse der Gesellschafter, Dritten gegenüber Stillschweigen zu bewahren. Diese Verpflichtung besteht auch nach seinem Ausscheiden fort. Die Schweigepflicht gilt nicht für die Vorlage von Bilanzen der Gesellschaft bei Banken. Außerdem darf jeder Gesellschafter vertrauliche Angelegenheiten Angehörigen eines zur Berufsverschwiegenheit verpflichteten rechts-, wirtschafts- oder steuerberatenden Berufs anvertrauen, wenn und soweit dies zur Wahrung seiner eigenen berechtigten Interessen erforderlich ist. Weitere Ausnahmen von der Schweigepflicht können im Einzelfall durch Gesellschafterbeschluss zugelassen werden.

§ 7 Gesellschafterversammlung

(1) Der Gesellschafterversammlung obliegt insbesondere die Beschlussfassung über die

a) Feststellung des geprüften und testierten Jahresabschlusses und die Verwendung des Jahresergebnisses,

without prior written approval of the remaining Partners, then it shall pay to the Partnership as a penalty ...... € per infringement. In case of continuous infringement the duration of every two weeks of infringement of the restrictive covenant shall be regarded as a separate and independent infringement. The Partnership reserves its right to claim cease and desist and/or damage compensation; however, any penalty shall be deducted from the damage compensation. The approval is to be granted if the compliance with the restrictive covenant would unreasonably hinder the professional development of the Partner.

(3) Each Partner shall keep strictly confidential towards third parties all confidential matters that it shall learn in its capacity as Partner during its work for the Partnership, in particular in relation to the balance sheets and negotiations and resolutions of the Partners. Such obligation shall survive its withdrawal. The duty of confidentiality shall not apply to the submission of the balance sheet of the Partnership to banks. Moreover, each Partner may disclose confidential issues to any individual who is engaged in the profession of attorney, tax advisor or accountant if and to the extent this shall be necessary to protect its own equitable interest. Further releases from the duty of confidentiality may be permitted through Partners' resolution.

§ 7 Partners' Meetings

(1) The Partners' meeting shall have the right to vote on the following:

a) The adoption on the audited and certified annual report and the use of the annual profits

b) Entlastung der Komplementäre,

c) Wahl des Abschlussprüfers,

d) Änderung des Gesellschaftsvertrages,

e) Zustimmung zur Verfügung über Gesellschaftsanteile,

f) Aufnahme und Ausschließung von Gesellschaftern,

g) Zwangsabtretung,

h) Auflösung der Gesellschaft und

i) Alle Maßnahmen, die über den gewöhnlichen Geschäftsbetrieb hinausgehen oder bei denen Rechte gegen einen Gesellschafter geltend zu machen sind.

(2) In jedem Geschäftsjahr findet spätestens zwei Monate nach Prüfung des Jahresabschlusses für das vorangegangene Geschäftsjahr eine ordentliche Gesellschafterversammlung statt, deren Tagesordnung mindestens die in Abs. 1 a), b) und c) genannten Punkte umfasst. Die Gesellschafterversammlung tritt außerdem zusammen, wenn ein Komplementär oder ein Kommanditist dies verlangen, die allein oder zusammen mindestens ein Viertel des Gesellschaftskapitals vertreten, oder wenn nach diesem Vertrag oder nach den gesetzlichen Bestimmungen eine Beschlussfassung erforderlich wird.

(3) Die Gesellschafterversammlung wird durch die Komplementäre durch Übergabe-Einschreiben an alle Gesellschafter unter Mitteilung der Tagesordnung einberufen, das mindestens zwei Wochen vor dem Tag der Gesellschafterversammlung zugegangen sein muss. Jeder Gesellschafter kann durch Übergabe-Einschreiben an alle Gesellschafter, das mindestens eine Woche vor dem Tag der Gesellschafterversammlung zugegangen sein muss, die Tagesordnung um weitere Punkte ergänzen. Mit Zustimmung aller Gesellschafter kann auf die Einhaltung der Form- und Fristvorschriften dieses Absatzes verzichtet werden.

b) The discharge of the general partners

c) The election of the auditor

d) The amendment of the Partnership Agreement

e) The approval of a disposal of Partnership interests

f) The admission and withdrawal of partners

g) The compulsory transfer of partnership interests

h) The dissolution of the Partnership and

i) Acts that go beyond the ordinary course of business or for which certain rights will have to be exercised towards a Partner.

(2) In every fiscal year there shall be held an ordinary Partners' meeting no later than two months after the audit of the annual report of the preceding fiscal year which shall cover at least the topics set out in subclause 1 a), b) and c) above. Moreover, a Partners' meeting shall be convened if a General Partner or a Limited Partner representing a minimum Partnership interest of ¼ shall request the same or a resolution should become necessary according to this Agreement or to statutory provision.

(3) The Partner's meeting shall be convened through the General Partner by way of hand-delivered registered mail letter to all Partners specifying the agenda which shall be received by no later than two weeks before the date of the Partners' meeting. Any Partner may extend the agenda through a hand-delivered registered mail to all Partners that shall be received by no later than one week before the date of the Partners' meeting. The observance of the form and notice period under this subclause may be waived with approval of all Partners.

(4) Die Gesellschafterversammlung findet am Sitz der Gesellschaft oder an einem anderen Ort statt, dem alle Gesellschafter zustimmen.

(5) Jeder Gesellschafter kann sich in der Gesellschafterversammlung durch einen schriftlich bevollmächtigten Mitgesellschafter oder durch einen Angehörigen eines gesetzlich zur Berufsverschwiegenheit verpflichteten rechts-, wirtschafts- oder steuerberatenden Berufs vertreten oder begleiten lassen.

(6) Die Gesellschafterversammlung ist beschlussfähig, wenn mindestens die Hälfte des stimmberechtigten Gesellschaftskapitals anwesend oder vertreten ist. Ist eine Gesellschafterversammlung beschlussunfähig, ist unverzüglich gem. Abs. 3 eine neue Gesellschafterversammlung einzuberufen, die für die Gegenstände der Tagesordnung der Gesellschafterversammlung, in der sich die Beschlussunfähigkeit ergeben hat, ohne Rücksicht auf die Zahl der anwesenden oder vertretenen Stimmen beschlussfähig ist; hierauf ist bei der Einberufung hinzuweisen.

(7) Den Vorsitz in der Gesellschafterversammlung führt der Versammlungsleiter. Versammlungsleiter ist der älteste anwesende Komplementär, sonst wird er vor Eintritt in die Tagesordnung unter der Leitung des ältesten Kommanditisten/Gesellschaftervertreters gewählt. Der Versammlungsleiter stellt die Beschlussfähigkeit der Gesellschafterversammlung fest und entscheidet über die Art der Abstimmung, sofern die Gesellschafterversammlung nicht etwas anderes beschließt.

(8) Einer Versammlung bedarf es nicht, wenn sämtliche Gesellschafter der vorgeschlagenen Abstimmungsart oder dem Beschlussvorschlag zustimmen.

§ 8 Gesellschafterbeschlüsse

(1) Die Gesellschafter beschließen in allen Angelegenheiten mit einfacher

(4) The Partners' meeting shall take place at the registered office of the Partnership or any other place that all Partners shall approve.

(5) Each Partner may be represented or accompanied in the Partners' meeting by a co-partner or by a member of the professions of lawyers, accountants or tax advisors who shall be subject to professional confidentiality.

(6) The Partners' meeting shall constitute the proper quorum if a minimum of ½ of the partnership interest shall be present or represented. If the Partners' meeting should not constitute the proper quorum, then another Partners' meeting shall be convened immediately in accordance with subclause 3 above. This shall be regarded as the proper quorum for the agenda items of the Partners' meeting (in which the proper quorum was not achieved) regardless of the presence of the voting or represented Partnership interests; this shall be pointed out in the invitation.

(7) The Partners' meeting shall be under the chairmanship of the chairman of the meeting. The chairman shall be the oldest general partner present; otherwise it shall be elected under the direction of the oldest Limited Partner/Partner representative prior to entering into the agenda. The chairman of the meeting shall confirm the quorum of the Partners' meeting and shall decide on the mode of voting unless the Partners' meeting shall resolve otherwise.

(8) A meeting shall not be necessary if all Partners shall approve the suggested mode of voting or the proposed resolution itself.

§ 8 Partners' Resolutions

(1) Unless mandatory statutory provisions or provisions of this Agreement

Mehrheit der abgegebenen Stimmen, soweit nicht dieser Vertrag oder zwingende gesetzliche Vorschriften eine andere Mehrheit vorschreiben.

(2) Für die Änderung des Gesellschaftsvertrags – einschließlich der Erhöhung des Gesellschaftskapitals – und für Beschlussgegenstände, für die dies ausdrücklich im Gesellschaftsvertrag vorgesehen ist, ist eine Mehrheit von mindestens drei Vierteln der abgegebenen Stimmen erforderlich. Soweit eine Änderung des Gesellschaftsvertrags – ausgenommen die Erhöhung des Gesellschaftskapitals – die Rechte eines Gesellschafters vermindert, seine Pflichten erhöht oder die vertragliche Bindung verlängert, bedarf der Beschluss seiner Zustimmung.

(3) Je volle 100 € einer Einlage gewähren eine Stimme, wobei ein Gesellschafter/Gesellschaftervertreter die ihm zustehenden Stimmen nur einheitlich abgeben kann. Stimmenthaltungen zählen nicht als abgegebene Stimmen. Bei Stimmengleichheit gilt ein Antrag als abgelehnt.

(4) Soweit rechtlich zulässig und nicht in diesem Vertrag anders geregelt, ist ein Gesellschafter auch dann stimmberechtigt, wenn er entlastet oder von einer Verbindlichkeit befreit werden soll oder die Beschlussfassung die Vornahme eines Rechtsgeschäfts oder die Erledigung eines Rechtsstreits mit ihm oder mit einem mit ihm im Sinn des § 15 AktG verbundenen Unternehmen betrifft.

(5) Über die Beschlüsse der Gesellschafterversammlung wird von einem durch die Gesellschafter zu bestimmenden Gesellschafter eine Niederschrift angefertigt und allen anderen Gesellschaftern in Abschrift zugesandt. Nicht in Gesellschafterversammlungen gefasste Beschlüsse sind vom ältesten Komplementär festzustellen und den anderen Gesellschaftern unverzüglich durch Übergabe-Einschreiben mitzuteilen.

shall dictate a different quorum, the Partners shall adopt resolutions with a simple majority of votes cast in all matters.

(2) Changes of the Partnership Agreement – including any increase of the Partnership interest – and voting matters for which the same shall be expressly referred to in the Partnership Agreement shall require a minimum majority of ¾ of the votes cast. If a change of the Partnership Agreement – except the increase of the Partnership capital – shall cause the reduction of a Partner's rights, an increase of his obligations or an extension of the contractual commitment, then the resolution shall require its consent.

(3) Each 100 € of a partnership interest shall represent one vote provided that the votes of one Partner/Partner representative may be cast on a uniform basis only. Voting abstention shall be nonvoting. In case of voting parity a motion shall be regarded as dismissed.

(4) As far as permitted by law and safe as otherwise provided in this Agreement a Partner shall remain entitled to vote if it shall be discharged or released from a liability or if the resolution shall refer to a transaction or to the start of a lawsuit against him or against an affiliated entity (in terms of § 15 of the German Stock Corporation Act).

(5) The resolutions of the Partners' meeting shall be recorded in minutes that shall be prepared by a Partner who shall be selected by the Partners and which shall be sent in copy to all Partners. Any resolutions that shall have been adopted outside the Partners' meetings shall be recorded by the oldest General Partner and shall immediately be notified to the other Partners through hand-delivered registered mail.

(6) Die Unwirksamkeit von Gesellschafterbeschlüssen kann nur innerhalb einer Ausschlussfrist von zwei Monaten seit Zugang der Niederschrift bzw. des Briefs gem. Abs. 5 durch Klage gegen die Gesellschaft geltend gemacht werden.

(6) The invalidity of Partners' resolutions may only be contested within a deadline of two months after receipt of the minutes and/or the letter referred to in subclause 5 above through a court action against the Partnership.

§ 9 Jahresabschluss/Gewinn und Verlust

§ 9 Annual Report/Profit and Loss

(1) Der Jahresabschluss ist von den Komplementären in den ersten drei Monaten nach Ende des Geschäftsjahrs nach den gesetzlichen Gliederungs- und Bewertungsvorschriften und – soweit handelsrechtlich zulässig – unter Berücksichtigung der steuerlichen Vorschriften über die Gewinnermittlung aufzustellen.

(1) The General Partners shall prepare the annual report in accordance with the statutory provisions on the format and valuation and – as far as permitted by the German Code of Commerce – in accordance with the statutory tax provisions regarding the computation of taxable profit.

(2) Der Jahresabschluss ist, soweit eine Prüfung gesetzlich oder durch Beschluss der Gesellschafter vorgeschrieben ist, dem Abschlussprüfer unverzüglich zur Prüfung vorzulegen.

(2) As far an audit is mandatory according to applicable statutory law or has been determined through Partners' resolution, the annual report shall submitted to the auditors for audit without delay.

(3) Der Jahresabschluss ist unverzüglich nach seiner Fertigstellung, im Fall des Abs. 2 unverzüglich nach Eingang des Prüfungsberichts bei der Gesellschaft, den Gesellschaftern zusammen mit einem Ergebnisverwendungsvorschlag der Komplementäre unter Berücksichtigung der Grundsätze der Abs. 4 und 5 zur Beschlussfassung über die Ergebnisverwendung vorzulegen.

(3) Immediately after completion or immediately after the Partnership shall have received the audit report in accordance with subclause 2 above, the annual report shall be submitted to the Partners together with the proposal of the General Partners on the use of profits. The proposal shall be made the light of the principles set out in subclauses 4 and 5 below.

(4) Am Gewinn und Verlust nehmen die Gesellschafter im Verhältnis ihrer Kapitalanteile teil. Die Kommanditisten sind – auch im Fall der Liquidation – nicht zum Nachschuss verpflichtet. § 171 Abs. 1 HGB bleibt unberührt.

(4) The Partners shall participate in the profit and loss in proportion to their partnership interest. The Limited Partners shall not be obliged to make additional contributions; even in case of liquidation. § 171 of the German Code of Commerce shall remain unaffected.

(5) Ein Jahresfehlbetrag (Verlust) ist durch Auflösung von Rücklagen zu decken. Soweit danach ein Jahresfehlbetrag verbleibt, ist er auf die Verlustvortragskonten zu verteilen. Ein Jahresüberschuss (Gewinn) ist zunächst auf die Verlustvortragskonten zu bu-

(5) Any annual deficit (loss) shall be covered through the release of reserves. Any deficit remaining after such release shall be divided onto the loss carry forward accounts. Any annual surplus (profit) shall be credited towards the loss carry forward accounts until those

chen, bis diese ausgeglichen sind. Ein verbleibender Betrag ist auf die laufenden Konten der Gesellschafter zu buchen, maximal jedoch bis zur Höhe von 50% des Jahresüberschusses. Der danach verbleibende Betrag ist auf die Rücklagenkonten zu buchen.

(6) Ein Gesellschafterbeschluss, von den Grundsätzen gem. Abs. 5 abzuweichen, bedarf einer Mehrheit von mindestens drei Vierteln der abgegebenen Stimmen. Kommt innerhalb von zwei Monaten nach Absendung des Ergebnisverwendungsvorschlags gem. Abs. 3 kein solcher Beschluss zustande, gilt der Vorschlag der Komplementäre als angenommen.

(7) Entnahmen sind nur bis zur Höhe eines Guthabens auf dem laufenden Konto zulässig.

§ 10 Verfügungen über Anteile

(1) Die Veräußerung eines Kommanditanteils ist nur zulässig, wenn die übrigen Gesellschafter mit einer Mehrheit von mindestens drei Vierteln ihrer Kapitalanteile zustimmen. Der Wechsel des Komplementärs bedarf der Zustimmung aller Gesellschafter. Geht ein Gesellschafter durch eine Aufspaltung unter, haben die übrigen Gesellschafter das Recht, durch mit einfacher Mehrheit zu fassenden Gesellschafterbeschluss zu bestimmen, auf welchen der übernehmenden Rechtsträger der Anteil übergeht.

(2) Ein veräußerungswilliger Gesellschafter ist verpflichtet, seinen Anteil zuvor den übrigen Gesellschaftern zum Erwerb zu dem von ihm in Aussicht genommenen Preis schriftlich anzubieten. Das Erwerbsrecht steht den übrigen Gesellschaftern im Verhältnis ihrer Kapitalanteile zu. Diese haben innerhalb eines Monats nach Zugang des Angebots die Annahme oder Ablehnung zu erklären. Eine nicht fristgerechte Erklärung gilt als Ablehnung.

have been cleared. Any remaining amount shall be credited towards the current accounts of the Partners provided that the amount may not exceed 50% of the annual surplus. Any amount that shall be left shall be credited towards the reserve accounts.

(6) A Partners' resolution to deviate from the principles set out in subclause 5 above shall require a majority of ¾ of the votes cast. If such resolution shall not be adopted within a period of two months after sending the proposal on the use of profits according so subclause 3 above, then the General Partners' proposal shall be regarded as accepted.

(7) Withdrawals may only be made up to the amount available on the current account.

§ 10 Disposal of Partnership Interest

(1) Any disposal of partnership interests shall not be valid unless the same has been approved by the Partners with a majority of at least ¾ of the Partnership interests. The change of the General Partner shall require the approval of all Partners. If, as a result of a division, a Partner shall cease to exist, then the remaining Partners may determine through a Partners' resolution by simple majority vote which one of the acquiring entities shall assume the partnership interest.

(2) A Partner intending to sell its partnership interest shall offer the same to the other Partners first at the intended price. The other Partners shall have an acquisition right in proportion to their partnership interests. They shall express acceptance or decline of such offer within a period of one month after receipt of the offer. Any notice given after such deadline shall be deemed as a rejection.

(3) Lehnt ein Erwerbsberechtigter das Angebot ab, steht das Erwerbsrecht insoweit den übrigen Erwerbsberechtigten im Verhältnis ihrer Kapitalanteile zueinander zu. Dieses nachrangige Erwerbsrecht kann innerhalb eines Monats ab Kenntnis von der Ablehnung ausgeübt werden, spätestens aber innerhalb von zwei Monaten ab Zugang des in Abs. 2 bezeichneten Angebots. Wird das Erwerbsrecht ganz oder teilweise nicht ausgeübt, ist der veräußerungswillige Gesellschafter abweichend von Abs. 1 berechtigt, den von ihm angebotenen Anteil ohne Zustimmung der übrigen Gesellschafter zu veräußern. Ist der vertragliche Erwerbspreis bei der Veräußerung niedriger als der nach Abs. 2 geforderte, steht den übrigen Gesellschaftern jedoch ein Vorkaufsrecht im Verhältnis ihrer Kapitalanteile gem. Abs. 4 zu.

(3) If any individual entitled to purchase shall decline the purchase offer then the other Partners shall have the acquisition right in proportion to their Partnership interests. This subordinate acquisition right may be exercised within a period of one month after becoming aware of the decline but in any event by no later than two months after receipt of the offer referred to in subclause 2 above. If such acquisition right shall not be exercised in its entirety, or in parts, then the Partner intending to sell may, as opposed to subclause 1 above, dispose of the partnership interest without consent of the other Partners. However, the other Limited Partners shall have a right of first refusal to such partnership interest in proportion to their partnership interest according to subclause 4 below, if the purchase price shall be lower than the price quoted under subclause 2 above.

(4) Der veräußerungswillige Gesellschafter hat sämtlichen Gesellschaftern unverzüglich je eine beglaubigte Abschrift des mit dem Erwerber abgeschlossenen Vertrags durch Übergabe-Einschreiben zuzusenden. Diese haben innerhalb eines Monats nach Zugang der Abschrift schriftlich zu erklären, ob sie ihr Vorkaufsrecht ausüben oder darauf verzichten. Eine nicht fristgerechte Erklärung gilt als Verzicht. Verzichtet ein Gesellschafter auf sein Vorkaufsrecht, steht es den übrigen Gesellschaftern im Verhältnis ihrer Kapitalanteile zu. Dieses nachrangige Vorkaufsrecht ist innerhalb eines Monats ab Kenntnis vom Verzicht, spätestens aber innerhalb von zwei Monaten nach Empfang der Abschrift des Kaufvertrags schriftlich auszuüben. Besteht kein Vorkaufsrecht oder wird es ganz oder teilweise nicht ausgeübt, kann der veräußerungswillige Gesellschafter den Anteil übertragen, ohne dass es der Zustimmung gem. Abs. 1 bedarf.

(4) The Partner intending to dispose shall immediately provide the other Partners with a certified copy of the agreement concluded with the purchaser through hand delivered registered mail letter. They shall express acceptance or decline of such offer within a period of one month after receipt of the copy. Any notice given after such deadline shall be regarded as a decline. If a Partner shall decline the exercise of his acquisition right, then the same shall be allocated to the remaining Partners in proportion to their partnership interest. Such subordinate pre-emption right may be exercised in writing within one month after becoming aware of the waiver but in any event by no later than two months after receipt of the copy of the purchase agreement. If there shall be not pre-emption right or if the same shall not be exercised in its entirety or in parts, then the Partner intending to sell may dispose of the partnership interest without requiring consent according to subclause 1 above.

(5) Geht ein Anteil durch Umwandlung nach dem Umwandlungsgesetz oder durch Einbringung oder Anwachsung auf einen Dritten über, hat der übertragende Gesellschafter den anderen Gesellschaftern ein dem Vorkaufsrecht an den Anteilen entsprechendes Ankaufsrecht an den durch ihn oder durch ein mit ihm im Sinn des § 15 AktG verbundenes Unternehmen als Gegenleistung erworbenen Gesellschaftsanteilen an dem Dritten einzuräumen. Für die Bestimmung des Ankaufspreises gilt § 13 entsprechend. Die Nichteinräumung binnen einer Frist von drei Monaten ab dem Übergang rechtfertigt den Beschluss nach § 12. Auf das Ankaufsrecht findet Abs. 4 Sätze 1 bis 5 sinngemäß Anwendung.

(6) Rechte und/oder Pflichten aus diesem Vertrag können nicht übertragen oder belastet werden. Belastungen der Beteiligung, insbesondere die Verpfändung, die Bestellung eines Nießbrauchs, die Einräumung von Unterbeteiligungen oder einer Rechtsstellung, auf Grund deren dem Gesellschafter nur noch treuhänderische Befugnisse an seinem Anteil verbleiben oder die die Ausübung seiner Gesellschafterrechte an die Zustimmung eines Dritten bindet, sind unzulässig. Dies gilt nicht für eine Verpfändung zur Sicherung eines zwecks Leistung der Kommanditeinlage oder Erwerbs der Kommanditbeteiligung aufgenommenen Darlehens.

(7) Die Absätze 1 bis 6 gelten auch für den Teil eines Anteils.

§ 11 Dauer/Kündigung/Auflösung

(1) Die Gesellschaft beginnt mit Eintragung in das Handelsregister und besteht auf unbestimmte Zeit.

(2) Jeder Gesellschafter kann sie unter Einhaltung einer sechsmonatigen Frist auf den Schluss eines Geschäftsjahrs,

(5) If a partnership interest shall transfer to a third party as a result of a transformation according to the German Transformation Act or through a contribution or accretion, then the transferring Partner shall award to the other Partners an acquisition right (comparable to the pre-emption rights in the Partnership interest) with regard to those shares in the third party that it (or an affiliated company in terms of § 15 of the German Stock Corporation Act) shall have received as a consideration. § 13 shall apply accordingly to the determination of the purchase price. Any failure to award such rights within three months after transfer shall justify a resolution according to § 12 hereof. Subclause, sentences 1 to 5 shall apply accordingly to the acquisition right.

(6) Rights and/or obligations arising from this Agreement may not be transferred or encumbered. Encumbrances on the Partnership interest shall include, without limitation, the pledge, the grant of a usufruct, the award of sub-participation rights or of a legal status based on which the Limited Partner shall be left with a trustee status in its partnership interest only or the exercise of the Partners' rights shall be come subject to the approval of a third party. Any of the above transactions shall also be inadmissible. This shall not apply to a pledge that has been made to secure a loan the purpose of which was to enable the contribution or the acquisition of a partnership interest.

(7) Subclauses 1 to 6 shall also apply to parts of a Partnership interest.

§ 11 Duration/Termination/ Dissolution

(1) The Partnership shall start a the date of its entry into the trade register and shall remain in force for an indefinite period of time.

(2) Each Partner may terminate the Partnership towards the other Partners through hand delivered registered mail

erstmals zum …… gegenüber den anderen Gesellschaftern durch Übergabe-Einschreiben kündigen. Das Recht zur Kündigung aus wichtigem Grund bleibt unberührt.

(3) Der kündigende Gesellschafter scheidet mit Wirksamwerden der Kündigung aus der Gesellschaft aus. Er ist gem. § 13 abzufinden. Die Gesellschaft wird von den übrigen Gesellschaftern fortgeführt.

(4) Scheidet der alleinige Komplementär aus der Gesellschaft aus, sind die Kommanditisten verpflichtet, unverzüglich eine geeignete natürliche Person als Komplementär aufzunehmen oder eine juristische Person zu gründen und als Komplementärin aufzunehmen, an der sie im Verhältnis ihrer Kapitalanteile beteiligt sind. Geschieht dies nicht innerhalb eines Monats ab dem Ausscheiden, kann jeder Kommanditist verlangen, Komplementär zu werden. Die übrigen Gesellschafter können durch Gesellschafterbeschluss mit einer Mehrheit von mindestens drei Vierteln ihrer Kapitalanteile ein solches Verlangen ablehnen, wenn es von mehr als einem Kommanditisten gestellt wird oder der betreffende Kommanditist fachlich offensichtlich ungeeignet ist. Ist binnen weiterer zwei Wochen kein Komplementär aufgenommen worden, ist die Gesellschaft aufgelöst.

(5) Die Auflösung der Gesellschaft nach § 133 HGB wird, soweit gesetzlich zulässig, ausgeschlossen.

§ 12 Ausschließung eines Gesellschafters/Zwangsweise Abtretung

(1) Die Gesellschafter können den Ausschluss eines Gesellschafters, die Übertragung seines Anteils auf die übrigen, zur Übernahme bereiten Gesellschafter

letter observing a notice period of 6 (six) months effective as at the end of a fiscal year but in any event no earlier than by …… This shall be without prejudice to the right to serve notice of termination for good cause.

(3) The terminating Partner shall withdraw from the Partnership at the date at which the termination comes into full force and effect. It shall receive a settlement payment according to § 13. The Partnership shall be continued among the remaining Partners.

(4) If the only General Partner shall withdraw from the Partnership, then the Limited Partners shall have the obligation to admit a suitable individual as General Partner or to establish a corporate entity (in which they shall have a shareholding in proportion to their partnership interests) and admit the same as General Partner. If this shall not have been effected within one month after withdrawal, then each of the Limited Partners may request the award of the status as a General Partner. The remaining Partners may reject such request through a Partners' resolution with a majority voting of minimum ¾ of the votes cast if such request shall be made by more than one Limited Partner or the relevant Limited Partner shall be obviously unsuitable from a professional standpoint. If after two more weeks no General Partner shall have been appointed, the Partnership shall be dissolved.

(5) Any dissolution of the Partnership according to § 133 of the German Code of Commerce shall, to the extent permitted by law, be excluded.

§ 12 Exclusion of a Partner/ Compulsory Transfer

(1) The Partners may vote on the exclusion of a Partner or the transfer of the Partnership interest to the remaining Partners (willing to take over the same)

im Verhältnis ihrer Kapitalanteile oder die Übertragung seines Anteils auf einen Dritten beschließen, wenn er dafür einen wichtigen Grund im Sinn des § 133 HGB gegeben hat. Der betroffene Gesellschafter hat dabei kein Stimmrecht. Mit Zugang des Beschlusses beim ausgeschlossenen Gesellschafter scheidet dieser aus der Gesellschaft aus.

(2) Ein wichtiger Grund ist es insbesondere, wenn

a) über das Vermögen eines Gesellschafters ein Insolvenzverfahren eröffnet oder die Eröffnung mangels Masse abgelehnt wird,

b) in den Anteil eines Gesellschafters die Zwangsvollstreckung betrieben und nicht binnen zwei Monaten nach Aufforderung an den Gesellschafter, spätestens bis zur Verwertung des Anteils, aufgehoben wird,

c) ein Gesellschafter gegen eine sich aus dem Gesellschaftsverhältnis ergebende Verpflichtung verstößt und den Verstoß trotz Abmahnung nicht unverzüglich abstellt,

d) ein Gesellschafter über seinen Anteil unter Verstoß gegen § 10 zu verfügen versucht,

e) ein Gesellschafter den Gesellschaftsvertrag kündigt oder Auflösungsklage erhebt.

(3) Die Gesellschaft wird von den übrigen Gesellschaftern fortgeführt. Ist der Ausgeschlossene der alleinige Komplementär, gilt § 11 Abs. 4.

(4) Die Abfindung nach § 13 ist im Fall des Ausschlusses von der Gesellschaft, im Fall der Übertragung vom Erwerber zu zahlen. Die Wirksamkeit von Ausschluss und Übertragung ist nicht von einer etwaigen Zug um Zug zu erbringenden Gegenleistung abhängig. Sicherheitsleistung kann nicht verlangt werden.

in proportion to their partnership interest or the transfer of its partnership interest to a third party in the event that it shall have given rise to a good cause as defined in § 133 of the German Code of Commerce. To that extent, the relevant Partner shall have no voting rights. The excluded Partner shall withdraw from the Partnership upon receipt of the resolution.

(2) The following shall (without limitation) be regarded as good cause:

a) The assets of a Partner shall become part of insolvency proceedings or a petition to open insolvency proceeding shall have been dismissed due to the lack of assets.

b) The partnership interest of a Partner shall become subject to execution proceedings and such proceedings shall not have been discontinued within one month (although the Partners had requested the same), but no later than until sale of the partnership interest.

c) A Partner shall violate his obligations under the Partnership and shall continue such violation despite receiving a warning notice.

d) A Partner shall attempt to dispose of his partnership interest in violation of § 10 above.

e) A Partner shall serve notice of termination of the Partnership Agreement or shall start legal action to dissolution of the Partnership.

(3) The Partnership shall be continued between the remaining Partners. § 11 (4) shall apply if the Partner shall be the sole General Partner.

(4) Any settlement payment in accordance with § 13 below shall be made by the Partnership in case of exclusion and by the acquiring party in case of a transfer. The effectiveness of the exclusion and transfer shall not be contingent upon payment of a consideration in return therefor. The provision of a security deposit may not be claimed.

§ 13 Abfindung	§ 13 Settlement Payment
(1) Ein ausscheidender Gesellschafter erhält eine Abfindung in Höhe des seinem Kapitalanteil entsprechenden anteiligen Substanzwerts, höchstens aber des anteiligen Ertragswerts des Unternehmens zum Zeitpunkt seines Ausscheidens.	(1) A withdrawing Partner shall receive a settlement payment equal to the net asset value according to its Partnership interest but in any event no more than the pro rata capitalised value of the entity at the time of its withdrawal.
(2) Zur Ermittlung des Substanzwerts ist von den steuerlichen Beratern der Gesellschaft eine Stichtagsbilanz auf den Zeitpunkt des Ausscheidens zu erstellen, in der sämtliche Wirtschaftsgüter des Unternehmens einschließlich der immateriellen Einzelwirtschaftsgüter und ausschließlich des Geschäftswerts mit dem Verkehrswert anzusetzen sind. Am Gewinn und Verlust aus zu diesem Zeitpunkt schwebenden Geschäften nimmt der ausscheidende Gesellschafter nicht teil.	(2) For the purposes of calculating the net asset value the tax advisors of the Partnership shall prepare a settlement balance sheet as at the date of the withdrawal in which all assets of the Partnership including the intangible assets but excluding the goodwill shall be appraised at the fair market value. The withdrawing Partner shall not participate in any profit or loss arising from transactions that are pending at such date.
(3) Der Unternehmenswert ist nach der Methode zu bestimmen, die das Institut der Wirtschaftsprüfer der Stadt ...... zum Zeitpunkt des Ausscheidens zur Ermittlung des Ertragswertes jeweils empfiehlt.	(3) The capitalised value shall be determined through the method that the Institute of Accountants of the City of ...... shall recommend at the date of the withdrawal.
(4) Die nach den Abs. 2 und 3 ermittelte Abfindung bleibt auch dann maßgeblich, wenn sich auf Grund von steuerlichen Außenprüfungen oder durch anderweitig veranlasste Änderungen der Veranlagung die Ermittlungsgrundlagen nachträglich verändern.	(4) The settlement payment calculated according to subclauses 2 and 3 above shall also remain relevant if the valuation basis shall be subsequently changed as a result of a tax authority audit or changes caused otherwise.
(5) Besteht Streit über die Höhe der Abfindung, entscheidet hierüber ein von der Gesellschaft und dem ausscheidenden Gesellschafter gemeinsam benannter Schiedsgutachter, der Wirtschaftsprüfer oder Wirtschaftsprüfungsgesellschafter sein muss. Kommt eine Einigung über dessen Benennung nicht zustande, ist er auf Antrag jeder der Parteien durch die Wirtschaftsprüferkammer zu bestimmen. Der Schiedsgutachter setzt die Höhe der Abfindung verbindlich fest. Die Kosten für den Schiedsgutachter trägt der ausscheidende Gesellschafter.	(5) Any dispute on the amount of the settlement payment shall be subject to decision by way of arbitrary opinion of an individual who shall be appointed by the parties hereto and shall be an auditor or an accounting firm. If no agreement on the appointment shall be achieved, then it shall upon demand of either party be appointed through the Chamber of Auditors. The arbitrator shall conclusively determine the amount of settlement payment. The withdrawing Partner shall bear the costs of the arbitrator.

(6) Auf den Zeitpunkt des Ausscheidens ist der Saldo der für den ausscheidenden Gesellschafter geführten Verlustvortrags-, Rücklagen- und laufenden Konten zu ermitteln. Ein positiver Saldo ist der Abfindung zuzurechnen; ein negativer Saldo ist mit ihr zu verrechnen.

(7) Die Abfindung ist ab dem Tag des Ausscheidens mit ......% über dem jeweiligen Leitzins der EZB (Europäische Zentralbank) p.a. zu verzinsen und in drei gleichen Jahresraten zu zahlen. Die erste Rate ist zahlbar 6 (sechs) Monate nach dem Zeitpunkt des Ausscheidens der folgenden Raten jeweils zum 1.1. der Folgejahre. Die Gesellschaft ist berechtigt, die Abfindung ganz oder teilweise früher zu zahlen; zur Sicherheitsleistung ist sie nicht verpflichtet.

(8) Sollte im Einzelfall rechtskräftig festgestellt werden, dass die Abfindungsregelung rechtsunwirksam oder unzumutbar ist, so ist die niedrigste noch zulässige Abfindung zu gewähren.

§ 14 Nachfolge von Todes wegen

(1) Stirbt ein Kommanditist und sind mehrere Erben vorhanden, ist ihnen die Ausübung der Gesellschafterrechte nur durch einen gemeinsamen Bevollmächtigten gestattet. Der Bevollmächtigte ist der Gesellschaft von sämtlichen Erben gemeinsam zu benennen; bis dahin ruht deren Stimmrecht.

(2) Stirbt ein Komplementär, so wird die Gesellschaft mit dem von ihm zu Lebzeiten durch schriftliche Erklärung gegenüber der Gesellschaft oder durch Verfügung von Todes wegen bestimmten Erben fortgesetzt. Eine Fortsetzung der Gesellschaft mit ...... ist ausgeschlossen. Eine Abfindung an etwaige sonstige Erben wird nicht gezahlt.

(6) Effective as at the date of withdrawal, the balance of the loss carry forward account, the reserve account and the current account of the withdrawing Partner shall be calculated. Any credit balance shall be added to the settlement payment; any debit balance shall be deducted therefrom.

(7) The settlement amount shall carry interest that shall start at the date of the withdrawal and shall be at an annual rate of ......% above the base rate of the European Federal Reserve Bank. It shall be payable in three equal annual instalments. The first instalment shall be payable in 6 (six) months after the withdrawal date; the following instalments shall be payable as at the 1st of January of the following years. The Partnership shall be free to pay the settlement amount or parts thereof at an earlier date. It shall not be required to provide a security deposit.

(8) If, in a particular case, it shall be conclusively determined that this settlement provisions shall be invalid or improper, then the lowest permissible settlement amount shall be paid.

§ 14 Succession upon Decease

(1) In the case of decease of a Limited Partner where several successors shall exist any Partner's rights may only be exercised through a jointly appointed representative. The representative shall be named towards the Partnership by all successors jointly; until such date, the voting rights shall be suspended.

(2) In case of decease of a General Partner the Partnership shall be continued with the successors that shall have been appointed inter vivos in writing or through testamentary disposition. Any continuation of the Partnership with ...... shall be excluded. Any other successors shall not receive a settlement payment.

(3) Die übrigen Gesellschafter können innerhalb eines Monats, nachdem der Letzte von ihnen von dem Erbfall und der Person des gem. Abs. 2 bestimmten Erben Kenntnis erhalten hat, durch einstimmig zu fassenden Gesellschafterbeschluss die Fortsetzung der Gesellschaft mit dem betreffenden Erben verweigern, wenn dieser nach Alter, Ausbildung oder Erfahrung für die Komplementärstellung nicht geeignet ist. Wird ein solcher Beschluss gefasst, ist er von allen Gesellschaftern zu unterzeichnen und dem betreffenden Erben sowie …… unverzüglich in Kopie zuzusenden.

(4) …… ist innerhalb eines Monats ab Zugang der Niederschrift gem. Abs. 3 mit Wirkung auf den Todestag des verstorbenen Gesellschafters berechtigt, statt des betreffenden Erben den Anteil des verstorbenen Gesellschafters durch schriftliche Erklärung gegenüber allen Gesellschaftern zu übernehmen. Bis zu der Übernahmeerklärung, spätestens bis zum Ablauf der Frist, halten die übrigen Gesellschafter den Anteil treuhänderisch. Wird die Übernahmeerklärung fristgerecht abgegeben, ist der Anteil des verstorbenen Gesellschafters unentgeltlich auf …… zu übertragen. Dieser hat die Abfindung gem. § 13 an die Erben des verstorbenen Gesellschafters zu zahlen.

(5) Ist die Bestimmung eines Erben gem. Abs. 2 unterblieben oder übt …… das Übernahmerecht gem. Abs. 4 nicht aus, wird die Gesellschaft ohne die Erben des verstorbenen Gesellschafters von den verbliebenen Gesellschaftern fortgesetzt; die Gesellschaft hat die Abfindung gem. § 13 zu zahlen. War der verstorbene Gesellschafter der einzige Komplementär, gilt § 11 Abs. 4 mit der Maßgabe, dass die darin bestimmte Frist nicht ab Ausscheiden, sondern ab Ablauf der Frist gem. Abs. 4 gilt.

(3) The other Partners may refuse the continuation with the relevant successor by way of unanimous Partner resolution that shall be adopted within a period of one month after the last Partner shall have learned of the decease and the individual that has been designated according to subclause 2 above. This shall apply only if, based on age, education or experience the successor shall not be suitable as General Partner. If such resolution shall be adopted, then all Partners shall sign the same and a copy thereof shall be immediately sent to the relevant successor and ……

(4) …… shall within a period of one month after receipt of the document according to subclause 3 above be entitled to assume the Partnership interest of the deceased Partner in lieu of the relevant successor by way of written notice towards all Partners. This shall be effective as at the date of the decease of the Partner. The remaining Partners shall hold the partnership interest in trust until such notice of assumption but no longer than the expiry of the above referenced deadline. If the notice of assumption shall have been served in a timely manner, then the partnership interest of the deceased Partner shall be transferred free of charge to …… who shall pay the settlement amount according to § 13 to the successors of the deceased Partner.

(5) If no designation of a successor according to subclause 2 shall have been made or if …… shall fail to exercise the right to take over according to subclause 4 above, then the Partnership shall be continued among the remaining Partners without the successors of the deceased Partner. The Partnership shall then pay the settlement amount according to § 13 above. If the deceased Partner shall have been the sole General Partner, then § 11 (4) shall apply provided that the timeline set out therein shall not start at the withdrawal date

but at the date of expiry of the timeline set out in subclause 4 above.

(6) Vermächtnisnehmer stehen Erben gleich.

(6) Legacies shall be treated equal to successors.

§ 15 Handelsregistervollmacht

§ 15 Authority for Trade Register

Jeder Kommanditist ist verpflichtet, den Komplementären eine öffentlich beglaubigte Vollmacht dafür zu erteilen, ihn in Angelegenheiten, die die Gesellschaft betreffen, gegenüber dem Handelsregister zu vertreten, mit Ausnahme der Anmeldungen seines Ausscheidens aus der Gesellschaft oder der Veränderung seiner Kommanditeinlage.

Each Limited Partner shall grant an officially certified power of attorney to the General Partners which shall allow a representation towards the trade register in all matters pertaining to the Partnership except the filing of a withdrawal from the Partnership or any change in the partnership interest of a Limited Partner.

§ 16 Geschäftsjahr/ Bekanntmachungen

§ 16 Fiscal Year/Publications

(1) Geschäftsjahr ist das Kalenderjahr. Das erste Geschäftsjahr ist ein Rumpfgeschäftsjahr; es endet am 31. 12. des Jahrs, in dem die Gesellschaft in das Handelsregister eingetragen worden ist.

(1) The fiscal year shall equal the calendar year. The first fiscal year shall be a short fiscal year; it shall end on the 31 December of the year in which the partnership shall have been registered with the trade register.

(2) Bekanntmachungen der Gesellschaft erfolgen im Bundesanzeiger.

(2) All publications of the Partnership shall be made in the Federal Gazette.

§ 17 Teilunwirksamkeit/ Vertragsänderungen

§ 17 Partial Invalidity/ Change of Agreement

(1) Sollte eine Bestimmung dieses Gesellschaftsvertrags oder eine künftig in ihn aufgenommene Bestimmung ganz oder teilweise unwirksam oder undurchführbar sein oder die Wirksamkeit oder Durchführbarkeit später verlieren oder sollte sich im Gesellschaftsvertrag eine Lücke herausstellen, soll hierdurch die Gültigkeit der übrigen Bestimmungen nicht berührt werden. Anstelle der unwirksamen oder undurchführbaren Bestimmung oder zur Ausfüllung der Lücke gilt eine angemessene Regelung, die, soweit rechtlich zulässig, dem am nächsten kommt, was die Vertragsschließenden gewollt haben oder nach dem Sinn und Zweck des Vertrags gewollt hätten, falls sie den Punkt bedacht hätten.

(1) If any provision of this Partnership Agreement or any future provision added to it (or parts of any such provisions) shall be invalid or incapable of implementation, or shall subsequently loose its validity or the capability of implementation, or if any gap shall occur, then this shall not affect the validity of the other provisions. In lieu of the invalid provision or the provision incapable of implementation or for the purposes of closing the gap, such reasonable provision shall apply which, to the extent permitted by law, shall most closely reflect the intention of the parties to this Agreement or which they would have intended to choose in accordance with the purpose of this Agreement, had they given their attention to such point.

(2) Beruht die Unwirksamkeit oder Undurchführbarkeit einer Bestimmung auf einem darin festgelegten Maß der Leistung oder der Zeit (Frist oder Termin), ist mit einfacher Mehrheit der abgegebenen Stimmen das der Bestimmung am nächsten kommende rechtlich zulässige Maß zu vereinbaren.

(3) Alle das Gesellschaftsverhältnis betreffenden Vereinbarungen zwischen Gesellschaftern oder zwischen Gesellschaft und Gesellschaftern bedürfen zu ihrer Wirksamkeit der Schriftform, soweit sie nicht eines Gesellschafterbeschlusses oder notarieller Beurkundung bedürfen. Das gilt auch für einen etwaigen Verzicht auf das Erfordernis der Schriftform.

§ 18 Gerichtsstand

Gerichtsstand für alle auf dem Gesellschaftsverhältnis beruhenden Auseinandersetzungen der Gesellschafter miteinander und mit der Gesellschaft ist der Sitz der Gesellschaft.

(2) If the invalidity or the inability to implementation of a provision shall arise from any amount or time (deadline or date) set out therein, the parties shall through simple majority decision agree on such amount that is permitted by law and is as close as possible to the amount set out in such provision.

(3) All agreements referring to the relationship among the Partners or between the Partnership and the Partners shall require written form for its validity as far as no partner resolution or notarial form is required. This shall also apply to a possible waiver of the written form requirement.

§ 18 Venue Clause

The venue for all disputes among the Partners and for disputes arising from the Partnership shall be at the registered office of the Partnership.

4. GmbH-Gesellschaftsvertrag[1]

§ 1 Firma und Sitz

(1) Die Gesellschaft hat die Firma ...... GmbH.

(2) Der Sitz der Gesellschaft ist ......

§ 2 Gegenstand des Unternehmens

(1) Gegenstand des Unternehmens ist ......

(2) Die Gesellschaft darf alle Geschäfte und Handlungen vornehmen, die dem Gesellschaftszweck unmittelbar oder mittelbar zu dienen geeignet sind.

§ 3 Stammkapital/Stammeinlagen

(1) Das Stammkapital der Gesellschaft beträgt ...... €.

(2) Von diesem Betrag zeichnet
...... („Gesellschafter I") eine Stammeinlage in Höhe von ...... €
und
...... („Gesellschafter II") eine Stammeinlage in Höhe von ...... €.

(3) Der Gesellschafter I zahlt auf seine Stammeinlage ......% unverzüglich ein, den Rest nach Anforderung durch die Geschäftsführung.

(4) Die von dem Gesellschafter II übernommene Stammeinlage ist durch Einbringung der aus der Anlage er-

4. Shareholder Agreement for Limited Liability Company

§ 1 Company Name; Registered Office

(1) The Company shall have the name ...... GmbH.

(2) The registered Office of the Company shall be ......

§ 2 The Corporate Purpose

(1) The corporate purpose of the Company is ......

(2) The Company may conduct all business and perform all acts that may directly or indirectly serve the corporate purpose.

§ 3 Share Capital/Contributions

(1) The stated share capital of the Company shall be ...... €.

(2) Of such amount
...... ("Shareholder I") shall subscribe to a share of ...... €
and
...... ("Shareholder II") shall subscribe to a share of ...... €.

(3) Shareholder I shall pay in a cash amount of ......% of the share immediately; the balance shall fall due upon demand of the general management.[2]

(4) Shareholder II shall contribute its share subscribed through contribution of the assets specified in the Annex

---

[1] Das MoMiG, das voraussichtlich am 1. November 2008 in Kraft treten wird, sieht zwar keinen (beurkundungsfreien) Mustergesellschaftsvertrag vor; es wird aber für die Gründung einer GmbH ein gesetzliches **Musterprotokoll** angeboten, das freilich der notariellen Beurkundung bedarf. Das Musterprotokoll fasst die bisher vorgesehenen drei Dokumente (Gesellschaftsvertrag, Beschluss über die Geschäftsführerbestellung und Gesellschafterliste in einem Dokument zusammen (siehe dazu die §§ 1 bis 3, sowie § 7 und § 18 des nachfolgenden GmbH-Vertrages). Voraussetzung für die Verwendung des Musterprotokolls ist stets, dass an dem Mustertext keine Veränderungen und Ergänzungen vorgenommen werden. Das Protokoll ist für eine GmbH mit maximal drei Gesellschaftern und einem Geschäftsführer konzipiert.

[2] *Directors* ist ebenfalls gebräuchlich.

sichtlichen Gegenstände mit dem auf € …… festgesetzten Wert zu erbringen. Bleibt dieser bei Eingang der Anmeldung der Gesellschaft beim Handelsregister hinter dem Betrag der Stammeinlage zurück, hat der Übernehmer in Höhe des Fehlbetrags eine Einlage in Geld zu leisten; ein höherer Wert wird ihm vergütet.

hereto the value of which has been fixed at …… €. If, at the time at which the local court shall receive the application of the Company, such amount should be lower than the nominal share capital, then the subscriber shall pay in the difference in cash; any excess amount shall be refunded.

§ 4 Verfügungen über Geschäfts-anteile/Nachfolge von Todes wegen

§ 4 Disposal of the Shares; Succession upon Decease

(1) Verfügungen unter Lebenden über Geschäftsanteile oder Teile davon bedürfen zu ihrer Wirksamkeit der Zustimmung der Gesellschafter mit mindestens drei Vierteln der abgegebenen Stimmen. Das gilt auch für die Einräumung von Unterbeteiligungen, Übertragungen im Rahmen von Umwandlungen nach dem Umwandlungsgesetz und die Begründung von Rechtsverhältnissen, auf Grund derer ein Gesellschafter seinen Anteil ganz oder teilweise als Treuhänder eines anderen hält oder die Ausübung seiner Gesellschafterrechte an die Zustimmung eines anderen bindet, falls dieser nicht selbst Gesellschafter ist, nicht jedoch bei Übertragung auf eine Gesellschaft, an der der verfügende Gesellschafter mehrheitlich beteiligt ist. Geht ein Gesellschafter durch eine Aufspaltung unter, haben die übrigen Gesellschafter das Recht, mit einer Mehrheit von mindestens drei Vierteln der Stimmen zu bestimmen, auf welchen der übernehmenden Rechtsträger der Anteil übergeht.

(1) Any disposal inter vivos of the shares or parts thereof shall not be valid unless the same has been approved by the shareholders with a minimum of ¾ of the votes cast. This shall also apply to the grant of sub-participation, to a transfer within a transformation according to the German Transformation Act and the creation of legal relationships based on which a shareholder shall hold his shareholding or parts thereof as a trustee of another shareholder, or shall tie the exercise of voting rights to the approval of another individual unless such individual shall be a shareholder himself; however, this shall not apply to a transfer to another company where the disposing shareholder owns the majority of shares. If, as a result of a division, a shareholder shall cease to exist, then the remaining shareholders shall determine through a majority of ¾ of the votes cast which of the acquiring party shall assume the shareholding.

(2) Ein Gesellschafter, der seinen Geschäftsanteil zu veräußern beabsichtigt, ist verpflichtet, ihn zuvor den anderen Gesellschaftern in notarieller Form zum Erwerb anzubieten. Diese können das Angebot innerhalb eines Monats ab Zugang im Verhältnis ihrer Beteiligung am Stammkapital annehmen. Soweit ein Erwerbsberechtigter von seinem

(2) A shareholder intending to dispose of its shareholding shall offer such share in notarial form to the other shareholders first. They may accept such offer within a period of one month after receipt of the offer in proportion to their shareholding. As far as any individual entitled to acquire (the shares)[3] shall not exercise its purchase

---

[3] Die Klammer dient der sprachlichen Verdeutlichung.

Erwerbsrecht nicht oder nicht fristgerecht Gebrauch macht, steht es wiederum binnen Monatsfrist den übrigen Gesellschaftern im Verhältnis ihrer Beteiligung am Stammkapital zu, nachdem der die Veräußerung beabsichtigende Gesellschafter ihnen die Nichtausübung mitgeteilt hat. Die Anteile sind auf volle € 100 nach unten abzurunden, und kein Anteil darf sich auf weniger als € 500 belaufen. Dadurch verbleibende Spitzenbeträge stehen dem zu, der das Erwerbsrecht als erster ausgeübt hat.

(3) Wird das Erwerbsrecht nicht oder nur zum Teil ausgeübt, ist der Gesellschafter berechtigt, den Geschäftsanteil abweichend von Abs. 1 ohne Zustimmung der Gesellschafter zu veräußern. Jedoch steht den anderen Gesellschaftern im Verhältnis ihrer Beteiligung am Stammkapital ein Vorkaufsrecht zu, falls der Kaufpreis niedriger ist als der nach Abs. 2 geforderte. Abs. 2 Satz 3 ff. gelten entsprechend.

(4) Der Verkäufer hat unverzüglich sämtlichen Vorkaufsberechtigten eine vollständige beglaubigte Abschrift des mit dem Käufer abgeschlossenen Vertrags zu übersenden. Das Vorkaufsrecht kann nur innerhalb eines Monats seit dessen Zugang und nur durch schriftliche Erklärung gegenüber dem Verkäufer ausgeübt werden. Geht ein Anteil durch Umwandlung nach dem Umwandlungsgesetz oder durch Einbringung oder Anwachsung auf einen Dritten über, ist den anderen Gesellschaftern im Verhältnis ihrer Beteiligung das Recht an dem/den Gesellschaftsanteil/en des übertragenden Gesellschafters oder des mit ihm im Sinne des § 15 AktG verbundenen Unternehmens einzuräumen, das ihnen an dem übergegangenen Anteil zustand. Die Nichteinräumung dieses Rechts binnen

rights or shall fail to exercise such right in a timely manner, then the remaining shareholders shall again have such acquisition right in proportion to their shareholding. This shall be exercised within one month after the shareholder intending to dispose has notified them on the abstention to exercise the purchase option. The shares shall be rounded to 100 € upwards or downwards (as applicable) and no share shall be lower than 500 €. Any excess amounts that shall remain thereafter shall be due to such individual that shall exercise the purchase option first.

(3) If the purchase option shall not have been exercised or exercised in parts only then the shareholder may, as opposed to subclause 1 above, dispose of the shareholding without consent of the shareholders. However, the other shareholders shall have a right of first refusal to such shareholding in proportion to their shareholding, if the purchase price shall be lower than the price quoted under subclause 2 above. Subclause 2, sentences 3 *et seq.* shall apply accordingly.

(4) The seller shall immediately provide the beneficiaries of the right of first refusal[4] with a complete certified copy of the agreement concluded with the purchaser. The pre-emption right may only be exercised within one month after its receipt and only through written notice to the seller. If the shareholding shall transfer to a third party as a result of a transformation according to the German Transformation Act or through a contribution or accretion, then the other shareholders shall be awarded in proportion to their shareholding such right in relation to the share(s) held by the new owner that the transferring shareholder (or an affiliated company in terms of § 15 of the German Stock Corporation Act) enjoyed under the transferred shareholding. Any failure to award such rights within three months

---

[4] *Pre-Emption Right* ist ebenfalls gebräuchlich.

einer Frist von drei Monaten ab dem Übergang rechtfertigt den Beschluss nach § 6.

(5) Die Geschäftsanteile sind frei vererblich.

(6) Mehrere Nachfolger können die Gesellschafterrechte nur durch einen gemeinsamen Bevollmächtigten ausüben, der entweder Gesellschafter oder Angehöriger der rechts- oder steuerberatenden oder wirtschaftsprüfenden Berufe sein muss. Auch die Vertretung durch einen Testamentsvollstrecker ist zulässig, wenn er Angehöriger der vorgenannten Berufsgruppen ist. Bis zur Bestellung eines Bevollmächtigten ruhen die Gesellschafterrechte mit Ausnahme des Gewinnbezugsrechts.

§ 5 Wettbewerbsverbot/ Schweigepflicht

(1) Kein Gesellschafter darf während seiner Zugehörigkeit und zwei Jahre nach seinem Ausscheiden mit der Gesellschaft unmittelbar oder mittelbar in Wettbewerb treten.

(2) Wettbewerb ist jede selbstständige oder unselbstständige Tätigkeit im örtlichen und sachlichen Tätigkeitsbereich der Gesellschaft.

(3) Verletzt ein Gesellschafter das Wettbewerbsverbot, so hat er für jeden Fall der Zuwiderhandlung € ...... als Vertragsstrafe an die Gesellschaft zu zahlen. Bei fortgesetzter Zuwiderhandlung gelten je zwei Wochen des Verstoßes gegen das Wettbewerbsverbot als eine Zuwiderhandlung. Das Recht der Gesellschaft, Unterlassung und Schadensersatz zu verlangen, wird hierdurch nicht berührt, doch wird die Vertragsstrafe auf den Schadensersatz angerechnet.

(4) Die Gesellschafter können durch Beschluss ganz oder teilweise vom Wettbewerbsverbot befreien, wenn in einem gesonderten Vertrag im Voraus eine klare und eindeutige Aufgabenabgren-

after transfer shall justify a resolution according to § 6 hereof.

(5) The shares shall be freely inheritable.

(6) Several successors may exercise the shareholder's rights only through a joint representative who shall be either a shareholder or shall be legal advisor, tax advisor or accountant. Also, the representation through an executor having one of the above professions shall be permitted. All shareholder rights except the profit participation rights shall remain suspended until a representative be shall have been appointed.

§ 5 Restrictive Covenant/Secrecy

(1) No shareholder may during the time of its shareholding and two years after withdrawal from the Company directly or indirectly engage in competitive activities.

(2) Competitive activities shall be each self-employed or employed activity in the geographical or business scope of the Company.

(3) If a shareholder shall be in breach of the restrictive covenant, then it shall pay to the Company as a penalty ...... € per infringement. In case of continuous infringement the duration of every two weeks of infringement of the restrictive covenant shall be regarded as one infringement. The Company reserves its right to claim cease and desist and/or damage compensation; however, any penalty shall be deducted from the damage compensation.

(4) The shareholders may through a resolution grant a full or partial release from the restrictive covenant if, in a separate agreement, a clear and unequivocal allocation of responsibilities

zung zwischen Gesellschaft und befreitem Gesellschafter vereinbart wird.

(5) Jeder Gesellschafter ist verpflichtet, über vertrauliche Angelegenheiten, die ihm in seiner Eigenschaft als Gesellschafter im Rahmen seiner Tätigkeit für die Gesellschaft zur Kenntnis gelangen, insbesondere über die Bilanzen sowie die Verhandlungen und Beschlüsse der Gesellschafter Dritten gegenüber Stillschweigen zu bewahren. Diese Verpflichtung besteht auch nach seinem Ausscheiden fort. Die Schweigepflicht gilt nicht für die Vorlage von Bilanzen der Gesellschaft bei Banken. Außerdem darf jeder Gesellschafter vertrauliche Angelegenheiten Angehörigen eines zur Berufsverschwiegenheit verpflichteten rechts-, wirtschafts- oder steuerberatenden Berufs anvertrauen, wenn und soweit dies zur Wahrung seiner eigenen berechtigten Interessen erforderlich ist. Weitere Ausnahmen von der Schweigepflicht können im Einzelfall durch Gesellschafterbeschluss zugelassen werden.

§ 6 Einziehung/ Zwangsübertragung

(1) Die Einziehung ist zulässig.

(2) Die Gesellschafterversammlung kann die Einziehung eines Geschäftsanteils oder seine Übertragung auf die Gesellschaft oder, soweit sie zur Übernahme bereit sind, auf die übrigen Gesellschafter im Verhältnis ihrer Kapitalanteile beschließen, wenn ein Gesellschafter aus wichtigem Grund, insbesondere wegen Verletzung von Verpflichtungen aus diesem Gesellschaftsvertrag, aus der Gesellschaft ausgeschlossen werden kann oder seinen Austritt erklärt. Dem Betroffenen steht dabei kein Stimmrecht zu. Die Übertragung wird mit Protokollierung des Beschlusses wirksam.

(3) Ein wichtiger Grund ist es insbesondere, wenn

a) in den Geschäftsanteil eines Gesellschafters die Zwangsvollstreckung

between the Company and the released shareholder is agreed in advance.

(5) Each shareholder shall keep strictly confidential towards third parties all confidential matters that it shall learn in its capacity as shareholder during its work for the Company, in particular in relation to the balance sheets and negotiations and resolutions of the shareholders. Such obligation shall survive its withdrawal. The duty of confidentiality shall not apply to the submission of the balance sheet of the Company to banks. Moreover, each shareholder may disclose confidential issues to any individual engaged in the profession of attorney, tax advisor or accountant if and to the extent this shall be necessary to protect his own equitable interest. Further releases from the duty of confidentiality may be permitted through shareholder resolution.

§ 6 Redemption/Compulsory Transfer

(1) Redemption shall be permitted.

(2) The shareholders' meeting may vote on a redemption of a share or transfer the same to the Company or to the remaining shareholders (willing to take over the same) in proportion to their shareholding if a shareholder may be expelled for good cause, in particular as a result of a breach of this Shareholder Agreement or if it shall give notice of withdrawal for good cause. In such event the relevant shareholder shall have no voting rights. The transfer shall become conclusive upon recording of the resolution.

(3) The following shall (without limitation) be regarded as good cause:

a) The share of a shareholder shall become the subject to execution pro-

betrieben und nicht innerhalb eines Monats nach entsprechender Zahlungsaufforderung, spätestens bis zur Verwertung des Geschäftsanteils, aufgehoben wird,

b) über das Vermögen eines Gesellschafters ein Insolvenzverfahren eröffnet oder die Eröffnung mangels Masse abgelehnt wird,

c) der Gesellschafter die Gesellschaft kündigt oder aus wichtigem Grund seinen Austritt aus der Gesellschaft erklärt,

d) der Gesellschafter seinen Geschäftsanteil ganz oder teilweise unter Verletzung des § 4 Abs. 1 ohne die Zustimmung der übrigen Gesellschafter veräußert oder verpfändet,

e) mindestens 50% der Anteile an einem Gesellschafter direkt oder indirekt in andere Hände gelangen, es sei denn, die neuen Gesellschafter sind Ehegatten oder Abkömmlinge der bisherigen Anteilseigner dieses Gesellschafters, oder der Gesellschafter wird ohne Änderung der wirtschaftlichen Struktur, insbesondere der Beteiligungsverhältnisse, nur rechtlich umgewandelt,

f) ein Gesellschafter gegen eine Verpflichtung aus dem Gesellschaftsverhältnis verstößt und den Verstoß trotz Abmahnung nicht unverzüglich abstellt.

(4) Für den Geschäftsanteil ist die in diesem Vertrag bestimmte Abfindung zu zahlen, bei Einziehung von der Gesellschaft, bei Übertragung vom Erwerber. Stichtag für die Auseinandersetzungsbilanz ist in diesem Fall der Tag, an dem die Erklärung über die Einziehung bzw. Übertragung seines Anteils dem Gesellschafter zugeht.

(5) Die Übertragung ist nicht von der Erbringung der Gegenleistung abhängig. Sicherheitsleistung kann nicht beansprucht werden.

ceedings and such proceedings shall not have been discontinued within of one month (although the shareholders had requested the same), but no later than until sale of the shareholding.

b) The assets of a shareholder shall become part of insolvency proceedings or a petition to open insolvency proceeding shall have been dismissed due to the lack of assets.

c) The shareholder shall serve notice of termination of the Company or shall declare its withdrawal for good cause.

d) The shareholder shall dispose of or pledge its shareholding or parts thereof in contravention to § 4 (1) above without approval of the other shareholders.

e) A minimum of 50% of the shares shall directly or indirectly fall into the hands of a third party unless the new shareholders shall be the spouse or descendants of the previous shareholder or it shall be legally transformed without change of the economic structure, in particular without change of the shareholding structure.

f) A shareholder shall violate its obligations under the shareholder relationship and shall continue such violation despite receiving a warning notice.

(4) The shareholding shall only be tranferred in exchange for a compensation payment in accordance with this Agreement which shall be payable by the Company in case of redemption and by the acquiring party in case of a transfer. In such case, the due date for the settlement accounts shall be the date at which the notice of redemption and/or transfer of the shareholding shall be received by the shareholder.

(5) The transfer shall not be contingent upon the payment of a consideration. The provision of a security deposit may not be claimed.

(6) Einziehung und Übertragung werden durch die Geschäftsführung erklärt.

(6) Redemption and transfer shall be declared through the general management.

§ 7 Geschäftsführung/Vertretung

§ 7 Management/Representation

(1) Die Gesellschaft hat einen oder mehrere Geschäftsführer.

(1) The Company shall have one or more directors.

(2) Ein Geschäftsführer vertritt die Gesellschaft allein, solange er einziger Geschäftsführer ist. Hat die Gesellschaft mehr als einen Geschäftsführer, wird sie entweder durch zwei Geschäftsführer oder durch einen Geschäftsführer mit einem Prokuristen vertreten.

(2) A director shall have sole power of representation[5] as long as it is the sole director. If the Company shall have more than one director, then it shall be represented through two directors or through a director in conjunction with a procurist holder.

(3) Alle oder einzelne Geschäftsführer können zur Alleinvertretung ermächtigt und/oder von den Beschränkungen des § 181 BGB befreit werden, und zwar auch der einzige Geschäftsführer, der allein oder mit der Gesellschaft alle Geschäftsanteile hält.

(3) All or individual directors may be awarded sole power of representation and/or be relieved from the restrictions of § 181 of the German Civil Code. This shall also apply to any sole director who shall hold all shares alone or together with the Company.

(4) Die Geschäftsführer sind ermächtigt, für die Gesellschaft bis zu ihrer Eintragung im Handelsregister (Vorgesellschaft) zu handeln, sofern das Vermögen der Gesellschaft dadurch nicht unter den Betrag des Stammkapitals gemindert wird.

(4) The directors shall be entitled to act on behalf of the Company until its registration with the trade register (company prior to registration), as long as the assets of the Company shall not be decreased below the level of the stated share capital.

(5) Der Zustimmung der Gesellschafterversammlung bedürfen

(5) The following shall be subject to approval of the shareholders' meeting:

a) Erwerb von Grundstücken, Grundstücksrechten und Verfügungen darüber sowie entsprechende Verpflichtungsgeschäfte,
b) Errichtung und Aufhebung von Zweigniederlassungen,
c) Erwerb und Veräußerung von Beteiligungen,
d) Abschluss von Anstellungsverträgen, in denen eine Gewinnbeteiligung oder Altersversorgung zugesagt werden soll,
e) Übernahme von Bürgschaften oder ähnlichen Haftungen für Dritte,

f) Kreditaufnahme und -gewährung von mehr als € ...... im Einzelfall

a) The acquisition of real estate, real estate rights and disposals thereof and corresponding commitments.
b) The establishment and closure branches.
c) The acquisition and disposal of shareholdings.
d) The conclusion of employment agreements where profit participation or a retirement scheme shall be committed to.
e) The assumption of a surety or similar liabilities for the benefit of third parties.
f) The raise and grant of a loan of more than ...... € per single transaction

---

[5] Auch der Ausdruck *signature power* ist gebäuchlich.

außerhalb des Kunden- bzw. Lieferantenkontokorrents,

g) alle Geschäfte und Handlungen, die der Betrieb der Gesellschaft nicht gewöhnlich mit sich bringt.

Die Gesellschafterversammlung kann durch Einzelanweisung oder Geschäftsordnung weitere Geschäfte von ihrer vorherigen Zustimmung abhängig machen.

(6) Die Regelung des § 5 gilt für den Geschäftsführer während der Dauer des Anstellungsverhältnisses sinngemäß.

§ 8 Jahresabschluss/ Ergebnisverwendung

(1) Der Jahresabschluss ist von den Geschäftsführern nach den handelsrechtlichen Vorschriften und innerhalb der Fristen, die nach dem HGB für große Kapitalgesellschaften gelten, aufzustellen. Bei der Aufstellung des Jahresabschlusses sind die steuerrechtlichen Vorschriften zu beachten, soweit dies handelsrechtlich zulässig ist.

(2) Der Jahresabschluss ist durch den gewählten Abschlussprüfer nach den Grundsätzen des HGB für große Kapitalgesellschaften zu prüfen.

(3) Unverzüglich nach Eingang des Prüfungsberichts hat die Geschäftsführung den Jahresabschluss und den Prüfungsbericht sowie den der Gesellschafterversammlung zu unterbreitenden Vorschlag über die Verwendung des Jahresergebnisses dem Aufsichtsrat und sodann mit dessen Stellungnahme der Gesellschafterversammlung zur Beschlussfassung vorzulegen.

(4) Mit der Einladung zur Gesellschafterversammlung, die über die Feststellung des Jahresabschlusses beschließt, sind jedem Gesellschafter Abschriften der in Abs. 3 genannten Unterlagen zu übersenden.

outside the customer or supplier current account.

g) All transactions or acts that shall go beyond the ordinary course of business.

The shareholders' meeting shall be free to make any other transactions subject to its approval through individual instruction or rules of procedure.

(6) § 5 shall apply by analogy to the director through the term of its employment relationship.

§ 8 Annual Report/Use of Profits

(1) The directors shall prepare the annual report in accordance with the statutory provisions of the German Code of Commerce within the deadlines that shall be applicable to large corporations pursuant to the German Code of Commerce. The preparation of the annual report shall reflect the tax provisions as far as permitted by the German Code of Commerce provisions.

(2) The annual report shall be audited though the chosen auditor in accordance with the principles of the German Code of Commerce applicable to large corporations.

(3) Immediately upon receipt of the auditor's report the management shall submit to the supervisory board and thereafter to the shareholders' meeting for comments and adoption of the annual report and the auditor's report together with the proposal on the use of profits that it intends to submit to the shareholder's meeting.

(4) Together with the invitation to the shareholder's meeting that shall vote on the adoption of the annual report, each shareholder shall receive a copy of the documents referred to in sub-clause 3 above.

(5) Für die Ergebnisverwendung gilt § 29 GmbHG.

(5) § 29 of the German Law on Limited Liability Companies shall apply to the use of profits.

§ 9 Verdeckte Gewinnausschüttung

§ 9 Constructive Dividends

(1) Die Geschäftsführer dürfen außerhalb eines den gesetzlichen Vorschriften entsprechenden Gewinnverteilungsbeschlusses zugunsten von Gesellschaftern oder ihnen nahe stehenden Personen oder Gesellschaften vertragsmäßig oder durch einseitige Handlung das Vermögen der Gesellschaft nicht mindern und seine Mehrung nicht verhindern.

(1) Save as within a resolution of the distribution of profits adopted in accordance with the provisions of statutory law, the directors may not diminish or prevent the increase of the Company's assets through agreement or unilateral action in favour of shareholders or close relatives of these or individuals or companies.

(2) Durch Verletzung dieser Bestimmung verursachte Vorteile, einschließlich der anrechenbaren Körperschaftsteuer, hat der Begünstigte der Gesellschaft zu erstatten. Ist er nicht Gesellschafter und kann Erstattung von ihm nicht beansprucht oder erlangt werden, so ist der ihm nahe stehende Gesellschafter zum Wertausgleich verpflichtet. Die Gesellschaft ist insoweit auch zur Aufrechnung gegen künftige Gewinnansprüche berechtigt.

(2) Any benefits caused through a violation of this provision including creditable corporation taxes shall be refunded to the Company by the beneficiary. If this shall not be a shareholder and if a refund cannot be claimed towards or achieved, then the shareholder being a close relative shall compensate the value. To that extent, the Company may set off such claims against future dividend claims.

(3) Gesellschafterbeschlüsse über die Verwendung des Gewinns eines Jahrs, in dem verdeckte Gewinnausschüttungen stattgefunden haben, sind nichtig, sofern sie in deren Unkenntnis gefasst worden sind. Über die Verwendung des Gewinns ist unter Berücksichtigung der verdeckten Gewinnausschüttung erneut Beschluss zu fassen.

(3) Shareholders' resolutions adopted on the distribution of annual profits where constructive dividends shall have been paid, shall be null and void if they shall have been adopted without knowledge thereof. The distribution of profits shall then be voted upon once again on consideration of the constructive dividend.

§ 10 Gesellschafterversammlungen

§ 10 Shareholders' Meetings

(1) Der Gesellschafterversammlung obliegt insbesondere die Beschlussfassung über die

(1) The shareholders' meeting shall have the right to vote on the following:

a) Feststellung des geprüften und testierten Jahresabschlusses und Verwendung des Jahresergebnisses,

a) The adoption on the audited and certified annual report and the use of the annual profits

b) Entlastung der Geschäftsführer und der Mitglieder des Aufsichtsrats,

b) The discharge of the directors and the members of the supervisory board

c) Wahl des Abschlussprüfers, der Wirtschaftsprüfer oder eine Wirtschaftsprüfungsgesellschaft sein soll,

d) Änderung des Gesellschaftsvertrags,

e) Zustimmung zur Verfügung über Gesellschaftsanteile,

f) Einziehung und Zwangsübertragung von Geschäftsanteilen,

g) Auflösung der Gesellschaft und

h) Maßnahmen, die über den gewöhnlichen Geschäftsbetrieb hinausgehen oder bei denen Rechte der Gesellschaft gegenüber den Geschäftsführern geltend zu machen sind.

(2) In jedem Geschäftsjahr findet spätestens zwei Monate nach Prüfung des Jahresabschlusses für das vorangegangene Geschäftsjahr eine ordentliche Gesellschafterversammlung statt, deren Tagesordnung mindestens die in Abs. 1 a), b) und c) genannten Punkte umfasst. Die Gesellschafterversammlung tritt außerdem zusammen, wenn nach diesem Vertrag oder nach den gesetzlichen Bestimmungen eine Beschlussfassung erforderlich wird oder auf Verlangen der Geschäftsführer oder von Gesellschaftern, die allein oder zusammen mindestens ein Zehntel des Stammkapitals vertreten oder wenn es sonst im Interesse der Gesellschaft erforderlich erscheint.

(3) Die Gesellschafterversammlungen finden am Sitz der Gesellschaft oder an einem anderen Ort statt, dem alle Gesellschafter zustimmen.

(4) Sofern nicht zwingend vorgeschrieben, bedarf es der Abhaltung einer Versammlung nicht, wenn sämtliche Gesellschafter der vorgeschlagenen Abstimmungsart oder dem Beschlussvorschlag zustimmen.

(5) Die Gesellschafterversammlung wird durch die Geschäftsführer durch Übergabe-Einschreiben an alle Gesellschafter unter Mitteilung der Tagesordnung einberufen, das mindestens zwei Wochen vor dem Tag der Gesellschafterversammlung zugegangen sein

c) The election on the auditor of the annual accounts who shall be an accountant or an accounting firm

d) The amendment of the shareholder agreement

e) The approval of a disposal of shares

f) The redemption and the compulsory transfer of shares

g) The dissolution of the Company and

h) Acts that go beyond the ordinary course of business or for which shareholders' rights will have to be exercised towards the directors.

(2) In every fiscal year there shall be held an ordinary shareholders' meeting no later than two months after the audit of the annual report of the preceding fiscal year which shall cover at least the topics set out in subclause 1 a), b) and c) above. Moreover, a shareholders' meeting shall be convened if a resolution should become necessary according to this Agreement or to statutory laws or upon demand of one or more shareholders representing a minimum shareholding of 10 percent or such meeting shall appear necessary in the interests of the Company.

(3) The shareholders' meetings shall take place at the registered office of the Company or any other place that the shareholders shall approve.

(4) As far as not mandatory, a shareholders' meeting shall not be necessary if all shareholders shall approve the suggested mode of voting or the proposed resolution itself.

(5) The shareholders' meeting shall be convened through the directors by way of hand-delivered registered mail to all shareholders specifying the agenda which shall be received by no later than two weeks before the date of the shareholders' meeting. The observance of the

muss. Mit Zustimmung aller Gesellschafter kann auf die Einhaltung von Form und Frist der Einberufung verzichtet werden.

(6) Jeder Gesellschafter kann sich in der Gesellschafterversammlung durch einen schriftlich bevollmächtigten Mitgesellschafter, leitenden Mitarbeiter seines Unternehmens oder Angehörigen eines gesetzlich zur Berufsverschwiegenheit verpflichteten rechts-, wirtschafts- oder steuerberatenden Berufs vertreten oder begleiten lassen.

(7) Den Vorsitz in der Gesellschafterversammlung führt der vor Eintritt in die Tagesordnung unter der Leitung des ältesten Gesellschafters/Gesellschaftervertreters gewählte Versammlungsleiter. Hat die Gesellschaft einen Aufsichtsrat, obliegt dessen Vorsitzendem die Versammlungsleitung. Der Versammlungsleiter stellt die Beschlussfähigkeit der Gesellschafterversammlung fest und entscheidet über die Art der Abstimmung, sofern die Gesellschafterversammlung nicht etwas anderes beschließt.

§ 11 Gesellschafterbeschlüsse

(1) Über die von den Gesellschaftern zu treffenden Bestimmungen werden Beschlüsse gefasst. Je € 100 eines Geschäftsanteils gewähren eine Stimme. Für Geschäftsanteile, die der Gesellschaft gehören, ruht das Stimmrecht.

(2) Beschlüsse kommen mit einfacher Mehrheit der abgegebenen Stimmen zustande, falls nicht das Gesetz oder die Satzung eine höhere Mehrheit vorschreiben. Beschlüsse gem. §§ 4, 5 und 6 bedürfen einer Mehrheit von mindestens drei Vierteln der abgegebenen Stimmen. Die einmalige Wiederholung der Abstimmung in derselben Gesellschafterversammlung ist zulässig.

(3) Die Gesellschafterversammlung ist beschlussfähig, wenn mindestens drei Viertel des stimmberechtigten Kapitals anwesend oder vertreten sind. Andern-

form and notice period for the convention may be waived with approval of all shareholders.

(6) Each shareholder may be represented or accompanied in the shareholder meeting by a co-shareholder, an executive of the Company or by a member of the professions of lawyers, accountants or tax advisors who shall be subject to professional confidentiality.

(7) The shareholders' meeting shall be under the chairmanship of the chairman of the meeting who shall be elected under the direction of the oldest shareholder/shareholder representative prior to commencing with the agenda. If the Company has a supervisory board, then its chairman shall lead the meeting. The chairman of the meeting shall confirm the quorum of the shareholder meeting and shall decide on the mode of voting unless the shareholder meeting shall resolve otherwise.

§ 11 Shareholder's Resolutions

(1) Regulations that shall be the responsibility of shareholders shall be adopted in resolutions. Each 100 € of shares shall represent one vote. The voting rights for those shares belonging to the Company, shall be suspended.

(2) Unless statutory law or the articles of association shall dictate a higher quorum, resolutions shall be adopted by simple majority of votes cast. Resolutions according to §§ 4, 5 and 6 shall require a majority of ¾ of the votes cast. A single repetition of the voting in the same shareholders' meeting shall be permissible.

(3) The shareholders´ meeting shall be quorate if a minimum of ¾ of the voting share capital shall be present or represented. Otherwise, a new share-

falls ist, wiederum mit einer Frist von zwei Wochen, eine neue Gesellschafterversammlung einzuberufen, die für die Gegenstände der Tagesordnung der Gesellschafterversammlung, in der sich die Beschlussunfähigkeit ergeben hat, ohne Rücksicht auf die vertretenen Stimmen beschlussfähig ist; hierauf ist bei der Einberufung hinzuweisen.

holders' meeting shall be convened again within two weeks that shall then be the proper quorum for the agenda items of the shareholders' meeting (in which the proper quorum was not achieved) regardless of the presence of the voting shares present; this shall be pointed out in the invitation.

(4) Soweit rechtlich zulässig und nicht in diesem Vertrag anders bestimmt, ist ein Gesellschafter auch dann stimmberechtigt, wenn die Beschlussfassung die Vornahme eines Rechtsgeschäfts oder die Einleitung oder Erledigung eines Rechtsstreits mit ihm oder mit einem ihm im Sinn des § 15 AktG verbundenen Unternehmen betrifft.

(4) As far as permitted by law and save as otherwise provided in this Agreement a shareholder shall remain entitled to vote if the resolution shall refer to a transaction or to the start of a lawsuit against it or against an affiliated entity (in terms of § 15 of the German Stock Corporation Act).

(5) Über die Beschlüsse der Gesellschafterversammlung ist eine Niederschrift anzufertigen, von dem Vorsitzenden der Gesellschafterversammlung zu unterzeichnen und allen Gesellschaftern in Abschrift zu übersenden. Die Belege über die rechtzeitige Einladung sind aufzubewahren. Bei anderen Beschlüssen ist über den Inhalt, das Abstimmungsverfahren und das Abstimmungsergebnis ein Vermerk anzufertigen, von allen Geschäftsführern zu unterschreiben und allen Gesellschaftern durch Übergabe-Einschreiben in Abschrift zu übersenden.

(5) The resolutions of the shareholders' meeting shall be recorded in minutes that shall be signed by the chairman of the shareholders' meeting and be sent as copy to all shareholders. The copies of the proper invitation shall be kept. Other resolutions shall be recorded in a memorandum specifying the subject, the voting procedure and the voting result that shall be signed by all directors and shall be sent to all shareholders through hand-delivered registered mail.

(6) Bei Kapitalerhöhungen sind zur Übernahme des neuen Kapitals zunächst die Gesellschafter im Verhältnis ihrer bisherigen Geschäftsanteile zuzulassen.

(6) In the event of share capital increases the shareholders shall have preferential subscription rights in proportion to their previous shareholdings.

§ 12 Anfechtung

§ 12 Contestation

Versammlungsbeschlüsse können nur innerhalb von drei Monaten seit der Beschlussfassung und nur unter den Voraussetzungen des § 245 Nr. 1, 2 AktG durch Klage angefochten werden, andere Beschlüsse innerhalb derselben Frist ab der Absendung des Vermerks gem. § 11 Abs. 5. Das Gleiche gilt für die Geltendmachung der Unwirksamkeit von Gesellschafterbeschlüssen.

The decisions of a meeting may be contested through a court action within a period of three months after the adoption of the resolution only and only under the conditions set forth in § 245 No. 1 and 2 of the German Stock Corporation Act. Other resolutions may be contested within the same deadline which shall start at the date of despatch of the minutes according to § 11 (5)

above. The same shall apply to any assertion of invalidity.

§ 13 Aufsichtsrat

(1) Die Gesellschaft hat vorbehaltlich Abs. 11 einen Aufsichtsrat. Er besteht aus drei bis neun Mitgliedern, die von der Gesellschafterversammlung bestellt und abberufen werden und aus ihrer Mitte den Vorsitzenden und einen Stellvertreter wählen. Der Vorsitzende, bei Verhinderung der Stellvertreter, vertreten den Aufsichtsrat nach außen und sind ermächtigt, die zur Durchführung der Beschlüsse des Aufsichtsrats erforderlichen Willenserklärungen abzugeben.

(2) Mitglied des Aufsichtsrats kann auch sein, wer an der Gesellschaft nicht beteiligt ist, jedoch nicht, wer

a) Geschäftsführer oder Arbeitnehmer der Gesellschaft ist oder
b) Organ oder Arbeitnehmer eines Unternehmens ist, an dessen Kapital die Gesellschaft zu mehr als einem Viertel unmittelbar oder mittelbar beteiligt oder deren Komplementärin sie ist.

(3) Gesellschafter oder Gruppen von Gesellschaftern, die am Stammkapital mit mindestens 20% beteiligt sind, haben das Recht auf Entsendung eines Vertreters in den Aufsichtsrat. Ist ein Entsendungsrecht nicht eine Woche vor einer anstehenden Wahl ausgeübt, entscheiden die Gesellschafter durch Wahl.

(4) Die Aufsichtsratsmitglieder werden jeweils für die Zeit bis zur Beendigung der ordentlichen Gesellschafterversammlung bestellt, die über ihre Entlastung für das vierte volle Geschäftsjahr seit ihrer Bestellung beschließt. Wiederbestellung ist zulässig. Die Amtszeit endet nicht vor der Neu- oder Wiederbestellung. Stellt ein entsandtes Aufsichtsratsmitglied sein Amt zur Verfügung oder scheidet es aus einem

§ 13 Supervisory Board

(1) Save as otherwise provided in subclause 11 below, the Company shall have a supervisory board. It shall consist of three to nine members who shall be appointed and withdrawn by the shareholders' meeting and who shall elect a chairman and a deputy chairman amongst its members. The chairman and, in its absence, its deputy shall represent the supervisory board externally and shall be authorised to make all declarations necessary to implement resolutions of the supervisory board.

(2) Membership of the supervisory board may also be awarded to individuals who have no shareholding in the Company but who may not be

a) Managing Director or an employee of the Company or
b) A body or an employee of a company in which the Company has a share of more than a quarter or of which it is the general partner.

(3) A shareholder or a group of shareholders having a minimum shareholding of 20% shall have the right to delegate a representative to the supervisory board. If such delegation rights shall not have been exercised by one week prior to a scheduled election then the shareholder(s) shall decide through voting.

(4) The members of the supervisory board shall be appointed until such date at which the ordinary shareholder meeting shall decide on their discharge for the fourth complete fiscal year of the Company after their appointment. A re-appointment shall be permissible. The tenure shall not end before the new or re-appointment. If a delegated member of the supervisory board shall resign from its office or shall leave for

anderen Grund aus, so hat der zur Entsendung Berechtigte unverzüglich ein neues Aufsichtsratsmitglied zu entsenden.

(5) Der Aufsichtsrat wird durch seinen Vorsitzenden oder zwei seiner Mitglieder einberufen. Für den Aufsichtsrat gelten im Übrigen die Bestimmungen über Gesellschafterversammlungen entsprechend.

(6) Jedes Aufsichtsratsmitglied kann sich in einer Aufsichtsratssitzung, an der es teilzunehmen verhindert ist, durch ein anderes Aufsichtsratsmitglied vertreten lassen. Der Vertreter muss spätestens zwei Tage vor der betreffenden Aufsichtsratssitzung eine schriftliche Vollmacht vorlegen, die zu den Akten zu nehmen ist. Das verhinderte Aufsichtsratsmitglied kann auch in diesem Fall seinen Berater gem. § 10 Abs. 6 an der Sitzung teilnehmen lassen. Ist dasselbe Aufsichtsratsmitglied dreimal hintereinander verhindert, müssen die entsendungsberechtigten Gesellschafter innerhalb eines Monats eine andere Person in den Aufsichtsrat entsenden. Andernfalls entscheiden die übrigen Aufsichtsratsmitglieder allein. Sofern in diesem Fall nur zwei Aufsichtsratsmitglieder vorhanden sind, kann der Aufsichtsrat nur einstimmig entscheiden. Wenn sich bei einer Abstimmung Stimmengleichheit ergibt, hat der Vorsitzende zwei Stimmen.

(7) Der Aufsichtsrat vertritt die Gesellschaft gegenüber den Geschäftsführern. Er berät und überwacht die Geschäftsführung und berät die Gesellschafterversammlung, die ihm die Wahrung von Rechten der Gesellschafterversammlung übertragen kann. Er hat das Recht zur Einberufung der Gesellschafterversammlung.

(8) Der Aufsichtsrat gibt sich eine Geschäftsordnung. Er kann aus seinen Mitgliedern Ausschüsse bilden, Aufgaben und Befugnisse zuweisen und Entscheidungskompetenzen auf solche Ausschüsse übertragen.

other reasons, then the individual entitled to send a delegate must immediately delegate a new member of the supervisory board.

(5) The supervisory board shall be convened through its chairman or through two of its members. The other provisions on shareholder meetings shall apply accordingly to the supervisory board.

(6) Each member of the supervisory board may in case of absence have itself represented through another member of the supervisory board. The representative shall provide by no later than two days prior to the relevant supervisory board meeting the chairman with a written power of attorney that shall be taken on file. The absent supervisory board member may in such case also have an advisor present in the meeting pursuant to § 10 (6). In the event that the same advisory board member shall be absent at three consecutive occasions then the shareholder entitled to delegation shall within one month delegate another individual to the supervisory board. Otherwise, the remaining shareholders shall decide alone. If in such case only two supervisory board members shall be present, then the supervisory board may decide by way of unanimous vote only. If there should be a parity of votes in the voting, then the chairman shall have two votes.

(7) The supervisory board shall represent the Company towards the managing directors. It shall advise and supervise the management and shall advise the shareholder meeting who may assign to it the safeguarding of the rights of the shareholders' meeting. It shall have the right to convene a shareholders' meeting.

(8) The supervisory board shall adopt its own rules of procedure. It may form committees among its members, define tasks and authorities and assign decision powers to such committees.

(9) Die baren Auslagen der Mitglieder des Aufsichtsrats werden ersetzt. Über eine Vergütung beschließt die Gesellschafterversammlung.

(10) Die Mitglieder des Aufsichtsrats sind nach Maßgabe des § 93 AktG zur Verschwiegenheit verpflichtet. Im Übrigen ist § 52 GmbHG, soweit zulässig, ausgeschlossen.

(11) Die Gesellschafterversammlung kann die vorstehenden Bestimmungen zeitweise außer Kraft setzen und von der Bestellung eines Aufsichtsrats absehen, indem sie keinen Aufsichtsrat wählt. Die in dieser Satzung geregelten Befugnisse des Aufsichtsrats stehen dann der Gesellschafterversammlung zu.

§ 14 Dauer/Kündigung

(1) Die Gesellschaft besteht auf unbestimmte Zeit. Jeder Gesellschafter kann sie unter Einhaltung einer Frist von 12 Monaten zum Ende eines Geschäftsjahrs kündigen, erstmals jedoch zum ...... Die Kündigung ist durch Übergabe-Einschreiben gegenüber der Gesellschaft zu erklären, die jeden Gesellschafter unverzüglich unterrichten soll.

(2) Jeder Gesellschafter kann die Gesellschaft aus wichtigem Grund ohne Einhaltung einer Frist kündigen. Abs. 1 Satz 3 gilt entsprechend. Ein wichtiger Grund ist insbesondere gegeben, wenn die Gesellschaft die Zahlungen einstellt oder gegen die Gesellschaft Antrag auf Eröffnung des Insolvenzverfahrens gestellt wird.

(3) Die Gesellschaft wird, außer in den Fällen des Abs. 2 Satz 3, durch eine Kündigung nicht aufgelöst, sondern

(9) The cash expenses of the supervisory board members shall be reimbursed. The shareholders' meeting shall vote on a remuneration.

(10) The supervisory board member shall be bound to confidentiality in accordance with § 93 of the German Stock Corporation Act. Moreover, § 52 GmbH shall, to the extent permitted by law, be excluded.

(11) The shareholders' meeting may suspend the foregoing provisions on a temporary basis and refrain from the appointment of a supervisory board by not electing an advisory board. The authorities of the supervisory board set out in these articles of association shall then be vested with the shareholders' meeting.

§ 14 Duration/Termination

(1) The Company shall exist for an indefinite period of time. Each shareholder may serve notice of its termination observing a notice period of 12 months effective as at the end of a fiscal year but in any event no earlier than by ...... The notice of termination shall be filed through hand-delivered registered mail towards the Company that shall inform the other shareholders immediately thereof.

(2) Each shareholder may terminate the Company for good cause without observation of a notice period. Subclause 1, sentence 3 above shall apply accordingly. In particular, a good cause shall be the cease of payments by the Company or an application for insolvency proceedings[6] against the Company.

(3) Except in relation to those cases set out in subclause 2, sentence 3 above, the Company shall not be dissolved as

---

[6] Hier könnte man auch *bankruptcy proceedings* sagen, da der Verfahrensbegriff weiter geht als die deutsche Wortübersetzung Konkursverfahren. Dies wiederum aufgrund der Tatsache, dass im anglo-amerikanischen Rechtskreis auch *bankruptcy* begrifflich seit jeher das Sanierungsverfahren mit eingeschlossen hat.

von den übrigen Gesellschaftern fortgesetzt.

(4) Jeder Gesellschafter hat das Recht, sich jeder Kündigung innerhalb 12 Wochen mit Wirkung auf denselben Stichtag anzuschließen.

§ 15 Abfindung

(1) In allen Fällen des Ausscheidens ist an den Gesellschafter eine Abfindung zu zahlen, die sich aus der Bewertung der Gesellschaft auf den Zeitpunkt des Ausscheidens ergibt. Für diesen Zeitpunkt ist eine Auseinandersetzungsbilanz zu erstellen, für die die ertragsteuerlichen Bewertungsgrundsätze gelten. Bestehende Gewinnrücklagen sowie Gewinn- und Verlustvorträge sind aufzulösen. Ein bis zum Bewertungsstichtag noch entstandener Gewinn oder Verlust ist zu berücksichtigen. Die Bewertungskontinuität zur letzten ordnungsgemäß festgestellten Jahresbilanz ist zu wahren. Ist der Verkehrswert der Gesellschaft niedriger, so gilt dieser. Diese Abfindung bleibt auch dann maßgeblich, wenn die vorausgehende oder folgende Bilanz im Zug einer Betriebsprüfung geändert wird, so dass später festgestellte Gewinne oder Verluste, Steuernachzahlungen oder Steuererstattungen die Höhe der Abfindung nicht beeinflussen.

(2) Sollte im Einzelfall rechtskräftig festgestellt werden, dass diese Abfindungsregelung rechtsunwirksam oder unzumutbar ist, so ist die niedrigste noch zulässige Abfindung zu gewähren.

(3) Besteht Streit über die Höhe der Abfindung, entscheidet hierüber ein von beiden Parteien benannter Schiedsgutachter, der Wirtschaftsprüfer oder Wirtschaftsprüfungsgesellschaft sein muss. Kommt eine Einigung über dessen Benennung nicht zustande, ist er durch

a result of a notice of termination but shall be continued with the other shareholders.

(4) Each shareholder shall have the right to join a notice of termination within a period of 12 weeks effective as at the same date.

§ 15 Settlement Payment

(1) In all cases of withdrawal the shareholder shall receive a settlement payment that shall follow from a valuation of the Company as at the date of the withdrawal. Effective as at such date, a settlement balance sheet shall be prepared which shall include income tax valuation principles. Existing revenue reserves and profit and losses carried forward shall be dissolved. Any accrued profits or losses as at the valuation date shall be included. The continuity of valuation against the latest adopted ordinary annual balance sheet shall be maintained. If the fair market value of the Company shall be lower, then such value shall apply. The valuation shall also remain relevant if the previous or the following balance sheet shall be changed as a result of a tax authority audit; conversely, any profits or losses, additional tax payments or tax refunds shall not affect the settlement amount.

(2) If, in a particular case, it shall be conclusively determined that this settlement regulation shall be invalid or improper, then the lowest permissible settlement amount shall be paid.

(3) Any dispute on the amount of the settlement payment shall be subject to decision by way of arbitrary opinion[7] of an individual who shall be appointed by the parties hereto and shall be an auditor or an accounting firm. If no agreement on the appointment shall be

---

[7] Die Umschreibung dient der Abgrenzung von *arbitrator* als sachentscheidungsbefugtem Organ.

die Wirtschaftsprüferkammer zu bestimmen.

(4) Die Abfindung ist in drei gleichen Jahresraten zu bezahlen, die erste Rate drei Monate nach Aufstellung der letzten Bilanz, ggf. nach Festsetzung der Abfindung gem. Abs. 3, die folgenden Raten jeweils zum Ende des ersten Kalenderquartals der folgenden Jahre. Die Abfindung ist seit dem Tag des Ausscheidens mit ......% p.a. über dem jeweiligen Diskontsatz der Europäischen Zentralbank p.a. zu verzinsen. Die Zinsen sind zusammen mit den Hauptraten zu bezahlen. Die Gesellschaft ist berechtigt, die Abfindung ganz oder teilweise früher zu bezahlen. Zur Sicherheitsleistung ist sie nicht verpflichtet.

§ 16 Geschäftsjahr/ Bekanntmachungen

(1) Geschäftsjahr ist das Kalenderjahr. Das erste Geschäftsjahr ist ein Rumpfgeschäftsjahr; es endet am 31.12. des Jahres, in dem die Gesellschaft nach Gründung ihre Geschäftstätigkeit aufgenommen hat.

(2) Bekanntmachungen der Gesellschaft erfolgen im Bundesanzeiger.

§ 17 Teilunwirksamkeit/ Vertragsänderungen

(1) Sollte eine Bestimmung dieses Vertrags oder eine künftig in ihn aufgenommene Bestimmung ganz oder teilweise unwirksam oder undurchführbar sein oder die Wirksamkeit oder Durchführbarkeit später verlieren oder sich eine Lücke herausstellen, soll hierdurch die Gültigkeit der übrigen Bestimmungen nicht berührt werden. Anstelle der unwirksamen oder undurchführbaren Bestimmung oder zur Ausfüllung der Lücke gilt eine angemessene Regelung, die, soweit rechtlich zulässig, dem am nächsten kommt, was die Vertrags-

achieved, then it shall be appointed through the Chamber of Auditors.

(4) The settlement payment shall be payable in three equal annual instalments; the first instalment shall be paid three months after preparation of the last balance sheet and after calculation of the settlement amount according to subclause 3 above, as relevant. The following instalments shall be paid, respectively, at the end of each calendar quarter of the succeeding years. The settlement amount shall carry interest that shall start at the date of the withdrawal and shall be at an annual rate of ......% above the discount rate of the European Federal Reserve Bank. The Company shall be free to pay the settlement amount or parts thereof at an earlier date. It shall not be required to provide a security deposit.

§ 16 Fiscal Year/Publications

(1) The fiscal year shall equal the calendar year. The first fiscal year shall be a short fiscal year; it shall end on the 31 December of the year in which the Company has started its business after its foundation.

(2) All publications of the Company shall be made in the Federal Gazette.

§ 17 Partial Invalidity/ Change of Agreement

(1) If any provision of this Agreement or any future provision added to it (or parts of any such provisions) shall be invalid or incapable of implementation, or shall subsequently loose its validity or the capability of implementation, or if any gap shall occur, then this shall not affect the validity of the other provisions. In lieu of invalid provision or provision incapable of implementation or for the purposes of closing the gap, such reasonable provision shall apply which, to the extent permitted by law, shall most closely reflect the intention

schließenden gewollt haben oder nach dem Sinn und Zweck des Vertrags gewollt hätten, falls sie den Punkt bedacht hätten. Betrifft der Mangel notwendige Satzungsbestandteile, ist eine solche Regelung nach Maßgabe des § 53 Abs. 2 GmbHG zu vereinbaren.

of the parties to this Agreement or which they would have intended to choose in accordance with the purpose of this Agreement, had they given their attention to such point. If the shortfall shall refer to essential parts of the articles of association, then such provision shall be agreed upon in accordance with § 53 (2) of the German Act on Limited Liability Companies.

(2) Beruht die Unwirksamkeit oder Undurchführbarkeit einer Bestimmung auf einem darin festgelegten Maß der Leistung oder der Zeit (Frist oder Termin), so ist das der Bestimmung am nächsten kommende rechtlich zulässige Maß zu vereinbaren.

(2) If the invalidity or the inability to implement a provision shall arise from any amount or time (deadline or date) set out herein, then the parties shall agree on such amount that is permitted by law and is as close as possible to the amount set out in such provision.

(3) Alle das Gesellschaftsverhältnis betreffenden Vereinbarungen zwischen Gesellschaftern oder zwischen Gesellschaft und Gesellschaftern bedürfen zu ihrer Wirksamkeit der Schriftform, soweit sie nicht eines Gesellschafterbeschlusses oder notarieller Beurkundung bedürfen. Das gilt auch für einen etwaigen Verzicht auf das Erfordernis der Schriftform.

(3) All agreements referring to the shareholder relationship among the shareholders or between Company and shareholders shall require written form for its validity as far as no shareholder resolution or notarial form is required. This shall also apply to a possible waiver of the written form requirement.

§ 18 Gründungskosten

Die Gründungskosten (Notariatsgebühren, Gerichtskosten) von etwa . . . . . . € trägt die Gesellschaft.

§ 18 Costs of Incorporation

The costs of incorporation (notary fees, court fees) of approx. € . . . . . . shall be borne by the Company.

§ 19 Gerichtsstand

Gerichtsstand für alle Auseinandersetzungen der Gesellschafter miteinander und mit der Gesellschaft ist der Sitz der Gesellschaft.[8]

§ 19 Venue Clause

The venue for all disputes among the shareholders and for any disputes with the Company shall be at the registered office of the Company.

---

[8] Zum Gründungsprotokoll nebst Anmeldung vgl. unten IV. 1.

5. Mustersatzung für den Gesellschaftsvertrag einer haftungsbeschränkten Unternehmergesellschaft[1]

5. Standard Form for Memorandum of Association of an Entrepreneur Company[2]

§ 1 Firma

Die Firma der Gesellschaft lautet
…… Unternehmergesellschaft (haftungsbeschränkt).

§ 1 Company Name

The name of the company is
…… Entrepreneur company (with limited liability).

§ 2 Sitz

Sitz der Gesellschaft ist ……..

§ 2 Seat

The seat of the company shall be in
……

§ 3 Gegenstand

Gegenstand des Unternehmens
• ist der Handel mit Waren
• ist die Produktion von Waren
• sind Dienstleistungen.

§ 3 Corporate Purpose

The purpose of the company shall be
• Trading with goods
• Manufacturing of goods
• Provision of services.

§ 4 Stammkapital

Das Stammkapital der Gesellschaft beträgt …… €.

§ 4 Share Capital

The stated share capital of the company is …… €.

§ 5 Geschäftsanteile

Vom Stammkapital der Gesellschaft übernimmt bei Gründung
a) Herr/Frau/Juristische Person:
…….
einen Geschäftsanteil mit einem Nennbetrag in Höhe von € ……..,
b) Herr/Frau/Juristische Person:
…….
einen Geschäftsanteil mit einem Nennbetrag in Höhe von € ……..,

§ 5 Shares

At the incorporation date the stated share capital shall be subscribed by
a) Mr./Mrs./Legal Entity:
…….
a share at the nominal value of € ……..
b) Mr./Mrs./Legal Entity:
…….
A share at the nominal value of € ……..,

---

[1] Für die Gründung im vereinfachten Verfahren ist das in der Anlage bestimmte Musterprotokoll zu verwenden. Darüber hinaus dürfen keine vom Gesetz abweichenden Bestimmungen getroffen werden. Das Musterprotokoll gilt zugleich als Gesellschafterliste. Im Übrigen finden auf das Musterprotokoll die Vorschriften des GmbHG über den Gesellschaftsvertrag entsprechende Anwendungen.

[2] The purpose of the legislation on the entrepreneur company is the facilitation of the incorporation process through standardization of the articles of association provided that the forms prescribed by the legislation are used without changes.

c) Herr/Frau/Juristische Person:
......
einen Geschäftsanteil mit einem Nennbetrag in Höhe von € ....

Die Einlagen auf die Geschäftsanteile sind von jedem Gesellschafter in Geld zu erbringen und zwar
• Sofort in voller Höhe.
• Zu 50% sofort, im Übrigen sobald die Gesellschafterversammlung ihre Einforderung beschließt.

c) Mr./Mrs./Legal Entity:
......
a share at the nominal value of € ....

The contributions shall be paid in cash be each of the shareholder, i.e.
• The total amount effective immediately.
• 50% immediately and further amounts in accordance with a resolution of the shareholders meeting.

§ 6 Vertretung

Die Gesellschaft hat einen Geschäftsführer bestellt. Dieser vertritt stets einzeln und ist berechtigt, die Gesellschaft bei der Vornahme von Rechtsgeschäften mit sich selbst oder als Vertreter eines Dritten uneingeschränkt zu vertreten.

§ 6 Representation

The company has appointed a director. He shall have sole and unrestricted signature power at all times and be authorized to represent the company at the conclusion of legal transactions with himself or as third party representative.

§ 7 Gründungsaufwand

Die Gesellschaft trägt die mit der Gründung verbundenen Kosten, insbesondere Beratungs-, Notar-, Gerichts- und Veröffentlichungskosten bis zu einem Gesamtbetrag von 500 €. Darüber hinausgehende Kosten trägt der Gesellschafter bzw. tragen die Gesellschafter im Verhältnis ihrer Geschäftsanteile.

§ 7 Funding of Incorporation

The company shall bear all costs of incorporation including, without limitation, costs of advisors, notary and publication up to a maximum of € 500. Any excess costs shall be borne by the shareholders in proportion to their shareholdings.

Musterprotokolle

A. Musterprotokoll für die Gründung einer Einpersonengesellschaft

UR. Nr. ......
Heute, den ......,
erschien vor mir, ..., Notar/in mit dem Amtssitz in ......,
Herr/Frau ......

1. Der Erschienene errichtet hiermit nach § 2 Abs. 1a GmbHG eine Gesellschaft mit beschränkter Haftung unter der Firma ...... mit dem Sitz in ....

Standard Form for Minutes

A. Standard Form for Minutes in relation to the Incorporation of a single Shareholder Company

File Number. ......
Today, at the ......
appeared before me, ..., Notary Public with office seat in ......,
Mr./Mrs. 1) ......

1. The individual hereby incorporates in accordance with § 2 Abs. 1a GmbHG a company with limited liability under the company name ...... with registered seat in ....

2. Gegenstand des Unternehmens ist …….

3. Das Stammkapital der Gesellschaft beträgt …… € (i.W. …… €) und wird vollständig von Herrn/Frau …… übernommen. Die Einlage ist in Geld zu erbringen, und zwar sofort in voller Höhe/zu 50% sofort, im Übrigen sobald die Gesellschafterversammlung ihre Einforderung beschließt.

4. Zum Geschäftsführer der Gesellschaft wird Herr/Frau ……, geboren am …… , wohnhaft in ……, bestellt. Der Geschäftsführer ist von den Beschränkungen des § 181 des Bürgerlichen Gesetzbuchs befreit.

5. Die Gesellschaft trägt die mit der Gründung verbundenen Kosten bis zu einem Gesamtbetrag von 300 €, höchstens jedoch bis zum Betrag ihres Stammkapitals. Darüber hinausgehende Kosten trägt der Gesellschafter.

6. Von dieser Urkunde erhält eine Ausfertigung der Gesellschafter, beglaubigte Ablichtungen die Gesellschaft und das Registergericht (in elektronischer Form) sowie eine einfache Abschrift das Finanzamt – Körperschaftsteuerstelle –.

7. Der Erschienene wurde vom Notar/von der Notarin insbesondere auf folgendes hingewiesen: ……

B. Musterprotokoll für die Gründung einer Mehrpersonengesellschaft mit bis zu drei Gesellschaftern

UR. Nr. ……
Heute, den ……,
erschienen vor mir, ……, Notar/in mit dem Amtssitz in ……,

1) Herr/Frau ……
2) Herr/Frau ……
3) Herr/Frau ……

1. Die Erschienenen errichten hiermit nach § 2 Abs. 1a GmbHG eine Gesellschaft mit beschränkter Haftung unter der Firma …… mit dem Sitz in ……..

2. The purpose of the company is …….

3. The stated share capital of the company is …… € (in words …… €) and shall be fully subscribed By Mr./Mrs. …….. The contribution shall be made in cash, i.e. 50% thereof in cash immediately and the balance as soon as the shareholders meeting so requests.

4. Mr./Mrs. ……, born on ……, resident in ……, is appointed as director of the company. The director shall be relieved from the restrictions pursuant to § 181 of the Germany Civil Code.

5. The Company shall bear the costs of incorporation up to a maximum of 300 € or its stated share capital whichever is the lower. Any excess costs shall be borne by the shareholder.

6. The shareholder shall receive a copy of this instrument, each of the company and the trade registrar shall receive a certified copy (in electronic format) and the fiscal authority – corporate taxes – shall receive an ordinary copy.

7. The individual present has been advised by the Notary Public of the following: ……

B. Standard Form for Minutes in relation to the Incorporation of a Company with up to Three Shareholders

File Number. ……
Today, at the ……,
appeared before me, ……, Notary Public with office seat in ……,

1) Mr./Mrs. ……
2) Mr./Mrs. ……
3) Mr./Mrs. ……

1. The individuals hereby incorporate in accordance with § 2 Abs. 1a GmbHG a company with limited liability under the company name …… with registered seat in ……..

2. Gegenstand des Unternehmens ist ……..

3. Das Stammkapital der Gesellschaft beträgt …… € (i.W. …… €) und wird wie folgt übernommen:
Herr/Frau …… übernimmt einen Geschäftsanteil mit einem Nennbetrag in Höhe von …… € (i.W. …… €) (Geschäftsanteil Nr. 1),
Herr/Frau …… übernimmt einen Geschäftsanteil mit einem Nennbetrag in Höhe von …… € (i.W. …… €) (Geschäftsanteil Nr. 2),
Herr/Frau …… übernimmt einen Geschäftsanteil mit einem Nennbetrag in Höhe von …… € (i.W. …… €) (Geschäftsanteil Nr. 3).
Die Einlagen sind in Geld zu erbringen, und zwar sofort in voller Höhe/zu 50% sofort, im Übrigen sobald die Gesellschafterversammlung ihre Einforderung beschließt

4. Zum Geschäftsführer der Gesellschaft wird Herr/Frau ……, geboren am ……, wohnhaft in ……, bestellt. Der Geschäftsführer ist von den Beschränkungen des § 181 des Bürgerlichen Gesetzbuchs befreit.

5. Die Gesellschaft trägt die mit der Gründung verbundenen Kosten bis zu einem Gesamtbetrag von 300 €, höchstens jedoch bis zum Betrag ihres Stammkapitals. Darüber hinausgehende Kosten tragen die Gesellschafter im Verhältnis der Nennbeträge ihrer Geschäftsanteile.

6. Von dieser Urkunde erhält eine Ausfertigung jeder Gesellschafter, beglaubigte Ablichtungen die Gesellschaft und das Registergericht (in elektronischer Form) sowie eine einfache Abschrift das Finanzamt – Körperschaftsteuerstelle –.

7. Die Erschienenen wurden vom Notar/von der Notarin insbesondere auf folgendes hingewiesen ……..

2. The purpose of the company is ……..

3. The stated share capital of the company is …… € (in words …… €) and shall be fully subscribed by
Mr./Mrs. …… agrees to subscribe a share of a nominal value of € …… (share no. 1).

Mr./Mrs. …… agrees to subscribe a share of a nominal value of € …… (share no. 2).

Mr./Mrs. …… agrees to subscribe a share of a nominal value of € …… (share no. 3).

The contribution shall be made in cash, i.e. 50% thereof in cash immediately and the balance as soon as the shareholders meeting so requests.

4. Mr./Mrs. ……, born on ……, resident in ……, is appointed as director of the company. The director shall be relieved from the restrictions pursuant to § 181 of the Germany Civil Code.

5. The Company shall bear the costs of incorporation up to a maximum of 300 € or its stated share capital whichever is the lower. Any excess costs shall be borne by the shareholders in proportion to their nominal shareholdings.

6. The shareholders shall receive a copy of this instrument, each of the company and the trade registrar shall receive a certified copy (in electronic format) and the fiscal authority – corporate taxes – shall receive an ordinary copy.

7. The individual present have been advised by the Notary Public of the following: ……..

| **Muster für die Handelsregisteranmeldung** | **Standard Form for Trade Register Filing** |

An das Amtsgericht
– Registergericht –

To the Local Court
– Trade Registrar –

Errichtung einer Gesellschaft mit beschränkter Haftung:

Incorporation of a Company with Limited Liability:

Es werden vorgelegt:

1. elektronisch beglaubigte Abschrift des Gesellschaftsvertrags,
2. elektronische Aufzeichnung des Gesellschafterbeschlusses über die Bestellung zum Geschäftsführer,
3. elektronische Aufzeichnung der Liste der Gesellschafter mit den Nennbeträgen der übernommenen Geschäftsanteile.

The following is hereby submitted:

1. electronic certified copy of the articles of association,
2. electronic minutes of the shareholders resolution on the appointment of a director,
3. electronic minutes of the shareholders list with the nominal value of the subscribed shares.

Die Gesellschaft wird zur Eintragung in das Handelsregister angemeldet. Die Geschäftsanschrift der Gesellschaft lautet … … .
Die allgemeine Vertretungsregelung lautet wie folgt:
Die Gesellschaft hat einen Geschäftsführer. Dieser vertritt stets einzeln und ist berechtigt, die Gesellschaft bei der Vornahme von Rechtsgeschäften mit sich selbst oder als Vertreter eines Dritten uneingeschränkt zu vertreten.
Ich wurde zum Geschäftsführer bestellt.
Ich versichere wie folgt:

1. Auf die Einlageverpflichtungen sind folgende Beträge einbezahlt worden.

We hereby apply for filing of the company with the trade register. The business address of the company is … …

The standard regulation on representations reads as follows:
The company has one director who shall at all times have sole and unrestricted signature power and be authorized to represent the company in legal transactions with himself or as third party representative.
I have been appointed as director.

I hereby affirm as follows:

1. The following sums have been paid in discharge of the subscription obligations:

Gesell-schafter	Nennbetrag des Geschäfts-anteils in €	Einzah-lungsbe-trag in €

Share-holder	Nominal Share in €	Subscription Payment in €

2. Der Gegenstand der Leistungen befindet sich endgültig in der freien Verfügung der Geschäftsführung; das Stammkapital ist insbesondere nicht durch Verbindlichkeiten vorbelastet, mit Ausnahme des in der Satzung übernommenen Gründungsaufwands.

2. The funds are conclusively at the free disposal of the management; the share capital is not encumbered by any obligations other than the incorporation expenses assumed in accordance with the articles of association.

3. Ich bin weder wegen einer oder mehrerer vorsätzlich begangener Straftaten nach den §§ 265 b, 266 oder § 266 a des Strafgesetzbuchs (Kreditbetrug, Untreue, Vorenthalten und Veruntreuen von Arbeitsentgelt) zu einer Freiheitsstrafe von mindestens einem Jahr, der Insolvenzverschleppung, nach den §§ 283 bis 283 d des Strafgesetzbuchs (Bankrott, Verletzung der Buchführungspflicht, Gläubigerbegünstigung, Schuldnerbegünstigung), der falschen Angaben nach § 82 des Gesetzes betreffend die Gesellschaften mit beschränkter Haftung oder § 399 des Aktiengesetzes, der unrichtigen Darstellung nach § 400 des Aktiengesetzes, § 331 des Handelsgesetzbuchs, § 313 des Umwandlungsgesetzes oder § 17 des Publizitätsgesetzes oder im Ausland wegen einer mit den genannten Taten vergleichbaren Straftat verurteilt worden, noch ist mir durch gerichtliches Urteil oder vollziehbare Entscheidung einer Verwaltungsbehörde die Ausübung eines Berufs, Berufszweiges, Gewerbes oder Gewerbezweiges untersagt worden. Ich bin über meine unbeschränkte Auskunftspflicht gegenüber dem Registergericht belehrt worden, ebenso darüber, dass falsche Versicherungen strafbar sind.

3. I have not been sentenced to a minimum imprisonment in relation to a criminal offence pursuant to §§ 265 b, 266 or § 266 a of the German Criminal Code (fraudulent borrowing, betrayal, withholding or fraudulent conversion of wages) or fraudulent bankruptcy pursuant to §§ 283 to 283 d of the German Criminal Code (bankruptcy, infringement of bookkeeping duties, fraudulent creditor or debtor preference), false statements pursuant to § 82 of the German Law on Limited Liability Company or § 399 of the German Law on Stock Corporations, incorrect statement in accordance with § 400 of the German Law on Stock Corporations, § 331 of the German Trade Act, § 313 of the German Transformation Act or § 17 of the German Act on Publications or of an offence of comparable character outside Germany. No court order or enforceable act of a public authority has prohibited an engagement in my profession or business. I have been advised of the unrestricted obligation to disclosure towards the court registrar and that false statements are a criminal offence.

......

(Datum, Unterschrift)

......

(Date, Signature)

Niederschrift über eine Gesellschafterversammlung

Minutes of a Shareholders Meeting

Der/Die Gesellschafter der Firma ...... mit dem Sitz in ......
fasst/fassen hiermit unter Verzicht auf Einhaltung aller nicht zwingenden Frist- und Formvorschriften hinsichtlich Einberufung und Abhaltung einer Gesellschafterversammlung einstimmig folgenden Gesellschafterbeschluss:

The shareholders of the company named ......
with registered seat in ......
waiving all non mandatory requirements in relation to deadline and form for convocation and holding of shareholder's meetings hereby unanimously adopt the following resolution:

......, geboren am ......, wohnhaft ..., wird zum Geschäftsführer bestellt.
......, den ......)

Der Anmeldung ist folgende Liste beizufügen:

Liste der Gesellschafter
der Firma ......
mit dem Sitz in ......
mit den Nennbeträgen der übernommenen Geschäftsanteile

Nummer des Geschäftsanteils	Nachname, Vorname, Geburtsdatum, Wohnort	Nennbetrag in €
1.		
2.		
3.		

......, den ......

......, born on ...... resident in ...... is appointed as director.
......, the ......

The filing shall include the following list

List of Shareholders
of ......
with registered seat in ......
With the nominal value of the subscribed shares

Number of Shares	Name, Surname, Place of Birth, Resident Address	Nominal Amount in €
1.		
2.		
3.		

......, the ......

6. Satzung einer Aktiengesellschaft

6. Shareholder Agreement for a Public Limited Company

I. Allgemeine Bestimmungen

I. General Provisions

§ 1 Firma, Sitz und Geschäftsjahr

§ 1 Company Name; Registered Office and Fiscal Year

(1) Die Firma der Gesellschaft ist ...... AG.

(1) The Company shall have the name ...... AG.

(2) Der Sitz der Gesellschaft ist ....

(2) The registered office of the Company shall be ....

(3) Geschäftsjahr ist das Kalenderjahr.

(3) The fiscal year shall equal the calendar year.

§ 2 Gegenstand des Unternehmens

§ 2 The Corporate Purpose

(1) Gegenstand des Unternehmens ist ......

(1) The corporate purpose of the Company is ......

(2) Innerhalb dieser Grenzen kann die Gesellschaft andere Unternehmungen gründen, erwerben oder sich an solchen beteiligen, Niederlassungen errichten und alles tun, was dem Gesellschaftszweck dient.

(2) The Company may within such scope establish or acquire other companies or acquire a shareholding in the same, establish branches and conduct all business and perform all acts that may serve the corporate purpose.

§ 3 Bekanntmachungen

§ 3 Publications

Bekanntmachungen der Gesellschaft erfolgen im Bundesanzeiger.

All publications of the Company shall be made in the Federal Gazette.

II. Grundkapital und Aktien

II. Share Capital and Shares

§ 4 Höhe und Einteilung des Grundkapitals

§ 4 Amount and Division of the Share Capital

(1) Das Grundkapital der Gesellschaft beträgt ...... € (in Worten: ...... €). Es ist eingeteilt in ...... Aktien im Nennbetrag von je ...... €.

(1) The stated share capital of the Company shall be ...... € (in words: ...... €). It shall be divided into ...... shares in the nominal amount of ...... €.

(2) Die Aktien lauten auf den Namen und sind nur mit Zustimmung der Gesellschaft übertragbar, die der Vorstand auf Grund eines Hauptversammlungsbeschlusses erklärt, der einer Mehrheit

(2) The shares shall be registered shares and shall not be transferable without approval of the Company which the board of directors shall give on the basis of a resolution of the shareholders'

von mindestens 75% des vertretenen Grundkapitals bedarf.

(3) Form und Inhalt der Aktienurkunden und der Gewinnanteil- und Erneuerungsscheine setzt der Vorstand mit Zustimmung des Aufsichtsrats fest. Über mehrere Aktien eines Aktionärs kann eine Urkunde ausgestellt werden.

(4) Bei einer Kapitalerhöhung kann die Gewinnbeteiligung der neuen Aktien abweichend von § 60 Abs. 2 AktG geregelt werden.

III. Der Vorstand

§ 5 Zusammensetzung und Geschäftsordnung

(1) Der Vorstand besteht aus bis zu drei Personen. Der Aufsichtsrat bestellt die Vorstandsmitglieder und bestimmt ihre Zahl. Er kann stellvertretende Vorstandsmitglieder bestellen.

(2) Die Gesellschaft wird durch zwei Vorstandsmitglieder oder durch ein Vorstandsmitglied mit einem Prokuristen gesetzlich vertreten. Stellvertretende Vorstandsmitglieder stehen ordentlichen insoweit gleich. Ist nur ein Vorstandsmitglied bestellt, vertritt dieses die Gesellschaft allein.

(3) Die Beschlüsse des Vorstands werden mit einfacher Stimmenmehrheit gefasst. Bei Stimmengleichheit gibt die Stimme des Vorsitzenden den Ausschlag.

(4) Der Aufsichtsrat kann eine Geschäftsordnung für den Vorstand erlassen.

IV. Aufsichtsrat

§ 6 Zusammensetzung, Amtsdauer, Amtsniederlegung

(1) Der Aufsichtsrat besteht aus drei Mitgliedern. Sie werden jeweils für die Zeit bis zur Beendigung der Hauptver-

meeting that shall require the majority of minimum 75% of the share capital.

(3) The board of directors shall determine the form and content of the share certificates and the dividend and renewal coupons with the approval of the supervisory board.

(4) In the event of an increase of the share capital, the profit participation of any new shares may be arranged in derogation of § 60 (2) of the German Stock Corporations Act.

III. The Board of Directors

§ 5 Composition and Rules of Procedure

(1) The Board of Directors shall consist of up to three individuals. The supervisory board shall appoint the members of the Board and the number thereof. It may appoint deputy members of the Board.

(2) The Company shall be represented by two members of the Board or through one member of the Board in conjunction with a procurist holder. To that extent, the status of deputy members of the Board shall equal the status of the ordinary Board members. A member of the Board shall represent the Company alone if it is the sole member of the Board.

(3) Resolutions of the Board shall be adopted with a simple majority of votes cast. In case of equality in number of votes, the vote of the chairman shall be decisive.

(4) The supervisory board may adopt rules of procedure for the Board of Directors.

IV. The Supervisory Board

§ 6 Composition, Duration of Service, Resignation from Office

(1) The Supervisory Board shall consist of three members. The members shall be appointed until such date at which

sammlung gewählt, die über ihre Entlastung für das vierte Geschäftsjahr nach Beginn ihrer Amtszeit beschließt, das Geschäftsjahr nicht mitgerechnet, in dem die Amtszeit beginnt. Gleichzeitig kann für jedes ordentliche Aufsichtsratsmitglied ein Ersatzmitglied gewählt werden.

(2) Wird ein Aufsichtsratsmitglied an Stelle eines ausscheidenden Mitglieds gewählt, so besteht sein Amt für dessen restliche Amtsdauer. Tritt ein Ersatzmitglied an die Stelle des Ausgeschiedenen, so erlischt sein Amt, falls in der nächsten oder übernächsten Hauptversammlung nach Eintritt des Ersatzfalls eine Neuwahl für den Ausgeschiedenen stattfindet, mit Beendigung dieser Hauptversammlung, andernfalls mit Ablauf der restlichen Amtszeit des Ausgeschiedenen.

(3) Jedes Aufsichtsratsmitglied kann sein Amt durch schriftliche Erklärung gegenüber dem Vorstand mit einer Frist von einem Monat niederlegen.

§ 7 Vorsitzender, Stellvertreter

(1) Im Anschluss an die Hauptversammlung, in der die von der Hauptversammlung zu wählenden Aufsichtsratsmitglieder neu gewählt worden sind, findet eine Aufsichtsratssitzung statt, die keiner besonderen Einberufung bedarf, in der der Aufsichtsrat aus seiner Mitte unter dem Vorsitz des ältesten von der Hauptversammlung gewählten Mitglieds den Vorsitzenden und seinen Stellvertreter wählt. Der Stellvertreter tritt in allen Fällen an die Stelle des Vorsitzenden, in denen dieser verhindert ist.

(2) Scheiden der Vorsitzende oder sein Stellvertreter vorzeitig aus dem Amt aus, findet unverzüglich eine Neuwahl

the ordinary shareholder meeting shall decide on their discharge on the fourth complete fiscal year of the Company after their appointment; the fiscal year in which the tenure shall begin, shall not be included in the calculation. Simultaneously, a deputy member[1] may be elected for each ordinary member.

(2) If a member of the supervisory board shall be elected in lieu of a withdrawing member, then its office shall be for the duration of the balance of the tenure. If a deputy member replaces a withdrawn member, then the office shall cease upon the end of the shareholders' meeting if a new election for the withdrawn member shall be held in the next shareholders' meeting or the shareholders' meeting thereafter. In other cases, the office shall cease upon expiry of the balance of the tenure of the withdrawn individual.

(3) Each member of the supervisory board may withdraw from the office through a written notification to the board of directors with a notice period of one month.

§ 7 Chairman, Deputy

(1) After the shareholders' meeting in which the members of the supervisory board shall have been elected by the shareholders' meeting there shall be a meeting of the supervisory board which shall not require a special invitation and in which the supervisory board shall elect a chairman and deputy chairman under the chairmanship of the oldest member elected by the shareholders' meeting. The deputy shall replace the chairman in all cases of absence.

(2) If the chairman or its deputy shall prematurely withdraw from their office, then immediately a new election

---

[1] Der möglicherweise in Betracht kommende Begriff *„representative"* dürfte zu unscharf sein, um die Stellvertreterfunktion wiederzugeben.

für die restliche Amtszeit des Ausgeschiedenen statt.

§ 8 Einberufung und Beschlussfassung

(1) Die Sitzungen des Aufsichtsrats beruft der Vorsitzende schriftlich mit einer Frist von mindestens zwei Wochen ein, den Tag der Absendung der Einberufung und den Tag der Sitzung nicht mitgerechnet. In dringenden Fällen kann er die Frist abkürzen und mündlich, fernmündlich oder durch Telefax einberufen.

(2) Mit der Einberufung sind die Gegenstände der Tagesordnung mit Beschlussvorschlägen mitzuteilen.

(3) Den Vorsitz in den Sitzungen des Aufsichtsrats führt der Vorsitzende. Er bestimmt die Reihenfolge, in der die Gegenstände der Tagungsordnung verhandelt werden, sowie Art und Reihenfolge der Abstimmungen.

(4) Der Aufsichtsrat ist beschlussfähig, wenn alle Mitglieder an der Beschlussfassung persönlich oder durch schriftliche Stimmabgabe teilnehmen. Beschlüsse werden mit einfacher Stimmenmehrheit gefasst, soweit das Gesetz nichts anderes zwingend bestimmt. Dies gilt auch für Wahlen. Bei Stimmengleichheit gibt die Stimme des Vorsitzenden den Ausschlag.

(5) Ein abwesendes Mitglied kann seine schriftliche Stimmabgabe durch ein anderes Aufsichtsratsmitglied überreichen lassen.

(6) Außerhalb von Sitzungen sind Beschlussfassungen zulässig, wenn sämtliche Mitglieder der vorgeschlagenen Abstimmungsart oder dem Beschlussvorschlag zustimmen.

(7) Über die Sitzungen und Beschlüsse des Aufsichtsrats sind Niederschriften anzufertigen, vom Vorsitzenden zu unterzeichnen und allen Aufsichtsratsmitgliedern unverzüglich in Abschrift zuzuleiten.

shall be held for the balance of the tenure of the individual withdrawn.

§ 8 Convocation, Adoption of Resolutions

(1) The chairman shall convene the meetings of the supervisory board in writing with a minimum notice period of two weeks; the day of posting of the convocation letter and the meeting itself will not be counted. In urgent cases it may shorten the notice period and convene verbally, by telephone or by fax letter.

(2) The convocation letter shall also specify the items of the agenda together with resolution proposals.

(3) The chairman of the supervisory board shall lead the meetings of the supervisory board. It shall determine the order in which the items of the agenda shall be dealt with and the mode and order of voting.

(4) The supervisory board shall be quorate if all members participate in the decision making in person or through written vote. Resolutions shall be adopted with a simple majority of votes cast unless statutory law shall dictate otherwise. The same shall apply to elections. In case of equality in number of votes, the vote of the chairman shall be decisive.

(5) An absent member may submit its written vote through another member of the supervisory board.

(6) Resolutions outside the meetings shall only be possible if all members shall approve the proposed mode of voting or the resolution proposal itself.

(7) The meetings and the resolutions of the supervisory board shall be recorded in minutes that shall be signed by the chairman and be sent as copy to all members of the supervisory board.

(8) Der Vorsitzende oder sein Stellvertreter sind ermächtigt, die zur Durchführung der Beschlüsse des Aufsichtsrats erforderlichen Willenserklärungen abzugeben.

§ 9 Aufgaben und Befugnisse

(1) Der Aufsichtsrat bestellt den Vorstand und überwacht dessen Geschäftsführung.

(2) Seiner vorherigen Zustimmung bedürfen

a) der Erwerb, die Veräußerung und die Belastung von Grundstücken und grundstücksgleichen Rechten, wenn der Betrag der Gegenleistung € 250.000 übersteigt,

b) die Errichtung und Aufhebung von Zweigniederlassungen,

c) die Gründung und Übernahme anderer Unternehmungen sowie der Erwerb, die Veränderung und die Veräußerung von Beteiligungen,

d) jede Kreditgewährung an Personen, die für die Gesellschaft oder eine Gesellschaft tätig sind, an der die Gesellschaft beteiligt ist oder deren Geschäfte sie führt.

Der Aufsichtsrat kann durch Beschluss andere Maßnahmen von seiner Zustimmung abhängig machen.

(3) Der Vorstand hat dem Aufsichtsrat laufend in dem gesetzlich festgelegten Umfang zu berichten. Darüber hinaus kann der Aufsichtsrat Berichte verlangen über alle Angelegenheiten der Gesellschaft, über ihre rechtlichen und geschäftlichen Beziehungen zu verbundenen Unternehmen sowie über geschäftliche Vorgänge bei diesen Unternehmen, die für die Lage der Gesellschaft von erheblicher Bedeutung sein können.

(4) Der Aufsichtsrat hat zu jeder Zeit das Recht, alle Bücher und Schriften einzusehen sowie die Vermögensgegenstände der Gesellschaft zu prüfen.

(5) Der Aufsichtsrat gibt sich eine Geschäftsordnung.

(8) The chairman and its deputy shall be authorised to make all declarations necessary to implement resolutions of the supervisory board.

§ 9 Responsibilities and Powers

(1) The supervisory board shall appoint and supervise their management of the business.

(2) The following transactions shall require its prior approval:

a) The acquisition, disposal or encumbrance of real estate and quasi real estate rights if the consideration therefor shall exceed 250,000 €.

b) The establishment and closure of branches.

c) The incorporation and acquisition of other companies and the acquisition, change or disposal of shareholdings.

d) Any grant of a loan to individuals working for the Company or a company in which the Company owns a shareholding or of which it manages the business.

The supervisory board shall be free to make through resolution any other transactions subject to its approval.

(3) The Board of Directors shall report to the supervisory board on an ongoing basis in the scope prescribed by statutory law. Moreover, the supervisory board may demand reports on all matter of the Company that may have a material impact on the legal or commercial relationship to affiliated companies.

(4) The supervisory board shall at any time have the right to inspect all books and written documents and to audit the assets of the Company.

(5) The supervisory board shall establish for itself rules of procedure.

(6) Willenserklärungen des Aufsichtsrats und seiner Ausschüsse werden namens des Aufsichtsrats von dem Vorsitzenden oder seinem Stellvertreter abgegeben.

(7) Der Aufsichtsrat ist zu Satzungsänderungen berechtigt, die nur die Fassung betreffen.

(6) Any declarations of the supervisory board or its committees shall be made through the chairman or his deputy in the name of the supervisory board.

(7) The supervisory board shall be entitled to change the articles of association only to the extent that these shall refer to the their structure.

§ 10 Vergütung

(1) Die Aufsichtsratmitglieder erhalten nach Abschluss eines Geschäftsjahrs eine angemessene Vergütung, die durch Beschluss der Hauptversammlung festgestellt wird.

(2) Die Gesellschaft erstattet den Aufsichtsratsmitgliedern ihre baren Auslagen und die auf ihre Vergütung entfallende Umsatzsteuer, falls sie diese gesondert in Rechnung stellen können und stellen.

§ 10 Remuneration

(1) After expiry of a fiscal year, the members of the supervisory board shall receive an appropriate remuneration that shall be determined through the resolution of the shareholders' meeting.

(2) The Company shall reimburse the members of the supervisory board for their cash expenses and the VAT[2] on their remuneration if the same may be due and effectively invoiced separately.

V. Hauptversammlung

V. Shareholders' Meeting

§ 11 Ordentliche Hauptversammlung

Innerhalb der ersten acht Monate eines Geschäftsjahrs findet die ordentliche Hauptversammlung statt. Gegenstand ihrer Tagesordnung sind regelmäßig

a) die Vorlage, und, soweit erforderlich, die Feststellung des Jahresabschlusses mit Lagebericht des Vorstands und Bericht des Aufsichtsrats,

b) die Beschlussfassung über die Verwendung des Bilanzgewinns,

c) die Entlastung von Vorstand und Aufsichtsrat,

d) die Wahl des Abschlussprüfers.

§ 11 Ordinary Shareholders' Meetings

Within the first eight months of a fiscal year, the ordinary shareholders' meeting shall be held. The agenda shall regularly cover the following:

a) The presentation and (as necessary) the adoption of the annual report together with the management report of the Board of Directors and the report of the supervisory board

b) The voting on the use of the net earnings

c) The discharge of the managing directors and the members of the supervisory board

d) The election of the auditor of the annual accounts.

---

[2] Die Begriffe Umsatzsteuer und Mehrwertsteuer werden durchgängig mit *VAT (Value added Tax)* übersetzt.

§ 12 Ort und Einberufung	**§ 12 Place and Convocation**
(1) Der Vorstand beruft die Hauptversammlung ein. Sie findet am Sitz der Gesellschaft statt.	(1) The Board of Directors shall convene the shareholders' meeting. It shall be held at the registered office of the Company.
(2) Die Einberufung muss mindestens einen Monat vor dem Tag der Versammlung, den Tag der Veröffentlichung und den Tag der Versammlung nicht mitgerechnet, bekannt gemacht sein.	(2) The convocation shall be notified by no later than one month before the date of the meeting provided that the day of the publication and the day of the meeting shall not be counted.
§ 13 Vorsitz	**§ 13 Chairmanship**
Den Vorsitz in der Hauptversammlung führt der Vorsitzende des Aufsichtsrats, im Fall seiner Verhinderung sein Stellvertreter, bei dessen Verhinderung ein unter Leitung des ältesten anwesenden Aktionärs gewählter anderer Versammlungsleiter.	The chairman of the supervisory board and, in its absence, its deputy shall lead the shareholders' meeting; in the absence of the deputy, another meeting chairman elected under the supervision of the oldest shareholder present shall lead the meeting.
§ 14 Stimmrecht	**§ 14 Voting Right**
(1) Das Stimmrecht jeder Aktie entspricht ihrem Nennbetrag. Es beginnt mit Leistung der gesetzlichen Mindesteinlage.	(1) The voting right of each share shall correspond with its nominal amount. It shall come into force at the date at which the minimum statutory contribution shall have been made.
(2) Es kann durch schriftlich Bevollmächtigte ausgeübt werden.	(2) It may be exercised through a representative who shall have been designated in writing.
§ 15 Beschlussfassung	**§ 15 Adoption of Resolutions**
(1) Die Hauptversammlung ist beschlussfähig, wenn mehr als die Hälfte des Grundkapitals vertreten ist. Ist dies nicht der Fall, so ist unverzüglich eine neue Hauptversammlung mit der gleichen Tagesordnung einzuberufen, die stets beschlussfähig ist.	(1) The shareholders' meeting shall be quorate if more than half of the share capital shall be present. If this shall not be the case, then another shareholders' meeting with the same agenda shall immediately be convened which shall be quorate in any event.
(2) Beschlüsse werden mit einfacher Mehrheit der abgegebenen Stimmen gefasst, soweit eine Kapitalmehrheit erforderlich ist mit einfacher Mehrheit des vertretenen Grundkapitals, sofern	(2) Resolutions shall be adopted through simple majority of votes cast in case a majority of capital shall be required or through a simple majority of the share capital represented unless

nicht Gesetz oder Satzung eine größere Mehrheit zwingend vorschreiben.

(3) Kapitalerhöhungen oder -herabsetzungen, die Auflösung, die Umwandlung der Gesellschaft, die Übertragung des Gesellschaftsvermögens und Unternehmensverträge im Sinn von §§ 291 ff. AktG bedürfen einer Mehrheit von mindestens drei Vierteln des vertretenen Grundkapitals.

VI. Jahresabschluss und Gewinnverwendung

§ 16 Jahresabschluss

(1) In den ersten drei Monaten des Geschäftsjahrs hat der Vorstand für das vergangene Geschäftsjahr den Jahresabschluss und den Lagebericht aufzustellen und den Abschlussprüfern vorzulegen. Nach Eingang des Prüfungsberichts hat er diesen mit dem Jahresabschluss und dem Lagebericht zusammen mit einem Gewinnverwendungsvorschlag unverzüglich dem Aufsichtsrat vorzulegen.

(2) Der Aufsichtsrat hat dem Vorstand innerhalb eines Monats nach Zugang dieser Vorlagen seinen Bericht für die Hauptversammlung zuzuleiten. Geschieht dies nicht fristgemäß, hat ihm der Vorstand unverzüglich eine weitere Frist von höchstens einem Monat zu setzen. Geht dem Vorstand der Bericht auch innerhalb dieser Frist nicht zu, gilt der Jahresabschluss als vom Aufsichtsrat nicht gebilligt.

§ 17 Gewinnverwendung

(1) Die Hauptversammlung beschließt über die Verwendung des Bilanzgewinns.

(2) Stellen Vorstand und Aufsichtsrat den Jahresabschluss fest, können sie bis 50% (fünfzig Prozent) des nach Zuwei-

statutory laws or these articles of association shall dictate a different proportion.

(3) Capital increases or reductions, the dissolution, the transformation of the Company, the transfer of the Company assets and inter-company agreements in terms of §§ 291 et seq. of the German Stock Corporation Act shall require a majority of at least ¾ of the represented share capital.

VI. Annual Report and Use of Profits

§ 16 Annual Report

(1) During the first three months of the fiscal year the Board of Directors shall prepare the annual report and the management report for the previous fiscal year and submit the same to the auditors. Immediately upon receipt of the auditor's report the Board of Directors shall submit the same to the supervisory board together with the annual report, the management report and the proposal on the use of profits.

(2) The supervisory board shall provide the Board of Directors with its report to the shareholders' meeting within one month after receipt of these documents. If this shall not be done in a timely manner, then the Board of Directors shall immediately set a further maximum deadline of one month. If the Board of Directors shall not have received the report within the new deadline, then the annual report shall be regarded as disapproved by the supervisory board.

§ 17 Use of Profits

(1) The shareholders' meeting shall vote on the use of the net earnings.

(2) If the Board of Directors and the supervisory board shall adopt the annual report, then they may allocate to

sung zur gesetzlichen Rücklage und Tilgung eines Verlustvortrags verbleibenden Jahresüberschusses in andere Gewinnrücklagen einstellen. Bis diese die Hälfte des Grundkapitals erreicht haben, können weitere 25% (fünfundzwanzig Prozent) des Jahresüberschusses in andere Gewinnrücklagen eingestellt werden.

(3) Stellt die Hauptversammlung den Jahresabschluss fest, ist der fünfte Teil des Jahresüberschusses in andere Gewinnrücklagen einzustellen, bis diese den Betrag des Grundkapitals erreicht haben.

other revenue reserves 50% (fifty percent) of the annual surplus that shall be left after allocation to the statutory reserves and the discharge of any loss carry forward. A further 25% (twenty-five percent) of the annual surplus may be allocated to other revenue reserves until those shall equal the half of the share capital.

(3) If the shareholders' meeting shall adopt the annual report, then one fifth of the annual surplus shall be allocated to other revenue reserves until it shall equal the amount of the share capital.

§ 18 Gerichtsstand

Gerichtsstand für alle auf dem Gesellschaftsverhältnis beruhenden Streitigkeiten zwischen der Gesellschaft und ihren Aktionären und der Aktionäre untereinander ist der Sitz der Gesellschaft.

§ 18 Venue Clause

The venue for all disputes between the shareholders and the company and among the shareholders arising from the shareholder relationship shall be at the registered office of the Company.

§ 19 Gründungskosten

Die Gesellschaft übernimmt die Gründungskosten in geschätzter Höhe von € 4.000 (viertausend €).

§ 19 Costs of Incorporation

The Company shall bear the costs of incorporation in the estimated total of € 4,000 (four thousand €).

7. Satzung einer Europäischen Aktiengesellschaft

I. Allgemeine Bestimmungen

§ 1 Firma und Sitz

(1) Die Gesellschaft führt die Firmierung „...... SE".

(2) Sie hat ihren Sitz in ......

§ 2 Gegenstand des Unternehmens

(1) Gegenstand des Unternehmens ist ...... einschließlich aller hiermit zusammenhängenden Geschäfte und Dienstleistungen.

(2) Die Gesellschaft ist zu allen Geschäften und Maßnahmen berechtigt, die geeignet sind, den Unternehmensgegenstand unmittelbar oder mittelbar zu fördern.

§ 3 Dauer der Gesellschaft und Geschäftsjahr

(1) Die Gesellschaft wird auf unbestimmte Dauer gegründet.

(2) Das Geschäftsjahr ist das Kalenderjahr. Das erste Geschäftsjahr (Rumpf-Geschäftsjahr) beginnt mit der Errichtung der Gesellschaft und endet am 31. Dezember des Jahres, in dem die Gesellschaft gegründet worden ist.

II. Grundkapital und Aktien

§ 4 Grundkapital/Aktien

(1) Das Grundkapital der Gesellschaft beträgt 200.000 € (in Worten: zweihunderttausend €). Es ist aufgeteilt in 200.000 Aktien zum Nennbetrag von 1,00 €.

(2) Die Aktien lauten auf die Namen der Aktionäre. Übertragung ist nur mit

7. Articles of Association of a European Stock Corporation

I. General Provisions

§ 1 Name and Registered Seat

(1) The company shall have the name "...... SE".

(2) It shall have its registered seat in ......

§ 2 Purpose of the Corporation

(1) The purpose of the corporation is ...... which shall include all business and services associated therewith.

(2) The corporation shall have the right to conduct all business and perform all acts which directly or indirectly serve the corporate purpose.

§ 3 Duration of Fiscal Year; Fiscal Year

(1) The corporation shall be established for an indefinite period of time.

(2) The fiscal year shall equal the calendar year. The first fiscal year (shortened fiscal year) shall start at the date of the incorporation and shall end at the 31 December of such year in which the corporation was incorporated.

II. Share Capital and Shares

§ 4 Share Capital and Shares

(1) The share capital of the corporation shall be 200,000 € (in word: two hundred thousand €). It shall be divided into 200,000 shares at a nominal value of 1,00 € each.

(2) The Shares shall be registered in the name of the shareholders. No transfer

Zustimmung der Hauptversammlung möglich. Findet eine Kapitalerhöhung statt, so lauten die neuen Aktien ebenfalls auf die Namen der Inhaber, sofern der Erhöhungsbeschluss eine anderweitige Bestimmung trifft.

(3) Form und Inhalt der Aktien werden durch den Verwaltungsrat festgelegt. Es gibt keinen Anspruch auf Einzelverbriefung.

shall be permitted unless the general assembly shall have approved the same. In the event of a capital increase, new shares shall be registered the name of the shareholders unless the resolution dictates otherwise.

(3) Form and content of the shares shall be determined by the executive board.[1] There is no claim to issue of single shares.

III. Verwaltungsrat und geschäftsführende Direktoren[2]

§ 5 Verwaltungsrat

(1) Die Gesellschaft verfügt über einen Verwaltungsrat, bestehend aus fünf Mitgliedern. Die Verwaltungsratsmitglieder werden durch die Hauptversammlung gewählt.

(2) Der Verwaltungsrat wählt unmittelbar im Anschluss an seine Wahl aus seiner Mitte einen Vorsitzenden und einen stellvertretenden Vorsitzenden.

(3) Der Verwaltungsrat gibt sich selbst durch einstimmigen Beschluss eine Geschäftsordnung.

(4) Die Mitglieder des Verwaltungsrats sind für die Zeit bis zur Beendigung der Hauptversammlung gewählt, die über die Entlastung für das vierte Geschäftsjahr nach dem Beginn der Amtszeit beschließt. Dabei wird das Geschäftsjahr, in dem die Amtszeit beginnt, nicht mitgerechnet.

(5) Der Verwaltungsrat trifft Entscheidungen im Beschlusswege, die in Sitzungen zu fassen sind, die mindestens viermal im Geschäftsjahr stattfinden. Die Verwaltungsratssitzungen werden durch den Vorsitzenden oder im Falle seiner Verhinderung durch seinen Stellvertreter schriftlich mit einer Frist von

III. Executive Board and Executive Directors[3]

§ 5 Executive Board

(1) The Corporations shall have an executive board consisting of five members. The Members of the executive boards are elected by the general assembly.

(2) Immediately after its election the executive Board shall elect amongst its members a chairman and a deputy chairman.

(3) The executive board shall through unanimous resolution adopt its rule of procedure.

(4) The members of the executive board are elected until such date at which the general assembly shall vote on their discharge for the fourth fiscal year after the commencement of their tenure. The year in which the tenure starts shall not be counted.

(5) The executive board takes decisions through resolutions which shall be adopted in meetings that shall be held at least four times a year. Executive board meetings shall be convened with a notice period of two weeks through the chairman or through the deputy chairman if the chairman shall be un-

---

[1] Die Terminologie variiert. *Management Board, Board of Directors, Advisory Board* (Beiratsfunktion der Gremiums) oder *Supervisory Board* (Aufsichtsfunktion des Gremiums).
[2] Die in Abschnitt III gewählten Formulierungen gehen von einer monistischen Struktur der SE aus; eine Formulierung für die dualistische Struktur findet sich im Anschluss an diese Satzung.
[3] Die in Abschnitt III gewählten Formulierungen gehen von einer monistischen Struktur der SE aus; eine Formulierung für die dualistische Struktur findet sich im Anschluss an diese Satzung.

zwei Wochen einberufen. In dringenden Fällen kann die Ladungsfrist abgekürzt und die Sitzung mündlich, fernmündlich, fernschriftlich, durch Telefax oder mittels Email einberufen werden.

(6) Eine Beschlussfassung des Verwaltungsrats kann außerhalb der Sitzungen durch schriftliche, elektronische, fernmündliche Stimmabgabe oder per Telefax erfolgen, auch im schriftlichen Umlaufverfahren, jedoch immer nur sofern kein Mitglied dem Verfahren widerspricht.

(7) Der Verwaltungsrat ist nur beschlussfähig, wenn mindestens zwei seiner Mitglieder einschließlich des Vorsitzenden oder seines Stellvertreters an der Beschlussfassung teilnehmen.

(8) Die Beschlüsse des Verwaltungsrats werden mit der Mehrheit der abgegebenen Stimmen gefasst. Bei Stimmengleichheit entscheidet die Stimme des Vorsitzenden oder, falls er an der Beschlussfassung nicht teilnimmt, die Stimme seines Stellvertreters.

(9) Der Vorsitzende, im Falle seiner Verhinderung sein Stellvertreter, gibt zur Durchführung der Beschlüsse die erforderlichen Erklärungen ab und empfängt Erklärungen mit Wirkung für und gegen den Verwaltungsrat.

(10) Die Mitglieder des Verwaltungsrats erhalten für ihre Tätigkeit neben dem Ersatz der nachgewiesenen Auslagen eine angemessene Vergütung zuzüglich der gesetzlichen Mehrwertsteuer.

(11) Die Höhe der Vergütung wird von der Hauptversammlung festgelegt. Die Gesellschaft hat die Versicherungsprämien zu übernehmen samt der darauf zu zahlenden Versicherungssteuer für eine Haftpflicht- und Rechtschutzversicherung zur Abdeckung der Haftungsrisiken aus der Verwaltungsratstätigkeit.

§ 6 Geschäftsführende Direktoren

(1) Der Verwaltungsrat bestellt einen oder mehrere geschäftsführende Direktoren.

available. In urgent cases, the notice period may be shortened and the convocation of the meeting may then be made verbally or in writing through fax letter or email.

(6) The executive board may also adopt resolutions outside meetings through written, electronic or telephone voting our through fax letter and circulation procedure as long as none of its members objects to such procedure.

(7) The executive board shall have proper quorum if at least two of its members including the chairman ort he deputy chairman shall be present at the voting.

(8) Resolutions of the executive board shall be past by majority of the votes cast. In case of equality in number of votes, the vote of the chairman or, if the chairman is absent, the vote of the deputy chairman shall be decisive.

(9) The chairman or, if the chairman is absent, the deputy shall file the necessary notices or receive the same which shall be binding for and against the executive board.

(10) Members of the executive board shall in addition to refund of their expenses receive a reasonable remuneration for the service plus VAT.

(11) The remuneration shall be determined by the general assembly. The corporation agrees to pay insurance premiums including insurance taxes thereon to fund liability and legal protection insurance which shall cover all risks associated with the office as executive board member.

§ 6 Executive Directors

(1) The executive board shall appoint one or more executive directors.

(2) Für den Fall, dass nur ein geschäftsführender Direktor bestellt wurde, vertritt dieser die Gesellschaft allein. Sind mehrere geschäftsführende Direktoren bestellt, wird die Gesellschaft durch zwei geschäftsführende Direktoren gemeinsam vertreten.

(2) If a single executive director shall have been appointed, he shall have sole power of representation. If several executive directors shall have been appointed, the corporation shall be represented jointly bet wo executive directors.

IV. Hauptversammlung

§ 7 Hauptversammlung

(1) Die Hauptversammlung hat am Sitz der Gesellschaft oder an einem anderen Ort stattzufinden.

(2) Die ordentliche Hauptversammlung hat innerhalb der ersten sechs Monate eines jeden Geschäftsjahres stattzufinden. Außerordentliche Hauptversammlungen sind einzuberufen, wenn es das Wohl der Gesellschaft erfordert und in den gesetzlich vorgeschriebenen Fällen.

(3) Der Verwaltungsrat beruft die Hauptversammlung ein, unbeschadet des gesetzlichen Rechts anderer Organe oder Personen, die Hauptversammlung einzuberufen.

(4) Die Einberufung hat unter Mitteilung der Tagesordnung durch Bekanntmachung im Amtsblatt der Europäischen Gemeinschaft mit einer Frist von mindestens einem Monat zu erfolgen. Bei der Berechnung der Einberufungsfrist werden der Tag der Bekanntmachung und der letzte Hinterlegungstag nicht mitgerechnet.

(5) Es sind zur Teilnahme an der Hauptversammlung und zur Ausübung des Stimmrechts alle diejenigen Aktionäre berechtigt, die ihre Aktien bei der Gesellschaft während der Geschäftsstunden hinterlegen, und zwar bei einem deutschen Notar, bei einer Wertpapiersammelbank oder bei den sonst in der Einberufung bezeichneten Stellen und bis zur Beendigung der Hauptversammlung dort belassen. Die Hinterlegung muss spätestens am sieb-

IV. The General Assembly[4]

§ 7 The General Assembly

(1) The general assembly shall take place at the registered seat of the corporation or at a different location.

(2) The ordinary general assembly shall take place within six months after completion of a fiscal year. Extraordinary general meeting shall be held if necessary to protect the corporation or in the events that re dictated by statutory law.

(3) The executive board shall convene the general assembly notwithstanding the right of convocation of other bodies based on statutory law.

(4) Convocation shall include the agenda through publication in the European Journal of the European Community with a minimum notice period of one month. The date of publication and the last day of depositing shall not be counted.

(5) Only those shareholders shall be eligible for participation at the general assembly and for voting who shall deposit and leave until the end of the general assembly their shares during ordinary business hours with a notary, a central depository of securities or another institute specified in the convocation letter. Depositing must occur no later than seven days prior to the date of the general assembly. If the shares shall not be deposited with these com-

---

[4] Auch der Begriff *shareholders' meeting* ist gebräuchlich (siehe oben III. 5 zur AG).

ten Tag vor der Hauptverhandlung erfolgen. Werden die Aktien nicht bei diesen Gesellschaften hinterlegt, ist die Hinterlegung innerhalb dieser Frist durch eine Bescheinigung gegenüber der Gesellschaft nachzuweisen.

panies, depositing must be evidenced within such deadline through certificate presented to the corporation.

(6) Der Vorsitzende des Verwaltungsrats führt den Vorsitz der Hauptversammlung, im Falle seiner Verhinderung wir der Vorsitz von seinem Stellvertreter übernommen. Ist auch der Stellvertreter verhindert, wählt die Hauptversammlung einen Versammlungsleiter.

(6) The chairman of the executive board or in case of absence the deputy shall lead the general assembly. If the deputy shall be absent, the general assembly shall elect a chairman to lead the assembly.

(7) Dem Vorsitzenden der Hauptversammlung obliegt die Leitung der Versammlung. Er bestimmt die Reihenfolge, in der die Tagesordnungspunkte abgehandelt werden sowie die Art und die Reihenfolge der Abstimmung.

(7) The chairman of the general assembly shall lead the assembly. He shall determine the order at which the agenda is dealt with and the order of voting.

§ 8 Beschlüsse der Hauptversammlung

§ 8 General Assembly Resolutions

(1) Die Hauptversammlung fasst ihre Beschlüsse mit einfacher Mehrheit der abgegebenen Stimmen, sofern nicht anderweitige zwingende gesetzlicher Regelungen entgegenstehen.

(1) Resolutions of the general assembly are adopted by simple majority of votes cast unless dictated otherwise by mandatory provisions of statutory law.

(2) In dem Fall, in dem die Beschlussfassung neben der Stimmenmehrheit auch die Kapitalmehrheit erforderlich ist, genügt die einfache Mehrheit des bei der Beschlussfassung vertretenen Grundkapitals, unbeschadet anderweitiger zwingender gesetzlicher Regelungen.

(2) If in the voting process a majority of shares held shall be required in addition to the majority of votes, a simple majority of the shares being present shall qualify as majority notwithstanding mandatory laws dictating otherwise.

V. Jahresabschluss und Gewinnverwendung

V. Annual Report and Use of Profits

§ 9 Jahresabschluss

§ 9 Annual Report

(1) Innerhalb der gesetzlichen Frist stellen die geschäftsführenden Direktoren den Jahresabschluss auf, nämlich Bilanz, Gewinn- und Verlustrechnung und den Anhang. Sofern erforderlich, wird auch der Lagebericht für das vergangene Jahr erstellt. Diese Unterlagen

(1) During the statutory term the executive directors shall prepare the annual report which shall include the balance sheet, the profit an loss statement and the annex. An explanatory report shall be prepared, as required. These documents shall be submitted to the execu-

werden dem Verwaltungsrat zusammen mit einem Gewinnverwendungsvorschlag vorgelegt. Der Verwaltungsrat hat dem Abschlussprüfer unverzüglich den Auftrag zur Prüfung des Jahresabschlusses zu erteilen und der Hauptversammlung über das Ergebnis dieser Prüfung einen schriftlichen Bericht zu erstatten.

tive board together with a proposal on the use of profits. The executive board shall immediately appoint the auditors to audit of the annual report and prepare a written report on the result of such audit to the general assembly.

(2) Wenn der Verwaltungsrat den Jahresabschluss billigt, ist dieser festgestellt, sofern der Verwaltungsrat nicht beschließt, dass die Feststellung durch die Hauptversammlung erfolgen solle.

(2) If the executive board approves the audit report, then the report shall be regarded as adopted unless the adoption the executive board shall determine that adoption must occur through the general assembly.

(3) Nach Zustellung des Berichts des Verwaltungsrates an die geschäftsführenden Direktoren beruft der Verwaltungsrat unverzüglich die ordentliche Hauptversammlung ein. Vom Augenblick der Einberufung der Hauptversammlung an sind der Jahresabschluss, der Lagebericht, der Bericht des Verwaltungsrates und der Gewinnverwendungsvorschlag der geschäftsführenden Direktoren in den Geschäftsräumen der Gesellschaft für die Aktionäre zur Einsicht auszulegen.

(3) Upon delivering the executive board report to the executing directors, the executive board shall convene the ordinary general assembly. As from the convocation date the annual report, the management report, the executive board report and the proposal on the use of profits made by the executive directors shall be made available to the shareholders of the corporation for inspection at the offices of the corporation.

(4) Die Hauptversammlung nimmt den festgestellten Jahresabschluss entgegen. Sodann beschließt sie über die Entlastung des Verwaltungsrats und der geschäftsführenden Direktoren und über die Verwendung des Bilanzgewinns. Sofern der Verwaltungsrat beschlossen hat, dass die Feststellung des Jahresabschlusses der Hauptversammlung überlassen sein soll, stellt diese den Jahresabschluss fest.

(4) The general assembly shall receive the adopted annual report. Thereafter, it shall vote on the discharge of the executive board and the executive directors and the use of the net earnings. If the executive board shall have determined that the adoption of the annual report shall be left to the general assembly, then the same shall adopt the annual report.

VI. Sonstige Regelungen

§ 10 Sitzverlegung

(1) Gemäß den Vorschriften der SEVO kann die Gesellschaft ihren Sitz in einen anderen Mitgliedsstaat der Europäischen Gemeinschaft verlegen.

VI. Other Provisions

§ 10 Relocation of the Corporate Seat

(1) The corporation may relocate its corporate seat to another member state of the European Union in accordance with applicable SE Regulation.

(2) Soll der Sitz verlegt werden, dann hat der Verwaltungsrat einen Verlegungsplan gem. § 8 SEVO zu erstellen sowie einen Bericht über die rechtlichen und wirtschaftlichen Aspekte der Sitzverlegung und über die Auswirkungen der Sitzverlegung für die Aktionäre, die Gläubiger und die Arbeitnehmer.

(3) Verlegungsplan und Bericht sind offen zu legen.

(4) Die Hauptversammlung beschließt über die Sitzverlegung mit einer Mehrheit von $2/3$ der abgegebenen Stimmen. Der Beschluss über die Sitzverlegung kann frühestens zwei Monate nach Offenlegung des Verlegungsplans gefasst werden.

(5) Aktionären und Gläubigern der Gesellschaft ist mindestens einen Monat lang vor der Hauptversammlung, die über die Sitzverlegung beschließen soll, Gelegenheit zu geben, am Sitz der Gesellschaft den Verlegungsplan und den Bericht des Verwaltungsrats einzusehen. Sie haben das Recht, Abschriften dieser Unterlagen unentgeltlich zu erhalten.

(6) Jeder Aktionär ist befugt, gegen den Verlegungsbeschluss der Hauptversammlung Widerspruch einzulegen. Der Widerspruch ist durch Niederschrift zu Protokoll der Hauptversammlung zu erklären, die über die Sitzverlegung beschließt.

(7) Einem Widerspruch steht es gleich, wenn ein nicht erschienener Aktionär zur Hauptversammlung zu Unrecht nicht zugelassen wurde oder die Hauptversammlung nicht ordnungsgemäß einberufen wurde oder wenn der Gegenstand der Beschlussfassung nicht ordnungsgemäß bekannt gemacht wurde.

(8) Die Gesellschaft hat jedem Aktionär, der nach Maßgabe dieses Paragraphen Widerspruch gegen die Sitzverlegung eingelegt hat, den Erwerb seiner Aktien gegen eine angemessene Barabfindung anzubieten. Die Bekanntmachung des

(2) If the corporate seat is to be relocated then the executive board shall prepare a relocation plan in accordance with § 8 of the SE Regulation and a report of the legal and economic aspects of a relocation and the effects of such relocation on the shareholders, creditors and workers.

(3) The relocation plan and the report shall be disclosed.

(4) The general assembly shall vote on the relocation with a majority of $2/3$ of the votes cast. Adoption of the resolution on relocation may occur by no earlier than 2 months after the relocation plan has been disclosed.

(5) Shareholders and creditors shall have the opportunity to inspect the relocation plan for at least one month before the date at which the general assembly shall vote on the relocation of the corporation. They shall have the right to receive a copy of the documentation free of charge.

(6) Each shareholder shall be entitled to object to the general assembly's resolution on relocation. Such objection must be documented in the minutes of the general assembly voting on the relocation of the corporate seat.

(7) If an absent shareholder has wrongfully not been admitted to the general assembly, or if the general assembly has not been properly convened or the subject of any resolution has not been properly published, then this shall be regarded as objection.

(8) The corporation must offer to each shareholder having objected tot the relocation in accordance with the terms of this paragraph the purchase of its shares in exchange for a reasonable remuneration in cash. The publication of

Verlegungsplans hat den Wortlaut dieses Barabfindungsangebots zu enthalten.

(9) Die Barabfindung wird auf ihre Angemessenheit hin durch einen Wirtschaftsprüfer geprüft, es sei denn, die Berechtigten verzichten auf eine Prüfung. Die Verzichtserklärung bedarf der notariellen Beurkundung.

(10) Die widersprechenden Aktionäre können das Barabfindungsangebot nur innerhalb von zwei Monaten nach dem Tag annehmen, an dem die Sitzverlegung im neuen Sitzstand der Gesellschaft gem. den dort geltenden Bestimmungen eingetragen und bekannt gemacht worden ist.

(11) Die Kosten, die für die Übertragung der Aktien der widersprechenden Aktionäre auf die Gesellschaft entstehen, trägt die Gesellschaft.

§ 11 Bekanntmachungen

Bekanntmachungen der Gesellschaft sind ausschließlich im Amtsblatt der Europäischen Gemeinschaft zu veröffentlichen.

§ 12 Gründungskosten

Die Gesellschaft trägt die Kosten, die mit der Gründung verbunden sind, insbesondere die Rechts- und Steuerberatungskosten, die Prüfungs- und Notar- und Gerichtsgebühren sowie die Veröffentlichungskosten bis zu einem Höchstbetrag von ...... €.

III. Vorstand und Aufsichtsrat[5]

§ 5 Vorstand

(1) Der Vorstand besteht aus mindestens zwei Personen.

(2) Die Zahl der Mitglieder des Vorstands bestimmt der Aufsichtsrat. Der

the relocations plan must specify the wording of such cash settlement offer.

(9) The case settlement shall be examined by an auditor for its appropriateness unless the beneficiaries waive such examination. Such declaration of waiver must be notarized.

(10) The objecting shareholders may accept the cash settlement offer only within a deadline of two months starting at the date at which the relocation of the corporation has been registered and published at the new seat in accordance with the relevant applicable provisions of the new jurisdiction.

(11) The costs arising from the transfer of shares to the objecting shareholders to the corporation shall be at the expense of the corporation.

§ 11 Publications

Publications of the corporation shall be made in the European Journal of the European Community only.

§ 12 Costs of Incorporation

The corporation shall bear the costs associated with the incorporation, in particular the costs of legal and tax advice, the costs of audit, notaries and court expenses up to a total of ...... €.

III. Board of Directors and Supervisory Board[6]

§ 5 The Board of Directors

(1) The board of directors consists of at least to individuals.

(2) The number of the board of director members shall be determined by the

[5] Den nachfolgenden Formulierungen liegt die dualistische Variante der SE zugrunde.
[6] Den nachfolgenden Formulierungen liegt die dualistische Variante der SE zugrunde.

Aufsichtsrat kann einen Vorsitzenden und einen Stellvertreter ernennen.

(3) Der Vorstand gibt sich eine Geschäftsordnung. Er hat sie einstimmig zu beschließen.

(4) Die Geschäftsordnung bedarf der Zustimmung des Aufsichtsrats.

(5) Der Vorstand fasst seine Beschlüsse mit einfacher Mehrheit. Jedes Vorstandsmitglied hat eine Stimme. Bei Stimmengleichheit entscheidet die Stimme des Vorsitzenden.

(6) Die Vertretung der Gesellschaft findet durch zwei Mitglieder des Vorstandes gemeinsam oder durch ein Mitglied des Vorstands zusammen mit einem Prokuristen statt.

(7) Der Aufsichtsrat hat die Möglichkeit, einzelnen Mitglieder des Vorstands, die allein vertretungsbefugt sind, die Vollmacht zur Vornahme bestimmter einzelner Rechtsgeschäfte zu erteilen.

§ 6 Aufsichtsrat

(1) Der Aufsichtsrat besteht aus sechs Mitgliedern.

(2) Direkt nach seiner Wahl wählt der Aufsichtsrat aus seiner Mitte einen Vorsitzenden und einen stellvertretenden Vorsitzenden.

(3) Der Aufsichtsrat gibt sich eine Geschäftsordnung.

(4) Die Amtszeit eines Aufsichtsratsmitglieds dauert bis zur Beendigung der Hauptversammlung, die über die Entlastung für das vierte Geschäftsjahr nach dem Beginn der Amtszeit beschließt. Dabei wird das Jahr, in dem die Amtszeit beginnt, nicht mitgerechnet.

(5) Wenn ein Aufsichtsratmitglied vor Ablauf der Amtszeit ausscheidet, so wird ein Nachfolger für den Rest der Amtszeit des ausgeschiedenen Mitglieds gewählt.

supervisory board. The supervisory board may appoint a chairman and a deputy.

(3) The board of directors shall adopt its rules of procedure through unanimous voting.

(4) The rules of procedure shall require the consent of the supervisory board.

(5) The board of directors shall adopt its resolutions through simple majority. Each of the board members shall have one vote. In case of equality of votes, the vote of the chairman shall be decisive.

(6) Representation of the corporation shall occur through two board members jointly or through one board member in collaboration with an authorized clerk.

(7) The supervisory board may grant authority for the benefit of single board members to execute certain legal transactions.

§ 6 Supervisory Board

(1) The supervisory board shall consist of six members.

(2) Immediately upon its election the supervisory board shall appoint amongst its members a chairman and a deputy chairman.

(3) The supervisory board shall adopt its rules of procedure.

(4) The members of the supervisory board are elected until such date at which the general assembly shall vote on their discharge for the fourth fiscal year after the commencement of their tenure. The year in which the tenure starts shall not be counted.

(5) If a supervisory board member shall resign prior to the expiry of its tenure then a successor shall be elected for the balance of the tenure.

(6) Aufsichtsratsmitglieder können ihr Amt jeder Zeit niederlegen, auch ohne Vorliegen eines wichtigen Grundes. Die Niederlegung geschieht durch schriftliche Erklärung gegenüber dem Vorsitzenden des Aufsichtsrats oder gegenüber dem Vorstand unter Einhaltung einer Frist von vier Wochen.

(7) Die Vorschriften über die Amtsdauer und Amtsende nach diesem Paragraphen gelten auch für den Vorsitzenden des Aufsichtsrats und seine Stellvertreter. Legt der Vorsitzende oder sein Stellvertreter sein Amt vorzeitig nieder, so wählt der Aufsichtsrat unverzüglich einen Nachfolger.

§ 7 Beschlüsse des Aufsichtsrats

(1) Der Aufsichtsrat entscheidet durch Beschluss in den Aufsichtsratssitzungen.

(2) Die Aufsichtsratssitzungen werden durch den Vorsitzenden oder im Falle seiner Verhinderung durch seinen Stellvertreter mit einer Frist von zwei Wochen einberufen.

(3) In dringenden Fällen kann die Ladungsfrist abgekürzt werden und die Sitzung mündlich, fernmündlich, fernschriftlich, per Telefax oder Email einberufen werden.

(4) Sofern kein Mitglied diesem Verfahren widerspricht, kann die Beschlussfassung außerhalb der Sitzungen durch schriftliche, elektronische, fernmündliche Stimmabgabe erfolgen, auch per Fax oder Email oder im schriftlichen Umlaufverfahren.

(5) Der Aufsichtsrat ist beschlussfähig, wenn mindestens drei seiner Mitglieder einschließlich des Vorsitzenden oder seines Stellvertreters an der Beschlussfassung teilnehmen.

(6) Beschlüsse werden mit einer Mehrheit der abgegebenen Stimmen gefasst. Bei Stimmengleichheit entscheidet die Stimme des Vorsitzende oder, sofern er

(6) Supervisory board members may resign from their office at any time; a good reason shall not be required. The resignation is made through written notices to the chairman of the supervisory board or to the chairman of the board of directors with a notice period of four weeks.

(7) The regulation on the duration and end of service set out herein shall equally apply to the chairman of the supervisory board and the deputy. Upon resignation of the chairman or the deputy, the supervisory board shall immediately elect a successor.

§ 7 Resolutions of the Supervisory Board

(1) The supervisory board shall take its decisions through resolutions adopted in supervisory board meetings.

(2) The chairman or in the deputy in the absence of the chairman shall convene the supervisory board meetings with a notice period of two weeks.

(3) In urgent cases the convocation period may be shortened and the meeting may be convened verbally, through telephone, in writing, via fax letter or email.

(4) The supervisory board may also adopt resolutions outside meetings through written, electronic or telephone voting our through fax letter and circulation procedure as long as none of its members objects to such procedure.

(5) The supervisory board shall have proper quorum if at least three of its members including the chairman ort he deputy chairman shall be present at the voting.

(6) Resolutions of the supervisory board shall be past by majority of the votes cast. In case of equality in number of votes, the vote of the chairman or, if

an der Abstimmung nicht teilnimmt, die Stimme des Stellvertreters.

(7) Der Aufsichtsratsvorsitzende bzw. im Falle seiner Verhinderung ist sein Stellvertreter ermächtigt, im Namen des Aufsichtsrats Willenserklärungen abzugeben und entgegenzunehmen.

(8) Jedes Aufsichtsratsmitglied erhält für seine Tätigkeit eine angemessene Vergütung zusätzlich der gesetzlichen Mehrwertsteuer. Zusätzlich werden ihm seine nachgewiesenen Auslagen ersetzt werden. Die Höhe der Vergütung wird von der Hauptversammlung festgelegt.

(9) Zur Abdeckung der Haftungsrisiken aus der Aufsichtsrattätigkeit wird eine Haftpflicht- und Rechtsschutzversicherung abgeschlossen, deren Prämie die Gesellschaft übernimmt nebst der darauf zu zahlenden Versicherungssteuer.

the chairman is absent, the vote of the deputy chairman shall be decisive.

(7) The chairman or, if the chairman is absent, the deputy shall file the necessary notices or receive the same which shall be binding for and against the supervisory board.

(8) Each member of the supervisory board shall receive a reasonable remuneration for the service plus VAT. In addition, proven expenses shall be refunded. The remuneration shall be determined by the general assembly.

(9) A liability and legal protection insurance cover for the service as supervisory board member will be provided, the premium payments of which including insurance taxes thereon shall be borne by the corporation.

8. Gesellschaftsvertrag einer stillen Gesellschaft

8. Silent Partnership Agreement

§ 1 Gegenstand

§ 1 Subject of Agreement/Award of a Silent Partnership Interest

(1) Herr X (nachfolgend: „Inhaber") ist alleiniger Eigentümer eines Einzelhandelsgeschäfts in …… (nachfolgend: „Unternehmen").

(1) Mr …… (the "Owner") is the sole proprietor of a retail business located in …… (the "Business").

(2) An diesem Unternehmen räumt der Inhaber hiermit Herrn …… (nachfolgend: „stiller Gesellschafter") die Position eines stillen Gesellschafters, mit Wirkung zum …… ein.

(2) The Owner hereby awards to Mr …… (the "Silent Partner") the status of a silent partner effective as at …… .

§ 2 Einlage

§ 2 Contribution

Der stille Gesellschafter leistet zur ausschließlichen Verwendung im Rahmen des Unternehmens eine Bareinlage in Höhe von € …… . Der Betrag ist sofort zur Zahlung fällig.

The Silent Partner shall make a contribution of € …… for the sole benefit of the Business. The contribution payment shall be immediately due and payable.

§ 3 Konten

§ 3 Accounts

(1) Für jeden stillen Gesellschafter wird ein Kapitalkonto, ein laufendes Konto und ein Verlustkonto geführt. Die Konten sind in Soll und Haben unverzinslich.

(1) For the Silent Partner, there will be set up a capital account, a current account and a loss account. Any debit and credit balance shall accrue no interest.

(2) Das Kapitalkonto ist fest. Auf ihm wird die Einlage gebucht.

(2) The capital account shall be fixed. It shall be the account towards which the contribution shall be credited.

(3) Auf dem laufenden Konto werden Gewinne und Entnahmen gebucht.

(3) Profits and withdrawals shall be credited towards the current account.

(4) Auf dem Verlustkonto werden die Verlustanteile gebucht. Gewinne sind stets zuerst zum Ausgleich eines negativen Saldos des Verlustkontos zu verwenden.

(4) The allocated losses shall be booked onto the loss account. Profits shall always be used to cover any negative balance of the loss account first.

§ 4 Geschäftsführung

§ 4 Management

(1) Die Geschäfte des Unternehmens führt der Inhaber unentgeltlich.

(1) The Owner shall conduct the management of the Business free of remuneration.

(2) Zu folgenden Maßnahmen bedarf er der vorherigen schriftlichen Zustimmung des stillen Gesellschafters:

a) Änderung des Gegenstands des Unternehmens,

b) Veräußerung oder Verpachtung des Unternehmens ganz oder teilweise,

c) Einstellung des Betriebs ganz oder teilweise,

d) Aufnahme von Krediten außerhalb des Warenkontokorrents,

e) Aufnahme weiterer stiller Gesellschafter.

§ 5 Jahresabschluss

(1) Der Inhaber hat binnen drei Monaten nach Schluss des Geschäftsjahrs, soweit handelsrechtlich zulässig unter Beachtung der steuerrechtlichen Vorschriften, den Jahresabschluss zu erstellen und jedem stillen Gesellschafter in Abschrift zuzuleiten. Einwände gegen den Jahresabschluss kann ein stiller Gesellschafter nur binnen sechs Wochen nach Erhalt geltend machen.

(2) Änderungen im Rahmen der steuerlichen Gewinnfeststellung oder einer Betriebsprüfung sind für jeden stillen Gesellschafter verbindlich.

(3) Der stille Gesellschafter kann die Prüfung des Jahresabschlusses durch einen Wirtschaftsprüfer auf Kosten des Inhabers verlangen.

§ 6 Gewinn- und Verlust- beteiligung/Entnahmen

(1) Für die Gewinn- und Verlustbeteiligung der stillen Gesellschafter ist der Jahresabschluss (§ 5) maßgeblich. Unberücksichtigt bei der Bemessung bleiben jedoch der auf stille Gesellschafter entfallende Gewinnanteil, außerordentliche Erträge und Aufwendungen, erhöhte Absetzungen und Sonderabschreibungen sowie Erträge oder Verluste aus der Veräußerung von Anlagegütern, die vor dem in § 1 Abs. 2 genannten Zeitpunkt angeschafft wurden.

(2) The following transactions shall require prior written approval of the Silent Partner:

a) Any change of the business purpose of the Business;

b) The disposal or lease of the Business or parts thereof:

c) The entire or partial cease of Business operations;

d) The raising of loans outside the commodity credit account;

e) The admission of further Silent Partners.

§ 5 Annual Report

(1) The Owner shall within three months after expiry of the fiscal year prepare the annual report in accordance with the statutory tax provisions – as far as permitted by the German Code of Commerce – and deliver a copy of the same to the Silent Partner. The Silent Partner may raise any objections to the annual report within six weeks after receipt of the same.

(2) Any change of the scope of the taxable profit computation or a tax authority audit shall be binding upon the Silent Partner.

(3) The Silent Partner may require the audit of the annual report by an auditor/accountant at the expense of the Owner.

§ 6 Share in Profits and Losses/ Withdrawals

(1) The share in profits and losses of the Silent Partner shall be determined in accordance with the annual report (§ 5). Any profit share, extraordinary income or expenses, increased deductions or exceptional depreciation and any income or expenses arising from transactions prior to the date referred to in § 1 (2) above shall not be relevant for the determination.

(2) Am Gewinn nimmt der stille Gesellschafter mit ......%, höchstens jedoch ......% seiner Einlage teil, am Verlust mit ......%, höchstens bis zum Betrag ihrer Einlage.

(3) Der stille Gesellschafter kann einen Betrag von bis zu 50% seines Gewinnanteils zu Lasten seines laufenden Kontos entnehmen, sofern dieses nicht negativ wird. Andere Entnahmen bedürfen der Zustimmung des Inhabers.

§ 7 Änderung der Kapitalverhältnisse

(1) Bei Aufnahme weiterer stiller Gesellschafter wird die Gewinn- und Verlustbeteiligung des stillen Gesellschafters überprüft und neu festgesetzt. Derzeit beruht sie auf der Annahme, dass der Inhaber ein Kapital von € ...... hat, jeder stille Gesellschafter also eine Einlage von ......% dieses Kapitals leistet.

(2) Ändert sich das haftende Kapital des Inhabers, ist der stille Gesellschafter berechtigt, seine Einlage verhältnismäßig anzupassen; anderenfalls ist sein Gewinn- und Verlustanteil anzupassen.

§ 8 Sonstige Rechte und Pflichten des stillen Gesellschafters

(1) Der stille Gesellschafter hat die Kontrollrechte gem. § 716 BGB, die er auch durch einen Angehörigen eines zur Berufsverschwiegenheit verpflichteten rechts-, wirtschafts- oder steuerberatenden Berufs ausüben kann. Das gilt auch nach Beendigung der Gesellschaft für die Zwecke der Ermittlung der Abfindung.

(2) Die Abtretung oder Verpfändung der stillen Beteiligung oder von Rechten daraus sowie sonstige Verfügungen außer zugunsten von Ehegatten oder Abkömmlingen sind ohne vorherige schriftliche Zustimmung des Inhabers

(2) The profit share of the Silent Partner shall be ......% but shall not exceed ...... % of the contribution; the share in losses shall not exceed ......% of the contribution.

(3) The Silent Partner shall be authorised to withdraw up to 50% of the contribution from the current account unless this shall cause a debit balance. Other withdrawals shall require the approval of the Owner.

§ 7 Change in the Capital Structure

(1) Any acceptance of further Silent Partners shall cause a review and redetermination of the profit and loss share of the existing Silent Partner. The current assumption is that the Owner has a capital of € ......; i.e. that the contribution of the Silent Partner equals ......% of such capital.

(2) Any change of the Owner's stated capital shall entitle the Silent Partner to adjust the contribution accordingly; otherwise, its profit and loss share shall be adjusted.

§ 8 Other Rights and Duties of the Silent Partner

(1) The Silent Partner shall have control rights according to § 716 of the German Civil Code which it may also exercise through any individual being member of the legal or accountancy or tax profession who shall be subject to professional confidentiality. This shall also apply after termination of the Partnership for the purposes of the computation of the settlement payment.

(2) The assignment or pledge of the Silent Partnership interest or rights arising there from or other disposals except for the benefit of spouses or descendants shall not be valid unless with prior written consent of the Owner. Any

unzulässig. Ein Verstoß berechtigt den Inhaber zur Kündigung aus wichtigem Grund.

(3) Der stille Gesellschafter darf Tatsache und Inhalt der stillen Beteiligung niemandem ohne vorherige schriftliche Zustimmung des Inhabers offenbaren und hat über alle ihm bekannt werdenden Angelegenheiten des Handelsgewerbes Stillschweigen zu bewahren.

§ 9 Tod eines Vertragspartners

(1) Stirbt der Inhaber, wird die Gesellschaft mit seinen Nachfolgern in das Unternehmen fortgesetzt.

(2) Stirbt ein stiller Gesellschafter, wird die Gesellschaft mit den von ihm durch Verfügung von Todes wegen Bedachten, ggf. seinen gesetzlichen Erben, fortgesetzt. Geht die stille Beteiligung auf andere als Ehegatten und/oder Abkömmlinge über, ist der Inhaber zur Kündigung der Gesellschaft aus wichtigem Grund berechtigt.

§ 10 Dauer, Beendigung, Abfindung

(1) Die Gesellschaft ist auf unbestimmte Zeit errichtet. Sie ist, unbeschadet des Kündigungsrechts aus wichtigem Grund, mit Frist von sechs Monaten zum Ende eines Geschäftsjahrs schriftlich kündbar, erstmals zum ....

(2) Als wichtiger Grund gilt es insbesondere, wenn der Inhaber aufgelöst wird, das Verlustkonto 50% des Kapitalkontos übersteigt, der Inhaber gegen § 4 Abs. 2 verstößt, gegen den Inhaber oder einen stillen Gesellschafter ein Insolvenzverfahren beantragt oder in den Anteil des stillen Gesellschafters die Zwangsvollstreckung betrieben wird.

(3) In allen Fällen der Beendigung steht dem stillen Gesellschafter eine Abfindung entsprechend dem Wert seiner

infringement shall entitle the Owner to termination for good cause.

(3) The Silent Partner shall not disclose to anybody the existence and the contents of the silent Partnership without prior written approval of the Owner and shall keep confidential all matters of the Business that it shall be become aware of.

§ 9 Decease of a Party to this Agreement

(1) In the event of the decease of the Owner, the Partnership shall be continued with its successors in the Business.

(2) In the event of the decease of the Silent Partner the Partnership shall be continued with the beneficiary of any testamentary disposition or its heirs. If the partnership interest shall transfer to anybody other than the spouse and/or descendants, then the Owner shall be entitled to terminate the Partnership for good cause.

§ 10 Duration/Termination/ Settlement Payment

(1) The Partnership shall be established for an indefinite period of time. Notwithstanding the right of termination for good cause, it may be terminated with a notice period of six months effective as at the end of a calendar year but in no event prior to ....

(2) A good cause shall apply in particular if the Owner (being a company) is dissolved, the loss account exceeds the capital account by more than 50%, the Owner infringes § 4 (2) above, insolvency proceedings are applied for or opened against the Owner or a Silent Partner or the Partnership interest of a Silent shall become subject of execution proceedings.

(3) In all cases of termination the Silent Partner shall be entitled to a settlement payment equal to the net asset value as

Beteiligung am Beendigungsstichtag zu. Wird die Gesellschaft innerhalb eines Geschäftsjahrs beendet, ist vom Wert am letzten vorangegangenen Bilanzstichtag auszugehen, der entsprechend dem Ergebnis des laufenden Geschäftsjahrs und den Entnahmen oder Einlagen des stillen Gesellschafters fortzuschreiben ist. Am Ergebnis schwebender Geschäfte nimmt er nur teil, wenn und soweit sie wegen drohender Verluste in der Bilanz, die für die Ermittlung des Werts seiner Beteiligung maßgebend ist, zu berücksichtigen sind; § 235 Abs. 2 S 2, Abs. 3 HGB wird ausgeschlossen.

(4) Der Wert der Beteiligung wird errechnet aus dem Saldo des Kapital-, des laufenden und des Verlustkontos des stillen Gesellschafters.

(5) Ein Verlustsaldo ist nur auszugleichen, wenn er seine Ursache in Belastungen des laufenden Kontos hat.

(6) Die nach Abs. 4 ermittelte Abfindung bleibt auch dann maßgeblich, wenn der vorausgehende Jahresabschluss im Zug einer Betriebsprüfung geändert wird.

(7) Kommt eine Einigung über die Abfindung nicht zustande, entscheidet hierüber Herr …… als Schiedsgutachter.

(8) Die Abfindung ist in drei aufeinander folgenden gleichen Raten zu zahlen, die erste Rate ist sechs Monate nach Beendigung fällig und mit …… % p.a. zu verzinsen. Die beiden verbleibenden Raten sind jeweils zum 1. 1. und 1. 7. des Folgejahres zur Zahlung fällig. Die Zinsen werden mit den Raten fällig. Ein ausgleichspflichtiger Verlust ist sofort auszugleichen.

at the date of termination. If the Partnership shall be terminated during a fiscal year, then the value as at the last previous balance sheet date shall be relevant which shall be projected in accordance with the results of the current fiscal year and the withdrawals or contributions of the Silent Partner. Pending transactions shall only be relevant if and to the extent these must be reflected as imminent losses in the balance sheet that shall be relevant for the computation of the value of the Partnership interest; § 235 (2), sentence 2 and subclause (3) German Commercial Code shall not apply.

(4) The value of the Partnership interest shall be calculated based on the balance of the capital account, the current account and the debit account of the Silent Partner.

(5) A debit account must only be covered if caused by debit entries in the current account.

(6) Any settlement payment calculated in accordance with subclause (4) above shall continue to apply also in the event that the previous annual report shall be changed as a result of a tax audit.

(7) If there shall be no agreement on the settlement payment, then Mr …… shall determine the same as arbitrary expert.

(8) The settlement payment shall be made in three equal instalments; the first instalment shall be due six months after termination and carry annual interest of …… %. The other two instalments shall be payable as at the 1. January and the 1. July of the following year. Interest payments shall be made together with the instalments. Any deficit requiring immediate coverage shall be paid off immediately.

§ 11 Geschäftsjahr

Das Geschäftsjahr entspricht dem Geschäftsjahr des Handelsgewerbes.

§ 11 Fiscal Year/Publications

The fiscal year shall equal the fiscal year of the Business.

§ 12 Teilweise Unwirksamkeit/ Vertragsänderungen

(1) Sollte eine Bestimmung dieses Vertrags oder eine künftig in ihn aufgenommene Bestimmung ganz oder teilweise unwirksam oder undurchführbar sein oder die Wirksamkeit oder Durchführbarkeit später verlieren oder sich eine Lücke herausstellen, soll hierdurch die Gültigkeit der übrigen Bestimmungen nicht berührt werden. Anstelle der unwirksamen oder undurchführbaren Bestimmung oder zur Ausfüllung der Lücke gilt die angemessene Regelung als vereinbart, die, soweit rechtlich zulässig, dem am nächsten kommt, was die Vertragsschließenden gewollt haben oder nach dem Sinn und Zweck des Vertrags gewollt hätten, falls sie den Punkt bedacht hätten.

(2) Beruht die Unwirksamkeit oder Undurchführbarkeit einer Bestimmung auf einem darin festgelegten Maß der Leistung oder der Zeit (Frist oder Termin), so gilt das der Bestimmung am nächsten kommende rechtlich zulässige Maß als vereinbart.

(3) Alle das Verhältnis der stillen Gesellschafter untereinander und zum Inhaber betreffenden Vereinbarungen bedürfen zu ihrer Wirksamkeit der Schriftform, soweit nicht notarielle Beurkundung vorgeschrieben ist. Das gilt auch für einen etwaigen Verzicht auf das Erfordernis der Schriftform.

§ 12 Partial Invalidity/Change of Agreement

(1) If any provision of this Agreement or any future provision added to it (or parts of any such provisions) shall be invalid or incapable of implementation, or shall subsequently loose its validity or the capability of implementation, or if any gap shall occur, then this shall not affect the validity of the other provisions. In lieu of the invalid provision or the provision incapable of implementation or for the purposes of closing the gap, such reasonable provision shall apply which, to the extent permitted by law, shall most closely reflect the intention of the parties to this Agreement or which they would have intended to choose in accordance with the purpose of this Agreement, had they given their attention to such point.

(2) If the invalidity or the inability to implement a provision shall arise from any amount or time (deadline or date) set out herein, the parties shall agree on such amount that is permitted by law and is as close as possible to the amount set out in such provision.

(3) All agreements referring to the relationship among the partners or between Partnership and the partners shall require written form for its validity as far as no partner resolution or notarial form is required. This shall also apply to a possible waiver of the written form requirement.

9. Beherrschungs- und Ergebnisabführungsvertrag	9. Management Control and Profit and Loss Transfer Agreement
§ 1 Leitung	**§ 1 Control**
(1) Die ...... GmbH („GmbH") unterstellt sich der Leitung der ...... AG („AG"). AG ist berechtigt, den Geschäftsführern der GmbH Weisungen für die Geschäftsführung zu erteilen.	(1) The ...... GmbH ("GmbH") hereby submits to the management control of the ...... AG ("AG"). AG is authorised to provide the directors of GmbH with instructions on the management of the business.
(2) Weisungen werden ausschließlich schriftlich durch den Vorstandsvorsitzenden der AG erteilt.	(2) Instructions shall only be given through the Chief Executive Officer of AG.
§ 2 Gewinnabführung	**§ 2 Transfer of Profits**
(1) GmbH ist während der Vertragsdauer verpflichtet, ihren ganzen Gewinn an AG abzuführen. Als Gewinn gilt der um einen etwaigen Verlustvortrag aus dem Vorjahr und um den in gesetzliche oder satzungsmäßige Rücklagen einzustellenden Betrag verminderte Jahresüberschuss, der ohne die Gewinnabführung entstanden wäre.	(1) GmbH hereby agrees during the term of this Agreement to transfer to AG its entire profit. Profit shall be the annual surplus (disregarding the transfer obligation hereunder) less any losses carried forward from the previous year and less any reserve amounts that shall have been created as a result of statutory provisions or of GmbH's articles of association.
(2) Die Bildung handelsrechtlich zulässiger und wirtschaftlich vernünftiger anderer Gewinnrücklagen bleibt der GmbH vorbehalten. Sie sind auf Verlangen der AG wieder aufzulösen.	(2) GmbH reserves its right to create profit reserves as economically feasible and permitted by the German Code of Commerce. Upon demand of AG, such reserves shall be released.
§ 3 Verlustübernahme	**§ 3 Assumption of Losses**
(1) AG ist der GmbH entsprechend § 302 Abs. 1 AktG zum Ausgleich jedes während der Vertragsdauer sonst entstandenen Jahresfehlbetrags verpflichtet, der sich nicht durch Entnahme aus während der Vertragsdauer gebildeten anderen Gewinnrücklagen gem. § 2 Abs. 2 ausgleichen lässt.	(1) AG agrees to compensate GmbH in accordance with § 302 (1) of the German Stock Corporation Act for all losses accrued during the term of this Agreement that cannot be covered through release of the profit reserves according to § 2 (2) above.
(2) Die Vorschriften § 302 Abs. 3 AktG gilt entsprechend.	(2) The provisions of § 302 (3) German Stock Corporation Act shall apply accordingly.

§ 4 Aufstellung und Feststellung des Jahresabschlusses

(1) Der Jahresabschluss der GmbH ist vor dem Jahresabschluss der AG aufzustellen und festzustellen.

(2) Das zu übernehmende Ergebnis der GmbH ist im Jahresabschluss der AG für das Geschäftsjahr zu berücksichtigen, das zugleich mit dem der GmbH oder später endet.

§ 5 Vertragsdauer, Wirksamwerden

(1) Mit Ausnahme des Weisungsrechts gem. § 1 gilt der Vertrag ab Beginn des laufenden Geschäftsjahrs der GmbH.

(2) Dieser Vertrag wird unbeschadet des Kündigungsrechts aus wichtigem Grund bis zum ...... abgeschlossen und verlängert sich jeweils um ...... Jahre, falls er nicht vor Beginn des letzten Jahrs der Vertragszeit schriftlich gekündigt wird.

(3) Als wichtiger Grund gilt insbesondere die Veräußerung der Beteiligung der KG an der GmbH ganz oder teilweise mit der Folge, dass die KG die Mehrheit der Stimmen in der Gesellschafterversammlung verliert.

(4) Der Vertrag wird wirksam mit Zustimmung aller Gesellschafter der GmbH und der Gesellschafterversammlung der AG und Eintragung in das Handelsregister der GmbH.

Zustimmungsbeschluss der beherrschten GmbH

Verhandelt am ...... in ......

Vor dem unterzeichneten Notar X erschienen: ......

Die Erschienenen erklärten:

Der Gesellschafterversammlung liegt der Beherrschungs- und Ergebnisab-

§ 4 Preparation and Adoption of Annual Report

(1) The annual report of GmbH shall be prepared and adopted prior to the annual report of AG.

(2) The financial results of GmbH to be assumed by AG shall be reflected in AG's annual report for the fiscal year that shall end simultaneously with or after the fiscal year of GmbH.

§ 5 Duration of Agreement; Condition for Validity

(1) Except as in relation to the right of direction according to § 1 above, this Agreement shall come into force and effect as at the start of the current fiscal year of GmbH.

(2) Notwithstanding the right to termination for good cause, this Agreement shall remain effective until ...... and thereafter be extended for a further period of ...... years unless terminated in writing before the start date of its final year.

(3) The full or partial sale of the shares of AG in GmbH causing the loss of the majority of voting rights in the shareholders' meeting for AG shall be regarded as good cause for termination.

(4) This Agreement shall come into full force and effect upon approval of all shareholders of GmbH and the shareholders' meeting of AG and its registration with the trade register of GmbH.

Shareholder Resolution of GmbH for Approval

Statements given on ...... in ......

Before me, the undersigned Notary Public appeared: ......

The individuals present declared as follows:
The shareholders' meeting is in possession of the Management Control and

führungsvertrag zwischen der Gesellschaft und der AG vor (Anlage).

Die Gesellschafterversammlung beschließt mit den Stimmen sämtlicher Gesellschafter:

Dem Abschluss dieses Vertrags wird zugestimmt.

Profit and Loss Transfer agreement between the Company and AG (Annex).

The shareholders' meeting hereby adopts through unanimous voting of all shareholders as follows:

The conclusion of this Agreement is hereby approved.

Anmeldung zum Handelsregister der beherrschten GmbH

Registration with Trade Register of GmbH as a controlled Entity

An das
Amtsgericht ......
Registergericht
Abteilung B

To the
Local Court of ......
Trade Registrar
Division B

Als Geschäftsführer der GmbH überreichen wir in beglaubigter Abschrift Niederschriften der Gesellschafterversammlungen der

As directors of GmbH we hereby submit certified copies of the minutes of the following shareholders' meetings:

1. GmbH vom ...... (Urk. Nr. ...... des Notars ......), dem als Anlage der Beherrschungs- und Gewinnabführungsvertrag beigefügt ist

1. GmbH dated ...... (Notary Document No. ...... of the Notary Public ......) to which the Management Control and Profit and Loss Transfer Agreement is attached.

2. AG vom ...... und melden an:

GmbH hat mit der AG einen Beherrschungs- und Ergebnisabführungsvertrag abgeschlossen, dem sämtliche Gesellschafter der GmbH am ...... und die Gesellschafterversammlung der AG am ...... zugestimmt haben.

2. AG dated ...... and apply as follows:

GmbH has agreed with AG on a Management Control and Profit and Loss Transfer Agreement that has been approved by all shareholders of GmbH on ...... and through the shareholders' meeting of AG on ......

10. Joint Venture Vereinbarung

Zwischen der

......

        – nachfolgend JV Partner 1 –

und

Herrn ......

        – nachfolgend JV Partner 2 –

wird folgende

Joint Venture Vereinbarung

geschlossen:

§ 1 Gegenstand des Joint Ventures

(1) JV Partner 1 ist Franchisegeber des JV Partners 2; die Parteien sind bislang miteinander durch ...... Franchisen im Heimatstaat des JV Partners 1 verbunden. Gegenstand der Franchise ist ein vom JV Partner 1 entwickeltes Geschäftskonzept zur Entwicklung und zum Betrieb von Verkaufsstellen unter der Marke des Franchisegebers. Das Geschäftskonzept wird in einem Systemhandbuch verkörpert („Geschäftsmodell").

(2) JV Partner 1 und JV Partner 2 beabsichtigen nunmehr, das Geschäftsmodell in der Region ...... („Zielgebiet") gemeinsam auszubauen. Hierzu werden Sie ein gemeinsames Unternehmen („JV Gesellschaft") in der Rechtsform der GmbH gründen und sich mit je 50% hieran beteiligen. Die JV Gesellschaft soll Verkaufsstellen nach dem Geschäftsmodell des JV Partners 1 betreiben.

(3) JV Partner 1 wird hierzu seine Kenntnisse als Franchisegeber des Geschäftsmodells einbringen, während

10. Joint Venture Agreement

Messrs.

......

        – hereinafter referred to as "JV Partner 1" –

and

Messrs ......

        – hereinafter referred to as "JV Partner" –

Are hereby entering into the following

Joint Venture Agreement

§ 1 Subject of the Joint Venture

(1) JV Partner 1 is franchisor of JV Partner 2; currently the Parties are connected through ...... franchises in the home country of JV Partner 1. The franchise consists of a business concept developed by JV Partner 1 for the development and operation of sales points under the brand of the franchisor. This business concept ("Business Model") is documented in a system manual.

(2) JV Partner 1 and JV Partner 2 now agree to jointly expand the Business Model to the region of ...... ("Target Area"). For such purposes they intend to incorporate a joint company ("JV Company") organised as company limited by shares in which they intend to hold 50% each. The JV Company shall operate sales points based on the Business Model of JV Partner 1.

(3) JV Partner 1 agrees to contribute is know how as franchisor of the Business Model whereas JV Partner 2 will con-

der JV Partner 2 seine Kenntnisse über das Zielgebiet in die Partnerschaft einbringt.

tribute its expertise in relation to the Target Area.

(4) Die Vertragsparteien beabsichtigen, innerhalb eines Zeitraumes von ...... Jahren insgesamt 25 Betriebe nach dem Geschäftsmodell zu errichten und zu betreiben. Hierzu werden sie einen Finanzplan aufstellen und gemeinsam verabschieden, in dem die voraussichtliche Gesamtinvestitionssumme einschließlich Vorlaufkosten und deren Finanzierung durch Eigen- und Fremdkapital zu regeln ist.

(4) The parties hereto intend to develop and operate a total of 25 outlets in accordance with the Business Model by ...... For such purpose, they will prepare and commonly adopt a financial plan which shall cover the estimated investments including pre opening costs and its funding through own and borrowed capital.

§ 2 JV Gesellschaft

(1) JV Partner 1 und JV Partner 2 vereinbaren hiermit die Gründung einer JV Gesellschaft in der Rechtsform der Gesellschaft mit beschränkter Haftung.

(2) An der JV Gesellschaft sind die Vertragspartner je zu 50% beteiligt. Einzelheiten ergeben sich aus dem Gesellschaftsvertrag dieser JV Gesellschaft, der als **Anlage 1** beigefügt ist.

§ 2 JV Company

(1) JV Partner 1 and JV Partner 2 hereby agree on the incorporation of a joint venture company which shall be incorporated as a company limited by shares.

(2) The parties hereto shall hold 50% each in the JV Company. Details follow from the shareholder agreement attached hereto as **Annex 1.**

§ 3 Verpflichtungen und Verantwortlichkeiten

(1) JV Partner 1 übernimmt folgende Aufgaben:

- Beschaffung von Finanzmitteln und Auswahl geeigneter Kreditinstitute;
- Auswahl geeigneter Systempartner für den Bau der Verkaufsstellen;

- Organisation des Beschaffungswesen für die Restaurants in Übereinstimmung mit den Vorgaben des Systemhandbuches

(2) JV Partner 2 übernimmt es, geeignete Standorte zu beschaffen.

§ 3 Obligations and Responsibilities

(1) JV Partner 1 shall assume the following responsibilities:

- Sourcing of loan capital an selection of suitable credit institutions;
- Selection of suitable system partners fort he construction of the sales outlets;
- Organisation of the supply of the sales outlets in accordance with the regulations of the system manual.

(2) JV Partner 2 agrees to procure suitable locations.

§ 4 Sonstige Regelungen

(1) Für alle Streitigkeiten aus diesem Vertrag wird die Zuständigkeit des Landgerichts ...... vereinbart. Dies gilt

§ 4 Other Provisions

(1) The Parties agree that the District Court of ...... shall be the proper forum to decide on all disputes arising from

auch bei Streitigkeiten über den Bestand dieser Vereinbarung.

this Agreement shall be. This shall include any disputes on the validity of this Agreement.

(2) Alle Änderungen und Ergänzungen dieser Vereinbarung bedürfen zu ihrer Wirksamkeit der Schriftform. Dies gilt auch für eine Änderung dieser Schriftformklausel.

(2) Any amendments or supplements to this Agreement shall not be valid unless made in writing. This shall also apply to any change of this clause.

(3) Sollte eine der Bestimmungen dieses Vertrages unwirksam sein, wird die Wirksamkeit des Vertrages im Übrigen dadurch nicht berührt. Die Parteien sind in diesem Fall verpflichtet, die unwirksame Bestimmung durch eine wirksame Bestimmung zu ersetzen, die dem angestrebten wirtschaftlichen Ergebnis möglichst nahe kommt.

(3) Should any of the provisions of this Agreement be invalid, then this shall be without prejudice to the validity of the other provisions of this Agreement. The Parties agree that in such case this invalid provision shall be replaced by a provision reflecting the common economic purpose as close as possible.

......	......	......	......
Ort/Datum	JV Partner 1	Place/Date	JV Partner 1
......	......	......	......
Ort/Datum	JV Partner 2	Place/Date	JV Partner 2

Annex 1

(siehe GmbH Vertrag, oben III. 4. 4)

Denkbare Konfliktlösungsklausel:

Annex 1

(see GmbH Form in III. 4. above)

Possible conflict resolution clause:

Andienungs- und Erwerbsrechte im Konfliktfall

Put and Call Options in the Event of a Conflict

(1) Wenn einer der Gesellschafter aus der Gesellschaft ausscheiden möchte (**„unzufriedener Gesellschafter"**) ist er jederzeit berechtigt, seinen Geschäftsanteil dem anderen Gesellschafter (**„zufriedener Gesellschafter"**) zum Kauf und zur Übertragung anzubieten. Das Angebot des unzufriedenen Gesellschafters muss, um wirksam zu sein, notariell beurkundet sein, den Kaufpreis für den Geschäftsanteil des unzufriedenen Gesellschafters benennen (**„Angebotskaufpreis"**) und dem zufriedenen Gesellschafter per Einschreiben mit Rückschein übersandt werden.

(1) If one of the shareholders (**"Unhappy Shareholder"**) intends to withdraw from the company, it shall have the right to offer to the other shareholder (**"Happy Shareholder"**) ist share for purchase and transfer. Such offer is not valid unless made through notary instrument and must specify the purchase price fort shareholding of the unhappy shareholder (**"Offering Price"**) and be sent to the happy shareholder by registered mail.

(2) Innerhalb eines Zeitraums von einem Monat nach Zugang des Angebots ist der zufriedene Gesellschafter be-

(2) The Happy Shareholder may accept such offer within one month after receipt of the offer. Such acceptance shall

rechtigt, das Angebot anzunehmen. Die Annahme muss, um wirksam zu sein, notariell beurkundet sein und dem unzufriedenen Gesellschafter per Einschreiben mit Rückschein zugesandt werden. Maßgeblich für die Wahrung der Monatsfrist ist der Zugang der Annahme bei dem unzufriedenen Gesellschafter. Wenn der zufriedene Gesellschafter das Angebot annimmt, verkauft und überträgt der unzufriedene Gesellschafter seinen Geschäftsanteil zum Angebotspreis an den zufriedenen Gesellschafter. Der zufriedene Gesellschafter kauft und erwirbt den betreffenden Geschäftsanteil zum Angebotskaufpreis. Der Kaufpreis ist einen Monat nach Annahme des Angebots zahlbar und fällig. Wenn der zufriedene Gesellschafter das Angebot nicht, nicht formgerecht, nicht verfahrensgerecht und/oder nicht fristgerecht annimmt, gilt es als abgelehnt.

(3) Wenn der zufriedene Gesellschafter das Angebot ablehnt oder dieses im Sinne des vorstehenden Absatzes als abgelehnt gilt, kommt zwischen den Gesellschaftern hiermit automatisch – ohne dass es einer gesonderten Vereinbarung bedarf – ein Geschäftsanteilskauf- und -übertragungsvertrag mit dem Inhalt zustande, dass der zufriedene Gesellschafter seinen Geschäftsanteil an den unzufriedenen Gesellschafter verkauft und überträgt und der unzufriedene Gesellschafter den Geschäftsanteil des zufriedenen Gesellschafters kauft und erwirbt. Als Kaufpreis für diesen automatischen Gegenkauf („Gegenkaufpreis") bezahlt der unzufriedene Gesellschafter an den zufriedenen Gesellschafter einen Betrag in Höhe des Angebotskaufpreises. Für diesen Fall geben die Gesellschafter bereits hiermit die vorstehenden Verkaufs-, Kauf- und Übertragungserklärungen ab. Der Gegenkaufpreis ist einen Monat nach dem automatischen Zustandekommen des Geschäftsanteilskauf- und -übertragungsvertrages zahlbar und fällig.

not be valid unless made through notary instrument and shall be sent to the Unhappy Shareholder via registered mail. For the purposes of meeting such deadline, the receipt of the offer by the Unhappy Shareholder shall be decisive. If the Happy Shareholder accepts the offer, then the Unhappy Shareholder shall transfer its shareholding to the Happy Shareholder at the Offering Price. The Purchase Price shall be due and payable within one month after acceptance of the offer. If the Happy Shareholder does not accept the offer, fails to observe the proper form or procedure and/or the deadline, then it shall be deemed as rejected.

(3) If the Happy Shareholder rejects the offer or the offer is deemed to have been rejected in accordance with the above provisions then – without the need of any separate arrangement – an shares purchase and sale agreement is automatically deemed to have been concluded between the shareholders pursuant to which the Happy Shareholder sells and transfers to the Unhappy Shareholder its shareholding. As purchase price for such automatic counter acquisition (**"Reverse Purchase Price"**) Unhappy Shareholder shall pay to the Happy Shareholder a sum equalling the Offering Price. For such purposes, the Shareholders are hereby giving the above sale, purchase and transfer notices. The Reverse Purchase Price is due and payable within one month after the automatic conclusion of the share purchase and transfer agreement.

(4) Wenn einer der Gesellschafter mehrere Geschäftsanteile an der Gesellschaft hält, kann er als unzufriedener Gesellschafter im Rahmen dieser Konfliktlösungsvereinbarung nur sämtliche von ihm gehaltenen Geschäftsanteile an der Gesellschaft zugleich zum Verkauf anbieten. Von dieser Regel abweichende Angebote sind unwirksam und setzen das Verfahren nicht in Gang. Umgekehrt erfasst der automatische Gegenkauf stets alle von dem zufriedenen Gesellschafter gehaltenen Geschäftsanteile an der Gesellschaft. Die Regelungen der Konfliktlösungsvereinbarung gelten entsprechend. In diesem Fall sind der Berechnung des Gegenkaufpreises im Sinne von Absatz (3) mehrere Geschäftsanteile eines Gesellschafters an der Gesellschaft im Rahmen der Ermittlung der Beteiligungsquoten zusammen zu zählen. Ziel der Konfliktlösungsvereinbarung ist es, dass stets einer der Gesellschafter vollständig aus der Gesellschaft ausscheidet, wenn es zu einem Angebot im Sinne des Absatzes (1) kommt.

(4) If one of the shareholders shall have several shares in the company then it may offer as Unhappy Shareholder only all of its shares in the company simultaneously under the terms of this conflict resolution arrangement. Any offers not in line herewith shall be invalid and shall not trigger the procedure. On the other hand, the automatic counter purchase shall at all times comprise all shares held in the company by the Happy Shareholder. The provisions of this conflict resolution arrangement apply accordingly. In such event, the valuation of the Reverse Purchase Price as set out in subsection (3) above shall be based on the total shares of the shareholders. The purpose of this conflict resolution arrangement is the full withdrawal of a one of the shareholders from the company if an offer is made pursuant to subsection (1) above.

(5) Die Kauf- und Übertragungsgeschäfte im Sinne der Konfliktlösungsvereinbarung bedürfen nicht der Zustimmung der anderen Gesellschafter und nicht der Zustimmung der Gesellschaft. Die Gesellschafter sind als Gesamtschuldner verpflichtet, die Gesellschaft unverzüglich von der Einleitung und dem Ausgang des Verfahrens zu unterrichten.

(5) The sale and transfer arrangements set out in this conflict resolution arrangement shall not require the consent of other shareholders of the company. The shareholders are jointly responsible to notify the company on the start and outcome of the proceedings.

(6) Diese Konfliktlösungsvereinbarung gilt nicht

(6) This conflict resolution arrangement shall not apply if

a) wenn der Geschäftsanteil eines Gesellschafters eingezogen wurde, dessen Einziehung beschlossen und/oder zu einer Gesellschafterversammlung geladen wurde, in der über eine solche Einziehung beschlossen werden soll;

a) The share of a shareholder shall have been redeemed ort he redemption shall have been voted and/or it has received an invitation to a shareholder's meeting in which the redemption shall be voted upon;

b) für einen Zeitraum von 3 Monaten nach Durchführung einer Gesel-

b) For the duration of 3 moths after a shareholder's meeting where the re-

schafterversammlung, welche die Einziehung eines solchen Geschäftsanteils zum Tagesordnungspunkt hatte;

c) wenn über das Vermögen eines Gesellschafters ein Insolvenzverfahren und/oder ein vorläufiges Insolvenzverfahren anhängig ist und/oder sich ein Gesellschafter in Liquidation befindet;

(7) Wenn die Gesellschafter gemeinsam an einer oder mehreren weiteren Gesellschaften beteiligt sind, in deren Gesellschaftsverträgen eine vergleichbare oder identische Konfliktlösungsvereinbarung enthalten ist („**Parallelgesellschaften**"), ist das in Absatz (1) genannte Angebot des unzufriedenen Gesellschafters nur wirksam, wenn der unzufriedene Gesellschafter seine Geschäftsanteile an den Parallelgesellschaften am gleichen Tag mit dem in Absatz (1) genannten Angebot dem zufriedenen Gesellschafter im Rahmen der jeweiligen Konfliktlösungsvereinbarung anbietet. Der unzufriedene Gesellschafter kann auch alle Angebote in einer einheitlichen Erklärung zusammenfassen. Die Annahme seitens des zufriedenen Gesellschafters ist nur wirksam, wenn sie sich auf sämtliche angebotenen Geschäftsanteile an der Gesellschaft und den Parallelgesellschaften bezieht; andernfalls gilt die Annahme als im Sinne von Absatz (2) als nicht erfolgt.

(8) Die Geschäftsanteilsübertragung auf Grundlage der Ausübung der vorstehenden Konfliktlösungsvereinbarung erfolgt unter Ausschluss jeglicher Gewährleistung mit Blick auf Umstände, welche die Verhältnisse der Gesellschaft betreffen. Die Parteien stimmen schon jetzt darüber ein, dass sie zum Zeitpunkt der Ausübung der Konfliktlösungsvereinbarung auf Grund ihrer bis dahin bestehenden gesellschaftsrechtlichen Beteiligung als über alle relevanten Verhältnisse der Gesellschaft vollständig informiert gelten. Der jeweils übertragende Gesellschafter hat ledig-

demption of such shares was part of the agenda;

c) If the estate of a shareholder is subject to insolvency and/or preliminary insolvency proceedings and/or one of the shareholders is in liquidation

(7) If the shareholders shall hold shares in other companies where the shareholder agreements shall have similar or identical conflict resolution arrangements (**"Parallel Companies"**) then the offer of the Unhappy Shareholder pursuant to subsection (1) above shall only be valid if the Unhappy Shareholder offers to the Happy Shareholders all its shares at the day referred to in subsection (1) above as part of the conflict resolution arrangement agreed hereunder. The Unhappy Shareholder may combine all offers in one uniform notice. The acceptance by the Happy Shareholder shall not be valid unless it extends to all shares offered by the Unhappy Shareholder in Parallel Companies; otherwise, the acceptance shall not be deemed to have occurred as set out in subsection (2) above.

(8) The share transfer based on the exercise of the above conflict resolution scheme shall be without warranty in relation to circumstances affecting the company. The Parties agree that at the time of the conclusion of this conflict resolution arrangement they are familiar with all relevant issues of the company as a result of their corporate shareholding. The shareholder transferring must only guarantee in accordance with § 311 (2) of the German Civil Code that it may dispose of the share(s) and that no third party rights exist in relation thereto.

lich im Sinne des § 311 Abs. 2 BGB
zu garantieren, dass er ohne Rechte
Dritter frei über den oder die zu übertragenden Geschäftsanteile verfügen
kann.

IV. Gesellschafter-versammlungen und -beschlüsse

1. Gründungsprotokoll einer GmbH

Verhandelt am ...... in ......

Vor dem unterzeichneten Notar ...... mit Amtssitz in ...... erschienen:

Herr ......, („Gesellschafter I") ausgewiesen durch ......
und
Herr ......, („Gesellschafter II") ausgewiesen durch ......

Die Erschienenen erklärten:

I. Gründung

Wir gründen hiermit eine Gesellschaft mit beschränkter Haftung unter der Firma ...... GmbH, die ihren Sitz in ...... haben soll und schließen den als Anlage beigefügten Gesellschaftsvertrag.

Wir übernehmen folgende Geschäftsanteile:
Gesellschafter I einen Anteil in einer Nominalhöhe von € ...... gegen Bareinlage nach Maßgabe des Gesellschaftsvertrages.
Gesellschafter II einen Anteil in einer Nominalhöhe von € ...... gegen Sacheinlagen nach Maßgabe des Gesellschaftsvertrages.

In Erfüllung der Sacheinlageverpflichtung wird der Gesellschafter II die in der Anlage zum Gesellschaftsvertrag aufgeführten Gegenstände vor der An-

IV. Shareholders' Meetings and Resolutions

1. Certificate of Incorporation of a Limited Liability Company

Statements given on ...... in ......

Before me, the undersigned Notary ...... with official residence in ...... appeared:
Mr ...... ("Shareholder I") who identified himself through presentation of
and
Mr ...... ("Shareholder II") who identified himself through presentation of ......
The individuals present declared:

I. Incorporation

We hereby incorporate a company with limited liability having the company name[1] ...... GmbH which shall have its registered office in ...... and enter into the shareholders' agreement as per the attached Annex.

We subscribe the following shares:

Shareholder I a shareholding in the nominal amount of € ...... against contribution in cash in accordance with the shareholders' agreement.
Shareholder II a shareholding in the nominal amount of € ...... against contribution in kind in accordance with the shareholders' agreement.

As consideration for the duty to make a contribution in kind, Shareholder II shall transfer to the preliminary entity the assets listed in the Annex to the

---

[1] *Corporate name* wäre natürlich ebenfalls möglich.

meldung der Gesellschaft auf die Vorgesellschaft übertragen.

shareholder agreement prior to first
registration.

Das Stammkapital der Gesellschaft be-
läuft sich auf € ...... und ist damit
übernommen.

The stated share capital of the Company is ...... € and has thus been subscribed.

II. Geschäftsführung und Vertretung

II. Management and Representation

Zu Geschäftsführern der Gesellschaft
bestellen wir ...... und ...... Ein Geschäftsführer vertritt die Gesellschaft
allein, solange er einziger Geschäftsführer ist. Werden weitere Geschäftsführer
bestellt, so vertreten zwei Geschäftsführer oder ein Geschäftsführer mit einem
Prokuristen die Gesellschaft gemeinsam. Die Geschäftsführer sind von den
Beschränkungen des § 181 BGB befreit.

We appoint Messrs. ...... and ......
as directors. A director shall represent
the Company alone as long as he/she
shall be the only director. If further directors shall have been appointed, then
two directors or one director in conjunction with a Company secretary[2]
shall jointly represent the Company.
The directors shall be relieved from the
restrictions of § 181 of the German Civil
Code.

III. Gründungskosten

III. Costs of Incorporation

Die Kosten der Gründung trägt die Gesellschaft, soweit gesetzlich zulässig.

To the extent permitted by law, the
Company shall bear the costs of incorporation.

IV. Vollmachten

IV. Authorities

Wir bevollmächtigen die Notariatsangestellten ...... und ......, jeden für sich
allein und mit dem Recht zur Erteilung
von Untervollmachten, diese Anmeldung zu ergänzen und abzuändern. Die
Vollmacht erlischt mit der Eintragung
der Gesellschaft.

We hereby authorise the notary employees ...... and ......, each individually and with authority to grant sub-
authority, to supplement or change this
filing. This authority shall cease upon
registration of the company.

V. Belehrungen des Notars

V. Instructions of the Notary

Der Notar belehrte die Erschienenen
wie folgt:

The notary instructed the present individuals as follows:

(i) Die Gesellschaft entsteht als solche
erst mit Eintragung in das Handelsregister. Vor Eintragung haften
die für sie handelnden Personen
persönlich und gesamtschuldnerisch.

(i) The company shall not come into
existence before its registration
with the trade register. Prior to registration, all individuals acting on
its behalf shall have separate and
joint liability.

---

[2] Hier wurde zur Abwandlung auf eine der vielfältigen Übersetzungs- bzw. Umschreibungsmög-
lichkeiten zurückgegriffen.

(ii) Jeder Gesellschafter haftet dafür, dass das Stammkapital voll einbezahlt wird.

(iii) Die Pflicht zur Leistung einer Bareinlage kann nur durch eine tatsächliche Einzahlung von Geld erfolgen. Diese Geldleistung muss zur endgültig freien Verfügung der Geschäftsführer erfolgen. Die Verpflichtung kann folglich nicht durch rechtliche oder wirtschaftliche Verrechnung mit Forderungen erfüllt werden.

(iv) Jeder Gesellschafter haftet für den Fehlbetrag, wenn zum Zeitpunkt der Eintragung der Gesellschaft ihr Vermögen geringer ist, als das Stammkapital abzüglich Gründungsaufwand.

(v) Wer zwecks Errichtung der Gesellschaft falsche Angaben macht, wird mit Freiheitsstrafe bis zu drei Jahren bestraft.

(vi) Falls zum Zweck der Errichtung einer Gesellschaft falsche Angaben gemacht worden sind oder die Gesellschaft durch Einlagen oder Gründungsaufwand vorsätzlich oder grob fahrlässig geschädigt wurde, haften die Gesellschafter sowie die Personen, für deren Rechnung sie Stammeinlagen übernommen haben, als Gesamtschuldner.

(vii) Ein Allein- oder Mehrheitsgesellschafter einer GmbH, der deren Geschäfte als alleiniger Geschäftsführer führt, haftet persönlich für die Verluste der Gesellschaft, wenn er bei der Verfolgung seiner außerhalb der Gesellschaft bestehenden geschäftlichen Interessen keine angemessene Rücksicht auf die eigenen Belange der von ihm abhängigen Gesellschaft nimmt. Dies insbesondere, wenn er nicht sicherstellt, dass diese ihre Schulden bezahlen kann.

(ii) Each shareholder shall be responsible for the full provision of the stated share capital.

(iii) The obligation to contribution in cash can only be discharged through effective payment in cash. Such cash payment must be at the free disposal of the directors. Therefore, the obligation cannot be discharged through legal or economic set-off with any claims.

(iv) Each shareholder shall be liable for any shortfall if at the date of the registration of the Company, the company estate is less than the stated share capital less the costs of incorporation.

(v) An individual making false statements for the purpose of incorporating a company, may be subject to imprisonment of up to three years.

(vi) If, for the purpose of incorporating the Company, the shareholders shall have made wrongful statements or if the Company shall have suffered damage as a result of contributions or incorporation expenses and such damage shall have been caused by wilful misconduct or gross negligence, then the shareholders and the individuals for whose account they shall have subscribed the stated share capital, shall be jointly liable.

(vii) Any sole or co-shareholder of a GmbH managing the company as sole shareholder and sole director, shall be personally liable for any losses that the company shall suffer as a result of the pursuance of own business interests outside the corporate purpose of the Company and the failure to take into consideration the interests of the dependant company. This shall apply in particular if he/she shall fail to ensure that the Company is capable of paying its debts.

| **Anmeldung zum** | **Filing with to the** |
| **Handelsregister**[3] | **Trade Register** |

An das	To the
Amtsgericht	Local Court of ......
Registergericht	Trade Registrar ......

Betr.: ...... GmbH

Re: ...... GmbH.

Als Geschäftsführer überreichen wir

As directors we herewith submit:

1. Ausfertigung des Gründungsprotokolls (Urk. Nr. ...... des Notars ......) mit unserer Bestellung zu Geschäftsführern,

1. The certified original document of the certificate of incorporation (Deed No. ...... of the notary ...... in ......) including our appointment as directors of the Company.

2. Liste der Gesellschafter,

2. A list of shareholders.

3. die der Festsetzung der Sacheinlagen zugrundeliegenden oder zu ihrer Ausführung geschlossenen Verträge,

3. The agreements on which the fixing of the contribution in kind or agreements on its execution are based.

4. den Sachgründungsbericht,

4. The report on incorporation through contributions in kind.

5. Unterlagen, wonach der Wert der Sacheinlagen den Betrag der dafür übernommenen Stammeinlagen erreicht,

5. Documents evidencing that the value of the contributions in kind shall equal the amount of the stated share capital subscribed therefor.

6. Genehmigungen der ......,

6. Approvals of ......

7. die Urkunden über die Bestellung der Mitglieder des Aufsichtsrats

7. The documents relating to the appointment of the members of the supervisory board

und melden die Gesellschaft und unsere Bestellung zu Geschäftsführern zur Eintragung an.
Ein Geschäftsführer vertritt die Gesellschaft allein, solange er einziger Geschäftsführer ist. Werden weitere Geschäftsführer bestellt, vertreten zwei Geschäftsführer oder ein Geschäftsführer mit einem Prokuristen die Gesellschaft gemeinsam. Die Gesellschafterversammlung kann alle oder einzelne Geschäftsführer zur Alleinvertretung ermächtigen und/oder von § 181 BGB befreien.

and hereby apply for registration of the Company and ourselves as its directors.

A director shall represent the Company alone as long as he/she shall be the only director. If further directors shall have been appointed, then two directors or one director in conjunction with a company secretary of the Company shall jointly represent the Company. The shareholders' meeting may vest sole signature power in all or individual directors and/or relieve them from the restrictions of § 181 of the German Civil Code.

Wir vertreten die Gesellschaft jeweils gemeinsam mit einem Geschäftsführer oder einem Prokuristen. Wir sind von § 181 BGB befreit.

We shall each represent the Company in conjunction with a director or a company secretary. We are relieved from § 181 of the German Civil Code.

---

[3] Die Anmeldung wurde aus Gründen des Sachzusammenhanges nochmals angefügt; siehe dazu oben I.3.

Wir zeichnen, wie wir diese Anmeldung unterschreiben.

Wir versichern, dass

– ein Betrag von ...... € auf den Geschäftsanteil von ...... € eingezahlt und die Sacheinlagen auf den Geschäftsanteil von ...... € geleistet sind und beide sich endgültig in unserer freien Verfügung befinden, womit den Anforderungen des § 7 Abs. 2 GmbHG entsprochen ist: auf jede Stammeinlage sind mindestens ein Viertel, Sacheinlagen voll und auf das Stammkapital insgesamt mindestens 25.000 € erbracht;

– außer den im Gesellschaftsvertrag bezifferten, durch die Gründung entstandenen Kosten keine Belastungen des Stammkapitals aus der Zeit vor der Unterzeichnung dieser Anmeldung vorliegen;

– wir in den letzten fünf Jahren nicht rechtskräftig wegen einer Konkurs- bzw. Insolvenzstraftat nach den §§ 283–283 d StGB (Bankrott, Verletzung der Buchführungspflicht, Schuldner- oder Gläubigerbegünstigung) verurteilt worden sind und uns weder durch gerichtliches Urteil noch durch vollziehbare Entscheidung einer Verwaltungsbehörde die Ausübung eines Berufs, eines Berufszweigs, Gewerbes oder Gewerbezweigs untersagt worden ist. Uns ist bekannt, dass die Zeit, in der ein Täter auf behördliche Anordnung in einer Anstalt verwahrt worden ist, in die Frist nicht eingerechnet wird. Der beglaubigende Notar hat uns heute darüber belehrt, dass wir zur unbeschränkten Auskunft hierüber verpflichtet und falsche Angaben nach § 82 Abs. 1 Nr. 5 GmbHG strafbar sind.

Die Geschäftsräume der Gesellschaft befinden sich in ......

Wir bevollmächtigen die Notariatsangestellten ...... und ......, jeden für sich

We sign as executed in this registration.

We affirm as follows:

– A total of ...... € has been paid in against the shareholding of ...... € and the contributions in kind have been made against the shareholding of ...... €. Both are at our free disposal satisfying the requirements set out in § 7 (2) of the German Act on Limited Liability Companies. For each initial contribution a minimum of $1/4$ (one quarter) has been paid in, the contributions in kind have been fully made and a minimum amount of 25,000 € has been paid in against the initial contribution.

– No encumbrances of the stated share capital have been made in the phase prior to the execution of the registration other than the incorporation costs listed in the shareholder agreement.

– During the past five years, we have not been conclusively convicted of a criminal insolvency offence pursuant to §§ 283 to 283 d of the German Criminal Code (fraudulent bankruptcy, infringement of book keeping duties, fraudulent preference of creditors or debtors). No court decision or enforceable public authority decree exists that prohibits us from carrying out any profession, any type of profession or any business or type of business. We are aware that any term during which an offender shall be placed in an institution is not credited against the duration of the term. We have been instructed by the certifying Notary Public that we are under an obligation to unlimited disclosure of any incident referred to above and that any false information may cause criminal prosecution according to § 82 (1) No. 5 of the German Act on Limited Liability Companies.

The business premises of the Company are located in ......

We hereby authorise the notary employees ...... and ......, each individu-

allein und mit dem Recht zur Erteilung von Untervollmachten, diese Anmeldung zu ergänzen und abzuändern. Die Vollmacht erlischt mit der Eintragung der Gesellschaft.

(Notarielle Beglaubigung der Zeichnungen und der Unterschriften, § 12 Abs. 1 HGB)

ally and separately, with the power to sub-delegate or to supplement or change this registration. Such authorisation shall cease to exist upon registration of the Company.

(Notary Certificate of signatures according § 12 subsection 1 of the German Code of Commerce)

2. Ein- und Austritt eines Gesellschafters

§ 1 Aufnahme/Ausscheiden

(1) Die Gesellschafter der ...... OHG, eingetragen im Handelsregister des Amtsgerichts ...... unter HRA ...... nehmen als weiteren persönlich haftenden Gesellschafter Herrn X auf. Gleichzeitig scheidet Herr Y aus der OHG aus.

(2) Ein- und Austritt erfolgen mit Wirkung zum ......

§ 2 Einlage

Als Einlage zahlt Herr X einen Betrag in Höhe von ...... € an die Gesellschaft. Dieser Betrag ist am ...... zur Zahlung fällig und wird wie folgt verbucht:
 (i) Ein Betrag in Höhe von ...... auf ein festes Kapitalkonto.
(ii) Ein Betrag in Höhe von ......, der als Gegenleistung für die Beteiligung an den zum Aufnahmezeitpunkt bestehenden stillen Reserven und anteilig auf die Gewinn- und Verlustkonten der übrigen Gesellschafter zu verteilen ist.

§ 3 Rechtsfolgen des Ausscheidens

Die Rechtsfolgen des Ausscheidens bestimmen sich nach § 12 des Gesellschaftsvertrages.

§ 4 Neufeststellung des Gesellschaftsvertrages

Der Gesellschaftsvertrag wird wie aus der Anlage ersichtlich neu festgestellt.

§ 5 Kosten

Die durch die Aufnahme und das Ausscheiden veranlassten Kosten trägt die Gesellschaft; die Kostenregelung gem.

2. Entry and Exit of a Shareholder

§ 1 Entry/Exit

(1) The general partners of ...... OHG, registered with the trade register of the Local Court of ...... under HRA ...... hereby accept Mr X as a further general partner. Simultaneously, Mr Y shall leave the partnership.

(2) Entry and Exit shall be with effect as from ......

§ 2 Contribution

As capital contribution, Mr X shall pay ...... € to the Partnership. This amount shall be payable as at ...... and shall be booked as follows:
 (i) An total of ...... to the fixed capital account.
(ii) An total of ...... which shall be the consideration for the share in the hidden reserves existing at the date of entry and shall be credited towards the profit and loss accounts of the remaining partners on a pro rata basis.

§ 3 Effects of Exit

The effects of the exit shall be as set out in § 12 of the Partnership Agreement.

§ 4 Re-Enactment of the Partnership Agreement

The Partnership Agreement shall be re-enacted as set out in the Annex to this document.

§ 5 Costs

All costs arising from the entry and the exit shall be borne by the Partnership; this shall be without prejudice to § 12 of

§ 12 des Gesellschafters betreffend die Wertermittlung des Gesellschaftsanteiles bleibt unberührt.

the Partnership Agreement in relation to the valuation of Partnership interests.

(Anmeldung zum Handelsregister)[1]

(Filing with the Trade Register)

---

[1] Vgl. dazu oben I.5.

3. Umwandlungs-vereinbarung

3. Transformation Agreement

§ 1 Gegenstand der Umwandlung

(1) Gegenstand der Umwandlung ist die im HRA ...... des Amtsgerichts ...... eingetragene offene Handelsgesellschaft mit der Firma ...... OHG mit Sitz in ......

Gegenstand des Unternehmens ist ......

(2) Die erschienen Parteien erklärten deren sämtliche Gesellschafter mit folgenden Kapitalanteilen zu sein:

A: ...... € (in Worten ...... €).
B: ...... € (in Worten ...... €).
C: ...... € (in Worten ...... €).

§ 2 Umwandlungsbeschluss

Die A OHG wandeln wir unter Zugrundelegung der Bilanz zum 31. 12. ...... (Umwandlungsstichtag) gem. §§ 193, 214 UmwG in eine Gesellschaft mit beschränkter Haftung mit der Firma ...... GmbH mit dem Sitz in ...... und dem aus der Anlage 1 ersichtlichen Gesellschaftsvertrag um, aus dem sich auch die Geschäftsanteile ergeben, die die Gesellschafter durch den Formwechsel erlangen sollen.

§ 3 Geschäftsführer

Zu gesamtvertretungsberechtigten Geschäftsführern bestellen wir A und B.

§ 4 Folgen für Arbeitnehmer

Der Formwechsel hat keine Folgen für die Arbeitnehmer und ihre Vertretungen. Irgendwelche arbeitsrechtliche Maßnahmen sind nicht vorgesehen.

§ 1 Subject of Transformation

(1) The transformation hereunder shall refer to the general partnership under the name ...... OHG with its registered office in ......, registered with the trade register of the local court of ...... under HRA ......
The corporate purpose of the company is ......

(2) The parties appearing are declared to be the sole partners of the Partnership with the following Partnership interests:

A: ...... € (in words: ...... €)
B: ...... € (in words: ...... €)
C: ...... € (in words: ...... €)

§ 2 Resolution to Transformation

Based on the balance sheet as at 31 December ...... (Transformation Date) we hereby transform ...... OHG into a Company with Limited Liability pursuant to §§ 193, 214 of the German Transformation Act which shall have the company name of ...... GmbH with its registered office in ...... and the articles of association as attached hereto as Annex 1 leading to the shareholding that the partners shall acquire as a result of the transformation.

§ 3 Managing Directors

A and B shall be the directors with joint power of representation.

§ 4 Effects on Employees

The transformation shall be of no effect to the employees and their representative bodies. No acts with regard to labour relations are envisaged.

§ 5 Verzicht auf Umwandlungsbericht

Wir verzichten auf die Erstattung eines Umwandlungsberichts und auf die Klage gegen die Wirksamkeit des Umwandlungsbeschlusses.

§ 6 Kosten/Steuern/Hinweise des Notars

(1) Alle Kosten dieser Urkunde und ihrer Durchführung sowie anfallende Verkehrsteuern trägt die GmbH.

(2) Der Notar wies die Erschienenen darauf hin,

  (i) dass der Anmeldung ein erweiterter Sachgründungsbericht (§ 220 Abs. 2 UmwG) und Unterlagen beigefügt werden müssen, wonach der Wert des Vermögens der OHG den Betrag der bei der GmbH übernommenen Stammeinlagen erreicht (§ 220 Abs. 1 UmwG),

  (ii) dass jeder Gesellschafter zur Leistung einer etwaiges Fehlbetrags verpflichtet ist (§§ 197 UmwG, 9 GmbHG),

  (iii) auf die gesamtschuldnerische Haftung der Gesellschafter für die Vollwertigkeit aller Stammeinlagen (§§ 197 UmwG, 24 GmbHG),

  (iv) darauf, dass die Umwandlung erst mit Eintragung der GmbH wirksam wird,

  (v) dass die Erschienenen ungeachtet der Umwandlung der OHG in die GmbH weiter haften,

  (vi) auf die zeitliche Begrenzung gem. § 224 UmwG und darauf,

  (vii) dass Gesellschaftsgläubiger uU Sicherheit verlangen können (§§ 204, 22 UmwG).

§ 5 Waiver of Transformation Report

We hereby waive the preparation of a transformation report and the filing of a lawsuit against the validity of the transformation resolution.

§ 6 Costs/Taxes/Advice of Notary

(1) All costs of this instrument and its implementation including any transfer taxes shall be borne by the GmbH.

(2) The notary public advised the parties present

  (i) Of the need to attach to the application an extended report on establishment through contributions in kind (§ 220 subclause 2 of the German Transformation Act) and other documents demonstrating that the value of the OHG assets equals the amount of the stated and subscribed share capital of the GmbH (§ 220 subclause 1 of the German Transformation Act);

  (ii) That each shareholder must compensate for any shortfall (§ 197 of the German Transformation Act, § 9 of the Act on Limited Liability Companies);

  (iii) Of the joint and several liability of the shareholders for the value of all its shares (§ 197 of the German Transformation Act, § 24 of the Act on Limited Liability Companies);

  (iv) That the transformation shall not come into force and effect unless the GmbH has been registered;

  (v) That the full liability of the individuals shall continue notwithstanding the transformation into a GmbH;

  (vi) of the limitation in time pursuant to § 224 of the German Transformation Act; and

  (vii) That creditors of the Partnership may eventually require the provision of a security deposit (§§ 204, 22 of the German Transformation Act).

Anlage 1.
Gesellschaftsvertrag

Annex 1.
Shareholders' Agreement

§ ...... Stammkapital/Einlagen[1]

§ ...... Share Capital/Contributions

(1) Das Stammkapital der Gesellschaft beträgt € ......

(1) The stated share capital of the Company shall be ...... €.

Gesellschafter sind

The shareholders of the Company shall be

A mit einem Geschäftsanteil von ...... € (in Worten: ...... €),
B mit einem Geschäftsanteil von ...... € (in Worten: ...... €),
C mit einem Geschäftsanteil von ...... € (in Worten: ...... €).

A with a share of ...... € (in words: ...... €),
B with a share of ...... € (in words: ...... €),
C with a share of ...... € (in words: ...... €).

(2) Die Stammeinlagen sind erbracht durch Umwandlung der OHG unter der Firma A OHG in die Gesellschaft (§§ 190–225 UmwG).

(2) The contributions have been made through transformation of the ...... OHG named into the Company (§§ 190 to 225 of the German Transformation Act).

Anmeldung zum
Handelsregister der GmbH (HRB)

Filing with the Trade Register
of the GmbH (HRB)

Betr.: A OHG

Reference: ...... OHG

Als Geschäftsführer der ...... GmbH überreichen wir

In our capacity as managing directors of the ...... GmbH we herewith submit the following documents:

1. Ausfertigung der Urk. Nr. ...... des Notars ...... mit dem Umwandlungsbeschluss,
2. Sachgründungsbericht,

1. A copy of the notary document No. ...... of the notary public ...... with the transformation resolution;
2. A report on incorporation through contributions in kind;

3. Unterlagen, wonach der Wert des Vermögens der A OHG den Betrag des Stammkapitals der A GmbH erreicht,
4. Eine Liste der Gesellschafter,
5. Nachweis über die Zuleitung an den Betriebsrat

3. Documents demonstrating that the value of the OHG assets equals the amount of the stated share capital of the GmbH;
4. A list of shareholders;
5. A certificate of information to the works council

und melden die durch Umwandlung der ...... OHG entstandene A GmbH und unsere Bestellung zu Geschäftsführern zur Eintragung an.
Auf die Erstattung eines Umwandlungsberichts und auf die Klage gegen

and apply for registration of the ...... GmbH created through transformation of the OHG and our appointment as directors.
All shareholders have waived the creation of a transformation report and the

---

[1] Die Regelung erfolgt lediglich zu Klarstellung; die sonstigen Regelungen des GmbH-Vertrages bleiben unberührt.

die Wirksamkeit des Umwandlungsbeschlusses ist von allen Gesellschaftern durch notariell beurkundete Erklärungen im Umwandlungsbeschluss verzichtet worden.[2]

filing of a lawsuit against the validity of the transformation resolution through notarised statements in the transformation resolution.

---

[2] Es folgt sodann der Hinweis auf die satzungsmäßige Vertretungsregelung sowie die Versicherung der freien Verfügung der Geschäftsführung sowie das Nichtvorhandensein von strafrechtlichen Vorverurteilungen; vgl. IV.1.

4. Gesellschafterbeschluss betreffend eine Kapitalerhöhung

Verhandelt am ...... in ......

Vor dem unterzeichneten Notar ......
mit Amtssitz in ......
erschienen heute, am 2002
Herr/Frau ...... („Gesellschafter I")
und
Herr/Frau ...... („Gesellschafter II")
dem Notar persönlich bekannt.

Die Erschienenen erklärten im eigenen Namen wie als von § 181 BGB befreite Geschäftsführer der ...... GmbH:

Gesellschafter der ...... GmbH & Co. KG sind

1. die ...... GmbH, als deren Komplementär, an deren Stammkapital von ...... € beteiligt sind

   a) Der Gesellschafter I mit einem Geschäftsanteil von ...... €,
   b) Der Gesellschafter II mit einem Geschäftsanteil von ...... €,
2. der Gesellschafter 1. a) mit einer Kommanditeinlage von ...... €,

3. der Gesellschafter 1. b) mit einer Kommanditeinlage von ...... €.

Die Stamm- und die Kommanditeinlagen sind voll erbracht.
Die KG soll in eine GmbH umgewandelt werden. Zu diesem Zweck beschließen die Gesellschafter unter Verzicht auf Fristen und Formalitäten einstimmig:

§ 1 Kapitalerhöhung

(1) Das Stammkapital der ...... GmbH wird gegen Sacheinlagen in Höhe von

4. Shareholders' Resolution regarding an Increase of Share Capital

Statements given on ...... in ......

Before me, the undersigned Notary ......
with official residence in ......
appeared today, on 2002:
Mr/Ms ...... ("Shareholder I")
and
Mr/Ms ...... ("Shareholder II"),
personally known to the notary.
The individuals appearing gave on their own behalf and in their capacity as managing directors of ...... GmbH the following statement with relief from the restrictions under § 181 of the German Civil Code:

The Shareholders of ...... GmbH & Co. KG are

1. ...... GmbH, as its general partner the stated share capital which amounts to ...... € and is held by

   a) Shareholder I with a shareholding of ...... €,
   b) Shareholder II with a shareholding of ...... €.
2. The Shareholder 1. a) with a limited Partnership interest in the amount of ...... €,
3. The Shareholder 1. b) with a limited Partnership interest in the amount of ...... €.

The share capital and the limited Partnership interest are fully paid up.
The limited Partnership shall be transformed into a limited liability company. For such purposes the shareholders hereby waive all notice period and formalities and unanimously resolve as follows:

§ 1 Increase of Share Capital

(1) The stated share capital of ...... GmbH shall be increased against con-

...... € um ...... € auf insgesamt ...... € erhöht.

(2) Die neuen Stammeinlagen werden zum Nennwert ausgegeben. Sie nehmen am Gewinn ab Beginn des bei Eintragung der Kapitalerhöhung laufenden Geschäftsjahrs teil.

(3) Zur Übernahme werden die Gesellschafter I und II zugelassen. Sie erbringen ihre Sacheinlagen durch Übertragung ihrer Kommanditanteile zu Buchwerten mit schuldrechtlicher Wirkung zum Bilanzstichtag 31. 12. ...... auf die ...... GmbH, und zwar

a) der Gesellschafter I seine Einlage im Nennwert von ...... € zum Buchwert von ...... € auf den neuen Geschäftsanteil von ...... €,

b) der Gesellschafter II seine Einlage im Nennwert von ...... € zum Buchwert von ...... € auf den neuen Geschäftsanteil von ...... €.

(4) § 3 des Gesellschaftsvertrags der ...... GmbH wird neu gefasst und lautet nunmehr wie folgt:

„§ 3 Stammkapital

Das Stammkapital der Gesellschaft beträgt ...... €. Es ist durch Beschluss vom ...... von ...... € um ...... € auf ...... € erhöht worden."

§ 2 Übernahmeerklärungen

(1) Hiermit übernehmen der Gesellschafter I eine Stammeinlage im Nennbetrag von ...... € und der Gesellschafter II eine Stammeinlage im Nennbetrag von ...... €.

(2) Die Übernahmeerklärungen werden unwirksam, wenn die Kapitalerhöhung am ...... noch nicht eingetragen sein sollte.

tributions in kind in the amount of ...... € by ...... € to an overall amount of ...... €.

(2) The new share capital shall be issued at its nominal value. It shall participate in a profit as from the start of the fiscal year in which the share capital increase shall be registered.

(3) Shareholders I and II are admitted to subscription. They shall make their contributions in kind by way of transferring their limited Partnership interest to ...... GmbH at book value with contractual effect as from 31 December ...... i.e.

a) Shareholder I its limited partnership interest with a nominal value of ...... € at its book value of ...... € against the new share of ...... €,

b) Shareholder II its limited Partnership interest with a nominal value of ...... € at its book value of ...... € against the new share of ...... €.

(4) § 3 of the Articles of Association of ...... GmbH shall be revised and now read as follows:

"§ 3 Stated Share Capital

The stated share capital of the company shall amount to ...... €. Through resolution of ...... it has been increased from ...... € by ...... € to ...... €."

§ 2 Declaration to Subscribe

(1) Shareholder I hereby subscribes to a shareholding in the nominal amount of ...... € and the Shareholder II hereby subscribes to a shareholding in the nominal amount of ...... €.

(2) The declarations to subscribe shall be null and void if the share capital increase shall not have been registered by ......

§ 3 Übertragung der Kommanditanteile

Zum Zwecke der Erbringung ihrer Sacheinlagen auf die übernommenen neuen Geschäftsanteile treten die übernehmenden Gesellschafter mit allseitiger Zustimmung ihre Kommanditanteile schuldrechtlich mit Wirkung zum …… hiermit an die …… GmbH ab, die diese Abtretung annimmt.

§ 4 Firmenfortführung

Alle Gesellschafter erklären für sich und ihre Rechtsnachfolger ihr Einverständnis damit, dass die GmbH die Firma der KG fortführt.

§ 5 Kosten/Steuern

Die Kosten dieser Urkunde und ihrer Durchführung sowie anfallende Verkehrsteuern trägt die GmbH.

Der Notar wies auf Folgendes hin:

(1) Die gem. dieser Urkunde beschlossene Kapitalerhöhung wird erst mit Eintragung in das Handelsregister wirksam.

(2) Die Übernehmer haben, falls der Wert der Kommanditanteile bei Eingang der Anmeldung der Kapitalerhöhung beim Registergericht den Betrag der dafür übernommenen Stammeinlage nicht erreicht, in Höhe des Fehlbetrags eine Einlage in Geld zu leisten.

(3) Alle Gesellschafter haften für übernommene, aber nicht erbrachte Stammeinlagen und für die Vollwertigkeit der Sacheinlagen.

Anmeldung zum Handelsregister der GmbH

An das
Amtsgericht ……
Registergericht

§ 3 Transfer of Partnership Interests

For the purpose of effecting the contributions in kind against the new shares subscribed, the subscribing shareholders hereby assign with contractual effect as from …… to …… GmbH their Partnership interests with approval from all sides and …… GmbH agrees to accept such declaration of assignment.

§ 4 Continuation of Company Name

All shareholders declare on their own behalf and on behalf of their successors their approval to the continued use of the limited partnership's company name by …… GmbH.

§ 5 Costs/Taxes

The costs of this instrument and its implementation and any transfer taxes that shall be due shall borne by the limited liability company.

The notary gave the following instructions:

(1) The share capital increase resolved through this instrument shall come into full force and effect only upon its registration with the trade register.

(2) The subscribers shall compensate through cash payment any shortfall that shall arise if, at the date of receipt of the filing of the capital increase, the value of the Partnership interests shall be lower than the amount of the shares subscribed.

(3) The shareholders shall be liable for any shares subscribed but not paid up and for the value of the contributions in kind.

Registration with the Trade Register of a Limited Liability Company

To the
Local Court of ……
Trade Registrar

Betreff: Kapitalerhöhung der ......
GmbH, HRB Nr. ......

Hiermit werden folgende Urkunden vorgelegt:

(1) Ausfertigung des Protokolls der Gesellschafterversammlung vom ......
(Urk. Nr. ...... des Notars ......) mit

   (i) Kapitalerhöhungsbeschluss,

   (ii) Übernahmeerklärungen und
   (iii) Abtretung der Kommanditanteile der Gesellschafter der ......
GmbH & Co. KG an die ...... GmbH,

(2) Liste der Übernehmer,
(3) Sacherhöhungsbericht,

(4) Gutachten der Wirtschaftprüfer/Steuerberater ......, wonach der Wert der übertragenen Kommanditbeteiligungen den Betrag der dafür übernommenen Stammeinlage erreicht,

(5) Den vollständigen Wortlaut des Gesellschaftsvertrags mit Notarbescheinigung gem. § 54 Abs. 1 S. 2 GmbHG.

Wir melden hiermit wie folgt an:
Das Stammkapital der Gesellschaft ist gegen Sacheinlagen von ...... € um ...... € auf ...... € erhöht und der Gesellschaftsvertrag entsprechend geändert worden.
Wir versichern, dass die Sacheinlagen erbracht sind und sich endgültig in unserer freien Verfügung befinden. Sonstige Angaben gem. § 10 Abs. 1 und 2 GmbHG sind durch die Änderung nicht betroffen.

Die Gesellschafter haben ihr Einverständnis mit der Fortführung der Firma der KG durch die ...... GmbH erklärt.

(Notarielle Beglaubigung der Unterschriften sämtlicher Geschäftsführer, § 12 Abs. 1 HGB)

Re: Share Capital Increase of ......
GmbH, (trade register, division B, No. ......)

Herewith, the following documents are submitted:

(1) An official copy of the minutes of the shareholders' meeting of ......
(File number ...... of the Notary ......) including

   (i) Resolution on the capital increase,

   (ii) Declarations to subscribe,
   (iii) Assignment of limited Partnership interests of the shareholders of ...... GmbH & Co. KG to ...... GmbH.

(2) List of Subscribers
(3) Report on the capital increase by way of contribution in kind.

(4) An opinion of ...... accountants/tax advisors confirming that the value of the assigned limited Partnership interests shall at least equal the value of the shares subscribed therefore.

(5) The complete wording of the articles of association with notary certificate pursuant to § 54 (1), sentence 2 of the German Act on Limited Liability Companies.

We hereby file as follows:
The share capital of the company has been increased by ...... € from ...... € to ...... € against contributions in kind and the articles of association have been amended accordingly.
We represent that the contributions in kind have been made and are entirely at our free disposal. This amendment shall have no effect on other statements according to § 10 (1) and (2) of the German Act on Limited Liability Companies.
The shareholders have given their approval to the continuation of the use of KG's company name by ...... GmbH.

(Certified signatures of all directors according to § 12 of the German Code of Commerce)

Anmeldung zum Handelsregister der KG	**Registration with the Trade Register of the Limited Partnership**
An das Amtsgericht ...... Registergericht	To the Local Court of ...... Trade Registrar
Betreff: Übertragung der Kommandit- anteile der ...... GmbH & Co. KG, HRA Nr.	Re: Transfer of Limited Partnership Interests of ...... GmbH & Co. KG, (trade register, division A, No. ......)
Wir, die sämtlichen Gesellschafter, mel- den hiermit wie folgt an: Die Kommanditisten ...... und ...... haben ihre Kommanditanteile auf die ...... GmbH übertragen und sind aus der Gesellschaft ausgeschieden. Die GmbH ist berechtigt, die Firma der KG fortzuführen. Die KG ist aufgelöst.	We, i.e. all partners, hereby state as fol- lows: The limited partners ...... and ...... have transferred their limited Partner- ship interests to ...... GmbH and have left the company. The GmbH has full authority to con- tinue the use of KG's company name. The KG is dissolved.

V. Kaufverträge und AGB

V. Sale and Purchase Agreements and General Terms and Conditions

1. Kaufvertrag über eine Immobilie

1. Real Estate Sale and Purchase Agreement[1]

Urk. Nr. ...... der Urkundenrolle des Jahres 2008
Verhandelt zu ...... am ......

Document No. ...... of the Notary Register for Year 2008
Statements given in ...... on ......

Vor mir, dem unterzeichneten Notar ......
mit dem Amtssitz in ......
erschienen heute, am 2008:

Before me, the undersigned Notary .....
with official residence in ......
appeared today, on 2008:

1. Herr/Frau ......, sich ausweisend durch Vorlage seines/ihres gültigen Reisepasses Nr. ......;
2. Herr/Frau ......, sich ausweisend durch Vorlage seines/ihres gültigen Reisepasses Nr. ......

1. Mr/Ms ...... who identified himself/herself through presentation of his/her valid passport No. ......;
2. Mr/Ms ...... who identified himself/herself through presentation of his/her valid passport No. ......;

Auf Ansuchen der Erschienenen beurkunde ich ihre bei gleichzeitiger Anwesenheit vor mir abgegebenen Erklärungen nach Unterrichtung über den Grundbuchstand folgenden

Upon demand of the individuals present, I hereby, after inspection of the land register, certify in their simultaneous presence and in accordance with their declarations the following

Grundstückskaufvertrag mit Auflassung

Real Estate Sale and Purchase Agreement

§ 1 Grundbuch- und Sachstand

§ 1 Land Register and Status

(1) Im Grundbuch des Amtsgerichts ...... für ......, Band ......, Blatt ...... (nachfolgend: das „Grundstück") ist die Firma ...... mit Sitz in ...... als Alleineigentümerin eingetragen.

(1) The company named ...... with its registered office in ...... is registered as sole proprietor with the real estate register of the Local Court of ...... for ......, volume ...... page ...... (hereinafter referred to as the "Property").

Das Grundstück ist wie folgt belastet:

The Property is subject to the following encumbrances:

In Abteilung II: ......

In Division II: ......

---

[1] *Sale and Purchase Agreement* dürfte wohl eher als bloß *Purchase Agreement* üblicher Terminologie entsprechen, wenngleich beides gebräuchlich ist.

In Abteilung III: ......

(2) Die Firma ...... mit Sitz in ...... errichtet derzeit auf dem Grundstück ein Bauvorhaben, bestehend aus einem Geschäftshaus mit Büroflächen (nachfolgend: die „Immobilie"). Die Baugenehmigung ist erteilt. Mit den Bauarbeiten wurde bereits begonnen.

(3) Im Baulastenverzeichnis von ...... sind zu Lasten des Grundstücks die aus der Anlage 1.3 ersichtlichen Baulasten eingetragen. Dem Verkäufer sind weitere Baulasten nicht bekannt.

§ 2 Verkauf

(1) Die Firma ...... mit Sitz in ...... (nachstehend: „Verkäufer") verkauft hiermit das Grundstück nebst allen Rechten, gesetzlichen Bestandteilen und Zubehör an den Käufer zu Alleineigentum; der Käufer nimmt diese Erklärung an.

(2) Der Verkäufer verpflichtet sich, die im Bau befindliche Immobilie bis spätestens ...... nach Maßgabe der als Anlage 2.2 beigefügten Baubeschreibung fertigzustellen.

§ 3 Kaufpreis, Umsatzsteuer, Anpassung, Fälligkeit

(1) Der Kaufpreis beträgt ...... € (in Worten: ...... €)
und beruht auf einem vorläufig ermittelten Flächenmaß auf der Grundlage der Bauplanungsunterlagen. Die Parteien gehen übereinstimmend von ...... qm Gesamtbürofläche aus. Er ist (gegebenenfalls unter Abzug der Zahlungen gem. nachfolgendem Abs. 4) zu den Fälligkeitsterminen auf ein vom Verkäufer zu benennendes Konto ohne Abzüge zu überweisen.

(2) Der Verkäufer erklärt, von der Option gem. § 9 UStG Gebrauch gemacht

In Division III: ......

(2) The company named ...... with its registered office at ...... is engaged in erecting a building project consisting of business premises with office space (hereinafter referred to as the "Building"). The building permit has been granted. The construction works have already been started.

(3) The Real Estate is subject to the development encumbrances described in Annex 1.3 hereto as per the entries of the development encumbrance register of ...... The Seller is not aware of any further development encumbrances.

§ 2 Sale and Purchase

(1) ...... with its registered office at ...... (hereinafter referred to as the "Seller") hereby sells to the Buyer the Property including all rights, statutory parts thereof and ancillaries; the Buyer hereby accepts such declaration.

(2) The Seller agrees to complete the construction of the Building by no later than ...... in accordance with the building specifications attached hereto as Annex 2.2.

§ 3 Purchase Price, VAT, Adjustment, Due Date

(1) The purchase price shall be ...... € (in words: ...... €)
which is based on a space valuation made on a preliminary basis derived from the construction plans. It is the common understanding of the parties hereto that the total office space is ...... square meters. At the due dates, the purchase price shall (subject to any deduction of payment made in accordance with subclause (4) below) be transferred free of any deductions to a bank account which the Seller shall specify.

(2) The Seller declares that it has exercised the option in accordance with § 9

zu haben. Demgemäß versteht sich der vorgenannte Kaufpreis zuzüglich gesetzlicher Umsatzsteuer, zu deren Entrichtung sich der Käufer hiermit ebenfalls verpflichtet. Der Käufer ist allerdings berechtigt, die gesetzliche Umsatzsteuer gegenüber dem Verkäufer in der Weise zu begleichen, dass er dem Verkäufer vorbehaltlich der Zustimmung des Finanzamts seinen Umsatzsteuererstattungsanspruch abtritt. Die Parteien verpflichten sich zur Abtretungsanzeige in der gem. § 46 Abs. 3 AO vorgeschriebenen Form.

Der Käufer tritt demgemäß dem Verkäufer seinen gem. § 15 UStG bestehenden Vorsteuererstattungsanspruch ab. Der Verkäufer nimmt diese Abtretungserklärung an. Sollte das Finanzamt diese Abtretung nicht anerkennen oder die Erstattungsleistung aus sonstigen Gründen verweigern, wird der Verkäufer den Käufer hierüber unverzüglich informieren. In diesem Fall wird der Käufer an den Verkäufer die gesetzliche Umsatzsteuer unverzüglich, jedoch nicht vor Fälligkeit des Kaufpreises nach Maßgabe dieser Vereinbarung bezahlen.

(3) Die Parteien vereinbaren eine Kaufpreisanpassung gem. Flächenaufmaß nach Maßgabe der tatsächlichen nach Bauvollendung geschaffenen Mietfläche. Die Mietfläche wird bei der Abnahme auf der Grundlage eines prüffähigen Aufmaßes von den Parteien ermittelt. Die Parteien vereinbaren einen Anpassungsbetrag in Höhe von ...... €/qm, der zeitgleich mit dem Kaufpreis gem. nachfolgendem Abs. (4) zum Ausgleich fällig wird.

(4) Der Kaufpreis ist in Höhe eines Teilbetrages von ...... € 10 (zehn) Bankarbeitstage nach dem Eingang einer schriftlichen Bestätigung des beurkundenden Notars fällig, in dem der Eintritt aller folgenden Ereignisse bestätigt wird:

  (i) Zur Sicherung des Anspruches des Käufers auf den Erwerb des Grundstückes ist eine Auflassungs-

of the German VAT Act. Therefore, the above referenced purchase price shall be subject to statutory VAT the payment of which the Buyer hereby agrees to effect. However, the Buyer shall have the right, to settle the VAT payment towards the Seller by way of assigning to the Seller its VAT refund claim which shall be subject to the approval of the fiscal authority. The parties hereto agree to serve the notice of assignment in accordance with the formal requirements set out in § 46 (3) of the German General Tax Act.

Based thereon, the Buyer hereby assigns to the Seller its pre-tax refund claim in accordance with § 15 of the German VAT Act. The Seller accepts such notice of assignment. Should the fiscal authority refuse to accept such assignment or payment of the refund amount on other grounds, then the Seller shall immediately notify the Buyer thereof. In such event, the Buyer agrees to pay to the Seller the statutory VAT immediately but no earlier than at the due dates set out in this Agreement.

(3) The parties agree to adjust the purchase price based on the space valuation which shall be assessed against the rent space effectively created upon completion of works. The area leased shall be established at the acceptance based on an assessable space valuation. The parties agree on an adjustment payment of ...... €/sqm which shall be payable at the same date as the purchase price according to subclause (4) below.

(4) An advance payment of ...... € of the purchase price shall be payable by no later than 10 (ten) bank working days after receipt of a written confirmation of the certifying notary which shall confirm the completion of the following:

  (i) A transfer notice has been registered with the land register to secure the Buyer's right to acquire

vormerkung im Grundbuch eingetragen. Dieser Auflassungsvormer-
kungen dürfen nur solche Belastungen im Range vorgehen, die
vorstehend in § 1 aufgeführt sind
oder Grundpfandrechte, an deren
Bestellung der Käufer mitgewirkt
hat.

(ii) Alle zu diesem Vertrag erforderlichen Genehmigungen liegen vor,
ausgenommen die Unbedenklichkeitsbescheinigung des Finanzamts.

(iii) Die Gemeinde ...... hat als zuständige Gemeinde bestätigt, das ein
gesetzliches Vorkaufsrecht nicht
besteht oder nicht ausgeübt wird.

(iv) Dem Notar ist die hiernach vereinbarte Gewährleistungsbürgschaft
(siehe dazu nachstehend in § 4 (4))
zum Zwecke der Weiterleitung an
den Käufer übergeben worden und
dem Notar ist vom Käufer die
Abnahme der Immobilie oder die
Abnahmefähigkeit gem. der nachfolgend in § 5 (5) niedergelegten Streitbeilegungsregeln bestätigt
worden.

Die Fälligkeitsmitteilung ist dem Käufer unverzüglich schriftlich zu übermitteln; der Verkäufer erhält eine Kopie
hiervon.

Der auf den Kaufpreis ausstehende
Restbetrag ist nach Vollendung der Ab-
nahme der Immobilie gem. § 4 (3) zu
Zahlung fällig.

(5) Der Käufer behält sich das Recht
zur Ablösung nicht übernommener
Grundpfandrechte einschließlich Nebenleistungen, Zinsen und Kosten vor.
Dem Notar wird zu diesem Zwecke der
Auftrag erteilt, solche Ablösebeträge zu
ermitteln und den Vertragsparteien
mitzuteilen.

(6) Vorbehaltlich § 1 (3) übernimmt der
Käufer übernimmt keinerlei sonstige
Baulasten, im Grundbuch nicht eingetragene Dienstbarkeiten oder nachbar-
rechtliche Beschränkungen.

the Property. Only those encumbrances referred to in § 1 above or
land charges in the creation of
which the Buyer shall have participated may have a better ranking.

(ii) All permits required under this
Agreement have been obtained;
this shall exclude the certificate of
compliance of the fiscal authority.

(iii) The local council of ...... as competent local council has confirmed
that statutory pre-emption rights
do not exist or will not be exercised.

(iv) For the purposes of forwarding the
same to the Buyer, the notary has
been provided with the warranty
certificate (see § 4 (4) below) and
the Buyer has confirmed to the
notary that the Property has been
accepted or is capable of being accepted in accordance with the dispute resolution scheme according
to § 5 (5) below.

The notice of maturity shall be immediately given to the Buyer in writing; the
Seller shall receive a copy thereof.

The balance of the purchase price for
the Property shall be payable upon
completion and acceptance in accordance with § 4 (3).

(5) The Buyer reserves its right to settle
any land charges including ancillary
payments, interest and costs which it
shall not have taken over. For such
purposes, the notary is instructed to
verify such settlement amounts and
notify the parties thereof.

(6) Subject to § 1 (3) above, the Buyer
shall not take over any further development encumbrances, any unregistered servitudes or neighbourhood restrictions.

(7) Die Abtretung des Kaufpreisanspruches bedarf der Zustimmung des Käufers. Diese darf nur aus wichtigem Grund verweigert werden. Der Käufer kann seine Zustimmung davon abhängig machen, dass ihm die Abtretung mittels öffentlich beglaubigter Urkunde nachgewiesen wird.

(8) Kommt der Käufer mit der Zahlung des Kaufpreises in Verzug, so hat er vom Tage des Verzuges an den Verkäufer als Verzugszinsen einen Betrag in Höhe von 7% über dem Leitzins der EZB – bezogen auf den verzugsgegenständlichen Betrag – zu bezahlen. Dem Verkäufer bleibt das Recht zum Nachweis eines höheren Verzugsschadens vorbehalten.
Beträgt der Verzugszeitraum mehr als 6 Wochen, hat der Verkäufer das Recht, von diesem Vertrag zurückzutreten.

(7) Any assignment of the purchase price claim shall be subject to the Buyer's approval which may only be withheld for good cause. The Buyer shall have the right to make its approval subject to evidence of assignment provided to it through a publicly certified instrument.

(8) If the Buyer shall be in default with the payment of the purchase price, then it shall pay to the Seller upon the default date as default interest an amount equal to 7% above the base rate of the European Central Bank which shall be based on the default amount. This shall be without prejudice to Seller's right to prove a higher compensation claim.

If the duration of default shall exceed 6 weeks, then the Seller shall have the right to rescind this Agreement.

§ 4 Gewährleistungen und Zusicherungen

(1) Der Verkäufer gibt gegenüber dem Käufer folgende Gewährleistungen ab:

 (i) Das Grundstück ist frei von schädlichen Bodenverunreinigungen, Altlasten sowie Grundwasserverunreinigungen.
 (ii) Das Gebäude ist frei von gesundheits- oder umweltgefährdenden Stoffen im Sinne der Vorschriften des Chemikaliengesetzes oder der Gefahrstoffverordnung.
(iii) Ihm sind keine Rechte gem. § 3 (6) bekannt und er hat keine weiteren Eintragungen im Baulastenverzeichnis veranlasst.

Der Verkäufer stellt den Käufer von allen Ansprüchen frei, die Behörden, Nachbarn oder Mieter wegen der vorgenannten Umstände geltend machen. Dies schließt auch Kosten einer Untersuchung, Beseitigung oder Sanierung ein.

§ 4 Representations and Warranties

(1) The Seller represents to the Buyer as follows:

 (i) The Property is free of ground pollution, dangerous waste and water pollution.
 (ii) The Building is free of hazardous substances …… as defined in the German Act on Chemicals or the German Act[2] on Hazardous Substances.
(iii) It is not aware of any rights according to § 3 (6) above and it shall not have caused any entry in the development encumbrance register.

The Seller agrees to indemnify the Buyer against all claims that public authorities, neighbours or tenants shall raise as a result of the above referenced issues. This shall include any costs of examination, removal or restoration.

---

[2] In diesem Fall könnte man statt dessen auch *ordinance* sagen.

(2) Der Verkäufer sichert im Sinne des §§ 434 ff. BGB wie folgt zu:

(i) Soweit nicht in Anlage 4.2 (i) anderweitig vermerkt, liegen keine unerledigte behördliche Verfügungen oder Auflagen vor.
(ii) Soweit nicht in Anlage 4.2 (ii) anderweitig vermerkt, bestehen oder drohen keine Rechtsstreitigkeiten oder behördliche Verfahren oder Verfügungen im Zusammenhang mit dem Grundstück oder der Immobilie.
(iii) Alle Steuern und Abgaben, für die der Käufer statt des Verkäufers haften könnte sind bezahlt.
(iv) Das Grundstück ist von keiner dritten Partei überbaut worden.

(v) Der Verkäufer hat keine Kenntnis von dem Vorhandensein von Belastungen, die auch ohne Eintragung wirksam sind (Altrechtliche Dienstbarkeiten)
(vi) Die Immobilie wird bis spätestens zum ...... in Übereinstimmung mit der als Anlage 4.2 (vi) beigefügten Baubeschreibung bezugsfertig, funktionsgerecht, schlüsselfertig und mangelfrei fertiggestellt. Dies schließt die Durchführung sämtlicher Erschließungsarbeiten ein.
(vii) Alle bis zum heutigen Zeitpunkt fälligen Erschließungsbeiträge nach § 123 BauGB sind vollständig bezahlt. Der Verkäufer haftet für alle weiter anfallenden Erschließungsbeiträge und stellt den Käufer von jeglicher Inanspruchnahme frei. Der Verkäufer tritt dem Käufer hiermit alle Rückerstattungsansprüche ab. Der Käufer nimmt diese Abtretung an.

(3) Der Verkäufer wird dem Käufer die Vollendung der Arbeiten gem. vorste-

(2) The Seller warrants in the terms of §§ 434 et seq. of the German Civil Code as follows:

(i) Unless otherwise specified in Annex 4.2 (i), there are no unsettled orders or duties of public authorities.
(ii) Unless otherwise specified in Annex 4.2 (ii), there are no lawsuits or administrative proceedings or administrative orders in relation to the Property or the Building in progress or imminent.
(iii) All taxes and duties for which the Buyer may be liable instead of the Seller, have been paid.
(iv) No third party shall have erected any buildings beyond the borders of the Property.[3]
(v) The Seller is not aware of the existence of any encumbrances that shall be valid without registration (ancient servitudes).

(vi) The Building shall be completed by no later than ...... in accordance with the building specifications attached hereto as Annex 4.2 (vi); which shall include readiness to use, proper functionality, turnkey completion and absence of defects. This shall include all ground and facilities development works.
(vii) All contribution payments for ground and facilities development works in accordance with § 123 et seq. of the German Building Act that have fallen due as at this date, have been fully paid. The Seller shall be liable for any further contribution payments and shall indemnify the Buyer against any such claims. The Seller hereby assigns to the Buyer all refund claims. The Buyer accepts such assignment.

(3) Upon completion of the works referred to in subsection 2 (vi), the Seller

---

[3] Hier wurde der Begriff des *Überbauens* umschrieben.

hendem Abs. (2) (vi) schriftlich anzeigen und dem Käufer gleichzeitig einen Termin zur Abnahme der Immobilie vorschlagen. Der Käufer ist zur Abnahme der Immobilie verpflichtet, wenn die folgenden Voraussetzungen erfüllt sind:

(i) Vollendung der Arbeiten und mangelfrei Erstellung gem. vorstehendem Abs. 2 (vi). Dies gilt mit der Maßgabe, das ausstehende Arbeiten an Außenanlage die Vollendung nicht hindern, sofern die Funktionsfähigkeit der Immobilie hierdurch nicht beeinträchtigt wird.
(ii) Alle zur Nutzung der Immobilie notwendigen behördlichen Genehmigungen liegen vor.
(iii) Der Verkäufer hat dem Käufer ein prüffähiges Aufmaß gem. § 3 (3) übergeben.

Über die Abnahme ist ein Protokoll zu fertigen, das im Falle beiderseitigen Einverständnisses von den Vertragsparteien zu unterschreiben ist. Soweit der Käufer trotz vorhandener Mängel oder ausstehender Bauleistungen die Abnahme erklärt, ist er berechtigt, von dem Kaufpreis einen Betrag in der dreifachen Höhe eines Betrages einzubehalten, der den Kosten der Mängelbeseitigungsarbeiten bzw. der Restarbeiten entspricht. Der Verkäufer kann die Einbehaltung dadurch abwenden, dass er dem Käufer eine Bankbürgschaft in gleicher Höhe übergibt.
Sollten sich die Vertragsparteien über das Vorhandensein von Mängeln oder die Notwendigkeit von Restarbeiten nicht einig sein, gelten die Streitbeilegungsregelungen gem. § 5 (3) entsprechend.

(4) Zur Absicherung aller Gewährleistungsansprüche des Käufers übergibt der Verkäufer dem Käufer spätestens 10 Tage nach Unterzeichnung dieses

shall notify the Buyer thereof and propose a date for acceptance of the Property. The Buyer shall be required to accept the Building if the following conditions shall have been satisfied:

(i) Completion of works and construction free of any defects in accordance with subclause 2 (vi) above. This shall apply subject to the qualification that outstanding works on the surroundings shall not prevent completion unless it shall be of adverse effect to the use of the Building.
(ii) All permits of public authorities necessary for the use of the Building have been obtained.
(iii) The Seller shall have provided the Buyer with an assessable space valuation in accordance with § 3 (3).

The acceptance procedure[4] shall be documented in minutes that shall be signed by both parties in the event of agreement thereon. If the Buyer shall declare acceptance despite existing defects or outstanding construction works, then it may deduct from the purchase price an amount equal to three times of the costs of the works necessary to cure the defects and/or complete the outstanding works. The Seller may avoid such deduction through providing the Buyer with a bank guarantee in the same amount.

If the parties should disagree on the existence of any defects or the need for completion works, then the dispute settlement scheme in accordance with § 5 (3) shall apply accordingly.

(4) To secure any warranty claims by the Buyer, the Seller agrees to provide the Buyer by no later than 10 days after signing of this Agreement with a guar-

---

[4] Mit Rücksicht auf den Verfahrenscharakter der Abnahme wurde hier eine entsprechende Umschreibung vorgenommen.

Vertrages eine Gewährleistungsbürgschaft in Höhe von ...... €. Diese hat
der Käufer nach Ablauf von 5 (fünf)
Jahren gerechnet ab dem Zeitpunkt der
Abnahme gem. vorstehendem Abs. zurückzugeben, sofern alle von dem Käufer gerügten Mängel ordnungsgemäß
beseitigt worden sind.

antee in the amount of ...... € to cover
any warranty claims. The Buyer shall
return the same upon expiry of a term
of 5 (five) years which shall start at the
date of acceptance provided that all
objections of the Buyer in relation to
deficiencies shall have been properly
settled.

§ 5 Mängelbeseitigungsarbeiten; Streitbeilegungsverfahren

§ 5 Works to cure Defects; Dispute Settlement Scheme

(1) Der Verkäufer hat alle ihm angezeig-
ten Mängel unverzüglich zu beseitigen.
Dies gilt auch für Mängel, die während
der Bauausführung bekannt werden.
Nach der Abnahme der Immobilie erfolgende Mängelbeseitigungsarbeiten
haben so zu erfolgen, dass der in der
Immobilie stattfindende Geschäftsbetrieb so wenig wie möglich beeinträchtigt wird.

(1) The Seller agrees to immediately
cure any defect that it shall have been
notified of. This shall include all defects
that shall be discovered during the construction process. Any works undertaken after acceptance of the Building
shall be made such as to minimise its
impacts on the business operations
within the Building.

(2) Der Verkäufer tritt an den Käufer
sämtliche Gewährleistungs- und Haf-
tungsansprüche ab, die ihm gegen die
in Anlage 5.2 aufgeführten am Bau Beteiligten zustehen. Der Käufer nimmt
diese Abtretung an. Die Abtretung ist
aufschiebend bedingt durch die vollständige Zahlung des Kaufpreises abzüglich solcher Einbehalte, die dem
Käufer nach dieser Vereinbarung gestattet sind.

(2) The Seller hereby assigns to the
Buyer all warranty claims and other
compensation claims against all parties
engaged in the construction that are
specified in Annex 5.2 hereto. The
Buyer accepts such assignment. This
assignment shall be subject to the condition precedent that the entire purchase price shall have been paid except
such deductions to which the Buyer is
entitled in accordance with this Agreement.

Der Verkäufer bleibt bis zu jederzeit
möglichen Widerruf des Käufers berechtigt und verpflichtet, die abgetretenen Ansprüche zu verfolgen.

The Seller shall retain the right and obligation to pursue the claims so assigned unless the Buyer shall have re-
voked such authority which shall be
possible at any time.

(3) Alle Streitigkeiten der Vertragsparteien im Zusammenhang mit Grö-
ße, Mängel, Abnahmevoraussetzungen
und Einbehalten/Abzügen des Käufers
werden auf Antrag einer Vertragspartei
durch einen Schiedsgutachter entschieden. Dieser ist von den Parteien innerhalb einer Frist von ...... ab dem Antrag zu bestimmen. Können sich die
Parteien auf die Person des Schiedsgut-
achters nicht einigen, erfolgt auf Antrag

(3) All disputes between the parties
hereto arising from the size, any defects, conditions for acceptance or sus-
pension/withdrawals by the Buyer
shall, upon demand of one of the parties hereto, be subject to the decision of
an arbitrary expert. The parties shall
appoint the expert through mutual
agreement within a timeline of ......
days. If the parties fail to achieve an
agreement then an appointment shall,

einer Partei die Bestimmung durch den Präsidenten der Industrie- und Handelskammer ......

upon demand of one of the parties hereto, be made by the President of the Chamber of Industry and Commerce of ......

§ 6 Mietverhältnisse

(1) Der Verkäufer hat im Hinblick auf Einzelflächen der Immobilie die in Anlage 6.1 aufgeführten Mietverhältnisse abgeschlossen. Nebenabreden hierzu bestehen nicht.

(2) Der Verkäufer sichert zu, dass, sofern nicht in Anlage 6.2 anderweitig aufgeführt, alle Verpflichtungen hieraus ordnungsgemäß erfüllt sind und keinerlei Auseinandersetzungen mit Mietern bestehen.

(3) Der Käufer wird mit Besitzübergang unter Ausscheiden der Verkäufers diese Mietverhältnisse mit allen sich hieraus ergebenden Rechten und Pflichten übernehmen. Der Käufer wird den Mietern diesen Übergang schriftlich mitteilen. Der Verkäufer verpflichtet sich, dem Käufer hierfür eine schriftliche Vollmacht zu erteilen, die auf Verlangen des Käufers notariell zu beglaubigen ist.

(4) Der Käufer stellt den Verkäufer von allen Ansprüchen der Mieter frei, die nach dem Besitzübergang entstanden sind.

§ 6 Rent Agreements

(1) The Seller has, with regard to certain space within the Building, entered into the rent agreements which are attached hereto as Annex. 6.1. No side arrangements to these agreements exist.

(2) The Seller represents and warrants that, unless otherwise specified in Annex 6.2, all duties thereunder have been properly discharged and there are no pending disputes with tenants.

(3) The Buyer shall assume all rent agreements with all rights and obligations attached to these already with transfer of possession whereupon the Seller shall exit from these agreements. The Buyer shall notify the tenants of such transfer. The Seller agrees to provide the Buyer with a certificate of authority which shall, upon demand of the Buyer shall be certified by a notary.

(4) The Buyer agrees to indemnify the Seller from all claims of the tenants which shall have arisen after the transfer of possession.

§ 7 Übergang von Besitz, Nutzungen und Lasten

Sofern nicht anderweitig in dieser Vereinbarung geregelt, gehen Besitz, Nutzungen und Lasten am Datum der vollständigen Kaufpreiszahlung über.

§ 7 Transfer of Date, Rights and Duties

Save as otherwise provided in this Agreement, transfer of possession, rights and duties shall take effect as at the date of the payment of the full purchase price.

§ 8 Vormerkung; Auflassung

(1) Zur Sicherung des Anspruches auf Eigentumsübertragung bewilligen und

§ 8 Notice to Secure Transfer;[5] Implementation of Transfer

(1) To secure the right to transfer of ownership, the parties hereto accept

---

[5] Hier wurde in der Übersetzung auf die Sicherungswirkung der Vormerkung abgehoben; ebenso gebräuchlich ist aber auch *priority notice* – also eher auf die Rangwirkung der Vormerkung abhebend.

beantragen die Vertragsparteien die Eintragung einer Vormerkung gem. § 883 zugunsten des Käufers im Grundbuch.

Außerdem bewilligen und beantragen die Vertragsparteien schon jetzt, diese Vormerkung zu löschen, sobald der Käufer als Eigentümer des Grundstückes im Grundbuch eingetragen ist und keine Zwischeneintragungen, an denen der Käufer nicht mitgewirkt hat, erfolgt sind.

(2) Der Käufer verpflichtet sich, die vorgenannte Vormerkung wieder löschen zu lassen, wenn der Verkäufer von diesem Vertrag zurückgetreten ist.

Zu diesem Zweck bevollmächtigt der Käufer die Notariatsangestellten ......, die Löschung der zu seinen Gunsten eingetragenen Vormerkung zu bewilligen und zu beantragen. Von der Vollmacht darf nur durch Erklärung vor dem beurkundenden Notar Gebrauch gemacht werden.

Die Vertragsparteien weisen den Notar an, die Löschungsbewilligung für die Vormerkungen dem Grundbuchamt erst zum Vollzug vorzulegen, wenn folgende Voraussetzungen erfüllt sind:

(i) Der Kaufpreis ist nicht fristgerecht an den Verkäufer bezahlt.

(ii) Der Verkäufer hat dem Notar unter Übermittlung einer Kopie mitgeteilt, dass er von dem Kaufvertrag zurückgetreten ist.

Im Falle eine teilweisen Zahlung erfolgt die Löschung Zug-um-Zug gegen Rückerstattung des geleisteten Betrages.

(3) Die Vertragsparteien geben zum Zwecke der Auflassung folgende Erklärungen ab:

Wir sind uns darüber einig, dass das Eigentum am Grundstück von dem Verkäufer auf den Käufer übergeht.

Der Verkäufer bewilligt und der Käufer beantragt die Umschreibung des Eigentums im Grundbuch auf den Käufer.

and request the registration of a notice to secure transfer in accordance with § 883 of the German Civil Code for the benefit of the Buyer.

Moreover, the parties hereto accept and request already at this date deletion of the notice to secure transfer which shall be effected at the date at which the Buyer shall have been registered in the real estate register as owner of the Property and provided that no interim registrations shall have been made unless the Buyer shall have been engaged in the same.

(2) The Buyer agrees to cause deletion of the above referenced notice to secure transfer if the Seller shall have rescinded this Agreement.

For such purposes, the Buyer authorizes ...... employees of the notary to accept and request the deletion of the notice to secure transfer that shall have been registered for its benefit. Such authority may only be exercised through a notice given before the certifying notary.

The parties instruct the notary not to file the deletion request with regard to the notice to secure transfer before the following conditions shall have been satisfied:

(i) The Seller shall not have received the purchase price at the due date.

(ii) The Seller shall have notified to the notary through delivery of a copy of the same that it has rescinded the sale and purchase agreement.

In the event of a partial payment, deletion shall be effected in simultaneous exchange for the refund of the amount paid.

(3) For the purposes of transferring ownership, the parties declare as follows:

We are in mutual agreement that the ownership in the Property shall hereby transfer from the Seller to the Buyer.

The Seller accepts and the Buyer requests the re-registration of ownership in the real estate register for the benefit of the Buyer.

Der Verkäufer beantragt die Löschung der in Anlage 8.3 bezeichneten Grundpfandrechte.

The Seller requests the deletion of the land charges specified in Annex 8.3 hereto.

§ 9 Bestellung von Grundpfandrechten; Vollmacht

(1) Der Verkäufer verpflichtet sich, als derzeitiger Eigentümer bei der Bestellung vollstreckbarer Grundpfandrechte zugunsten inländischer Kreditinstitute mitzuwirken, sofern sichergestellt ist, dass Zahlungen des Grundschuldgläubigers mit Tilgungswirkung auf die hiernach begründete Zahlungsschuld geleistet werden und den Verkäufer keinerlei persönliche Zahlungspflichten hieraus treffen.

(2) Für die vorgenannten Zwecke erteilt der Verkäufer dem Käufer hiermit eine Vollmacht, ihn bei der Bestellung zu vertreten. Von dieser Vollmacht kann nur durch Erklärung vor dem beurkundenden Notar Gebrauch gemacht werden und auch nur, wenn der Käufer dem Verkäufer eine Entwurfsfassung der Bestellungsurkunden übermittelt hat und der Verkäufer zu dieser Fassung sein Einverständnis erklärt hat.

§ 9 Creation of Land Charges; Authority

(1) The Seller agrees to co-operate as current owner in the creation of enforceable land charges for the benefit of domestic banks provided that any payments of creditors of such land charge shall be made for discharge of the payment obligation created hereunder and that the Seller shall not be subject to any personal payment obligation.

(2) For the above purposes, the Seller hereby authorises the Buyer to represent it in the creation of land charges. Such authority may only be exercised through a notice given before the certifying notary and only if the Buyer has provided the Seller with a draft of the creation documents and the Seller has approved such documents.

§ 10 Bevollmächtigung des Notars und sonstiger Personen

(1) Die Erschienenen ermächtigen den beurkundenden Notar, in ihrem Namen alle Erklärungen abzugeben und entgegenzunehmen, insbesondere auch Anträge einzeln und unabhängig voneinander zu stellen und zurückzunehmen, soweit hierdurch der Vollzug dieses Kaufvertrages gefördert wird.

(2) Die Erschienenen beauftragen den beurkundenden Notar mit der Durchführung dieses Kaufvertrages. Dies umfasst insbesondere die Befugnis, die grunderwerbsteuerliche Unbedenklichkeitsbescheinigung des Finanzamtes zu beschaffen, Negativbescheinigungen nach dem Baugesetzbuch zu beantragen und eine Entscheidung über die

§ 10 Authority of the Notary and other Individuals

(1) The individuals present hereby authorise the certifying notary to file and receive on their behalf all notices which shall include, without limitation, the separate and independent filing or withdrawal of petitions, to the extent that the execution of this Sale and Purchase Agreement is promoted.

(2) The individuals present instruct the certifying notary to implement this Sale and Purchase Agreement. This shall include, without limitation, the authority to obtain the tax certificate of compliance from the fiscal authority, the filing of a certificate of waiver in accordance with the German Building Act and to obtain a decision on the exercise

Ausübung oder Nichtausübung des gemeindlichen Vorkaufsrechts zu erwirken.

Die Vertragsparteien bevollmächtigen hiermit die Notariatsangestellten ...... des beurkundenden Notars unter Befreiung von den Beschränkungen gem. § 181, und zwar jeden für sich allein, Änderungen oder Ergänzungen zu dieser Vertragsurkunde zu erklären, soweit dies auf Grund von Verfügungen des Grundbuchamts erforderlich ist. Von der Vollmacht darf nur durch Erklärung vor dem beurkundenden Notar Gebrauch gemacht werden.

or non-exercise of the pre-emption rights of the local council.

The parties hereby authorise ...... as employees of the certifying notary, individually and separately and with relief from the restrictions set out in § 181 of the German Civil Code, to file notices for change or additions to this instrument if the same shall be required as a result of directives of the land registry authority. Such authority may only be exercised through a notice given before the certifying notary.

§ 11 Kosten; Grunderwerbsteuer

(1) Die Kosten dieser Urkunde und etwa notwendiger Nachträge, die Kosten des Vollzuges einschließlich anfallender Grundbucheintragungs- oder -Löschungskosten in Bezug auf die Vormerkung gem. § 8 dieser Urkunde sowie die anfallende Grunderwerbsteuer trägt der Käufer.

(2) Die Kosten für die Löschung nicht übernommener Belastungen trägt der Verkäufer.

§ 11 Costs; Real Estate Transfer Tax

(1) The costs of this instrument and any necessary supplements, the costs of implementation including any costs of entry in the land register or costs of deletion with regard to the notices to secure transfer in accordance with § 8 hereof shall be borne by the Buyer.

(2) The costs of the deletion of encumbrances that have not been taken over shall be borne by the Seller.

§ 12 Belehrungen des beurkundenden Notars

Der beurkundende Notar belehrte die Vertragsparteien über folgende Umstände:

(i) Alle Vereinbarungen müssen richtig und vollständig beurkundet sein. Nicht beurkundete Abreden sind nichtig und gefährden die Wirksamkeit des gesamten Vertrages.

(ii) Nach §§ 24 ff. BauGB besteht zugunsten der Gemeinde ...... ein gesetzliches Vorkaufsrecht.

(iii) Der Käufer erwirbt das Eigentum am Grundstück einschließlich der Immobilie nicht schon mit Unter-

§ 12 Advice from the Certifying Notary[6]

The certifying notary advised the parties hereto of the following:

(i) All arrangements need to be duly and completely certified. Non-certified arrangements are null and void and may jeopardise the validity of the entire agreement.

(ii) According to §§ 24 et seq. of the German Building Act, the local council of ...... enjoys a statutory pre-emption right.

(iii) The Buyer will not acquire ownership of the Property including the Building by virtue of signing this

---

[6] *Instructions* ist ebenfalls eine gebräuchliche Übersetzung.

zeichnung dieser Vereinbarung, sondern erst mit seiner Eintragung in das Grundbuch als Eigentümer. Das Grundbuchamt kann die Eintragung von der vorherigen Bezahlung von Gerichtskosten abhängig machen.

(iv) Die Umschreibung des Eigentums im Grundbuch kann nicht vor der Vorlage der Unbedenklichkeitsbescheinigung des Finanzamtes erfolgen.

(v) Käufer und Verkäufer haften unbeschadet der in § 12 (2) getroffenen Regelung gesamtschuldnerisch für die Zahlung der Grunderwerbsteuer. Gleiches gilt für Gerichts- und Notarkosten.

(vi) Das Vertragsobjekt haftet für Rückstände an Öffentlichen Lasten und Abgaben.

Agreement but only upon its entry as owner in the land register. The land registry authority is entitled to make any registration conditional upon prior receipt of its court fees.[7]

(iv) The re-entry of ownership in the land register may not be effected prior to receiving the certificate of compliance from the fiscal authority.

(v) Notwithstanding the provision agreed under § 12 (2) hereof, Buyer and Seller are jointly liable for payment of real estate transfer tax. The same shall apply to court fees and notary costs.

(vi) The Property referred to in this agreement is subject to full liability for discharge of outstanding public duties and taxes.

Ausfertigungen und Abschriften

Von dieser Vertragsurkunde erhalten:

– Das Grundbuchamt eine vollständige Ausfertigung nach vollständiger Kaufpreiszahlung;

– Das Grundbuchamt eine beglaubigte Abschrift zum Zwecke der Eintragung der Vormerkung;

– Der Käufer, der Verkäufer und das Finanzamt jeweils eine beglaubigte Abschrift für eigene Zwecke;

– Die Gemeinde …… und das von Käufer zu benennende finanzierende Kreditinstitut eine einfache Abschrift.

(Unterschriften des Notars und der Vertragsparteien)

Execution Copies and Copies

This instrument shall be which available to:

– The land registry authority which shall receive a full execution copy upon full payment of the purchase price;

– The land registry authority which shall receive a certified copy for the purposes of registration the notice to secure transfer;

– The Buyer, Seller and the fiscal authority, each of which shall receive a certified copy for their own purposes;

– The municipality[8] of …… and the bank designated by the Buyer which shall receive an ordinary copy.

(Signatures of Notary and the Parties to the Agreement)

---

[7] *Registration fee* wäre als Übersetzung sicherlich auch angebracht.
[8] *City* wäre auch eine gebräuchliche Übersetzung.

2. Unternehmenskauf

a) Anteilskaufvertrag

(Share Deal)

2. Acquisition of a Company Business

a) Share Purchase Agreement

(Share Deal)

Urk. Nr. ...... der Urkundenrolle des Jahres 2008
Verhandelt zu ...... am ......

Vor mir, dem unterzeichneten Notar ......
mit dem Amtssitz in ......
erschienen heute:

1. Herr/Frau ......, sich ausweisend durch Vorlage seines/ihres gültigen Reisepasses Nr. ...... ;
2. Herr/Frau ......, sich ausweisend durch Vorlage seines/ihres gültigen Reisepasses Nr. ...... ;

Der/die Erschienene zu 1. erklärte, im Folgenden nicht im eigenen Namen zu handeln, sondern im Namen der ...... im Folgenden als die „Verkäuferin" bezeichnet) als deren alleinvertretungsberechtigter Geschäftsführer. Die Verkäuferin ist in Abteilung B des Handelsregisters des Amtsgerichts ...... unter Registernummer ...... eingetragen und hat ihre Hauptniederlassung in ...... Aufgrund seiner heute erfolgten Einsichtnahme in das Handelsregister bescheinigt der Notar, dass der/die Erschienene zu 1. berechtigt ist, die Verkäuferin zu vertreten.

Der/die Erschienene zu 2. erklärte, im Folgenden nicht im eigenen Namen zu handeln, sondern im Namen der ...... (im Folgenden als die „Käuferin" bezeichnet) als deren alleinvertretungsberechtigter Geschäftsführer. Die Käuferin ist in Abteilung B des Handelsregisters des Amtsgerichts ...... unter Registernummer ...... eingetragen und hat ihre Hauptniederlassung in ......

Aufgrund seiner heute erfolgten Einsichtnahme in das Handelsregister be-

Document No. ...... of the Notary Register for year 2008
Statements given in ...... on ......

Before me, the undersigned Notary ......
with official residence in ......
appeared today:

1. Mr/Ms ...... who identified himself/herself through presentation of his/her valid passport No. ...... ;
2. Mr/Ms ...... who identified himself/herself through presentation of his/her valid passport No. ...... ;

The individual appearing under 1. declared that he/she is not acting on his/her own behalf but on behalf of ...... (hereinafter referred to as the "Seller") in his/her capacity as managing director and sole signatory. The Seller is registered in section B with the trade register of the Local Court in ...... with registration number ...... and has it registered offices in ...... Based on an inspection of the trade register made today, the Notary certifies that the individual appearing under 1. is authorised to represent the Seller.

The individual appearing under 2. declared that he/she is not acting on his/her own behalf but on behalf of ...... (hereinafter referred to as the "Buyer") in his/her capacity as managing director and sole signatory. The Buyer is registered in section B with the trade register of the Local Court in ...... with registration number ...... and has it registered offices in ......

Based on an inspection of the trade register made today, the Notary certi-

scheinigt der Notar, dass der/die Erschienene zu 2. berechtigt ist, die Käuferin zu vertreten.

fies that the individual appearing under 2. is authorised to represent the Buyer.

I. Anteilskaufvertrag

Handelnd wie angegeben, schlossen die Erschienenen sodann den als Anlage A beigefügten Anteilskaufvertrag.

I. Share Purchase and Sale

Acting in accordance with their statements, the individuals appearing entered into the share purchase agreement attached hereto as Annex A.

II. Belehrungen des Notars

Im Anschluss an den Abschluss des vorstehenden Anteilskaufvertrages erklärte der/die Erschienene zu 1. auf die entsprechende Frage des Notars, dass zu dem Vermögen der Gesellschaft inländischer Grundbesitz gehöre. Der Notar belehrte die Erschienenen daraufhin, dass der Erwerb aller Anteile einer Gesellschaft, zu deren Vermögen ein inländisches Grundstück gehört, der Grunderwerbsteuer unterliegt.
Der Notar belehrte die Erschienenen, dass
– im Falle der Veräußerung von Geschäftsanteilen an einer GmbH der Gesellschaft gegenüber nur derjenige als Erwerber gilt, dessen Erwerb unter Nachweis des Übergangs bei der Gesellschaft angemeldet ist;

– der Erwerber die vor der Anmeldung von der Gesellschaft gegenüber dem Veräußerer oder von dem Veräußerer gegenüber der Gesellschaft in Bezug auf das Gesellschaftsverhältnis vorgenommenen Rechtshandlungen gegen sich gelten lassen muss;
– der Erwerber für die zurzeit der Anmeldung auf den Geschäftsanteil rückständigen Leistungen neben dem Veräußerer haftet.

Die Erschienenen baten den Notar, den Erwerb der Gesellschaftsanteile an der ...... durch die Käuferin bei dieser Gesellschaft unter Beifügung einer beglaubigten Abschrift dieser Urkunde anzumelden.

II. Instructions of the Notary

After the conclusion of the above referenced share purchase agreement the individual appearing under 1. above declared upon request of the notary that the assets of the company include domestic real estate whereupon the notary instructed the individuals appearing that the purchase of all shares in the Company may be subject to real estate transfer tax if real estate belongs to the Company's assets.
The Notary instructed the individuals appearing that
– In case of a sale of shares in a GmbH only such person whose acquisition has been filed with the trade register accompanied by evidence on the transfer towards the Company would be regarded as buyer by the Company;
– All acts in relation to the shareholder relationship that may have been performed by the Company to the Seller or by the Seller to the Company prior to the filing shall take full force and effects on the Buyer;

– The Buyer, in addition to the Seller, is fully responsible for all outstanding contributions on the shareholding that shall be overdue as at the time of the registration.
The individuals appearing requested the Notary to register the acquisition of the shares in the target company through the buyer with the Company together with a certified copy of this instrument attached.

Die vorstehende Niederschrift einschließlich Anlage A wurde den Erschienenen von dem Notar vorgelesen, von ihnen genehmigt und sodann von ihnen und dem Notar eigenhändig wie folgt unterschrieben:

(Datum und Unterschriften)

The above record together with Annex A was read to the individuals appearing by the Notary, approved by them and then signed by them and the Notary with their own signatures.

(Date and Signatures)

**Anlage A zur
Urkunde ...... /2008 des
Notars ......
in ......**

**Anteilskaufvertrag
vom ......**

**Annex A to
Deed ...... /2008 of the
Notary ......
in ......**

**Share Purchase Agreement
Dated ......**

zwischen
......
– nachfolgend als „Verkäuferin" bezeichnet –
und
......
– nachfolgend als „Käuferin" bezeichnet –

Between
......
– hereinafter referred to as the "Seller" –
and
......
– hereinafter referred to as the "Buyer" –

Vorbemerkung

Die Verkäuferin ist die alleinige Gesellschafterin der ......, die in Abteilung B des Handelsregisters des Amtsgerichts ...... unter der Handelsregisternummer ...... eingetragen ist und ihre Hauptniederlassung in ...... hat (im Folgenden als „Gesellschaft" bezeichnet).
Das Stammkapital der Gesellschaft beträgt ...... € und ist voll eingezahlt. Das Stammkapital besteht aus den folgenden Geschäftsanteilen (im Folgenden zusammen als die „Geschäftsanteile" bezeichnet):
(1) Geschäftsanteil im Nennbetrag von ...... €.
(2) Geschäftsanteil im Nennbetrag von ...... €.
usw.
Die Verkäuferin ist daran interessiert, die Geschäftsanteile zu veräußern. Die Käuferin ist daran interessiert, die Geschäftsanteile zu erwerben.

Whereas:

The Seller is the sole shareholder of ...... registered in section B with the trade register of the Local Court in ...... with registration number ...... and has its registered offices in ...... (hereinafter referred to as the "Company").

The share capital of the Company amounts to € ...... and is fully paid up. The share capital is divided into the following shareholdings (hereinafter collectively referred to as the "Shares"):

(1) A shareholding in the nominal amount of € ......
(2) A shareholding in the nominal amount of € ......
etc.
The Seller is interested in selling the Shares. The Buyer is interested in acquiring the Shares.

Die Parteien vereinbaren daher Folgendes:

The Parties therefore agree as follows:

§ 1 Verkauf und Abtretung der Geschäftsanteile, Gewinnberechtigung, Stichtag

§ 1 Sale and Assignment of Shares; Allocation of Dividends; Effective Date

(1) Die Verkäuferin verkauft hiermit der Käuferin die Geschäftsanteile und tritt diese an die Käuferin ab. Die Käuferin nimmt diesen Verkauf und diese Abtretung an.

(1) The Seller hereby sells to the Buyer the Shares and assigns the same to the Buyer. The Buyer accepts such sale and assignment.

(2) Der Verkauf und die Abtretung der Geschäftsanteile sind aufschiebend bedingt durch den Eintritt einer der folgenden Bedingungen:

(2) The sale and assignment shall be subject to satisfaction of the following conditions:

a) Mitteilung des Bundeskartellamts, dass der Erwerb der Geschäftsanteile durch die Käuferin die Untersagungsvoraussetzungen des § 36 Abs. 1 des Gesetzes gegen Wettbewerbsbeschränkungen nicht erfüllt;

a) Notification of the German Merger Control Authority (*Bundeskartellamt*) that the acquisition of the Shares by the Buyer shall not qualify for a prohibition according to paragraph 36 (1) of the German Act against Restraint of Competition.

b) Ablauf einer Frist von einem Monat seit der Anmeldung des Erwerbs der Geschäftsanteile durch die Käuferin als Zusammenschlussvorhaben bei dem Bundeskartellamt gem. § 39 GWB, falls nicht vor Ablauf dieser Frist das Bundeskartellamt das Zusammenschlussvorhaben untersagt oder mitteilt, dass es in die Prüfung des Zusammenschlussvorhabens eingetreten ist;

b) The passing of a period of one month after notification of the acquisition of the Shares by the Buyer to the Merger Control Authority as a planned merger pursuant to paragraph 39 GWB unless, prior to the expiry of such period, the Merger Control Authority prohibits the merger or notifies that it has initiated and evaluation of the planned merger.

c) Ablauf einer Frist von vier Monaten seit der Anmeldung des Erwerbs der Geschäftsanteile durch die Käuferin als Zusammenschlussvorhaben bei dem Bundeskartellamt, falls das Bundeskartellamt nicht vor Ablauf dieser Frist das Zusammenschlussvorhaben untersagt.

c) The passing of a period of four months after the Buyer has notified the acquisition of the Shares with the Merger Control Authority as a merger, unless the Merger Control Authority prohibits the merger.

Die Anmeldung des Verkaufs der Geschäftsanteile als Zusammenschlussvorhaben werden die Vertragsparteien unverzüglich nach Beurkundung dieses Vertrages gemeinsam vornehmen. Untersagt das Bundeskartellamt den Erwerb der Geschäftsanteile durch die Käuferin, hat jede Vertragspartei das

Upon notarisation of this agreement, the parties agree to jointly file the Share sale as a merger. Both parties may withdraw from this Agreement if the Merger Control Authority shall prohibit the acquisition of the Shares by the Buyer.

Recht, von diesem Vertrag zurückzutreten.

(3) Die Abtretung der Geschäftsanteile steht weiter unter der aufschiebenden Bedingung der Zahlung der ersten Rate des Kaufpreises gem. § 2.2 dieses Vertrages. Nach dem Erhalt der ersten Rate des Kaufpreises ist die Verkäuferin verpflichtet, dem Notar, der diesen Vertrag beurkundet, eine rechtsverbindlich unterzeichnete Zahlungsbestätigung der Verkäuferin gem. Anlage 1.3 zu diesem Vertrag zu übergeben. Die Parteien beauftragen den Notar, diese Zahlungsbestätigung dieser Urkunde beizufügen. Sollte der Notar diese Zahlungsbestätigung aus irgendeinem Grund nicht innerhalb von sieben Tagen nach Zahlung der ersten Rate des Kaufpreises erhalten, dient eine Bestätigung der von der Käuferin mit der Überweisung der ersten Rate des Kaufpreises beauftragten Bank als Nachweis der Zahlung, wenn die Bank darin bestätigt, dass sie einen Betrag in Höhe der ersten Rate des Kaufpreises auf das Konto der Verkäuferin überwiesen hat. Eine solche Bankbestätigung stellt den unwiderleglichen Nachweis dar, dass die Verkäuferin die erste Rate des Kaufpreises erhalten hat.

(3) The assignment of the Shares shall furthermore be subject to the condition precedent that the payment of the first instalment of the purchase price according to paragraph 2.2 of this Agreement has been effected. Upon receipt of the first instalment of the purchase price, the Seller shall provide the certifying Notary with a duly signed seller's payment certificate in accordance with Annex 1.3. to this Agreement. The parties hereby instruct the Notary to attach such payment certificate to this deed. If, for whatever reason, the Notary shall not be in receipt of the payment certificate within a period of seven days after the payment has been made, a payment certificate issued by the bank shall be regarded as satisfactory evidence of payment provided that such bank shall have been instructed by the Buyer to pay the first instalment of the purchase price and that such certificate confirms that the first instalment has been duly paid into the Seller's account.

(4) Unabhängig davon, wann die hiermit vereinbarte Abtretung der Geschäftsanteile dinglich wirksam wird, ist „Stichtag" im Sinne dieses Vertrages der ......

(4) The "Key Date" under this Agreement shall be ...... It shall be the agreed date regardless of when the assignment of the Shares shall, *inter alia*, become effective.

(5) Der Gewinn des laufenden Geschäftsjahres sowie ein etwaiger nicht unter die Gesellschafter verteilter Gewinn früherer Geschäftsjahre (d.h. vorgetragener Gewinn und der Gewinn früherer Geschäftsjahre, für den kein Beschluss über die Ergebnisverwendung gefasst worden ist) stehen allein der Käuferin zu.

(5) The profit of the current fiscal year including retained profits of preceding fiscal years, if any, (i.e. profits carried forward and profits for which no resolution on their use has been adopted) shall belong to the Buyer only.

(6) Eine Kopie der Zustimmungserklärung der Gesellschaft zu dem Verkauf und der Abtretung der Geschäftsanteile an die Käuferin ist als Anlage 1.6 beigefügt.

(6) A copy of the notice of approval of the Company regarding the sale and assignment of the Shares to the Buyer is attached hereto as Annex 1.6.

§ 2 Kaufpreis, weitere Verpflichtungen der Käuferin

(1) Der Gesamtkaufpreis für die Geschäftsanteile (im Folgenden als „Kaufpreis" bezeichnet) beträgt ...... € (in Worten: ...... €).

(2) Eine erste Rate des Kaufpreises in Höhe von ...... € (in Worten: ...... €) wird von der Käuferin spätestens am Stichtag auf das Konto Nr. ...... der Verkäuferin bei der ...... Bank (IBAN: ......) gezahlt.

(3) Eine zweite Rate des Kaufpreises in Höhe eines Betrages von ...... € (in Worten ...... €) wird von der Käuferin spätestens ...... Monate nach dem Stichtag auf das Konto der Verkäuferin Nr. ...... bei der ...... Bank (IBAN: ......) gezahlt.

(4) Der jeweils ausstehende Teil des Kaufpreises ist vom Stichtag bis zur Zahlung mit einem Zinssatz zu verzinsen, der dem am Stichtag quotierten ...... Satz für 3-Monatsgelder zuzüglich ...... Prozentpunkte entspricht.

(5) Die Käuferin wird der Verkäuferin zusammen mit der Begleichung der ersten Rate des Kaufpreises gem. Abs. 2 als Sicherheit für die Zahlung der zweiten Rate des Kaufpreises gem. Abs. 3 eine selbstschuldnerische Bürgschaft auf erstes Anfordern gem. dem diesem Vertrag als Anlage 2.5 beigefügten Muster der ...... („...... -Bank") über den Betrag der zweiten Rate des Kaufpreises beibringen. Diese Bürgschaft ist von der Verkäuferin nach Zahlung der zweiten Rate des Kaufpreises zurückzugeben. Sind sich die Vertragsparteien zum Zeitpunkt der vorgesehenen Rückgabe der Bürgschaft nicht einig, ob bestimmte Gewährleistungsansprüche vorliegen, die den Käufer zur Aufrechnung gegenüber dem noch ausstehenden Kaufpreisanspruch oder einem Teil davon berechtigen, kann die Verkäuferin gleichwohl von der Käuferin die

§ 2 Purchase Price; Other Undertakings of the Buyer

(1) The total purchase price for the Shares (hereinafter referred to as the "Purchase Price") shall amount to € ...... (in words: € ......).

(2) A first instalment of the purchase price of € ...... (in words: € ......) shall be paid by the Buyer by no later than the Key Date into the Seller's account no. ...... with the ...... bank (banking code no. ......)

(3) A second instalment of the purchase price of € ...... (in words: € ......) shall be paid by the Buyer by no later than ...... months after the due date into the Seller's account no. ...... with the ...... bank (banking code no. ......).

(4) The respective balance of the purchase price shall, for a period starting at the due date and ending on the payment date, bear interest at an interest rate equalling ...... % above the ...... rate applicable to 3 (three) months deposit which shall be quoted at the due date.

(5) Upon payment of the first instalment of the Purchase Price according to sub-paragraph 2 above the Buyer shall, for the purposes of securing the payment of the second instalment of the Purchase Price according to sub-paragraph 3 above, provide the Seller with a payment guarantee which shall be payable upon first demand. Such guarantee shall equal the amount of the second instalment of the purchase price and shall be in form and substance as set out in the standard form of the ...... bank . ("..... Bank") attached hereto as Annex 2.5. Upon receipt of the second instalment of the Purchase Price, the Seller shall return the guarantee to the Buyer. In the event that the parties disagree on warranty claims at the date of the intended return and if such claims should give rise to Buyer's rights of set-off against the purchase price or parts

Zahlung der vollen zweiten Rate des Kaufpreises verlangen, wenn sie der Käuferin gleichzeitig eine selbstschuldnerische Bürgschaft auf erstes Anfordern einer als Zoll- und Steuerbürgin zugelassenen Bank oder Sparkasse zur Sicherung der strittigen Gewährleistungsansprüche beibringt.

thereof, then the Seller shall keep its right to receive the full amount of the second instalment of the purchase price if it provides the Buyer simultaneously with payment a guarantee payable on first demand and issued by a bank or a savings bank that is approved as guarantor of duty and tax payment to cover disputed warranty claims.

(6) Erfolgt die Zahlung der ersten Rate des Kaufpreises gem. § 2 (2) dieses Vertrages nicht bis spätestens ...... Bankarbeitstage nach der Erfüllung einer der in § 1 dieses Vertrages aufgeführten Bedingungen, hat die Verkäuferin das Recht, von der Käuferin Schadenersatz wegen Nichterfüllung zu fordern oder von diesem Vertrag zurückzutreten.

(6) If payment of the first instalment of the purchase price according to § 2 (2) of this Agreement shall not have been made by ...... bank working days after fulfilment of the requirements of § 1 of this Agreement, then the Seller shall have the right to claim compensation by way of damages from the Buyer or to rescind this Agreement.

(7) Die Käuferin verpflichtet sich, die Verkäuferin unmittelbar nach Wirksamwerden der Abtretung der Geschäftsanteile gem. § 1 Abs. 2 und Abs. 3 dieses Vertrages von allen Verpflichtungen zu befreien, die aus der Begebung von Garantien, Stellung von Bürgschaften oder Schuldmitübernahmen für Verpflichtungen der Gesellschaft gegenüber Dritten folgen und die Verkäuferin von der Inanspruchnahme aus solchen Garantien, Bürgschaften und Schuldmitübernahmen freizustellen.

(7) The Buyer agrees to relieve the Seller from all obligations arising from guarantees, collateral and co-liabilities issued for obligations of the Company in favour of third parties and shall indemnify the Seller for all obligations under such guarantees, collateral or co-liabilities. However, such obligation shall become effective only after the date at which the assignment of the Shares has been completed pursuant to § 1 (2) and (3) above.

§ 3 Anpassung des Kaufpreises

§ 3 Adjustment of Purchase Price

(1) Der in § 2 (1) dieses Vertrages vereinbarte Kaufpreis erhöht bzw. vermindert sich um den Betrag, um den das Eigenkapital der Gesellschaft am Stichtag (im Folgenden als das „Stichtag-Eigenkapital" bezeichnet) das in dem geprüften Jahresabschluss der Gesellschaft (im Folgenden als der „Jahresabschluss 20 .." bezeichnet) für das am 31. Dezember 20 .. endende Geschäftsjahr ausgewiesene Eigenkapital (im Folgenden als „20 ..-Eigenkapital" bezeichnet), d.h. den Betrag von € ...... , übersteigt bzw. unterschreitet.

(1) The Purchase Price agreed in § 2 (2) of this Agreement shall be increased or decreased (as the case may be) by an amount equal to surplus or shortfall on the equity of the Company as at the Key date (the "Key Date Equity") (i.e. € ......) as recorded in the audited balance sheet (the "20 .. Balance Sheet") of the Company for the fiscal year ending on 31 December 20 .. (the "20 .. Equity").

(2) Zur Bestimmung des Stichtag-Eigenkapitals wird auf den Stichtag ein

(2) The Due Date Equity shall be determined pursuant to the financial ac-

Abschluss der Gesellschaft (der „Stichtag-Abschluss") erstellt, der eine Bilanz auf den Stichtag (die „Stichtag-Bilanz") und eine Gewinn- und Verlustrechnung für den Zeitraum vom 1. Januar 20 .. bis zum Stichtag umfasst. Der Stichtag-Abschluss ist unter Beachtung der Grundsätze ordnungsmäßiger Buchführung und unter Wahrung der Bilanzierungs- und Bewertungskontinuität mit dem Jahresabschluss 20 .. zu erstellen. Der Stichtag-Abschluss wird von der Gesellschaft erstellt. Die Käuferin wird sich darum bemühen, die Gesellschaft dazu zu veranlassen, den Stichtag-Abschluss bis spätestens zum ...... aufzustellen. Unmittelbar an die Aufstellung des Stichtag-Abschlusses wird dieser auch der Verkäuferin zur Verfügung gestellt werden.

Die Verkäuferin kann den Stichtag-Abschluss durch einen Wirtschaftsprüfer ihrer Wahl prüfen lassen. Der Stichtag-Abschluss wird bindend zwischen den Parteien, insbesondere hinsichtlich der Bestimmung des Stichtag-Eigenkapitals, wenn die Verkäuferin der Käuferin nicht innerhalb von ...... Tagen nach Zugang des Stichtag-Abschlusses eine schriftliche Stellungnahme des von ihr beauftragten Wirtschaftsprüfers, dass der Stichtag-Abschluss nicht im Einklang mit den Vorschriften dieses Vertrags aufgestellt worden ist, sowie einen revidierten Stichtag-Abschluss (der „Revidierte Stichtag-Abschluss") überreicht, der die nach ihrer Einschätzung notwendigen Änderungen widerspiegelt. Äußert sich die Käuferin nicht innerhalb von ...... Tagen zu diesem Revidierten Stichtag-Abschluss, so wird dieser zwischen den Parteien bindend. Überreicht die Käuferin der Verkäuferin innerhalb von ...... Tagen jedoch eine Stellungnahme eines Wirtschaftsprüfers ihrer Wahl, wonach der Revidierte Stichtag-Abschluss nicht im Einklang mit den Vorschriften dieses Vertrages steht, so soll die Meinungsverschiedenheit zwischen den Parteien und den von ihnen beauftragten Wirtschaftsprüfern durch einen dritten Wirtschafts-

counts prepared as at the Key Date (the "Key Date Accounts"). Such accounts shall include a balance sheet as at the Key Date (the "Key Date Balance Sheet") and a profit and loss statement for the period starting on 1 January 20 .. and ending on the Key Date. The Key Date Accounts shall be prepared together with the annual report 20 .. in accordance with applicable GAAP and under full observance of continuity of balance sheet preparation and valuation. The Key Date Accounts shall be prepared by the Company. The Buyer shall use its best endeavours to cause the Company to prepare the Key Date Accounts by no later than ...... Immediately upon completion of the Key Date Accounts the Seller shall be provided with such accounts also.

The Seller may audit the Key Date Accounts through accountants of its own choice. The Key Date Accounts and (in particular) the calculation of the Key Date Equity shall become binding on the parties unless the Seller provides the Buyer with a written statement of its accountants by no later than ...... days after receipt of the Key Date Accounts and such statement indicates that the Key Date Accounts have not been prepared in accordance with the provisions of this Agreement. Such statement must be Accompanied by revised key date accounts ("Revised Key Date Accounts") and specify all revisions that are deemed to be necessary. The Revised Key Date Accounts shall become binding on the parties unless the Buyer objects to such accounts within a period of ...... after these have been received. If the Buyer provides the Seller with an opinion of its accountants within ...... days pursuant to which the Revised Key Date Accounts are not in accordance with the provisions of this Agreement, such dispute shall be resolved among the parties and their accountants through a third accountant who shall be ......

prüfer, nämlich ......, entschieden werden.

Bewegt sich die Bestimmung des Stichtag-Eigenkapitals durch den dritten Wirtschaftsprüfer innerhalb der unterschiedlichen Standpunkte der Parteien und der von ihnen beauftragten Wirtschaftsprüfer, so ist diese für die Parteien abschließend und bindend; bewegt sie sich außerhalb, ist die Feststellung desjenigen der von den Parteien beauftragten Wirtschaftsprüfern maßgebend, die derjenigen des dritten Wirtschaftsprüfers am nächsten kommt. Jede Partei trägt die Kosten der von ihr beauftragten Wirtschaftsprüfer. Die Kosten des etwaigen dritten Wirtschaftsprüfers tragen die Parteien entsprechend ihrem jeweiligen Unterliegen oder Obsiegen. Die Käuferin wird dafür sorgen, dass Vertreter der gem. diesem Vertrag bestellten Wirtschaftsprüfer Zugang zu den Geschäftsräumen der Gesellschaft und zu ihren Büchern und Unterlagen zum Zwecke der Überprüfung der Stichtag-Bilanz erhalten, und dass geeignetes Personal diesen Vertretern bei der Überprüfung der Stichtag-Bilanz unterstützend zur Verfügung steht. Die Parteien werden sich darum bemühen, dass sich die gem. diesem Vertrag bestellten Wirtschaftsprüfer gegenseitig Einsicht in ihre Arbeitspapiere gewähren.

(3) Erhöht oder vermindert sich der in § 2 (1) dieses Vertrages vereinbarte Kaufpreis in Anwendung der Vorschriften des § 3.1 dieses Vertrages, ist der jeweilige Differenzbetrag vom Stichtag bis zur Zahlung zu einem Zinssatz zu verzinsen, der dem am Stichtag quotierten ...... Satz für 3-Monatsgelder zuzüglich ...... Prozentpunkte entspricht. Die zahlungspflichtige Partei hat den Differenzbetrag zuzüglich Zinsen innerhalb von zehn Bankgeschäftstagen nach dem Zugang des endgültig festgestellten Stichtag-Eigenkapitals an die andere Partei zu zahlen. Sind bei Fälligwerden des Differenzbetrages zuzüglich Zinsen noch nicht alle Raten

A determination of the Key Date Equity by the third accountant shall become binding on the parties if it is within the range of the two differing opinions of the parties and their accountants. If it is beyond such range, then the determination of such accountant shall become binding which is the closest to the determination of the third accountant. Each party shall bear the costs of its own accountant. The costs of the third accountant shall be borne by the parties on a pro rata basis in accordance the results of the determination (win or lose). The Buyer shall ensure that, for the purposes of auditing the Key Date Balance Sheet, representatives of the accountants retained under this agreement shall have free access to the business premises of the Company and to the books and records and that appropriate staff shall be available to these representatives to support the audit of the Key Date Balance Sheet. The parties shall use their best endeavours to ensure that the accountants retained under this Agreement shall give mutual access to each other with regard to their working documents.

(3) If the purchase price according to § 2.1 of this agreement is increased or decreased according to the provisions of § 3.1 of this agreement, then the applicable balance shall, for a period starting at the due date and ending on the payment date, bear interest at an interest rate equalling ...... % above the ...... rate applicable to 3 (three) months deposit which shall be quoted at the due date. The party owing such amount shall pay to the other party the balance plus applicable interest within a period of 10 bank working days after receipt of the conclusive statement on the Key Date Equity. If, at the due date of such balance plus interest, not all

des Kaufpreises gem. § 2 (2) dieses Vertrages gezahlt, so erhöht bzw. vermindert sich die als nächste fällig werdende Rate um den Differenzbetrag zuzüglich Zinsen.

(4) Die Verkäuferin verpflichtet sich, dafür zu sorgen, dass die Gesellschaft ihre Geschäfte vom Stichtag bis zum Wirksamwerden der Abtretung der Geschäftsanteile gem. § 1 (3) dieses Vertrages in Übereinstimmung mit der in der Vergangenheit geübten Praxis und ausschließlich im Rahmen des gewöhnlichen Geschäftsbetriebes fortführt.

§ 4 Gewährleistungen der Verkäuferin

Die Verkäuferin gewährleistet der Käuferin in der Form eines selbstständigen Garantieversprechens, dass die folgenden Aussagen zum Zeitpunkt der Beurkundung dieses Vertrages wie zum Zeitpunkt des Wirksamwerdens der Abtretung der Geschäftsanteile richtig und zutreffend sind:

1. Die Ausführungen in der Vorbemerkung dieses Vertrages in Bezug auf die Verkäuferin und die Gesellschaft sind vollständig und richtig.
2. Die Gesellschaft ist eine nach dem Recht der Bundesrepublik Deutschland ordnungsgemäß errichtete und gem. dem Gesellschaftsvertrag wirksam bestehende Gesellschaft mit beschränkter Haftung. Es existieren weder satzungsändernde Gesellschafterbeschlüsse, die noch nicht im Handelsregister eingetragen sind, noch sich auf die Verfassung und Organisation der Gesellschaft beziehende Nebenvereinbarungen.
3. Die Gesellschaft hält keine anderen Beteiligungen an anderen Unternehmen und ist nicht verpflichtet, solche Beteiligungen zu erwerben.
4. Die Gesellschaft ist mit Ausnahme des mit der Verkäuferin abgeschlos-

purchase instalments according to § 2.2 of this Agreement shall have been paid then the subsequent instalment shall be increased or decreased by such amount (plus interest), as the case may be.

(4) The Seller shall ensure that the Company shall, for a period starting at the Key Date and ending on the date upon which the assignment of the Shares becomes valid and binding in accordance with § 1 (3) of this Agreement, conduct its business in accordance with its historic (recent) business practice and within the ordinary course of business.

§ 4 Representations and Warranties of the Seller

The Seller represents and warrants by way of a separate guarantee commitment that the following statements are true and accurate as at the date of the notarisation of this Agreement and as the date upon which the assignment of the Shares becomes valid and binding:

1. The statements in the preamble to this agreement in relation to the Seller and the Company are complete and accurate.
2. The Company is a company duly organised and existing (in accordance with its statutes) under the laws of the Federal Republic of Germany. There are no resolutions in force with regard to any amendment of the statutes that have not been registered with the trade register and there are no side arrangements that refer to the Company statutes or to the organisation of the Company.
3. The Company does not own shares in other entities and is under no obligation to acquire any such shares.
4. There are no inter-company agreements between the Company and

senen und die Grundlage für die steuerlich zwischen der Verkäuferin und der Gesellschaft bestehende Organschaft bildenden Ergebnisabführungsvertrages vom ...... weder mit der Verkäuferin noch mit Dritten Unternehmensverträge i.S.d. §§ 291ff. AktG und auch keine Verträge über die Begründung einer stillen Gesellschaft eingegangen. Der Ergebnisabführungsvertrag ist mit Wirkung spätestens zum Stichtag mit der Maßgabe aufgehoben worden, dass er für das laufende Geschäftsjahr nicht mehr angewandt wird. Die steuerliche Anerkennung für frühere Geschäftsjahre ist gewährleistet.

5. Die Verkäuferin ist die rechtliche und wirtschaftliche Eigentümerin der Geschäftsanteile, die frei von jeglichen Belastungen wie von anderen zugunsten Dritter bestellten Rechten sind. Die Verkäuferin hat das Recht, über die Geschäftsanteile frei zu verfügen, ohne dass sie hierzu die Zustimmung eines Dritten benötigen würde oder eine solche Verfügung die Rechte eines Dritten verletzen würde. Die Geschäftsanteile stellen nicht das gesamte Vermögen oder nahezu gesamte Vermögen der Verkäuferin dar.

6. Die Geschäftsanteile sind voll eingezahlt; Rückzahlungen von Stammeinlagen sind nicht, auch nicht verdeckt, vorgenommen worden. Außer der Verkäuferin gibt es keine weiteren Gesellschafter der Gesellschaft.

7. Anlage 4.7 zu diesem Vertrag enthält eine vollständige und richtige Darstellung der Entwicklung des Stammkapitals und des Gesellschafterbestandes der Gesellschaft seit ihrer Gründung unter genauer Angabe aller notariellen Urkunden, mit denen die Gesellschaft gegründet oder ihr Stammkapital erhöht oder herabgesetzt worden ist, sowie aller notariellen Urkunden, mit denen bis

the Seller or third parties according to §§ 291 *et seq.* of the German Stock Corporation Act and no agreements with regard to the establishment of a silent Partnership other than the profit and loss transfer agreement with the Seller with regard to the establishment of a fiscal unity between the Seller and the Company. The profit and loss transfer agreement has been terminated with effect as at the Key Date to the extent that its application shall be discontinued for the duration of the current fiscal year. The validity for tax purposes with regard to preceding fiscal years has been properly secured.

5. The Seller is the legal and beneficial owner of the Shares that are free from any encumbrance and third party rights. The Seller may freely dispose of the Shares and does not require any consent of a third party and a disposal does not result in any infringement of any third party rights. The Shares do not constitute the entire or almost the entire assets of the Seller.

6. The Shares are fully paid in; no refunds of the share contributions, whether actual or constructive, were made. There are no shareholders other than the Seller.

7. Annex 4.7 constitutes a complete and accurate description of the development of the share capital and the shareholder status of the Company since its establishment and a precise specification of all notarial deeds regarding the establishment of the Company, the increase or the decrease of its share capital. It comprises all instruments by which shares in the Company have been

heute Geschäftsanteile der Gesellschaft übernommen, übertragen oder sonstwie tangiert worden sind.

8. Weder gegen die Verkäuferin noch die Gesellschaft sind Konkurs- oder Vergleichsverfahren eingeleitet worden, noch sind Umstände ersichtlich, die die Einleitung solcher Verfahren in Zukunft rechtfertigen würden.

9. Die Jahresabschlüsse (bestehend aus Bilanz, Gewinn- und Verlustrechnung und Anhang) und Lageberichte der Gesellschaft für die Geschäftsjahre ......, ... und ...... (die „Abschlüsse") sowie die Stichtag-Bilanz sind bzw. werden unter Beachtung der Grundsätze ordnungsgemäßer Buchführung sowie unter Wahrung der Bilanzierungs- und Bewertungskontinuität erstellt und vermitteln ein den tatsächlichen Verhältnissen entsprechendes Bild der Vermögens-, Finanz- und Ertragslage der Gesellschaft. Soweit ein Aktivierungswahlrecht besteht, ist die Aktivierung unterblieben. Soweit ein Passivierungswahlrecht besteht, ist die Passivierung erfolgt. Alle gesetzlich zulässigen Abschreibungen sind vorgenommen worden. Alle gesetzlich zulässigen Rückstellungen sind gebildet worden. Die Gesellschaft hat am Stichtag, mit Ausnahme von nicht bilanzierungspflichtigen Verpflichtungen aus schwebenden Vertragsverhältnissen, keine Verbindlichkeiten außer den in der Stichtag-Bilanz als solche ausgewiesenen oder durch Rückstellungen gedeckten. Soweit sie nicht auf der Passivseite auszuweisen sind, sind alle Haftungsverhältnisse (einschließlich der Verpflichtungen aus der Abgabe von Patronatserklärungen) unter der Bilanz ausgewiesen.

10. Die (i) in den Abschlüssen ausgewiesenen und noch ausstehenden Forderungen sowie (ii) die in der Stichtag-Bilanz ausgewiesenen Forderungen sind bei Fälligkeit abzüg-

subscribed, transferred or otherwise dealt with.

8. Neither the Seller nor the Company is subject to any insolvency proceedings or a composition and there are no incidents that would justify the opening of such proceedings in the future.

9. The annual reports (consisting of the balance sheet, profit and loss statement plus annex) and the management report on the economic status of the Company for the fiscal years ......, ... and ...... (the "Reports") and the Due Date Balance Sheet have been/will be prepared in accordance with GAAP and the due observation of the continuity of balance sheet preparation and asset valuation. They offer a true and fair view of the economic, financial and income status of the Company. Any rights of capitalisation of assets have not been exercised. Any rights of capitalisation of liabilities have been exercised. All depreciation permitted by law has been made. All reserves permitted by law have been created. Save as recorded in the Key Date Balance Sheet or covered by provisions, there are no liabilities of the Company as at the Key Date other than such liabilities arising from pending transactions that need not be recorded in the balance sheet. All liabilities (other than those that must not be recorded on the liabilities' section of the balance sheet) including any commitment to issue letters of comfort have been recorded in the balance sheet.

10. Upon their respective due date and unless single or general write-offs in the Reports and/or the Due Date Balance Sheet have been made, all recorded but unsettled claims pur-

lich der in den Abschlüssen bzw. der Stichtag-Bilanz vorgenommenen Einzel- bzw. Pauschalwertberichtigungen voll und ohne Erforderlichkeit besonderer Inkassomaßnahmen einbringlich.

11. Die in der Stichtag-Bilanz ausgewiesenen Vorräte sind nach bestem Wissen der Verkäuferin nach Menge und Qualität (i) im Fall von Rohstoffen, Zuliefer-Produkten und Halbfertigprodukten im gewöhnlichen Geschäftsbetrieb verwendbar und (ii) im Falle von Fertigprodukten und Handelsware im gewöhnlichen Geschäftsbetrieb zu jeweils vorherrschenden Marktpreisen verkäuflich.

12. Die in der Stichtag-Bilanz ausgewiesene Pensionsrückstellung entspricht dem abgezinsten Barwert der Verpflichtungen der Gesellschaft aus Zusagen für betriebliche Altersversorgung (Direktzusagen und mittelbare Versorgungszusagen) auf der Grundlage eines Rechnungszinsfusses von 6% und der Anwendung der Richttafeln von Dr. Karl Heubeck in der Fassung von 1998. Mittelbare Versorgungszusagen hat die Gesellschaft nicht gewährt.

13. Die Gesellschaft ist Eigentümerin des im Grundbuch von ...... des Amtsgerichts ......, Band ......, Blatt ......, lfd. Nr. ...... eingetragenen Grundstücks. Die als Anlage 4.13 zu diesem Vertrag beigefügten Auszüge aus dem Katasterplan, Grundbuch und Baulastenblatt geben die das Grundstück betreffenden tatsächlichen und rechtlichen Verhältnisse zutreffend wieder. Das Grundstück ist frei von jeglichen Belastungen und von anderen zugunsten Dritter bestellten Rechten, die aus dem Grundbuch oder Baulastenbuch nicht ersichtlich sind. Insbesondere gibt es keine im Grundbuch oder Baulastenbuch noch nicht eingetragenen beantragten Eintragungen.

suant to section (i) of the Reports and all claims recorded in section (ii) of the Key Date Balance Sheet are fully recoverable without any need of specific recovery proceedings.

11. To the best of the Seller's knowledge, the amount and quality of the inventory that is recorded in the Key Date Balance Sheet (i) is usable within the ordinary course of business as far as it concerns raw material, suppliers' products or semi-finished products and (ii) marketable at the prevailing market conditions within the ordinary course of business as far as it concerns finished products and trade products.

12. The pension reserves recorded in the Key Date Balance Sheet correspond to the discounted net present value of the Company's obligations arising from pension schemes (direct and indirect pension commitments). The discount rate applied to the calculation is 6% (six percent) and the calculation is based on the Dr. Karl Heubeck model in the 1998 version. There are no indirect pension commitments of the Company.

13. The Company is the owner of the real estate recorded with the real estate register of ...... of the Local Court in ......, Vol. ......, Page ...... consecutive number ...... The extracts of the zoning plan, the real estate register and the register on construction encumbrances attached to this Agreement as Annex 4.13 provide an acurrate view of the factual and legal status of the real estate. The real estate is free from any liens and other third parties rights that are not recorded in the real estate register or the register on construction encumbrances. In particular, there are no filed but yet unrecorded entries in the real estate register or the register on construction encumbrances.

14. Mit Ausnahme der in der diesem Vertrag als Anlage 4.14 beigefügten Aufstellung aufgeführten sind alle für den gegenwärtigen Geschäftsbetrieb notwendigen oder genutzten Gegenstände des Anlagevermögens im Jahresabschluss 20 .. der Gesellschaft wiedergegeben. Mit Ausnahme der in Anlage 4.14 aufgeführten Gegenstände verfügt die Gesellschaft über das rechtliche und wirtschaftliche Eigentum an allen in ihrem Geschäftsbetrieb genutzten Gegenständen des Anlagevermögens. Diese sind frei von jeglichen Belastungen sowie anderen zugunsten Dritter bestellten Rechten. Die Gegenstände des Anlagevermögens der Gesellschaft befinden sich in einem guten Betriebs- und Erhaltungszustand. Die Gesellschaft verfügt über das rechtliche und wirtschaftliche Eigentum an allen Gegenständen des Umlaufvermögens. Diese sind frei von jeglichen Belastungen sowie anderen zugunsten Dritter bestellten Rechten mit Ausnahme von gesetzlichen Pfandrechten oder im gewöhnlichen Geschäftsbetrieb eingegangenen Eigentumsvorbehalten für Verbindlichkeiten, die im Jahresabschluss 20 .. wiedergegeben werden.

15. Anlage 4.15 zu diesem Vertrag enthält eine vollständige und richtige Aufstellung aller gewerblichen Schutzrechte (Patente, Gebrauchsmuster, Marken, eingetragenen Designs) und Urheberrechte, die der Gesellschaft gehören oder an denen ihr ein Nutzungsrecht eingeräumt ist, sowie in Bezug auf solche Rechte, an denen der Gesellschaft ein Nutzungsrecht eingeräumt ist, auch eine Aufstellung der betreffenden Lizenzverträge. Außer den in dieser Aufstellung aufgeführten nutzt die Gesellschaft in ihrem Geschäftsbetrieb keine anderen gewerblichen Schutzrechte oder Urheberrechte und ist darauf auch nicht angewiesen. Kein von der Gesellschaft ge-

14. Unless otherwise specified in a list attached as Annex 4.14 to this Agreement, all parts of the fixed assets necessary for or used for the operation of the business have been recorded in the Annual Report for year ...... of the Company. Unless otherwise specified in a list attached as Annex 4.14 to this Agreement the Company has full economic and legal title to all parts of the fixed assets used for the operation of the business. These assets are free of any liens and other rights of third parties. All parts of the fixed assets of the Company are in good condition with regard to their use and physical integrity. The Company holds full economic and legal title to all parts of the current assets. Those assets are free of any liens and other rights of third parties except statutory liens or retention of titles incurred during the ordinary course of business for obligations that are recorded in the Annual Reports for the year 20 ..

15. Annex 4.15 to this Agreement contains a complete and accurate list of all intellectual property rights (patents, utility models, trademarks, industrial designs and copyrights) that belong to the Company or are subject to licence agreements for the benefit of the Company. As far as this is the case, the list contains also a list of the relevant licence agreements. Save as recorded in such list, the Company does not use any other intellectual property right for its business and does not depend thereon. No intellectual property right has to the best of the Seller's knowledge been challenged by a third party.

nutztes gewerbliches Schutzrecht oder Urheberrechte ist nach bestem Wissen der Verkäuferin von Dritten angegriffen worden.

16. Zwischen der Gesellschaft auf der einen und der Verkäuferin sowie den mit der Verkäuferin gem. § 15 des Aktiengesetzes verbundenen Unternehmen auf der anderen Seite bestehen keinerlei vertragliche Beziehungen, außer den in Anlage 4.16 zu diesem Vertrag aufgeführten. Alle diese vertraglichen Beziehungen werden spätestens mit Wirkung zum Stichtag beendet. Am Stichtag bestehen keine Verbindlichkeiten oder Verpflichtungen aus diesen Beziehungen.

17. Anlage 4.17 zu diesem Vertrag enthält eine vollständige und richtige Aufstellung der ...... größten Abnehmer und der ...... größten Lieferanten der Gesellschaft im Geschäftsjahr ...... wie auch derjenigen Lieferanten der Gesellschaft, die für die betreffenden Waren und Dienstleistungen die einzigen Lieferquellen der Gesellschaft sind, d. h. für die keine alternative Bezugsquelle zu vergleichbaren Bedingungen existiert (mit Ausnahme von Energieversorgungsverträgen, Post- und Telekommunikationsdiensten); es ist jeweils das Geschäftsvolumen für ...... aufgeführt. Nach bestem Wissen der Verkäuferin besteht kein Anlass anzunehmen, dass einer dieser Kunden bzw. Lieferanten der Gesellschaft aus anderen als allgemeinen konjunktur- oder marktbedingten Gründen den Umfang seiner zuvor mit der Gesellschaft abgewickelten Geschäfte in nennenswertem Umfang reduzieren wird.

18. Anlage 4.18 stellt eine vollständige und richtige Aufstellung aller Bankkonten der Gesellschaft sowie der betreffenden Unterschriftsberechtigten dar.

19. Anlage 4.19 zu diesem Vertrag ist eine vollständige und richtige Auf-

16. Unless specified in Annex 4.16 there are no agreements between the Company and the Sellers or between the Company and entities affiliated to the Seller pursuant to § 15 of the German Stock Corporation Act. Any such contractual relationships shall be discontinued by no later than the Key Date. At the Key Date, there are no obligations or commitments arising from such relationships.

17. Annex 4.17 to this Agreement contains a complete and accurate list of the ...... biggest customers and the ...... biggest suppliers of the Company during the fiscal year ...... including all those suppliers of the Company who are the sole source of supply of particular goods or services for the Company, i.e. for which there are no alternative sources of supply at comparable terms and conditions (except agreements on energy supply, postal and telecommunication services). The volume of the business is specified for ......, respectively. To the best of the Seller's knowledge, there is no reason to believe that one of those customers or suppliers of the Company will significantly reduce the amount of business with Company for reasons other than general economic or market conditions.

18. Annex 4.18 is a complete and accurate list of all bank accounts of the Company and the authorised signatories.

19. Annex 4.19 to this Agreement is a complete and accurate list of all in-

stellung der von der Gesellschaft bzw. zugunsten der Gesellschaft oder ihres Geschäftsbetriebes abgeschlossenen Versicherungen mit Ausnahme der Versicherungen der betrieblich genutzten Kraftfahrzeuge. Der jeweilige Versicherungsnehmer befindet sich nicht im Verzug mit seinen Pflichten aus den Versicherungsverträgen. Diejenigen Versicherungen, die mit dem Erwerb der Geschäftsanteile durch die Käuferin entfallen, sind angemerkt.

20. Anlage 4.20 zu diesem Vertrag enthält eine vollständige und richtige Aufstellung bestimmter wichtiger (schriftlich oder mündlich abgeschlossener) Verträge und Verpflichtungen der Gesellschaft (im Folgenden zusammen als die „wichtigen Verträge" bezeichnet), nämlich aller Verträge oder Verpflichtungen, die sich auf einen der folgenden Gegenstände beziehen bzw. mit einer der folgenden Parteien eingegangen worden sind:

– alle Verträge und Verpflichtungen über den Erwerb, die Veräußerung, Belastung oder anderweitige Verfügung über Grundstücke oder grundstücksgleiche Rechte;

– alle Verträge über die Anschaffung oder Veräußerung von Gegenständen des Anlagevermögens einschließlich immaterieller Vermögensgegenstände, Sachanlagen (mit Ausnahme von Grundstücken und grundstücksgleichen Rechten) und Finanzanlagen, deren Wert € …… pro Einzelfall oder zusammengenommen € …… übersteigt;

– alle Pacht-, Miet- oder Leasing-Verträge, soweit deren jährliche Zahllast € …… im Einzelfall oder zusammengenommen € …… übersteigt;

– alle Lizenzverträge, die die Gesellschaft als Lizenzgeber oder Lizenznehmer eingegangen ist, soweit die jeweilige jährliche

surance policies of the Company and/or for the benefit of the Company or its business operations except for the insurance policies existing for vehicles used for business purposes. The relevant policyholder is not in default with its obligations under the insurance agreements. Those policies ending with the acquisition of the Shares through the Buyer are marked.

20. Annex 4.20 to this Agreement contains a complete and accurate list of certain material (verbal or written) agreements and commitments of the Company (hereinafter collectively referred to as the "Material Agreements"), i.e. all those agreements or commitments that refer to one of the following subjects and/or have been concluded with one of the following parties:

– All agreements and commitments on the acquisition, disposal, encumbrance or other transaction with regard to real estate or quasi real estate rights;

– All agreements on the purchase or sale of fixed assets including intangibles assets, physical assets (except real estate or quasi real estate rights) or financial assets that exceed € …… per particular case or € …… in the aggregate;

– All usufruct, rent or lease agreements of which the annual payments exceed € …… per particular case or € …… in the aggregate;

– All license agreements that the Company has entered into as a licensor or licensee of which the annual payments exceed € ……

Zahllast im Einzelfall € ...... oder zusammengenommen € ...... übersteigt;

- alle Kreditverträge, die die Gesellschaft als Kreditgeber oder Kreditnehmer eingegangen ist, mit Ausnahme handelsüblicher, im gewöhnlichen Geschäftsverkehr erfolgter Verlängerung der Fälligkeit von Forderungen oder Verbindlichkeiten, sowie alle Factoring-Verträge;
- alle Verträge mit inländischen oder ausländischen Vertragshändlern oder Handelsvertretern sowie alle ähnlichen Vertriebsverträge, die entweder im Falle ihrer Beendigung zu Ausgleichsansprüchen gegen die Gesellschaft führen oder deren Kündigungsfrist drei (3) Monate übersteigt;
- alle Anstellungsverträge, die eine jährliche Gesamtvergütung von mehr als € ...... (am Datum des Vertragsabschlusses) vorsehen, sowie alle Verträge mit Beratern, soweit die jährliche Zahllast daraus im Einzelfall € ...... oder zusammengenommen € ...... übersteigt;
- alle Verträge und Verpflichtungen, die Pensionen, sonstige Sozialleistungen, Gewinnbeteiligungen, Umsatzbeteiligungen oder andere Erfolgsprämien betreffen sowie ähnliche Verträge;
- alle Tarifverträge und Betriebsvereinbarungen, die die Gesellschaft eingegangen ist oder denen sie unterliegt, (mit der Ausnahme überbetrieblicher, regionaler oder überregionaler Tarifverträge);
- alle Kooperations- und ähnliche Verträge mit Dritten sowie jegliche wettbewerbsbeschränkende Vereinbarung oder Verpflichtung;
- alle Verträge oder Verpflichtungen, die außerhalb des gewöhnlichen Geschäftsbetriebes der Gesellschaft eingegangen worden sind, soweit deren Zahllast im Einzelfall € ...... oder zusammen € ...... übersteigt;

per particular case or € ...... in the aggregate;

- All loan agreements that the Company has entered into as a lender or a borrower except deferral of claims or liabilities that are usual commercial practice within the ordinary course of business and except factoring agreements;
- All agreements with domestic and foreign Authorised Dealers or sales representatives and all similar distribution agreements that may either result in compensation claims against the Company upon their termination or for which the notice of termination period exceeds three (3) months;
- All employment agreements that provide for an annual salary exceeding € ...... (as at the date of their conclusion) and all agreements with consultants for which the annual payments exceed € ...... per particular case or € ...... in the aggregate;
- All agreements and commitments that relate to pension, other social benefits, participation in profit or sales or other bonus payments and all similar agreements;

- All tariff and collective work agreements that the Company has entered into or by which it is bound (except inter company, regional or inter regional tariff arrangements);
- All co-operation and similar agreements with third parties and any agreement or commitment that is restrictive of competition;
- All agreements and commitments entered into outside the ordinary course of business for which the annual payments exceed € ...... per particular case or € ...... in the aggregate;

Die Wirksamkeit oder Durchsetz-barkeit keines wichtigen Vertrages ist angefochten bzw. in Frage gestellt worden. Kein wichtiger Vertrag ist beendet worden noch steht nach dem besten Wissen der Verkäuferin seine Beendigung bevor. Weder die Gesellschaft noch nach dem besten Wissen der Verkäuferin ihre jeweiligen Vertragspartner haben gegen Bestimmungen eines wichtigen Vertrages verstoßen noch befinden sie sich mit der Erfüllung von Vertragspflichten in Verzug. Die in diesem Vertrag enthaltenen Bestimmungen und ihre Durchführung werden keiner Partei ein Recht zur Beendigung oder Abänderung eines wichtigen Vertrages geben.

21. Anlage 4.21 zu diesem Vertrag stellt eine vollständige und richtige Aufstellung aller Arbeitnehmer der Gesellschaft dar. Kein in dieser Aufstellung als wichtig angemerkter Arbeitnehmer hat seine Absicht, das Arbeitsverhältnis mit der Gesellschaft zu beenden, zu erkennen gegeben. Es gibt keine Arbeitsstreitigkeiten, außer den in Anlage 4.21 genannten.

22. Anlage 4.22 stellt eine vollständige und richtige Aufstellung aller von der Gesellschaft erteilten und nicht aus dem als Anlage 4.2 beigefügten Handelsregisterauszug ersichtlichen Vollmachten dar.

23. Die Gesellschaft hat alle Steuererklärungen ordnungsgemäß erstellt und rechtzeitig abgegeben. Alle geschuldeten Steuern, Sozialversicherungsbeiträge und andere von der Gesellschaft geschuldeten öffentlich-rechtlichen Abgaben jeder Art sind bei Fälligkeit gezahlt oder, soweit diese Steuern, Sozialversicherungsbeiträge und anderen öffentlich-rechtlichen Abgaben am jeweiligen Abschlussstichtag noch nicht fällig waren, in der zu den Jahresabschlüssen 20 .. gehörenden Bilanz ordnungsgemäß zurückgestellt; insbesondere hat die Gesell-

There is no Material Agreement for which the validity or enforceability has been challenged or questioned. No Material Agreement has been terminated or, to the best of the Seller's knowledge, is about to be terminated. Neither the Company nor, to the best of the Seller's knowledge, any counterpart to agreements with the Company have infringed material provisions of an a Material Agreement or are in default with the discharge of contractual duties. The provisions of this Agreement and its execution will not give cause to any party to terminate or amend a Material Agreement.

21. Annex 4.21 to this Agreement contains a complete and accurate list of all employees of the Company. No employee that has been marked as important has expressed the intention to terminate the employment with the Company. There are no labour disputes except as referred to in Annex 4.21.

22. Annex 4.22 contains a complete and accurate list of all signatories authorised awarded by the Company that have not already been disclosed through the trade register extract attached as Annex 4.2.

23. The Company has duly and timely filed all tax returns. All owed taxes, social security contributions and other public duties of any kind owed by the Company have been paid upon their due dates. As far as those taxes, social security contributions or other public duties have not yet fallen due, appropriate reserves have been created in the key date balance sheet of the 20 .. annual report. In particular, the Company has not paid any constructive dividends.

schaft auch keine verdeckten Gewinnausschüttungen getätigt.

24. Die Gesellschaft hat öffentliche Zuschüsse nur in Übereinstimmung mit den einschlägigen Rechtsvorschriften und unter Beachtung jeglicher behördlicher Anordnungen, Bedingungen und Auflagen beantragt, empfangen und verwandt. Infolge der Durchführung der in diesem Vertrag enthaltenen Bestimmungen oder auf Grund anderer schon heute bestehender Umstände wird keine Rückzahlung solcher Zuschüsse erforderlich werden.

24. The Company has received and applied public subsidies only in accordance with applicable laws and under full observance of any authority orders, conditions and duties. No repayment of such subsidies shall become necessary as a result of the execution of the provisions of this agreement or as a result of any current activities.

25. Anlage 4.25 zu diesem Vertrag enthält eine vollständige und richtige Aufstellung aller Rechtsstreitigkeiten und behördlichen Verfahren, an denen die Gesellschaft oder Angestellte der Gesellschaft (soweit solche Rechtsstreitigkeiten oder Verfahren eine Haftung der Gesellschaft begründen können) beteiligt sind. Über die genannten Verfahren hinaus drohen keine Rechtsstreitigkeiten oder behördlichen Verfahren, noch bestehen Umstände, die die Einleitung solcher Rechtsstreitigkeiten oder Verfahren wahrscheinlich machen.

25. Annex 4.25 to this Agreement contains a complete and accurate list of all litigation and administrative proceedings to which the Company or employees of the Company (as far as those litigation or administrative proceedings may result in a liability of the Company) is a party. Apart from those proceedings, there are no litigation or administrative proceedings imminent and there are no incidents that would be likely to result in the commencement of such litigation or administrative proceedings.

26. Die betrieblichen Anlagen der Gesellschaft sind unter Beachtung aller anwendbaren Rechtsvorschriften und behördlichen Weisungen (insbesondere auf dem Gebiet des Baurechts und des Gewerberechts) errichtet worden. Weder ihr Betrieb noch der sonstige gegenwärtige Geschäftsbetrieb der Gesellschaft noch ihre Produkte oder Dienstleistungen verletzen jeweils anwendbare Rechtsvorschriften oder behördliche Weisungen. Die Gesellschaft verfügt über alle behördlichen Erlaubnisse, die für die Führung und die Fortsetzung des gegenwärtigen Geschäftsbetriebes der Gesellschaft erforderlich sind. Weder ein Widerruf noch eine Einschränkung dieser Erlaubnisse steht nach bestem Wissen der Verkäufer bevor.

26. The operational equipment of the Company has been constructed in accordance with all applicable statutory laws and public authority orders (in particular pertaining to the areas of building and business operations legislation). Neither the operation nor any other current business operations of the Company or its products or services infringe applicable statutory laws or public authority orders. The Company has all public permits required for the operation and the continuance of the current business operations of the Company. To the best of the Seller's knowledge, there is neither a withdrawal nor a restriction of such permits imminent.

27. Die von der Gesellschaft genutzten Grundstücke, unabhängig davon, ob sie im Eigentum der Gesellschaft oder Dritter stehen, sowie die anderen Betriebsanlagen sind frei von jeder Verschmutzung des Erdreiches, des Grundwassers, der Luft und jeder anderen Umweltverschmutzung, auf deren Beseitigung die Gesellschaft in Anspruch genommen werden könnte. Der Geschäftsbetrieb der Gesellschaft bringt keine Verschmutzung des Erdreiches, des Wassers, der Luft oder sonstige Verschmutzung mit sich, auf deren Unterlassung die Gesellschaft in Anspruch genommen werden könnte. Die Gesellschaft hat immer sämtliche anwendbaren Umweltschutz- und Bauplanungsgesetze sowie -regelungen beachtet. Die Versorgung mit Frischwasser und die Entsorgung des Abwassers sowie der gasförmigen und festen Emissionen und Abfälle ist für den gegenwärtigen Geschäftsbetrieb in vollem Umfang gewährleistet.

28. Seit dem 31. Dezember ...... ist der Geschäftsbetrieb der Gesellschaft ausschließlich im Rahmen des gewöhnlichen Geschäftsbetriebes, in Übereinstimmung mit vorsichtiger Geschäftspraxis und im Wesentlichen in der gleichen Weise wie zuvor geführt worden; es haben sich keine wesentlichen nachteiligen Änderungen hinsichtlich des Geschäftsbetriebes bzw. der Vermögens-, Finanz- und Ertragslage oder in Hinsicht auf wichtige Vermögensgegenstände oder Verträge der Gesellschaft ergeben. Seit dem 31. Dezember ...... sind keine Gewinnausschüttungen, einschließlich vorläufiger und verdeckter Ausschüttungen, vorgenommen worden, noch sind außer im Rahmen des gewöhnlichen Geschäftsbetriebes stille Reserven aufgelöst oder entzogen worden.

29. Alle der Käuferin und ihren Beratern seitens der Verkäuferin vor der

27. All real estate used by the Company, whether it is property of the Company or of third parties, is free from any contamination of soil or ground water, air pollution or other environmental pollution that may result in remedial claims against the Company. The business operations of the Company do not involve any contamination of soil or ground water, air pollution or other environmental pollution that may result in remedial claims against the Company. The Company has at all times complied with applicable environmental or development zoning laws and regulations. For the current business operations, the provision of fresh water and disposal of sewage or gas and solid emissions or waste is fully ensured.

28. Since 31 December ...... , the business operation of the Company has been conducted exclusively within the ordinary course of business and in accordance with prudent business practice in a manner similar as before; there have not been any material adverse changes in the business operations and/or in the property financial or income status or in relation to important assets of, or agreements with, the Company. Since 31 December ...... , there have been no dividend payments including preliminary or constructive dividends nor have any reserves been released, safe as during the ordinary course of business.

29. To the best of the Seller's knowledge, all information made avail-

Beurkundung dieses Vertrages zur Verfügung gestellten Informationen sind nach bestem Wissen der Verkäuferin in jeder Hinsicht vollständig und richtig. Sie sind nicht irreführend und verschweigen keine Tatsachen in Bezug auf die Geschäftsanteile, die Gesellschaft und ihren Geschäftsbetrieb, die für die konkret gegebene Information bedeutsam sind oder die die Käuferin im Zeitpunkt der Unterzeichnung dieses Vertrages für die Beurteilung solcher Informationen kennen sollte. Es liegen nach bestem Wissen der Verkäuferin keine wesentlichen Tatsachen oder Umstände vor, die in Zukunft einen wesentlichen nachteiligen Einfluss auf die Gesellschaft und ihren Geschäftsbetrieb haben könnten, mit Ausnahme von allgemeinen konjunktur- oder marktbedingten Entwicklungen.

able to the Buyer or its advisors by the Seller prior to the notarisation of this agreement are complete and accurate in every respect. They are not misleading and not withholding anything in relation to the Shares, the Company or its business operations that would be relevant to the information specifically provided or which the Buyer, for the purposes of its assessment, should have been aware of at the date of signature. To the best of the Seller's knowledge, there are no material facts or incidents other than general economic or market related developments that may have a material adverse effect on the Company or its business operations in the future.

§ 5 Rechtsfolgen

(1) Stellt sich heraus, dass eine oder mehrere der Aussagen, für die Verkäuferin gem. § 4 dieses Vertrags die Garantie übernommen hat, nicht zutreffend ist bzw. sind, können die Käuferin und die Gesellschaft verlangen, dass die Verkäuferin innerhalb einer angemessenen Frist, spätestens aber innerhalb einer Frist von vier Wochen ab Zugang des Verlangens, den Zustand herstellt, der bestehen würde, wenn die Aussage bzw. Aussagen zutreffend wären. Stellt die Verkäuferin innerhalb der gesetzten Frist nicht den vertragsgemäßen Zustand her oder ist die Herstellung des vertragsgemäßen Zustandes nicht möglich, können die Käuferin und die Gesellschaft von der Verkäuferin Schadenersatz in Geld verlangen. Hängt die Haftung der Verkäuferin von der Kenntnis bzw. dem Kennenmüssen bestimmter Umstände ab, ist ihr die Kenntnis und das Kennenmüssen der Geschäftsführer der Gesellschaft zuzurechnen.

§ 5 Legal Effects

(1) If one or more statements for which the Seller has given representations and warranties pursuant to § 4 of this Agreement prove to be incorrect, then the Buyer and the Company may require the Sellers to establish the status that would exist if the statements had been true. This must be completed within a reasonable period of time but no later than 4 weeks after such request. If the Seller shall not establish the status in compliance with the agreement or should this not be possible, then the Buyer and the Company shall be entitled to seek damage compensation from the Seller. Should the liability of the Seller be dependent on the knowledge of certain incidents or should the Seller have been aware thereof, then any such knowledge of the managing directors shall be deemed to be within the knowledge of the Company.

(2) Die Käuferin und die Gesellschaft können Schadenersatzansprüche auf Grund der Nichterfüllung der gem. § 4 dieses Vertrages von der Verkäuferin übernommenen Garantien nur geltend machen, soweit die Gesamthöhe dieser Ansprüche einen Betrag von € ...... übersteigt; die Haftung der Verkäuferin aus Abs. 1 ist insgesamt auf den Betrag des Kaufpreises beschränkt. Diese Beschränkungen gelten nicht hinsichtlich der Haftung für Rechtsmängel der verkauften Anteile.

(3) Ansprüche der Käuferin auf Wandlung oder Minderung, auf Schadenersatz wegen unrichtiger Zusicherung, auf Anfechtung dieses Vertrages wegen des Fehlens einer wesentlichen Eigenschaft oder auf Rückabwicklung oder Anpassung dieses Vertrages wegen Wegfalls der Geschäftsgrundlage sind ausdrücklich ausgeschlossen.

(4) Alle Gewährleistungsansprüche der Käuferin auf Grund dieses § 5 unterliegen einer Verjährungsfrist von zwei (2) Jahren. Unter Abweichung von dem Vorstehenden gilt für Rechtsmängel der verkauften Anteile die gesetzliche Verjährungsfrist. Die Verjährungsfristen beginnen mit dem Stichtag zu laufen.

(5) Ansprüche wegen Nichterfüllung der in § 4.23 übernommenen Garantie verjähren drei (3) Monate nach Vorliegen eines endgültigen unanfechtbaren Steuerbescheids für die betroffenen Steuern und den betroffenen Veranlagungszeitraum; dies gilt nicht für Fälle der Steuerhinterziehung und leichtfertigen Steuerverkürzung. Reine Periodenverschiebungen, d.h. soweit Steuerforderungen bzw. Steuererstattungen bezüglich des Zeitraumes bis zum Stichtag Steuerentlastungen bzw. Steuerforderungen nach dem Stichtag zur Folge haben, werden nicht berücksichtigt.

(6) Die Käuferin wird dafür sorgen, dass die Gesellschaft der Verkäuferin und ihren Beratern, die beruflich der

(2) The Buyer and the Company may only seek damage compensation arising from the representations and warranties made under § 4 of this Agreement, if the aggregate amount of such claims exceeds € ...... The overall liability of the Seller under subclause 1 above shall in no event be higher than the purchase price. Such limitation shall not apply to a liability arising from lack of title in the sold Shares.

(3) The Buyer shall not be entitled to rescind this Agreement, to make deductions, to seek damage compensation for misrepresentation, to annul this Agreement based on the absence of a material quality, to rescind or adjust this Agreement based on frustration of contract.

(4) All warranty claims of the Buyer according to this paragraph 5 shall elapse unless raised within a period of two (2) years. As opposed to the foregoing, the prescription period for lack of legal title of the sold shares shall be the statutory prescription period. The prescription period shall start at the Effective Date.

(5) All claims for non-performance of the guarantees assumed pursuant to § 4.23 hereunder shall lapse unless raised within a period of three (3) months after receipt of a conclusive tax bill for the relevant taxes and the relevant assessment period. This shall not apply to cases of tax fraud or fiscal evasion. A simple deferral of the period shall be disregarded, i.e. in cases when tax claims or refunds for the period before the Effective Date would effectively result a in tax relief or tax claims for the period of time after the Effective Date.

(6) The Buyer shall ensure that the Company offers the Seller and its advisors (being subject to professional se-

Verschwiegenheit unterliegen, Gelegen- heit gibt, an allen steuerlichen Außen- prüfungen der Gesellschaft für den Zeitraum bis zum Stichtag mitzuwir- ken. Die Käuferin stellt sicher, dass die Gesellschaft die Verkäuferin unverzüg- lich über die Ankündigung bzw. den Beginn solcher Prüfungen informiert. Kann kein Einverständnis über das Er- gebnis einer Betriebsprüfung erzielt werden, wird die Käuferin auf Wunsch der Verkäuferin dafür sorgen, dass die Gesellschaft Rechtsmittel gegen den Steuerbescheid einlegt und, wenn not- wendig, einen Rechtsstreit nach Wei- sung der Verkäuferin führt. Die Kosten solcher Rechtsmittel gehen zu Lasten der Verkäuferin.

(7) Führen steuerliche Veranlagungen, insbesondere als Folge von Außenprü- fungen, zu einer Veränderung steuerli- cher Wertansätze bei der Gesellschaft für Zeiträume bis zum Stichtag, so hat dies keinen Einfluss auf den Kaufpreis.

§ 6 Wettbewerbsverbot

(1) Die Verkäuferin verpflichtet sich, für die Dauer von ...... Jahren ab dem Stichtag im Gebiet der ...... jegliche Betätigung zu unterlassen, mit der sie unmittelbar oder mittelbar in Wettbe- werb mit dem gegenwärtigen Ge- schäftsbetrieb der Gesellschaft treten würde oder die unmittelbar oder mit- telbar einen solchen Wettbewerb zur Folge haben würde. Die Verkäuferin wird insbesondere kein Unternehmen, das mit dem gegenwärtigen Geschäfts- betrieb der Gesellschaft unmittelbar oder mittelbar in Wettbewerb steht, gründen oder erwerben oder sich an einem solchen Unternehmen beteiligen oder ein solches Unternehmen beraten. Ausgenommen von diesem Wettbe- werbsverbot ist der Erwerb von Antei- len von höchstens 10% an börsennotier- ten Gesellschaften.

(2) Verletzt die Verkäuferin das in Abs. 1 vereinbarte Wettbewerbsverbot und setzt sie diese Verletzung trotz

crecy) the chance to take part in all tax audits of the Company during the pe- riod until the Effective Date. The Buyer shall ensure that the Company shall immediately inform the Seller of any announcement or the start of such au- dits, respectively. If no agreement on the result of a tax audit can be achieved, then the Buyer shall upon demand of the Seller ensure that the Company shall appeal against the tax bill and shall, if necessary, conduct ap- peal proceedings in accordance with instructions from the Seller. All costs of such appeal proceedings shall be borne by the Seller.

(7) Any tax assessment, in particular an assessment arising from tax audits, that shall result in a change of the tax va- luation of the Company for the period until the Effective Date shall not give rise to a change of the Purchase Price.

§ 6 Restrictive Covenant

(1) The Seller shall for a period of ...... years after the Effective Date not en- gage in any activities within the terri- tory of ...... that would result in direct or indirect competition with the current business of the Company. In particular, the Seller shall not establish, acquire or create a stake in a company or provide advice to such company that is in indi- rect or direct competition with the business of the Company. The restric- tive covenant shall not apply to cases of acquisition of shares in publicly listed companies if the share is no higher than ten (10) percent.

(2) If the Seller does not comply with the restrictive covenant under subsec- tion (1) above and such infringement

Abmahnung durch die Käuferin oder die Gesellschaft fort, so hat die Verkäuferin der Käuferin eine Vertragsstrafe im Betrag von ...... € (in Worten: ...... €) zu zahlen. Dauert die Verletzungshandlung an, hat die Verkäuferin für jeden weiteren Monat der Verletzung eine weitere Vertragsstrafe in Höhe von € ...... (in Worten: ...... €) zu zahlen. Das Recht der Käuferin, einer ihr oder der Gesellschaft entstehenden weiteren Schaden geltend zu machen und Einstellung des verbotenen Verhaltens zu fordern, bleibt unberührt.

shall continue despite a warning notice by the Buyer of the Company, then the Seller shall pay to the Buyer a penalty of € ...... (in words: € ......). In the event of a permanent violation the Seller shall pay for each month during which such violation is existent, a monthly amount of € ...... (in words: € ......). This shall be without prejudice to the right of the Buyer to seek further damages or to require cease and desist of damaging conduct.

§ 7 Vertraulichkeit und Pressemitteilungen

§ 7 Confidentiality; Press Statements

(1) Die Verkäuferin wird für die Dauer von ...... Jahren ab dem Stichtag ihre Kenntnisse über die Gesellschaft und ihren Geschäftsbetrieb, soweit die betreffenden Umstände nicht öffentlich bekannt sind und soweit nicht gesetzliche Offenlegungsvorschriften entgegen stehen, geheim halten, und solche vertraulichen Informationen auch nicht für sich selbst oder andere benutzen. Die Verkäuferin verpflichtet sich, für die Dauer von fünf (5) Jahren ab dem Stichtag keine Arbeitnehmer der Gesellschaft zur Aufnahme einer Tätigkeit für die Verkäuferin oder ein verbundenes Unternehmen der Verkäuferin zu veranlassen.

(1) The Seller shall for a period of ...... years after the Effective Date keep confidential its knowledge of the Company and its business and refrain from the use of such confidential information for its own benefit or the benefit of third parties. This shall not apply if the relevant issue shall be a matter of common knowledge or statutory disclosure requirements dictate otherwise. The Seller shall, for a period of five (5) years after the Effective Date, not offer employees of the Company employment with the Seller or with an entity affiliated with the Seller.

(2) Die Parteien sind sich einig, dass sie die Kenntnisse, die sie im Zusammenhang mit der Verhandlung und dem Abschluss dieses Vertrags übereinander und die jeweiligen verbundenen Unternehmen erhalten haben, streng vertraulich behandeln.

(2) The parties agree that they shall keep strictly confidential all knowledge obtained from each other (or from affiliated companies) during the process of negotiation and conclusion of this agreement.

(3) Keine Partei wird eine Presseerklärung oder ähnliche Verlautbarungen in Bezug auf die mit diesem Vertrag geregelten Rechtsgeschäfte ohne vorherige schriftliche Verständigung mit der anderen Partei herausgeben.

(3) No party shall issue a press statement or any similar statement in relation to any transaction associated with this agreement without prior written consent of the other party.

§ 8 Verschiedenes

(1) Jede Vertragspartei trägt die Kosten der von ihr beauftragten Berater. Die Kosten der notariellen Beurkundung sowie die anderen infolge des Abschlusses und der Durchführung dieses Vertrages entstehenden Übertragungskosten, einschließlich etwaiger Verkehrssteuern, werden von der Käuferin getragen.

(2) Änderungen und Ergänzungen dieses Vertrages einschließlich dieser Bestimmung bedürfen, soweit nicht notarielle Form zu beachten ist, der Schriftform.

(3) Als Zustellungsbevollmächtigten für die Erhebung einer Klage und die in einem anhängigen Rechtsstreit zu bewirkenden Zustellungen sowie für den Empfang von empfangsbedürftigen Willenserklärungen ernennt die Verkäuferin
Name ......
Adresse ......
und die Käuferin
Name ......
Adresse ......

(4) Sollte eine Bestimmung dieses Vertrages ganz oder teilweise unwirksam oder undurchsetzbar sein, werden die Wirksamkeit und Durchsetzbarkeit aller übrigen Bestimmungen dieses Vertrages davon nicht berührt. Die unwirksame oder undurchsetzbare Bestimmung ist als durch diejenige wirksame und durchsetzbare Bestimmung als ersetzt anzusehen, die dem von den Vertragsparteien mit der unwirksamen oder undurchsetzbaren Bestimmung verfolgten wirtschaftlichen Zweck am nächsten kommt.

(5) Alle zwischen den Vertragsparteien vor dem Abschluss dieses Vertrages getroffenen Vereinbarungen sind durch den Abschluss dieses Vertrages überholt.

(6) Dieser Vertrag unterliegt dem Recht der Bundesrepublik Deutschland. Für

§ 8 Miscellaneous

(1) Each party shall bear the costs of its own advisors retained. The costs of the notarization authentication and any transfer costs arising from the conclusion and implementation of this Agreement including transfer taxes, if any, shall, be borne by the Buyer.

(2) All amendments or supplements to this Agreement including this provision shall be in writing unless notarization is required.

(3) The authorised recipient for the service of writs or for services made in respect of pending litigation and for all notices that shall require full receipt for their validity shall be:

The Seller
Name ......
Address ......
and the Buyer
Name ......
Address ......

(4) If any provision of this Agreement shall be entirely or partly invalid or unenforceable, this shall not affect the validity and enforceability of all other provisions of this Agreement. The invalid or unenforceable provision shall be regarded as replaced by such valid and enforceable provision that as closely as possible reflects the economic purpose that the parties hereto had pursued with the invalid or unenforceable provision.

(5) The conclusion of this Agreement shall supersede all arrangements of the parties made prior the conclusion of this Agreement.

(6) This agreement shall be governed by the laws of the Federal Republic of

den Fall von Streitigkeiten zwischen den Vertragsparteien auf Grund dieses Vertrages vereinbaren die Vertragsparteien als nicht-ausschließlichen Gerichtsstand ......

Germany. The courts of ...... shall have non-exclusive jurisdiction for all disputes between the parties arising from this agreement.

b) Kauf von Anlagevermögen

(Asset Deal)

b) Asset Acquisition Agreement

(Asset Deal)

§ 1 Kauf von Anlagevermögen

(1) Die Verkäuferin verkauft hiermit der Käuferin

  (i) sämtliche zum Zeitpunkt der Beurkundung dieses Vertrages (im Folgenden als der „Stichtag" bezeichnet) zu dem Unternehmen gehörenden Vermögensgegenstände des Anlagevermögens im Sinne von § 266 Abs. 2 A. HGB

 (ii) sämtliche zu diesem Zeitpunkt zu dem Unternehmen gehörenden Vorräte im Sinne von § 266 Abs. 2 B. I. HGB sowie

(iii) sämtliche zu diesem Zeitpunkt zu dem Unternehmen gehörenden Rechte, die Grundlage von Rechnungsabgrenzungsposten im Sinne der Vorschrift des § 266 Abs. 2 C. HGB sind.

(2) Zu den gem. Abs. 1 verkauften Vermögensgegenständen des Anlagevermögens gehören insbesondere die Vermögensgegenstände, die in dem als Anlage 1.2 beigefügten Vermögensverzeichnis auf den Seiten ...... bis ...... aufgeführt sind.

In dem Vermögensverzeichnis aufgeführte Vermögensgegenstände, die im Rahmen des gewöhnlichen Geschäftsbetriebs in dem Zeitraum vom ...... bis zum Stichtag veräußert oder dem Unternehmen auf sonstige Weise entzogen worden sind, sind nicht mitverkauft.

Vermögensgegenstände, die im Zeitraum vom ...... bis zum Stichtag im Rahmen des gewöhnlichen Geschäftsbetriebes als Ersatz oder Ergänzung für

§ 1 Acquisition of Fixed Assets

(1) The Seller hereby sells to the Buyer:

  (i) All fixed assets belonging to the Company as at the date of the notarisation of this Agreement ("the Key Date") as defined in § 266 (2) A. of the German Code of Commerce;

 (ii) All stock as defined in § 266 (2) B. I of the German Code of Commerce belonging to the Company as at such date;

(iii) All rights belonging to the Company as at such date on which accrued and deferred income/expenses are based as defined in § 266 (2) C. of the German Code of Commerce.

(2) The assets sold pursuant to subsection (1) shall, without limitation, include all assets that are recorded on pages ...... to ...... of the asset register attached hereto as Annex 1.2.

Assets that are recorded in the asset register and have been sold in the ordinary course of business or have been removed from the business otherwise during the period from ...... until the Key Date shall not be part of the sale.

Assets that have been manufactured, acquired or otherwise added to the Company as a substitute or addition for assets recorded in the asset register dur-

die in dem Vermögensverzeichnis aufgeführten Vermögensgegenstände hergestellt, angeschafft oder sonstwie dem
Unternehmen zugegangen sind, sind
mitverkauft.

(3) Das diesem Vertrag als Anlage 1.2
beigefügte Vermögensverzeichnis wurde unter Berücksichtigung von Abs. 4
aus dem Inventar entwickelt, das
Grundlage der zum geprüften Jahresabschluss der Gesellschaft zum ......
gehörenden Bilanz war. Unbeschadet
dieser Definition gehören zu den gem.
Abs. 1 gekauften Vermögensgegenständen auch alle die im Eigentum des
Unternehmen stehenden Vermögensgegenstände, auf deren Erfassung in
dem Inventar auf Grund ihrer Eigenart
verzichtet werden durfte.

(4) Nicht zu den gem. Abs. 1 verkauften
Vermögensgegenständen gehören die
zu dem Unternehmen gehörenden Forderungen und sonstige Vermögensgegenstände im Sinne von § 266 Abs. 2 B.
II. HGB, Wertpapiere im Sinne von
§ 266 Abs. 2 B. III. HGB sowie Schecks,
Kassenbestand und die sonstigen in
§ 266 Abs. 2 B. IV. HGB genannten Guthaben.

(5) Zu den gem. Abs. 1 verkauften Vermögensgegenständen gehören auch die
zu dem Unternehmen gehörenden
Rechte, die Grundlage von Rechnungsabgrenzungsposten im Sinne von § 266
Abs. 2 C. HGB sind.

§ 2 Betriebsgrundstück

Zu den verkauften Vermögensgegenständen gehört auch das Grundstück,
auf dem sich der Betrieb des Unternehmens befindet. Das Grundstück ist
im Grundbuch von ...... des Amtsge-
richtes ......, Blatt ......, Flurstücke
......, ... und ......, ..., eingetragen, ... qm groß und steht im Eigentum der Verkäuferin. Die Einzelheiten
des Verkaufs des Grundstücks richten
sich nach dem als Anlage 2 zu diesem
Vertrag beigefügten Grundstückskaufvertrag.

ing the period from ...... until the Key
Date shall be included in the sale.

(3) The asset register attached hereto as
Annex 1.2 has been developed with due
regard to subsection (4) below from the
inventory on which the audited balance
sheet of the Company for the fiscal year
...... has been based. Notwithstanding
such definition, the assets acquired
pursuant to subclause (1) above shall
also comprise all assets owned by the
Company the recording of which in the
inventory list may have been waived as
a result of its special characteristics.

(4) The assets sold pursuant to subsection (1) above shall not comprise receivables or any other asset as referred
to in § 266 (2) B. II. of the German Code
of Commerce, securities as referred to
in § 266 (2) B. III. of the German Code
of Commerce, cheques, cash assets and
the credit balances referred to in § 266
(2) B. IV. of the German Code of Commerce.

(5) The assets sold pursuant to subsection (1) shall also comprise the rights on
which accrued and deferred income/
expenses are based as defined in § 266
(2) C. of the German Code of Commerce.

§ 2 Company Real Estate

The assets sold shall also comprise the
land on which the company operations
are located. The real estate is registered
with the land register of ...... of the
Local Court of ......, page ......, parcel
of land ......, and ...... and has a
size of ...... square meters and is the
property of the Seller. Details of the Sale
of this real estate recorded in the real
estate sale and purchase agreement
attached hereto as Annex 2.

§ 3 Beteiligungen

Zu den verkauften Vermögensgegenständen gehören auch die folgenden Beteiligungen der Verkäuferin an den in Anlage 3 aufgeführten Tochtergesellschaften.

§ 3 Shareholdings

The assets sold shall also comprise the shareholdings in the subsidiaries of the Seller listed in Annex 3 hereto.

§ 4 Gewerbliche Schutzrechte, Urheberrechte und ander immaterielle Vermögensgegenstände

(1) Zu den verkauften Vermögensgegenständen gehören auch die in Anlage 4.1 zu diesem Vertrag aufgeführten Schutzrechte (Patente, Gebrauchsmuster, eingetragene Designs und Marken), Schutzrechtsanmeldungen und Nutzungsrechte an Schutzrechten und Urheberrechten des Unternehmens.

(2) An den in der Anlage 4.1 zu diesem Vertrag mit einem * markierten Schutzrechten, Schutzrechtsanmeldungen und Urheberrechten behält sich die Verkäuferin für alle ihre geschäftlichen Zwecke und Interessen ein unbeschränktes, übertragbares, nicht-ausschließliches Nutzungsrecht vor, das auch das Recht zur Unterlizensierung einschließt. Für diese der Verkäuferin vorbehaltenen Rechte erhält die Käuferin keine Vergütung.

(3) Unverzüglich nach der Unterzeichnung dieses Vertrages werden sich die Vertragsparteien gemeinsam um die Umschreibung der gem. diesem Vertrag verkauften Schutzrechte und Schutzrechtsanmeldungen bemühen. Soweit sich herausstellt, dass eine Umschreibung wegen der Entstehung unverhältnismäßiger Kosten untunlich ist, können die Parteien einverständlich darauf verzichten.

(4) Die Weiterverfolgung und Aufrechterhaltung der übergegangenen Schutzrechte, Schutzrechtsanmeldungen und Nutzungsrechte obliegt vom Stichtag an der Käuferin. Die Einzelheiten der Wahrnehmung dieser Aufgabe nach

§ 4 Intellectual Property Rights; Copyrights and other Non Tangible Assets

(1) The assets sold shall also comprise the intellectual property rights listed in Annex 4.1 hereto (patents, utility models, registered designs and trademarks), any filings of intellectual property and licenses of intellectual property and copyrights of the company.

(2) The Seller reserves the unlimited, transferable and non exclusive right to continue for its business purposes and its interests the use of all intellectual property rights, filings thereof or copyrights listed in Annex 4.1 which are marked with * which shall include the right to sublicense. For such rights of the Seller the Buyer shall not receive any compensation.

(3) Immediately upon execution of this Agreement, the parties shall jointly engage in the registration of transfer with regard to the intellectual property the intellectual property filings that have been sold in accordance with this Agreement. The parties hereto may waive a registration transfer if it should prove to be disproportionate as a result of the costs involved.

(4) The further pursuance and maintenance of the intellectual property, intellectual property filings and the licences transferred shall be at the responsibility of the Buyer from the Key Date onwards. The parties hereto shall agree on

dem Stichtag einschließlich der Fortführung der betreffenden tatsächlichen Maßnahmen und gegebenenfalls der Überstellung der einschlägigen Akten werden die Vertragsparteien alsbald nach dem Stichtag gemeinsam festlegen.

details of the pursuance of such task soon after the Key Date including the continuation of the relevant actions and the transfer of documentation, as necessary.

(5) Die Verkäuferin stellt die Käuferin von etwaigen sich aus dem Gesetz über Arbeitnehmererfindungen ergebenden Ansprüchen in dem Umfang frei, in dem sich die betreffende Erfindervergütung auf Lieferungen vor dem Stichtag bezieht. Die Käuferin übernimmt die Erfüllung der Ansprüche auf Erfindervergütung in dem Umfang, in dem sich diese auf Lieferungen nach dem Stichtag beziehen.

(5) The Seller agrees to indemnify the Buyer against any claims arising from the German Act on Employee Inventions to the extent that the relevant compensation claims for invention shall refer to inventions made after the Key Date. The buyer agrees to assume payment of invention compensation claims to the extent that these refer to deliveries after the Key Date.

(6) Die Vertragsparteien sind sich einig, dass zu den verkauften Vermögensgegenständen auch alle Rechte an Erfindungen, technischem Erfahrungsgut (technisches Know-how), Betriebsgeheimnissen, Verfahren, Formeln und sonstigen immateriellen Gegenständen, die nicht von gewerblichen Schutzrechten umfasst werden, sowie sämtliche Verkörperungen solcher Gegenstände, wie z.B. schriftliche Beschreibungen, Musterzeichnungen, Pläne usw., gehören. Ebenfalls gehören zu verkauften Vermögensgegenständen alle Benutzungsrechte und ähnliche Rechte an den im vorhergehenden Satz beschriebenen Rechten.

(6) The parties hereto agree that the assets sold shall also comprise all rights in inventions, results[1] of technical experience (technical know how), trade secrets, procedures, formulas, on other non tangible assets that shall not be covered as intellectual property rights. This shall also include items in which such rights shall have been materialised such as, for example, written descriptions, specimen drawings, plans etc. The assets sold shall also comprise all rights of use and similar rights referred to in the previous sentence.

(7) Die Vertragsparteien sind sich einig, dass zu den verkauften Vermögensgegenständen auch alle Rechte an kommerziellem Erfahrungsgut (kommerzielles Know-how), Geschäftsgeheimnissen und Verwaltungs- und Vertriebsverfahren sowie sämtliche Verkörperungen solcher Gegenstände, wie z.B. Unterlagen über die Verwaltungs- und Vertriebsorganisation, Lieferanten- und Kundenunterlagen und -korrespondenz sowie andere Geschäftsunterlagen gehören.

(7) The parties hereto agree that the assets sold shall also comprise all rights over commercial experience (commercial know how), trade secrets and procedures of administration and distribution including all written evidence of the same such as, for example, documents on the procedures of administration and distribution, supplier and customer documentation and correspondence and other business documentation.

---

[1] Hier wurde terminologisch auf das Ergebnis der technischen Erfahrungen abgehoben.

§ 5 Übernahme von Verbindlichkeiten

(1) Die Käuferin übernimmt hiermit von der Verkäuferin im Wege der befreienden Schuldübernahme die in dem als Anlage 5.1 zu diesem Vertrag beigefügten Verzeichnis aufgeführten, am Stichtag zu dem Unternehmen gehörenden Verpflichtungen, für die die Verkäuferin bisher Rückstellungen gebildet hat, sowie die anderen dort aufgeführten Verbindlichkeiten und Eventualverbindlichkeiten.

(2) Weitergehende Verpflichtungen, Verbindlichkeiten oder Eventualverbindlichkeiten der Verkäuferin werden von der Käuferin nicht übernommen; solche verbleiben vielmehr bei der Verkäuferin.

§ 6 Eintritt in Verträge und Vertragsangebote

(1) Die Käuferin tritt in alle in dem als Anlage 6.1 zu diesem Vertrag beigefügten Verzeichnis aufgeführten, am Stichtag zu dem Unternehmen gehörenden Verträge und Vertragsangebote ein. Sie übernimmt demgemäß von der Verkäuferin alle Rechte und Verpflichtungen aus diesen Verträgen und Vertragsangeboten im Wege der Vertragsübernahme mit befreiender Wirkung für die Verkäuferin.

(2) In dem Verzeichnis nicht aufgeführte Verträge oder Vertragsangebote werden von der Käuferin nicht übernommen; solche verbleiben vielmehr bei der Verkäuferin.

§ 7 Übergang von Arbeitsverhältnissen

(1) Die Vertragsparteien stellen fest, dass die mit der Verkäuferin bestehenden, dem Unternehmen zuzuordnenden Arbeitsverhältnisse gem. § 613a BGB mit allen Rechten und Pflichten am Stichtag auf die Käuferin übergehen.

§ 5 Assumption of Obligations

(1) The Buyer hereby assumes all debts and obligations of the Seller existing as at the Key Date referred to in the list attached hereto as Annex 5.1 for which provisions have already been created and other debts listed therein including any contingent liabilities.

(2) The Buyer shall not assume any further obligations, liabilities or contingent liabilities of the Seller; these shall rather remain with the Seller.

§ 6 Assumption of Agreements and Offers to Conclusion of an Agreement

(1) The Buyer shall assume all agreements and pending offer referred to in the list attached hereto as Annex 6.1 pertaining to the Company as at the Key Date. Therefore, it shall assume from the Seller all rights and obligations under these agreements and pending offers by way of contractual assumption with relieving effect for the benefit of the Seller.

(2) The Buyer shall not assume any agreements or pending offers other than those mentioned in the list; these shall rather remain with the Seller.

§ 7 Transfer of Employment Agreements

(1) The parties mutually confirm that the employment agreements existing with the Seller that pertain to the company shall transfer in accordance with § 613a of the German Civil Code with all rights and obligations with effect as from the Key Date.

(2) Mit den Arbeitsverhältnissen der aktiven Arbeitnehmer gehen auch die zum Stichtag für diese bestehenden Verpflichtungen aus der Zusage betrieblicher Altersversorgung auf die Käuferin über.

(3) Die Vertragsparteien stellen ferner fest, dass die dem Unternehmen zuzuordnenden Verpflichtungen aus laufenden Leistungen der betrieblichen Altersversorgung und aus unverfallbaren Anwartschaften ausgeschiedener Mitarbeiter auf Leistungen der betrieblichen Altersversorgung bei der Verkäuferin verbleiben.

Im Innenverhältnis verpflichtet sich jedoch die Käuferin gegenüber der Verkäuferin, die Verkäuferin von der Inanspruchnahme aus solchen laufenden Leistungen und unverfallbaren Anwartschaften bis höchstens zu dem Betrag, der für solche laufenden Leistungen und unverfallbaren Anwartschaften im Jahresabschluss der Verkäuferin zum ...... zurückgestellt war, freizustellen. Die Einzelheiten dieser Freistellungsvereinbarung sind in Anlage 7.3 zu diesem Vertrag geregelt.

§ 8 Übertragung des Eigentums, Einräumung des Besitzes

(1) Die Vertragsparteien sind sich darüber einig, dass das Eigentum an den gem. § 1 dieses Vertrages verkauften Vermögensgegenständen (einschließlich den in § 3 aufgeführten Geschäftsanteilen und den in § 4 aufgeführten gewerblichen Schutzrechten) am Stichtag auf die Gesellschaft übergeht. Soweit am Stichtag an den gem. § 1 dieses Vertrages verkauften Vermögensgegenständen Eigentumsvorbehaltsrechte Dritter bestehen oder diese Vermögensgegenstände an Dritte sicherungsübereignet sind, überträgt die Verkäuferin das ihr zustehende Anwartschaftsrecht auf die Käuferin.

(2) By transfer of the employment agreements of the active employees, all obligations under a pension scheme shall also transfer to the Buyer as at the Key Date.

(3) The parties hereto further confirm that all current payments under a pension scheme and future pension payments to former employees who were members of the scheme shall remain with the Seller.

The Buyer, however, undertakes to indemnify the Seller against all claims arising from such obligations and vested pension expectancies up to an amount equalling the reserves that have been set aside for current payments and vested expectancies in the Seller's annual report as at ...... Details of the indemnification agreement shall be set out in Annex 7.3 of this Agreement.

§ 8 Transfer of Ownership; Grant of Possession

(1) The parties hereto agree that the ownership on the assets sold pursuant to § 1 above of this Agreement (including the shareholdings and intellectual property rights referred to in § 3 and § 4) shall transfer to the Buyer with effect as from the Key Date. To the extent that third party rights under a retention of title existing on the assets at the Key Date or those assets being subject of a security listed in the § 1 transfer, the Seller transfers to the Buyer its expectancy right with regard to full title. The completion of sale[2] of the real estate referred to in § 2 hereunder shall be governed by the real estate purchase

---

[2] Der Begriff hebt auf die Funktion der Auflassung – Erfüllung der schuldrechtlichen Eigentumsübertragungspflicht – ab; die anglo-amerikanische Rechtslage unterscheidet bekanntlich nicht zwischen schuldrechtlichem Verpflichtungs- und dem Erfüllungsgeschäft.

Die Auflassung des in § 2 dieses Vertrages bezeichneten Grundstückes richtet sich nach dem als Anlage 4.1 zu diesem Vertrag beigefügten Grundstückskaufvertrag.

(2) Die Verkäuferin wird der Käuferin am Stichtag Besitz an den gem. § 1 dieses Vertrages verkauften körperlichen Vermögensgegenständen einräumen. Soweit die Käuferin am Stichtag an einzelnen Gegenständen des Anlagevermögens noch keinen Besitz erhält, wird die für die Übertragung des Eigentums erforderliche Übergabe durch die Vereinbarung ersetzt, dass diese Vermögensgegenstände vom Stichtag an durch die Verkäuferin für die Käuferin verwahrt werden. Sofern sich bestimmte Vermögensgegenstände am Stichtag im Besitz Dritter befinden, wird die Übergabe dadurch ersetzt, dass die Verkäuferin der Käuferin ihren Herausgabeanspruch abtritt. Alsbald nach dem Stichtag werden die Vertragsparteien gemeinsam eine Liste aller körperlichen Vermögensgegenstände erstellen, deren Besitz auf die Käuferin übertragen worden ist oder in Bezug auf die die Besitzübertragung durch die Vereinbarung eines Besitzmittlungsverhältnisses mit der Verkäuferin oder die Abtretung des Herausgabeanspruches der Verkäuferin ersetzt worden ist.

(3) Die Käuferin übernimmt mit Wirkung zum Stichtag alle gem. § 5 dieses Vertrages übernommenen Verpflichtungen, Verbindlichkeiten und Eventualverbindlichkeiten und tritt mit Wirkung zum Stichtag in alle gem. § 6 dieses Vertrages übernommenen Verträge und Vertragsangebote ein.

(4) Die Übereignung der Vermögensgegenstände, die Übernahme der Verbindlichkeiten sowie der Eintritt in Vertragsverhältnisse gem. Abs. 1 steht unter der aufschiebenden Bedingung der Zahlung der ersten Rate des Kaufpreises gem. § 11 (2) dieses Vertrages.

agreement attached hereto as Annex 4.1.

(2) At the Key Date, the Seller shall transfer to the Buyer possession of the tangible assets referred to in § 1 above. To the extent that the Buyer shall not acquire possession of certain items of the fixed assets, the transfer of title shall be replaced through an arrangement pursuant to which the Seller shall safeguard these assets for the benefit of the Buyer. To the extent that certain assets shall be in third party possession at the Key Date, the transfer of title shall be replaced through an arrangement pursuant to which the Seller assigns to the Buyer its repossession claim. Immediately after the Key Date, the parties hereto shall prepare a joint list of all tangible assets in which possession has been transferred to the Buyer or for which the transfer of possession has been replaced through a safeguard arrangement or an assignment of repossession claims.

(3) Effective as at the Key Date, the Buyer agrees to take full responsibility for all obligations, liabilities and contingent liabilities assumed under § 5 of this agreement. Effective as at the Key Date, it shall also take over all agreements and pending offers assumed pursuant to § 6 of this Agreement.

(4) The transfer of title with regard to assets, the assumption of liabilities and the take/over of contractual relationships pursuant to subsection (1) shall be subject to the condition precedent that the first instalment of the purchase price pursuant to § 11 (2) has been paid.

§ 9 Zustimmung Dritter

(1) Soweit für die Übertragung der Vermögensgegenstände, die Übernahme der Verpflichtungen, Verbindlichkeiten und Eventualverbindlichkeiten und den Eintritt in Verträge und Vertragsangebote die Zustimmung Dritter, insbesondere die Zustimmung von Forderungsschuldnern, Gläubigern bestimmter Verbindlichkeiten und Vertragspartnern erforderlich ist, werden sich die Vertragsparteien um diese Zustimmung gemeinsam bemühen.

(2) Ist die Einholung der Zustimmung nicht möglich oder nicht zweckmäßig, werden sich die Vertragsparteien im Innenverhältnis so verhalten und behandeln lassen, als ob die Übertragung der Verpflichtungen und Verbindlichkeiten bzw. der Eintritt in die Vertragsverhältnisse und Vertragsangebote zum Stichtag wirksam vollzogen worden wäre. In diesem Fall gilt die Verkäuferin im Außenverhältnis als Eigentümerin des Vermögensgegenstandes, Schuldnerin der betreffenden Verpflichtung, Verbindlichkeit oder Eventualverbindlichkeit und Vertragspartei des betreffenden Vertragsverhältnisses bzw. Vertragsangebots bleiben, den betreffenden Vermögensgegenstand, die betreffende Verpflichtung, Verbindlichkeit oder Eventualverbindlichkeit oder den betreffenden Vertrag bzw. das betreffende Vertragsangebot im Innenverhältnis aber für Rechnung der Käuferin innehaben bzw. halten.

§ 10 Behördliche Erlaubnisse

Die Vertragsparteien stellen fest, dass es sich bei den für den Betrieb des Unternehmens erforderlichen Erlaubnissen um sachbezogene behördliche Erlaubnisse handelt und es daher einer Übertragung auf die Käuferin nicht bedarf, sondern die Käuferin diese Erlaubnisse ohne weiteres in Anspruch nehmen kann. Die Vertragsparteien stellen weiter fest, dass für den Betrieb des Unter-

§ 9 Third Party Approval

(1) To the extent that the transfer of assets, the assumption of obligations, liabilities and contingent liabilities and the take/over of agreements and pending offers shall require the consent of third parties which shall include, without limitation, debtors of receivables, creditors of certain liabilities or contract partners, the parties shall use their best efforts to obtain such consent.

(2) If a consent cannot be obtained or is not appropriate, then the parties shall treat each other between themselves as if the transfer of obligations and liabilities/the assumption of agreements and offers to conclude an agreement had been effected as at the Key Date. In such event, the Seller shall, for the purposes of the external relationship, keep its status as the owner of the relevant asset, the debtor of the relevant obligation, liability or contingent liability and party to the relevant agreement/the offer to conclude an agreement. However, it shall keep/hold the relevant asset, the relevant obligation, liability or contingent liability and the relevant agreement/the offer to conclude an agreement internally for the Buyer's account.

§ 10 Permits of Public Authorities

The parties hereto confirm that the permits necessary for the operation of the business are permits *in rem* and a transfer to the Buyer shall therefore not be necessary but the Buyer shall rather have the right to direct benefit from such permits. The parties hereto further confirm that all those necessary personal permits that have been granted for the operation of the business, must

nehmens erforderliche behördliche Erlaubnisse, die personenbezogen ergangen sind, einer Neuerteilung bzw. der ausdrücklichen Übertragung auf die Käuferin bedürfen. Die Käuferin wird sich unverzüglich bei den zuständigen Stellen um eine solche Neuerteilung bzw. Übertragung bemühen; die Verkäuferin wird sie dabei nach besten Kräften unterstützen.

be re-granted/transferred to the Buyer. The Buyer shall immediately use its best efforts/to obtain such re-grant/transfer from the public authorities; the Seller agrees to support on a best effort basis.

§ 11 Kaufpreis

(1) Der Gesamtkaufpreis für die Übertragung der zu dem Unternehmen gehörenden Vermögensgegenstände, Verbindlichkeiten und Vertragsverhältnisse (im Folgenden als „Kaufpreis" bezeichnet) beträgt ...... € (in Worten ...... €).

(2) Eine erste Rate des Kaufpreises in Höhe von ...... € (in Worten: ...... €) wird von der Käuferin spätestens am Stichtag auf das Konto Nr. ...... der Verkäuferin bei der ...... Bank (IBAN ......) gezahlt.

(3) Eine zweite Rate des Kaufpreises in Höhe des Restbetrages von ...... € (in Worten ...... €) wird von der Käuferin spätestens ...... Monate nach dem Stichtag auf das Konto der Verkäuferin Nr. ...... bei der ...... Bank (IBAN ......) gezahlt.

(4) Der jeweils ausstehende Teil des Kaufpreises ist vom Stichtag bis zur Zahlung mit einem Zinssatz zu verzinsen, der dem am Stichtag quotierten LIBOR-Satz für 3-Monatsgelder zuzüglich 0,25 Prozentpunkte entspricht.

(5) Die Käuferin wird der Verkäuferin zusammen mit der Begleichung der ersten Rate des Kaufpreises gem. Abs. 2 als Sicherheit für die Zahlung der zweiten Rate des Kaufpreises gem. Abs. 3 eine selbstschuldnerische Bürgschaft auf erstes Anfordern über den Betrag

§ 11 Purchase Price

(1) The total purchase price for the transfer of the assets, liabilities and agreements belonging to the Company (the "Purchase Price") shall amount to ...... € (in words: ...... €).

(2) By no later than the Key Date, the Buyer shall pay a first instalment of the Purchase Price in the amount of ...... € (in words: ...... €) into the Seller's account number ...... with the ...... Bank (bank code number ......).

(3) By no later than ...... months after the Key Date, the Buyer shall pay a second instalment as balance of the Purchase Price in the amount of ...... € (in words: ...... €) into the Seller's account number ...... with the ...... Bank (bank code number ......).

(4) The outstanding balance of the purchase price shall carry interest from the Key Date until the payment date at an interest rate equalling LIBOR for three months deposit plus a mark/up of 0.25 percent and shall be quoted at the Key Date.

(5) Together with the discharge of the first instalment of the purchase price pursuant to subsection (2) above, the Buyer shall furnish the Seller with a guarantee[3] on first demand for an amount equalling the second instalment according to subsection (3) to se-

---

[3] Surety, surety bond sind andere Versuche, das Institut der Bürgschaft terminologisch zu umschreiben; zwar ungenauer aber trotzdem vertretbar erscheint der Begriff der guarantee im Falle der selbstschuldnerischen Garantie.

der zweiten Rate des Kaufpreises beibringen. Diese Bürgschaft ist von der
Verkäuferin spätestens bei Zahlung der
zweiten Rate des Kaufpreises zurück zu
gewähren. Sind sich die Vertragspartei-
en zum Zeitpunkt der vorgesehenen
Rückgabe der Bürgschaft nicht einig, ob
bestimmte Gewährleistungsansprüche
vorliegen, die den Käufer zur Aufrechnung gegenüber dem noch ausstehenden Kaufpreisanspruch oder eines Teils
davon berechtigen, kann die Verkäuferin gleichwohl von der Käuferin die
Zahlung der vollen zweiten Rate des
Kaufpreises verlangen, wenn sie der
Käuferin gleichzeitig eine selbstschuldnerische Bürgschaft auf erstes Anfordern zur Sicherung des strittigen Ge-
währleistungsanspruches beibringt.

(6) Die Vertragsparteien sind sich einig,
dass das mit diesem Vertrag geregelte
Rechtsgeschäft als Übertragung eines
Unternehmens im ganzen gem. § 1
Abs. 1a UStG nicht der Umsatzsteuer
unterliegt.

(7) Erfolgt die Zahlung der ersten Rate
des Kaufpreises gem. Abs. 2 nicht bis
spätestens ...... Bankarbeitstage nach
dem vertraglich vorgesehen Fällig-
keitsdatum, hat die Verkäuferin nach
fruchtlosem Ablauf einer sodann zu
setzenden Nachfrist von 10 Kalendertagen das Recht, von diesem Vertrag
zurückzutreten oder von der Käuferin
Schadensersatz wegen Nichterfüllung
zu verlangen.

§ 12 Vorratsbewertung

(1) Der in § 11 (1) dieses Vertrages vereinbarte Kaufpreis erhöht bzw. vermindert sich um den Betrag, um den die zu
dem Unternehmen gehörenden Vorräte
am Stichtag (nachfolgend als „Stichtagsvorräte" bezeichnet) den Betrag der
in dem Jahresabschluss der Verkäuferin
zum ...... ausgewiesene Vorräte übersteigt bzw. unterschreitet.

(2) Die Vertragsparteien werden bei der
Übergabe der Vorräte gem. § 8 dieses

cure payment of the second instalment.
The Seller shall return such guarantee
by no later than the payment date of
the second instalment of the Purchase
Price. If the parties hereto at the date of
the intended return of the guarantee
should not agree on the existence of
certain warranty claims which give rise
to a right of the Buyer to set off against
the balance of the purchase price or
parts thereof, then the Seller may nevertheless demand full payment of the
second instalment of the purchase price
if it simultaneously provides the Buyer
with a guarantee on first demand to
secure the disputed warranty claim.

(6) The parties hereto agree that the
transaction under this agreement as a
transfer of an entire company business
shall not be subject to VAT in accordance with § 1a of the German VAT
Act.

(7) If the payment of the first instalment
of the purchase price in accordance
with subsection (2) above shall not have
been paid by ...... bank working days
after the Key Date agreed under this
Agreement, then the Seller shall after
the expiry of a 10 days grace period
have the right to rescind this Agreement or to seek damages from the
Buyer for breach of contract.

§ 12 Valuation of Stock

(1) The purchase price agreed in § 11 (1)
of this Agreement shall be increased or
decreased by such amount by which
the stock belonging to the Company as
at the Key Date ("Key Date Stock")
shall exceed or fall short of the amount
set out in the Seller's annual report as
at ......

(2) The parties hereto shall upon transfer of stock pursuant to § 8 hereof con-

Vertrages gemeinsam eine Inventur dieser Vorräte vornehmen. Auf der Grundlage dieser Bestandsaufnahme wird die Käuferin auf den Stichtag eine Bewertung der von ihr übernommenen Stichtagsvorräte vornehmen. Diese Bewertung ist unter der Beachtung der Grundsätze ordnungsgemäßer Buchführung und unter Wahrung der Bilanzierungs- und Bewertungskontinuität mit dem Jahresabschluss der Verkäuferin zum …… vorzunehmen. Die Käuferin wird sich darum bemühen, diese Bewertung bis spätestens zum …… zu erstellen und diese unmittelbar nach Erstellung auch der Verkäuferin zur Verfügung stellen.

(3) Die Verkäuferin kann die Bewertung der Stichtagsvorräte durch einen Wirtschaftsprüfer ihrer Wahl prüfen lassen. Die Bewertung wird bindend zwischen den Vertragsparteien, wenn die Verkäuferin der Käuferin nicht innerhalb von …… Tagen nach Zugang der Bewertung eine schriftliche Stellungnahme des von ihr beauftragten Wirtschaftsprüfers, dass die Bewertung nicht im Einklang mit den Vorschriften dieses Vertrages aufgestellt worden ist, sowie eine revidierte Bewertung überreicht, die die nach ihrer Einschätzung notwendigen Änderungen widerspiegelt. Äußert sich die Käuferin nicht innerhalb von …… Tagen zu der revidierten Bewertung, so wird diese zwischen den Vertragsparteien bindend. Überreicht die Käuferin der Verkäuferin jedoch innerhalb dieser Frist eine Stellungnahme eines Wirtschaftsprüfers ihrer Wahl, wonach die revidierte Bewertung nicht im Einklang mit den Vorschriften dieses Vertrages steht, so soll die Meinungsverschiedenheit zwischen den Vertragsparteien und den von ihnen beauftragten Wirtschaftsprüfern durch einen dritten Wirtschaftsprüfer, nämlich ……, entschieden werden. Bewegt sich die Bestimmung der Bewertung der Stichtagsvorräte durch den dritten Wirtschaftsprüfer innerhalb der unterschiedlichen Standpunkte der Ver-

duct a joint inventory of such stock. Based on such stocktaking the Buyer shall prepare a stock valuation of the Key Date Stock that it has taken over. Such valuation the be made in accordance with generally accepted accounting principles and with observance of continuity of the balance sheet and valuation with the Seller's balance sheet as at …… The Buyer shall strive to complete such valuation by no later than …… and shall also provide the Seller with the same immediately after its completion.

(3) The Seller shall have the right to verify the valuation of the Key Date Stock through an accountant of its choice. The valuation shall become binding among the parties hereto if the Seller shall, within a timeline of …… days fail to provide the Buyer with a report of the accountant it has retained which states that the valuation has not been made in accordance with this Agreement and hands over a revised valuation which, in its opinion, reflects the necessary changes. If the Buyer fails to comment on the revised valuation within a timeline of …… days, then this shall become binding among the parties. If, however, the Buyer shall provide the Seller within such timeline with a report of its accountants pursuant to which the revised valuation not in accordance with the provisions of this Agreement, then the dispute among the parties shall be subject to a decision of the third accountant which shall be …… If the determination of the Key Date Stock shall be in between the varying opinions of the parties hereto and their accountants, then it shall be conclusive and binding upon the parties. If it is beyond such scope then the valuation closer to the valuation of the third accountant shall be conclusive. Each party shall bear the costs of the accountant whom it has retained. The

tragsparteien und der von ihnen beauftragten Wirtschaftsprüfer, so ist sie für die Parteien abschließend und bindend. Bewegt sie sich außerhalb dieses Rahmens, ist die Feststellung desjenigen der von den Vertragsparteien beauftragten Wirtschaftsprüfer maßgebend, die derjenigen des dritten Wirtschaftsprüfers am nächsten kommt. Jede Vertragspartei trägt die Kosten des von ihr beauftragten Wirtschaftsprüfers. Die Kosten des etwaigen dritten Wirtschaftsprüfers tragen die Parteien entsprechend ihrem jeweiligen Unterliegen oder Obsiegen. Die Käuferin wird Vertretern der gem. diesem Vertrag bestellten Wirtschaftsprüfer Zugang zu ihren Geschäftsräumen und zu ihren Büchern und Unterlagen zum Zweck der Überprüfung der Bewertung der Stichtag-Vorräte gewähren und dafür sorgen, dass geeignetes Personal diesen Vertretern bei der Überprüfung der Bewertung unterstützend zur Verfügung steht. Die Vertragsparteien werden sich darum bemühen, dass sich die gem. diesem Vertrag bestellten Wirtschaftsprüfer gegenseitig Einsicht in ihre Arbeitspapiere gewähren.

costs of the third accountant shall be borne proportionately to their respective loss or win. The Buyer agrees to permit access to business premises, to books and documentation to representatives of the accountants retained under this agreement to allow the evaluation and assessment of the Key Date Stock and shall ensure that suitable staff shall be available to assist these representatives in the evaluation and assessment. The parties hereto shall strive to ensure that all accountants retained under this Agreement shall allow mutual inspection of their working records.

§ 13 Gewährleistungen der Verkäuferin

Die Verkäuferin gewährleistet der Käuferin in der Form eines selbstständigen Garantieversprechens, dass die folgenden Aussagen zum Stichtag richtig und zutreffend sind:

(1) Die Verkäuferin hat das Recht, über die gem. § 1 (1) dieses Vertrages verkauften Vermögensgegenstände frei zu verfügen, ohne dass sie dazu die Zustimmung Dritter benötigen oder eine solche Verfügung die Rechte Dritter verletzen würde. Die gem. § 1 (1) dieses Vertrages verkauften Vermögensgegenstände umfassen alle für den gegenwärtigen Geschäftsbetrieb des Unternehmens notwendigen und genutzten Vermögensgegenstände des Anlagevermögens. Die Verkäuferin

§ 13 Representations and Warranties of the Seller

The Seller represents and warrants by way of a separate guarantee that the following statements are true and accurate as at the Key Date:

(1) The Seller shall have full authority to freely dispose of the assets sold pursuant to § 1 (1) above without requiring any approval of third parties or infringing any rights of third parties. The assets sold pursuant to § 1 (1) of this Agreement comprise all parts of the fixed assets necessary and in use for the company operations. The Seller disposes of full legal title with regard to all parts of the fixed assets sold pursuant to § 1 (1) of this Agreement. These are free from

verfügt über das rechtliche und wirtschaftliche Eigentum an allen gem. § 1 (1) dieses Vertrages verkauften Gegenständen des Anlagevermögens. Diese sind frei von jeglichen Belastungen sowie anderen zugunsten Dritter bestellten Rechten und befinden sich in einem guten Betriebs- und Erhaltungszustand. Die Verkäuferin verfügt über das rechtliche und wirtschaftliche Eigentum an allen gem. § 1 (1) dieses Vertrages verkauften Vorräten. Diese sind frei von jeglichen Belastungen sowie anderen zugunsten Dritter bestellten Rechten mit Ausnahme von gesetzlichen Pfandrechten oder im gewöhnlichen Geschäftsbetrieb eingegangenen Eigentumsvorbehalten oder getätigten Sicherungsübereignungen für Verbindlichkeiten, die im Jahresabschluss ...... wiedergegeben werden.

(2) Die als Teil der gem. § 1 (1) verkauften Vermögensgegenstände verkauften Vorräte sind nach Menge und Qualität

  (i) im Fall von Rohstoffen, Zulieferprodukten und Halbfertigprodukten im gewöhnlichen Geschäftsbetrieb verwendbar und

  (ii) im Falle von Fertigprodukten und Handelsware im gewöhnlichen Geschäftsbetrieb zu jeweils vorherrschenden Marktpreisen oder Herstellungskosten bzw. Anschaffungskosten, je nachdem was höher ist, verkäuflich.

(3) Außer den in Anlage 4.1 zu diesem Vertrag aufgeführten nutzt das Unternehmen in seinem Geschäftsbetrieb keine anderen gewerblichen Schutzrechte oder Urheberrechte und ist darauf auch nicht angewiesen. Kein von der Verkäuferin genutztes gewerbliches Schutzrecht oder Urheberrecht ist von Dritten angegriffen worden.

(4) Außer den in Anlage 5.1 zu diesem Vertrag aufgeführten Verbindlich-

any encumbrances and any rights created for the benefit of third parties and shall be in good operational and maintenance condition. The Seller disposes of full legal title with regard to the stock sold pursuant to § 1 (1) of this Agreement. These are free from any encumbrances and any rights created for the benefit of third parties except statutory pledges or retention of title or security transfer to secure indebtedness entered into during the ordinary course of business reflected in the annual report as at ......

(2) The quality and quantity of stock sold pursuant to § 1 (1) above as part of the assets is as follows:

  (i) Raw material, supplier products and semi-finished products are usable in the ordinary course of business and

  (ii) Finished products and trade goods are marketable in the ordinary course of business at the prevailing market price or the production/initial costs, whichever is the higher.

(3) The Company shall not use or be in need of any intellectual property rights or copyrights for the operation of its business other than those listed in Annex 4.1 hereto. None of the Seller's intellectual property or copyrights have been challenged by third parties.

(4) The Company shall not assume any liabilities or obligations which shall

keiten übernimmt die Käuferin, auch nicht auf Grund gesetzlicher Anordnung, keine Verbindlichkeiten oder andere Verpflichtungen der Verkäuferin.

(5) Die in dem Jahresabschluss zum ...... ausgewiesene Pensionsrückstellung entspricht dem Barwert der gem. § 7 (2) und § 7 (3) dieses Vertrages übernommenen Verpflichtungen der Verkäuferin aus Zusagen für betriebliche Altersversorgung (nur Direktzusagen).

(6) Die Wirksamkeit oder Durchsetzbarkeit keiner der gem. § 6 dieses Vertrages übernommenen Verträge ist angefochten bzw. in Frage gestellt worden. Kein solcher Vertrag ist beendet, noch steht nach dem besten Wissen der Verkäufer seine Beendigung bevor. Weder die Verkäuferin noch nach dem besten Wissen der Verkäuferin ihre jeweiligen Vertragspartner haben gegen Bestimmungen eines wichtigen Vertrages verstoßen, noch befinden sie sich mit der Erfüllung von Vertragspflichten in Verzug.

(7) Anlage 13.7 zu diesem Vertrag stellt eine vollständige und richtige Aufstellung aller nach diesem Vertrag übergehenden Arbeitnehmer der Verkäuferin dar. Kein in der Anlage 13.7 als wichtig angemerkter Arbeitnehmer hat seine Absicht, sein Arbeitsverhältnis zu beenden, zu erkennen gegeben. Soweit nicht in Anlage 13.7 anderweitig vermerkt, gibt es gibt keine Arbeitsstreitigkeiten.

(8) Die Jahresabschlüsse (bestehend aus Bilanz, Gewinn- und Verlustrechnung und Anhang) und Lageberichte der Verkäuferin für die Geschäftsjahre ......, ... und ...... (die „Abschlüsse") sind unter Beachtung der Grundsätze ordnungsgemäßer Buchführung sowie unter Wahrung der Bilanzierungs- und Bewertungskontinuität erstellt und vermitteln ein den tatsächlichen Verhältnissen entsprechendes

include statutory liabilities other than those obligations listed in Annex 5.1 hereto.

(5) The pension reserves provided in the annual report as at ...... equal the net present value of the liabilities of the Seller for commitment to pension schemes (only direct commitments) assumed pursuant to § 7 (2) and § 7 (3) of this Agreement.

(6) None of the agreements assumed pursuant to § 6 hereof has been challenged or questioned with regard to their validity or capability of implementation. No such agreement has expired and, to the best of the Seller's knowledge, no expiry is imminent. Neither the Seller, nor, to the best of the Seller's knowledge, its respective contractual counterparts are in breach of a provision of a material contract nor in default with the discharge of contractual liabilities.

(7) Annex 13.7 to this Agreement represents a complete and accurate list of all the Seller's employees transferring under this Agreement. None of the employees marked as important employee in Annex 13.7 has expressed any intention to discontinue its employment. Save as otherwise indicated in Annex 13.7 there are no employment disputes pending.

(8) The annual reports (consisting of the balance sheet, profit and loss statement plus annex) and the management report on the economic status of the Company for the fiscal years ......, ... and ...... (the "Reports") and the Due Date Balance Sheet have been/will be prepared in accordance with Generally Accepted Accounting Principles (GAAP) and the due observation of the continuity of bal-

Bild der Vermögens-, Finanz- und Ertragslage des Unternehmens. Soweit ein Aktivierungswahlrecht besteht, ist die Aktivierung unterblieben. Soweit ein Passivierungswahlrecht besteht, ist die Passivierung erfolgt. Alle gesetzlich zulässigen Abschreibungen sind vorgenommen worden. Alle gesetzlich zulässigen Rückstellungen sind gebildet worden. Soweit sie nicht auf der Passivseite auszuweisen sind, sind alle Haftungsverhältnisse (einschließlich der Verpflichtungen aus der Abgabe von Patronatserklärungen) unter der Bilanz ausgewiesen.

(9) Anlage 13.9 zu diesem Vertrag enthält eine vollständige und richtige Aufstellung der ...... größten Abnehmer und der ...... größten Lieferanten des Unternehmens im Geschäftsjahr ...... wie auch derjenigen Lieferanten des Unternehmens, die für die betreffenden Waren- und Dienstleistungen die einzigen Lieferquellen des Unternehmens sind. Es existiert hierfür keine alternative Bezugsquelle zu vergleichbaren Bedingungen (mit Ausnahme von Energieversorgungsverträgen); es ist jeweils das Geschäftsvolumen für den Zeitraum ...... aufgeführt. Nach bestem Wissen der Verkäuferin besteht kein Anlass anzunehmen, dass einer dieser Kunden bzw. Lieferanten der Gesellschaft aus anderen als allgemeinen konjunktur- oder marktbedingten Gründen den Umfang seiner zuvor mit der Gesellschaft abgewickelten Geschäfte in nennenswertem Umfang reduzieren wird.

(10) Die betrieblichen Anlagen des Unternehmens sind unter Beachtung aller anwendbaren Rechtsvorschriften und behördlichen Weisungen (insbesondere auf dem Gebiet des Baurechts und des Gewerberechts) errichtet worden. Ihr Betrieb und der sonstige gegenwärtige Geschäftsbetrieb des Unternehmens

ance sheet preparation and asset valuation. They offer a true and fair view of the economic, financial and income status of the Company. Any available rights of capitalisation of assets have not been exercised. Any available rights of capitalisation of liabilities have been exercised. All depreciation permitted by law has been made. All reserves permitted by law have been made. Unless the same must not be recorded on the liabilities' section of the balance sheet all liabilities (including any commitment to issue letters of comfort) have been recorded below the balance sheet.

(9) Annex 13.9 to this Agreement contains a complete and accurate list of the ...... biggest customers and the ...... biggest suppliers of the company in the fiscal year ...... including those suppliers of the company for which in relation to the relevant products and services. There is no alternative source of supply exists, at comparable terms and conditions (except energy supply agreements); the relevant business volume has been specified for the period of ...... To the best of the Seller's knowledge, there is no reason to believe that these customers/suppliers shall considerably reduce the amount of business transactions against the frequency of previous business transactions with the Company, safe as for general changes of business cycle or market environment.

(10) The plant of the Company has been constructed in accordance with all applicable laws and public authority directives (specifically pertaining to construction laws and business permits). Its operations and the other current business operations of the company and the products and services of the company

sowie die Produkte und Dienstleistungen des Unternehmens verletzen keine anwendbaren Rechtsvorschriften oder behördlichen Weisungen. Alle für seinen Geschäftsbetrieb erforderlichen sachbezogenen Erlaubnisse sind erteilt. Weder ein Widerruf noch eine Einschränkung dieser Erlaubnisse steht nach bestem Wissen der Verkäufer bevor.

(11) Die im Rahmen des Unternehmens genutzten Grundstücke, unabhängig davon, ob sie nach den Regelungen dieses Vertrages übertragen werden oder im Eigentum Dritter stehen, sowie die anderen Betriebsanlagen sind frei von jeder Verschmutzung des Erdreiches, des Grundwassers, der Luft oder irgendeiner anderen Umweltverschmutzung, auf deren Beseitigung die Käuferin in Anspruch genommen werden könnte. Auch der Geschäftsbetrieb des Unternehmens bringt keine Verschmutzung des Erdreiches, des Wassers, der Luft oder sonstige Verschmutzung mit sich, auf deren Unterlassung die Käuferin in Anspruch genommen werden könnte. Bei dem Betrieb des Unternehmens sind immer sämtliche anwendbaren Umweltschutz- und Bauplanungsgesetze sowie -regelungen beachtet worden. Die Versorgung mit Frischwasser, die Entsorgung des Abwassers sowie der gasförmigen und festen Emissionen und Abfälle ist für den gegenwärtigen Geschäftsbetrieb in vollem Umfang gewährleistet.

(12) Seit dem ...... ist der Geschäftsbetrieb des Unternehmens ausschließlich im Rahmen des gewöhnlichen Geschäftsbetriebes, in Übereinstimmung mit vorsichtiger Geschäftspraxis und im Wesentlichen in der gleichen Weise wie zuvor geführt worden. Es haben sich keine wesentlichen nachteiligen Änderungen hinsichtlich des Ge-

do not infringe any applicable laws or directives of a public authority. All permits *in rem* necessary for the operation of the business have been granted. To the best of the Seller's knowledge, there is no revocation or restriction of these permits imminent.

(11) The real estate of the company used for its business (regardless of whether the same shall have been transferred pursuant to the terms of this Agreement or shall the property of a third party) and other plant equipment is free from any pollution of soil, ground water, air or any other environmental pollution the removal for which the Buyer could be held liable. Also the business operations of the company do not cause any pollution of the soil, ground water, air, or other pollution for which the Buyer could be held liable by way of cease and desist. The operation of the company has at all times been conducted in accordance with all applicable environmental and building development legislation and regulations. The supply of fresh water, the disposal of industrial sewage and tangible emissions and waste shall be fully secured for the current business operation.

(12) Since ...... the business operations of the company has been conducted exclusively within the ordinary course of business in accordance with applicable laws and prudent business practice mainly in a manner as before. No material adverse changes of the business operations and/or the asset/financial/income status or in relation to

schäftsbetriebes bzw. der Vermögens-, Finanz- und Ertragslage oder in Hinsicht auf gem. diesem Vertrag übertragenen Vermögensgegenstände oder Verträge ergeben.

(13) Gegen die Verkäuferin ist kein Insolvenz- oder Vergleichsverfahren eingeleitet worden, noch sind Umstände ersichtlich, die die Einleitung solcher Verfahren rechtfertigen würden.

(14) Alle der Käuferin und ihren Beratern seitens der Verkäuferin vor der Beurkundung dieses Vertrages zur Verfügung gestellten Informationen sind nach bestem Wissen der Verkäuferin in jeder Hinsicht vollständig und richtig. Sie sind nicht irreführend und verschweigen keine Tatsachen in Bezug auf das Unternehmen und die gem. diesem Vertrag übernommenen Vermögensgegenstände, Verbindlichkeiten und Vertragsverhältnisse, die für die konkret gegebene Information bedeutsam sind oder die die Käuferin im Zeitpunkt der Unterzeichnung dieses Vertrages für die Beurteilung solcher Informationen kennen sollte. Es liegen nach bestem Wissen der Verkäuferin keine wesentlichen Tatsachen oder Umstände vor, die in Zukunft einen wesentlichen nachteiligen Einfluss auf das Unternehmen und seinen Geschäftsbetrieb haben könnten, mit Ausnahme von allgemeinen konjunktur- oder marktbedingten Entwicklungen.

the assets transferred pursuant to the terms of this Agreement have been encountered.

(13) The Seller is not subject to any insolvency proceedings or a composition and there are no incidents apparent that would justify the opening of such proceedings.

(14) To the best of the Seller's knowledge, all information made available to the Buyer or its advisors through the Seller prior to the notarisation of this Agreement are complete and accurate in every respect. They are not misleading and not withholding anything in relation to the assets, any liabilities and contractual relationships assumed under this Agreement that would be relevant to the information specifically provided or which the Buyer, for the purposes of its assessment, should have been aware of at the date of the execution of this Agreement. To the best of the Seller's knowledge, there are no material facts or incidents that may have a material adverse effect on the Company or its business operations in the future save as for general changes of business cycle or market environment.

§ 14 Rechtsfolgen

(1) Stellt sich heraus, dass eine oder mehrere der Aussagen, für die die Verkäuferin gem. § 13 dieses Vertrags die Garantie übernommen hat, nicht zutreffend ist bzw. sind, kann die Käuferin verlangen, dass die Verkäuferin innerhalb einer angemessenen Frist, spätestens aber innerhalb einer Frist von ...... ab Zugang des Verlangens, den Zu-

§ 14 Legal Effects

(1) If one or more statements for which the Seller has given representations and warranties pursuant to § 13 of this Agreement prove to be incorrect, then the Buyer may require the Seller within a reasonable period of time but no later than by ...... after receipt of such demand to establish the status that would exist, had the statements been true. If

stand herstellt, der bestehen würde, wenn die Aussage bzw. Aussagen zutreffend wären. Stellt die Verkäuferin innerhalb der gesetzten Frist nicht den vertragsgemäßen Zustand her oder ist die Herstellung des vertragsgemäßen Zustandes nicht möglich, kann die Käuferin von der Verkäuferin Schadenersatz in Geld verlangen.

(2) Die Käuferin kann Schadenersatzansprüche auf Grund der Nichterfüllung der gem. § 13 dieses Vertrages von der Verkäuferin übernommenen Garantien nur geltend machen, soweit die Gesamthöhe dieser Ansprüche einen Betrag von € ...... übersteigt. Diese Beschränkung gilt nicht hinsichtlich der Haftung für Rechtsmängel der verkauften Vermögensgegenstände.

(3) Ansprüche der Käuferin auf Wandlung oder Minderung, auf Schadenersatz wegen unrichtiger Zusicherung, auf Anfechtung dieses Vertrages wegen des Fehlens einer wesentlichen Eigenschaft oder auf Rückabwicklung oder Anpassung dieses Vertrages wegen Wegfalls der Geschäftsgrundlage sind ausdrücklich ausgeschlossen.

(4) Alle Gewährleistungsansprüche der Käuferin auf Grund dieses § 14 unterliegen einer Verjährungsfrist von zwei (2) Jahren. Unter Abweichung von dem Vorstehenden gilt für Rechtsmängel der verkauften Vermögensgegenstände die gesetzliche Verjährungsfrist. Die Verjährungsfristen beginnen mit dem Stichtag zu laufen.

§ 15 Wettbewerbsverbot

(1) Die Verkäuferin verpflichtet sich, für die Dauer von ...... Jahren ab dem Stichtag im Gebiet der ...... jegliche Betätigung zu unterlassen, mit der sie unmittelbar oder mittelbar in Wettbewerb mit dem gegenwärtigen Geschäftsbetrieb des Unternehmens treten würde oder die unmittelbar oder mittelbar einen solchen Wettbewerb zur

the Seller shall fail to establish the status in accordance with the terms of this Agreement or if such establishment shall not be possible, then the Buyer may demand damages from the Seller.

(2) The Buyer may only seek damages arising from the default with regard to the guarantee granted by the Seller pursuant to § 13 of this Agreement if the aggregate amount of such claims exceeds € ...... Such limitation shall not apply in relation to the lack of title in the sold assets.

(3) All claims by the Buyer for rescission or reduction, damages for wrongful representations, for avoidance of this Agreement based on the absence of material characteristic or for rescission or adjustment of this agreement based on *force majeure* shall explicitly be excluded.

(4) All warranty claims of the Buyer according to this § 14 shall lapse unless raised within a period of two (2) years. As opposed to the foregoing, the prescription period for lack of legal title of the sold assets shall be statutory prescription period. The prescription period shall start at the Key Date.

§ 15 Restrictive Covenant[4]

(1) The Seller shall for a period of ...... years after the Key Date not engage in any activities with the territory of ...... that would result in direct or indirect competition with the current business of the Company. In particular, the Seller shall not establish, acquire or create a stake in a company or provide advice to such company that is in indirect or di-

---

[4] *Non-Competition Clause* ist ebenfalls gebräuchlich.

Folge haben würde. Die Verkäuferin wird insbesondere kein Unternehmen, das mit dem gegenwärtigen Geschäftsbetrieb des Unternehmens unmittelbar oder mittelbar in Wettbewerb steht, gründen oder erwerben oder sich an einem solchen Unternehmen beteiligen oder ein solches Unternehmen beraten. Ausgenommen von diesem Wettbewerbsverbot ist nur der Erwerb von Anteilen von höchstens 10% an börsennotierten Gesellschaften.

(2) Verletzt die Verkäuferin das in Abs. 1 vereinbarte Wettbewerbsverbot und setzt sie diese Verletzung trotz Abmahnung durch die Käuferin fort, so hat die Verkäuferin der Käuferin eine Vertragsstrafe im Betrag von ...... € (in Worten: ...... €) zu zahlen. Dauert die Verletzungshandlung an, hat die Verkäuferin für jeden weiteren Monat der Verletzung eine weitere Vertragsstrafe in Höhe von ...... € (in Worten: ...... €) zu zahlen. Das Recht der Käuferin, einen ihr oder dem Unternehmen entstandenen weiteren Schaden geltend zu machen und Einstellung des verbotenen Verhaltens zu fordern, bleibt unberührt.

rect competition with the business of the Company. The restrictive covenant shall not apply to cases of acquisition of shares in publicly listed companies if the share is no higher than ten (10) percent.

(2) If the Seller does not comply with the restrictive covenant under subsection (1) above and such infringement shall continue despite a warning notice from the Buyer, then the Seller shall pay to the Buyer a penalty of € ...... (in words: € ......). In the event of a permanent violation the Seller shall pay for each month during which such violation is existent, a monthly amount of € ...... (in words: € ......). This shall be without prejudice to the right of the Buyer to seek further damages or require cease and desist of the damaging conduct.

§ 16 Vertraulichkeit und Pressemitteilungen

(1) Die Verkäuferin wird für die Dauer von ...... Jahren ab dem Stichtag ihre Kenntnisse über das Unternehmen und seinen Geschäftsbetrieb, soweit die betreffenden Umstände nicht öffentlich bekannt sind und soweit nicht gesetzliche Offenlegungsvorschriften entgegenstehen, geheim halten. Sie wird solche vertraulichen Informationen auch nicht für sich selbst oder andere benutzen. Die Verkäuferin verpflichtet sich, für die Dauer von fünf (5) Jahren ab dem Stichtag keine Arbeitnehmer des Unternehmens zur Aufnahme einer Tätigkeit für die Verkäuferin oder ein verbundenes Unternehmen der Verkäuferin zu veranlassen.

§ 16 Confidentiality and Press Statements

(1) The Seller shall for a period of ...... years after the Key Date keep confidential its knowledge of the Company and its business unless such information shall have become public knowledge and to the extent that statutory disclosure laws shall not dictate otherwise. It shall not use any such confidential information for its own or other benefit. This shall not apply if the relevant issue shall be a matter of common knowledge or statutory disclosure requirements dictate otherwise. The Seller shall, for a period of five (5) years after the Key Date, not offer employees of the Company employment with the Seller or with an entity affiliated to the Seller.

(2) Die Parteien sind sich einig, dass sie die Kenntnisse, die sie im Zusammenhang mit der Verhandlung und dem Abschluss dieses Vertrags übereinander und die jeweiligen verbundenen Unternehmen erhalten haben, streng vertraulich behandeln.

(2) The parties agree that they shall keep strictly confidential any knowledge obtained from each other (or from affiliated companies) during the process of negotiation and conclusion of this Agreement.

(3) Keine Partei wird eine Presseerklärung oder ähnliche Verlautbarungen in Bezug auf die mit diesem Vertrag geregelten Rechtsgeschäfte ohne vorherige schriftliche Verständigung mit der anderen Partei herausgeben.

(3) No party shall issue a press statement or any similar statement in relation to any transaction associated with this Agreement without prior written consent of the other party.

§ 17 Verschiedenes

§ 17 Miscellaneous

(1) Jede Partei trägt die Kosten der von ihr beauftragten Berater. Die Kosten der notariellen Beurkundung sowie die anderen infolge des Abschlusses und der Durchführung dieses Vertrages entstehenden Übertragungskosten, einschließlich etwaiger Verkehrssteuern, werden im Innenverhältnis der Parteien von der Käuferin getragen.

(1) Each party shall bear the costs of its own advisors retained. The costs of the notarization and any transfer costs arising from the conclusion and implementation of this Agreement including transfer taxes, if any, shall, be borne by the Buyer.

(2) Änderungen und Ergänzungen dieses Vertrages einschließlich dieser Bestimmung bedürfen, soweit nicht notarielle Form zu beachten ist, der Schriftform. Dies gilt auch für den Verzicht auf das Schriftformerfordernis.

(2) Amendments or supplements to this Agreement including this provision shall be in writing unless notarization is required. This shall also apply to a waiver of the written form requirement.

(3) Sollte eine Bestimmung dieses Vertrages ganz oder teilweise unwirksam oder undurchsetzbar sein, werden die Wirksamkeit und Durchsetzbarkeit aller übrigen Bestimmungen dieses Vertrages davon nicht berührt. Die unwirksame oder undurchsetzbare Bestimmung ist als durch diejenige wirksame und durchsetzbare Bestimmung als ersetzt anzusehen, die dem von den Parteien mit der unwirksamen oder undurchsetzbaren Bestimmung verfolgten wirtschaftlichen Zweck am nächsten kommt.

(3) If any provision of this Agreement shall be entirely or partly invalid or unenforceable, this shall not affect the validity and enforcement ability of all other provisions of this Agreement. The invalid or unenforceable provision shall be regarded as replaced by such valid and enforceable provision that as closely as possible reflects the economic purpose that the parties hereto had pursued with the invalid or unenforceable provision.

(4) Als Zustellungsbevollmächtigten für die Erhebung einer Klage und die In einem anhängigen Rechtsstreit zu bewirkenden Zustellungen sowie für den Empfang von empfangsbedürftigen

(4) The authorised recipient for the service of writs or for services made within a pending litigation and for all notices that shall require full receipt for their validity shall be:

Willenserklärungen ernennt die Verkäuferin:

Name ......
Adresse ......
und die Käuferin
Name ......
Adresse ......

(5) Alle zwischen den Parteien vor dem Abschluss dieses Vertrages getroffenen Vereinbarungen sind durch den Abschluss dieses Vertrages überholt.

(6) Dieser Vertrag unterliegt dem Recht der Bundesrepublik Deutschland. Für den Fall von Streitigkeiten zwischen den Parteien im Zusammenhang mit diesem Vertrag vereinbaren die Parteien als nicht-ausschließlichen Gerichtsstand ......

......
Unterschrift

Seller:
Name ......
Address ......
and the Buyer
Name ......
Address ......

(5) The conclusion of this Agreement shall supersede all arrangements of the parties made prior the conclusion of this Agreement.

(6) This Agreement shall be governed by the laws of the Federal Republic of Germany. The courts of ...... shall have non-exclusive jurisdiction for all disputes between the parties arising from this Agreement.

......
Signature

c) Absichtserklärung I[5]

(Briefkopf des Erwerbers)

An den/die
Vorstandsvorsitzende/n der
...... AG
(Möglicher Veräußerer)

Sehr geehrte Damen und Herren,

wir möchten hiermit das mit Ihnen erzielte Einverständnis hinsichtlich des Erwerbs der Zielgesellschaft (im Folgenden als die „Gesellschaft" bezeichnet) durch uns oder eines unserer verbundenen Unternehmen vorbehaltlich eines zufrieden stellenden Ergebnisses unserer jetzt beginnenden wirtschaftlichen, technischen und rechtlichen Prüfung der Gesellschaft und ihres Geschäftsbetriebes sowie des Abschlusses eines rechtlich bindenden Vertrages wie folgt bestätigen:

c) Letter of Intent I

(Letterhead of prospective Buyer)

Mr/Ms ......
Chief Executive Officer
...... Company
(Prospective Seller)

Ladies and Gentlemen,

This is to confirm the agreement that we have reached with you on the acquisition of the target company (hereinafter referred to as the "Company") through us or through an entity affiliated to us subject to satisfactory results of a financial, technical and legal due diligence of the Company and its business and to the conclusion of a legally binding agreement:

---

[5] Absichtserklärung I ist eine allgemeine Version; eine ausführliche Version findet sich im Anschluss unter Absichtserklärung II.

1. *(Angaben zu den Eckdaten des geplanten Erwerbes)*
2. Im Anschluss an die Unterzeichnung dieser Absichtserklärung werden wir in den Prozess einer ausführlichen wirtschaftlichen, technischen und rechtlichen Prüfung und Analyse der Gesellschaft und ihres Geschäftsbetriebes eintreten. Sie werden alle in diesem Zusammenhang billigerweise erforderlichen Informationen und Unterlagen zur Verfügung stellen bzw. dafür sorgen, dass die Gesellschaft diese Unterlagen zur Verfügung stellt. Wir beabsichtigen, Ihnen den ersten Entwurf des endgültigen Unternehmenskaufvertrages über den Erwerb der Gesellschaft, der die Ergebnisse dieser Prüfung und Analyse berücksichtigt, spätestens am ...... vorzulegen.
3. Angesichts der uns im Anschluss an die Unterzeichnung dieser Absichtserklärung im Rahmen des dann von uns betriebenen Prüfungs- und Analyseprozesses entstehenden Kosten und Aufwendungen werden Sie für einen Zeitraum von ...... Tagen ab Unterzeichnung dieser Absichtserklärung keinerlei Gespräche oder Verhandlungen über die Veräußerung der Gesellschaft mit Dritten führen. Soweit Sie solche Gespräche oder Verhandlungen zurzeit führen, werden Sie diese beenden.
4. Die von uns am ...... abgeschlossene Vertraulichkeitsvereinbarung findet weiter Anwendung. Sie selbst verpflichten sich, soweit nicht gesetzliche Offenbarungspflichten bestehen, die Tatsache, dass Sie mit uns in Gesprächen über die Veräußerung der Gesellschaft stehen, sowie den Stand dieser Gespräche vertraulich zu behandeln: Sie stellen sicher, dass ihre Mitarbeiter und Berater diese Vertraulichkeit wahren.
5. Während diese Absichtserklärung unter dem Vorbehalt eines zufrieden stellenden Ergebnisses unserer jetzt beginnenden Prüfung und Analyse der Gesellschaft sowie des Abschlus-

1. *(Information on the key terms and conditions of the intended acquisition).*
2. After executing this Letter of Intent we shall start the process of a detailed financial, technical and legal due diligence of the Company and its business. For such purposes you agree to make available or ensure that the Company makes available information and documentation reasonably required therefor. We intend to provide you with a first draft of the final business acquisition agreement for the acquisition of the Company that shall reflect the results of the evaluation and analysis by no later than ....
3. In view of the costs and expenses incurred for the evaluation and analysis process starting upon execution of this Letter of Intent you agree to refrain from any talks or negotiations on the sale of the Company with third parties. This shall apply for the duration of ...... days after execution of this Letter of Intent. You agree to discontinue any such talks and negotiations that are currently pending.
4. The confidentiality agreement that we have entered into on the ...... shall continue to apply. Unless otherwise required by law, you agree to keep confidential towards third parties and public authorities the fact that negotiations are in progress on the sale of the Company and the status of such negotiations. You shall ensure that your employees and advisors shall equally keep such confidentiality.
5. While this Letter of Intent is subject to the satisfactory outcome of the evaluation and analysis of the Company and the conclusion of a legally binding business acquisition agree-

ses eines rechtlich bindenden Unternehmenskaufvertrages steht, besteht Einigkeit zwischen uns, dass die in Ziffer 3 niedergelegte Ausschließlichkeitsverpflichtung sowie die in Ziffer 4 niedergelegte Vertraulichkeitsverpflichtung rechtsverbindlich sind. Für den Fall eines Verstoßes gegen die betreffenden Pflichten durch Sie, die Gesellschaft oder einen der von Ihnen oder der Gesellschaft eingeschalteten Mitarbeiter und Berater verpflichten Sie sich, an uns eine Vertragsstrafe in Höhe von € ...... zu zahlen. Handelt es sich bei dem Verstoß um einen andauernden, werden Sie für jeden Monat, den dieser Verstoß andauert, eine weitere Zahlung in Höhe von € ...... vornehmen. Die Zahlung der Vertragsstrafe lässt die Möglichkeit der Geltendmachung eines weiteren Schadens unberührt. Die Verpflichtung zur Zahlung der Vertragsstrafe entfällt, wenn es zu dem Erwerb der Gesellschaft durch uns kommt.

6. Auf diese Absichtserklärung findet das Recht der Bundesrepublik Deutschland Anwendung. Nicht-ausschließlicher Gerichtsstand ist ......

Wenn diese Absichtserklärung den Stand unserer Gespräche zutreffend wiedergibt, bitten wir Sie, Ihr Einverständnis mit dieser Absichtserklärung durch rechtsverbindliche Unterzeichnung der beigefügten Kopie dieser Absichtserklärung und deren Rückgabe an uns zu bestätigen.

......

Unterschrift

ment, it is agreed, however, that the exclusivity and the confidentiality reflected in clauses 3. and 4., respectively, shall be valid and binding. You agree that any infringement of these duties by you, the Company or by any employee or advisor shall result in a penalty of € ...... payable to us. Any case of persistent infringement shall result in an additional penalty of € ...... for each month during which the infringement persists. The payment of a penalty shall be without prejudice to our right to seek further compensation. The penalty shall not be payable in case of the subsequent acquisition of the Company by us.

6. This Letter of Intent shall be governed by the laws of the Federal Republic of Germany. The non-exclusive venue shall be ......

Please confirm your agreement by duly countersigning and returning the attached copy of this letter to us if this Letter of Intent accurately reflects the status of the negotiations between us.

......

Signature

d) Absichtserklärung II[6]

Der Letter of Intent wird am ...... zwischen

d) Letter of intent II[7]

This Letter of Intent is agreed on 2002,
by and between

---

[6] Absichtserklärung II ist eine ausführlichere Version; eine allgemeinere Version findet sich im vorhergehenden Abschnitt unter Absichtserklärung I.

[7] Der englischsprachige Ausdruck wird häufig auch in deutschsprachigen Vertragswerken verwendet.

1. [......] (im Folgenden als [Verkäufer 1]),
2. [......] (im Folgenden als [Verkäufer 2]),
und
3. [Käufer]
(Insgesamt auch bezeichnet als die „Parteien") abgeschlossen.

Verkäufer 1 hält 75% der Anteile und Verkäufer 2 25% der Anteile an den Gesellschaften [......] (insgesamt bezeichnet als die „Gesellschaft").
Der Käufer beabsichtigt vom Verkäufer 1 75% und vom Verkäufer 2 25% der Anteile an der Gesellschaft zu erwerben und Verkäufer 1 und Verkäufer 2 beabsichtigen, diese Anteile zu verkaufen.

1.0 Transaktion

Der Käufer hat den Wunsch und die Absicht von Verkäufer 1 75% und von Verkäufer 2 25% der Gesellschaftsanteile zu erwerben.

2.0 Preis

2.1 Die oben genannte Transaktion hängt von einem geschätzten Preis für die Gesellschaft ab, der auf finanziellen und anderen Informationen, unter Einbeziehung des wirklichen Wertes der Gesellschaft und des goodwill, sowie auf derzeit laufenden und zukünftigen Projekten und Business Plänen beruht.

2.2 Der Käufer gibt einen geschätzten Preis von [......] € für 100% der Anteile an der Gesellschaft an.

2.3 Die Summe von ...... € ist zahlbar am [......]. Die weiter ausstehende Summe von ...... € ist nach dem folgenden Modus zahlbar:
Gewinn vor Steuern – ...... = x

„Gewinn vor Steuern" ist der konsolidierte Gewinn der Gesellschaft oder ihrer Nachfolger.

1. [......] (hereinafter referred to as (Seller 1]),
2. [......] (hereinafter referred to as [Seller 2]),
and
3. [Buyer]
(Collectively referred to as the "Parties").
WHEREAS

Seller 1 owns 75% and Seller 2 owns 25% of the shares in the companies [......] (hereinafter collectively referred to as the "Company").
The Buyer intends to acquire from Seller 1 75% and from Seller 2 25% of the shares in the Company and Seller 1 and Seller 2 are willing to sell these shares in the Company.

1.0 Transaction

The Buyer has the desire and intention to purchase from Seller 1 75% and from Seller 2 25% of the shares in the Company.

2.0 Price

2.1 The above Transaction is dependent on an estimated price for the Company based on financial and other information, including the Company's indicated net asset value and goodwill, present and future projects and business plans.

2.2 The Buyer indicates an estimated price of [......] €, for 100% shares in the Company.

2.3 The total of ...... € shall be due and payable on [......]. The balance of ...... € ...... shall be due and payable according the following payment terms:
Profit bevor tax – ...... = x
"Profit before tax" shall mean the consolidated profit of the Company or its successors in title.

„x" ist die Summe die an Verkäufer 1 und Verkäufer 2 in den kommenden Jahren wie folgt bezahlt werden muss:

im Jahr 2008:   1x
im Jahr 2009:   1x
in den jeweils
folgenden Jahren: 0,5x jedes Jahr.

Dieser Zahlungsmodus soll beibehalten werden, bis die ausstehende Summe von …… € voll an Verkäufer 1 und Verkäufer 2 vom Käufer bezahlt wurde. Verkäufer 1 und Verkäufer 2 wollen eine Endzahlungsfrist für die letzte Zahlung vereinbaren.

Der Käufer bestätigt, dass die derzeit angewendeten Abschreibungsmethoden – abgesehen von Sonderabschreibungen und die allgemeinen Bewertungsgrundsätze unverändert bleiben werden. Sollte es zu einer Änderung kommen, dann muss der Gewinn vor Steuern dementsprechend angepasst werden, um diese Änderung auszugleichen. Dies ist zusätzlichen Verhandlungen vorbehalten. Der „Gewinn vor Steuern" wird auch dann angepasst werden, wenn der Käufer sich zu einer Übertragung von Wirtschaftsgütern auf verbundene Unternehmen des Käufers entschließt.

"x" shall mean the amount payable to Seller 1 and Seller 2 in the forthcoming years as follows:

in year 2008:   1x
in year 2009:   1x
in following years: 0.5x each year.

These payment terms shall apply until the balance of …… € shall have been fully paid to Seller 1 and Seller 2 by the Buyer. Seller 1 and Seller 2 intend to negotiate a deadline for the final payment.

The Buyer affirms that the depreciation methods as currently applied – except special depreciation for tax purposes ("Sonderabschreibungen") – and the actual general principles of valuation will remain unchanged. If a change should occur, then, the profit before tax shall be adapted to compensate such change. This shall be subject to further negotiation. The "profit before tax" will also be adapted, if Buyer decides to transfer parts of the business to affiliated companies of the Buyer.

3.0 Due Diligence

3.1 Es wird eine Financial, Tax, Commercial und Legal Due Diligence in Bezug auf die Gesellschaft und die beabsichtigte Akquisition vom Käufer unter Zuhilfenahme von Beratern durchgeführt.

3.2 Die Due Diligence wird von maximal sechs Beratern oder Mitarbeitern des Käufers durchgeführt werden. Diese sechs Personen dürfen sich in zwei speziell hierfür ausgewählten Räumen außerhalb des Geländes der Gesellschaft aufhalten. Die Miete für diese zwei Räume wird gezahlt von [……]. Höchstens

3.0 Due Diligence

3.1 The Buyer shall, with assistance of advisors, conduct a due diligence including a review of financial, tax, commercial and legal aspects relating to the Company and the potential acquisition.

3.2 Only a maximum number of six advisors or employees of the Buyer shall be permitted to conduct due diligence. These six individuals may use two specially selected rooms that shall be outside the facilities of the Company. The rent expenses for these two rooms shall e paid by [……]. A maximum number of four

vier Mitarbeiter der Gesellschaft oder externe Berater werden die Fragen der Berater des Käufers beantworten und werden bei allen Problemen, sofern möglich, Hilfestellung leisten. Die Berater sind nicht berechtigt, mit anderen Mitgliedern des Personals der Gesellschaft während der Due Diligence ohne Erlaubnis der Verkäufer in Kontakt zu treten.

employees of the Company or advisors shall be made available to answer any questions of the Buyer's advisors and will assist in any aspect concerning the due diligence examination. The advisors shall not be permitted to get into contact with any other employees of the Company during the due diligence, without the permission of the Sellers.

4.0 Bedingungen

4.1 Die Transaktion steht unter folgenden Bedingungen:
Alle notwendigen gesellschaftsrechtlichen und sonstigen Genehmigungen durch die Gesellschafter, einschließlich einer Genehmigung der Geschäftsführer des Käufers.

4.2 Weiterhin äußert der Käufer folgende Wünsche und Ziele:

4.2.1 Dass Verkäufer 1 für die nächsten drei Jahre Geschäftsführer der Gesellschaft bleiben wird;

4.2.2 dass der Name der Gesellschaft geändert wird in [......];

4.2.3 dass das derzeitige Management der Gesellschaft die Gesellschaft als eine unabhängige Einheit innerhalb des Corporate Management des Käufers entwickelt.

4.3 Verkäufer 1 und Verkäufer 2 müssen dem Käufer eine Zwischenbilanz bis zum ...... vorlegen. Der Stichtag der Bilanz wird der ...... sein. Der Käufer zahlt alle Kosten für die Aufstellung dieser Bilanz.

4.0 Conditions

4.1 The Transaction shall be subject to the following conditions:
All necessary corporate and shareholders' approvals being obtained, including approval from the Board of Directors of the Buyer.

4.2 Furthermore, the Buyer expresses the following desires and ambitions:

4.2.1 That Seller 1 shall keep the status as Managing Director of the Company for the next three years;

4.2.2 To change the Company's name to [......];

4.2.3 That the Company's present management shall develop and establish the Company as an independent entity within the corporate management of the Buyer.

4.3 Seller 1 and Seller 2 agree to provide the Buyer with an interim balance sheet before ...... The key date of such balance sheet shall be ...... The Buyer shall pay all costs of the balance sheet preparation.

5.0 Vertraulichkeit

5.1 Jede Partei dieses Letter of Intent verpflichtet sich, alle direkt oder indirekt offen gelegten Informationen seitens der anderen Parteien als streng vertraulich zu behandeln und keinerlei Information an eine

5.0 Confidentiality

5.1 Each party to this Letter of Intent agrees to treat all information directly or indirectly disclosed to it by the other party as strictly confidential and will not without obtaining the prior written consent of the

dritte Partei ohne vorherige schriftliche Zustimmung der anderen Seite
weiter zu geben. Es ist ausdrücklich
vereinbart, dass keine Partei vertrauliche Informationen, gleich welcher Art, zur Erlangung eines Wett-
bewerbsvorteils verwenden darf.

5.2 Die Vertraulichkeitsverpflichtungen
gem. diesem Letter of Intent finden
jedoch keine Anwendung auf Informationen der jeweils offenlegenden Partei,

5.2.1 die zum Zeitpunkt der Preisgabe der Information und danach öffentlich zugänglich war
ohne Verschulden der jeweils
offenlegenden Partei;

5.2.2 die bereits der die Information
erhaltenden Partei zum Zeitpunkt der Offenlegung be-
kannt war;

5.2.3 die durch eine dritte Partei
offengelegt wurde und die ein
Recht zu dieser Offenlegung
besaß; oder

5.2.4 von der die Information erhaltende Partei unabhängig von
der Due Diligence und ohne
Einbeziehung der jeweiligen
Informationen entwickelt wurde.

Die Beweislast für die unter 5.2.1 bis
5.2.4 dargelegten Umstände liegt bei
der Partei, die sich auf diese Umstände beruft.

5.3 Für den Fall der Beendigung der
Verhandlungen ohne Ergebnis ist
die Informationen erhaltende Partei
zur Rückgabe jedweder vertrauli-
cher Informationen oder zur Zerstörung der jeweiligen Informationen
verpflichtet. Darüber hinaus besteht
eine Verpflichtung zur Ausstellung
einer Stellungnahme eines Mitarbei-
ters der jeweiligen Partei, dass derartige Informationen zerstört wurden.

5.4 Für den Fall, dass eine der Parteien
diese Vertraulichkeitsregelung verletzten sollte, wird eine Vertragsstrafe von ...... € für jede Verletzung vereinbart.

other party disclose any part of such
information to any third party. It is
expressly agreed that neither party
may use any confidential information in order to gain any competitive advantage.

5.2 The confidentiality undertakings
hereunder shall not apply to information of the disclosing party that:

5.2.1 At the time of disclosure or
thereafter shall have become
available to the public generally without any fault on the
part of the disclosing party;

5.2.2 Shall have been known to the
receiving party at the time of
disclosure;

5.2.3 Has been disclosed to the receiving party by any third
party having the right to disclose such information; or

5.2.4 Shall have been established
independently by the receiving
party in a way unrelated to the
due diligence and without reliance on the information received.

The burden of proof rests with the
party that invokes one or more of
the incidents set out in clauses 5.2.1
to 5.2.4 above.

5.3 If the negotiations shall be discontinued without result, then the receiving party shall return to the disclosing party or shall destroy any
and all confidential information received. Moreover, either party shall
be required to prepare a statement
from a duly authorised officer confirming that such information has
been destroyed.

5.4 Any party that shall be in breach of
this confidentiality undertaking
shall pay a penalty of ...... € for
every single case of infringement.

5.5 Die Vertraulichkeitsverpflichtungen sollen für einen Zeitraum von 6 Jahren nach dem Abschluss dieses Letter of Intent anwendbar bleiben.

5.5 The confidentiality undertakings shall continue to apply for a period of six (6) years after date of conclusion of this Letter of Intent.

6.0 Anwendbares Recht

6.0 Applicable Law

6.1 Dieser Letter of Intent unterliegt deutschem Recht unter Ausschluss des UN-Kaufrechtes und der einschlägigen Verweisungsregelungen des deutschen internationalen Privatrechts in andere Rechtsordnungen.

6.1 This Letter of Intent shall be governed by and shall be interpreted in accordance with German law excluding the UN Convention on Contracts for the International Sales of Goods (CISG) and the relevant reference provisions of German private international laws.

6.2 Alle Streitigkeiten zwischen den Parteien in Verbindung mit dieser Vereinbarung sollen gem. den internationalen Schiedsgerichtsklauseln der Züricher Handelskammer von einem Drei-Personen-Schiedsgericht gelöst werden. Das Verfahren soll in englisch durchgeführt werden und in Zürich stattfinden. Die Entscheidung des Schiedsgerichtes soll endgültig und bindend zwischen den Parteien sein.

6.2 All disputes between the parties in conjunction with this Agreement shall be conclusively settled through arbitration tribunal consisting of three jurors in accordance with the International Arbitration Rules of the Zurich Chamber of Commerce, Switzerland. The Arbitration proceedings shall be conducted in the English language and take place in Zurich. The award of the Arbitration Tribunal shall be conclusive and be binding among the parties hereto.

7.0 Schlussbestimmungen

7.0 Final Provisions

7.1 Dieser Letter of Intent stellt die einzige Vereinbarung zwischen Verkäufer 1 und Verkäufer 2 und Käufer dar und ersetzt alle vorangegangenen schriftlichen oder mündlichen Vereinbarung.

7.1 This Letter of Intent constitutes the entire arrangement between Seller 1 and Seller 2 on the one hand and replaces any prior written or verbal arrangement.

7.2 Abgesehen von den Regelungen 3.2 und 4.3 trägt jede Partei die Kosten (einschließlich der Kosten für Rechtsberatung und sonstige Beratung) in Verbindung mit diesem Letter of Intent, der Verhandlung und dem Abschluss eines Vertrages.

7.2 Save as otherwise provided in 3.2 and 4.3, each party shall bear its own costs (which shall include costs of legal and other advice) in conjunction with this Letter of Intent, the negotiations and the conclusion of any agreement.

7.3 Die Klausel 5.0 dieses Letter of Intent ersetzt die vorher zwischen den Parteien abgeschlossene Vertraulichkeitsvereinbarung zwischen den Parteien.

7.3 Section 5.0 of this Letter of Intent shall replace the Confidentiality-Agreement between the parties.

8.0 Zeitplan und Gültigkeitsdauer

8.1 Die Parteien versichern sich gegenseitig, dass sie den folgenden Zeitplan einhalten werden:
[......] Unterzeichnung eines Geschäftsführervertrages mit [......]
[......] Öffentliche und interne Information über die Transaktion
[......] Aufstellung einer Schlussbilanz mit Stichtag ......

[......] Due Diligence
[......] [......] Offenlegung der ersten Version des Kaufvertrages am [......]
[.....] Endversion des Kaufvertrages

[......] Zahlung der ersten Kaufpreistranche (......)

8.2 Dieser Letter of Intent verliert seine Gültigkeit am ......, sofern nichts anderes schriftlich vereinbart wird. Trotz einer derartigen Beendigung soll Klausel 5.0 weiterhin Gültigkeit behalten.

......
(Käufer)

......
(Verkäufer 1)

......
(Verkäufer 2)

8.0 Timetable and Duration of Agreement

8.1 The parties mutually confirm to comply with the following timetable:
[......] Signing of a management contract with [......]

[......] Public and internal information about the transaction

[......] Preparation of the final balance sheet with a key date as at ......
[......] Due Diligence Examination
[......] [......] Disclosure of the first draft of the sale and purchase agreement on [......]
[......] Final sale and purchase agreement
[......] Payment of the instalment of the purchase price (......)

8.2 This Letter of Intent shall expire on ...... unless otherwise agreed in writing. Such termination shall be without prejudice to clause 5 which shall continue to apply.

......
(Buyer)

......
(Seller 1)

......
(Seller 2)

e) Vertraulichkeitserklärung

(Briefkopf des Veräußerers)

An den/die
Vorstandsvorsitzende/n der
...... AG
Sehr geehrter Herr, sehr geehrte Frau,
Sehr geehrte Damen und Herren,

Sie haben Ihr Interesse bekundet, mit uns in Gespräche über den Erwerb der Zielgesellschaft (im Folgenden als „Gesellschaft" bezeichnet) durch Ihr Unternehmen bzw. eines Ihrer verbundenen Unternehmen zu treten. Für uns ist

e) Confidentiality Letter

(Letterhead of prospective Seller)

Mr/Ms ......
Chief Executive Officer
...... Company
Ladies and Gentlemen,

You have indicated your interest in starting negotiations on the acquisition of the target company (hereinafter referred to as the "Company") by your company and/or an affiliate entity thereof. In our opinion any negotiations

Voraussetzung für die Aufnahme solcher Gespräche, dass diese vertraulichen Charakter haben. Wir bitten Sie deshalb um Ihr Einverständnis mit Folgendem:

1. Sie verpflichten sich, über die Tatsache, dass wir Gespräche über den Erwerb der Gesellschaft durch Ihr Unternehmen oder eines Ihrer verbundenen Unternehmen führen sowie den Stand dieser Gespräche strengstens Stillschweigen gegenüber Dritten wie auch gegenüber Behörden zu wahren. Sind Sie gesetzlich verpflichtet, diese Gespräche gegenüber Dritten oder Behörden zu offenbaren, werden Sie uns dies unverzüglich, nachdem Sie selbst Kenntnis von dieser Verpflichtung erlangen, schriftlich anzeigen.
2. Die Ihnen von uns bzw. auf unsere Veranlassung von der Gesellschaft oder von uns eingeschalteten Beratern zur Verfügung gestellten Informationen und Unterlagen über die Gesellschaft und ihren Geschäftsbetrieb sind vertraulich. Nicht vertraulich sind nur solche Informationen und Unterlagen, die
   a) bereits öffentlich bekannt sind oder während unserer Gespräche und Verhandlungen öffentlich bekannt werden, ohne dass Sie, Ihre Mitarbeiter oder Berater dies zu vertreten hätten;
   b) Ihnen bereits bekannt sind oder während unserer Gespräche ohne Verletzung einer Vertraulichkeitsvereinbarung, gesetzlicher Vorschriften oder behördlicher Anordnungen bekannt werden. Falls Ihnen von uns zur Verfügung gestellte Informationen und Unterlagen bereits bekannt sind oder Ihnen diese bekannt werden, werden Sie uns unverzüglich schriftlich benachrichtigen.

   Sie werden die Ihnen zur Verfügung gestellten Informationen und Unterlagen ausschließlich für die Prüfung des Erwerbs der Gesellschaft nutzen

should only be initiated if they are of a confidential nature. Therefore, please confirm your agreement with the following:

1. You agree to keep strictly confidential towards third parties and public authorities the fact that negotiations on the acquisition of the Company through your company or through an affiliate entity thereof have been initiated and the status of such negotiations. Should you be required by law to disclose these negotiations to third parties or to authorities, you shall immediately notify us thereof in writing as soon as such disclosure requirement has come to your attention.

2. All information and documentation on the Company and its business made available to you by us or by the Company upon our instruction or made available by our advisors shall be confidential. Only such information and documents shall be regarded as non-confidential that
   a) are already publicly known or, during the course of our talks and negotiations shall become publicly known, save as your employees or advisors are responsible therefor;
   b) are already or shall become part of your knowledge, during the negotiations, save as obtained through a breach of the confidentiality agreement, a breach of law or a breach of public orders. Should you already be or become aware of information in documents made available to you, you shall immediately notify us thereof in writing.

You shall use the information and documentation made available to you only for the purposes of evaluating the acquisition of the Company.

und innerhalb Ihres eigenen Unternehmens nur der Geschäftsleitung und solchen Mitarbeitern bzw. solchen Beratern, die beruflich zur Verschwiegenheit verpflichtet sind, offenbaren, die in diesen Prüfungsprozess eingeschaltet sind. Sie werden die Ihnen überlassenen Informationen und Unterlagen nicht zu anderen Zwecken, insbesondere nicht zu Wettbewerbszwecken, verwerten und auch nicht an Dritte weitergeben oder öffentlich bekannt machen. Sie gewährleisten, dass diese Verpflichtung auch von den von Ihnen eingeschalteten Mitarbeitern und Beratern beachtet wird.

Für den Fall, dass unsere Gespräche nicht zum Erwerb der Gesellschaft durch Ihr Unternehmen bzw. eines Ihrer verbundenen Unternehmen führen, verpflichten Sie sich, alle Ihnen zur Verfügung gestellten schriftlichen Informationen und Unterlagen und jegliche davon angefertigten Kopien an uns zurückzugeben sowie Ihre auf Grundlage der Ihnen überlassenen Informationen und Unterlagen gemachten Aufzeichnungen bzw. erarbeiteten Unterlagen zu vernichten. Ihre Verpflichtung, die Ihnen überlassenen Informationen und Unterlagen vertraulich zu behandeln, wird durch die ergebnislose Beendigung unserer Gespräche und die Rückgabe bzw. Vernichtung schriftlicher Informationen und Unterlagen nicht berührt.

3. Sie werden hinsichtlich des Erwerbes der Gesellschaft durch Ihr Unternehmen bzw. eines Ihrer verbundenen Unternehmen nur diejenigen unserer Mitarbeiter und Berater bzw. Mitarbeiter und Berater der Gesellschaft ansprechen, deren Namen Ihnen von uns für diesen Zweck genannt werden. Unabhängig vom Ausgang unserer Gespräche und Verhandlungen über den Erwerb der Gesellschaft werden Sie alles unterlassen, was das Ausscheiden eines unserer Mitarbeiter und Berater bzw.

Within your company such information shall only be made available to the management and to those employees and/or advisors (having a professional duty of confidentiality) that are directly engaged with the evaluation process. You may not use the information and documentation made available to you for other purposes, in particular for competitive purposes and shall not make these available to third parties or disclose these to the public. You shall ensure that all employees and advisors that you shall have retained shall comply with such obligation.

If our negotiations shall not result in the acquisition of the Company by your company or by an affiliate thereof you shall return all written information and documents made available to you together will all copies thereof. You shall also destroy all documents that you may have prepared based on the information and the documents made available to you. The unsuccessful termination of our negotiations and the return and/or the destruction of written information or documents shall not relieve you from the duty to keep confidential the information and documents made available to you.

3. In relation to the acquisition of the Company by your company or by an affiliate thereof you shall only approach those of our employees and advisors and/or employees and advisors of the Company that have been named to you for such purposes. Notwithstanding the outcome of our talks and negotiations on the acquisition of the Company, you shall not engage in any activities that may result in the resignation of our employees or advisors and/or employees or advisors of the Company.

Mitarbeiter und Berater der Gesellschaft zur Folge haben könnte, insbesondere jegliche Abwerbungsversuche.

4. Sie gewährleisten, dass diese Vertraulichkeitsvereinbarung auch von den von Ihnen eingeschalteten Mitarbeitern und Beratern beachtet wird.

5. Für den Fall, dass Sie oder einer Ihrer Mitarbeiter oder Berater die aus dieser Vertraulichkeitsvereinbarung folgenden Pflichten verletzt, verpflichten Sie sich, an uns eine Vertragsstrafe in Höhe von € ...... zu zahlen. Handelt es sich bei diesem Verstoß gegen diese Vertraulichkeitsvereinbarung um einen andauernden Verstoß, verpflichten Sie sich, für jeden Monat, den dieser Verstoß andauert, zu einer weiteren Zahlung an uns in Höhe von € ...... Die Zahlung der Vertragsstrafe lässt die Geltendmachung eines weiteren Schadens durch uns oder die Gesellschaft, zu deren Gunsten diese Vertraulichkeitsvereinbarung auch abgeschlossen wird, unberührt.

6. Diese Vertraulichkeitsvereinbarung unterliegt dem Recht der Bundesrepublik Deutschland. Nicht-ausschließlicher Gerichtsstand ist ......

Bitte reichen Sie uns zum Zeichen Ihres Einverständnisses mit dieser Vertraulichkeitsvereinbarung die beigefügte Kopie dieses Schreibens rechtsverbindlich unterzeichnet zurück.

......

Unterschrift

In particular, you shall refrain from any solicitation activities.

4. You shall ensure that the confidentiality agreement shall be complied with by employees and advisors retained by you.

5. You undertake to pay a penalty of € ...... if you, any of your employees or any of your advisors shall be in breach of the obligations arising from this confidentiality agreement. In case of a persistent breach of these obligations, you shall pay a further monthly penalty of € ...... for each month during which such violation persists. Any penalty payment made hereunder shall be without prejudice our right or the right of the Company to seek further compensation.

6. This confidentiality agreement shall be governed by the laws of the Federal Republic of Germany. The non exclusive place of jurisdiction shall be ......
Please confirm your agreement with this confidentiality agreement by signing and returning the attached copy of this letter.

......

Signature

f) Vereinbarung mit einer Investmentbank

(Briefkopf des Beratungsunternehmens)

An die
Geschäftsleitung der
......

f) Agreement with an Investment Bank

(Letterhead of Investment Advisor)

To The
General Management of
......

Sehr geehrte Damen und Herren,

mit diesem Schreiben möchten wir den uns erteilten Auftrag, Sie bei der Veräußerung Ihrer Beteiligung an der ...... (im Folgenden als das „Unternehmen" bezeichnet) zu unterstützen, bestätigen sowie die Einzelheiten unserer Mandatierung wie folgt festhalten:

1. Sie sind daran interessiert, Ihre Beteiligung an dem Unternehmen zu veräußern. Während Sie dabei in erster Linie eine Veräußerung der von Ihnen an dem Unternehmen gehaltenen Gesellschaftsanteile beabsichtigen, kommt ggf. auch eine Veräußerung des Geschäftsbetriebs des Unternehmens bzw. von wesentlichen Teilen davon für Sie in Betracht.

2. Zu Ihrer Unterstützung werden wir folgende Leistungen erbringen:
   (i) Erstellung eines Bewertungsgutachtens über das Unternehmen.
   (ii) Erstellung eines Verkaufsmemorandums über das Unternehmen. Dieses Verkaufsmemorandum soll am Erwerb des Unternehmens interessierten Parteien eine erste Informationsgrundlage für ihre Überlegungen geben. Es wird alle wesentlichen Informationen über die Gesellschaft und ihren Geschäftsbetrieb enthalten einschließlich:
   – detaillierter Beschreibung des Tätigkeitsfeldes des Unternehmens,
   – Darstellung der wirtschaftlichen Lage und Entwicklung des Unternehmens,
   – Darstellung des bisher verfolgten Unternehmenskonzeptes,
   – Beschreibung des Marktumfeldes und der Wettbewerbssituation,
   – maßgebender Gesichtspunkte für die Bewertung des Unternehmens.
   (iii) Identifizierung von potentiellen Erwerbsinteressenten sowie

Ladies and Gentlemen,

The purpose of this letter is to confirm that you have retained us to support you in the sale of your shareholding in ...... (hereinafter referred to as the "Company"). The details of our mandate are as follows:

1. You have indicated your interest in selling your shares in the Company. While your primary purpose is the sale of your shares in the Company you may also be prepared to sell business operations of the Company or major parts thereof.

2. Our support to you shall include the following services:
   (i) Preparation of a value appraisal of the Company.
   (ii) Preparation of an offering memorandum for the Company. Such offering memorandum shall offer initial information for parties considering an acquisition of the Company. It shall contain all material information on the Company and its business operations including:

   – A detailed description of the business which the Company operates,
   – An outline of the financial status and the development of the Company,
   – An outline of the business strategy that the Company has pursued so far,
   – A description of the market environment and competitive status,
   – The key aspects for the valuation of the Company.
   (iii) The identification of prospective buyers and establishment of con-

Kontaktaufnahme zu den Entscheidungsträgern dieser Interessenten.

(iv) Einholung und Prüfung von Erwerbsangeboten seitens der Interessenten; Unterstützung bei der Bewertung dieser Angebote.

(v) Maßgebliche Führung der Verkaufsverhandlungen mit gemeinsam mit Ihnen ausgewählten Interessenten sowie Vorbereitung eines Vertragsabschlusses über die Veräußerung des Unternehmens.

Bei unserer Tätigkeit werden wir als Ihr Auftragnehmer im Rahmen einer Geschäftsbesorgung tätig. Zur Abgabe rechtsverbindlicher Erklärungen gegenüber Dritten mit Wirkung für Sie sind wir nicht befugt.

3. Für die Dauer der Laufzeit unseres Mandates sind wir exklusiv beauftragt. Sie werden während der Laufzeit unseres Mandates keinen ähnlichen Auftrag zur Unterstützung bei der Veräußerung des Unternehmens an Dritte erteilen. Eigene Bemühungen um die Veräußerung des Unternehmens, insbesondere eigene Kontaktaufnahmen mit potentiellen Interessenten am Erwerb des Unternehmens, werden Sie nur in Abstimmung mit uns unternehmen. Interessenten, die Ihnen bereits bekannt sind, werden Sie uns bekannt geben. Ebenso werden Sie spätere Interessenten, die sich direkt an Sie wenden, an uns verweisen.

4. Für unsere Leistungen fallen folgende Vergütungen an:

a) Ein festes Beratungshonorar in Höhe von ...... € für jeden Monat der Laufzeit dieser Vereinbarung, gerechnet ab dem ...... Die Monatszahlungen sind jeweils zum Monatsanfang fällig. Das Beratungshonorar ist nicht rückzahlbar, auch wenn es nicht zu einer Veräußerung des Unternehmens kommt. Das Beratungshonorar wird auf eine ggf. nach Abs. b) zu zahlende Provision angerechnet.

---

tact with the decision makers of such entities.

(iv) The procurement and assessment of purchase offers from interested parties; support in the evaluation of such offers.

(v) The leading of sales negotiations with interested parties that have been commonly selected and the preparation of a closing of the sales transaction regarding the Company.

In our activities, we shall always act as your agent within the framework of a management service. We are not entitled to give notices or declarations towards third parties that have binding character on you.

3. Our mandate shall be exclusive during the term of your service agreement. During the term of our mandate you shall not enter into any similar agreement with third parties regarding support in the sale of the Company. Activities on your own regarding the sale of the Company including (without limitation) approaches to prospective buyers of the Company may not be performed unless those have been co-ordinated with us. You shall notify us of prospective buyers that are known to you. You shall direct to us all interested parties that may approach you in the future.

4. Our services shall be subject to the following fees:

a) A fixed consultancy fee of € ...... per month for the term of this Agreement that shall commence on ...... All monthly payments shall be payable at the beginning of each month. The consultancy fee is not refundable even if no sales transaction regarding the Company shall be effected. The consultancy fee shall be credited towards any fee that shall be payable pursuant to b) below.

b) Ein Erfolgshonorar, wenn es zum rechtsverbindlichen Abschluss eines Vertrages über die Veräußerung des Unternehmens kommt, in Höhe von

(Vergütungsregelung)
Unabhängig davon beträgt das Erfolgshonorar in jedem Fall des Abschlusses eines Veräußerungsvertrages mindestens ...... €.
Als das Erfolgshonorar auslösende Veräußerung des Unternehmens gilt jedes Geschäft, das einen der folgenden Tatbestände zum Gegenstand hat:
– die Veräußerung der Gesellschaftsanteile an dem Unternehmen oder eines Teiles davon,
– die Veräußerung des Betriebsvermögens des Unternehmens oder eines wesentlichen Teiles davon,
– Einbringung des Unternehmens in ein Gemeinschaftsunternehmen mit Dritten oder die Verschmelzung des Unternehmens auf ein anderes Unternehmen,
– jedes andere Geschäft, das einer Veräußerung des Unternehmens durch die bisherigen Gesellschafter gleichkommt,
– jedes andere Geschäft mit Dritten, das im Zusammenhang mit unserem Tätigwerden zustande kommt (z.B. Kooperationen, Joint Ventures, Miet-, Pacht- und Leasingverträge, Kreditgeschäfte, stille Beteiligungen, Rekapitalisierung etc.).
Werden Tatbestände, die als Veräußerung des Unternehmens gelten, zum Gegenstand einer Option – zu Ihren Gunsten wie zu Gunsten des Erwerbers – gemacht, gilt auch die Gewährung dieser Option als Veräußerung.

Bei der Ermittlung der Gegenleistung für eine Veräußerung des Unternehmens werden einbezogen:

b) A contingency fee if a binding agreement on the sale of the Company is entered into which shall be the following percentage of the purchase price (or any other consideration):
(Fee arrangement)
In any event and notwithstanding the above, the minimum contingency fee shall be € ......

Any of the following events shall be regarded as the sale of the Company and cause the contingency fee to be due and payable:

– The sale of the shares in the Company or parts thereof;

– The sale of the fixed and current assets of the Company or major parts thereof;

– The transfer of the Company into a joint venture entity with third parties or the merger of the Company into another entity;

– Any other transaction that shall have the same effect as a sale of the Company;

– Any other transaction with third parties that shall be entered into in conjunction with our services (e.g. co-operation agreements, joint ventures, rent or lease agreements, loan agreements, silent participation, recapitalisation etc.).
If any of the events regarded a sale of the Company shall be the subject of an option (for your own benefit or the benefit of a purchaser) then the award of such option shall also be regarded as the sale for the purposes of this agreement.
The calculation of the consideration for the sale of the Company shall include the following elements:

– der Kaufpreis für die übertragenen Gesellschaftsanteile oder
den übertragenen Geschäftsbetrieb bzw. Teile davon,
– der Barwert zusätzlich übernommener Verpflichtungen,
– die im Falle einer Ausübung
von Optionen zu gewährende
Leistung, unabhängig davon, ob
die Optionen tatsächlich ausgeübt werden,
– alle anderen einmaligen oder
wiederkehrenden Leistungen,
die wirtschaftlich mit der Veräußerung zusammenhängen,
und die Gegenleistung zu Ihrer
Leistung darstellen.
Bedingte Gegenleistungspflichten
werden für die Zwecke der Ermittlung der Gegenleistung als unbe-
dingt angesehen. Bei der Ermittlung der Gegenleistung werden
alle nicht baren Vermögenswerte
mit ihrem Verkehrswert zum Zeitpunkt des Vertragsabschlusses angesetzt.
Das Erfolgshonorar fällt an, wenn
die Veräußerung des Unternehmens während der Dauer dieser
Vereinbarung oder innerhalb von
24 Monaten nach Beendigung dieser Vereinbarung an einen Interessenten, mit dem wir über den
Erwerb des Unternehmens ge-
sprochen haben, oder eines seiner
verbundenen Unternehmen erfolgt. Findet eine Veräußerung des
Unternehmens nach Beendigung
dieser Vereinbarung statt, werden
Sie uns darüber wie über die Iden-
tität des Erwerbers unverzüglich
informieren.
Das Erfolgshonorar wird fällig mit
dem Abschluss eines schuldrechtlichen Vertrages. Der Anspruch
auf das Erfolgshonorar ist nicht
von der tatsächlichen Durchführung des abgeschlossenen Vertrages abhängig. Erfolgt die Veräußerung in mehreren Teilakten, ist das
Erfolgshonorar auf die gesamte
Gegenleistung zu berechnen; es

– The purchase price for shares in
the Company or assets of the
Company or parts thereof;

– The net present value of other
obligations assumed;
– Any payments falling due upon
the exercise of any option regardless of whether any such
option is exercised;

– Any other single or recurrent
payment that is economically related to the sale and is regarded
as a consideration for such sale.

Contingent obligations for consideration shall, for the purposes of
the calculation of the consideration, be regarded as unconditional.
For the purposes of calculating the
consideration, all non-cash assets
shall be fixed at their fair market
value as at the date of the agreement.
The contingency fee shall be payable if the sale of the Company is
made during the term of this
Agreement or within a period of
24 months after expiry of this
Agreement and if such sale is
made to an interested party (or an
affiliate thereof) with whom we
have spoken about the sale of the
Company. If a sale is made after
expiry of this Agreement, you
shall immediately inform us of the
identity of the buyer.

The contingency fee shall be due
upon conclusion of the agreement.
The contingency fee claim shall
not require the actual performance
of the agreement. If the sale is
made through several steps, the
contingency fee shall be based on
the total consideration amount
and become due and payable
upon completion of the first step.

wird mit dem Abschluss des ersten Teilaktes insgesamt fällig.

c) Der Ersatz der bei unserer Tätigkeit angefallenen Kosten und Auslagen in angemessenem Umfang einschließlich der Honorare von anderen externen Beratern (wie Rechtsanwälten, Wirtschaftsprüfern etc.), deren Beauftragung wir mit Ihnen vorher abgestimmt hatten.

Alle Vergütungen verstehen sich zuzüglich Umsatzsteuer in der gesetzlichen Höhe.

5. Sie werden uns bei der Durchführung unseres Auftrages nach besten Kräften unterstützen und insbesondere alle Voraussetzungen im Bereich des Unternehmens schaffen, die zur ordnungsgemäßen Durchführung unseres Auftrages erforderlich sind.

Sie stehen dafür ein, dass Informationen, die Sie bzw. auf Ihre Veranlassung Dritte uns im Rahmen dieser Vereinbarung zur Verfügung stellen, richtig, vollständig und nicht irreführend sind. Sie werden uns unverzüglich informieren, wenn sich herausstellt, dass wesentliche Informationen, die Sie uns zur Verfügung gestellt haben, falsch, unvollständig oder irreführend sind oder werden, insbesondere wenn wesentliche Änderungen der wirtschaftlichen Lage des Unternehmens auftreten. Sie stellen uns von jeglicher Haftung gegenüber Dritten frei, die auf der Unrichtigkeit, Unvollständigkeit oder Irreführung von Informationen beruht, die wir von Ihnen oder auf Ihre Veranlassung erhalten haben. Sie stellen uns darüber hinaus von allen Ersatzansprüchen Dritter frei und ersetzen uns alle Schäden, die uns im Zusammenhang mit unserer Tätigkeit entstehen. Ausgenommen sind Ersatzansprüche und Schäden, die auf Pflichtverletzung unsererseits beruhen.

Wir übernehmen Ihnen gegenüber keine über das im Beratungsgeschäft

c) Refund on reasonable costs and expenses incurred during our activities including professional fees of other advisors (e.g. attorneys, accountants etc.) which we have retained after consultation with you.

All fees shall be exclusive of (and subject to) statutory VAT.

5. You shall use your best efforts to support us in the execution of our mandate. In particular, you shall ensure that all things within your company that are necessary for the proper execution of the mandate have been put in place.

You shall ensure that all information given by yourself or by third parties upon your request during the course of your mandate are accurate, complete and not misleading. You shall notify us immediately after it has come to your attention that material information given to us is or will become incorrect, incomplete or misleading. In particular, you must also notify us of any material change of the financial status of your company. You agree to indemnify us against any liability towards third parties arising from incorrectness, incompleteness or inaccuracy of information that you have given to us or that has been given to us upon your request. In addition, you agree to indemnify us against all compensation claims of third parties and shall compensate any damage arising in connection with our mandate. This shall not cover claims or damages arising from our own negligence.

Our services shall not cover any duty to disclosure, evaluation or informa-

übliche Maß hinausgehende Aufklä-
rungs-, Nachprüfungs- und Mittei-
lungspflichten.

6. Wir werden die uns von Ihnen oder
auf Ihre Veranlassung zur Verfügung
gestellten Informationen und Unterlagen ausschließlich im Rahmen
dieses Auftrages nutzen. Von Ihnen
als Betriebs- und Geschäftsgeheimnisse gekennzeichnete Informationen werden wir auch an Erwerbsinteressenten erst nach aus-
drücklicher Zustimmung Ihrerseits
weitergeben.

Sie selbst verpflichten sich, Informationen und Unterlagen über Erwerbsinteressenten bzw. Studien zum
Marktumfeld und zur Wettbewerbssituation, die wir Ihnen zugänglich
machen, ausschließlich im Rahmen
der Überlegungen hinsichtlich der
Veräußerung des Unternehmens an
einen bestimmten Interessenten zu
nutzen. Sie werden diese Informationen und Unterlagen innerhalb Ihres
Unternehmens bzw. Unternehmensgruppe nur der Geschäftsleitung und
solchen Mitarbeitern bzw. beruflich
zur Verschwiegenheit verpflichteten
Beratern offenbaren, die in diesem
Prüfungsprozess eingeschaltet sind.
Sie werden die Ihnen überlassenen
Informationen und Unterlagen nicht
zu anderen Zwecken, insbesondere
nicht zu Wettbewerbszwecken, verwerten und auch nicht an Dritte weitergeben oder öffentlich bekannt machen. Sie gewährleisten, dass diese
Verpflichtung auch von den von Ihnen eingeschalteten Mitarbeitern und
Beratern und ggf. Ihren verbundenen
Unternehmen beachtet wird.

7. Kommt es zur Veräußerung des Unternehmens, sind wir berechtigt, dies
in branchenüblicher Form bekannt
zu geben.

8. Unser Vertragsverhältnis kann beiderseits mit einer Kündigungsfrist
von …… zum Ende eines Monats
gekündigt werden. Die Vergütungsregelung bleibt von der Kündigung
unberührt.

tion that go beyond the ordinary
level of the consultancy business.

6. We shall use all information given by
you or given upon your request only
for the purposes of the mandate
given hereunder. We shall also not
forward to a prospective buyer such
information about the business or
about the Company that has been
marked as confidential unless you
have given your express approval.

You undertake to use information
and documentation of prospective
buyers and/or studies on the market
and the competition that we shall
make available to you only for the
purposes of evaluating the sale of the
Company to a certain interested
party. You shall disclose such information and documentation within
your Company and/or group of
companies only to the management
board and to those employees and/
or advisors (being subject to professional rules on confidentiality) that
have been retained for the evaluation
process. You shall not use the information and documentation made
available to you for other purposes,
namely for competitive purposes and
may not make it available to any
third party or disclose it to the public. You shall ensure that such undertaking is also complied with by employees and/or advisors that you
may have retained or by your affiliates.

7. In case of a sale of the Company, we
shall be entitled to disclose the same
in accordance with customary business practice.

8. Our Agreement may be terminated
by either party with a notice period
of …… effective as at the end of each
month. The arrangements for the remuneration shall remain unaffected.

9. Auf unser Vertragsverhältnis findet das Recht der Bundesrepublik Deutschland Anwendung. Nichtausschließlicher Gerichtsstand ist ......

Wir verzichten beiderseits auf die Anwendung unserer Allgemeinen Auftrags- oder Geschäftsbedingungen.

Sollte eine Bestimmung dieser Mandatsvereinbarung ganz oder teilweise unwirksam oder undurchsetzbar sein, werden die Wirksamkeit und Durchsetzbarkeit aller übrigen Bestimmungen dieses Auftrages davon nicht berührt. Die unwirksame oder undurchsetzbare Bestimmung ist durch diejenige wirksame und durchsetzbare Bestimmung als ersetzt anzusehen, die dem von uns mit der unwirksamen oder undurchsetzbaren Bestimmung verfolgten wirtschaftlichen Zweck am nächsten kommt.

Wenn diese Mandatsvereinbarung die Einzelheiten des an uns erteilten Auftrages zutreffend wiedergibt, bitten wir Sie, Ihr Einverständnis durch die rechtsverbindliche Unterzeichnung der beigefügten Kopie dieses Schreibens und deren Rückgabe an uns zu bestätigen.

......
Unterschrift

9. Our Agreement shall be governed by the laws of the Federal Republic of Germany. The non-exclusive venue shall be ......

We mutually waive the application of our standard service and business terms and conditions.

Should a provision of this consultancy agreement be entirely or partially invalid or unenforceable then the validity or enforceability of the remaining provisions of the consultancy agreement shall remain unaffected. The invalid or unenforceable provision shall be deemed to be replaced by such valid and enforceable provision that, to the closest extent possible, reflects the economic purpose of the invalid or unenforceable provision.

Please indicate your agreement by duly countersigning and returning the attached copy of this letter to us if this consultancy agreement accurately reflects the details of the mandate given to us.

......
Signature

g) Due Diligence-Checkliste

Für die rechtliche Überprüfung der Gesellschaft werden die im Folgenden genannten Unterlagen und Angaben benötigt (ggf. wird um ausdrückliche Fehlanzeige gebeten). Soweit auf Vereinbarungen Bezug genommen wird, sind darunter sowohl schriftliche als auch mündliche Vereinbarungen zu verstehen. Sofern die Gesellschaft Tochtergesellschaften hat, werden die folgenden Unterlagen und Angaben auch

g) Due Diligence Checklist

The legal due diligence of the Company requires the provision of the information and documents listed below (please expressly state if not available). Any reference to an agreement shall include written and verbal agreements. Please submit the information and documents listed below also to any subsidiaries of the Company. Please note that the examination of the information and documents provided ac-

für diese Unternehmen erbeten. Im Rahmen der Prüfung der auf Grund dieser Liste zusammengestellten Unterlagen bzw. gemachten Angaben können sich weiterführende Fragen stellen, die die Vorlage weiterer Unterlagen bzw. weitere Angaben erforderlich machen.

cording to this list may give rise to further questions that may require the provision of further documents or further information.

I. Gesellschaftsverfassung und Beteiligungsstruktur

1. Aktueller Handelsregisterauszug unter Beifügung noch nicht eingetragener Anmeldungen zum Handelsregister;
2. Gesellschaftsvertrag in der derzeitig gültigen Fassung;
3. Geschäftsordnung für die Geschäftsführung;
4. Nachweis bzw. Unterlagen über die Einführung eines Aufsichtsrats, Beirats oder Verwaltungsrates oder ähnlichen Gremiums, falls dies nicht bereits im Gesellschaftsvertrag vorgesehen ist (z.B. Nachweis der mitbestimmungsrechtlichen Erforderlichkeit, besonderer Gesellschafterbeschluss etc.), unter Beifügung der Geschäftsordnung für dieses Gremium, einer Liste der derzeitigen Mitglieder und einer Darstellung der gewährten Vergütungen;

5. Nachweis bzw. Unterlagen über die Einführung eines Gesellschafterausschusses, falls dieser nicht bereits im Gesellschaftsvertrag vorgesehen ist, unter Beifügung der Geschäftsordnung für den Gesellschafterausschuss und einer Liste der derzeitigen Mitglieder;
6. Gründungsvertrag und Urkunden über seit Gesellschaftsgründung gefasste satzungsändernde Gesellschafterbeschlüsse (einschließlich noch nicht zum Handelsregister angemeldeter Beschlüsse). Soweit es sich bei den satzungsändernden Gesellschafterbeschlüssen um Beschlüsse handelt, mit denen das Stammkapital erhöht oder herabge-

I. Structure of the Company and its Shareholder(s)

1. Current copy of the trade register together with any unregistered applications;
2. Current version of the shareholder agreement;
3. Rules of procedure of the management board;
4. Evidence and/or documentation on the establishment of a supervisory board, advisory board, a board of non-executive directors or similar body as far as not already reflected in the articles of association (e.g. evidence of the necessity of such establishment according to any codetermination legislation, a particular shareholder's resolution etc.) together with the rules of procedure of such body, a list of its members and a description of the remuneration payable;
5. Evidence and/or documentation on the establishment of a shareholder's committee as far as not already reflected in the articles of association together with the rules of procedure of such shareholder's committee and a list of its current members;
6. Certificate of incorporation and documentation on the shareholder's resolutions on the amendment of the statutes adopted after such incorporation (together with any unregistered resolutions). Resolutions on the amendment of the statutes that refer to the increase or decrease of the share capital should be accompanied by the relevant subscrip-

setzt worden ist, sind die entsprechenden Übernahmeerklärungen beizufügen sowie Nachweise über den Betrag, die Form und den Zeitpunkt der Einlageleistung, im Fall von Sacheinlagen darüber hinaus der Einbringungsvertrag, der Sachgründungsbericht sowie die beim Handelsregister eingereichten Nachweise über die Werthaltigkeit der Sacheinlage;

7. Liste der derzeitigen Gesellschafter, d.h. der Inhaber der Geschäftsanteile, unter Angabe von Fällen, in denen die Geschäftsanteile treuhänderisch für einen Dritten gehalten werden, sowie von Unterbeteiligungen und unter Offenlegung jeglicher Stimmbindungsvereinbarungen;

8. Geschlossene Kette der notariellen Urkunden über die Abtretung von Geschäftsanteilen vom Zeitpunkt der Gesellschaftsgründung bis hin zum Zeitpunkt des Erwerbs durch den jetzigen Gesellschafter;

9. ggf. Anteilscheine über Geschäftsanteile unter Angabe, in wessen Besitz sie sich befinden;

10. Vereinbarungen über die Begründung stiller Gesellschaften sowie die Gewährung von Genussrechten;

11. Vereinbarungen über jegliche Belastungen der Geschäftsanteile, insbesondere Verpfändungen sowie Übertragung von Rechten an Geschäftsanteilen;

12. Unterlagen über den Rückkauf/die Einziehung von Geschäftsanteilen;

13. Vereinbarungen über die Gewährung von Gesellschafterdarlehen bzw. Darlehen von verbundenen Unternehmen der Gesellschafter, unter Angabe des Zinssatzes, des Betrags und Zeitpunktes der Leistung und der Rückzahlung sowie der Bestellung von Sicherheiten;

14. Vereinbarungen über die Bestellung von Sicherheiten durch Gesellschafter bzw. deren verbundene Unternehmen für Verbindlichkeiten der Gesellschaft gegenüber Dritten;

tion notice and by evidence on the amount, the form and the date of the capital contribution. Contributions in kind should also be accompanied by the contribution agreement, the report on the incorporation through non-cash contributions and the evidence filed with the trade register to prove the value of the non-cash contribution;

7. List of current shareholders, i.e. the owners of the shares with information on any trust arrangement with third parties and on any sub-participation arrangements together with full disclosure of any co-voting arrangements;.

8. Uninterrupted chain of notary instruments on the assignment of shares from the incorporation of the company until the acquisition by the current shareholder;

9. Share certificates (if any) together with information on the individuals to whom those certificates belong;

10. Agreements on the establishment of silent Partnerships and the award of participation rights;

11. Agreements on the encumbrance of the shares, in particular through pledge and transfer of rights attached to the shares;

12. Documentation on the repurchase/withdrawal of shares

13. Agreements on the grant of shareholder's loans or any loans of companies affiliated to the shareholders together with information on interest rate, the principal amount and the advance and repayment date and the creation of collateral;

14. Agreements on the creation of collateral by companies affiliated to the shareholders for obligations of the Company toward third parties;

15. Vereinbarungen über die Bestellung von Sicherheiten durch die Gesellschaft für Verbindlichkeiten der Gesellschafter bzw. deren verbundene Unternehmen gegenüber Dritten;

15. Agreements regarding loans granted by the Company to its shareholders or to companies affiliated to the shareholders together with information on interest rate, the principal amount and the advance and repayment date and the creation of collateral;

16. Vereinbarungen über die Gewährung von Darlehen durch die Gesellschaft an Gesellschafter bzw. deren verbundene Unternehmen unter Angabe des Zinssatzes, des Betrages und Zeitpunktes der Leistung und der Rückzahlung sowie der Bestellung von Sicherheiten;

16. Agreements on the creation of collateral by the Company for obligations of its shareholders or companies affiliated to the shareholders towards third parties;

17. Beherrschungs- und Ergebnisabführungsverträge;

17. Management control and profit and loss transfer agreements;

18. Vereinbarungen mit Gesellschaftern, die einem gesetzlichen Wettbewerbsverbot unterliegen (z.B. beherrschende oder geschäftsführende Gesellschafter) über die Befreiung von diesem Wettbewerbsverbot;

18. Agreements with the shareholders being subject to statutory restrictions on competition (e.g. controlling or managing shareholders) that award relief from competition restrictions;

19. Andere Vereinbarungen der Gesellschaft mit Gesellschaftern (z.B. Austauschverträge, Konzernumlagen, Geschäfts- und Betriebsführungsverträge etc.);

19. Other agreements between the Company and the shareholders (e.g. exchange agreements, inter company charges, management and administration agreements etc.);

20. Die Gesellschaft oder das Gesellschaftsverhältnis betreffende Vereinbarungen der Gesellschafter untereinander bzw. mit Dritten (einschließlich der Vereinbarung von Unterbeteiligungen);

20. Agreements between the shareholders referring to the Company or the inter/shareholder relationship or third party relationship (including sub-participation agreements);

21. Anträge auf Eröffnung von Vergleichs- oder Konkursverfahren über das Vermögen der Gesellschaft sowie Angaben zu deren Ergebnis;

21. Petitions on the opening of insolvency proceedings against the Company assets together with information on their outcome;

22. Liste der unmittelbaren und mittelbaren Tochtergesellschaften sowie Beteiligungen unter Angabe des Nominalbetrages der Beteiligung und der Beteiligungsquote.

22. List of direct or indirect subsidiaries and shareholdings together with information on the nominal amount and the percentage of such shareholding.

II. Betriebsstätten

II. Business Premises

1. Liste aller Betriebsstätten der Gesellschaft unter Einschluss der Zweigniederlassungen (Grundstücke und Räumlichkeiten) mit genauer Adresse;

1. A list of all business premises including any branches (real estate and premises) with exact mail address;

2. Katasterpläne (Flurkarten) in der derzeit gültigen Fassung für alle Betriebsstätten;
3. Nachweis der für die Betriebsstätten und ihre angrenzende Umgebung geltenden bauplanungsrechtlichen Situation, insbesondere Flächennutzungsplan und Bebauungsplan in ihrer derzeit gültigen Fassung unter Angabe eventueller Abweichungen in der tatsächlichen Nutzung;
4. Grundbuch-, Teileigentumsgrundbuch- bzw. Erbbaurechtsgrundbuchauszüge für die Betriebsstätten, die im Eigentum der Gesellschaft stehen bzw. auf Grund eines Erbbaurechtes genutzt werden;
5. Miet-, Pacht- und Leasingverträge über Betriebsstätten in fremdem Eigentum;
6. Noch nicht erfüllte Verträge über den Erwerb oder die Veräußerung von Grundstücken oder grundstücksgleichen Rechten sowie die Eingehung bzw. Beendigung von Miet-, Pacht- oder Leasingverhältnissen bezüglich der Betriebsstätten;
7. Baugenehmigungen für die auf den Betriebsstätten befindlichen baulichen Anlagen;
8. Überblick über die bisherige Nutzung der Betriebsstätten der Gesellschaft (früherer Eigentümer, Art der Produktion etc.);
9. Angabe, ob es auf dem Betriebsstättengrundstück Altlasten gibt oder ob Verdacht für das Bestehen von Altlasten besteht.

2. Land register maps (land map) as currently in force for all business premises;
3. Evidence of the current status of the zoning for the business premises and the areas adjacent to those estates, in particular zoning and development plans as currently in force together with information on potential deviations according to the actual use;
4. Copies of the land register, the register of partial real estate ownership and/or the register of heritable building rights for those business premises owned by the Company or used through heritable building rights;
5. Rent- or lease agreement on business premises owned by third parties;
6. Unsettled agreements on the acquisition or disposal of real estate or quasi/real estate rights or on the creation or termination of rent or lease arrangements regarding the business premises;
7. Construction permits for buildings on the business premises;
8. Overview of the historic use of the business premises of the Company (former owners, type of production etc.);
9. Information on any undiscovered contamination on the real estate of the business premises or any suspicion of the existence of such contamination.

III. Betriebsanlagen

1. Anlagenspiegel unter Angabe derjenigen Anlagen im Eigentum der Gesellschaft, an denen Sicherheiten für Dritte bestellt sind (unter Einschluss von Anlagen, an denen Eigentumsvorbehaltsrechte der jeweiligen Lieferanten bestehen, soweit die noch offen stehende Kaufpreisverbindlichkeit im letzten geprüften Jahresab-

III. Company Assets

1. Fixed assets list together with information on those assets of the Company that are either subject to collateral arrangements in favour of third parties (including those assets that are subject to retention of title by suppliers if the underlying purchase price balance has been reflected in the last audited annual report) or

schluss ausgewiesen ist), und der nur gemieteten, gepachteten, geleasten oder sonstwie genutzten Anlagen;

2. Aufstellung der Miet- und Leasing-verträge über Anlagen, Maschinen und Gegenstände der Betriebs- und Geschäftseinrichtung unter Angabe der jeweiligen Laufzeit (Beginn und Ende) und der jährlichen Netto-Zahl-last;

3. noch nicht erfüllte Verträge über An-schaffungen von Gegenständen des Anlagevermögens, die Verpflichtun-gen der Gesellschaft von mehr als € …… (netto) im Einzelfall begrün-den.

used pursuant to the terms of a rent, lease or other arrangement;

2. A list of all rent and lease agreement for equipment, machinery and other parts of the fixtures and furnishings together with information on the re-spective terms (start and expiry date) on the annual payments;

3. Unsettled agreements on the acquisi-tion of equipment of the fixtures and (fittings) that give rise to a liability of the Company exceeding € …… per single case.

IV. Geschäftsbetrieb, Umweltschutz

IV. Business Operation and Environmental Protection

1. Beschreibung des Geschäftsbetriebs der Gesellschaft (Branche, Art der Produktion, Art der erbrachten Dienstleistungen etc.);

2. Gewerbeanmeldung und ggf. Ge-werbeerlaubnis; weitere behördliche Erlaubnisse für die Ausübung des Geschäftsbetriebes der Gesellschaft (mit Ausnahme von Anlagegeneh-migungen);

3. Angabe der genehmigungspflichti-gen Betriebsanlagen unter Beifü-gung der Genehmigungen; Angabe, ob die in den Genehmigungsbe-scheiden enthaltenen Bedingungen und Auflagen eingehalten werden und ob diese Bescheide durch das Unternehmen oder Dritte angefoch-ten sind bzw. eine solche Anfech-tung zu erwarten ist; Angabe, ob Be-trieb unter die Störfallverordnung fällt;

4. Aufstellung aller im Geschäftsbe-trieb jemals verwendeten umweltge-fährdenden Stoffe mit Mengenan-gabe, Lagerungsort und Schutzvor-kehrungen;

5. Aufstellung aller unterirdischen und oberirdischen Lagerungsstätten

1. Description of the type of business of the Company (business sector, type of production, type of services rendered etc.);

2. Business registration application and/or business permit; other offi-cial permits to operate the business of the Company (except business plant permits);

3. Information on business plants re-quiring official permits together with permits given therefor; infor-mation on compliance with condi-tions or duties associated with ap-proval notices and on any remedies against such notices initiated by the company or by third parties or the likelihood of such remedies; infor-mation on whether the business op-eration falls under the Regulation on the Reporting of Operational In-cidents;

4. A list of all hazardous substances used in the business operations to-gether with information on the amount, the storage facilities and safeguard measures;

5. A list of all subsoil or over-ground storage facilities of hazardous sub-

umweltgefährdender Stoffe, unabhängig davon, ob gegenwärtig genutzt oder nicht;

6. Angabe, ob es durch den Geschäftsbetrieb der Gesellschaft zu Belastungen der Umwelt (Erdreich, Wasser, Luft, Lärm) kommt bzw. in der Vergangenheit gekommen ist; Aufstellung aller behördlicherseits oder betriebsintern festgestellten Umweltschädigungen (z.B. bei Boden- und Grundwassermessungen) sowie Angaben zu deren Beseitigung (z.B. Gutachten, Dekontaminationsrechnungen);

7. Zusammenstellung aller während der letzten fünf Jahre ergangenen gewerbe- oder umweltrechtlichen Verfügungen oder Beanstandungen von Behörden oder Dritten sowie Nachweise zu deren Erledigung; letzter Überprüfungsbericht der Gewerbeaufsicht sowie in den letzten zwei Jahren ergangene Beanstandungen, Anordnungen, Anregungen und Anfragen der Gewerbeaufsicht;

8. Angabe, wer auf der Führungsebene des Unternehmens für Umweltfragen (technisch und rechtlich) zuständig ist und welches Mitglied der Geschäftsführung gem. § 52a Abs. 1 BImSchG die Pflichten des Betreibers der genehmigungsbedürftigen Anlagen wahrnimmt; Namensliste bereits ernannter Umweltbeauftragter, Immissionsschutzbeauftragter, Gewässerschutzbeauftragter, Abfallbeauftragter, Brandschutzbeauftragter, Strahlenschutzbeauftragter, Störfallbeauftragter;

9. Überblick über die Versorgung der Betriebsstätten mit Frischwasser sowie die Entsorgung von Abwasser; wasserrechtliche Erlaubnisse und Bewilligungen in Bezug auf die Entnahme von Oberflächen- und

stances regardless of whether those are currently in use or not;

6. Information as to whether the operation of the Company causes environmental damage (soil, water, air, noise) and/or has caused such effects in the past; a list of all environmental damage noticed by the public authorities or by the Company (e.g. through soil or ground water measurements) and information on remedial steps (e.g. expert opinions, invoices on decontamination measures);

7. A list of all orders of the environmental authorities or complaints of authorities or third parties issued during the past five years together with evidence of the settlement of those; the last audit report of the trade supervision authority together with the last two complaints, orders, proposals or requests made by the trade supervision authority;

8. Information on (technical and legal) responsibility for environmental issues at management level and information as to which member of the management board assumes the liability of the operator of business plants falling under the permission requirement in accordance with § 52a (1) of the Federal Immission Protection Act; a list of the names of the environmental commissioner, the emmissions protection commissioner, the water protection commissioner, the waste commissioner, the fire protection commissioner, the radiation protection commissioner, the operations incident commissioner that have been appointed so far;

9. An overview of the fresh water supply to the business premises and waste water disposal; water permits and concessions in relation to the utilisation of overground or groundwater, the operation of Com-

Grundwasser, den Betrieb betriebseigener Abwasseranlagen sowie ggf. Beschreibung „alter Rechte" iSv § 15 Wasserhaushaltsgesetz, WHG; Angabe, ob die tatsächliche Gewässernutzung den gesetzlichen und behördlichen Anforderungen entspricht;

10. Übersicht über die Handhabung der Abfallentsorgung.

V. Gewerbliche Schutzrechte, Urheberrechte und Nutzungsrechte an solchen Rechten

1. Aufstellung der der Gesellschaft oder, soweit von der Gesellschaft genutzt, den Gesellschaftern erteilten Patente und der vorgenommenen Patentanmeldungen (Patenterteilungen und -anmeldungen in mehreren Ländern sind separat aufzuführen; anzugeben sind für jedes Patent und jede Patentanmeldung der Erfinder, der Inhaber und der Zeitpunkt der Erteilung; im Fall von Arbeitnehmererfindungen sind Nachweise über die Inanspruchnahme, die Vergütungsabrede und -zahlung beizufügen;

2. Bei von Dritten erworbenen Patenten: Unterlagen über den Erwerb und die Übertragung sowie Nachweis der Eintragung der Übertragung in den zuständigen Registern;

3. Aufstellung von Widerspruchsbzw. Nichtigkeitsverfahren hinsichtlich der erteilten bzw. angemeldeten Patente;

4. Lizenzverträge über an Dritte gewährte Lizenzen an Patenten;

5. Angabe der von der Gesellschaft genutzten Patente Dritter unter Beifügung der entsprechenden Lizenzverträge;

6. Beschreibung des Stands anhängiger Verletzungsverfahren in Bezug auf die Verletzung eigener Patente

pany owned water procurement facilities and (if applicable) a description of "historic rights" according to § 15 Act on Water Management, information on whether the actual use of water complies with statutory legal or public authority requirements;

10. An overview of the waste disposal management.

V. Intellectual Property Rights, Copyrights and the Use of such Rights

1. A list of all patents awarded to or applied for by the company or patents awarded to or applied for by the shareholders as far as any patents or the patent applications are used by the Company (patent awards or applications in several countries must be specified separately). Information or any patent or patent application must accompanied by information on the inventor, the owner and the date of any award; information on employees' inventions must be accompanied by evidence on its use, any remuneration arrangement and payment of such remuneration;

2. Documentation on the acquisition and the transfer of patents acquired from third parties together with evidence of the registration of such transfer in the relevant registers;

3. A list of opposition or anulment proceedings regarding any patents awarded or applied for;

4. Licence agreements regarding licences or patents granted to third parties;

5. Information on third party patents used by the Company together with copies of the relevant licence agreements;

6. Description on the status of pending infringement proceedings in relation to any third party infringements of

durch Dritte bzw. der Verletzung fremder Patente durch die Gesellschaft;

7. Beschreibung der Handhabung der Patentpflege (Bezahlung der Jahresgebühr, Fälligkeitsüberwachung etc.);
8. Angaben wie zu 1.–7. für Gebrauchsmuster;
9. Zusammenstellung der für die Gesellschaft eingetragenen bzw. von ihr angemeldeten Marken (Markeneintragungen und -anmeldungen in mehreren Ländern sind separat aufzuführen;
10. bei von Dritten erworbenen Marken: Unterlagen über den Erwerb und die Übertragung sowie die Eintragung in den zuständigen Registern;
11. Aufstellung von Angriffen gegen die Rechtsbeständigkeit eingetragener Marken (einschließlich Widersprüchen, amtlichen oder außeramtlichen Löschungsanträgen, Einschränkungen und Verzichten);
12. Lizenzverträge über die Gewährung von Markenlizenzen an Dritte sowie Markenlizenzen an Marken Dritter;

13. Beschreibung des Stands anhängiger oder bevorstehender Verletzungsverfahren in Bezug auf die Verletzung eigener Marken durch Dritte bzw. fremder Marken durch die Gesellschaft (Prozesse, Abmahnungen, Kenntnis von Verletzungshandlungen, Duldungen);
14. Beschreibung der Handhabung der Markenpflege (Markenüberwachung, Kontrolle der Verlängerungszeitpunkte, Zahlung der Verlängerungsgebühr);
15. Zusammenstellung der von der Gesellschaft genutzten nicht eingetragenen Kennzeichnungen und Namen; falls einschlägig, alle Rechtsstreite in diesem Zusammenhang;
16. Angaben über relevante eingetragene Designs und Gemeinschaftsgeschmacksmuster, Topographie oder Sortenschutzrechte;

the Company's own patents or infringements of third party patents by the Company;

7. Description of the management of patent protection (payment of annual fee, monitoring of due dates etc.);
8. Information as specified in 1.–7. above on utility models;
9. A list of all trademarks awarded to or applied for by the company (trademark awards or applications in several countries must be specified separately).
10. Documentation on the acquisition and the transfer of trademarks acquired from third parties and on the registration of such transfer in the relevant registers;
11. A list of challenges to the validity of registered trademarks (including opposition proceedings, public or non-public cancellation petitions, limitations or waivers);
12. Licence agreements on the award of trademark licences to third parties or trademark licences obtained from third parties;
13. Description of the status of pending or expected infringement proceedings in relation to any third party infringements of the Company's own trademarks or infringements of third party trademarks by the Company (proceedings, warnings, knowledge of infringements, acquiescence);
14. Description of the management of trademark protection (trademark monitoring, monitoring of renewal dates, payment of renewal fees);
15. A list of non-registered brands and names used by the Company; if relevant, information on all disputes in these areas;
16. Information on existing industrial design, layout or plant varieties protection;

17. Beschreibung des bei der Gesellschaft genutzten Know-hows unter Angabe, wer Inhaber dieses Knowhows ist;
18. Nutzungsverträge hinsichtlich der Nutzung von Know-how und Urheberrechten durch die Gesellschaft;
19. Verträge über die Nutzung von Software durch die Gesellschaft;

20. Zusammenarbeitsvereinbarungen, Entwicklungsverträge und sonstige Vereinbarungen auf dem Gebiet der gewerblichen Schutzrechte;
21. kurze Beschreibung der von der Gesellschaft genutzten Computer-Hardware, Betriebssysteme und Anwenderprogramme unter Angabe über die Art der Systempflege.

VI. Versicherungen

1. Aufstellung der von der Gesellschaft abgeschlossenen Versicherungen (ausgenommen Versicherungen der betrieblich genutzten Personenkraftfahrzeuge) unter Angabe des Versicherers, der gedeckten Risiken und der Versicherungssummen sowie der Prämien (einschließlich der fälligen und nicht gezahlten Prämien); Angabe, ob die Gesellschaft die Bestimmungen der Verträge beachtet und ob der Versicherungsschutz gefährdet ist;
2. Aufstellung der in den letzten fünf Jahren geltend gemachten Versicherungsansprüche;
3. Darstellung der Anträge auf den Abschluss von Versicherungen, die in den letzten fünf Jahren zurückgewiesen worden sind;
4. Aufstellung der nicht durch Versicherungen gedeckten Risiken.

VII. Einkauf und Absatz

1. Aufstellung der zehn größten Lieferanten der Gesellschaft sowie der Lieferanten, die die einzige Bezugsquelle darstellen;

17. A description of all know-how used by the Company together with information on the owner of such know-how;
18. Utilisation agreements regarding the use of know-how or intellectual property by the Company;
19. Software utilisation agreements regarding software use by the Company;

20. Co-operation agreements, development agreements and other agreements in the area of intellectual property;
21. A brief description of the computer hardware, the host and the user software used by the Company together with information on the type of system maintenance.

VI. Insurance

1. A list of all insurance agreements to which the Company is a party (excluding insurance agreements for vehicles used for corporate purposes) together with information on the insurer, the risks covered and the insurance amounts and any insurance premiums (including premiums that have fallen due but have not been paid). Information on whether the Company complies with all provisions of the agreements or there is any risk of non-coverage;
2. A list of all insurance claims raised during the past five years;
3. A description of all applications for insurance coverage that have been rejected during the past five years;
4. A list of all risks that are not covered by insurance.

VII. Supply and Sale

1. A list of the ten biggest suppliers of the Company and of the suppliers that are the sole source of supply;

2. Vereinbarungen mit wichtigen Lieferanten (als wichtig gelten Lieferanten, mit denen im letzten abgeschlossenen Geschäftsjahr ein Umsatz von mehr als € …… netto getätigt worden ist oder mit denen eine Vereinbarung getroffen wurde, die eine Kündigungsfrist von mehr als drei Monaten hat);

3. Standard-Einkaufsbedingungen; Standard-Verkaufsbedingungen; Allgemeine Geschäftsbedingungen;

4. Aufstellung der 20 größten Abnehmer sowie derjenigen Abnehmer, die für ein bestimmtes Produkt die einzigen Abnehmer sind;

5. Vereinbarungen mit wichtigen Abnehmern (als wichtig gelten Abnehmer, mit denen im letzten abgeschlossenen Geschäftsjahr ein Umsatz von mehr als € …… netto getätigt wurde oder mit denen eine Vereinbarung geschlossen wurde, die eine Kündigungsfrist von mehr als drei Monaten hat);

6. Während der letzten fünf Jahre geltend gemachte oder angedrohte Gewährleistungs- und/oder Produkthaftpflichtansprüche, die sich auf die von der Gesellschaft hergestellten oder vertriebenen Waren oder Dienstleistungen beziehen und welche im Einzelfall € …… und in der Summe € …… übersteigen;

7. Aufstellung aller Vereinbarungen mit Handelsvertretern, Eigenhändlern und sonstiger Vertriebsvereinbarungen unter Beifügung derjenigen Verträge, die im Falle ihrer Beendigung zu Ausgleichsansprüchen führen können und/oder die längere Kündigungsfristen als drei Monate haben;

8. Aufschlüsselung des Umsatzes der Gesellschaft in den letzten drei abgeschlossenen Geschäftsjahren auf Hauptproduktgruppen unter Angabe des jeweils im Inland sowie in der Europäischen Gemeinschaft erzielten Marktanteiles;

2. Agreements with major suppliers (i.e. suppliers with whom the last annual transaction value, based on the preceding fiscal year, exceeded of € …… or where the supply agreement provides a notice period of more than three months) for termination:

3. Standard terms and conditions of supply; standard terms on sale; standard business terms[1];

4. A list of the twenty biggest buyers and of those buyers that are the sole buyer of a certain product;

5. Agreements with major buyers (i.e. buyers with whom the last annual transaction value, based on the preceding fiscal year, exceeded € …… or where the supply agreement provides for a notice period of more than three months);

6. All warranty and/or product liability claims raised or threatened against the Company during the past five years that are based on products or services manufactured or distributed by the Company and exceed an amount of € …… per single case or a total of € ……;

7. A list of all agreements with sales representatives, dealers and other distribution agreements together with copies of those agreements that may give rise to compensation claims upon their termination and/or provide for a notice period of more than three months;

8. A list of the Company's sales generated through the past three completed financial years specifying the main product groups together with information on the domestic and the European market share achieved;

---

[1] Hier wäre der Begriff *standard terms and conditions* ebenso möglich.

9. Nennung der wichtigsten Wettbewerber unter Angabe deren geschätzten Marktanteile in den o.a. Hauptproduktgruppen im letzten abgeschlossenen Geschäftsjahr der Gesellschaft;
10. Wettbewerbsbeschränkende Vereinbarungen einschließlich dazu vorgenommener Anmeldungen zum Bundeskartellamt, zur Kommission der Europäischen Gemeinschaften oder zur EU Merger Task Force.

VIII. Personalangelegenheiten

1. Liste aller Arbeitnehmer (einschließlich leitender Angestellter) unter Angabe des Namens, des Alters, des Eintrittsjahres, der Funktion und des Bruttogehaltes im letzten abgeschlossenen Kalenderjahr, sofern das Bruttojahresgehalt € ...... übersteigt; Zahl der Beschäftigten nach Angestellten und Arbeitern;
2. Dienstverträge der Geschäftsführer sowie der Arbeitnehmer, deren jährliche Vergütung mehr als € ...... oder deren Kündigungsfrist mehr als ...... beträgt;
3. Vereinbarungen mit Arbeitnehmern, die Rechtsfolgen an die Übernahme der Gesellschaft durch einen neuen Gesellschafter knüpfen;
4. Standard-Dienstvertrag für die Arbeitnehmer der Gesellschaft (Angestellte, Arbeiter);
5. Darstellung der den Arbeitnehmern oder bestimmten Arbeitnehmern gewährten Sozialleistungen (z.B. Kranken- und Unfall- sowie Lebensversicherungen, Firmenwagen, etc.);
6. gewährte Pensionszusagen (Kollektiv- und Individualzusagen) unter Darstellung einschlägiger Pensionspläne und deren Sicherstellung (Direktversicherungen, Rückstellungen etc.) und unter Angabe bereits entstandener unverfallbarer Anwartschaften und Beifügung vorhandener versicherungsmathematischer Gutachten;

9. Names of the most important competitors together with information on the estimated market share in the above referenced main product groups during the last fiscal year of the Company;
10. Agreements with restrictive effects on competition including relevant filings with the German Anti Trust Authority or the European Commission or the EU Merger Task Force.

VIII. Employee Issues

1. A list of all employees (including executive employees) together with information on name, age, employment start date, function and the gross remuneration received through the last completed financial year where the annual gross remuneration exceeds € ......; the number of employees and workers;
2. Service agreements of the managing directors or of employees where the annual gross remuneration exceeds € ...... or where the notice period exceeds ......;
3. Agreements with employees which provide for certain legal effects of a take-over of the Company by the new shareholders;
4. Standard employment agreement for employees of the company (employees and workers);
5. A description of all social benefits awarded to all or to certain employees (e.g. sickness insurance, accident insurance, life insurance, company car etc.);
6. Any pension commitments (collective or individual) together with a description of applicable pension schemes and their safeguard (direct insurance, reserves etc.) and information on non-cancellable options and submission of existing actuarial calculations;

7. Vereinbarungen über die Gewährung gewinn- oder umsatzabhängiger oder anderer Vergütungen für Geschäftsführer, leitende Angestellte und andere Arbeitnehmer;

8. Darstellung der im letzten Jahr erfolgten Gehalts- und Lohnerhöhungen;

9. Zusammenstellung aller arbeitsrechtlichen Auseinandersetzungen und Rechtsstreitigkeiten (z. B. Kündigungsschutzprozesse) in den vergangenen fünf Jahren, welche einen Gegenstandswert von mehr als € ...... im Einzelfall oder € ...... von zusammenhängenden Verfahren insgesamt besitzen oder prinzipieller Natur sind;

10. Angabe der auf die Arbeitsverhältnisse der Gesellschaft anwendbaren Tarifverträge;

11. Betriebsvereinbarungen und Darstellung betrieblicher Übungen;

12. Liste der Mitglieder des Betriebsrates, der Jugendvertretung und andere Vertretungsorgane der Arbeitnehmer;

13. kurze Darstellung der Arbeitskämpfe (Streiks etc.), an denen in den letzten fünf Jahren Arbeitnehmer der Gesellschaft beteiligt waren;

14. Darstellung von Verstößen gegen arbeitsrechtliche Bestimmungen;

15. Beraterverträge, die eine durchschnittliche Vergütung von mehr als € ...... netto pro Monat gewähren oder eine längere Kündigungsfrist als drei Monate haben.

7. Agreements on the award of bonuses for managing directors, executive employees or other employees;

8. A description of all remuneration or pay increases made during the last fiscal year;

9. A list of all employment and other legal disputes (e.g. lawsuit for allegedly unfair dismissal) during the past five years where the value of the dispute exceeds € ...... per single case or a total value of € ...... in associated disputes or where the dispute is of the principle nature;

10. Information on any tariff arrangement applicable to the employment agreements of the Company;

11. Collective works agreement and description of any standard procedures;

12. A list of the members of the works council, the youth committee and other representative committees of the employees;

13. A brief description of all employment disputes (strike etc.) to which employees of the Company have been a party during the past five years;

14. A description of any infringements of employment regulations;

15. Consultancy agreements that provide for a net monthly remuneration of more than € ...... or for a notice period of more than three months.

IX. Finanzangelegenheiten

IX. Financial Issues

1. Jahresabschlüsse der Gesellschaft (einschließlich Bilanz, Gewinn- und Verlustrechnung und Anhang) nebst Lagebericht der Geschäftsführung und Prüfungsbericht der Abschlussprüfer für die letzten drei abgeschlossenen Geschäftsjahre der Gesellschaft;

1. Annual accounts of the Company (including balance sheet, profit and loss statement and the annex) together with the management report and the audit report of the auditors for the past three fiscal years of the Company;

2. Erläuterung der Eventualverbindlichkeiten;
3. Vereinbarungen über die Inanspruchnahme oder Gewährung von Krediten (einschließlich der Einräumung oder bloßen Duldung der Inanspruchnahme von Kreditlinien) und deren Besicherung, ausgenommen handelsübliche Stundung von Forderungen oder Verbindlichkeiten;
4. Maximale Zahlungsziele;
5. Bürgschaften, Garantieverpflichtungen oder Sicherheitsleistungen aller Art (einschließlich Patronatserklärungen) der Gesellschaft zugunsten Dritter, sowie Verpflichtungen gegenüber Dritten, die wiederum für die Gesellschaft Bürgschaften, Garantien oder sonstige Sicherheiten gestellt haben, ausgenommen branchenübliche Erfüllungsbürgschaften, Akkreditive und Garantieverpflichtungen im Zusammenhang mit der Abwicklung von Lieferungen und Leistungen im gewöhnlichen Geschäftsbetrieb;
6. Factoring-Verträge;
7. Liste der Bankkonten der Gesellschaften unter Angabe der jeweils Zeichnungsberechtigten sowie der Salden per ......

X. Steuern

1. Angabe, bis zu welchem Jahr und für welche Steuern Steuererklärungen abgegeben und Steuerbescheide ergangen sind unter Beifügung der jeweils drei letzten Steuererklärungen und Steuerbescheide;
2. letzter Betriebsprüfungsbericht;
3. Darstellung der körperschaftsteuerlichen Eigenkapitalgliederung;
4. Angabe, ob in den letzten zehn Jahren Ausländer oder steuerbefreite Inländer Inhaber der Geschäftsanteile gewesen sind.

2. Explanation of any contingent liabilities;
3. Agreements on the use or grant of loan facilities (including any actual use or acquiescence of credit facilities) and any collateral given therefore except deferrals of claims and liabilities that are customary business practice;
4. Maximum payment deadlines;
5. Sponsorships[2], guarantee obligations or collateral of all kinds (including letters of comfort) of the Company for the benefit of third parties and any obligations of third parties that have issued sponsorships, guarantees or other collateral for the benefit of the Company excluding standard practice performance guarantees, letters of credit and guarantee commitments for the execution of supply and services during the ordinary course of business;
6. Factoring agreements;
7. A list of the bank accounts of the Company together with information on the authorised signatories and the balance as at ......

X. Taxes

1. Information for which year and which tax category tax returns have been filed and which tax bills have been issued together with a copy of the last three tax returns and tax bills;
2. The most recent tax audit report;
3. A description of the corporate income tax structure;
4. Information on whether during the past ten years any foreigners or nationals exempted from domestic taxation have been the owner of shares.

---

[2] Da es ein vergleichbares, streng akzessorisches Personalsicherungsrecht im anglo-amerikanischen Rechtskreis nicht gibt, erfolgte hier eine Umschreibung.

XI. Rechtsstreitigkeiten

1. Aufstellung aller schwebenden oder drohenden Prozesse (zivilrechtliche und verwaltungsrechtliche Verfahren) und Schiedsverfahren, jeweils aktiv und passiv, sowie über behördliche Untersuchungen und Verfahren, sofern ein Streitwert im Einzelfall von € ...... und in der Summe zusammenhängender Verfahren von € ...... überschritten wird, oder die von grundsätzlicher Bedeutung sind; alle Straf- und Ordnungswidrigkeitenverfahren (gegen das Unternehmen, Organe oder Arbeitnehmer, sofern sie mit dem Geschäftsbetrieb zusammenhängen);

2. Aufstellung aller Prozesse, Schiedsverfahren und Verwaltungsverfahren mit einem Streitwert von mehr als € ......, die in den letzten fünf Jahren erledigt wurden oder angedroht wurden und noch unerledigt sind.

XI. Litigation

1. A list of all pending or imminent litigation (civil and administrative proceedings) and arbitration proceedings (plaintiff and respondent role respectively) together with all administrative audits or proceedings as far as the value of the dispute exceeds ...... € per single case or ...... € for aggregate cases or the dispute is of fundamental relevance; all criminal and administrative proceedings (against the Company, its representatives or employees as far as they are associated with the business operations);

2. A list of all litigation, arbitration proceedings and administrative proceedings that have been settled, threatened or not yet resolved during the past five year with a dispute value exceeding ...... €.

XII. Öffentliche Förderungen und Zuschüsse

Zusammenstellung aller in den letzten fünf Jahren erhaltenen oder beantragten öffentlichen Förderungen und Zuschüsse gleich welcher Art; Hinweise auf mögliche Rückzahlungsverpflichtungen.

XII. Public Subsidy and Contributions

A list of public subsidies or contributions of all kind received or applied for during the past five years; indication of any repayment obligations.

XIII. Verschiedenes

1. Verträge, aus denen sich Verpflichtungen der Gesellschaft von mehr als € ...... (netto) im Einzelfall ergeben oder die außerhalb des gewöhnlichen Geschäftsverkehrs der Gesellschaft liegen, soweit diese nicht bereits in einer der vorbezeichneten anderen Kategorien angegeben sind;

2. Verträge, die an den Erwerb der Gesellschaft durch einen neuen Gesellschafter bzw. den Erwerb einer Beteiligung an der Gesellschaft eine Rechtsfolge knüpfen (sog. Change-of-Control-Klauseln);

XIII. Miscellaneous

1. Agreements causing a (net) liability of the Company exceeding € ...... per single case or being beyond the ordinary course of business as far as these have not been mentioned in the other categories specified above;

2. Agreements that provide for an acquisition of the Company by a new shareholder and/or the acquisition of a shareholding in the Company (change of control provisions);

3. Aufstellung aller von der Gesellschaft erteilten Vollmachten, die derzeit bestehen oder erst während des letzten Jahres aufgehoben worden sind; aus dem Handelsregister ersichtliche Vertretungsbefugnisse sind nicht anzugeben.

3. A list of all written authorisations issued by the Company that are currently in force or have been withdrawn during the past year; authorities reflected in the trade register need not be specified.

3. Allgemeine Verkaufsbedingungen

§ 1 Allgemeines

(1) Die nachstehenden Bedingungen sind Bestandteile des mit uns geschlossenen Vertrages.

(2) Unsere allgemeinen Verkaufsbedingungen gelten in ihrer jeweils neuesten Fassung auch für alle Folgegeschäfte, ohne dass das bei deren Abschluss noch ausdrücklich erwähnt oder vereinbart werden muss.

(3) Gegenbestätigungen, Gegenangeboten oder sonstigen Bezugnahmen des Käufers, unter Hinweis auf seine Geschäftsbedingungen widersprechen wir hiermit; abweichende Bedingungen des Käufers gelten nur, wenn das von uns schriftlich bestätigt worden ist.

(4) Der Käufer darf Ansprüche aus mit uns geschlossenen Rechtsgeschäften nur mit unserer ausdrücklichen Zustimmung abtreten.

§ 2 Angebote; Bestellungen

(1) Unsere Angebote sind – insbesondere nach Menge, Preis und Lieferzeit – stets freibleibend.

(2) Bestellungen des Käufers gelten erst dann als angenommen, wenn wir sie schriftlich bestätigt haben. Wenn wir einen mündlich oder fernmündlich geschlossenen Vertrag nicht besonders schriftlich bestätigen, gilt die von uns erteilte Rechnung als Bestätigung.

§ 3 Preise, Gewichte

(1) Unsere Preise verstehen sich zuzüglich der zum Zeitpunkt der Lieferung geltenden Mehrwertsteuer.

(2) Wenn zwischen Vertragsabschluss und Lieferung auf Grund veränderter

3. General Terms and Conditions of Sale

§ 1 General

(1) The terms and conditions set out below shall form part of the agreement concluded with us.

(2) Our General Terms and Conditions of Sale shall apply in accordance with the most recent version and to all subsequent transactions without any need of express reference thereto or agreement thereon at the conclusion of such transaction.

(3) We hereby object to any counter confirmation, counter offer or other reference by the Buyer to its general terms and conditions; any dissenting terms and conditions of the Buyer shall only apply if we have confirmed the same in writing.

(4) The Buyer may not assign any claims arising from transactions with us without our written approval.

§ 2 Offers; Orders

(1) Our offers shall not be binding; in particular with reference to quantities, price and delivery time.

(2) Orders placed by the Buyer shall not be regarded as accepted until these have been confirmed to us in writing. If we should fail to confirm an agreement in writing which we have entered into verbally or in a telephone conversation, then our invoice shall be regarded as confirmation.

§ 3 Prices; Weight

(1) Our prices shall exclude any statutory VAT which shall be payable at the date of delivery.

(2) If, as a result of a change of law between the agreement date and the de-

Rechtsnormen zusätzliche oder erhöhte Abgaben – insbesondere Zölle, Abschöpfung, Währungsausgleich – anfallen, sind wir berechtigt, den vereinbarten Kaufpreis entsprechend zu erhöhen. Gleiches gilt für Untersuchungsgebühren.

(3) Maßgebend für unsere Kaufpreisberechnung ist das bei der Verladung festgestellte Gewicht. Normaler Gewichtsschwund während des Transports geht allein zu Lasten des Käufers.

§ 4 Menge; Qualität; Kennzeichnung

(1) Wir sind stets berechtigt, bis zu 5% mehr oder weniger als vereinbart zu liefern.

(2) Die Qualität der Ware richtet sich nach Handelsbrauch, sofern nicht im Einzelfall etwas abweichendes vereinbart oder von uns bestätigt worden ist.

(3) Die Ware gilt nicht als abgepackt und ausgezeichnet für den Endverbraucher im Sinne des Lebensmittelkennzeichnungsrechts.

§ 5 Versand; Lieferung

(1) Die Ware reist stets unversichert und in jedem Fall auf Gefahr des Käufers. Dies gilt auch bei frachtfreier Lieferung und unabhängig davon, welches Transportmittel verwendet wird. Eine Transportversicherung wird nur auf ausdrücklichen Wunsch des Käufers abgeschlossen. Hieraus erwachsende Kosten gehen alleine zu Lasten des Käufers.

(2) Die Wahl des Versandortes und des Förderungsweges sowie Transportmittels erfolgt mangels abweichender schriftlicher Vereinbarung durch uns nach bestem Ermessen, ohne Übernahme einer Haftung für billigste und schnellste Beförderung.

(3) Stellt der Käufer das Transportmittel, so ist er für die pünktliche Bereitstellung verantwortlich. Etwaige Ver-

livery date, additional or increased charges – in particular duties, levies, currency compensation payments, shall be payable, then we shall have the right to increase the purchase price accordingly. The same shall apply to any fees for examination.

(3) The purchase price shall be based on the weight as determined at the loading. A customary weight decrease during transport shall be at the risk of the Buyer.

§ 4 Quantity; Quality; Labelling

(1) At all times, we shall have the right to supply 5% more or less than the agreed amount.

(2) Unless otherwise agreed or confirmed by us in writing, the quality of the goods shall be in accordance with customary trade practice.

(3) The goods shall not be regarded as packed and labelled for the end user as defined by the food labelling laws.

§ 5 Shipment; Delivery

(1) The goods shall be transported uninsured and in any event at the risk of the Buyer. This shall also apply in cases of any delivery free of charge and regardless of which means of transport shall be used. Any transport insurance shall be provided only upon express demand of the Buyer. Any costs arising therefrom shall be at the expense of the Buyer only.

(2) The selection of the place of dispatch and the transport route and the means of transport shall, in the absence of any written arrangement dictating otherwise, be subject to our reasonable discretion and be without liability for the cheapest and fastest transport.

(3) If the Buyer provides the means of transport, then it shall responsible for its availability on time. We shall imme-

spätungen sind uns rechtzeitig mitzuteilen. Daraus entstehende Kosten trägt der Käufer.

(4) Wir sind zu angemessenen Teillieferungen berechtigt.

(5) Unsere Lieferverpflichtung steht stets unter dem Vorbehalt rechtzeitiger und ordnungsgemäßer Eigenbelieferung.

(6) Angegebene Liefer- und Abladezeiten sind stets unverbindlich, wenn nicht ausdrücklich schriftlich etwas anderes vereinbart wird.

(7) Lieferhemmnisse wegen höherer Gewalt oder auf Grund von unvorhergesehenen und nicht von uns zu vertretenden Ereignissen, wie etwa auch Betriebsstörungen, Streik, Aussperrung, behördliche Anordnungen, nachträglicher Wegfall von Ausfuhr- oder Einfuhrmöglichkeiten sowie unser Eigenbelieferungsvorbehalt gem. vorstehendem Abs. (5) entbinden uns für die Dauer und den Umfang ihrer Einwirkungen von der Verpflichtung, etwas vereinbarte Liefer- oder Abladezeiten einzuhalten. Sie berechtigen uns auch zum Rücktritt vom Vertrag, ohne dass dem Käufer deshalb Schadensersatz oder sonstige Ansprüche zustehen.

(8) Wird eine vereinbarte Liefer- oder Abladezeit überschritten, ohne dass ein Lieferhemmnis gem. vorstehendem Abs. (7) vorliegt, so hat uns der Käufer schriftlich eine angemessene Nachfrist von mindestens zwei Wochen einzuräumen. Wird auch diese Nachfrist von uns schuldhaft nicht eingehalten, ist der Käufer zum Rücktritt vom Vertrag, nicht hingegen zur Geltendmachung von Schadensersatzansprüchen aus Nichterfüllung oder Verzug, berechtigt, es sei denn, dass uns Vorsatz oder grobe Fahrlässigkeit trifft.

diately be informed of any delays. Any costs arising therefrom shall be at the expense of the Buyer.

(4) We shall have the right to reasonable delivery in instalments.

(5) Our delivery obligation shall at all times be subject to timely and orderly receipt of the goods from our own suppliers.

(6) Unless otherwise expressly agreed in writing, any indicated time of delivery or unloading shall be non-binding.

(7) Any inability to supply as a result of *force majeure* or other unforeseen incidents outside our responsibility including, without limitation, strike, lock out, acts of public authorities, subsequent ccase of export or import opportunities and our reservation of timely supply from on own supplies in accordance with subsection (5) above shall, for their duration and in accordance with their impact, relieve us from the obligation to comply with any agreed time for delivery and unloading. They shall entitle us to also withdraw from the Agreement which shall not result in any compensation claims of the Buyer.

(8) If any agreed time of delivery or unloading shall be exceeded and there shall be no incident referred to in subsection (7) above, then the Buyer must specify to us a reasonable cure period of minimum two weeks. If we shall fail to meet such deadline also, then the Buyer shall have the right to rescind the Agreement but shall have no right to seek compensation for breach of contract or default unless in cases of wilful misconduct or gross negligence on our part.

§ 6 Untersuchungs- und Rügeobliegenheit

(1) Der Käufer ist verpflichtet, die Ware bei Anlieferung am vereinbarten Be-

§ 6 Duty to Inspection and Objection

(1) Upon delivery at the agreed destination or (in the event of self supply)

stimmungsort bzw. im Falle einer Selbstabholung bei ihrer Übernahme unverzüglich

a) nach Stückzahl, Gewichten und Verpackung zu untersuchen und etwaige Beanstandungen hierzu auf dem Lieferschein oder Frachtbrief bzw. der Empfangsmitteilung/Auslagerungsnote des Kühlhauses zu vermerken, und

b) mindestens stichprobenweise, repräsentativ, eine Qualitätskontrolle vorzunehmen, hierzu in angemessenem Umfang die Verpackung (Kartons, Säcke, Dosen, Folien etc.) zu öffnen und die Ware selbst, nach äußerer Beschaffenheit, Geruch und Geschmack zu prüfen, wobei gefrorene Ware mindestens stichprobenweise aufzutauen ist.

(2) Bei der Rüge etwaiger Mängel sind vom Käufer die nachstehenden Formen und Fristen zu beachten:

a) Die Rüge hat bis zum Ablauf des Werktages zu erfolgen, der auf die Anlieferung der Ware am vereinbarten Bestimmungsort bzw. ihrer Übernahme folgt. Bei der Rüge eines verdeckten Mangels, der trotz ordnungsgemäßer Erstuntersuchung gem. vorstehendem Abs. (1) zunächst unentdeckt geblieben ist, gilt eine abweichende Fristenregelung, wonach die Rüge bis zum Ablauf des auf die Feststellung folgenden Werktages zu erfolgen hat, längstens aber binnen zwei Wochen nach Anlieferung der Ware bzw. deren Übernahme.

b) Die Rüge muss uns innerhalb der vorgenannten Fristen schriftlich, telegraphisch, fernschriftlich oder per Fax detailliert zugehen. Eine fernmündliche Mängelrüge reicht nicht aus. Mängelrügen gegenüber Handelsvertretern, Maklern oder Agenten sind unbeachtlich.

c) Aus der Rüge müssen Art und Umfang des behaupteten Mangels eindeutig zu entnehmen sein.

upon taking possession, the Buyer shall immediately

a) check quantities, weight and packaging and record any objections thereto on the delivery note or consignment note and/or the acknowledgement of receipt/warehouse removal note of the cold storage and

b) conduct a quality check representatively on a spot check basis and, for such purpose, open the packaging (cartons, bags, tins, foils etc.) and to check the shape, smell and taste of the goods itself provided that frozen goods shall be thawed at least on a spot check basis.

(2) In case of a notice of defect the Buyer shall comply with the following procedures and deadlines:

a) The notification shall be made by no later than the expiry of the working day on which the delivery of the goods to the agreed destination or on which possession of the goods has been taken. In the event of an objection to a hidden defect which, despite a first inspection in accordance with subsection (1) above, has remained undiscovered a different deadline regime shall apply. In such case the objection must be raised within the earlier of the expiry of the working day on which the defect has been discovered but in any event by no later than two weeks after delivery or take over of the goods.

b) The detailed notice shall be delivered to us within the aforementioned deadlines in writing, by telegraph, telex or fax. Any notice by telephone conversation shall not be accepted. Any notice to sales representatives, commission agents or agents shall not be valid.

c) The notice must clearly specify the kind and amount of the alleged defect.

d) Der Käufer ist verpflichtet, die beanstandete Ware am Untersuchungsort zur Besichtigung durch uns, unseren Lieferanten oder von uns beauftragte Sachverständige bereitzuhalten.

(3) Beanstandungen in Bezug auf Stückzahl, Gewichte und Verpackung der Ware sind ausgeschlossen, sofern es an dem nach vorstehendem Abs. (1) (a) erforderlichen Vermerk auf Lieferschein oder Frachtbrief bzw. Empfangsquittung fehlt. Ferner ist jegliche Reklamation ausgeschlossen, sobald der Käufer die gelieferte Ware vermischt, weiterverwendet, weiterveräußert oder mit ihrer Be- oder Verarbeitung begonnen hat.

(4) Nicht form- und fristgerecht bemängelte Ware gilt als genehmigt und abgenommen.

§ 7 Gewährleistung; Haftungsbeschränkung

(1) Bei form- und fristgerecht vorgebrachten und auch sachlich gerechtfertigten Beanstandungen hat der Käufer das Recht, Kaufpreisminderung zu verlangen, jedoch vorbehaltlich unseres Recht, stattdessen die bemängelte Ware zurückzunehmen.

(2) Weitergehende Rechte und Ansprüche stehen dem Käufer nicht zu. Insbesondere haften wir dem Käufer nicht auf Schadensersatz wegen Nicht- oder Schlechterfüllung, es sei denn, dass der von uns gelieferten Ware eine von uns ausdrücklich zugesicherte Eigenschaft fehlt oder auf unsere Seite Vorsatz oder grobe Fahrlässigkeit vorliegt.

§ 8 Zahlung

(1) Unsere Kaufpreisforderungen sind grundsätzlich „Netto-Kasse" und ohne jeden Abzug sofort nach Rechnungser-

d) The Buyer agrees to make available for inspection the objected goods at the place of inspection; such inspection may be done by us, our suppliers or any expert we may have designated.

(3) No objections with regard to quantities, weight or packaging of the goods shall be possible unless a note has been placed on the delivery note or a consignment note or a receipt of acknowledgement in accordance with subparagraph (1) (a) above. Moreover, any right to object shall cease to exist, when the Buyer has mixed, used or resold the goods delivered or shall have started its processing.

(4) Any good for which objections shall not have been raised in accordance with the procedures and deadlines set out above shall be regarded as approved and accepted.

§ 7 Warranty; Limitation of Liability

(1) Upon justified objections which shall have been raised in accordance with the procedures and deadlines hereunder, the Buyer shall have the right to claim a reduction in the purchase price which shall be without prejudice to our right, to provide the return of the objected goods.

(2) The Buyer shall not be entitled to any further rights or remedies. In particular, we shall not be responsible for any compensation based on breach of contract or default unless the goods shall lack a characteristic that we shall have expressly guaranteed or in cases of wilful misconduct or gross negligence on our part.

§ 8 Payment

(1) Our purchase price claims are net cash amounts and payable free of any deduction upon receipt of the invoice

halt zur Zahlung fällig, soweit nicht ein anderes Zahlungsziel schriftlich vereinbart wird.

(2) Wechsel oder Schecks nehmen wir nur auf Grund besonderer Vereinbarung und stets nur zahlungshalber an. Diskont- und Wechselspesen gehen zu Lasten des Käufers und sind sofort fällig.

(3) Wird der Rechnungsbetrag nicht binnen längstens 10 Kalendertagen ab Rechnungsdatum oder zum anderweitigen Fälligkeitstermin ausgeglichen, sind wir berechtigt, Verzugszinsen in nachgewiesener Höhe, mindestens aber in Höhe von 3% über dem Basiszinssatz der EZB zu berechnen, ohne dass es einer besonderen Mahnung bedarf.

(4) Wenn bei dem Käufer kein ordnungsgemäßer Geschäftsbetrieb mehr gegeben ist, insbesondere bei ihm gepfändet wird, ein Scheck- oder Wechselprotest stattfindet oder Zahlungsstockung oder gar Zahlungseinstellung eintritt oder von ihm ein gerichtliches oder außergerichtliches Vergleichsverfahren oder ein ihn betreffendes Konkursverfahren beantragt oder ein Verfahren nach der Insolvenzordnung beantragt wird, sind wir berechtigt, alle unsere Forderungen aus der Geschäftsverbindung sofort fällig zu stellen, auch wenn wir Wechsel oder Schecks angenommen haben. Dasselbe gilt, wenn der Käufer mit seinen Zahlungen an uns in Verzug gerät oder anderer Umstände bekannt werden, die seine Kreditwürdigkeit zweifelhaft erscheinen lassen. Außerdem sind wir in einem solchen Fall berechtigt, Vorauszahlungen oder Sicherheitsleistung zu verlangen oder vom Vertrag zurück zu treten.

(5) Der Käufer ist zur Aufrechung, Zurückbehaltung oder Minderung nur berechtigt, wenn die von ihm hierzu behaupteten Gegenansprüche rechtskräftig festgestellt oder von uns ausdrücklich anerkannt worden sind.

unless other payment terms shall have been agreed.

(2) We shall accept promissory notes and cheques only upon specific arrangement and only in lieu of payment. Any fees for discount bills or promissory notes shall be at the expense of the buyer and immediately payable.

(3) If the invoice amount shall not have been settled within 10 calendar days after the date of invoice or as at another due date, then we shall without the need to a separate warning notice have the right to recover default interest in a proven amount but in any event an amount equalling 3% above the base rate of the European Central Bank.

(4) If the Buyer's business shall be operated beyond the ordinary course of business which shall include, without limitation, acts of seizure or a situation where a protest in relation to promissory notes or cheques has been made, payments shall be delayed or even discontinued or judicial or out of court settlement or insolvency proceedings shall have been petitioned or opened or proceedings in accordance with the German Insolvency Act shall have been petitioned, then we shall have the right to declare all our claims arising from the business relationship as immediately due and payable, even if we shall have accepted promissory notes or cheques. The same shall apply if the Buyer shall be in payment default towards us or other incidents shall surface which give rise to doubts about its creditworthiness. Moreover, we may in such event demand prepayments or a security deposit or rescind the Agreement.

(5) The Buyer shall have no right to set off, retention or reduction unless the underlying counterclaims have been conclusively determined by a court or expressly acknowledged by us.

§ 9 Eigentumsvorbehalt

(1) Die von uns gelieferte Ware bleibt unser Eigentum, bis der Käufer sämtliche Forderungen aus der Geschäftsverbindung – auch Saldoforderungen aus Kontokorrent sowie aus Refinanzierungs- oder Umkehrwechseln – beglichen hat.

(2) Der Käufer ist berechtigt, die von uns gelieferte Ware im ordnungsgemäßen Geschäftsgang zu veräußern. Die hiernach eingeräumte Berechtigung erlischt insbesondere in den vorstehend in § 8 (4) genannten Fällen. Darüber hinaus sind wir berechtigt, die Veräußerungsbefugnisse des Käufers durch schriftliche Erklärung zu widerrufen, wenn er mit der Erfüllung seiner Verpflichtungen uns gegenüber und insbesondere mit seinen Zahlungen in Verzug gerät oder sonstige Umstände bekannt werden, die seine Kreditwürdigkeit zweifelhaft erscheinen lassen.

(3) Für das Recht des Käufers, die von uns gelieferte Ware zu verarbeiten, gelten die Beschränkungen des vorstehenden Abs. 2 entsprechend. Durch die Verarbeitung erwirbt der Käufer kein Eigentum an den ganz oder teilweise hergestellten Sachen; die Verarbeitung erfolgt unentgeltlich ausschließlich für uns als Hersteller im Sinne von § 950 BGB. Sollte unser Eigentumsvorbehalt dennoch durch irgendwelche Umstände erlöschen, so sind der Käufer und wir uns schon jetzt darüber einig, dass das Eigentum an den Sachen mit der Verarbeitung auf uns übergeht, wir die Übereignung annehmen und der Käufer unentgeltlicher Verwahrer der Sachen bleibt.

(4) Wird unsere Vorbehaltsware mit noch im Fremdeigentum stehenden Waren verarbeitet oder untrennbar vermischt, erwerben wir Miteigentum an den neuen Sachen oder vermischten Bestand. Der Umfang des Miteigentums ergibt sich aus dem Verhältnis des Rechnungswertes der von uns geliefer-

§ 9 Retention of Title

(1) We shall retain full title of the goods that have been delivered until the Buyer has discharged all claims arising from the business relationship which shall include any account balance and claims from refinancing or reverse promissory notes.

(2) The Buyer shall have the right to dispose of the goods delivered by us within the ordinary course of business. The authority granted hereunder shall cease in the cases referred to in § 8 (4) above. Moreover, we may withdraw the sales authority of the Buyer through written notice if it shall be in breach of any obligation owed to us and shall in particular be in payment default or we shall become aware of other incidents that give rise to doubts about its creditworthiness.

(3) The Buyer's right to process the goods delivered shall also be subject to the limitations set out in subsection (2) above. The Buyer shall not acquire title to the fully or partly processed goods; the processing shall be free of charge for our benefit as Manufacturer in the sense of § 950 of the German Civil Code. If we should, for whatever reason, lose our rights under the retention of title, then its is hereby agreed between us and the Buyer that we shall acquire title upon processing of the goods and the Buyer shall remain custodian of the goods which shall be free of charge.

(4) If the goods in which we have retained title shall be inseparably assembled or mixed with goods that are third party property, then we shall acquire co-title in the new goods or the mixed stock. The proportion of title shall follow from the proportion of the invoice value of the goods delivered by us un-

ten Vorbehaltsware zum Rechnungs-wert der übrigen Ware.

(5) Waren, an denen wir gem. der vor-stehenden Abs. (3) und (4) Eigentum oder Miteigentum erwerben, gelten, ebenso wie die uns gem. vorstehendem Abs. (1) unter Eigentumsvorbehalt ge-lieferte Ware, als Vorbehaltsware im Sinne der nachfolgenden Bestimmun-gen.

(6) Der Käufer tritt bereits jetzt die For-derungen aus einem Weiterverkauf der Vorbehaltsware an uns ab. Zu den For-derungen aus einem Weiterverkauf zählt auch die Forderung gegen die Bank, die im Rahmen des Weiterver-kaufs ein Akkreditiv zugunsten des Käufers (= Wiederverkäufers) eröffnet hat oder bestätigt. Wir nehmen diese Abtretung hiermit an. Handelt es sich bei der Vorbehaltsware um ein Verar-beitungsprodukt oder um einen ver-mischten Bestand, worin neben von uns gelieferter Ware nur solche Gegenstän-de enthalten sind, die entweder dem Käufer gehörten oder aber ihm von Dritten nur unter dem so genannten einfachen Eigentumsvorbehalt geliefert worden sind, so tritt der Käufer die gesamte Forderung aus Weiterveräuße-rung der Ware an uns ab. Im anderen Falle, also bei einem Zusammentreffen von Vorauszessionen an uns und ande-re Lieferanten steht uns ein Bruchteil des Veräußerungserlöses zu, und zwar entsprechend dem Verhältnis des Rech-nungswertes unsere Ware zum Rech-nungswert der anderen verarbeiteten oder vermischten Ware.

(7) Soweit unsere Forderungen insge-samt durch die vorstehend erklärten Abtretungen bzw. Vorbehalte zu mehr als 125% zweifelsfrei besichert sind, wird der Überschuss der Außenstände bzw. der Vorbehaltsware auf Verlangen des Käufers nach unserer Auswahl frei-gegeben.

(8) Der Käufer ist ermächtigt, die Au-ßenstände aus Weiterveräußerung der Ware einzuziehen. Diese Einzugser-

der retention of title and the invoice value of the other goods.

(5) Goods in which we shall acquire sole or co-title in accordance with sub-section (3) and (4) shall, the same as with regard to the goods delivered un-der retention of title according to sub-section (1) above, be regarded as goods delivered under retention of title for the purposes of the following paragraphs.

(6) The Buyer hereby assigns to us all claims arising from the resale of the goods delivered under retention of title. Such claims shall also include claims against the bank which, within the scope of such sale, shall have issued or confirmed a letter of credit for the bene-fit of the Buyer (= reseller). We hereby accept such assignment. If the goods delivered under retention of title shall be a processed good or a mixed stock, where, in addition to the goods deliv-ered by us, only such goods exist that are either the Buyer's property or a third party property as a result of a (simple) retention of title, then the Buyer shall assign all of the claim aris-ing from the resale. In the other case, i.e. in the event of a conflict between pre-assignment claims by other suppli-ers, we shall be entitled to receive any resale proceeds on a pro rata basis which shall be determined in propor-tion to the invoice value of our goods and the other processed or mixed goods.

(7) Where our claims shall be undoubt-edly be secured through the assignment and retention by more than 125%, any surplus of receivables and/or good delivered under retention of title shall, upon demand of the Buyer, be released in accordance with our choice.

(8) The Buyer shall be authorised to collect any receivables arising from the resale of goods. Such authority shall

mächtigung entfällt, wenn bei dem Käufer im Sinne der Regelung in § 8 (4) kein ordnungsgemäßer Geschäftsgang mehr gegeben ist. Darüber hinaus können wir die Einziehungsermächtigung des Käufers widerrufen, wenn er mit der Erfüllung seiner Pflichten uns gegenüber, insbesondere mit seinen Zahlungen in Verzug gerät oder sonstige Umstände bekannt werden, die seine Kreditwürdigkeit zweifelhaft erscheinen lassen. Entfällt die Einziehungsermächtigung oder wird sie von uns widerrufen, hat uns der Käufer auf unser Verlangen unverzüglich die Schuldner der abgetretenen Forderungen mitzuteilen und uns die zur Einziehung erforderlichen Auskünfte und Unterlagen zu geben.

(9) Bei Zugriffen Dritter auf unsere Vorbehaltsware oder die uns abgetretenen Außenstände ist der Käufer verpflichtet, auf unser Eigentum/unser Recht hinzuweisen und uns unverzüglich zu benachrichtigen. Die Kosten einer Intervention trägt der Käufer.

(10) Bei vertragswidrigem Verhalten, insbesondere Zahlungsverzug ist der Käufer verpflichtet, auf unser erstes Anfordern, die bei ihm noch befindliche Vorbehaltsware herauszugeben und etwaige, gegen Dritte bestehende Herausgabeansprüche wegen der Vorbehaltsware an uns abzutreten. In der Zurücknahme sowie der Pfändung von Vorbehaltsware durch uns liegt kein Rücktritt vom Vertrag.

(11) Wir können in den Fällen der § 8 (4) vom Käufer verlangen, dass er uns die durch Weiterveräußerung entstehenden und gem. § 9 (6) an uns abgetretenen Forderungen und deren Schuldner bekannt gibt. Sodann sind wir berechtigt, die Abtretung nach unserer Wahl offenzulegen.

cease to exist in the event that there shall no longer be an ordinary course of business as defined in § 8 (4) above. Moreover, we may withdraw the Buyer's authority to collect, if it shall be in breach of any obligation owed to us and shall in particular be in payment default or we shall become aware of other incidents that give rise to doubts about its creditworthiness. If the above authority shall cease to exist or be withdrawn by us, then the Buyer shall upon our demand immediately specify to us its debtors in the claims assigned and provide us with all information and documentation necessary for collection.

(9) In the event of any third party action against our goods delivered under retention of title or any receivables assigned to us, the Buyer shall notify such party of our property/our right and immediately inform us about such action. The Buyer shall bear the costs of any intervention.

(10) If the Buyer shall be in breach of contract, in particular in payment default, then it shall, upon our demand, immediately return to us all goods delivered under retention of title and assign to us any repossession claims against any third party in conjunction with such goods. Any repossession or enforcement proceedings with regard to the goods delivered under retention of title shall not be regarded as a rescission of this Agreement.

(11) In the cases referred to in § 8 (4) above, we may require the Buyer, to inform us about the claims arising from the resale that have been assigned to us in accordance with § 9 (6) above including its debtors. Following such information, we shall have the right to disclose the assignment as we consider appropriate.

§ 10 Leergut

Der Käufer ist verpflichtet, uns Leergut (Eurokisten, Paletten, Eurohaken etc.) in gleicher Art, Menge und gleichen Wertes zurückzugeben, wie er es zum Zwecke der Anlieferung erhalten hat. Das Leergut ist dabei nach den hygienischen Vorschriften in gereinigtem Zustand zurückzugeben. Ist dem Käufer die Rückgabe an uns bei Anlieferung unserer Ware nicht möglich, so hat er unverzüglich und auf eigene Kosten für den Ausgleich des Leergutkontos zu sorgen (Bringschuld). Gerät der Käufer mit der Rückgabe des Leerguts in Verzug, so können wir nach einer angemessenen Nachfristsetzung die Rücknahme verweigern und vom Käufer Schadensersatz in Geld verlangen.

§ 11 Schlussbestimmungen

(1) Erfüllungsort für die Lieferung der Ware ist der jeweilige Bestimmungsort.

(2) Zu unseren Gunsten ist ...... für alle Streitigkeiten aus dem Vertragsverhältnis Gerichtsstand. Wir können aber auch einen anderen Gerichtsstand wählen.

(3) Es gilt das Recht der Bundesrepublik Deutschland. Internationales Kaufrecht ist ausgeschlossen. Das gilt ausdrücklich auch für die Anwendung des Übereinkommens der Vereinten Nationen über die Verträge über den internationalen Warenverkauf (CISG).

(4) Die Unwirksamkeit einzelner Bestimmungen dieser Allgemeinen Verkaufsbedingungen berührt nicht die Wirksamkeit der übrigen Regelungen. Unwirksame Bestimmungen gelten als durch solche wirksame Regelungen ersetzt, die geeignet sind, den wirtschaftlichen Zweck der weggefallenen Regelung soweit wie möglich zu verwirklichen.
Wir haben Daten über den Käufer nach dem Datenschutzgesetz gespeichert.

§ 10 Empties

The Buyer agrees to return to us empties (Euro-Boxes, pallets, Euro-Hooks etc.) of the same type, amount and value that it shall have received for the purposes of delivery. All empties shall be returned in a clean state in accordance with applicable hygiene laws. If the Buyer shall be unable to return the same at the delivery of our goods, then it shall immediately ensure a settlement of the account of empties (duty to deliver). If the Buyer shall be in default of the duty to settle the account of empties, then we may, if a reasonable cure period shall have been specified, refuse the acceptance and demand compensation from the buyer.

§ 11 Final Provisions

(1) The place of performance for deliveries shall be the respective place of destination.

(2) For our benefit, the courts of ...... shall have jurisdiction over all disputes arising from this Agreement. However, we may also select a different place of jurisdiction.

(3) The laws of Germany shall apply. International purchase laws shall not apply. This shall, in particular, refer to the UN Convention (CISG) on the International Sale of Goods.

(4) The invalidity of any provision of these general terms and conditions of sale shall not affect the validity of the other provisions. Invalid provisions shall be deemed to be replaced by such valid provisions that shall be suitable to implement the economic purpose of the deleted provision to the greatest extent possible.

We have stored data of the Buyer on accordance with the German Data Protection Act.

4. Allgemeine Einkaufsbedingungen

§ 1 Allgemeines

(1) Die nachstehenden Bedingungen sind Bestandteil des mit uns geschlossenen Vertrages.

(2) Unsere Allgemeinen Einkaufsbedingungen gelten in ihrer jeweils neuesten Fassung auch für alle Folgegeschäfte, ohne dass das bei deren Abschluss noch ausdrücklich erwähnt oder vereinbart werden muss.

(3) Gegenbestätigungen, Gegenangeboten oder sonstigen Bezugnahmen des Verkäufers, unter Hinweis auf seine Geschäftsbedingungen widersprechen wir hiermit; abweichende Bedingungen des Käufers gelten nur, wenn das von uns schriftlich bestätigt worden ist.

(4) Der Käufer darf Ansprüche aus mit uns geschlossenen Rechtsgeschäften nur mit unserer ausdrücklichen Zustimmung abtreten.

(5) Es gilt als vereinbart, dass der Verkäufer die an uns zu liefernden Produkte (im Folgenden: „Markenprodukte") nach Maßgabe bestimmter von uns im Einzelfall mitgeteilter Spezifikationen im Hinblick auf den Produktionsprozess und der Produktzutaten (im Folgenden „Spezifikationen") hergestellt hat. Der Verkäufer verpflichtet sich deshalb, die Markenprodukte nicht ohne unsere vorherige schriftliche Zustimmung an Dritte zu veräußern.

§ 2 Beachtung von Spezifikationen

(1) Der Verkäufer verpflichtet sich, stets die Spezifikationen zu beachten und wird diese nicht ohne unsere vorherige schriftliche Zustimmung abändern. Wir behalten uns das jederzeitige Recht zur Änderung der Spezifikationen vor, wenn dies auf Grund anwendbarer ge-

4. General Terms and Conditions of Purchase

§ 1 General

(1) The Terms and Conditions set out below shall form part of the agreement concluded with us.

(2) Our General Terms and Conditions of Supply shall apply in accordance with the most recent version and to all subsequent transactions without any need of express reference thereto or agreement thereon at the conclusion of such transaction.

(3) We hereby object to any counter confirmation, counter offer or other reference by the Supplier to its general terms and conditions, any dissenting terms and conditions of the Supplier shall only apply if we have confirmed the same in writing.

(4) The Supplier may not assign any claims arising from transactions with us without our written approval.

(5) It is understood and agreed that the Supplier has manufactured the products (the "Branded Products") to be supplied to us according to certain specifications with regard to the manufacturing process and the product ingredients (the "Specifications") that we have provided to it for such purpose. The Supplier shall therefore not sell or otherwise transfer Branded Products to any third party without our prior written authorisation.

§ 2 Adherence to Specifications

(1) The Supplier agrees to adhere at all times to the Specifications and shall not change any parts of it without our prior written approval. We reserve our right to change the Specifications at any time if this shall be required through applicable food laws.

setzlicher Lebensmittelvorschriften erforderlich werden sollte.

(2) Wir behalten uns ferner das Recht vor, die Spezifikationen auf Lager- und Transportanforderungen auszudehnen. Wir werden den Verkäufer unverzüglich über eine solche Änderung unterrichten.

(2) We further reserve the right to extend the Specification to storage and transport requirements. We shall immediately notify to the Supplier of any such variation.

§ 3 Betriebsbesichtigung

(1) Wir haben jederzeit das Recht zur unangemeldeten Besichtigung von

a) den Betriebsstätten des Verkäufers, in denen die Produkte hergestellt werden,
b) alle sonstigen Betriebsstätten des Verkäufers, Gerätschaften und die Herstellung, Lagerung und den Transport der Produkte betreffende Unterlagen sowie alle diesbezüglichen Bestandteile und
c) Produkte vor der Lieferung an uns.

(2) Wir sind berechtigt, diese Tätigkeiten durch ein unabhängiges Unternehmen durchführen zu lassen, das wir zum Zwecke einer solchen Besichtigung frei wählen können.

§ 3 Inspection of Facilities

(1) We shall have the right to inspection without prior notice in relation to

a) The premises of the Supplier at which Products are produced,
b) All other Supplier's facilities, equipment and documentation relating to manufacture, storage or delivery of Products and all components thereof; and
c) Products, prior to or during their shipment to us.

(2) We may engage the services of an independent firm, selected in our sole discretion to perform any such inspection.

§ 4 Laboruntersuchungen

Der Verkäufer ist verpflichtet, auf eigene Kosten Analysen oder Tests von Produkten oder Mustern oder Bestandteilen hiervon nach Maßgabe einer von uns im Einzelfall zu bestimmenden Testreihe durchzuführen. Zu diesem Zweck verpflichtet sich der Verkäufer zur Übersendung von Mustern an eine von uns zu bestimmende Laboreinrichtung. Der Verkäufer wird die angemessenen Kosten einer solchen Laboruntersuchung durch eine dritte Institution tragen.

§ 4 Laboratory Testing

The Supplier agrees to conduct at its own cost an analysis or testing of samples of the Products or samples of any components thereof in accordance with any testing schedule that we may impose from time to time. For such purposes the Supplier agrees to send such samples to laboratory facilities selected in our sole discretion. The Supplier agrees to pay the reasonable costs of any such third party laboratory testing.

§ 5 Aufbewahrung von Unterlagen

Der Verkäufer verpflichtet sich, Unterlagen über die Herstellung, Lagerung,

§ 5 Records Retention

For a period of at least 5 years from the date of each shipment of Products, the

Lieferung und den Verkauf der Produkte für einen Zeitraum von mindestens 5 Jahren ab Lieferdatum aufzubewahren und uns diese Unterlagen auf Verlangen zur Verfügung zu stellen.

Supplier agrees to keep complete records of the manufacture, storage, shipment and sale of the Products and, upon our request to make these records available to us upon demand.

§ 6 Freistellung

Der Verkäufer verpflichtet sich, uns (sowie jedes mit uns verbundener Unternehmen) von jeglicher Haftung gegenüber Dritten bzw. Haftungsansprüchen von Dritten, die durch die Herstellung, Lieferung oder Lagerung der Produkte entstehen, freizustellen (Produkthaftung). Er ist verpflichtet, uns zur Abgeltung berechtigter Ansprüche geleistete Zahlungen zu erstatten. Die Freistellung- und Erstattungspflicht gilt nicht, sofern das zugrundeliegende Ereignis nachweisbar auf ein grob fahrlässiges oder vorsätzliches Fehlverhalten von uns oder eines unserer Angestellten, Vertreter, Erfüllungsgehilfen oder mit uns verbundener Unternehmen beruht. Der Verkäufer ist verpflichtet, uns unverzüglich von gegen ihn erhobener Klagen oder der Geltendmachung von Ansprüchen in Kenntnis zu setzen und auf unser Verlangen hin alle diesbezügliche Unterlagen zur Verfügung zu stellen.

§ 6 Indemnification

The Supplier agrees to full indemnification for our benefit (or any of our affiliate companies) from any liability/claim as a result of the manufacture, delivery and storage of Products ("Product Liability"). It shall refund to us any payments that we shall have made to satisfy any such justified claims. The duty to indemnification and refund shall not apply if the underlying incident shall have provably been caused through gross negligence or wilful misconduct by us any of our employees, representatives, agents or any affiliate. The Supplier shall immediately notify us of any litigation that shall have been started or of any claims that shall have been raised against it and shall upon our demand make available to us all relevant documents.

§ 7 Versicherung

(1) Der Verkäufer verpflichtet sich zum Abschluss einer umfassenden Haftpflichtversicherung einschließlich Produkthaftpflicht bei einem renommierten Versicherungsunternehmen mit einer Mindestdeckungssumme in Höhe von ...... € pro Schadens/Sachschadensfall. Eine solche Versicherung hat sich auf verbundene Unternehmen des Verkäufers zu erstrecken, soweit diese mit einer Dienstleistung befasst sind, die unter allgemeinen Einkaufsbedingungen fallen.

(2) Der Verkäufer verpflichtet sich, uns jährlich zum Nachweis einer Deckung Bestätigungen zu übermitteln. Jede Be-

§ 7 Insurance

(1) The Supplier shall maintain a comprehensive liability insurance with a reputable insurance company which shall include product liability coverage, in the minimum coversage of ...... € per occurrence for damage, injury and/or death to persons, and ...... € per occurrence for damage and/or injury to property. Such insurance shall cover all affiliates of the Supplier to the extent that these are engaged in any of the services falling under these Terms and Conditions.

(2) The Supplier shall, on an annual basis, provide us with certificates of insurance evidencing such coverage.

stätigung hat ihren Deckungsumfang anzugeben.

Each certificate shall indicate the coverage represented thereby.

§ 8 Gewährleistung

§ 8 Representations and Warranties

Der Verkäufer gewährleistet wie folgt:

The Supplier represents and warrants as follows:

(i) Die Produkte entsprechend in jeder Hinsicht anwendbaren gesetzlichen Vorgaben, Vorschriften und Regularien des Staates, in dem das Produkt hergestellt, gelagert oder woher es geliefert wurde und wo es Verwendung findet.

(i) The Products shall comply in all respects with all applicable laws, rules and regulations of the country where the Product is manufactured, stored or through which it is shipped, and the countries where the Product shall be used.

(ii) Die Herstellung der Produkte ist von hoher Qualität und geschieht in Übereinstimmung mit besten Industriestandards. Die Produkte sind sicher, verkehrsfähig und für den vorausgesetzten Gebrauchszweck geeignet und entsprechen in jeder Hinsicht den Spezifikationen.

(ii) The Products shall be manufactured to a high quality and in accordance with best industry practice. The Products are safe, merchantable and fit for their intended purpose and shall comply fully with the Specifications in every respect.

(iii) Die Produkte sind in Übereinstimmungen mit den Spezifikationen und gesetzlichen Vorschriften gekennzeichnet (letzteres schließt insbesondere das Herstellungsland sowie das Bestimmungsland/die Bestimmungsländer ein).

(iii) The Products are labelled as required by the Specifications and by law (including, but not limited to, the laws of the country of manufacture and intended country or countries of use).

(iv) Keines der Produkte enthält genetisch modifizierte Organismen oder andere Bestandteile oder Produkte, die unter Verwendung von Gentechnologie hergestellt wurden, sofern dies uns nicht anderweitig mitgeteilt und von uns vorher schriftliche akzeptiert worden ist.

(iv) None of the Products shall contain any genetically modified organisms, or any ingredients components or products which are derived from the use of gene technology, save to the extent declared to, and previously agreed in writing by, us.

§ 9 Schlussbestimmungen

§ 9 Final Provisions

(1) Erfüllungsort für die Lieferung der Produkte ist ......

(1) The place of performance shall be ......

(2) Zu unseren Gunsten ist ...... für alle Streitigkeiten aus dem Vertragsverhältnis Gerichtsstand. Wir können aber auch einen anderen Gerichtsstand wählen.

(2) For our benefit, the courts of ...... shall have jurisdictions over all disputes arising from these Terms and Conditions.

(3) Es gilt das Recht der Bundesrepublik Deutschland.

(3) The laws of Germany shall apply.

(4) Die Unwirksamkeit einzelner Be-stimmungen dieser allgemeinen Ein-kaufsbedingungen berührt nicht die Wirksamkeit der übrigen Regelungen. Unwirksame Bestimmungen gelten als durch solche wirksame Regelungen er-setzt, die geeignet sind, den wirtschaft-lichen Zweck der weggefallenen Rege-lung soweit wie möglich zu verwirk-lichen.

(4) The invalidity of any provision of these General Terms and Conditions shall not affect the validity of the other provisions. Invalid provisions shall be deemed as replaced by such valid pro-visions that shall be suitable to imple-ment the economic purpose of the de-leted provision to the greatest extent possible.

VI. Gebrauchsüberlassung

1. Mietvertrag über Gewerberäume[1]

zwischen

......

          – nachstehend „Vermieter" genannt –

und

......

          – nachstehend „Mieter" genannt –

Mietgegenstand:

......

Inhaltsübersicht

§ 1 Mietgegenstand

(1) Der Vermieter ist Eigentümer des Grundstücks und wird Eigentümer des noch zu errichtenden Gebäudes und der Außenanlagen gem. der Baubeschreibung Anlage 1.[2] Er vermietet an den Mieter das so vollständig errichtete Anwesen mit der Postanschrift

(......)

VI. Rent and Lease Agreements

1. Lease Agreement for Commercial Premises

made between

......

          – hereinafter referred to as the "Landlord" –

and

......

          – hereinafter referred to as the "Tenant" –

The Premises:

......

Table of Contents

§ 1 The Premises

(1) The Landlord is the proprietor of the real estate and shall become owner of the building and the surroundings in accordance with the building specification as set out in Annex 1 hereof. He agrees to lease to the Tenant the fully constructed and completed premises with address in

(......)

---

[1] Am Beispiel eines Restaurant-Betriebes.
[2] Die Anlagen sind nicht mit aufgeführt.

mit den nachgenannten Mietflächen:
ca. ...... m² Grundstück
ca. ...... m² im Erdgeschoss

ca. ...... m² im Obergeschoss mit Personal- und Technikräumen

mindestens ...... Parkplätze gem. abgestimmtem [Konzept des] Außenanlageplan(es) (zu Anlage 1)

Die Lage des Grundstücks und Räumlichkeiten sind in Anlage 2 mit dazugehörendem Lageplan, sowie in Anlage 3 mit den Grundriss- und Ansichtsplänen zu diesem Vertrag näher beschrieben und gekennzeichnet.

(2) Der Vermieter gewährleistet, dass im Zeitpunkt des Mietbeginns und sodann während der gesamten Vertragsdauer die für die Nutzung des Mietgegenstandes erforderlichen und in Anlage 1 gekennzeichneten Zugänge von den um- und angrenzenden privaten und öffentlichen Flächen und Straßen in dem für die ordnungsgemäße Nutzung des Mietgegenstandes notwendigen Umfang dem Mieter und seinen Kunden zur Verfügung stehen.

(3) Der Vermieter stellt dem Mieter die in Anlage 2 kenntlich gemachte, geeignete Fläche für das Aufstellen von Mülltonnen und Müllgroßraumbehältern zur Verfügung und gewährleistet, dass der Mieter während der Dauer des Mietvertrags die Anlieferung und den Abtransport der für den Betrieb notwendigen Gegenstände selbst oder durch Dritte über Zugänge und Zufahrten sowie vorhandene Hofflächen gefahrlos und ungehindert in der behördlich geforderten Weise durchführen kann.

(4) Der Mieter ist berechtigt, die an- und umgrenzenden Außenwände und Flächen des Mietgegenstandes im behördlich zulässigen Umfang zur

with the following leased areas:
approx ...... square meters of land
approx ...... square meters of ground floor

approx ...... square meters of first floor with staff facilities and technical rooms

minimum ...... parking spaces in accordance with the agreed surroundings design (concept) (according to Annex 1).[3]

The location of the premises and rooms is set out in Annex 2 with the relevant zoning plans and in Annex 3 which shall include a complete design specification.

(2) The Landlord represents and warrants that as from the date of the conclusion and throughout the term of this Agreement all access facilities of the premises specified in Annex 1 hereto shall remain fully available to the Tenant and its customers. This shall refer to all access facilities from public or private roads or parking spaces.

(3) The Landlord shall make available to the Tenant the space required for placement of garbage tins. These shall be marked small and big on the drawings of Annex 2. The Landlord agrees to ensure throughout the term of this Agreement that all food and equipment necessary for the operation of the restaurant may be freely supplied or picked up through the Tenant or any third contractor that the Tenant shall have retained and that all entrances and access roads including existing yards can be safely and freely used in accordance with applicable requirements.

(4) The Tenant may use outside walls of the Premises for advertising and signage in accordance with applicable local laws including neon sign advertising.

---

[3] The Annexes are not enclosed.

Außenwerbung einschließlich einer Leuchtreklame zu nutzen, ohne dass hierfür ein besonderes Nutzungsentgelt zu zahlen ist. Der Mieter ist berechtigt, Gestaltung und Ausmaß der Werbung während der Laufzeit des Vertrages zu verändern. Der Mieter trägt die Kosten der Installation und Instandhaltung sowie der Entfernung der Außenwerbung. Er holt die hierzu notwendigen behördlichen Genehmigungen auf seine Kosten ein.

(5) Die dem Mieter vermieteten Räumlichkeiten sowie die ihm durch diesen Vertrag eingeräumten Nutzungsrechte werden in diesem Vertrag „Mietgegenstand" genannt.

§ 2 Mietzweck

(1) Die Vermietung des Mietgegenstandes erfolgt zu dem Zweck, den Mietgegenstand gewerblich zu nutzen, insbesondere zum Betrieb eines Restaurants. Der Mieter übernimmt keinerlei den Mietgegenstand betreffende Verpflichtungen für den Bezug und/oder die Abgabe von Waren oder Leistungen, sofern diese nicht für den Betrieb des Restaurants notwendig sind.

(2) Der Vermieter gewährt dem Mieter für die Laufzeit des Vertrages Konkurrenzschutz für gastronomische Betriebe, die mit dem Betrieb des Mieters in Wettbewerb stehen, auf dem Grundstück, auf dem sich der Mietgegenstand befindet und auf allen seiner Verfügungsbefugnis unterliegenden Grundstücken im Umkreis von 3.000 Metern vom Mietgegenstand. Dem Konkurrenzschutz unterliegen insbesondere Gastronomiebetriebe wie etwa ...... Soweit Konkurrenzschutz besteht, darf der Vermieter weder einen dem Schutz unterliegenden Betrieb selbst errichten oder betreiben noch durch Dritte errichten oder betreiben lassen oder sich unmittelbar oder mittelbar an einem derartigen Betrieb beteiligen.
Der Vermieter stellt dem Mieter die für dessen Betrieb behördlich geforderten

No additional rent shall be payable for such advertising. The Tenant shall have the right to change the layout and the level of advertising during the term of this Agreement. The Tenant shall bear all costs of installation and maintenance including costs of removal of the signage or other advertising equipment. It shall be at the sole responsibility of the Tenant to obtain necessary permits at own expenses.

(5) The Premises made available pursuant to the terms of this Agreement including all rights to use granted hereunder shall be referred to as "The Premises".

§ 2 Purpose of Lease

(1) The lease of the Premises shall be for the purpose of commercial use including, without limitation, the operation of a restaurant.
The Tenant shall not assume any obligations in relation to the supply and/or distribution of products or services other than these required for his restaurant operations.

(2) The Landlord agrees for the duration of this Agreement to award to the Tenant territorial protection against competitive gastronomy enterprises which shall apply to the Premises itself and shall cover all real estate under the control of the Landlord within a radius of 3.000 meters around the Premises. This restrictive covenant shall specifically cover gastronomy restaurant operations such as ...... The restrictive covenant hereunder commits the Landlord to refrain from establishing or operating the said type of restaurant or have established or operate the same and to acquire any direct or indirect share in such operations.

The Landlord shall for the duration of this Agreement make available to the

Stellplätze auf dem Mietgegenstand für die Laufzeit des Vertrages zur Verfügung, ohne dass der Mieter hierfür ein besonderes Entgelt zu zahlen hat. Ist der Vermieter nicht in der Lage, dem Mieter die behördlich geforderte Anzahl von Stellplätzen zur Verfügung zu stellen, ist der Mieter berechtigt, nach fruchtlosem Ablauf einer im Einzelfall zu setzenden Abhilfefrist von diesem Vertrag zurückzutreten.
Behördlich geforderte Stellplatzablösungen hat der Vermieter auf seine Kosten zu erfüllen.

(3) Der Vermieter gewährleistet, dass die Stockwerksdecken eine Belastungsgrenze von mindestens $5\,kN/m^2$ haben.[4] Der Vermieter gewährleistet ferner, dass der bauliche Zustand des Mietgegenstandes mangelfrei bleibt, soweit er nicht durch nach dieser Vereinbarung erlaubte oder vorgesehene Bauarbeiten des Mieters verändert wird und dass der Mietgegenstand für die beabsichtigte Nutzung während der Dauer des Mietvertrags über ausreichende Zuleitungen und Anschlüsse an die Ver- und Entsorgungseinrichtungen (z.B. Elektrizität, Heizung, Wasser, Gas, Telefon) verfügt.

(4) Sollten die Behörden/die Gemeinde Genehmigungen, Erlaubnisse oder Konzessionen, die aus baulichen Gründen für den Betrieb des Mieters gem. seinen betrieblichen Bedürfnissen erteilt werden müssen, nicht oder nur unter Bedingungen und Auflagen erteilen, die für den Betrieb des Mieters im Mietgegenstand wirtschaftlich unvertretbar sind, ist der Mieter berechtigt, innerhalb einer Frist von drei Wochen ab der Kenntnis der Bedingungen oder Auflagen, durch schriftliche dem Vermieter gegenüber abzugebende Erklärung vom Vertrag zurückzutreten.
Der Mieter ist berechtigt, aber nicht verpflichtet, gegen ablehnende oder nur unter Bedingungen und Auflagen erteilte Bescheide umgehend Rechtsbe-

Tenant the number of parking space as required by local authorities. The Tenant is not required to pay any additional consideration therefor. If the Landlord is incapable of providing the number of parking space required by local authorities, then the Tenant shall, upon expiry of a grace period without remedial action, have the right to rescind this Agreement.

The Landlord agrees to make any compensation payments to authorities for shortfall of parking space.

(3) The Landlord represents and warrants that all surfaces of the floors shall have a minimum weight capacity of $5\,KN/square\ meter$.[4] The Landlord further represents and warrants that the construction status of the Premises shall remain free of defects unless the same shall have been altered through construction works of the Tenant. It further represents and warrants that the Premises is equipped with supply and ducts for supply and disposal facilities sufficient for the intended use for the duration of this Lease Agreement (e.g. electricity, heating, water, gas, telephone).

(4) If the public authorities/the municipality shall not grant approvals, permits or concessions necessary for the Tenant to operate the Premises in accordance with his operational requirements or if these authorities shall grant the same in parts only or subject to certain conditions which prove to be economically unacceptable for the operation of the Tenant's enterprise, then the Tenant may rescind this Agreement within 3 weeks after becoming aware of such condition by written notice to the Landlord.

The Tenant shall have the right but shall be under no obligation to immediately appeal against any rejecting decree or a decree of approval to which

---

[4] KN = Kilonewton

helfe einzulegen. In diesen Fällen gilt die vorstehende Fristenregelung entsprechend mit der Maßgabe, dass die Frist mit Ablauf des ersten Tages der Rechtskraft der Entscheidung zu laufen beginnt.

Der Mieter ist verpflichtet, den Vermieter unverzüglich über ablehnende oder unter wirtschaftlich unvertretbaren Bedingungen und Auflagen erteilte Genehmigungen zu informieren.

(5) Der Vermieter wird eine beschränkt persönliche Dienstbarkeit zugunsten des Mieters bestellen. Die Bestellung dieser Dienstbarkeit erfolgt spätestens bei Mietbeginn. Die Kosten der Bestellung sowie der Grundbucheintragung trägt der Mieter. Der Mieter ist verpflichtet, nach Beendigung des Mietvertrages die Löschung der Dienstbarkeit auf seine Kosten zu bewilligen. Im Falle der Kündigung des Mietvertrages gilt diese Verpflichtung ab dem Zeitpunkt eines rechtskräftigen Urteils, sofern die Berechtigung der Kündigung zwischen den Vertragsparteien streitig ist.

Ist der Vermieter nicht Grundstückseigentümer, so wird er bei dem Grundstückseigentümer die Zustimmung zur Bestellung einholen.

§ 3 Erstellung und Übergabe des Mietgegenstandes

(1) Der Vermieter verpflichtet sich, den Mietgegenstand entsprechend der als Anlage 1 beigefügten Baubeschreibung schlüsselfertig zu erstellen. Der Vermieter wird hierzu alle erforderlichen behördlichen Genehmigungen, insbesondere die Baugenehmigung, auf eigene Kosten einholen. Der Vermieter verpflichtet sich, den Mietgegenstand innerhalb einer Frist von 3 Monaten ab Erhalt der Baugenehmigung fertigzustellen. Als verbindlicher Fertigstellungstermin gilt der Tag als vereinbart, der dessen Datum exakt 3 Monate nach dem Tag liegt, an dem der Vermieter die Baugenehmigung erhalten hat.

any conditions are attached. In such case, the above deadline shall apply accordingly provided that the start date shall be the first day after a decree shall have become conclusive.

The Tenant agrees to immediately inform the Landlord about rejecting decrees or approving decrees that are subject to economically unreasonable conditions.

(5) The Landlord agrees to register for the benefit of the Tenant or ist successor in title a limited personal servitude. The registration of such servitude shall be effected by no later than at the start date of this Agreement. The Tenant shall bear the costs of creation and entry. The Tenant agrees to ensure that such servitude shall be deleted upon expiry of this Agreement at its own expense. In the event that this Agreement is terminated, and Landlord and Tenant shall be in conflict about such termination then such obligation shall apply only after a court decision shall have become conclusive.

If the Landlord is not the owner of the land, then it shall provide the consent of such owner to the creation.

§ 3 Development and Transfer of the Premises

(1) The Landlord agrees to develop to a turnkey status the premises in accordance with the building specification attached hereto as Annex 1. For such purposes it shall obtain at own expense all necessary public authority permits including the building permit. The Landlord undertakes to complete the Premises within 3 months after receipt of the building permit. It is agreed that the binding completion date shall be the day that is exactly 3 months after the date at which the Landlord had obtained the building permit.

(2) Zur Gewährleistung der zeitgerechten Vollendung der Baumaßnahmen verpflichtet sich der Vermieter, die nachfolgend aufgeführten Handlungen innerhalb der jeweils geregelten Fristen vorzunehmen:

a) Innerhalb 4 Wochen nach Unterzeichnung dieses Vertrages ist der Bauantrag für die noch zu erstellenden Anlagen bei der zuständigen Behörde einzureichen.
b) Innerhalb von 4 Wochen nach Abgabe des Bauantrages übersendet der Vermieter das Konzept des Bauzeitenplanes an den Mieter zur Kenntnisnahme.
c) Innerhalb von 2 Wochen nach Erhalt der Baugenehmigung, spätestens bei Baubeginn ist dieser Bauzeitenplan zu aktualisieren.

d) Baubeginn und Bauablauf und Baufertigstellung so zu steuern, dass die Baumaßnahmen innerhalb 3 Monaten nach Erhalt der Baugenehmigung fertiggestellt sind und der Mietgegenstand an den Mieter übergeben wird.

Der Vermieter wird ferner dem Mieter zeitnah alle relevanten Informationen übermitteln, die sich auf den zeitlichen Ablauf zur Realisierung des Mietgegenstandes beziehen, dies gilt insbesondere, wenn wichtige Gründe nach Unterzeichnung des Mietvertrages entstanden sind, die die Fertigstellung und Übergabe des Mietgegenstandes im Verhältnis zu den vorstehend geregelten Fristen erheblich verzögern.
Sofern der Vermieter seine Verpflichtung nach vorgenannten Abs. a) und b) nicht einhält, insbesondere die darin vereinbarten Fristen überschreitet, wird der Mieter eine Nachfrist von 2 Wochen zur Erledigung der dort beschriebenen Tätigkeiten setzen. Nach fruchtlosem Ablauf ist der Mieter berechtigt, durch schriftliche Erklärung gegenüber dem Vermieter von diesem Vertrag zurückzutreten.

(2) To ensure the timely completion of the building works the Landlord agrees to perform all acts specified below within the deadlines as specified in these provisions:

a) Within 4 weeks after signing this Agreement, the building permit application for outstanding works must have been filed with the responsible authority.
b) Within 4 weeks after filing of the building permit application, the Landlord shall forward to the Tenant the draft time schedule for the construction works.
c) Within 2 weeks after receipt of the building permit but in no event later than by the start of construction works, the time schedule shall be updated.
d) The start of construction works, the execution and the completion of works shall be timed such that the construction works shall have been completed by no later than 3 months after receipt of the building permit and the Premises have been handed over to the Tenant.

The Landlord shall make available to the Tenant without delay any information referring to the timing of the development of the Premises including, without limitation, information on any events after the signing of this Agreement causing a significant delay of completion and transfer of possession of the Premises.

If the Landlord shall fail to comply with the deadlines agreed under (a) and (b) above, then the Tenant will specify a cure period of 2 weeks for completion of the above referenced works. If the Landlord fails to comply with such deadline, then the Tenant shall have the right to rescind this Agreement through written notice to the Landlord.

(3) Im Falle tatsächlicher oder erkennbarer Fristüberschreitung wird der Mieter eine Nachfrist von bis zu 12 Wochen zur übergabereifen Vollendung der Bauarbeiten setzen. Nach fruchtlosem Ablauf dieser Frist ist der Mieter berechtigt, durch schriftliche Erklärung gegenüber dem Vermieter von diesem Vertrag zurückzutreten.

(4)

4.1 Nach Vollendung der Baumaßnahmen, spätestens aber zum Fertigstellungstermin nach vorstehender Ziffer 1 findet die Übergabe des Mietgegenstandes statt. Die Parteien werden hierzu rechtzeitig einen Termin abstimmen.

4.2 Bei Übergabe des Mietgegenstandes wird ein von beiden Parteien zu unterzeichnendes Übergabeprotokoll erstellt, in dem mangelhafte oder nicht vollständig erbrachte Leistungen des Vermieters unter Vereinbarung einer Fertigstellungsfrist benannt werden. Lediglich geringfügige, die weiteren Ausbauarbeiten des Mieters bzw. seinen Betrieb nicht behindernde Mängel- oder Fehlleistungen behindern die Übergabe nicht und verschieben nicht den Mietzahlungsbeginn. Dies gilt jedoch nur, sofern die Außenanlagen zu diesem Zeitpunkt vollständig fertiggestellt sind.

(5) Hält der Mieter an der Erfüllung des Mietvertrages fest, so hat der Vermieter für jeden verspäteten Monat eine Vertragsstrafe in Höhe von € ...... Die Vertragsstrafe ist in ihrer Höhe auf den Betrag einer Jahresmiete begrenzt. Dem Mieter bleibt der Nachweis eines wesentlich höheren, dem Vermieter der Nachweis eines wesentlich geringeren Schadens vorbehalten.

(6) Der Anspruch des Mieters auf Übergabe des Mietgegenstandes entsteht erst nach ordnungsgemäßer Erbringung der Sicherheitsleistung gem. § 6 dieser Vereinbarung.

(3) In the event of any actual or imminent failure to meet the completion deadline the Tenant will specify a cure period of up to 12 weeks for full completion of the construction works. If the Landlord fails to comply with such deadline, then the Tenant shall have the right to rescind this Agreement through written notice to the Landlord.

(4)

4.1 Upon completion of the construction works but in no event later than the completion date specified in sub-section (1) above, the Premises shall be handed over. In due course, the parties shall specify a date therefor.

4.2 Upon hand-over of the Premises, both parties shall prepare minutes of transfer where they shall list defective or outstanding works of the Landlord specifying the minimum deadline for completion. Non-material defects or faults of no adverse effect to the Tenant's operations shall not prevent the transfer of possession and therefore do not defer the start date for rent payment. However, this shall apply only if the surroundings shall have been completed at such date.

(5) If the Tenant chooses to insist on the performance of the lease agreement, then the Landlord shall pay to the Tenant a monthly penalty of € ...... The penalty shall be capped at an amount equalling an annual rent payment. This shall be without prejudice to the right of the Tenant to prove a significantly higher damage or the right of the Landlord to prove a significantly lower damage.

(6) The Tenant's right to demand the hand-over of the Premises shall only come into existence upon full provision of the security deposit in accordance with § 6 of this Agreement.

§ 4 Mietzeit

(1) Die Mietzeit beginnt mit dem 1. Tag des Monats, der der Übergabe des Mietgegenstandes an den Mieter folgt und wird auf die Dauer von ...... Jahren fest abgeschlossen.

(2) Nach Ablauf der in Ziffer 1 genannten festen Mietzeit verlängert sich das Mietverhältnis automatisch 3 mal um jeweils weitere fünf Jahre, sofern es nicht jeweils 12 Monate vor Ablauf der festen Mietzeit bzw. einer Fünf-Jahres-Periode vom Mieter gekündigt wird. Nach Ablauf von 30 Jahren verlängert sich das Mietverhältnis auf unbestimmte Zeit und kann von jedem Vertragspartner unter Einhaltung der gesetzlichen Fristen gekündigt werden.

§ 5 Miete, Betriebskosten

(1) Die monatliche Miete für den Mietgegenstand beträgt
€ ...... (i. W. € ......)
zuzüglich der gesetzlichen Mehrwertsteuer, z. Zt. 16%.

(2) Die monatliche Miete ist erstmalig zahlbar ab 1. des Monats, der auf die Übergabe des Mietgegenstandes gem. § 4, Ziffer 2 folgt und für die nachfolgenden Monate nach Maßgabe der in Ziffer 6 getroffenen Regelung.

(3) Neben der Miete gem. Ziffer 1 übernimmt der Mieter die nachfolgend genannten Betriebskosten:

a) Die Kosten der Heizung und Warmwasserversorgung in voller Höhe.

b) Die Kosten der Belieferung des Mietgegenstandes einschließlich der dort vorhandenen technischen Anlagen mit Strom, Wasser und Gas sowie die Kosten der Entwässerung.

c) Die Kosten der verbundenen Gebäudeversicherung (Feuer, Sturm, Wasser) zum gleitenden Neuwert.

d) Die Kosten der regelmäßigen Wartungen für Be- und Entlüftungsanlage, des Fettfortluftkanals, des Fett-

§ 4 Lease Term

(1) The lease term shall commence on the 1st day of the month succeeding the hand-over of the Premises and shall be for a fixed term of ...... years.

(2) Upon expiry of the lease term specified in subsection 1., the lease shall automatically be renewed for a further period of five years (which shall apply 3 times) unless the Tenant shall have terminated the same by no later than 12 months before the expiry of the relevant lease term. After completion of 30 years, the lease term shall be for an indefinite period of time and may be terminated by either party in accordance with statutory notice periods.

§ 5 Lease Payment; Operational Costs

(1) The monthly lease payment for the Premises shall be
€ ...... (in words: € ......)
plus statutory VAT (current rate is 16%).

(2) The monthly lease payment shall be in accordance with sub-section 6. and be initially payable upon the 1st day of the month succeeding the hand-over date for the Premises according to § 4 (2) above.

(3) In addition to the lease payment according to sub-section 1., the Tenant shall pay the following utility costs:

a) All costs of heating and hot water supply.

b) The costs of supplying the Premises including the technical equipment with electricity, water, gas and the costs of drainage.

c) The costs of any building insurance attached to the Premises (fire, storm, water) at the floating replacement value of the Premises.

d) The costs of regular maintenance of the ventilation equipment, the grease pipe, the grease separation equip-

abscheiders und der Heizungsanlage.

Der Vermieter ist verpflichtet, solange Wartungsverträge für diese vorgenannten Anlagen abzuschließen und zu unterhalten, wie er mit dem Lieferanten oder seinem Generalunternehmer eine Gewährleistungspflicht vereinbart hat. Er ist berechtigt, die Kosten hierfür an den Mieter im Rahmen seiner jährlichen Abrechnungen der Betriebskosten zu belasten.

e) Die öffentlichen Gebühren für anteilige Straßenreinigung des Mietgegenstandes.

Der Mieter leistet auf die jährlichen Betriebskosten angemessene monatliche Abschlagszahlungen, über die jeweils nach Schluss der Abrechnungsperiode abzurechnen ist, spätestens jedoch innerhalb 6 Monate nach Ablauf der jeweiligen Abrechnungsperiode, Zuzahlungen oder Rückzahlungen haben innerhalb eines Monats nach Übergabe der Jahresabrechnung an den Mieter zu erfolgen.

Der monatliche Vorschuss auf die Betriebskosten wird zunächst mit € …… zuzüglich gesetzlicher MwSt, derzeit 19%, festgelegt. Vermieter und Mieter sind berechtigt, eine angemessene Erhöhung bzw. Ermäßigung des monatlich zu zahlenden Vorschusses zu verlangen, sofern und soweit sich erweisen sollte, dass die jährlichen Betriebskosten höher oder niedriger liegen.

(4) Der Mieter wird, soweit ihm dies möglich ist, Lieferverträge mit privaten oder öffentlichen Versorgungsunternehmen unmittelbar abschließen und die anfallenden Kosten mit diesen Unternehmen direkt abrechnen. Erfolgt die Belieferung durch den Vermieter, weil eine Direktbelieferung nicht möglich ist, so erstattet der Mieter diese Kosten dem Vermieter.

(5) Der Mieter wird in seinem Betrieb Wertstoffe für Recycling sammeln und

ment, the grease separator and the heating system.

The Landlord agrees to enter into and to keep maintenance agreements for this equipment in the same way as warranty coverage has been agreed with the supplier or general contractor. The Landlord shall have the right to charge the Tenant with the costs in the course of the annual accounting of the utility costs.

e) The public duties on a pro rata basis road cleaning of the Premises.

The Tenant shall make appropriate monthly lump sum payments against the annual utility costs. The accounts therefor shall be settled at the end of each accounting period but in no event later than 6 months after expiry of the relevant accounting period. Additional payments or refunds shall be made by no later than one month after the annual account statements for utility costs have been made available.

The monthly prepayment against the utility costs is fixed on a preliminary basis at € …… plus statutory VAT (current rate is 19%). Landlord and Tenant shall have the right to request an appropriate increase or decrease if the monthly prepayment of the annual utility costs should prove to be higher or lower, as the case may be.

(4) To the extent possible, the Tenant shall enter into direct agreements with private or public utility suppliers and to pay directly any costs to these suppliers. If the supply shall be made available by the Landlord because a direct supply shall not be possible, then the Tenant shall refund to the Landlord these costs.

(5) The Tenant will collect for recycling any suitable material and have the

durch bundesweit tätige und zugelassene Entsorgungsunternehmen ca. 2 × wöchentlich abholen lassen. Bei diesem umweltfreundlichen Konzept ist die Nutzung der öffentlichen Müllabfuhr nur in geringem Umfang vorgesehen. Diesem Konzept entsprechend wird der Vermieter für den Mieter zunächst nur einen Müllbehälter der öffentlichen Müllentsorgung mit 120l Volumen und mit wöchentlicher Leerung ab Übergabe des Mietgegenstandes zur Verfügung stellen. Der Mieter wird die Anzahl und Größe weiterer Müllbehälter zur Nutzung der öffentlichen Müllabfuhr selbst schriftlich anfordern. Falls dies und deren laufenden Kosten nur über dem Vermieter möglich ist, wird der Mieter diese erstatten.

(6) Der Mietzins, der monatliche Vorschuss auf die Betriebskosten und die evtl. darauf anfallende Mehrwertsteuer ist im voraus, spätestens am 5. eines jeden Monats auf das Konto Nr. ...... des Vermieters bei der ...... (IBAN ......) zu zahlen. Für die Rechtzeitigkeit der Zahlung ist der Eingang auf dem Konto des Vermieters maßgeblich.

(7) Verändert sich der vom Statischen Bundesamt festgestellte Lebenshaltungskostenindex aller privaten Haushalte (2000 = 100) gegenüber dem Stand bei Ende des dritten vollen Kalenderjahres der Mietzeit oder dem für die letzte Mietanpassung maßgeblichen Stand um mehr als 10%, so erhöht oder ermäßigt sich die Miete mit dem auf die entsprechende Indexänderung folgenden Beginn des Kalenderjahres um 60% des prozentualen Verhältnisses, in dem sich der Index selbst geändert hat. Der Anspruch auf Zahlung des geänderten Mietzinses besteht erst dann für die nachfolgende Zahlungsperiode gem. den vorgenannten Bestimmungen, wenn eine der Parteien schriftlich unter Hinweis auf die zutreffenden Voraussetzungen eine Anpassung der Miete verlangt.
Diese Klausel ist erneut anwendbar, wenn sich der Index seit der letzten

same disposed through a nationally operating and recognised company for waste disposal twice a week. Based on such system with positive environmental effects, only a remote use of the public waste disposal system is anticipated. In accordance with such concept, the Landlord shall make available to the Tenant for waste disposal a garbage bin of only 120 litres capacity with weekly disposal as from the transfer of the Premises. The Tenant agrees to order at its own responsibility any further bins for public waste disposal. If the same and the costs attached to it can only be effected through the Landlord, then the Tenant shall indemnify the Landlord against all costs in conjunction therewith.

(6) The rent payment, the monthly prepayment against the utility costs and the applicable VAT thereon shall be paid in advance by no later than the 5th day of each month to the Landlord's account ...... with the ...... (banking code number). Timely payment shall require credit advice at the Landlord's account.

(7) If the consumer price index for all private households (2000 = 100), as determined through the German Federal Office of Statistics, shall change by more than 10 percent versus the status at the end of the full third calendar year of the lease term or versus the status after the most recent rent adjustment, then the rent shall be increased or decreased, as the case may be. Such adjustment shall become applicable upon the start of the calendar year succeeding the index change and be 60% of the index percentage change. The right to claim payment of the adjusted rent may only be exercised for the following payment term if one of the Parties shall have exercised it through reference on the relevant conditions of an adjustment.

This clause shall again apply if the index after the mast recent rent adjust-

Mietanpassung erneut um mehr als 10% nach oben oder unten verändert hat. Die Mietanpassung selbst erfolgt zu Beginn des darauffolgenden Kalenderjahres um 60% des prozentualen Verhältnisses, in dem sich der Index seit der vorausgegangenen Mietanpassung geändert hat und wenn sie von einer Mietpartei angefordert worden ist.

§ 6 Sicherheitsleistung

(1) Zur Sicherung aller Ansprüche des Vermieters gegen den Mieter aus diesem Mietverhältnis übergibt der Mieter bis zum ......, in dem Falle aber vor Übergabe des Mietgegenstandes eine Kaution in Höhe von € ......, die unverzinslich ist. Wird die Kaution bis zur Übergabe nicht geleistet, besteht kein Anspruch des Mieters auf Übergabe des Mietgegenstandes. Die Verpflichtung zur Zahlung des Mietzinses bleibt hiervon unberührt. Hat der Vermieter dem Mieter den Mietgegenstand gleichwohl übergeben, so ist der Vermieter, sofern die Kaution innerhalb einer vom Vermieter zu setzenden angemessenen Nachfrist nicht geleistet wird, zur fristlosen Kündigung dieses Vertrages berechtigt.
Der Vermieter ist verpflichtet, innerhalb von 6 Monaten nach Beendigung des Mietverhältnisses über die Kaution abzurechnen.

(2) Dem Mieter wird gestattet, die Sicherheit auch durch Beibringung einer selbstschuldnerischen Bürgschaft einer deutschen Großbank in Höhe von € ...... zu erbringen. Diese Bürgschaft ist in der Weise auszugestalten, dass sie auf ersten Anfordern zahlbar ist, die Einrede der Vorausklage ausgeschlossen ist und auf das Recht des Bürgen zur Hinterlegung verzichtet wird. Die Bürgschaft darf nicht befristet sein.

(3) Die Sicherheitsleistung entspricht der dreifachen anfänglichen Monatsbruttomiete zuzüglich Nebenkosten (brutto). Im Falle von Änderungen des Mietzinses oder der monatlichen Ne-

§ 6 Security Deposit

(1) To secure all claims of the Landlord against the Tenant arising from this lease agreement, the Tenant shall provide the Landlord with a security deposit of € ...... by no later than ...... but in any event prior to the hand-over of the Premises. The Tenant shall have no right to a hand-over of the Premises unless the security deposit shall have been made available. This shall be without prejudice to the obligation to make the rent payment. If the Landlord shall hand over the Premises to the Tenant despite any payment default, then it shall have the right to terminate this Agreement if the Tenant fails to pay the security deposit within a reasonable grace period that the Landlord shall have specified.
The Landlord must render accounts for the security deposit by no later than 6 months after expiry of the lease.

(2) The Tenant shall be permitted to effect the security deposit through providing a surety of € ...... issued by a prime German bank. This surety shall be payable upon first demand, shall waive the right to demand prior lawsuit (against the counterpart) and the right to be put into deposit. The surety may not be temporary.

(3) The security deposit equals the triple amount of the initial gross monthly rent plus ancillary costs. If the rent or the monthly prepayments for ancillary costs shall change, then the Landlord

benkostenvorauszahlungen hat der Vermieter jeweils nach drei Jahren das Recht, die Höhe der Sicherheitsleistung unter Berücksichtigung der zwischenzeitlich eingetretenen Erhöhung gem. § 315 BGB anzupassen.

shall after three years have the right to adjust the amount of the security deposit. Such adjustment shall be made in accordance with § 315 of the German Civil Code with due observance of the increases that have occurred in the meantime.

(4) Im Falle einer Untervermietung oder Gebrauchsüberlassung an Dritte tritt der Mieter die ihm zustehenden Ansprüche gegen den Untermieter oder gegen Dritte hiermit an den Vermieter ab, der diese Abtretung annimmt. Die abgetretenen Ansprüche dienen zur Absicherung aller Ansprüche des Vermieters gegen den Mieter aus dem Mietverhältnis.

(4) In case of sublease or the grant of use to a third party the Tenant herewith assigns to the Landlord all claims that it shall have against the sub-tenant; the Landlord hereby accepts such assignment. The claims so assigned shall serve as security to the Landlords for all claims against the Tenant under the lease agreement.

§ 7 Untervermietung/Übertragung des Mietverhältnisses/ Vormietrecht

§ 7 Sublease; Transfer of Lease Agreement; Lease Pre-emption Right

(1) Der Mieter ist berechtigt, den Mietgegenstand ganz oder teilweise im Rahmen des Vertragszwecks unterzuvermieten oder einem Dritten den Gebrauch zu überlassen. Der Mieter wird den Vermieter hierüber unterrichten.

(1) The Tenant may sublease or make available to any third party the Premises or parts thereof within the scope of this Agreement. The Tenant shall inform the Landlord thereof.

(2) Der Mieter ist berechtigt, mit Zustimmung des Vermieters, die dieser nur aus wichtigem Grund verweigern kann, das Mietverhältnis ganz oder teilweise mit allen Rechten und Pflichten zu unveränderten Bedingungen mit schuldbefreiender Wirkung auf einen Dritten zu übertragen, wenn

(2) The Tenant may transfer to any third party at even terms this Lease Agreement with all rights and obligations attached to it with relieving effect with approval of the Landlord (which shall not be unreasonably withheld) if:

a) der Dritte Franchisenehmer des Mieters oder eines mit dem Mieter verbundenen Unternehmens ist und ab Übertragung der Mieter dem Vermieter für die restliche Festmietzeit eine Bürgschaft einer deutschen Bank, Sparkasse oder Versicherung über 3 (drei) Bruttomonatsmieten überlässt, oder

a) Such third party shall be a franchisee of the Tenant or a company affiliated to the Tenant and the Tenant, for the balance of the fixed lease term, provides the Landlord with a surety of a German bank, saving institution or insurance equalling three gross monthly lease payments or;

b) der Mieter die Haftung für die Erfüllung aller Verpflichtungen des Nachfolgemieters für die Laufzeit des Vertrages übernimmt.

b) The Tenant shall assume full liability for due performance of the obligations of the successor tenant for the duration of this Agreement.

Endet das übernommene Mietverhältnis zwischen dem Franchisenehmer und

If the transferred lease agreement between the franchisee and the Landlord

dem Vermieter wegen wiederholter Vertragsverletzung des Franchisenehmers und der daraufhin vom Vermieter erfolgten fristlosen Kündigung, ist der Mieter berechtigt und auf schriftliches Verlangen des Vermieters verpflichtet, wieder in den Mietvertrag zu den gültigen Bestimmungen dieses Vertrags einzutreten und das Mietverhältnis fortzusetzen. Ein solcher Mieteintritt erfolgt nach Absprache, jedoch frühestens zum 1. des Monats, der auf das Verlangen des Vermieters folgt. Der Vermieter ist verpflichtet, dem Mieter die Beendigung des übernommenen Mietvertrags unverzüglich schriftlich anzuzeigen.

(3) Der Vermieter räumt dem Mieter für den vorstehend geregelten Rückübertragungsfall ein Vormietrecht am Mietgegenstand und an allen an den Mietgegenstand angrenzenden und in seiner Verfügungsgewalt stehenden Grundstücken ein. Die Nichtausübung des Vormietrechts für einen Fall begründet keinen Verzicht für die Ausübung in allen nachfolgenden Fällen. Auf das Vormietrecht und seine Ausübung finden die Vorschriften über das Vorkaufsrecht entsprechende Anwendung. Die Frist zur Ausübung des Vormietrechts beträgt drei Monate ab Mitteilung des Vermieters.

(4) Die Änderung der Gesellschaftsform des Mieters oder die Einbringung des Geschäftsbetriebes in eine neue Gesellschaft gelten nicht als Übertragung des Mietverhältnisses.

§ 8 Bauliche Maßnahmen nach Mietbeginn

(1) Der Mieter ist berechtigt, den Mietgegenstand nach Beginn des Mietverhältnisses nach seinen betrieblichen Bedürfnissen entsprechend zu bebauen, instand zu setzen, umzugestalten, umzubauen oder auszubauen und mit seinen Einrichtungsgegenständen auszustatten.

shall terminate due to notice of termination served by the Landlord as a result of repeated breaches of contract of the franchisee, then the Tenant shall have the right and, if the Landlord so requests, the obligation to reassume and continue the Lease Agreement at the then prevailing terms of the present agreement. The date of re-entry shall be subject to mutual consultation, but in no event earlier than the 1st month succeeding the Landlord's request. The Landlord shall immediately notify the Tenant of the termination of the transferred lease agreement in writing.

(3) For the purposes of any case of re-transfer as specified above, the Landlord agrees to grant to the Tenant a right of first refusal in relation to the Premises and to all real estate adjacent to the Premises which shall be under the Landlord's control. Any failure to exercise the right of first refusal shall not be deemed as a waiver for all future cases. The right of first refusal and its exercise shall be subject to the statutory provisions on the right of first refusal in relation to acquisition transactions, which shall apply accordingly. The deadline for the exercise of the pre-emption right shall be three months after the Landlord's notification.

(4) A change of the corporate structure of the Tenant or the transfer of the business into a new company shall not be regarded as transfer of lease for the purposes of this Agreement.

§ 8 Construction Works after Commencement of Lease

(1) The Tenant shall have the right, to build, repair, alter, reconstruct, refurbish and provide with own equipment the Premises after the start of the lease in accordance with its own operational requirements.

Der Umfang der bei Mietbeginn geplanten Maßnahmen ergibt sich aus Anlage 3.

Der Mieter ist ferner berechtigt, diese baulichen Maßnahmen entsprechend seinen betrieblichen Bedürfnissen während der Laufzeit des Vertrages zu ändern, zu ergänzen sowie zu entfernen und zu erneuern. Die Kosten solcher baulichen Maßnahmen trägt der Mieter. Soweit bauliche Maßnahmen die statischen Grundlagen des Gebäudes berühren und nicht in Anlage 3 aufgeführt sind, hat der Mieter die vorherige Zustimmung des Vermieters einzuholen; der Vermieter wird seine Zustimmung nur aus wichtigem Grund verweigern.

(2) Der Mieter hat die notwendigen behördlichen Genehmigungen für die Durchführung der in Ziffer 2 aufgeführten Maßnahmen auf seine Kosten einzuholen. Der Vermieter wird ihn hierbei nach besten Kräften unterstützen, insbesondere Genehmigungsanträge unverzüglich, gegebenenfalls schon vor Beginn des Mietverhältnisses, unterzeichnen und auf Verlangen des Mieters im eigenen Namen einreichen sowie notwendige Erklärungen abgeben. Der Vermieter wird auf Verlangen des Mieters die notwendigen Nachbarunterschriften einholen bzw. dabei behilflich sein.

(3) Der Mieter wird für die Durchführung seiner Baumaßnahmen eine Bauherrenhaftpflichtversicherung in angemessener Höhe abschließen und dem Vermieter, ohne das es einer Aufforderung bedarf, nachweisen.

(4) Der Vermieter darf Ausbesserungen und bauliche Veränderungen, die zur Erhaltung des Gebäudes oder der Mieträume, zur Abwendung drohender Gefahren oder zur Beseitigung von Schäden notwendig werden, auch ohne Zustimmung des Mieters vornehmen.

Der Mieter hat die in Betracht kommenden Räume zugänglich zu halten und darf die Ausführung der Arbeiten

The amount of the works planned as at the start of the lease is set out in Annex 3 hereto.

Moreover, the Tenant shall have the right to change, supplement, remove or renew any parts of the construction during the term of this Agreement in accordance with its operational requirements. The Tenant shall be responsible for all costs of construction works after the lease start. If such works are likely to have any impact on the static of the building, then the Tenant shall seek prior approval from the Landlord for these works the grant of which shall not be unreasonably withheld.

(2) The Tenant shall at its own expense procure the necessary authority permits for execution of the construction works listed in sub-section 2 above. The Landlord agrees to assist on a best effort basis which shall include, without limitation, the immediate signing of approval requests (which could be done prior to the lease start date, as required) and the filing of necessary notices upon demand of the Tenant. Upon demand of the Tenant, the Landlord shall procure or assist in obtaining approval signatures of neighbours.

(3) The Tenant will provide adequate house building liability insurance coverage for the construction works and shall provide the Landlord with insurance certificates.

(4) The Landlord may, without having to obtain Tenant's prior approval therefor, undertake repair works and alterations necessary to keep the building or the Premises in good condition and required to prevent or to cure imminent or actual damages.

The Tenant shall keep the relevant parts of the Premises freely accessible and shall not hinder the works. However,

nicht behindern. Durch die vorstehenden Maßnahmen darf der Gewerbebetrieb des Mieters jedoch nicht erheblich behindert werden. Bei einer erheblichen Behinderung, auch wenn sie nur vorübergehend ist, darf der Mieter den Mietzins unbeschadet seiner sonstigen Rechte angemessen mindern.

any such works may not materially interfere with the business operations of the Tenant. In the event of material interference (which shall include temporary interference), the Tenant shall have the right to reduce the lease payments notwithstanding other remedies under statutory law available to it.

§ 9 Instandhaltung des Mietgegenstandes

(1) Der Vermieter wird den Mietgegenstand einschließlich Versorgungsleitungen und haustechnischen Einrichtungen sowie alle Zufahrten, Parkplätze und Außenanlagen instand halten. Der Vermieter trägt die Verkehrssicherungspflicht.

(2) Der Vermieter übernimmt die Straßenreinigung und Streupflicht auf den dem Mietgegenstand vorgelagerten Flächen.

(3) Der Mieter verpflichtet sich, die in § 1, Ziffer 1 aufgeführten Räumlichkeiten und Einrichtungen pfleglich und schonend zu behandeln sowie die Außenflächen sauber zu halten und die Grünanlagen zu pflegen.
Er verpflichtet sich ferner, die im Innern der Mieträume notwendig werdenden Schönheitsreparaturen auf seine Kosten auszuführen und Rolläden, Licht- und Klingelanlagen, Schlösser, Wasserhähne, Sanitärräume, Abflüsse, Wasch- und Abflussbecken und dergleichen sowie zerbrochene Glasscheiben auf seine Kosten instand zu halten und bei Bedarf zu erneuern.

§ 9 Maintenance of the Premises

(1) The Landlord agrees to keep the Premises in good condition including supply facilities, technical equipment and all access roads, parking facilities and surroundings. The Landlord is responsible for the general safety.

(2) The Landlord shall procure road cleaning works and winter services for the areas adjacent to the Premises.

(3) The Tenant shall ensure a diligent treatment of the Premises and installations (referred to in § 1 (1) above) and to keep clean and tidy the surroundings and green areas.

The Tenant further agrees to procure at its own expense necessary repair and maintenance works for the interior of the Premises which shall include full repair and maintenance of shutters, light, bells, locks, water taps, toilet flush, waste pipe, washing and waste basins, similar equipment and broken glass.

§ 10 Instandsetzung, Wiederherstellung und Beschränkung des Mietgegenstandes

(1) Während der Laufzeit des Mietvertrages ist der Vermieter verpflichtet, das Gebäude zum jeweiligen Neuwert gegen Feuer und andere Ereignisse (wie höhere Gewalt, Sturm, Hagel usw.) zu versichern. Im Fall des Ein-

§ 10 Repair, Rebuilding of Premises, Obstruction of Premises

(1) The Landlord shall throughout the term of this Agreement provide full building insurance coverage at replacement value including fire and other incidents (such as riot, storm, hail etc.). Upon occurrence of an insurance inci-

tritts des Versicherungsfalls verpflichtet sich der Vermieter, die vom Versicherer erhaltenen Leistungen vorrangig für die Wiederherstellung des Mietgegenstandes zu verwenden.

(2) Sollte das Gebäude, in dem sich der Mietgegenstand befindet, durch Feuer oder andere Ereignisse beschädigt oder unbenutzbar werden, so hat der Vermieter den Mietgegenstand unter Verwendung der ihm wegen der vorgenannten Ereignisse zustehenden Versicherungsentschädigungen baldmöglichst wieder instand zu setzen oder wiederherzustellen, um dem Mieter die Fortsetzung des Mietgebrauchs zu ermöglichen. Der Vermieter verpflichtet sich, vor Wiederherstellung bzw. Wiederaufbau sich hierüber mit dem Mieter abzustimmen. Zwischen Vermieter und Mieter besteht Einvernehmen darüber, dass die Verpflichtung zur Mietzinszahlung während der Zeit, in der der Mietgegenstand nicht genutzt werden kann, entfällt.
Im Übrigen ist der Mieter verpflichtet, die ihm entstehenden Schäden, die durch die Unbenutzbarkeit des Mietgestandes entstehen, auf eigene Kosten zu versichern (Betriebsunterbrechungsversicherung). Ebenso hat der Mieter seine Betriebs- und Geschäftsausstattung selbst zu versichern.

(3) Der Mieter ist unbeschadet sonstiger ihm zustehender Rechte berechtigt, den Mietvertrag innerhalb von 30 Tagen nach Eintritt des Schadens oder der Zerstörung vorzeitig zu kündigen, falls die Zerstörung mehr als die Hälfte des Mietgegenstandes erfasst und der Vermieter dem Mieter auf Anfrage mitteilt, dass er den Mietgegenstand nicht innerhalb eines angemessenen Zeitraumes wieder instand setzen oder wiederherstellen kann.
Für den Fall, dass der Vermieter einen Wiederaufbau des Mietobjektes auf Grund gesetzlicher oder behördlicher Vorschriften nicht durchführen kann, so hat der Vermieter an den Mieter eine Entschädigung zu zahlen. Diese Ent-

dent, the Landlord agrees to use insurance moneys for the repair/rebuilding of the Premises.

(2) If the building in which the Premises are located shall become damaged or inaccessible as a result of fire or other incidents, then the Landlord shall as quickly as possible repair/reconstruct the same using any insurance moneys to make available the Premises to the Tenant for continuation of use. The Landlord agrees to consult with the Tenant for details prior to commencement of the repair/reconstruction works. Landlord and Tenant agree that the lease payment obligation shall be suspended as long as the Premises shall not be available for use to the Tenant.

Moreover, the Tenant agrees to provide own insurance coverage for other damages that could arise from the inaccessibility of the Premises (business interruption). Likewise, the Tenant shall provide own insurance coverage for its equipment and inventory.

(3) Notwithstanding any other available remedies, the Tenant shall have the right to terminate this Lease Agreement within 30 days after occurrence of the damage or destruction if such event shall affect more than 50% of the Premises and the Landlord, upon demand of the Tenant, shall have notified the Tenant of its inability to repair of reconstruct the Premises within a reasonable period of time.

If, as a result of conflicting statutory laws or authority directives, the Landlord shall be unable to reconstruct the Premises, then the Landlord shall make a reasonable compensation payment to the Tenant. Such compensation pay-

schädigungsleistung entspricht mindestens dem Wert, den der Mieter für seine getätigten Investitionen im Mietobjekt zum Zeitpunkt des Schadensereignis als Restbuchwert noch offen hat oder 50% des Zeitwertes, je nachdem, welcher Betrag niedriger ist. Auf Verlangen des Vermieters hat der Mieter diesen Restbuchwert durch ein Testat eines Steuerberaters oder Wirtschaftsprüfers nachzuweisen.

(4) Der Vermieter wird Baumaßnahmen selbst nicht ausführen oder zu Anträgen von Dritten Widerspruch einlegen, die den direkten Zugang von angrenzenden öffentlichen Straßen und Wegen zum Mietgegenstand beeinträchtigen könnten. Im Übrigen ist er verpflichtet, alles zu unterlassen oder zu verhindern, was den Geschäftsbetrieb des Mieters beeinträchtigen könnte. Sofern und soweit der Mieter seinen Betrieb aufrechterhält, ist er nicht berechtigt, den Mietzins um einen der Beeinträchtigung entsprechenden angemessenen Betrag zu mindern.
Wird der direkte Zugang zum Mietgegenstand für mehr als drei Tage auf Grund von Straßenbaumaßnahmen oder Reparaturarbeiten von Versorgungsleitungen oder ähnliches ganz abgeschnitten oder wesentlich beeinträchtigt, so ist der Vermieter verpflichtet, durch sofort veranlasste provisorische Maßnahmen im Rahmen des Machbaren die Zu- und Abfahrt des Mietgegenstandes aufrecht zu erhalten (z.B. eine Stahlplatte über einen Reparaturgraben legen). Kommt der Vermieter dieser Pflicht nicht nach und muss der Mieter deshalb seinen Geschäftsbetrieb zeitweise einstellen, so entfällt die Mietzahlungspflicht des Mieters für die Dauer der Beeinträchtigung.

ment shall at least equal the value of the investment made by the Tenant at its remaining book value as at the date of the damage incident or 50% of the fair market value at such date, whichever is the lower. Upon demand of the Landlord, the Tenant shall provide the Landlord with evidence of the remaining book value through certified statement of its tax advisors or accountants.

(4) The Landlord shall not procure any construction works and shall object to any applications of third parties that would result in the obstruction of direct accessibility of the Premises through adjacent roads and pavements. Moreover, it shall refrain, and cause any third party to refrain, from any acts that may obstruct the business operations of the Tenant. If and to the extent the Tenant shall continue its operations, there shall be no right to make deductions from the monthly lease payments.

If, as a result of road construction works or repair works of supply facilities (or similar) the direct accessibility to the Premises shall be obstructed or adversely affected for more than 3 days, then the Landlord shall ensure, that free access is restored. This shall be made through provisional construction of an entry and exit facility provided that any costs therefor shall not exceed a reasonable amount. If the Landlord shall fail to comply with such obligation and, as a result thereof, the Tenant shall discontinue its operation, then the lease payments shall cease to exist for the duration of the obstruction.

§ 11 Beendigung des Mietverhältnisses

(1) Das Recht beider Vertragsparteien, diesen Vertrag aus wichtigem Grunde zu außerordentlich und fristlos kündi-

§ 11 Expiry of Lease

(1) Other provisions on termination pursuant to this Agreement shall be without prejudice to the right of either

gen, bleibt durch sonstige in dieser Vereinbarung geregelte Beendigungsrechte unberührt.

Der Vermieter kann das Mietverhältnis insbesondere dann aus wichtigem Grunde kündigen, wenn der Mieter trotz vorheriger schriftlicher Mahnung mit mehr als zwei Monatsmieten in Rückstand geraten ist. Erfolgt die Kündigung wegen eines Rückstands von mehr als 2 Monatsmieten, verliert die Kündigung ihre Wirkung, wenn der Mieter innerhalb von 14 Tagen nach Zugang der Kündigung die rückständigen Mieten nachbezahlt. Von diesem Abwendungsrecht kann der Mieter während der Laufzeit dieses Vertrages nur zweimal Gebrauch machen.

(2) In anderen Fällen als dem des Zahlungsverzuges können Vermieter oder Mieter nur dann aus wichtigem Grunde kündigen, nachdem diejenige Vertragspartei, der gekündigt werden soll, mit einer Frist von 30 Tagen schriftlich zur Beseitigung der die Kündigung begründenden Umstände aufgefordert wurde und Beseitigung nicht innerhalb der gesetzten Frist erfolgt ist.

(3) Der Mieter ist verpflichtet, den Mietgegenstand bei Beendigung des Mietverhältnisses von seiner Betriebs- und Geschäftseinrichtung (z.B. Küchen- und Gastraumeinrichtung) geräumt und besenrein im ursprünglichen Zustand zurückzugeben. Als ursprünglicher Zustand wird die vertragsgemäße Übergabe bei Mietbeginn zugrunde gelegt und die übliche Abnutzung, wie sie bei vertragsgemäßen Gebrauch des Mietgegenstandes während der Mietzeit anfällt.

(4) Der Mieter ist berechtigt, aber nicht verpflichtet, die von ihm geschaffenen Anlagen mitzunehmen. Soweit hierdurch Beschädigungen des Mietgegenstandes entstehen, hat der Mieter diese auf seine Kosten zu beseitigen. Der Mieter kann für die von ihm vorgenommenen Um- und Ausbauten keine Entschädigung verlangen, es sei denn im Fall des Rücktritts oder der Kündi-

party to terminate this Agreement for good cause.

In particular, the Landlord may terminate this Agreement for good cause if the Tenant shall have failed to pay an amount of minimum 2 monthly rent payments despite a prior written warning notice. If notice of termination shall be based on such payment default, the Tenant shall have the right to cure the same by paying all outstanding rent amounts within 14 days after receipt of the notice of termination. Such right shall be available to the Tenant only two times for duration of this Agreement.

(2) In cases other than a payment default, Landlord or Tenant may terminate this Agreement for good cause only after the party to which notice of termination shall be served, shall have received a cure notice with a grace period of 30 days and if the default shall not have been remedied within the deadine specified in such notice.

(3) Upon expiry of the lease term set out in sub-section 1., the Tenant shall return the Premises free of any operational equipment (e.g. kitchen equipment and lobby furniture) in a clean and original state. Original state in the sense of this provision shall mean the state at the date of the transfer of possession at the lease start date but with regard to ordinary wear and tear arising from the Tenant's ordinary course of business during the lease term.

(4) The Tenant shall have the right (but shall be under no obligation) to remove all interior works and shall repair any damages on the Premises arising from such removal. The Tenant may not claim compensation for expenses incurred by alteration or interior works, safe as in the event of withdrawal from or, termination of, this Agreement caused by breach of contract of the

gung aus einem vom Vermieter oder dessen Rechtsnachfolger zu vertretenden Grund; in diesem Fall steht ihm ein Entschädigungsanspruch zu in Höhe des bei Mietende bestehenden Restbuchwertes seiner Gesamtinvestitionen im Mietgegenstand.

(5) Bei Beendigung des Mietvertrages ist der Mieter berechtigt und verpflichtet, Werbeanlagen zu entfernen und insoweit den ursprünglichen Zustand auf eigene Kosten wiederherzustellen.

Landlord (or its successor). In such case, the compensation shall equal the residual book value of the entire investments as at the termination date of this Lease Agreement.

(5) Upon expiry of this Lease Agreement, the Tenant shall have the right and be under the obligation to remove all advertising equipment and signage and re-establish the original state at its own expenses.

§ 12 Sonstige Vereinbarungen

(1) Dem Vermieter ist bekannt, dass der Mieter seine Zustimmung zu diesem Mietvertrag auf die nachfolgenden wesentlichen Geschäftsgrundlagen gestützt hat:
- Der Betrieb des Restaurants zu branchenüblichen Öffnungszeiten, mindestens jedoch täglich von 08.00 h bis 01.00 h. Sollte nach erstmaliger Inbetriebnahme des Restaurants die in der Baugenehmigung bzw. Gaststättenkonzession genannten Öffnungszeiten für das Restaurant behördlicherseits wesentlich eingeschränkt werden, steht dem Mieter das Recht zur verhältnismäßigen Mietminderung zu, wobei das prozentuale Verhältnis zwischen der vorstehend genannten und der behördlich gestatteten Öffnungszeit maßgebend ist.
- Der Vermieter hat keine Einwände, wenn dem Mieter auf Grund seines Antrages behördlich die Verkürzung der Sperrzeit nach § 18 GastG erlaubt wird.
- Die Sichtbarkeit des Restaurantgebäudes auf die Außenwerbeanlage, wie bei Abschluss des Vertrages besprochen, bleibt unverändert erhalten. Insofern wird der Vermieter alle ihm zustehende Rechte geltend machen zu solchen Maßnahmen, die die Sichtbarkeit beeinträchtigt.
- Das bei Vertragsabschluss bestehende Verkehrskonzept für die Straße un-

§ 12 Other Provisions

(1) The Landlord is aware of the fact that the Tenant has based its decision to enter into this Lease Agreement on the following material conditions:

- The operation of the restaurant shall be permitted for the duration of the customary opening hours which shall be at least from 8.00 a.m. to 1 p.m. daily. If, after the date of commencement of the restaurant operations, the restaurant opening specified in the building or operational permit shall, by whatever reason, be reduced, then the Tenant shall have the right to a pro rata rent reduction. Such deduction shall be made in proportion to the opening hours approved by the public authorities versus the above referenced opening hours.
- The Landlord has no objections against any extended use of the Premises pursuant to a permit according to § 18 of the German Restaurant Law.
- The visibility of the restaurant premises and the signage, as mutually agreed at the conclusion of this Agreement, shall remain unchanged. The Landlord agrees to exercise any remedies available to it against any act that shall impede the visibility.

- The traffic layout of the adjacent roads existing at the date of the con-

mittelbar vor dem Mietgegenstand wird nicht wesentlich verändert, insbesondere werden keine Maßnahmen getroffen, die die Verkehrsfrequenz vor dem Mietgegenstand erheblich mindert.

– Die direkte Zufahrt und Abfahrt des Grundstücks zur unmittelbar davor liegenden öffentliche Straße ist für die Dauer der Mietzeit gewährleistet. Der Vermieter als Grundstückseigentümer oder Erbbauberechtigter wird im Bedarfsfalle alle ihm zustehende Rechte gelten machen, um solche geplante Maßnahmen der Behörde oder von Nachbarn zu verhindern, die die direkte Zufahrt und Abfahrt des Grundstücks einschränken könnte.

– Für den Fall, dass für die Zufahrt und/oder Abfahrt des Mietgegenstandes zur davor liegenden öffentlichen Straße die Nutzung einer einem Dritten gehörenden Fläche bzw. einer Privatstraße erforderlich ist, wird der Vermieter rechtzeitig vor Mietbeginn ein auf die Mietdauer vereinbartes Überfahrtsrecht mit dem Dritten und zugunsten des Mieters im Grundbuch sicherstellen. Die Eintragung und die dauerhafte Nutzung ist für den Mieter kostenfrei.

– Das Grundstück, auf dem sich der Mietgegenstand befindet, ist frei von Umweltbelastungen, die die Nutzung als Restaurant beeinträchtigt.

Bei Fortfall einer oder mehrerer der vorgenannten wesentlichen Geschäftsgrundlagen, die nachhaltig und erheblich die Wirtschaftlichkeit des Restaurants beeinträchtigen, sind die Parteien verpflichtet, sich sofort gegenseitig zu informieren, geeignete Gegenmaßnahmen abzustimmen und diese schnellstmöglich durchzusetzen.

(2) Alle diesem Vertrag als Anlage genannten und beigefügten Unterlagen sind wesentlicher Bestandteil dieses Vertrages und mit diesem fest verbunden. Nachträge werden von den Parteien beigeheftet und bilden automatisch mit dem Vertragswerk eine Einheit.

clusion of this Agreement shall not be materially altered which shall include, without limitation, any acts causing a decrease of traffic flow.

– The direct access and exit to or from the Premises to the adjacent roads shall be maintained for the duration of this Agreement. The Landlord shall, in its capacity as proprietor or as beneficiary of a heritable building right, exercise all remedies available to it against any act of authorities or neighbours that may result in an obstruction of the free access to the Premises.

– In the event that the free use of the entry or exit lane of the Premises as set out in the surroundings plan shall only be possible by using third party property or private roads, then the Landlord shall enter into appropriate arrangements with such party prior to the conclusion of this Agreement. This may include entries in the land register to ensure that access and exit shall remain freely available. The costs of such arrangement shall be at the sole expense of the Landlord.

– The land on which the Premises is located, shall at all times be free from any pollution that impedes the operation of the restaurant.

If one or more of the above referenced conditions shall cease to exist and shall be of material adverse effect to the profitability of the restaurant, then the parties hereto shall immediately inform each other thereof and agree and implement as quickly as possible appropriate remedial steps.

(2) All documents and Annexes attached to this Agreement shall form an integral part hereof. Any amendments or supplements shall be recorded in writing and shall also be attached to this Agreement.

(3) Dieser Vertrag wird mit Wirkung für und gegen jeden Rechtsnachfolger der Vertragsparteien geschlossen. Ein Vertragspartner ist nur dann verpflichtet, eine behauptete Rechtsnachfolge des anderen Vertragsteiles zu berücksichtigen, wenn ihm diese durch öffentliche oder durch öffentlich beglaubigte Urkunden nachgewiesen wird.

(4) Jeder Vertragspartner zahlt die Gebühren und Kosten eines von ihm beauftragten Beraters, Maklers oder sonstigen Vermittlers.

(5) Der Vermieter oder die von ihm bevollmächtigen Personen sind nach vorheriger Anmeldung berechtigt, zu den üblichen Geschäftszeiten den Mietgegenstand zu besichtigen.

(6) Zur Ausübung von Mietminderungsrechten ist der Mieter nur berechtigt, wenn er dies dem Vermieter mindestens einen Monat vor Fälligkeit des Mietzinses schriftlich angekündigt hat. Die Aufrechnung gegen Mietzinsforderungen ist nicht zulässig, es sei denn mit unbestrittenen oder rechtskräftig festgestellten Forderungen.

(7) Änderungen und Ergänzungen dieses Vertrages bedürfen der Schriftform. Auf dieses Formerfordernis kann nur durch eine gesonderte Vereinbarung verzichtet werden, die ihrerseits der Schriftform bedarf. Vermieter und Mieter sind sich darüber einig, dass keine Nebenabreden bestehen.

(8) Sollte eine Bestimmung dieses Vertrages ganz oder teilweise unwirksam sein oder werden, so berührt dies die Gültigkeit der übrigen Bestimmungen dieses Vertrages nicht. Anstelle der ungültigen Bestimmung gilt dasjenige als vereinbart, was dem wirtschaftlichen Zweck der ungültigen Vertragsbestimmung möglichst nahe kommt.

(9) Die Vertragsparteien räumen sich gegenseitig das Recht ein, Daten, die das Mietverhältnis betreffen, auf elektronischen Datenträgern zu speichern.

(3) This Agreement shall be binding on any successor in title of the parties hereto. A party to this Agreement shall only be required to accept such succession if the same shall been proved through official or officially certified documents.

(4) Each party hereto shall pay the fees and costs of any advisor, consultant or other broker retained.

(5) The Landlord and any of its representatives shall after prior information thereon, have the right to inspect the Tenant's premises during the ordinary opening hours.

(6) The Tenant may exercise the right of reduction of rent payments if it has advised the Landlord thereof in writing at least one month before such deduction is made. Any set-off against rent payment claims may only be exercised with such counterclaims, that shall have been accepted or awarded through court judgement.

(7) Amendments and supplements to this Agreement shall be in writing. Such written form requirement may be waived through separate arrangement in writing only. Landlord and Tenant are in agreement that no side arrangements have been made.

(8) If any provision of this Agreement (or parts thereof) shall be or become invalid, then this shall be of no effect to the validity of the other provisions of this Agreement. In lieu of the invalid provision an arrangement shall be considered as agreed that reflects the economic purposes of the invalid provision to the closest extent possible.

(9) The parties hereto mutually grant authority to store electronically any data associated with this Agreement. They agree to comply with all provi-

Sie verpflichten sich, die Bestimmungen des Datenschutzgesetzes einzuhalten.

sions of the German Data Protection Act.

Datum: ......

Date ......

Unterschrift:

Signature:

....

....

(Vermieter)   (Mieter)

(Landlord)   (Tenant)

2. Unternehmens-pachtvertrag

2. Lease of Company Business

§ 1 Pachtgegenstand

(1) Pachtgegenstand ist das gesamte Unternehmen der Verpächterin. Das dazu gehörende unbewegliche, bewegliche und immaterielle Anlagevermögen ist in den Anlagen 1, 2 und 3 aufgeführt. Die Finanzanlagen (§ 266 Abs. 2 HGB) sind nicht Teil des Pachtgegenstands.

(2) Die Verpächterin wird, soweit zum Pachtgegenstand gehörende Gegenstände nicht ihr Eigentum sind und nicht unbefristet ihrer dauernden Verfügungsmacht unterstehen, in Abstimmung mit der Pächterin die Rechtsgeschäfte abschließen, die dieser die ungehinderte Nutzung während der Pachtzeit ermöglichen.

§ 2 Pachtverhältnis

(1) Die Verpächterin überlässt der Pächterin den Pachtgegenstand zu Besitz und Nutzung.

(2) Die Pächterin ist berechtigt und verpflichtet, das Unternehmen im eigenen Namen und für eigene Rechnung zu führen.

(3) Die Pächterin ist berechtigt und verpflichtet, die Firma des Unternehmens beizubehalten.

§ 3 Pachtdauer

(1) Das Pachtverhältnis beginnt am …… (Stichtag) und wird bis zum …… fest vereinbart. Danach verlängert es sich jeweils um weitere fünf Jahre, falls es nicht vorher mit Frist von zwölf Monaten schriftlich gekündigt wurde.

(2) Das Pachtjahr ist das Kalenderjahr.

§ 1 Subject of Lease

(1) This Lease shall refer to the entire company of the Lessor. All its fixed, current and intangible assets are specified in Annexes 1, 2 and 3 hereof. Financial assets according to § 266 (2) of the German Code of Commerce shall not be part of this Lease Agreement.

(2) The Lessor shall enter into transactions necessary to enable the undisturbed use throughout the term of this Lease for those assets that are not its property or for which it shall not have the power to freely dispose thereof.

§ 2 Agreement to Lease

(1) The Lessor hereby leases the entity to the Lessee for possession and use.

(2) The Lessee shall be entitled and obliged to conduct the company business in its own name and on its own account.

(3) The Lessee shall be entitled and obliged to keep the company name.

§ 3 Term of Lease

(1) This Lease Arrangement shall commence on …… (Due Date) and shall have a fixed term until …… Thereafter, it shall extend for a further five years unless terminated in writing by no later than twelve months prior to its expiry.

(2) The Lease year shall equal the calendar year.

§ 4 Pachtzins

(1) Der Pachtzins beträgt € ...... jährlich. Er ist vierteljährlich im Voraus zu entrichten.

(2) Die gesetzliche Mehrwertsteuer wird zusätzlich in Rechnung gestellt.

(3) Ändert sich der marktübliche Pachtzins für vergleichbare Pachtgegenstände um mehr als 10% gegenüber dem Stichtag oder dem Tag des Inkrafttretens der letzten Anpassung, kann jede Partei Anpassung des Pachtzinses verlangen, erstmals zum ...... Die Anpassung tritt jeweils zum nächsten Jahresbeginn in Kraft, nachdem die Anpassungsvoraussetzungen eingetreten sind und Anpassung verlangt wurde.

§ 5 Besondere Pächterpflichten

(1) Die Pächterin ist verpflichtet, das Unternehmen mit der Sorgfalt eines ordentlichen Kaufmanns zu führen. Jede Änderung des Geschäftszwecks ohne Zustimmung der Verpächterin ist ausgeschlossen.

(2) Die Verpächterin übergibt der Pächterin den Pachtgegenstand in ordnungsgemäßem Zustand. Die Pächterin ist verpflichtet, ihn auf ihre Kosten in diesem Zustand zu erhalten. Hierzu gehört auch die Aufrechterhaltung und Verteidigung von Schutzrechten. Ist die Instandhaltung und/oder -setzung von Anlagevermögen nur mit unverhältnismäßigem Aufwand möglich, kann die Pächterin sich von der vorstehenden Verpflichtung befreien, indem sie der Verpächterin den Wert der betreffenden Gegenstände bei Beginn des Pachtverhältnisses ersetzt.

(3) Die Pächterin trägt während der Pachtzeit die auf dem Pachtgegenstand ruhenden öffentlichen Abgaben, Lasten und Steuern. Die Verkehrssicherungspflicht trifft die Pächterin.

(4) Soweit die Pächterin nicht gem. § 6 Abs. 3 in bestehende Versicherungsver

§ 4 Lease Payment

(1) The Lease payment shall be € ...... annually and shall be payable in advance in quarterly instalment.

(2) The statutory VAT shall be invoiced additionally.

(3) Any party may request an adjustment of the Lease if the customary Lease amount for comparable entities shall change by more than 10% against the Due Date or the last adjustment date provided that no adjustment shall be possible before ...... Any adjustment shall take effect as from the beginning of the subsequent year after the conditions of adjustment shall have been satisfied and an adjustment request shall have been made.

§ 5 Special Duties of the Lessee

(1) The Lessee shall conduct the company business with the diligence of a prudent tradesman. No change of the corporate purpose shall be possible without approval of the Lessor.

(2) The Lessor shall transfer possession of the entity in orderly condition. The Lessee shall maintain the entity in such condition. This shall include the keeping and defence of intellectual property. If maintenance and/or repair of fixed assets shall only be possible through disproportionate efforts, then the Lessee may relieve itself from the above obligation by refunding the value of the relevant assets to the Lessor at the start of the Lease.

(3) During the lease term, the Lessee shall bear public levies, duties and taxes of the entity. The duty to maintain public safety shall be at the responsibility of the Lessee.

(4) Unless the Lessee shall assume existing insurance arrangements in accor

träge eintritt, ist sie verpflichtet, den Pachtgegenstand auf ihre Kosten angemessen zu versichern. Angemessen ist die bisherige Handhabung der Verpächterin. Werterhöhungen des Pachtgegenstands während der Pachtzeit sind die Versicherungen fortlaufend anzupassen. Versicherungsleistungen sind zur Ersatzbeschaffung oder Wiederherstellung des Pachtgegenstands zu verwenden.

(5) Neuanschaffungen sowie Ersatzbeschaffungen sind von der Pächterin zu bezahlen und werden ihr Eigentum, soweit sie nicht kraft Gesetzes Eigentum der Verpächterin werden (Gebäude, wesentliche Bestandteile). Nach einer Kündigung des Pachtvertrags ist die Pächterin nur noch mit schriftlicher Einwilligung der Verpächterin befugt, über Inventarstücke zu verfügen.

§ 6 Bestehende Verträge

(1) Die Pächterin tritt in die in Anlage 4 aufgeführten Verträge ein und stellt die Verpächterin von allen Ansprüchen daraus frei. Auf Wunsch der Verpächterin wird die Pächterin sich bemühen, die Verpächterin von den vertraglichen Verpflichtungen auch im Außenverhältnis zu befreien.

(2) Die in Anlage 5 aufgeführten Verträge wird die Verpächterin zum nächstzulässigen Termin kündigen.

(3) Stimmt der Versicherer dem zu, werden die in Anlage 6 aufgeführten Versicherungsverträge auf die Pächterin übergeleitet.

§ 7 Arbeitsverhältnisse

(1) Die Verpächterin stellt die Pächterin im Innenverhältnis von allen Verpflichtungen aus den in Anlage 7 aufgeführten, nach § 613a BGB übergehenden Arbeitsverhältnissen frei. Die Parteien verpflichten sich, die zur Beendigung dieser Arbeitsverhältnisse gebotenen Erklärungen abzugeben. Soweit die

dance with § 6 (3) below, it shall provide adequate insurance coverage for the entity at its own expense. The previous practice of the Lessor shall be regarded as being adequate. Any increase of value of the entity during the lease term shall cause an adjustment of insurance coverage. Any insurance moneys shall be used for replacement or restoration of the entity.

(5) New equipment or replacements shall be at the expense of the Lessee and shall become its property unless statutory law allocates the property to the Lessor (premises, material parts of real estate). After termination of the Lease Agreement, the Lessee shall require written approval of the Lessor for any disposal of the assets.

§ 6 Existing Agreements

(1) The Lessee shall assume all agreements listed in Annex 4 and shall indemnify the Lessor against all claims thereunder. Upon request of the Lessor the Lessor shall use its best efforts to achieve a release of the Lessor from these contractual duties in any external relationship.

(2) The Lessor agrees to terminate all agreements listed in Annex 5 with effect as from the soonest possible date.

(3) The insurance agreements listed in Annex 6 shall be transferred to the Lessee if the insurer so approves.

§ 7 Employment Agreements

(1) For the purposes of the internal relationship, the Lessor shall indemnify the Lessee from all duties arising from the employment agreements listed in Annex 7 that shall transfer to the Lessee according to § 613a of the German Civil Code. The parties hereto agree to file notices necessary to terminate these

Beendigung nicht möglich ist, gilt für alle aus ihrem Fortbestehen folgenden Verpflichtungen die vorstehende Freistellung.

(2) Die Verpächterin steht dafür ein, dass nur die aus der Anlage 8 ersichtlichen Versorgungsanwartschaften bestehen und dass für diese angemessene Rückstellungen gebildet sind. Diese Anwartschaften sollen die Pächterin wirtschaftlich nicht belasten, da sie die Betriebszugehörigkeit bis zum Stichtag betreffen. Die Verpächterin stellt daher die Pächterin von derartigen Versorgungsverpflichtungen frei, soweit diese nicht bei Pachtende ohnehin wieder auf sie übergehen. Die Pächterin trägt die laufenden Leistungen zum weiteren Aufbau der Versorgung und erstattet bei Pachtende der Verpächterin den versicherungsmathematischen Wert der auf sie übergehenden Versorgungsverpflichtungen.

(3) Bei Pachtende gilt für den Übergang der dann bestehenden Arbeitsverhältnisse auf die Verpächterin das Gesetz.

§ 8 Umlaufvermögen

(1) Die Verpächterin verkauft und überträgt der Pächterin unter der aufschiebenden Bedingung der Bezahlung des Kaufpreises hiermit das gesamte am Stichtag vorhandene Umlaufvermögen einschließlich der Forderungen.

(2) Kaufpreis ist der Buchwert des Umlaufvermögens nach Maßgabe einer zum Stichtag unter Wahrung der Bewertungskontinuität aufzustellenden Zwischenbilanz.

(3) Die Pächterin übernimmt die in der Zwischenbilanz ausgewiesenen Verbindlichkeiten zu Buchwerten. Diese werden vom Kaufpreis nach Abs. 2 abgesetzt.

employment agreements. If a termination shall not be possible, then the above indemnification shall apply to all duties arising from the continuance.

(2) The Lessor represents and warrants that no retirement schemes other than those listed in Annex 8 exist and that adequate reserves shall have been provided therefor. These options shall not adversely affect the Lessee as they relate to the employment status as at the Due Date. The Lessor therefore agrees to indemnify the Lessee against all such pension payment obligations unless they shall in any event transfer to it at the expiry of the lease. The Lessee shall pay the current amounts to further build up the retirement fund and shall upon expiry of the lease refund to the Lessor the actuarial value of the transferred pension payment obligations.

(3) Upon expiry of the lease the transfer of the then existing employment relations to the Lessor shall be subject to the provisions of statutory law.

§ 8 Current Assets

(1) The Lessor sells and transfers to the Lessee all current assets existing as at the Due Date including all claims subject to full payment of the purchase price.

(2) The purchase price shall equal the book value of the current assets as determined through an interim balance sheet that shall be drawn up as at the Due Date in accordance with the continuity of balance sheet principle.

(3) The Lessee shall assume all obligations recorded in the interim balance sheet at book values. These shall be deducted from the purchase price referred to in subclause (2) above.

§ 9 Gewährleistung

(1) Der Pachtgegenstand geht über in dem Zustand, in dem er sich am Stichtag befindet. Andere als die in diesem Vertrag ausdrücklich übernommenen Gewährleistungen sind ausgeschlossen.

(2) Die Verpächterin steht dafür ein, dass der Pachtgegenstand im bisherigen Umfang und in der bisherigen Art und Weise weiter genutzt werden kann.

§ 10 Pachtende

Bei Pachtende gilt § 8 dergestalt, dass die Verpflichtungen der Pächterin von der Verpächterin zu erfüllen sind und umgekehrt. Kaufpreis gem. § 8 Abs. 2 ist dann mindestens der Schätzwert. Sonstiges Inventar, das im Eigentum der Pächterin steht, hat die Verpächterin zum Schätzwert zu erwerben. Die Verpächterin kann jedoch die Übernahme derjenigen Gegenstände ablehnen, die nach den Regeln einer ordnungsgemäßen Wirtschaft für den Betrieb überflüssig sind.

§ 11 Salvatorische Klausel

Sollte eine Bestimmung dieses Vertrages ganz oder teilweise unwirksam oder undurchsetzbar sein, werden die Wirksamkeit und Durchsetzbarkeit aller übrigen Bestimmungen dieses Vertrages davon nicht berührt. Die unwirksame oder undurchsetzbare Bestimmung ist als durch diejenige wirksame und durchsetzbare Bestimmung als ersetzt anzusehen, die dem von den Parteien mit der unwirksamen oder undurchsetzbaren Bestimmung verfolgten wirtschaftlichen Zweck am nächsten kommt.

§ 9 Representations and Warranties

(1) The entity shall be transferred on an as found basis as at the Due Date. No Representations or Warranties shall have been made other than those expressly assumed under this Agreement.

(2) The Lessor represents and warrants that the entity can be utilised to the extent and in a similar way that it has been used before.

§ 10 Expiry of Lease

Upon expiry of the lease, § 8 above shall apply such that the obligations of the Lessee shall be satisfied by the Lessor and vice versa. The minimum purchase price according to § 8 (2) shall then be the best estimate value. The Lessor shall purchase all other assets in the property of the Lessee at the best estimate value. The Lessor may refuse to acquire those assets that according to the rules of customary business practice shall serve no purpose for the operation of the entity.

§ 11 Partial Invalidity

If any provision of this Agreement shall be entirely or partly invalid or unenforceable, this shall not affect the validity and enforcement ability of all other provisions of this Agreement. The invalid or unenforceable provision shall be regarded as replaced by such valid and enforceable provision that as closely as possible reflects the economic purpose that the parties hereto had pursued with the invalid or unenforceable provision.

Anlagen 1–8

Annex 1–8

Anlage 3:	Immaterielles Anlagevermögen	Annex 3:	Intangible Assets
Anlage 4:	Bestehende Verträge	Annex 4:	Existing Agreements
Anlage 5:	Zu kündigende Verträge	Annex 5:	Agreements to be terminated
Anlage 6:	Versicherungsverträge	Annex 6:	Insurance Agreements
Anlage 7:	Arbeitsverhältnisse	Annex 7:	Employment Agreements
Anlage 8:	Versorgungsanwartschaften	Annex 8:	Retirement Schemes

Zustimmungsbeschluss der Verpächterin

Resolution of Approval of Lessor

Verhandelt am ...... in ......

Statements given on ...... in ......

Vor dem unterzeichneten Notar X erschienen ......
Die Erschienenen erklärten:

Before the undersigned notary X appeared ......
The individuals present declared as follows:

Wir sind die sämtlichen Gesellschafter der A GmbH.
Der Versammlung liegt der Betriebspachtvertrag zwischen der Gesellschaft und ...... vor (Anlage).
Wir beschließen mit den Stimmen aller Gesellschafter:
Dem Abschluss des Vertrags wird zugestimmt.

We are all existing shareholders of A GmbH.
The shareholder' meeting has been provided with the lease of company business agreement (Annex).
We hereby resolve through unanimous voting of all shareholders:
The conclusion of the agreement is approved.

Zustimmungsbeschluss der Pächterin

Resolution of Approval of Lessee

(siehe vorstehend)

(see above)

Anmeldung zum Handelsregister der Verpächterin

Filing with the trade register of the Lessor

Amtsgericht
– Handelsregister B –

Local Cort
– Trade Register B –

Als Geschäftsführer überreichen wir in beglaubigter Abschrift Niederschriften der Gesellschafterversammlungen der

As directors we hereby submit a certifed copies of the minutes of the shareholders' meetings of:

1. A GmbH vom ...... (Urk. Nr. ...... des Notars ......), der als Anlage eine beglaubigte Abschrift des Betriebspachtvertrags vom ...... beigefügt ist,
2. B GmbH vom ...... (Urk. Nr. ...... des Notars ......), der ebenfalls eine beglaubigte Abschrift des Betriebspachtvertrags beigefügt ist,

1. A GmbH dated ...... (File no. ...... of the notary ......) to which a certified copy of the company lease agreement is attached as Annex.
2. B GmbH dated ...... (File no. ...... of the notary ......) to which a certified copy of the company lease agreement is attached as Annex.

und melden an:

Die A GmbH hat mit Wirkung vom ...... mit der B GmbH einen Unternehmenspachtvertrag abgeschlossen, dem die Gesellschafter beider Gesellschaften wie aus Anlagen 1 und 2 ersichtlich zugestimmt haben.

(Unterschriftsbeglaubigung, § 12 Abs. 1 HGB)

We file as follows:

Effective ...... A GmbH has entered with B GmbH into a company lease agreement which has been approved by the shareholders of both companies, as evidenced in Annexes 1 and 2 hereto.

(Signature certificates, § 12 German Code of Commerce)

3. Leasingvertrag[1]

zwischen
...... Leasing
            (nachfolgend „Leasinggeber"
                              genannt)
und
......
            (nachfolgend „Leasingnehmer"
                              genannt)

§ 1 Vertragsabschluss; Vertragslaufzeit

(1) Der Leasingeber und der Leasingnehmer vereinbaren hiermit, dass dem Leasingnehmer ein ...... (nachfolgend: „Leasinggut") nach Maßgabe der Regelungen dieses Vertrages zur Verfügung gestellt wird. Die Parteien stellen übereinstimmend fest, dass der Leasingnehmer das Leasinggut bei der Fa....... (nachfolgend: „Lieferant") ausgesucht hat. Der Leasinggeber wird das Leasinggut zu einem Preis von € ...... (zuzüglich Umsatzsteuer) erwerben; dieser Erwerbspreis bildet die wirtschaftliche Grundlage für die Gesamthöhe der monatlichen Leasingraten.

(2) Die Laufzeit des Leasingvertrages beträgt ...... Monate. Sie beginnt, wenn der Leasingnehmer das ihm angelieferte Leasinggut abgenommen und die Abnahme- und Übernahmebestätigung dem Leasinggeber erteilt hat.

(3) Der Leasingnehmer verpflichtet sich, das Leasinggut ausschließlich im Rahmen seines Gewerbebetriebes einsetzen. Es ist ihm nicht gestattet, das Leasinggut ohne schriftliche Zustimmung des Leasinggebers an einen anderen Ort zu verbringen. Eine Untervermietung oder sonstige Gebrauchsüberlassung an Dritte ist ebenfalls nicht gestattet.

3. Lease Agreement

Between
...... Leasing
            (hereinafter referred to as
                              "Lessor")
and
......
            (hereinafter referred to as
                              "Lessee")

§ 1 Conclusion of Agreement; Duration of Agreement

(1) Lessor and Lessee hereby agree that Lessee be provided with ...... (hereinafter referred to as "the Leased Equipment") in accordance with the terms and conditions set out in this Agreement. The parties mutually confirm that Lessee has selected the Leased Equipment with ...... (hereinafter referred to as "the Supplier"). Lessor shall acquire the Leased Equipment at a price of € ...... (plus VAT); such purchase price shall constitute the economic basis for the total amount of the monthly lease payments.

(2) The term of the Lease Agreement shall be ...... months. It shall commence at such date at which Lessee shall have accepted delivery of the Leased Equipment and have furnished Lessor with a notice of acceptance.

(3) Lessee agrees to use the Leased Equipment for his business enterprise only. It is not permitted to move the Leased Equipment to any other place without written approval of Lessor. Any sub-letting or other transfer of possession to a third party is not permitted either.

---

[1] Es handelt sich um die Vertragsfassung eines Vollamortisationsmodells.

§ 2 Haftung und Gewährleistungs-pflichten des Leasinggebers

§ 2 Liability and Warranty of the Lessor

(1) Mit dem Empfang des Leasinggutes gilt das Leasinggut als von dem Leasinggeber an den Leasingnehmer unter Ausschluss jeglicher weitergehender Ansprüche, insbesondere etwaiger Gewährleistungsansprüche des Leasingnehmers übergeben.

(1) Upon acceptance of the Leased Equipment, the Leased Equipment shall be deemed to transfer from Lessor to Lessee free of any further claims of Lessee including, without limitation, any warranty claims.

(2) Der Leasinggeber tritt hiermit dem Leasingnehmer alle gegenwärtigen oder künftigen Ansprüche ab, die ihm gegenüber dem Lieferanten des Leasingguts zustehen. Der Leasingnehmer nimmt die Abtretung an.

(2) Lessor hereby assigns to Lessee all current and future claims against the Supplier of the Leased Equipment. Lessee accepts such assignment.

Der Leasingnehmer ist berechtigt und verpflichtet, gegenüber dem Lieferanten des Leasingguts alle nicht unter Abs. 3 fallende Ansprüche geltend zu machen. Dies betrifft insbesondere (ohne Beschränkung hierauf) Ansprüche wegen Verzuges und Produkthaftung. Dies gilt jedoch erst ab dem Zeitpunkt, ab dem der Leasingnehmer das Leasinggut gem. Abs. 1 empfangen hat.

Lessee is entitled and obliged to pursue directly towards the Supplier of the Leased Equipment all claims other than those referred to in sub-section 3 below. This shall include (without limitation) claims arising from default or product liability. This shall apply only after such date at which the Lessee shall have accepted delivery of the Leased Equipment pursuant to sub-section 1 above.

(3) Der Leasinggeber tritt ferner dem Leasingnehmer alle gegenwärtigen und künftigen Gewährleistungsansprüche ab, die ihm gegenüber dem Lieferanten des Leasingguts zustehen. Der Leasingnehmer nimmt auch diese Abtretung an.

(3) Lessor further assigns to Lessee all current and future warranty claims he has against the Supplier of the Leased Equipment. Lessee accepts such assignment also.

Der Leasingnehmer ist berechtigt und verpflichtet, Gewährleistungsansprüche, insbesondere auch Ansprüche auf Wandelung oder Minderung unmittelbar gegenüber dem Lieferanten des Leasingguts auf eigene Kosten und auf eigenes Risiko – gerichtlich wie außergerichtlich – unter Berücksichtigung der unverzüglichen Rügepflicht gegenüber dem Lieferanten geltend zu machen.

Lessee is entitled and obliged to pursue at is own expense and at own risk – in court or out of court – directly towards the Supplier of the Leased Equipment any warranty claims which shall include, without limitation, the right to rescind or to reduce the purchase price of the Leased Equipment towards Lessor. This must be made with due regard to the need of immediate objection towards the Supplier.

(4) Der Leasinggeber ist verpflichtet, das Ergebnis etwaiger Auseinandersetzungen zwischen Lieferant und Leasingnehmer (vgl. Abs. 2 und 3) gegen sich gelten zu lassen. Dies gilt nicht, sofern der Leasingnehmer mit dem Lie-

(4) Lessor agrees to be bound by the result of any disputes between the Supplier and Lessee (see sub-sections 2 and 3). This shall not apply if Lessee and the Supplier shall have conspired to the detriment of Lessor. The burden of

feranten zum Nachteil des Leasinggebers zusammengewirkt hat. Die Beweislast für ein solches Zusammenwirken trägt der Leasinggeber. Der Leasingnehmer ist verpflichtet, den Leasinggeber unverzüglich schriftlich davon in Kenntnis zu setzen, wenn und soweit er auf Grund der vorangegangenen Bestimmungen Ansprüche gegenüber dem Lieferanten des Leasingguts geltend macht. Der Leasingnehmer hat dem Leasinggeber auf Verlangen die Korrespondenz mit dem Lieferanten des Leasingguts in Kopie zu übermitteln. Dem Leasinggeber ist Gelegenheit zu geben, seine Rechte als rechtlicher und wirtschaftlicher Eigentümer des Leasingguts zu wahren. Verletzt der Leasingnehmer schuldhaft diese Verpflichtung, ist er dem Leasinggeber zum Ersatz des daraus entstehenden Schadens verpflichtet.

(5) Der Leasingnehmer bleibt gegenüber dem Leasinggeber auch dann zur Zahlung weiterer Leasingraten verpflichtet, wenn dieser Wandlungs- oder Minderungsansprüche in Bezug auf das Leasinggut geltend macht. Die Pflicht zur Zahlung von Leasingraten endet erst mit Rechtskraft einer gerichtlichen Entscheidung oder dem Abschluss eines rechtsverbindlichen Vergleichs. Stimmt der Lieferant des Leasingguts einem Wandelungsbegehren des Leasingnehmers zu, so entfällt insoweit mit rückwirkender Kraft die Geschäftsgrundlage des Leasingvertrages. Dies gilt auch im Fall eines rechtskräftigen Wandelungsurteils gegenüber dem Lieferanten.

(6) Für die Minderung und für Schadensersatzansprüche aus oder im Zusammenhang mit der Gewährleistung gelten die Regelungen des Abs. 5 entsprechend.

(7) Der Leasingnehmer verpflichtet sich, bei Anlieferung des Leasingguts eine nach den kaufmännischen Gepflogenheiten gem. §§ 377, 378 HGB erforderliche ordnungsgemäße Wareneinproof for such conspiracy shall lie with Lessor. Lessee agrees to notify Lessor in writing if and to the extent it, based on the above provisions, pursues any claims against the Supplier in relation to the Leased Equipment. Upon demand, Lessee shall provide Lessor with copies of correspondence with the Supplier of the Leased Equipment. Lessor shall be given the opportunity to safeguard his rights as legal and economic owner of the Leased Equipment. If Lessee culpably fails to comply with such undertaking, then it shall compensate Lessor for any damages arising therefrom.

(5) Lessee shall remain bound to continue the lease payments to Lessor even if it shall pursue any rescission or reduction claims towards the Supplier with regard to the Leased Equipment. The obligation to make lease payments shall only cease to exist upon a conclusive court ruling or the conclusion of a binding settlement agreement. If the Supplier shall accept Lessee's proposal to rescission then the basis for this lease agreement shall cease with retroactive effect. This applies in particular in the event of a conclusive rescission judgment against the Supplier.

(6) The provisions set out in the previous sub-section 5 shall apply accordingly to any reduction or damage compensation claims arising from or in conjunction with the warranty.

(7) Lessee agrees to conduct an inspection of the delivered Leased Equipment in accordance with good commercial practice and the provisions of §§ 377, 378 of the German Code of Commerce

gangskontrolle durchzuführen. Er wird etwaige Mängelrügen unverzüglich und den Vorgaben der §§ 377, 378 HGB entsprechend erheben, sofern sich bei Annahme des Leasingguts oder bei dessen späterer Verwendung ein Mangel zeigt. Die Mängelrüge ist unmittelbar an den Lieferanten zu richten. Das Risiko der verspäteten Mängelrüge trägt der Leasingnehmer.

("HGB"). It agrees to raise any quality objections immediately and in accordance with the requirements set out in §§ 377, 378 HGB if it should become aware of any defects or such defect should arise during the subsequent use. The notice of deficiency shall be directed towards the Supplier. Lessee assumes the risk of any late notice of deficiency.

§ 3 Zahlungen

(1) Die monatliche Leasingrate beträgt € …… zzgl. MwSt. Sie ist für jeden Monat im Voraus bis zum zweiten Bankarbeitstag des betreffenden Monats auf das Konto …… des Leasinggebers bei der ……-Bank zu entrichten.

(2) Kommt der Leasingnehmer mit einer fälligen Zahlung in Verzug, so ist der Leasinggeber unbeschadet sonstiger ihm zustehender Rechte berechtigt, Verzugszinsen in Höhe von pauschal 5% p.a. über dem jeweiligen Basiszinssatz der Europäischen Zentralbank als Verzugsschaden geltend zu machen. Dem Leasinggeber bleibt der Nachweis eines wesentlich höheren, dem Leasingnehmer der Nachweis eines wesentlich geringeren Verzugsschadens vorbehalten.

(3) Aufrechnungsrechte stehen dem Leasingnehmer nur zu, wenn die ihm zustehende Forderung rechtskräftig festgestellt, unbestritten oder vom Leasinggeber anerkannt worden ist.

§ 3 Payments

(1) The monthly lease payments shall be € …… plus VAT. It shall be made to Lessor's account no …… with …… Bank by the second business day of the relevant month where banks are open for business.

(2) If Lessee shall be in default with any payment that has fallen due, then Lessor may, without prejudice to any other remedies available to it, demand payment of default interest on the overdue amount at a rate of 5% above the applicable base rate of the European Central Bank. This shall be without prejudice to Lessor's or Lessee's right to prove that the damage caused by the default is significantly higher or lower, as the case may be.

(3) Lessee may exercise rights of set-off only for those claims that have been conclusively confirmed, that are undisputed or that Lessor shall have accepted.

§ 4 Sonstige Pflichten des Leasingnehmers

(1) Der Leasingnehmer hat alle sich aus dem Besitz und der Verwendung des Leasinggutes ergebenden gesetzlichen Verpflichtungen auf eigene Kosten zu erfüllen. Er stellt den Leasinggeber insoweit von allen Ansprüchen dritter Personen frei.

(2) Die Gefahr eines zufälligen Untergangs oder einer zufälligen Verschlech-

§ 4 Other Obligations of Lessee

(1) Lessee agrees to comply at its own expense with all requirements arising from statutory law attached to the possession or use of the Leased Equipment. To that extent, it agrees to indemnify Lessor against any claims of third parties.

(2) The risk of unintentional destruction or devaluation of the Leased Equip-

terung des Leasingguts trägt der Leasingnehmer. Er bleibt in diesem Fall zur weiteren Zahlung der Leasingraten verpflichtet. Darüber hinaus ist der Leasingnehmer verpflichtet, das Leasinggut auf eigene Kosten wieder instand zu setzen.

(3) Der Leasingnehmer ist verpflichtet, eine Sachversicherung zugunsten des Leasingguts abzuschließen, welche die üblichen Risiken abdeckt (Feuer-, Wasser-, Einbruchsdiebstahl).

(4) Der Leasingnehmer wird diese Versicherung auf eigene Kosten abschließen und während der Dauer des Leasingvertrages aufrechterhalten; auf Verlangen des Leasinggebers wird der Leasingnehmer dafür Sorge tragen, dass dem Leasinggeber ein Sicherungsschein ausgestellt wird,

(5) Der Leasinggeber ist verpflichtet, etwaige Entschädigungsleistungen der Versicherung dem Leasingnehmer zur Verfügung zu stellen, sofern er auf eigene Kosten eine Reparatur des Leasingguts veranlasst. Im Fall eines Totalschadens ist der Leasinggeber verpflichtet, Entschädigungsleistungen der Versicherung auf die Vollamortisationspflicht des Leasingnehmers anzurechnen.

§ 5 Wartung – Instandhaltung

(1) Der Leasingnehmer ist verpflichtet, auf eigene Kosten alle erforderlichen und/oder vom Lieferanten vorgeschriebenen Wartungsarbeiten durchführen zu lassen, um auf diese Weise einen ordnungsgemäßen Zustand des Leasingguts zu gewährleisten.

(2) Der Leasingnehmer ist ferner verpflichtet, alle erforderlichen Instandhaltungs- und Instandsetzungsarbeiten bei etwaigen Mängeln/Schäden des Leasingguts auf eigene Kosten durchzuführen.

ment shall lie with Lessee. In any such event, it shall remain liable for making the full lease payments. Moreover, he agrees to repair the Leased Equipment at his own expense.

(3) Lessee agrees to procure for the Leased Equipment property insurance to cover general risks (fire, water and housebreaking).

(4) Lessee agrees to procure and maintain throughout the term of this Agreement such insurance at own expense; upon demand of Lessor, it shall ensure that Lessor be named additional insured.

(5) Lessor agrees to make available to Lessee any insurance payments received from the insurance company if he at own expense shall have procured the repair of the Leased Equipment. In the event of a total loss, Lessor agrees to credit insurance moneys received against the obligation of Lessee to provide full amortisation.

§ 5 Repair – Maintenance

(1) Lessee agrees to procure at own expense all maintenance necessary and/ or prescribed by the Supplier to ensure that the Leased Equipment is at all times in an orderly shape.

(2) Lessee further agrees to procure at own expense all necessary repair and maintenance works upon the occurrence of any faults/damages.

§ 6 Ende der Grundmietzeit

(1) Der Leasingvertrag endet bei Ablauf der vereinbarten Grundmietzeit, ohne dass es einer Kündigung des Leasinggebers bedarf. Der Leasingnehmer ist verpflichtet, das Leasinggut nach Ende der Grundmietzeit dem Leasinggeber zur Abholung bereitzustellen.

(2) Setzt der Leasingnehmer trotz Beendigung des Leasingvertrages den Gebrauch des Leasingguts fort, so ist er zur weiteren Zahlung der Leasingraten verpflichtet.

(3) Sofern der Leasingnehmer dies wünscht, ist er berechtigt, drei Monate vor Beendigung des Leasingvertrages dem Leasinggeber mitzuteilen, dass er das Leasinggut käuflich erwerben will. Der Leasinggeber wird dem Leasingnehmer sodann eine Kaufoption einräumen, wobei der Kaufpreis dem Restbuchwert des Leasingguts entspricht (auf Basis der amtlichen AfA-Tabellen) oder dem niedrigeren Verkehrswert/ Zeitwert des Leasingguts.

(4) In gleicher Weise hat der Leasingnehmer auch das Recht, vom Leasinggeber nach Ende des Leasingvertrages eine Verlängerung des Leasingvertrages zu verlangen. Der Leasinggeber wird dem Leasingnehmer sodann ein Angebot zur Fortsetzung des Leasingvertrages unterbreiten. Die vom Leasingnehmer zu zahlende Anschluss-Leasingrate richtet sich entweder nach dem Restbuchwert des Leasinggutes (auf Grund der amtlichen AfA-Tabelle) oder nach dem niedrigeren gemeinen Verkehrswert/Zeitwert des Leasingguts.

(5) Der Leasingnehmer ist berechtigt, die ihm nach den vorstehenden Bestimmungen eingeräumte Kauf- oder Mietverlängerungsoption bis zum Ende des Leasingvertrages schriftlich gegenüber dem Leasinggeber anzunehmen. Soweit danach ein Kauf- oder Mietvertrag zustande kommt, sind alle Gewährleistungsansprüche des Leasingnehmers ausgeschlossen; der Leasing-

§ 6 Expiry of Base Lease Term

(1) The Lease Agreement shall end upon expiry of the agreed base lease term without need on Lessor's side to serve notice of termination. Lessee agrees to make available to Lessor the Leased Equipment for collection upon expiry of the base lease term.

(2) If Lessee shall continue to use the Leased Equipment despite the expiry of the lease agreement, then it shall be bound to continue with the lease payments.

(3) If Lessee so desires, it shall have the right to notify Lessor by no later than three months before the expiry of the lease agreement of its intention to purchase the Leased Equipment. Lessor shall thereupon grant Lessee a purchase option where the purchase price shall equal the lower of the residual book value (based on the official depreciation schedules) and the fair market value/ actual cash value of the Leased Equipment.

(4) By application of the same mode, Lessee shall have right to require Lessor to extend the Lease Agreement after it has expired. Lessor shall thereupon provide Lessee with an offer to extend the Lease Agreement. The subsequent lease amount payable by Lessee shall equal the lower of the residual book value (based on the official depreciation schedules) and the fair market value/ actual cash value of the Leased Equipment.

(5) Lessee shall have the right to accept through written notice towards Lessor the option granted to it in accordance with the above provisions to purchase or extend the lease agreement. Any conclusion of such purchase or lease agreement shall be associated with a waiver of all warranty claims that the Lessee may have; Lessor shall also not be liable in accordance with the provi-

geber haftet auch nicht nach den §§ 536, 537, 538 BGB.

sions set out in §§ 536, 537 and 538 of the German Civil Code.

§ 7 Fristloses Kündigungsrecht des Leasinggebers

(1) Kommt der Leasingnehmer mit mindestens zwei aufeinander folgenden Raten oder mit einem erheblichen Teil der Leasingraten in Verzug, so steht dem Leasinggeber das Recht zur fristlosen Kündigung des Leasingvertrages zu. Gleiches gilt, wenn der Leasingnehmer das Leasinggut vertragswidrig gebraucht und trotz schriftlicher Abmahnung den vertragswidrigen Gebrauch des Leasingguts fortsetzt und dadurch die Rechte des Leasinggebers in erheblichem Maße verletzt. Dies gilt insbesondere dann, wenn der Leasingnehmer das Leasinggut an einen Dritten untervermietet.

(2) Im Fall der fristlosen Kündigung des Leasingvertrages ist der Leasinggeber verpflichtet, für eine bestmögliche Verwertung des Leasingguts Rechnung zu tragen. Der Leasinggeber wird dem Leasingnehmer die bevorstehende Verwertung des Leasingguts schriftlich anzeigen. Er wird ihm insbesondere Gelegenheit geben, das Leasinggut käuflich zu erwerben oder dem Leasinggeber Dritte zu benennen, welche ernsthaft an dem Erwerb des Leasingguts interessiert sind. Die vorstehenden Erklärungen schuldet der Leasingnehmer dem Leasinggeber innerhalb einer Ausschlussfrist von 10 Tagen, gerechnet ab Empfang der Verwertungsmitteilung.

(3) Der Leasinggeber wird seinen Schadensersatzanspruch wegen Nichterfüllung gegenüber dem Leasingnehmer wie folgt abrechnen:

a) Der Anspruch wegen rückständiger Leasingraten bleibt unberührt.

b) Die noch ausstehenden Leasingraten wird der Leasinggeber zu dem Refinanzierungssatz abzinsen, welcher

§ 7 Lessor's Right to Termination for Good Cause

(1) If Lessee shall be late with a minimum of more than two consecutive lease payments or with a significant portion of the lease payments, then Lessor shall have the right to terminate this Lease Agreement with immediate effect. The same applies if Lessee shall use the Leased Equipment contrary to the contractual terms and, despite a written warning and cure notice, continues such unauthorized use causing a material infringement of Lessor's rights. This applies in particular to any sub-letting of the Leased Equipment to a third party.

(2) In case of termination of the lease agreement for good cause, Lessor shall have the right to pursue the sale of the Leased Equipment at best terms possible. Lessor will inform Lessee of any anticipated sale in writing; it shall offer to him the opportunity to purchase the Leased Equipment or to name any third party to Lessor that shall seriously be interested in purchasing the Leased Equipment. Lessee agrees to serve any of the foregoing notices to the Lessor by no later than 10 days (which shall be a conclusive deadline) after having received the sales notice.

(3) Lessor agrees to settle the accounts with Lessee on its damage compensation claims for breach of contract in accordance with the following:

a) The right to receive the balance of the lease payments shall not be affected;

b) Lessor shall discount the outstanding lease payments at a rate equalling the interest rate applicable to the

der Refinanzierung bei Vertragsbeginn zugrunde lag.

c) Von dem so ermittelten Betrag wird der Leasinggeber den erzielten Verwertungserlös abziehen; er wird ferner alle ersparten Aufwendungen in Abzug bringen, sofern diese nicht zu den Gemeinkosten des Leasinggebers zählen. Soweit dies der Fall ist, wird er diese mit einem monatlichen Betrag von € ...... – bezogen auf die Restlaufzeit des Leasingvertrages – abziehen.

d) Soweit der Leasinggeber gegenüber der Refinanzierungsbank zwecks Ablösung der Refinanzierung eine Vorfälligkeitsentschädigung schuldet, ist diese Teil des ihm gegenüber dem Leasingnehmer zustehenden Schadensersatzanspruchs.

e) Die Kosten der Verwertung des Leasingguts trägt der Leasingnehmer; sie sind nebst allen sonstigen nachgewiesenen, durch die Kündigung entstandenen Kosten Bestandteil des Schadensersatzanspruchs des Leasinggebers.

(4) Sofern der Leasinggeber nicht in der Lage ist, das Leasinggut innerhalb angemessener Frist zu verwerten, ist er berechtigt, den ihm zustehenden Schadensersatzanspruch auf Basis eines Sachverständigengutachtens zu berechnen. Die Kosten des Sachverständigengutachtens trägt der Leasingnehmer.

(5) Ein fristloses Kündigungsrecht steht dem Leasinggeber auch dann zu, wenn über das Vermögen des Leasingnehmers Antrag auf Eröffnung eines Vergleichs- oder Insolvenzverfahrens gestellt wird. Der Schadensersatzanspruch des Leasinggebers bleibt in diesen Fällen unberührt.

§ 8 Eigentumsrechte des Leasinggebers

(1) Sofern das Leasinggut mit Grund und Boden fest verbunden wird, sind sich Leasinggeber und Leasingnehmer darüber einig, dass diese Verbindung

refinancing at the start of the Agreement;

c) The amount so calculated shall be subject to deduction of any sales proceeds; furthermore all saved expenses shall be deducted unless the same shall be part of Lessor's general overhead. In such event, these shall be deducted at by a monthly amount of € ...... based on the balance term of the Lease Agreement;

d) To the extent Lessor shall be under the obligation to make a prepayment compensation to the refinancing bank so settle the refinancing, such portion shall be part of its compensation claim against Lessee;

e) Lessee shall bear all costs of the sale of the Leased Equipment; these costs together will all other proven costs associated with the termination shall be part of the damage compensation claim of Lessor.

(4) To the extent Lessor shall not be able to procure a sale of the Leased Equipment within a reasonable period of time it shall have the right to calculate its damage compensation claim based on an expert opinion. Lessee shall bear the costs of such expert opinion.

(5) Lessor shall also have a right to termination for good cause and with immediate effect if Lessee's estate shall become subject to a composition or insolvency petition. This shall be without prejudice to any damage compensation claims that Lessor may have.

§ 8 Proprietary Rights of the Lessor

(1) If the Leased Equipment shall be affixed to the ground, Lessor and Lessee agree that such fixing shall be for temporary purposes only. After expiry

nur zu einem vorübergehenden Zweck gewollt ist. Nach Beendigung des Leasingvertrages ist sie wieder rückgängig zu machen.

(2) Der Leasingnehmer ist verpflichtet, auf das Eigentumsrecht des Leasinggebers am Leasinggut stets in deutlicher Weise hinzuweisen. Er hat das Leasinggut von Rechten Dritter freizuhalten. Der Leasingnehmer wird den Leasinggeber unverzüglich über Ansprüche Dritter auf das Leasinggut, Entwendung, Beschädigung oder Verlust informieren. Die Kosten für Maßnahmen gegen die vorgenannten Beeinträchtigungen des Leasinggutes fallen dem Leasingnehmer zur Last. Er ist ferner verpflichtet, Drittwiderspruchsklage gem. § 771 ZPO zu erheben, sofern Dritte die Zwangsvollstreckung in das Leasinggut betreiben. Die Kosten einer solchen Drittwiderspruchsklage trägt der Leasingnehmer.

(3) Das Sonderkündigungsrecht der Erben des Leasingnehmers beim Tod des Leasingnehmers ist ausgeschlossen.

§ 9 Rückgabe des Leasingguts

(1) Ohne schriftliche Zustimmung ist der Leasingnehmer nicht berechtigt, das Leasinggut in irgendeiner Weise zu verändern. Soweit der Leasingnehmer das Leasinggut mit einer Einrichtung versehen hat, ist er nach Beendigung der Mietzeit berechtigt und auf Wunsch des Leasinggebers verpflichtet, diese auf eigene Kosten zu entfernen.

(2) Veränderungen oder Verschlechterungen des Leasingguts, die durch den vertragsgemäßen Gebrauch herbeigeführt werden, hat der Leasingnehmer nicht zu vertreten.

§ 10 Sonstiges

(1) Alle Vereinbarungen zwischen Leasinggeber und Leasingnehmer sind in diesem Vertrag enthalten. Mündliche Nebenabreden sind nicht getroffen.

of this Lease Agreement, the same must be reversed.

(2) Lessee agrees to ensure a clear reference to proprietary rights of Lessor in the Leased Equipment. It shall keep the Leased Equipment free of any third party rights. Lessee will inform Lessor immediately about any third party claims to the Leased Equipment, about any theft, damaging or loss. The costs of remedies against any of the above referenced interference in the Leased Equipment shall be borne by Lessee. It further agrees to file an action based on third party proprietary rights in accordance with § 771 of the German Code of Civil Procedure if any third party shall start execution proceedings with regard to the Leased Equipment. Lessee agrees to pay the costs of such action.

(3) The special termination rights of heirs of Lessee upon decease of the Lessee shall not apply.

§ 9 Return of the Leased Equipment

(1) Lessee may not make any alterations to the Leased Equipment without written approval of Lessor. If Lessee shall have attached any feature to the Leased Equipment it shall at own expense have the right or, upon demand of Lessor, be obliged to, remove the same upon expiry of the lease term.

(2) Lessee shall not be liable for any changes or impairment on the Leased Equipment arising from use within the ordinary course of business.

§ 10 Other Provisions

(1) This Agreement shall cover all agreements between Lessor and Lessee. No verbal side arrangements have been made.

(2) Sollte eine Bestimmung dieses Vertrages ganz oder teilweise unwirksam oder undurchsetzbar sein, werden die Wirksamkeit und Durchsetzbarkeit aller übrigen Bestimmungen dieses Vertrages davon nicht berührt. Die unwirksame oder undurchsetzbare Bestimmung ist als durch diejenige wirksame und durchsetzbare Bestimmung als ersetzt anzusehen, die dem von den Parteien mit der unwirksamen oder undurchsetzbaren Bestimmung verfolgten wirtschaftlichen Zweck am nächsten kommt.

(3) Für alle Streitigkeiten aus oder im Zusammenhang mit diesem Vertrag wird die Zuständigkeit des für den Sitz des Leasingnehmers zuständigen Gerichts vereinbart.

(2) If any provision of this Agreement shall be entirely or partly invalid or unenforceable, then this shall not affect the validity or enforceability of the other provisions of this Agreement. The invalid or unenforceable provision is deemed to be replaced by such valid and enforceable provision that reflects to the closest extent possible the intention that the parties hereto had pursued with the invalid or unenforceable provision.

(3) It is agreed that the court having jurisdiction for the area in which Lessee has its registered office shall be the proper forum for all disputes arising from, or in conjunction with, this Agreement.

VII. Kreditverträge und Kreditsicherung

1. Darlehensvertrag

Die
...... Bank, ... Straße ...... in 80333 München

– nachstehend „Bank" genannt –

gewährt der
Firma ......, Straße ...... in 80333 München

– nachstehend „Darlehensnehmer" genannt –

gem. Darlehenszusage vom ...... ein Darlehen in Höhe von
€ ......
(in Worten: € ......)

§ 1 Verwendungszweck

(1) Das Darlehen ist ausschließlich zur Finanzierung des ...... (nachstehend „Leasingobjekt" genannt) zu verwenden.

(2) Der Darlehensnehmer hat das Leasingobjekt mit Mobilien-Leasingvertrag Nummer ...... vom ...... als Leasinggeber an die Firma ...... (nachstehend „Leasingnehmer" genannt) vermietet.

(3) Die dem Darlehensnehmer für die Grundmietzeit zustehenden Leasingforderungen gegen den Leasingnehmer hat der Darlehensnehmer mit Forderungsverkaufvertrag vom ...... an die Bank verkauft.

§ 2 Zinssatz, Auszahlungskurs, Konditionenbindung

Das Darlehen wird in einer Summe zu folgenden Konditionen ausbezahlt:

Zinssatz: ......% p.a. fest bis zum ......

VII. Loan Agreements and Collateral

1. Loan Agreement

The
...... Bank, ... Street ...... in 80333 Munich

– hereinafter referred to as „the Bank" –

grants to
......, Street ...... in 80333 Munich

– hereinafter referred to as "the Borrower" –

in accordance with the commitment letter of ...... a loan of
€ ......
(in words: € ......)

§ 1 Purpose

(1) The facility is solely intended to assist in the financing of ... (hereinafter referred to as the "Lease Equipment").

(2) The Borrower has leased the Lease Equipment as lessor to ...... (hereinafter referred to as "the Lessee") based on the Lease Agreement No. ...... made on ...... in relation to the Lease of movable goods.

(3) Based on the receivables purchase agreement made on ...... the Borrower has sold to the Bank its lease receivables owed by the Lessee throughout the base lease term.

§ 2 Interest, Payout Rate, Fixed Terms

The loan shall be advanced in one amount in accordance with the following terms:

Interest Rate: ......% per annum fixed until ......

Auszahlungskurs: ......% des Gesamt-
darlehensbetrages

Bereitstellungs-
provision: ......% des Gesamt-
darlehensbetrages

Payout Rate::   ......% of the total
loan amount

Commitment fee   ......% of the total
loan amount

§ 3 Laufzeit; Fälligkeit der Zins- und Tilgungsleistungen

§ 3 Term; Due Date of Interest and Repayments

(1) Die Darlehenslaufzeit beträgt ......
Monate, und zwar ab ...... bis ...... Die
Zinsleistungen sind monatlich nachträglich fällig und zahlbar, erstmals
am ...... Diese Zahlungen werden dem
laufenden Konto des Darlehensnehmers bei der Bank belastet.

(1) The term of the loan shall be ...
months starting as from the ...... and
ending on the ...... Interest payments
shall be made monthly after expiry
of the relevant month with the first
payment falling due by ...... These
payments will be debited through the
Borrower's current account with the
Bank

(2) Der Darlehensnehmer ist verpflichtet, das Darlehen bei Beendigung des
oben genannten Leasingvertrages, spätestens bei Ablauf der Darlehenslaufzeit, in einem Betrag zurückzuzahlen.

(2) The Borrower is obliged to repay the
loan in one amount at the expiry of the
above mentioned lease agreement but
in no event later than at the date at
which the loan term has expired.

(3) Das Darlehen ist ohne Kündigung
zur Rückzahlung fällig, wenn die Leasingforderungen aus dem oben genannten Mobilien-Leasingvertrag vor der
vertraglichen Fälligkeit des Darlehens
erlöschen.

(3) The Loan shall become repayable
without notice of termination if the
lease receivables arising from the above
referenced lease agreement on mobile
lease shall have ceased to exist prior to
the due date agreed for the loan.

(4) Der Darlehensnehmer ermächtigt
hiermit unwiderruflich die Bank, die
jeweils fälligen Zins- und Tilgungsleistungen an den Fälligkeitsterminen zu
Lasten seines bei der Bank einzurich-
tenden Mieteingangskonto (laufendes
Konto) abzubuchen.

(4) The Borrower hereby irrevocably
authorizes the Bank, to debit the interest and redemption payments at the
due dates to the lease receivables account of the Borrower (current account)
which shall be established with the
Bank.

(5) Der Darlehensnehmer wird dafür
Sorge tragen, dass zu den Fälligkeitsterminen für Zins- und Tilgungsleistungen auf dem Mieteingangskonto bei
der Bank ausreichendes Guthaben vorhanden ist.

(5) The Borrower shall ensure that sufficient funds shall be available on the
current account at the due dates to fund
the interest and redemption payments.

(6) Reicht das Guthaben auf dem
Mieteingangskonto zur Abbuchung
der Zins- und/oder Tilgungsleistungen
nicht aus, so berechnet die Bank für den
Sollsaldo den jeweils gültigen Überzie-
hungszinssatz.

(6) In the event that the credit balance
on the current account shall not be sufficient to cover the interest and/or the
redemption payments, the Bank shall
invoice any debit amount the relevant
interest rate charged for overdrafts.

(7) Die Bank ist berechtigt, jede Zahlung des Darlehensnehmers nach eigenem Ermessen auf die geschuldeten Leistungen zu verrechnen. Sie wird dabei berücksichtigen, dass das Recht des Leasingnehmers auf lastenfreien Erwerb des Leasingobjektes nach Ablauf der Leasingzeit nicht beeinträchtigt wird.

§ 4 Sicherheiten

(1) Zur Sicherung aller – auch bedingten und befristeten – gegenwärtigen und künftigen Ansprüche aus dem Darlehen und aus der gesamten Geschäftsverbindung mit dem Darlehensnehmer haften der Bank, neben dem Pfandrecht gem. Ziffer …… ihrer „Allgemeinen Geschäftsbedingungen" die gem. dem oben genannten Forderungskaufvertrag vereinbarten Sicherheiten mit.

(2) Zusätzlich tritt der Darlehensnehmer hiermit die nach Ablauf der Leasingzeit aus dem Leasingvertrag gem. § …… zustehenden Ansprüche, insbesondere die aus einem Verkauf oder einer erneuten Vermietung des Leasingobjektes erwachsenden Ansprüche an die Bank ab. Die Bank nimmt hiermit diese Abtretung an.

(3) Sobald die Bank wegen aller ihrer Ansprüche aus dem oben genannten Forderungskaufvertrag und diesem Darlehensvertrag befriedigt ist, ist sie verpflichtet, die als Sicherheiten dienen Rechte auf den Darlehensnehmer zurückzuübertragen. Die Bank ist schon vor vollständiger Befriedigung ihrer Ansprüche verpflichtet, auf Verlangen das ihr übertragene Sicherungsgut sowie auch etwaige andere, ihr bestellte Sicherheiten, wie etwa abgetretene Forderungen oder Grundschulden nach ihrer Wahl an den jeweiligen Sicherungsgeber ganz oder teilweise freizugeben, sofern der realisierbare Wert sämtlicher Sicherheiten …… % der gesicherten Ansprüche der Bank nicht zur vorübergehend überschreitet.

(7) The Bank is entitled to apply at its own discretion any payment of the Borrower to the debt owed to it. In acting so, the Bank shall take into account that the right of the lessee to acquire the Lease Equipment free of any encumbrance after the lease term must not be adversely affected.

§ 4 Collateral

(1) In addition the lien according to clause …… of its General Business Terms and Conditions the collateral agreed under the above referenced receivables purchase agreement shall serve as a security for all current and future claims (including conditional and temporary claims) arising from the loan and the entire business relationship.

(2) In addition, the Borrower hereby assigns to the Bank all claims available to it upon expiry of the lease term according to § …… of the Lease Agreement, in particular any claims arising from a sale of the Lease Equipment or from a renewal of the lease. The Bank hereby accepts such assignment.

(3) As soon as the Bank shall received all amounts owed to it under the above referenced receivables purchase agreement and this Loan Agreement, it shall re-transfer to the Borrower all rights serving as collateral hereunder. The Bank shall be obliged to re-transfer upon demand at its discretion to any individual or entity having provided security the collateral granted to it as well as any other collateral such as assigned receivables or land charges already prior to complete discharge of its claims if the achievable value of the collateral exceeds the secured claims of the Bank by …… % for a duration which is not merely temporary.

§ 5 Zahlungen des Darlehens-
nehmers, Verzug

(1) Alle Zahlungen sind kostenfrei und unter Ausschluss jeder Aufrechnung (es sei denn, die Gegenforderung ist unbestritten oder rechtskräftig festgestellt), der Zurückbehaltung oder Hinterlegung auf das mit der Bank vereinbarte Konto oder an einer von der Bank bezeichneten Stelle zu überweisen.

(2) Werden von dem Darlehensnehmer geschuldete Leistungen an den Fälligkeitsterminen nicht bezahlt, so ist für den Rückstand während des Zeitraumes des Verzuges eine Entschädigung in Höhe von 4% jährlich über dem Referenzzinssatz der Europäischen Zentralbank zu leisten. Dem Darlehensnehmer bleibt der Nachweis eines wesentlich geringeren Verzugsschadens, der Bank bleibt die Geltendmachung eines nachgewiesenen höheren Verzugsschadens vorbehalten. Gesetzliche Verzugsschadensansprüche bleiben von der hier getroffenen Regelung unberührt.

§ 6 Einreichung von
Kreditunterlagen

Der Darlehensnehmer ist verpflichtet, der Bank die in der Anlage 1 zu dieser Vereinbarung genannten Kreditunterlagen zu übergeben. Diese werden Bestandteil dieses Darlehensvertrages.

§ 7 Kündigung aus
wichtigem Grund

Die Bank ist berechtigt, das Darlehen aus wichtigem Grund ganz oder teilweise vor Auszahlung zu widerrufen oder nach erfolgter Auszahlung zur sofortigen Rückzahlung zu kündigen, wenn ein wichtiger Grund hierfür gegeben ist. Als wichtiger Grund gelten insbesondere die nachfolgend aufgeführten Umstände:

a) Das Vertragswerk zwischen Darlehensnehmer und Leasingnehmer ist teilweise oder in seiner Gesamtheit unwirksam oder die Erfüllung der

§ 5 Payments of the Borrower,
Default

(1) All payments shall be made to the account agreed with the Bank or to an entity designed by the Bank free of costs, any set off (unless the counterclaim remains undisputed or conclusively confirmed by a court) , any retention and without any right to place these amounts into deposit,

(2) Any amounts owed by the Borrower which shall not have been received by the due dates, shall as long as the default shall remain be subject to a compensation payment of 4% above the base rate of the European Central Bank. This shall be without prejudice to the right of the Borrower to prove a substantially lower damage caused by such default and to the right of the Bank to prove a higher damage caused by such default. Remedies available for compensation of default under statutory law shall remain unaffected by the provision agreed hereunder.

§ 6 Submission
of Loan Documentation

The Borrower is obliged to provide the Bank with the loan documentation listed in Annex 1 to this Agreement. These shall form part of this Loan Agreement.

§ 7 Termination for
Good Cause

The Bank shall have the right to withdraw from the loan commitment either in part or entirely prior to the advance of the loan or, after having advanced the same, to terminate the loan for good cause to achieve immediate repayment. Any of the events listed below shall, without limitation, be regarded as good cause:

a) The agreements between the Borrower and the lessee are invalid, either in parts or in their entirety, or the discharge of the obligations

dort niedergelegten Verpflichtungen wird ausdrücklich und endgültig verweigert.

b) Die in diesem Darlehensvertrag an die Bank abgetretenen Rechte und Sicherheiten betragen in ihrem Wert weniger als 75% der ausstehenden Darlehenssumme oder der Darlehensnehmer bestreitet nachträglich die Wirksamkeit der Sicherheitenbestellung zugunsten der Bank.

c) Die Vermögensverhältnisse des Darlehensnehmers oder des Leasingnehmers verschlechtern sich wesentlich und diese Verschlechterung führt dazu, dass die Rückzahlung des hiernach gewährten Darlehens gefährdet wird.

d) Der Darlehensnehmer gerät mit fälligen Leistungen trotz Mahnung und hiermit verbundener Nachfristsetzung länger als 2 Monate in Verzug.

e) Der Darlehensnehmer nimmt ohne vorherige Zustimmung der Bank einen Wechsel des Leasingnehmers vor.

f) Eine hiernach vereinbarte Sicherheit erweist sich als nicht wirksam bestellt und der Darlehensnehmer verabsäumt es innerhalb einer von der Bank zu setzenden Frist, die wirksame Bestellung nachzuholen oder eine Ersatzsicherheit zu stellen.

g) Es werden Gegenstände, die der Besicherung dieses Darlehens dienen gepfändet oder der Darlehensnehmer verfügt über solche Gegenstände ohne Zustimmung der Bank. Ausgenommen von dem Verfügungsverbot sind Verfügungen innerhalb der Grenzen des ordnungsgemäßen Geschäftsganges.

h) Zwischen dem Darlehensnehmer und dem Leasingnehmer werden Vereinbarungen ohne vorherige Zustimmung der Bank getroffen, die die ordnungsgemäße Rückzahlung des Darlehens gefährden.

i) Der Darlehensnehmer verlegt ohne Zustimmung der Bank seinen Sitz in das Ausland.

agreed thereunder is expressly and conclusively refused.

b) The value of the rights and the collateral assigned to the Bank under this loan agreement shall become less than 75% of the outstanding loan amount or the Borrower shall subsequently challenge the validity of creation of the collateral for the benefit of the Bank.

c) The financial condition of the Borrower or the Lessee is significantly deteriorating and such deterioration shall cause the repayment of the loan granted hereunder to be at risk.

d) The Borrower shall be in default with payments owed hereunder for longer than 2 months despite having received a default and cure notice.

e) The Borrower shall replace the lessee without having first obtained the approval of the Bank.

f) The grant of any collateral granted hereunder shall prove invalid and the Borrower fails to cure such incident trough the valid creation of a collateral or fails to provide a replacement collateral.

g) Any goods serving as a collateral for the loan granted hereunder shall be seized or the Borrower shall dispose of any of these without prior consent of the Bank. This shall not apply to goods that shall are disposed of in the ordinary course of business.

h) The Borrower and the lessee shall without prior consent of the Bank have entered into arrangements that jeopardize the orderly repayment of the loan.

i) The Borrower shall relocate his office to a foreign contry without having obtained approval of the Bank.

Sonstige wichtige Gründe nach Ziffer...... der Allgemeinen Geschäftsbedingungen der Bank bleiben unberührt.

Das Kündigungsrecht besteht für den Fall, dass es nicht unverzüglich ausgeübt wird, so lange fort, wie der Kündigungsgrund besteht, es sei denn die Bank erklärt dem Darlehensnehmer gegenüber den Ausübungsverzicht.

The above shall be without prejudice to other good causes based on clause...... of the General Business Terms and Conditions of the Bank.
In case the same shall have not been immediately exercised, the termination right shall remain in force as long as the cause therefor shall remain in existence unless the Bank shall have advised the Borrower of any waiver to exercise such right.

§ 8 Sorgfaltspflicht

(1) Der Darlehensnehmer verpflichtet sich, alle Maßnahmen auf Kosten des Leasingnehmers oder auf eigene Kosten durchzuführen oder durchführen zu lassen, die zur Erhaltung und zum ordnungsgemäßen Gebrauch des Leasingobjektes erforderlich sind.

(2) Der Darlehensnehmer verpflichtet sich, im Vertragsverhältnis zum Leasingnehmer dafür Sorge zu tragen, dass während der Laufzeit des Darlehens weder ein Untergang noch Beschädigungen oder Wertminderungen des Leasingobjektes die Zahlungsverpflichtungen des Leasingnehmers beeinträchtigen.

§ 8 Duty of Care

(1) The Borrower agrees to perform or have performed at its own expense such works that shall be necessary to maintain the Lease Equipment in good condition and available for proper utilization.

(2) The Borrower agrees to ensure within its contractual relationship with the lessee that for the duration of the loan no destruction or deterioration or devaluation of the Lease Equipment shall adversely affect the payment obligations of the lessee.

§ 9 Versicherung

Der Darlehensnehmer verpflichtet sich, im Vertragsverhältnis zum Leasingnehmer dafür Sorge tragen, dass das Leasingobjekt gegen die üblichen Risiken versichert gehalten wird, die Versicherungsprämien fristgerecht gezahlt und der Bank die notwendigen Sicherungsscheine verschafft werden.

§ 9 Insurance

The Borrower agrees to ensure within its contractual relationship with the lessee that the Lease Equipment shall remain insured against the usual risk, that insurance premiums are paid on time and that the Bank shall be provided with the necessary insurance certificates.

§ 10 Auskunft

(1) Der Darlehensnehmer hat der Bank im Rahmen des § 18 des Kreditwesengesetzes und der hierzu ergangenen Anordnungen des Bundesaufsichtsamts für das Kreditwesen die danach notwendigen Unterlagen unverzüglich

§ 10 Information

(1) The Borrower shall with the framework of § 18 of the German Banking Act including any orders issued by the Federal Authority for the Supervision of Banks provide the Bank with documents required thereunder as soon as

nach ihrer Fertigstellung vorzulegen und auf Verlangen der Bank jederzeit die Einsichtnahme in die jeweiligen Unterlagen zu gestatten und jede Auskunft hierüber zu erteilen und erforderliche Erläuterungen zu geben.

(2) Der Darlehensnehmer ist ferner verpflichtet, im Vertragsverhältnis zum Leasingnehmer durch entsprechende Regelungen die Voraussetzungen dafür zu schaffen, dass die Bilanzen und Geschäftsberichte oder Wirtschaftsprüferberichte des Leasingnehmers der Bank sogleich nach dem Bilanzstichtag vorgelegt werden.

(3) Der Darlehensnehmer verpflichtet sich, die Bank von allen die Darlehen und die Sicherheiten unmittelbar oder mittelbar betreffenden Gegebenheiten zu unterrichten. Insbesondere wird er die Bank unverzüglich verständigen, wenn ihm Umstände bekannt werden, durch welche die Brauchbarkeit oder Werthaltigkeit des Leasingobjektes oder sonstiger Sicherheiten beeinträchtigt werden könnten.

the same have been completed and shall upon demand of the Bank consent to any inspection of the relevant documents and provide any information and any explanation on these document.

(2) The Borrower further agrees to procure within its contractual relationship with the lessee, that the balance sheets and management or auditors reports of the lessee shall be made available to Bank immediately after the date of the balance sheet.

(3) The Borrower agrees to inform the Bank on any incidents that may be of direct or indirect relevance to the loan or the collateral. In particular, it agrees to notify the Bank of any incident that it becomes aware of which may adversely affect the function or value of the Lease Equipment or other collateral.

§ 11 Besichtigungsrecht der Bank

Der Darlehensnehmer hat der Bank oder deren Beauftragte nach vorheriger Anmeldung die Besichtigung des Leasingobjektes zu gestatten. Der Darlehensnehmer ist ferner verpflichtet, im Vertragsverhältnis zum Leasingnehmer durch entsprechende Regelungen die Voraussetzungen dafür zu schaffen, dass auch der Leasingnehmer ein solches Besichtigungsrecht einräumt.

§ 11 Inspection Rights of the Bank

The Borrower agrees to accept upon prior notice the inspection of the Lease Equipment by the Bank or any designees of the Bank. The Borrower further agrees to ensure through appropriate arrangements with the lessee that the lessee also grants such inspection rights.

§ 12 Eigentum am Pfandobjekt

Soweit der Darlehensnehmer nicht Eigentümer des Pfandobjektes ist, steht er der Bank dafür ein, dass der Eigentümer die Verpflichtungen gem. der §§ 8 bis 11 erfüllen wird.

§ 12 Ownership of Lease Equipment

To the extent the Borrower shall not be the owner of the pledged property, it shall ensure that the owner complies with the obligations set out under §§ 8 to 11.

§ 13 Kosten und Schadensersatz

Der Darlehensnehmer trägt sämtliche gegenwärtig oder zukünftige Kosten, die mit dem Darlehen zusammenhängen. Dies betrifft insbesondere Kosten für die Bewertung des Leasingobjektes, Steuern sowie alle Auslagen und Schäden, die aufgrund einer Vertragsverletzung entstehen.

§ 13 Costs and Damage Compensation

The Borrower agrees to assume all current and future costs associated with the loan. This shall in particular apply to cost relating to the valuation of the Lease Equipment, taxes and all expenses and damages arising from breach of contract.

§ 14 Nichtabnahmeentschädigung

(1) Kommt das Darlehen ganz oder teilweise nicht zur Auszahlung, weil der Darlehensnehmer die Auszahlungsvoraussetzungen oder die von der Bank gemachten Auflagen nicht rechtzeitig erfüllt, kann die Bank von dem Darlehensnehmer entweder die Vertragserfüllung oder als Schadenspauschale einen Betrag von 3% des nicht ausgezahlten Darlehensnennbetrages verlangen.

(2) Im vorstehenden Fall kann die Bank statt der pauschalen Entschädigung einen etwaigen nachgewiesenen höheren Schaden geltend machen. Dem Darlehensnehmer bleibt der Nachweis eines wesentlich geringeren Schadens vorbehalten.

§ 14 Compensation for Non-Payout of the Loan

(1) If the loan shall not have been advanced as a result of the failure of the Borrower to comply with the conditions precedent for payout or with conditions imposed by the Bank, then the Bank may alternatively require the Borrower to adhere to the terms of agreement or to pay as compensation a lump sum of 3% of the unpaid nominal loan advance.

(2) In the event described above the Bank may in lieu of the lump sum charge a compensation of any proven higher damage. This shall be without prejudice of the Borrowe's right to demonstrate that a materially lower damage has occurred.

§ 15 Ersatzvornahme durch die Bank

Die Bank ist berechtigt, Verpflichtungen des Darlehensnehmers gegenüber dritten Personen, die das Darlehensverhältnis berühren, im Fall eines Verzuges für Rechnung des Darlehensnehmers erfüllen.

§ 15 Remedial Action by the Bank

In the event of default the Bank is entitled to discharge on account of the Borrower any obligation of the Borrower towards third parties that affect the loan agreement.

§ 16 Übertragung von Rechten

Der Darlehensnehmer ist nicht berechtigt, ohne Zustimmung der Bank Ansprüche aus diesem Vertrag an dritte Personen abzutreten.

§ 16 Transfer of Rights

The Borrower is not entitled to assign rights under this Agreement to any third party without consent of the Bank.

§ 17 Änderungen, Ergänzungen und Ausübung von Rechten

(1) Änderungen und Ergänzungen dieses Vertrages bedürfen der Schriftform. Auf dieses Erfordernis kann nur durch eine gesonderte Vereinbarung verzichtet werden, die ihrerseits der Schriftform bedarf. Bank und Darlehensnehmer sind sich darüber einig, dass keine mündlichen Nebenabreden zu diesem Vertrag bestehen.

(2) Bestehende Vereinbarungen zwischen Bank und Darlehensnehmer, insbesondere solche, die im Wege der Korrespondenz getroffen wurden, bleiben in Kraft und von diesem Darlehensvertrag unberührt.

(3) Werden Rechte aus diesem Vertrag von der Bank nicht geltend gemacht, so liegt hierin kein Verzicht auf ihre Rechte.

§ 18 Salvatorische Klausel

Sollte eine Bestimmung dieses Vertrages ganz oder teilweise unwirksam oder undurchsetzbar sein, werden die Wirksamkeit und Durchsetzbarkeit aller übrigen Bestimmungen dieses Vertrages davon nicht berührt. Die unwirksame oder undurchsetzbare Bestimmung ist als durch diejenige wirksame und durchsetzbare Bestimmung als ersetzt anzusehen, die dem von den Parteien mit der unwirksamen oder undurchsetzbaren Bestimmung verfolgten wirtschaftlichen Zweck am nächsten kommt.

§ 19 Allgemeine Geschäftsbedingungen

Ergänzend zu diesem Darlehensvertrag gelten die „Allgemeinen Geschäftsbedingungen" der Bank. Ein Exemplar der Allgemeinen Geschäftsbedingungen liegt diesem Darlehensvertrag bei.

§ 17 Amendments, Supplements and Exercise of Rights

(1) Amendments and Supplements of this Agreement shall be in writing. Such requirement may only be waived through separate arrangement in writing. The Bank and the Borrower agree that not verbal side arrangements to this Agreement exist.

(2) This Loan Agreement shall not affect existing arrangements between the Bank and the Borrower, in particular those that have been agreed through exchange of letters.

(3) If the Bank refrains from exercising rights availabe to it hereunder, this shall not constitute a waiver of its rights.

§ 18 Partial Invalidity

If any provision of this Agreement shall be entirely or partly invalid or unenforceable, this shall not affect the validity and enforceability of all other provisions of this Agreement. An invalid or unenforceable provision shall be regarded as replaced by such a valid and enforceable provision that as closely as possible reflects the economic purpose that the parties hereto had pursued with the invalid or unenforceable provision.

§ 19 Standard Business Terms

The General Business Terms and Conditions of the Bank shall apply in addition to this Loan Agreement. A copy of these General Business Terms and Conditions is enclosed to this Loan Agreement.

....
Ort/Datum   Ort/Datum   Place/Date   Place/Date
....
Darlehensnehmer   Bank   Borrower   Bank

Anlage 1	Annex 1
Unterlagenverzeichnis	**Table of Documents**

1. Gesellschaftsvertrag/Satzung des Darlehensnehmers	1. Articles of Association/Memorandum of Incorporation of the Borrower
2. Gesellschaftsvertrag/Satzung des Leasingnehmers	2. Articles of Association/Memorandum of Incorporation of the lessee
3. Beglaubigter Handelsregisterauszug des Darlehensnehmers	3. Certified extract of the trade register of the Borrower
4. Beglaubigter Handelsregisterauszug des Leasingnehmers	4. Certified extract of the trade register of the lessee
5. Jahresabschlüsse des Darlehensnehmers der letzen drei Geschäftsjahre	5. Annual Reports of the Borrower of the preceding three fiscal years
6. Jahresabschlüsse des Leasingnehmers der letzten drei Geschäftsjahre	6. Annual Reports of the Borrower of the preceeding fiscal years
7. Mobilien-Leasingvertrag betreffend das Leasingobjekt nebst Anlagen, Ergänzungen und Zusatzvereinbarungen	7. Lease Agreement on the moveable equipment including annexes, supplements and addendums
8. Einverständniserklärung des Darlehensnehmers zum Darlehensangebot der Bank	8. Borrower's notice of acceptance of the loan offer of the Bank
9. Eröffnungsunterlagen für das laufende Konto des Darlehensnehmers	9. Set up documentation in relation to the Borrower's current account
10. Unterschriftskarte der zeichnungsberechtigten Personen des Darlehensnehmers und des Leasingnehmers	10. Signature cards of the authorised signatories of the Borrower and the lessee
11. Rechnung des Lieferanten und Kaufvertrag zwischen Lieferanten und des Darlehensnehmers betreffend das Leasinggut. Es darf insoweit kein verlängerter Eigentumsvorbehalt vereinbart sein	11. Invoice of the supplier and sale and purchase agreement between supplier and the Borrower in relation to the Lease Equipment. No extended retention of title shall have been agreed
12. Auszahlungsauftrag des Darlehensnehmers	12. Notice of drawdown of the Borrower

2. Einräumung einer Kreditlinie

I. Einräumung; Zinssatz

Die …… Bank (nachfolgend „Bank" genannt) räumt …… (nachfolgend „Kreditnehmer" genannt) hiermit eine Kreditlinie bis zu einer Höhe von € …… (Höchstkreditgrenze) nach Maßgabe der nachfolgend niedergelegten Bedingungen ein. Der hierfür zu entrichtende Zinssatz beträgt …… % p. a.

Über die Höchstgrenze hinaus gehende Inanspruchnahmen werden Zinssatz von …… % p. a. als Überziehungszins verrechnet.

II. Bedingungen der Kredite

§ 1 Kontokorrent

Die Kreditlinie wird im Kontokorrent mit vierteljährlichem Rechnungsabschluss geführt.

§ 2 Höchstkreditgrenze; Überziehungen

(1) Der Kreditnehmer ist verpflichtet, den mit der Bank vereinbarten maximalen Kreditbetrag gem. Ziff. I (Höchstkreditgrenze) einzuhalten.

(2) Akzeptiert die Bank stillschweigend eine Überschreitung des maximalen Kreditbetrages, so ist die Überziehung unverzüglich, in keinem Falle jedoch später als 2 Wochen auf die Höchstkredit grenze zurückzuführen, sofern Bank und Kreditnehmer keine anderweitige Vereinbarung treffen.

(3) Die Bank stellt für den die Höchstgrenze übersteigenden Betrag den für Überziehung geltenden Zinssatz in Rechnung stellen. Die anwendbare Höhe ergibt sich aus dem jeweils geltenden „Zinssatz für Überziehungen".

2. Grant of a Credit Line

I. Grant; Interest Rate

The …… Bank (hereinafter referred to as "the Bank") hereby grants to …… (hereinafter referred to as "the Borrower") a credit line of up to € …… (maximum credit amount) in accordance with the terms and conditions set out below. The interest payable therefor shall be …… % per annum.

The interest rate payable for amounts exceeding the maximum credit amount shall be …… % p. a. as overdraft interest rate

II. Conditions of Credit Line

§ 1 Current Account

The credit line shall be managed as current account with quarterly settlement of accounts.

§ 2 Maximum Credit Amount; Overdrafts

(1) The Borrower agrees to adhere to the maximum limit agreed with the Bank under clause I hereunder (maximum credit amount).

(2) If the Bank tacitly accepts a drawdown exceeding the maximum credit amount, then such overdraft shall be repaid immediately but in no event later than 2 weeks to arrive at the maximum credit amount unless the Bank and Borrower agree otherwise.

(3) For any amount exceeding the maximum limit the Bank shall charge for the excess amount the interest rate generally applicable to overdrafts. The applicable rate is set out in the relevant "interest rates for overdrafts".

§ 3 Änderung des Zinssatzes

(1) Die Bank behält sich das Recht vor, den Zinssatz für die Kreditlinie zu erhöhen, wenn sich die Marktzinsen erhöhen. Die Bank verpflichtet sich, den Zinssatz für die Kreditlinie herabzusetzen, wenn sich die Marktzinsen ermäßigen. Die Erhöhung oder Herabsetzung wird die Bank unter Beachtung des § 315 BGB entsprechend der Zinsentwicklung am Geld- und Kapitalmarkt für Kredite vergleichbarer Art und Größe vornehmen.

(2) Jede Änderung des Zinssatzes wird die Bank dem Kreditnehmer unverzüglich mitteilen. Im Falle einer Erhöhung oder Herabsetzung des Zinssatzes ist der Kreditnehmer berechtigt, den Kredit innerhalb eines Monats nach Bekanntgabe des neuen Zinssatzes mit sofortiger Wirkung zu kündigen. Die Kündigung ist schriftlich zu erklären. Macht der Kreditnehmer von diesem Kündigungsrecht Gebrauch, so ist der Kredit innerhalb einer Frist von zwei Wochen ab dem Zugang der Kündigungserklärung zurückzuzahlen. Hat die Bank den Zinssatz erhöht, so wird sie bis zur Rückzahlung durch den Kreditnehmer den bisherigen Zinssatz berechnen. Sonstige Kündigungsrechte des Kreditnehmers bleiben von den hier getroffenen Regelungen unberührt.

(3) Die Regelungen der vorstehenden Absätze (1) und (2) finden entsprechende Anwendung auf Erhöhungen oder Herabsetzungen des Zinssatzes für Überziehungen.

§ 4 Rückzahlung

(1) Die Bank ist berechtigt, die Kreditlinie mit einer Frist von drei Monaten zur Rückzahlung zu kündigen, sofern Bank und Kreditnehmer keine anderweitige Vereinbarung getroffen haben.

(2) Haben die Parteien eine bestimmte Laufzeit vereinbart, so ist der Kredit am Ende der vereinbarten Laufzeit in einer Summe zurückzuzahlen.

§ 3 Change of Interest Rate

(1) The Bank reserves its right to increase the interest rate for the credit line if the market interest rates shall increase. The Bank agrees to reduce the interest rate if the market interest rates shall decrease. The Bank shall make such increase or decrease with due observance of § 315 of the German Civil Code in accordance with the development of interest rates in the money and capital market for credit facilities of comparable kind and size.

(2) The Bank shall immediately advise the Borrower of any change of the interest rate. In the event of an increase or decrease of the interest rate the Borrower is entitled to terminate the credit facility within one month after having received a notice on the change of interest the rate. Such notice shall be filed in writing. If the Borrower exercises such termination rights then the credit facility shall be repayable within 2 weeks after the date at which the notice of termination shall have been received. If the Bank has increased the interest rate then it shall charge the former rate until such credit facility has been repaid. These provisions shall be without prejudice to other termination rights that the Borrower may have.

(3) The provisions of the foregoing subclauses (1) and (2) shall equally apply to increases or decreases of the interest rate charged for overdrafts.

§ 4 Repayment

(1) The Bank may terminate the credit line for repayment by giving three months notice unless the Bank and Borrower shall have agreed otherwise.

(2) If the parties have agreed on a certain term, then the credit facility shall be repayable in one instalment at the end of the agreed term.

§ 5 Offenlegung der wirtschaftlichen Verhältnisse (§ 18 KWG)

Der Kreditnehmer ist verpflichtet, auf Verlangen der Bank mindestens einmal jährlich seine wirtschaftlichen Verhältnisse offen zu legen, insbesondere die Jahresabschlüsse seines Unternehmens oder andere Unterlagen vorzulegen, die einen Einblick in die aktuellen wirtschaftlichen Verhältnisse des Kreditnehmers ermöglichen.

§ 5 Disclosure of the Financial Status (§ 18 of the German Banking Act)

The Borrower agrees to disclose upon demand to the Bank its financial status at least once a year, in particular to provide the annual reports or other documents that offer insight on the current financial status of the Borrower.

§ 6 Außerordentliche Kündigung

Die Bank kann die hiernach eingeräumte Kreditlinie ohne Einhaltung einer Kündigungsfrist aus wichtigem Grund kündigen und die sofortige Rückzahlung dem Kreditnehmer eingeräumten Kredites verlangen, wenn ein wichtiger Grund vorliegt. Ein wichtiger Grund ist insbesondere dann gegeben, wenn eines der nachfolgend aufgeführten Ereignisse eintritt:

6.1. Der Kreditnehmer kommt seiner Verpflichtung zur Offenlegung seiner wirtschaftlichen Verhältnisse trotz Aufforderung mit Fristsetzung nicht nach.

6.2. Der Kreditnehmer macht im Rahmen der Offenlegung seiner wirtschaftlichen Verhältnisse falsche Angaben.

6.3. Der Kreditnehmer kommt einer Verpflichtung zur Bestellung von Sicherheiten trotz Aufforderung mit Fristsetzung nicht nach.

6.4. Der Kreditnehmer unterlässt es, Verpflichtungen nach dieser Vereinbarung, insbesondere Zahlungsverpflichtungen, zu erfüllen und unterlässt es trotz Mahnung und Fristsetzung, die geschuldeten Leistungen innerhalb eines Monats nach Zugang der Mahnung zu erbringen.

§ 6 Termination for Good Cause

The Bank may terminate the credit line hereunder for good cause with immediate effect and demand immediate repayment of the credit facility granted to the Borrower. In particular, the occurrence of any of the following events shall be regarded as good cause:

6.1. The Borrower fails to comply with its obligations to disclose its financial status despite having received a default and cure notice.

6.2. The Borrower makes false statements during the disclosure of its financial status.

6.3. The Borrower fails to comply with any obligation to grant a collateral despite having received a default and cure notice.

6.4. The Borrower fails to comply with any of the commitments under this Agreement, in particular with payment obligations and, despite having received a default and cure notice, fails to make payments owed within one month after having received the notice.

3. Vertrag über die Verpfändung von Geschäftsanteilen an einer GmbH

3. Share Pledge Agreement regarding Shares in a Limited Liability Company

zwischen

......

      – nachfolgend: „Verpfänderin" genannt –

und

......

      – nachfolgend: „Pfandgläubigerin" genannt –

between

......

      – hereinafter referred to as "the Pledgor" –

and

......

      – hereinafter referred to as "the Pledgee" –

§ 1 Verpfändete Anteile

(1) Die Verpfänderin ist alleinige Gesellschafterin der Fa. ...... GmbH (nachfolgend: „Gesellschaft"), einer Gesellschaft mit beschränkter Haftung mit Geschäftsadresse in ......, eingetragen im Handelsregister des Amtsgerichts ...... unter HRB Nummer ...... Das Stammkapital der Gesellschaft beträgt € ...... (in Worten: € ......). Derzeit ist das Stammkapital wie folgt aufgeteilt:
– ein Geschäftsanteil im Nominalbetrag von € ...... (in Worten: € ......) sowie
– ein Geschäftsanteil im Nominalbetrag von € ...... (in Worten: € ......).

(2) Die Geschäftsanteile sind voll einbezahlt. Nachschussverpflichtungen der Verpfänderin bestehen nicht.

§ 1 Pledged Shares

(1) The Pledgor is the sole shareholder of ...... GmbH ("the Company"), a company with limited liability with its registered address in ......, registered with the trade register of the Local Court of ...... under HRB ...... The total stated share capital of the Company is € ...... (in words: € ......). The stated share capital is currently divided as follows:
– One share in the nominal amount of € ...... (in words: € ......) and;

– One share in the nominal amount of € ...... (in words: € ......).

(2) The shares are fully paid in. There is no obligation on the Pledgor to make additional contributions.

§ 2 Besicherte Verpflichtungen

Diese Anteilsverpfändung dient als Sicherheit für die rechtzeitige und vollständige Erfüllung aller gegenwärtigen und künftigen – auch bedingten und befristeten – Verpflichtungen und Verbindlichkeiten der Verpfänderin (nachfolgend: „besicherte Forderungen" oder „besicherte Verpflichtungen") gegenüber der Pfandgläubigerin, die sich aus dem Rahmenkreditvertrag vom .... 2009 (nachfolgend: der „Kreditvertrag") nebst hiernach zugunsten der

§ 2 Secured Obligations

This share pledge serves as and provides for security for the full and complete discharge of all current and future obligations and liabilities (whether or not contingent or limited in time) of the Pledgor towards the Pledgee ("Secured Liabilities" or "Secured Claims") arising from the credit line arrangement dated .... 2009 ("the Loan Agreement") including guarantees issued hereunder and other claims under existing loan agreements. In particular,

Verpfänderin herausgelegter Avale und aus sonstigen Ansprüchen aus bestehenden Kreditverträgen ergeben. Die Besicherung erstreckt sich insbesondere auf Hauptsumme, Zinsen, Kosten, Auslagen und sonstige Nebenforderungen im Zusammenhang mit den vorstehend genannten Verbindlichkeiten.

the pledge shall cover principal, interest, costs, expenses and other ancillary claims in conjunction with the above referenced obligations.

§ 3 Anteilsverpfändung/ Sicherungszweck

(1) Die Verpfänderin verpfändet hiermit an die Pfandgläubigerin ihre gesamten an der Gesellschaft gehaltenen und in § 1 dieser Vereinbarung bezeichneten Geschäftsanteile sowie künftige nach Abschluss dieser Vereinbarung im Falle einer Kapitalerhöhung erworbenen Anteile einschließlich aller Nebenrechte und Forderungen, wie nachfolgend in § 4 dieser Vereinbarung bezeichnet.

(2) Die Pfandgläubigerin nimmt dieser Verpfändung an.

(3) Die Verpfändung der Anteile dient der Besicherung sämtlicher in § 2 dieser Vereinbarung bezeichneten Forderungen und Ansprüche der Pfandgläubigerin.

§ 3 Share Pledge/Security Purpose

(1) The Pledgor herewith pledges to the Pledgee all of its Shares held in the Company referred to in § 1 hereof and all future Shares that the Pledgor shall acquire after conclusion of this Agreement in the event of any increase of the stated share capital of the Company together with all ancillary rights and claims referred to in § 4 hereof.

(2) The Pledgee hereby accepts the Pledge.

(3) The purpose of this Share Pledge is to secure all Secured Claims and Liabilities pursuant to § 2 hereof.

§ 4 Gewinnansprüche

(1) Die in dieser Vereinbarung niedergelegte Verpfändung umfasst Ansprüche auf

a) Gesellschaftsgewinne in Bezug auf die nach § 1 dieser Vereinbarung verpfändeten sowie mögliche künftige Geschäftsanteile,
b) Verwertungserlöse, Einziehungsentgelte, Auszahlungsbeträge im Falle einer Kapitalherabsetzung, Abfindungsansprüche anlässlich einer Kündigung oder eines Gesellschafteraustritts, einer etwaigen Preisgabe sowie alle sonstigen Ansprüche im Zusammenhang mit den nach § 1 dieser Vereinbarung verpfändeten und möglichen künftigen Geschäftsanteilen.

§ 4 Dividends

(1) The Pledge created through this Agreement shall cover all rights to receive

a) dividends payable on Pledged Shares according to § 1 hereof and all future Shares,

b) liquidation proceeds, consideration for redemption, repaid capital in the event of a capital decrease, any compensation payment in case of termination or withdrawal, the surplus in case of surrender including all other claims in conjunction with the Pledged Shares referred to in § 1 and all future shares.

(2) Soweit die Pfandgläubigerin keine Verwertungsmaßnahmen nach § 8 dieser Vereinbarung betreibt oder solche Maßnahmen schriftlich angekündigt hat, ist die Verpfänderin berechtigt, die nach §§ 3 und 4 verpfändeten Rechte auszuüben und Ausschüttungen von Gesellschaftsgewinnen zu empfangen. Auf Verlangen der Pfandgläubigerin ist die Verpfänderin allerdings verpflichtet, insoweit eingehende Beträge auf ein von der Verpfänderin im Einzelfall zu benennendes Sperrkonto zu überweisen. In diesem Fall ist die Verpfänderin nicht berechtigt, überwiesene Beträge ohne vorherige schriftliche Zustimmung der Pfandgläubigerin wieder abzuheben.

(2) As long as the Pledgee shall not have started enforcement proceedings pursuant to § 8 hereof or has announced the same in writing the Pledgor shall be entitled to receive dividend payments in respect of the pledged shares according to §§ 3 and 4. Notwithstanding the foregoing, the Pledgor shall upon demand of the Pledgee pay any amounts so received to a blocked account that the Pledgee shall specify from time to time. In such case, the Pledgor shall not be entitled to withdraw any amounts so transferred without prior written approval of the Pledgee.

§ 5 Ausübung von Stimmrechten

(1) Sofern die Pfandgläubigerin keine Verwertungsmaßnahmen nach § 8 dieser Vereinbarung betreibt oder solche Maßnahmen schriftlich angekündigt hat, ist die Verpfänderin berechtigt, alle im Zusammenhang mit den verpfändeten Anteilen verbundenen Stimmrechte auszuüben, vorausgesetzt, dass eine Stimmrechtsausübung nicht den Sicherungsinteressen der Pfandgläubigerin oder dem Sicherungszweck dieser Vereinbarung, wie in §§ 2 und 3 definiert, widerspricht.

§ 5 Exercise of Voting Rights

(1) As long as the Pledgee shall not have started enforcement proceedings pursuant to § 8 hereof or announced the same in writing, the Pledgor shall be entitled to exercise all voting rights attached to the shares provided that an exercise of voting rights may not contravene the security interest of the Pledgee or the security purpose of this agreement, as defined in §§ 2 and 3 hereof.

(2) Die Verpfänderin verpflichtet sich, keine Maßnahmen zu ergreifen oder an solchen Maßnahmen mitzuwirken, die zu einem Verlust der Inhaberschaft der verpfändeten Geschäftsanteilen führen können. Die Verpfänderin verpflichtet sich insbesondere, keine der nachfolgenden Handlungen vorzunehmen oder hierauf bezogene Erklärungen abzugeben („verbotene Transaktionen") und ist nicht berechtigt, die Stimmrechte in Bezug auf derartige Handlungen und Erklärungen ohne vorherige schriftliche Zustimmung der Pfandgläubigerin auszuüben:

(2) The Pledgor shall not take or participate in any action that may result in a loss of the ownership in the pledged shares. In particular, the Pledgor agrees to refrain from the following actions and declarations ("Prohibited Transactions") and shall not be entitled to cast votes in favour of such actions and declarations without prior written consent of the Pledgee:

  (i) Herabsetzung des Stammkapitals der Gesellschaft;

  (i) Reduction of the Company's share capital;

(ii) Liquidation, Auflösung, Beendigung oder Kündigung der Gesellschaft;
(iii) Einziehung oder Preisgabe der verpfändeten Anteile;
(iv) Verkauf, Übertragung, Belastung, Verpfändung oder anderweitige Verfügung über die verpfändeten Anteile;
(v) Abschluss von Treuhand- oder Stimmbindungsvereinbarungen;
(vi) Andere Rechtsgeschäfte, die die gleiche Wirkung wie die vorstehend in den Unterabsätzen (i) bis (v) bezeichneten Rechtsgeschäfte haben, soweit sie den Sicherungsinteressen der Pfandgläubigerin zuwiderlaufen.

Die Verpfänderin wird die Pfandgläubigerin unverzüglich schriftlich über Handlungen dritter Personen, die zu einer verbotenen Transaktion führen können, sowie über von Dritten im Hinblick auf die verpfändeten Anteile geltend gemachte Ansprüche informieren. Die Verpfänderin verpflichtet sich, sich ihre Rechte an den verpfändeten Anteilen gegenüber Forderungen oder Ansprüchen dritter Personen zu wahren.

(3) Die Verpfänderin wird die Pfandgläubigerin über alle Ereignisse unterrichten, soweit diese das Sicherungsinteresse der Pfandgläubigerin nachhaltig zu berühren geeignet sind. Die Verpfänderin wird die Pfandgläubigerin insbesondere über einen Wechsel von Gesellschaftern der Gesellschaft unterrichten.

(4) Die Verpfänderin verpflichtet sich, im Falle eine Kapitalerhöhung eine Zeichnung der neu zu schaffenden Anteile nicht ohne vorherige Zustimmung der Pfandgläubigerin zuzulassen. Die Verpfänderin wird insbesondere keine diesbezügliche Änderung des Gesellschaftsvertrages veranlassen oder einer solchen Änderung zustimmen, die geeignet ist, die nach dieser Vereinbarung übertragenen Rechte zu gefährden oder auszuhöhlen.

(ii) Liquidation, dissolution, termination or withdrawal from the Company;
(iii) Redemption or surrender of the pledged shares;
(iv) Sale, transfer, encumbrance, pledge or other disposal of the pledged shares;
(v) Conclusion of fiduciary agreements or co-voting arrangements;
(vi) Any other transaction having the same effect as the transaction referred to in sub-clauses (i) to (v) above that are inconsistent with the security interest of the Pledgee.

The Pledgor shall immediately inform the Pledgee in writing of any third party action or declaration that may result in a Prohibited Transaction or any claims that a third party may assert with regard to the pledged shares. The Pledgor agrees to defend title to the pledged shares against any claims or demands made by third parties.

(3) The Pledgor shall inform the Pledgee of all incidents that may have a material adverse effect on the security interests of the Pledgee. In particular, the Pledgor shall notify the Pledgee of any change of shareholders in the Company.

(4) The Pledgor undertakes towards the Pledgee not to permit any subscription of new shares in the event of a share capital increase without prior written approval of the Pledgee. In particular, the Pledgor agrees, not to accept or approve any such change of the articles of incorporation that may contravene or jeopardize the rights transferred under this Agreement.

§ 6 Zusicherungen und Gewährleistungen

§ 6 Representations and Warranties

Die Verpfänderin gibt hiermit gegenüber der Pfandgläubigerin folgende auf den heutigen Zeitpunkt sowie auf die Laufzeit dieser Verpfändung bezogenen Gewährleistungen und Zusicherungen ab:

The Pledgor represents and warrants towards the Pledgee that as at the date hereof and for the term of this pledge:

  (i) Die Verpfänderin ist eine ordnungsgemäß nach den Gesetzen der Bundesrepublik Deutschland gegründete und bestehende Kommanditgesellschaft und befindet sich nicht im Insolvenzverfahren. Ihre Gesellschafter sind ordnungsgemäß nach den Gesetzen der Bundesrepublik gegründete und bestehende Unternehmen, die weder überschuldet noch insolvent noch Gegenstand eines Insolvenzverfahrens sind.

  (i) The Pledgor is a limited Partnership duly organised and existing under the Laws of the Federal Republic of Germany and not subject of any insolvency proceedings. Ist shareholders are companies duly organised and existing under the Laws of the Federal Republic of Germany that are neither overindebted nor insolvent or subject to any insolvency proceedings.

 (ii) Die Verpfänderin verfügt über die notwendige Befugnis und Vollmacht zum Abschluss dieser Anteilsverpfändungsvereinbarung und zur Erfüllung aller sich hieraus ergebenden Verpflichtungen.

 (ii) The Pledgor has the requisite power and authority to enter into this share pledge agreement and to discharge all obligations created hereunder.

(iii) Die Gesellschaft ist eine ordnungsgemäß nach den Gesetzen der Bundesrepublik Deutschland gegründete und bestehende Gesellschaft mit beschränkter Haftung und befindet sich nicht im Insolvenzverfahren.

(iii) The Company is a limited liability company duly organised and existing under the Laws of the Federal Republic of Germany and not subject to any insolvency proceedings.

 (iv) Die Verpfänderin ist rechtmäßige Eigentümerin der nach § 1 verpfändeten Anteile Abgesehen von dieser Verpfändung sowie von der Pfandgläubigerin gestatteten Belastung sind diese Anteile sowie die hiermit verbundenen Gewinnbezugsrechte frei von Rechten und Ansprüchen Dritter, insbesondere von Eigentum, Pfandrechten oder sonstigen Sicherungsrechten.

 (iv) The Pledgor is the lawful owner of the shares pledged pursuant to § 1 hereunder. Notwithstanding this pledge or any other encumbrance permitted by the Pledgee, the shares are free from third party rights or claims, in particular from ownership, pledge or other collateral.

  (v) Die in § 1 genannten Anteile sind voll einbezahlt und stellen das gesamte Stammkapital der Gesellschaft dar.

  (v) The shares referred to in § 1 have above been fully paid in and constitute the entire stated share capital of the Company.

 (vi) Alle notwendigen gesellschaftsrechtlichen Maßnahmen sind ein-

 (vi) All necessary corporate action has been taken and all necessary ap-

geleitet und alle erforderlichen Zustimmung eingeholt worden, um die rechtsverbindliche Unterzeichnung und Erfüllung dieser Vereinbarung sicherzustellen.

(vii) Die dieser Vereinbarung als Anlage 1 beigefügte Satzung der Gesellschaft besteht unverändert; Nebenabreden hierzu bestehen nicht.

provals have been obtained to ensure execution and performance of this Agreement.

(vii) The articles of association of the Company attached hereto as Annex 1 have not been amended; there are no side arrangements thereto.

§ 7 Laufzeit

(1) Die hiernach vereinbarte Anteilsverpfändung endet nicht vor vollständiger Erfüllung der in § 2 bezeichneten besicherten Verbindlichkeiten.

(2) Die Verpfändung erlischt nicht mit der vorläufigen oder unter Vorbehalt erfolgten Erfüllung der besicherten Verbindlichkeiten.

(3) Etwaige Vertragsänderungen in Bezug auf die besicherten Forderungen, soweit sie nicht zum Untergang dieser Forderungen führen, berühren die Wirksamkeit dieser Verpfändung nicht.

§ 7 Duration

(1) The share pledge agreed hereunder shall not expire before full discharge of the Secured Obligations referred to in § 2 hereof.

(2) A temporary or provisional discharge of the Secured Obligations shall not cause the pledge to cease.

(3) Any change of agreements on which the Secured Obligations are based, shall not affect the validity of the share pledge unless the Secured Obligations shall have ceased to exist.

§ 8 Verwertung

(1) Das Vorliegen einer der nachfolgend aufgeführten Tatbestände berechtigt die Pfandgläubigerin, in Bezug auf die nach dieser Vereinbarung verpfändeten Geschäftsanteile Verwertungsmaßnahmen durchzuführen:

  (i) Die Verpfänderin unterlässt es, besicherte Verpflichtungen gegenüber der Pfandgläubigerin zu erfüllen oder befindet sich mit der Erfüllung trotz Mahnung in Verzug;
 (ii) Die Verpfänderin verstößt gegen eine der nach dieser Verpfändungsvereinbarung übernommene Verpflichtungen;
(iii) Über das Vermögen der Verpfänderin wird das Insolvenzverfahren beantragt oder eröffnet oder mangels Masse abgelehnt;

§ 8 Enforcement

(1) Each of the following events shall entitle the Pledgee to start enforcement proceedings with regard to the shares pledged pursuant to this Agreement:

  (i) The Company shall fail to discharge Secured Obligations towards the Pledgee and shall be in default with the discharge despite having received a warning letter;

 (ii) The Pledgor shall be in breach of obligations assumed by it under this pledge agreement;

(iii) The Pledgor's estate shall become subject to insolvency proceedings or the opening of the same shall have been rejected due to lack of funds;

(iv) Wesentliche Teile des Vermögens der Verpfänderin werden Gegenstand einer Pfändung;

(v) Es treten sonstige Umstände ein, die die Bonität der Verpfänderin wesentlich beeinträchtigen können und geeignet sind, die Erfüllung der besicherten Verbindlichkeiten zu gefährden.

(2) Sofern eine der vorstehend aufgeführten Voraussetzungen betreffend die Pfandreife erfüllt ist, ist die Pfandgläubigerin berechtigt, alle gesetzlich zulässigen Verwertungsmaßnahmen zu ergreifen. Die Pfandgläubigerin ist insbesondere berechtigt, die Geschäftsanteile im Wege der öffentlichen Versteigerung ohne vorheriges Gerichtsurteil oder sonstigen Titel zu veräußern oder im Rahmen einer öffentlichen Versteigerung die Anteile selbst zu übernehmen. Die Versteigerung kann an jedem von der Pfandgläubigerin zu bestimmenden Ort stattfinden. Im Falle einer geplanten Verwertung ist die Pfandgläubigerin verpflichtet, die Verpfänderin 5 (fünf) Arbeitstage vor der geplanten öffentlichen Versteigerung über eine solche Verwertung zu informieren.

(3) Die Verpfänderin ist verpflichtet, auf eigene Kosten alle Maßnahmen zu unternehmen, die zur Förderung der vorstehend in Abs. (2) beschriebenen Verwertung geeignet erscheinen und die Rechtsausübung der Pfandgläubigerin fördern.

(4) Im Falle der Verwertung ist ein Rechtsübergang auf die Verpfänderin so lange ausgeschlossen, bis sämtliche besicherten Verpflichtungen der Pfandgläubigerin vollständig erfüllt worden sind.

(5) Soweit die Voraussetzungen einer Verwertung nach Abs. (1) dieses Paragraphen erfüllt sind, ist die Pfandgläubigerin berechtigt, ausgeschüttete Gesellschaftsgewinne auf offen stehende besicherte Ansprüche und Forderungen zu verrechnen.

(iv) Material parts of the Pledgor's estate shall become subject to enforcement proceedings;

(v) The occurrence of other incidents that shall have a material adverse effect on the financial condition of the Pledgor and are likely to jeopardize the ability to discharge the Secured Obligations.

(2) If any of the above referenced conditions shall have been met, then the Pledgee shall be entitled to exercise all enforcement remedies that shall be available to it under statutory law. In particular, the Pledgee shall be entitled to sell she shares through public auction without having obtained prior court judgement or other enforcement order or to take over the same in the course of a public auction. The public auction may be held at any place that the Pledgee may choose. In the event of an envisaged enforcement the Pledgee shall notify the Pledgor thereof by no later than 5 (five) working days prior to the scheduled public auction.

(3) The Pledgor shall at its own expense perform all acts necessary that appear suitable to promote the enforcement proceedings referred to under subsection (2) above and the promotion of the rights exercised by the Pledgee.

(4) In the event of enforcement, no rights of the Pledgee shall pass onto the Pledgor unless and until all Secured Obligations shall have been fully discharged.

(5) To the extent that the requirements specified in subparagraph (1) above have been satisfied, the Pledgee may apply dividends received to outstanding Secured Obligations and claims.

(6) Auch im Verwertungsfalle bleibt die Verpfänderin berechtigt, ihre gesellschaftsvertraglichen Stimmrechte auszuüben. Sie ist jedoch verpflichtet, bei Vorliegen der Verwertungsvoraussetzungen die Pfandgläubigerin über die Abhaltung von Gesellschafterversammlungen zu informieren und eine Teilnahme der Pfandgläubigerin an dieser Gesellschafterversammlung zu gestatten.

(6) Even in the event of enforcement proceedings the Pledgor shall retain its right to exercise its voting rights under existing shareholders' agreement. Upon the requirements of enforcement having been satisfied it shall, however, inform the Pledgee of the occurrence of shareholders' meetings and accept participation of the Pledgee in such shareholders' meetings.

§ 9 Kosten und Auslagen

Alle Kosten und Auslagen im Zusammenhang mit dieser Verpfändungsvereinbarung oder Verwertungsmaßnahmen nach § 6 trägt die Verpfänderin.

§ 9 Costs and Expenses

All costs and expenses in conjunction with this Share Pledge Agreement or any acts of enforcement according to § 6 above shall be borne by the Pledgor.

§ 10 Teilweise Unwirksamkeit

Sollte eine Bestimmung dieses Vertrags ganz oder teilweise unwirksam sein oder werden, wird dadurch die Gültigkeit der übrigen Bestimmungen nicht berührt. Statt der unwirksamen Bestimmung gilt diejenige gesetzlich zulässige Regelung, die dem in der unwirksamen Bestimmung zum Ausdruck gekommenen Sinn und Zweck wirtschaftlich am nächsten kommt. Das Gleiche gilt im Falle etwaiger Vertragslücken.

§ 10 Partial Invalidity

If a provision of this Agreement shall be or become invalid, then this shall not affect the validity of the other provisions. In lieu of the invalid provision such regulation shall apply that shall to the closest extent possible reflect the purpose of the invalid provision. The same shall apply to any unintentional regulatory gaps.

§ 11 Änderungen

Änderungen und Ergänzungen dieser Verpfändungsvereinbarung sowie dieser Klausel sind nur wirksam, soweit sie schriftlich vorgenommen worden sind. Gleiches gilt für einen Verzicht auf dieses Schriftformerfordernis.

§ 11 Amendments

Any amendments or supplements to this Pledge Agreement including this clause shall not be valid unless made in writing. The same shall apply to a waiver of this written form requirement.

§ 12 Erfüllungsort/ Gerichtsstand

Erfüllungsort und Gerichtsstand für alle sich aus dieser Vereinbarung ergebenden Verpflichtungen ist ......

§ 12 Place of Discharge/ Jurisdiction

The Place of discharge and of jurisdiction with regard to any duty under this Agreement shall be ......

§ 13 Erklärungen/Sprache

(1) Erklärungen und sonstige Mitteilungen nach oder im Zusammenhang

§ 13 Notices/Language

All notices or communication to be made under or in conjunction with this

mit dieser Verpfändungsvereinbarung müssen stets schriftlich erfolgen und sind an folgende Adressen zu richten:
Verpfänderin: ......
Pfandgläubigerin: ......

(2) Vorbehaltlich § 16 GmbHG sind alle Erklärungen und Mitteilungen nach oder im Zusammenhang mit dieser Verpfändungsvereinbarung in englischer Sprache oder, sofern sie in einer anderen Sprache erfolgen, mit einer Übersetzung in die Englische Sprache zu versehen. Bei Unstimmigkeiten zwischen der englischen und der anderssprachigen Fassung hat der englischsprachige Text Vorrang.

§ 14 Ermächtigung

Die Vertragsparteien beauftragen und ermächtigen hiermit den beurkundenden Notar, eine Verpfändungsanzeige an die Gesellschaft vorzunehmen und alle erforderlichen Maßnahmen zu ergreifen, die zur Wirksamkeit der hiernach geregelten Verpfändung erforderlich sind.

Pledge Agreement shall at all times be made in writing and delivered to the following addresses:
Pledgor: ......
Pledgee: ......

(2) Save as otherwise provided in § 16 of the German Art on Limited Liability Companies, all notices and communication to be made under or in conjunction with this Pledge Agreement shall be made in the English language or, if in any other language, be accompanied by a translation into the English language. In the event of any conflict between the English text and the text in a different language the English text shall prevail.

§ 14 Authorization

The parties to this Agreement hereby instruct and authorise the undersigning notary to notify the Company of the Pledge and of all acts necessary to ensure the validity of the Pledge agreed hereunder.

4. Sicherungsübereignung

Die
Firma ......, Straße ...... in 80333 München

– nachstehend
„Darlehensnehmer" genannt –
und
...... Bank, ... Straße ...... in
80333 München

– nachstehend
„Bank" genannt –
haben folgende Vereinbarung getroffen:

§ 1 Sicherungsgut

(1) Der Darlehensnehmer übereignet der Bank hiermit die Gegenstände, die in der dieser Vereinbarung als Anlage 1 beigefügten Liste aufgeführt sind (nachstehend „Sicherungsgut" genannt).

(2) Das Sicherungsgut befindet sich in ...... Der Darlehensnehmer wird der Bank jede Änderung des Standortes unverzüglich bekannt geben.

§ 2 Eigentum am Sicherungsgut

Soweit der Darlehensnehmer Eigentum oder Miteigentum an dem Sicherungsgut hat oder dieses künftig erwirbt, überträgt er der Bank das Eigentum oder den ihm zustehenden Miteigentumsanteil. Soweit der Darlehensnehmer Anwartschaften auf einen Eigentumserwerb (aufschiebend bedingtes Eigentum) an den von seinen Lieferanten unter Eigentumsvorbehalt gelieferten Waren hat, überträgt er der Bank hiermit seine diesbezüglichen Anwaltschaftsrechte.

§ 3 Übergabeersatz

Die Übergabe des Sicherungsgutes an die Bank wird dadurch ersetzt, dass der

4. Chattel Mortgage

The
......, Street ...... in 80333 Munich

– hereinafter referred
to as "the Borrower" –
and
...... Bank, Street ...... in 80333 München

– hereinafter referred
to as "the Bank" –
have entered into the following agreement:

§ 1 Collateral

(3) The Borrower hereby transfers full title to the Bank of the items specified in the list attached to this agreement as Annex 1 (hereinafter referred to as "the Collateral").

(4) The Collateral is located in ...... The Borrower agrees to immediately advise the Bank of any change of the location.

§ 2 Ownership in Collateral

To the extent that the Borrower has full or co-ownership in the Collateral or shall acquire the same in the future, it agrees to transfer to the Bank such ownership or its share in the co-ownership. To the extent that the Borrower has the expectancy right to acquire ownership (conditional ownership) of goods delivered by its suppliers, it agrees to transfer to the Bank such expectancy right.

§ 3 Replacement of Transfer of Physical Control

The transfer of physical control to the Bank in relation to the Collateral is re-

Darlehensnehmer es für die Bank mit der Sorgfalt eines ordentlichen Kaufmannes verwahrt. Soweit Dritte unmittelbaren Besitz am Sicherungsgut erlangen, tritt der Darlehensnehmer bereits jetzt seine bestehenden und künftigen Herausgabeansprüche an die Bank ab. Die Bank nimmt die so erklärte Abtretung hiermit an.

placed by the arrangement, pursuant to which the Borrower shall keep the Collateral in custody for the Bank with the care of a reasonable tradesman. To the extent that any third party shall acquire physical control of the Collateral, the Borrower hereby assigns to the Bank its existing and future repossession rights. The Bank accepts such assignment.

§ 4 Sicherungszweck

Die Übereignung und die Übertragung der sonstigen mit dieser Vereinbarung bestellten Rechte erfolgt zur Sicherung aller bestehenden, künftigen und bedingten Ansprüche der Bank mit ihren sämtlichen in- und ausländischen Geschäftsstellen aus der bankmäßigen Geschäftsverbindung gegen den Darlehensnehmer.

§ 4 Purpose of Providing Collateral

The purpose of the transfer of ownership and of other rights associated herewith is to secure all current, future and conditional claims of the Bank with all of its domestic and international offices arising from the banking relationship with the Borrower.

§ 5 Ablösung von Eigentums-
vorbehalten

Der Darlehensnehmer ist verpflichtet, einen etwa bestehenden Eigentumsvorbehalt durch Zahlung des Kaufpreises zum Erlöschen zu bringen. Die Bank ist befugt, eine Kaufpreisschuld des Darlehensnehmers auf dessen Kosten an die Lieferanten zu zahlen.

§ 5 Discharge of Rights in relation
to Retention of Title

The Borrower agrees to discharge any existing rights in relation to retention of title through making the necessary payments of the purchase prices. The Bank shall have the right to discharge at the expense of the Borrower any purchase price owed to the suppliers.

§ 6 Behandlung und Kennzeich-
nung des Sicherungsgutes

Der Darlehensnehmer hat das Sicherungsgut an seinem Standort zu belassen und es auf seine Kosten sorgfältig zu behandeln. Zur Wahrung ihrer berechtigten Belange kann die Bank in einer ihr zweckmäßig erscheinenden Weise das Sicherungsgut als ihr Eigentum kennzeichnen. In den Geschäftsunterlagen des Darlehensnehmers ist die Übereignung des Sicherungsgutes mit dem Namen der Bank kenntlich zu machen.

§ 6 Management and Labeling
of the Collateral

The Borrower agrees to keep the Collateral at its location and to treat the same with care at its own expense. The Bank may for the purpose of preserving its legitimate interests label the Collateral as its property. The Borrower agrees to document the transfer of Collateral in its business records specifying the name of the Bank.

§ 7 Versicherung des Sicherungsgutes

(1) Der Darlehensnehmer verpflichtet sich ferner, das Sicherungsgut für die Dauer der Übereignung auf eigene Kosten in voller Höhe gegen die üblichen Gefahren und gegen diejenigen, gegen die der Bank Versicherungsschutz erforderlich erscheint, versichert zu halten. Alle daraus entstehenden gegenwärtigen und künftigen Ansprüche gegen die Versicherungsgesellschaft tritt der Darlehensnehmer hiermit an die Bank ab. Die Bank nimmt die so erklärte Abtretung hiermit an. Der Darlehensnehmer ist verpflichtet, der Versicherungsgesellschaft mitzuteilen, dass das Sicherungsgut Eigentum der Bank ist, dass sämtliche Rechte aus dem Versicherungsvertrag, soweit sie das Sicherungsgut betreffen, der Bank zustehen sowie dass die Bank nur in die Rechte und nicht in die Pflichten des Versicherungsvertrages eintritt mit der Maßgabe, dass der Darlehensnehmer zur Aufhebung der Versicherung ohne Zustimmung der Bank nicht berechtigt ist. Der Darlehensnehmer wird die Versicherungsgesellschaft darum bitten, der Bank einen entsprechenden Sicherungsschein zu übersenden.

(2) Wenn der Darlehensnehmer die Versicherung nicht oder nicht ausreichend bewirkt hat, darf die Bank dies auf Kosten des Darlehensnehmers tun.

§ 8 Gesetzliche Pfandrechte dritter Personen

Soweit gesetzliche Pfandrechte dritter Personen, insbesondere Vermieter, Verpächter, Lagerhalter oder Werkunternehmer an dem Sicherungsgut bestehen, hat der Darlehensnehmer auf Verlangen der Bank jeweils nach Fälligkeit des Mietzinses, Pachtzinses, Lagergeld oder Werklohns deren Zahlung nachzuweisen. Wird dieser Nachweis nicht erbracht, ist die Bank befugt, zur Abwendung der Pfandrechte den Miet-

§ 7 Insurance of the Collateral

(1) The Borrower further agrees to provide at its own expense for the duration of the chattel mortgage full insurance coverage for the Collateral to protect the same against any common risks and against such incidents as the Banks deems necessary. The Borrower assigns to the Bank all current and future claims against the insurer arising from such insurance coverage. The Bank hereby accepts such assignment. The Borrower agrees to notify the insurer of the Bank's title in relation to the Collateral, of the ownership of the Bank in relation to all claims arising from the insurance agreement as far as the same refer to the Collateral, of the fact that the Bank shall succeed in the benefits but not in the obligations of such insurance agreement and that the Borrower is not entitled to terminate the insurance coverage without consent of the Bank. The Borrower will request the insurance company to provide the Bank with a corresponding insurance certificate.

(2) If the Borrower fails to provide or adequately provide the insurance coverage, then the Bank may provide so at the expense of the Borrower.

§ 8 Statutory Liens of Third Parties

To the extent that third parties, in particular landlord, storage facility owners or contractors shall have any liens on the Collateral, the Borrower agrees upon demand of the Bank to procure payments of rentals, lease amounts, storage fees or contractor fees as these fall due. If the Borrower fails to provide such evidence, then the Bank may pay these rentals, lease amounts, storage fees or contractor fees at the

und Pachtzins, das Lagergeld oder den Werklohn auf dessen Kosten zu bezahlen.

expense of the Borrower to avoid the creation of any such liens.

§ 9 Informationspflicht des Darlehensnehmers

§ 9 Borrower's Duty of Information

(1) Der Darlehensnehmer hat der Bank unverzüglich anzuzeigen, wenn die Rechte der Bank an dem Sicherungsgut durch Pfändung oder sonstige Maßnahmen dritter Personen beeinträchtigt oder gefährdet werden sollten. Die Benachrichtigung erfolgt durch Übersendung einer Abschrift des Pfändungsprotokolls sowie aller sonstigen zu einem Widerspruch gegen die Pfändung erforderlichen Schriftstücke. Ferner ist der Darlehensnehmer verpflichtet, den Pfändungsgläubiger sowie sonstige Dritte unverzüglich von dem Sicherungseigentum der Bank schriftlich in Kenntnis zu setzen.

(1) The Borrower agrees to immediately notify the Bank of any impact on, or danger to, the Bank's rights in the Collateral caused by seizure or any other acts of third parties. Such notice must be provided though transfer of a transcript of the seizure protocol and all other documents necessary to conduct opposition proceedings against the seizure. The Borrower further agrees to immediately notify the seizing creditor of the chattel mortgage granted to the benefit of the Bank.

(2) Der Darlehensnehmer ist ferner verpflichtet, der Bank auch von sonstigen das Sicherungsgut betreffenden Ereignissen, insbesondere Schadensfällen Mitteilung zu machen.

(2) The Borrower further agrees to advise the Bank of any other incidents that may have an effect on the Collateral, in particular the occurrence of any damaging incident.

§ 10 Prüfungsrecht der Bank

§ 10 Inspection Rights of the Bank

(1) Die Bank ist berechtigt, das Sicherungsgut an seinem Standort zu überprüfen oder durch ihre Beauftragten überprüfen zu lassen. Der Darlehensnehmer hat jede zu diesem Zweck erforderliche Auskunft zu erteilen und die betreffenden Unterlagen zur Einsicht vorzulegen.

(1) The Bank shall have the right to inspect or have inspected through its designees the Collateral at the place of its location. The Borrower agrees to provide any information for such purpose and make available the relevant documents for inspection.

(2) Soweit sich das Sicherungsgut in unmittelbarem Besitz dritter Personen befindet, werden diese von dem Darlehensnehmer angewiesen, der Bank uneingeschränkten Zutritt zum Sicherungsgut zu gewähren. Der Darlehensnehmer hat hierfür im Vertragsverhältnis mit der betreffenden Personen eine entsprechende Befugnis vorzusehen.

(2) To the extent that the Collateral shall be under direct physical control of any third party, the Borrower shall instruct the same to ensure unrestricted access to the Collateral by the Bank. The Borrower agrees to ensure a corresponding right through appropriate provisions in the relationship with the relevant party.

§ 11 Herausgabe des Sicherungs-gutes an die Bank

Die Bank ist zur Wahrung ihrer berechtigten Belange befugt, die Herausgabe des Sicherungsgutes zu verlangen, wenn der Darlehensnehmer in erheblicher Weise gegen die Verpflichtung zur sorgfältigen Behandlung des Sicherungsgutes verstößt. Dies gilt auch, wenn der Darlehensnehmer seine Zahlungen eingestellt hat oder die Eröffnung eines gerichtlichen Insolvenzverfahrens über sein Vermögen beantragt worden ist. Die Bank darf die Herausgabe des Sicherungsgutes auch in den Fällen verlangen, wenn Sie aufgrund eines Zahlungsverzuges des Sicherungsnehmers nach den Regelungen dieser Vereinbarung zur Verwertung des Sicherungsgutes berechtigt ist.

§ 12 Verwertungsrecht der Bank

(1) Die Bank ist berechtigt, das Sicherungsgut zu verwerten, wenn der Darlehensnehmer mit fälligen Zahlungen auf die durch diesen Vertrag gesicherten Forderungen in Verzug ist. Die Bank wird das Sicherungsgut nur in dem Umfang verwerten, als dies zur Erfüllung der rückständigen Forderungen erforderlich ist.

(2) Die Verwertung wird die Bank dem Sicherungsnehmer unter Fristsetzung schriftlich androhen. Stellt der Abschluss dieses Vertrages für den Sicherungsnehmer ein Handelsgeschäft dar, beträgt die Frist mindestens eine Woche. In allen übrigen Fällen beträgt sie einen Monat.

(3) Die Bank darf das Sicherungsgut auch durch freihändigen Verkauf im eigenen Namen oder im Namen des Darlehensnehmers veräußern. Sie wird auf die berechtigten Belange des Darlehensnehmers Rücksicht nehmen. Sie kann auch von dem Darlehensnehmer verlangen, dass dieser nach ihren Wei-

§ 11 Repossession of the Collateral by the Bank

The Bank is entitled to require repossession of the Collateral to preserve its legitimate interest if the Borrower is in material breach of the obligations in relation to the diligent treatment of the Collateral. The same shall apply if the Borrower has ceased to make its payments or has filed a petition to open Bankruptcy proceedings. The Bank may also require repossession of the Collateral in those cases where it, as a result of a payment default of the Borrower, shall have the right to a compulsory sale of the Collateral based on the provisions of this Agreement.

§ 12 The Bank's Right of Compulsory Sale

(1) The Bank is entitled to a compulsory sale of the Collateral if the Borrower is in default with payments in relation to claims secured by this Agreement, as they fall due. The Bank shall initiate a compulsory sale of the Collateral only to the extent necessary to cover the outstanding receivables.

(2) The Bank shall give a warning notice to the Borrower in relation to the compulsory sale specifying a deadline. Should the conclusion of this Agreement constitute a commercial transaction for the Borrower, the minimum deadline shall be one week. In all other cases, the minimum deadline shall be one month.

(3) The Bank may sell the Collateral through free market sale in its own name or in the name of the Borrower. It shall take into consideration the legitimate interests of the Borrower. It may also require the Borrower to sell or to contribute to such sale of the Collateral in the best way possible in accordance

sungen das Sicherungsgut bestmöglich verwertet oder bei der Verwertung mitwirkt. Der Darlehensnehmer hat alles bei der Verwertung des Sicherungsgutes Erlangte unverzüglich an die Bank herauszugeben.

(4) Nach Verwertung des Sicherungsgutes wird die Bank den ihr nach Abführung der Umsatzsteuer verbleibenden Erlös zu Abdeckung der gesicherten Ansprüche verwenden. Wenn der Verwertungsvorgang der Umsatzsteuer unterliegt, wird die Bank eine Gutschrift erteilen, die als Rechnung für die Lieferung der als Sicherheit dienenden Sache gilt und den Voraussetzungen des Umsatzsteuerrechts entspricht.

§ 13 Rückübertragung, Freigabe von Sicherheiten

(1) Nach Befriedigung ihrer durch diesen Vertrag gesicherten Ansprüche hat die Bank an den Darlehensnehmer die mit dieser Vereinbarung übertragenen Sicherheiten zurückzuübertragen und einen etwaigen Übererlös aus einer Verwertung herauszugeben. Die Bank wird jedoch diese Sicherheiten auf eine dritte Person übertragen, falls sie hierzu verpflichtet ist. Dies gilt namentlich in den Fällen, wenn der Darlehensnehmer zugleich Kreditnehmer ist und ein Fall der gesetzlichen Rückgriffs vorliegt.

(2) Die Bank ist schon vor vollständiger Befriedigung ihrer Ansprüche verpflichtet, auf Verlangen das ihr übertragene Sicherungsgut sowie auch etwaige andere, ihr bestellte Sicherheiten, wie etwa abgetretene Forderungen oder Grundschulden nach ihrer Wahl an den jeweiligen Sicherungsgeber ganz oder teilweise freizugeben, sofern der realisierbare Wert sämtlicher Sicherheiten ......% der gesicherten Ansprüche der Bank nicht zur vorübergehend überschreitet.

(3) Die Bank wird bei der Auswahl der freizugebenden Sicherheiten auf die berechtigten Belange des Darlehensneh-

with its instructions. The Borrower agrees to forward to the Bank all proceeds obtained from the realization of the Collateral.

(4) Upon completion of the compulsory sale of the Collateral the Bank will use all proceeds remaining after deduction of VAT to cover its secured receivables. If the proceeds are subject to VAT, then the Bank will issue a credit note which shall serve as invoice for the delivery of the item having served as collateral and which shall comply with the requirements of the VAT legislation.

§ 13 Retransfer, Release of Collateral

(1) Upon discharge of all claims secured by the terms of this Agreement the Bank is obliged to retransfer to the Borrower all Collateral transferred to it and shall return any excess proceeds. However, the Bank will transfer such Collateral to a third party if it shall be required to do so. This shall apply in particular in those cases where the grantor of the Collateral and the Borrower are identical and a case of subrogation exists.

(2) The Bank shall be obliged to retransfer upon demand at its discretion to any person having provided security the Collateral granted to it as well as any other collateral such as assigned receivables or land charges already prior to complete discharge of its claims if the achievable value of the Collateral exceeds the secured claims of the Bank by ......% for a duration which is not merely temporary.

(3) In the process of selecting the Collateral the Bank shall take into consideration the legitimate interests of the

mers und der Besteller zusätzlicher
Sicherheiten Rücksicht nehmen.

Borrower and of individuals having
granted any additional Collateral.

§ 14 Bewertung des Sicherungsgutes

§ 14 Valuation of the Collateral

(1) Soweit keine abweichende Vereinbarung getroffen worden ist, wird der
realisierbare Wert des Sicherungsgutes
wie folgt ermittelt:
Maßgeblich ist
– Der Einkaufspreis für Sicherungsgut,
  das vom Darlehensnehmer erworben
  worden ist,
– Die Gestehungspreis für das Sicherungsgut, das vom Darlehensnehmer
  selbst hergestellt worden ist.

(1) Save as otherwise agreed the sales
value of the Collateral is to be determined as follows:

It is based on:
– The purchase price of the Collateral
  that has been purchased by the Borrower,
– The cost of the Collateral if the same
  shall have been manufactured by the
  Borrower.

(2) Von dem vorstehend festgestellten
Wert wird zunächst der Wert derjenigen Sicherungsgüter abgezogen, an
denen ein Dritter ein vorrangiges Siche-
rungsrecht besteht. Dies betrifft insbesondere Eigentumsvorbehalte, Sicherungsübereignungen und Pfandrechte.
Der Abzug erfolgt jedoch nur in Höhe
der gesicherten Ansprüche dieser Dritt-
gläubiger.

(2) The value defined above shall be
subject of the deduction firstly in relation to the value of such collateral
where preferential rights of a third
party shall exist. This applies in particular to retention of tile, chattel mort-
gages and pledged properties. However, the deduction shall only be made
in accordance with the nominal amount
of the secured claims of these third
party creditors.

(3) Handelt es sich bei dem Sicherungsgut um Umlaufvermögen, wird von
dem in Abs. 2 ermittelten Wert ein weiterer Abschlag von ...... % wegen möglicher Mindererlöse im Verwertungsfall
vorgenommen.

(3) If the Collateral shall consist of current assets, then the value determined
in accordance with sub-clause 2 above
shall be subject to a further deduction
of ...... % based on possible lower proceeds in the event of a compulsory
sale.

(4) Handelt es sich bei dem Sicherungsgut um bewegliches Anlagevermögen,
wird von dem in Abs. 2 ermittelten
Wert ein Abschlag von % ...... pro Jahr
ab Einkauf oder Fertigstellung vorgenommen.

(4) If the Collateral shall consist of
moveable fixed assets, then the value
determined in accordance with subclause 2 above shall be subject to a deduction of ...... % per annum as from
its purchase or completion.

(5) Der Darlehensnehmer und die Bank
können eine Änderung des Sicherheiten-
abschlages verlangen, wenn der tatsächliche Wert des Sicherungsgutes
infolge von zwischenzeitlichen Veränderungen von dem vorstehende ermittelten Wert erheblich abweicht.

(5) The Borrower and the Bank may
request a change of the deduction in
relation to the Collateral if the actual
value, as a result of certain changes in
the meantime, shall significantly deviate from the value determined in accordance with the above provisions.

§ 15 Salvatorische Klausel

Sollte eine Bestimmung dieses Vertrages ganz oder teilweise unwirksam sein oder werden, so berührt dies die Gültigkeit der übrigen Bestimmungen dieses Vertrages nicht. Anstelle der ungültigen Bestimmung gilt dasjenige als vereinbart, was dem wirtschaftlichen Zweck der ungültigen Vertragsbestimmung möglichst nahe kommt.

§ 15 Partial Invalidity

If any provision of this Agreement shall be entirely or partly invalid or unenforceable, this shall not affect the validity and enforceability of all other provisions of this Agreement. An invalid or unenforceable provision shall be regarded as replaced by such a valid and enforceable provision that as closely as possible reflects the economic purpose that the parties hereto had pursued with the invalid or unenforceable provision.

....
Ort/Datum   Ort/Datum

....
Darlehensnehmer   Bank

....
Place/Date   Place/Date

....
Borrower   Bank

5. Grundschuldbestellung	5. Creation of a Land Charge[1]
Urk. Nr. ...... der Urkundenrolle des Jahres 2002 Verhandelt zu ...... am	Document No. ...... of the Notary Register for the year 2002 Statements given in ...... on ......
Vor mir, dem unterzeichneten Notar ...... mit dem Amtssitz in ...... erschienen heute, am 2009:	Before me, the undersigned Notary ...... with official residence in ...... appeared today, on 2009:
1. Herr/Frau ......, sich ausweisend durch Vorlage seines/ihres gültigen Reisepasses Nr. ...... ; 2. Herr/Frau ......, sich ausweisend durch Vorlage seines/ihres gültigen Reisepasses Nr.	Mr/Ms ...... who identified himself/herself through presentation of his/her valid passport No. ...... ; Mr/Ms ...... who identified himself/herself through presentation of his/her valid passport No. ...... ;
Auf Ansuchen der Erschienenen beurkunde ich nach Einsicht in das Grundbuch folgende Erklärungen:	Upon demand of the individuals present, I hereby, after inspection of the land register, certify the following declarations:

§ 1 Pfandbesitz	§ 1 Pledged Property
Im Grundbuch des Amtsgerichts ...... für ......, Band ......, Blatt ...... (nachfolgend: der „Pfandbesitz") ist die Firma ...... mit Sitz in ...... als Alleineigentümerin (nachfolgend: die „Eigentümerin") eingetragen.	The company named ...... with its registered office in ...... (the "Proprietor") is registered as sole proprietor in the real estate register of the Local Court of ...... for ......, volume ...... page ...... (hereinafter referred to as the "Pledged Property").
Der Pfandbesitz ist wie folgt belastet:	The Property is subject to the following encumbrances:
In Abteilung II: ...... In Abteilung III:	In Division II: ...... In Division III: ......

§ 2 Grundschuldbestellung	§ 2 Creation of Land Charge
(1) Die Eigentümerin bestellt hiermit zugunsten der ...... Bank (nachfolgend: „Gläubigerin" oder „Bank") eine Grundschuld ohne Brief in Höhe von ...... € (in Worten: ...... €). Die Grundschuld ist vom heutigen Tage an mit 15 (fünfzehn) v. H. jährlich zu	(1) The Proprietor hereby grants to ...... bank (the "Creditor" or the "Bank") a land charge without letter certificate[2] at a value equalling ...... € (in words: ...... €). The land charge shall bear an annual interest of 15 (fifteen) percent from the

---

[1] Der ebenfalls in Betracht kommende Begriff *Mortgage* dürfte eher auf die (akzessorische) Hypothek passen.

[2] Die Wendung *letter* ohne Zusatz erscheint zu blass, um die Funktion des Grundschuldbriefes auch terminologisch deutlich werden zu lassen.

verzinsen. Die Grundschuldzinsen sind am 31. Dezember eines jeden Jahres nachträglich fällig.
Ferner wird eine einmalige Nebenleistung in Höhe von 5 (fünf) v.H. des Grundschuldbetrages geschuldet.
Das Grundschuldkapital und die Nebenleistung sind fällig.

Die Erteilung eines Grundschuldbriefes ist ausgeschlossen.

(2) Der bestellten Grundschuld dürfen nur folgende Rechte im Rang vorgehen oder gleichstehen:
Rechte in Abt. II: Die eingetragenen Rechte
Rechte in Abt. III: Keine
Gleichrang: Keiner
Die Grundschuld soll vorläufig an nächst offener Rangstelle eingetragen werden, falls die vereinbarte Rangstelle nicht erreichbar ist.

§ 3 Dingliche Zwangsvollstreckungsunterwerfung

Wegen des Grundschuldkapitals, der Nebenleistung und der Zinsen unterwirft sich der Eigentümer der sofortigen Zwangsvollstreckung in der Weise, dass die Zwangsvollstreckung aus dieser Urkunde gegen den jeweiligen Eigentümer des Pfandbesitzes zulässig ist.

§ 4 Haftungserklärung

Die Eigentümerin übernimmt für die pünktliche und ordnungsgemäße Zahlung eines Geldbetrages in Höhe der Grundschuld, der Nebenleistung und der Zinsen die persönliche Haftung. Die Eigentümerin unterwirft sich hierwegen der sofortigen Zwangsvollstreckung in der Weise, dass die Zwangsvollstreckung aus dieser Urkunde gegen den jeweiligen Eigentümer des Pfandbesitzes zulässig ist.

date hereof. The land charge interest shall be payable upon 31 December of each calendar year.
In addition, a single ancillary payment of 5 (five) percent of the land charge amount shall be agreed.
The land charge capital and the ancillary payment shall be immediately due for payment.
The creation of a letter certificate shall be excluded.

(2) Only those rights may have a better or even ranking than the land charge created:
Rights in Division II: Those rights registered.
Rights in Division III: None.
Even ranking: None.
The land charge shall be registered at the best available ranking if the agreed ranking shall not be available.

§ 3 Submission to Enforcement Proceedings

In relation to the land charge capital, the ancillary payment and interest the Proprietor hereby submits to immediate enforcement proceedings such that enforcement proceedings based on this instrument shall be possible against every owner of the Pledged Property.

§ 4 Declaration of Liability

The Proprietor assumes personal liability for the timely and orderly payment of an amount equalling the amount of land charge, the ancillary payment and interest. For such amount, the Proprietor hereby submits *in rem* to immediate enforcement proceedings such that enforcement proceedings based on this instrument shall be possible against any owner of the Pledged Property.

§ 5 Eintragungsbewilligung und Eintragungsantrag

(1) Die Eigentümerin bewilligt und beantragt, die in § 2 bestellte Grundschuld samt Zins- und Zahlungsbestimmungen sowie die dingliche Zwangsvollstreckungsunterwerfung in das Grundbuch einzutragen.

(2) Die Eigentümerin beantragt ferner, der Pfandgläubigerin nach Vollzug des Eintragungsantrages unter Angabe des angegebenen Aktenzeichens eine vollständige beglaubigte Grundbuchabschrift zu übersenden.

(3) Besteht der in § 1 beschriebene Pfandbesitz aus mehreren Pfandobjekten, so soll die bestellte Grundschuld für den Fall, dass sie zunächst nicht an allen Pfandobjekten eingetragen wird, bereits mit der Eintragung auf einem Pfandobjekt als Einzelgrundschuld entstehen. Wird die Grundschuld auf mehreren, nicht aber gleichzeitig auf allen Pfandobjekten eingetragen, so entsteht sie als Gesamtgrundschuld insoweit, als sie eingetragen wurde. Bestellen mehrere Personen die Gesamtgrundschuld, so soll die Unwirksamkeit der Grundschuldbestellung durch einen Beteiligten nicht auch die Unwirksamkeit der Bestellung der Grundschuld an dem Eigentum der anderen Beteiligten zur Folge haben.

§ 6 Erteilung von Ausfertigungen

Die Eigentümerin beantragt, von dieser Urkunde dem Grundbuchamt eine beglaubigte Abschrift, ihr selbst eine Ausfertigung und der Gläubigerin ohne Behauptung und Nachweis des Entstehens und der Fälligkeit der durch die Grundschuld gesicherten Ansprüche eine vollstreckbare Ausfertigung mit genauem Pfandbeschrieb zu erteilen.

§ 7 Rückgewähranspruch

(1) Der Eigentümerin steht hinsichtlich des nicht valutierten Teils der Grund-

§ 5 Acceptance of Entry and Entry Request

(1) The Proprietor accepts and requests to register the land charge granted pursuant to § 2 hereof including interest and payment terms and the submission *in rem* to immediate enforcement.

(2) The Proprietor further requests provision of the Pledgee with a complete certified copy of the land register upon implementation of the land charge entry specifying the file number.

(3) Should the Pledged Property referred to in § 1 above consist of more than one charged asset, then the land charge shall, in the absence of a simultaneous registration, already come into full force and effect as single land charge upon registration with one of the charged assets. If the land charge shall be registered with more than one pledged assets but not simultaneously on all property, then it shall exist as common land charge to the extent it has been registered. If more than one individual shall create a common land charge, then any invalidity of a land charge creation through one individual involved shall not result in invalidity of the creation of a land charge through the other individuals involved.

§ 6 Award of Certified Originals

The Proprietor requests the provision of a certified original of this instrument for the benefit of the land charge registry authority, the transfer of a copy to itself and of a certified original to the creditor free of any statement or evidence in relation to the creation or the maturity of the claims secured by the land charge with exact specification of the land charge registration status.

§ 7 Re-Transfer Rights

(1) With regard to any unpaid balance of the land charge, the Proprietor shall

schuld nach Wahl der Gläubigerin nur ein Anspruch auf Erteilung einer Löschungsbewilligung oder auf Verzicht, dagegen kein Anspruch auf Rückgewähr zu. Dies gilt nicht für den Fall, dass das Eigentum durch Zuschlag in der Zwangsversteigerung auf den Ersteher übergeht und die Grundschuld bestehen bleibt/bleiben. In diesem Fall steht dem Voreigentümer hinsichtlich freier Grundschuldteile ein Rückgewähranspruch zu.

(2) Vorstehende Ansprüche können gegen die Bank geltend gemacht werden, wenn sämtliche, durch die Grundschuld gesicherten Ansprüche in Haupt- und Nebensache beglichen sind. Die Bank ist schon vorher auf Verlangen zur Freigabe verpflichtet, soweit sie die Grundschuld nach billigem Ermessen zur Sicherung ihrer Ansprüche nicht mehr benötigt. Die Bank ist nicht verpflichtet, in einem Zwangsversteigerungsverfahren Grundschuldbeträge geltend zu machen, die ihre Ansprüche übersteigen.

(3) Die Eigentümerin verpflichtet sich gegenüber der Gläubigerin, die Rückgewähransprüche im Falle der Veräußerung des Pfandobjektes auf den Erwerber zu übertragen. Die Gläubigerin ist berechtigt, die Rückgewähransprüche durch Abgabe von Erklärungen an den Erwerber zu erfüllen.

§ 8 Abtretung des Rückgewähranspruches

Zum Zwecke der Ergänzung des gesetzlichen Löschungsanspruches tritt die Eigentümerin hiermit ihre gegenwärtigen und künftigen Ansprüche auf Rückgewähr (durch Rückübertragung, Aufhebung oder Verzicht) solcher Grundschulden, die der vorbestellten Grundschuld gegenwärtig oder künftig im Range vorgehen oder gleichstehen, an die Gläubigerin ab. Hat die Eigentümerin diese Ansprüche bereits anderweitig abgetreten, so tritt sie hiermit an die Gläubigerin ihre Ansprüche

not have right to re-transfer but may, subject to the right of election by the Creditor, only claim acceptance of deletion or waiver. This shall not apply in cases where a beneficiary shall have acquired ownership through public auction and the land charge/s shall remain in force. In such case, the former proprietor shall have a re-transfer right with regard to unused parts of the land charge.

(2) The above claims may be raised towards the Bank in the event that all claims secured through the land charge, principal and ancillary amounts, shall have been discharged. Upon demand, the Bank shall be required to a release if, as a result of a reasonable assessment, the land charge shall no longer be required to secure its claims. The Bank shall be under no obligation to claim any land charge amounts in public auction proceedings to the extent these shall exceed its claims.

(3) The Proprietor agrees to transfer any re-transfer claims to any transferee in the event of a sale of the Pledged Property to the Creditor. The Creditor shall have the right to discharge re-transfer claims towards the transferee by way of filing any necessary notices.

§ 8 Assignment of Claim to Re-Transfer

For the purposes of creating a remedy in addition to the statutory rights to deletion, the Proprietor hereby assigns to the Creditor its current and future claims to re-transfer (which shall include re-transfer, release or waiver) of those land charges that shall have prior or equal ranking to the land charge created hereunder. To the extent that the Proprietor shall have disposed already otherwise of such claims, the assignment shall refer to any re-assignment of re-transfer claims. If such other assign-

auf Rückabtretung der Rückgewähransprüche ab. Soweit die anderweitige
Abtretung auflösend bedingt ist, tritt
sie an die Gläubigerin ihre ihr künftig
wieder zustehenden Rückgewähransprüche ab.

ment shall be subject to a condition
subsequent, then the assignment shall
refer to any re-transfer claims, to which
it may be entitled in the future.

§ 9 Kosten

Sämtliche Kosten dieser Urkunde und
ihres Vollzuges trägt die Eigentümerin.

§ 9 Costs

All costs of this instrument and its implementation shall be borne by the Proprietor.

6. Globalabtretung

Die Firma …… (Name, Anschrift)
                          – nachstehend:
              „Schuldner" genannt –
und die
…… Bank (Name, Anschrift)
                          – nachstehend
                  „Bank" genannt –

schließen folgenden Sicherungsvertrag:

§ 1 Vereinbarung des Sicherungs- umfangs

(1) Diese Abtretung dient als Sicherheit für die rechtzeitige und vollständige Erfüllung aller gegenwärtigen und künftigen – auch bedingten und befristeten – Verpflichtungen und Verbindlichkeiten des Schuldners (nachfolgend: „besicherte Forderungen" oder „besicherte Verpflichtungen") gegenüber der Bank, die sich aus dem Rahmenkreditvertrag vom …… 2008 (nachfolgend: der „Kreditvertrag") nebst hiernach zugunsten des Schuldners herausgelegter Avale und aus sonstigen Ansprüchen aus bestehenden Kreditverträgen ergeben. Die Besicherung erstreckt sich insbesondere auf Hauptsumme, Zinsen, Kosten, Auslagen und sonstige Nebenforderungen im Zusammenhang mit den vorstehend genannten Verbindlichkeiten.

(2) Die Sicherheit umfasst auch Forderungen, die vom Gesamtrechtsnachfolger des Schuldners begründet werden.

§ 2 Vereinbarung der Abtretung

(1) Der Schuldner tritt sämtliche gegenwärtigen und künftigen Ansprüche aus seinem Geschäftsverkehr, insbesondere aus Lieferungen und Leistungen gegen die in der anliegenden Aufstellung genannten Drittschuldner an die Bank ab. Soweit hiervon bestimmte gegenwärtige Forderungen

6. General Assignment

Messrs …… (name, address)
                          – hereinafter
        referred to as „Debtor" –
and
…… Bank (name, address)
                          – hereinafter
        referred to as "Bank" –

Are entering into the following collateral arrangement:

§ 1 Scope of Collateral

(1) This assignment serves as and provides for security for the full and complete discharge of all current and future obligations and liabilities (whether or not contingent or limited in time) of the Debtor towards the Bank ("Secured Liabilities" or "Secured Claims") arising from the credit line arrangement dated …… 2008 ("the Loan Agreement") including guarantees issued hereunder and other claims under existing loan agreements. In particular, the assignment shall cover principal, interest, costs, expenses and other ancillary claims in conjunction with the above referenced obligations.

(2) The collateral shall extend also to claims that shall be incurred by successors of the Debtor.

§ 2 Agreement on Assignment

(1) Debtor hereby assigns to the Bank all current and future receivables arising from its business, in particular in relation to deliveries and services to the third party debtors referred to in the attached list. Certain current receivables which shall not be covered these are also specified in the attached list.

nicht erfasst sein sollen, sind sie in der als Anlage beigefügten Aufstellung enthalten.

(2) Die gegenwärtigen Forderungen gehen mit Abschluss dieses Vertrags, die künftigen mit ihrer Entstehung auf die Bank über.

(3) Der Schuldner hat der Bank jeweils zum Ende eines Kalenderquartals – auf Verlangen jedoch jederzeit – Aufstellungen einzureichen, aus denen sich der Gesamtbetrag dieser Forderungen und die Höhe seiner Lieferantenverbindlichkeiten einschließlich der Akzepte nach dem Stand vom ...... ergeben.

Sofern der Schuldner die Buchführung oder Datenverarbeitung von einem Dritten vornehmen lässt, wird die Bank hiermit ermächtigt, im eigenen Namen auf Kosten des Schuldners diese Unterlagen unmittelbar bei einem Dritten einzuholen.

(4) Die Deckungsgrenze liegt bei 120% der jeweils bestehenden und bedingten Ansprüche gem. Nr. 1 und der nicht ausgenutzten Kreditzusagen der Bank gegenüber dem Schuldner.

Der realisierbare Wert der abgetretenen Forderungen (Sicherungswert) soll – unter Anrechnung weiterer der Bank gestellter Sicherheiten mit ihrem jeweiligen Sicherungswert – die Deckungsgrenze nicht übersteigen. Hinsichtlich eines Freigabeanspruchs des Schuldners wird auf § 3 Abs. 9 dieses Vertrages verwiesen. Der Schuldner hat Anspruch auf unverzügliche Auskunft über den von der Bank angesetzten Sicherungswert etwaiger sonstiger Sicherheiten, soweit die Bank zu dieser Auskunft befugt ist.

(5) Zur Ermittlung des Sicherungswertes wird vom Nominalwert der nach § 2 Abs. 3 gemeldeten Forderungen ausgegangen. Hiervon werden folgende Forderungen abgesetzt:
- Forderungen, die die Bank auf Grund eines gesetzlichen oder vertraglich

(2) Current receivables transfer to the Bank as at the conclusion of this Agreement; future receivables will transfer upon their creation to the Bank.

(3) At the end of every calendar quarter and upon demand at any time the Debtor will provide the Bank with a list specifying the total of receivables and the total of supplier indebtedness including promissory notes outstanding as at ......

If the Debtor does the accounting or data processing through third parties, then the Bank shall herewith be authorised to obtain these documents from such third parties in the name and at the expense of the Debtor.

(4) The coverage limit is 120% of the relevant existing and contingent receivables as referred to in (1) above including unused stand by credits of the Bank to the Debtor.

The achievable value of the assigned receivables (value of collateral) should after deduction of collateral provided otherwise to the Bank not exceed the coverage limit. The parties refer to the right of the Debtor to have the collateral released in accordance with clause 3 (9) below. The Debtor has the right to immediate information of the collateral value as determined by the Bank in relation to collateral provided otherwise as far as the Bank is entitled to release such information.

(5) The value of the collateral is based on the nominal value of the receivables specified in § 2 (3) above. The following receivables are deducted:
- Receivables that the Bank has not acquired as a result of a statutory or

wirksamen Abtretungsverbots oder einer Abtretungsbeschränkung nicht erworben hat,

• Forderungen an öffentliche Stellen, sofern gesetzliche Formvorschriften bei einer Abtretung nicht beachtet wurden,

• Forderungen, die wegen eines branchenüblichen verlängerten Eigentumsvorbehalts nicht an die Bank abgetreten sind.

Von dem vorstehend ermittelten bereinigten Nominalbetrag ist ein Sicherheitsabschlag von ......% wegen etwaiger Forderungsausfälle vorzunehmen. Sofern ein Prozentsatz nicht eingetragen ist, wird ein Abzug nicht vorgenommen.

(6) Die Bank ist darüber hinaus berechtigt, ihr nicht genehme Forderungen an den Schuldner zurück zu übertragen und die Abtretung weiterer Forderungen zu verlangen.

§ 3 Weitere Vereinbarungen

(1) Für die in § 2 Abs. 1 genannten Forderungen gelten folgende Regelungen:

(i) Soweit Forderungen bereits vor Abschluss dieses Vertrags an einen Dritten, auf Grund der Lieferungsbedingungen von Lieferanten (verlängerter Eigentumsvorbehalt, auch als erweiterter Eigentumsvorbehalt) ganz oder teilweise abgetreten sein sollten, gehen diese – ganz bzw. teilweise – erst dann auf die Bank über, wenn der Schuldner diese Forderungen ganz oder teilweise, z.B. durch Befriedigung von Lieferanten erwirbt.

(ii) Forderungen, die nach dem Abschluss dieses Vertrags wirksam zustande gekommenen branchenüblichen verlängerten Eigentumsvorbehalt eines Lieferanten unterliegen, gehen erst dann auf die Bank über, wenn sie nicht mehr von diesem verlängerten Eigentumsvorbehalt erfasst werden; so-

contractual prohibition or limitation of assignment,

• Receivables towards public institutions as far as statutory form requirements have not been observed in an assignment transaction,

• Receivables which are not part of the assignment to the Bank as a result of a customary extended retention of title arrangement.

The nominal value calculated in accordance with the above provisions is subject to a deduction of ......% based on possible bad debt. As far as no percentage has been specified, there is no deduction.

(6) Moreover, the Bank is entitled to retransfer to the Debtor those receivables that it does not wish to keep and require assignment of further receivables.

§ 3 Further Arrangements

(1) The receivables referred to under § 2 (1) above are subject to the following provisions:

(i) As far as receivables have been assigned to third parties prior to the conclusion of this Agreement in whole or in part, e.g. as a result of general terms and conditions (extended retention of title arrangements), then these shall transfer to the Bank (in whole or in part) not before the Debtor shall have acquired the same as a result of, for example, the discharge of its obligations owed to the suppliers.

(ii) Receivables arising after conclusion of this Agreement as a result of a valid customary extended retention of title arrangements made with suppliers will not pass to the Bank before these are released from the extended retention of title arrangement; as far as such receivables are belonging to supplies in

weit diese Forderungen einem Lie-feranten nur teilweise zustehen, ist die Abtretung dieser Forderungen an die Bank zunächst auf den dem Schuldner zustehenden Forderungsteil beschränkt; der Restteil geht auf die Bank erst über, wenn er von diesem verlängertem Eigentumsvorbehalt nicht mehr erfasst wird. Dies gilt nicht, wenn dem Lieferanten die Abtretung an die Bank bei Abschluss des Liefervertrags bekannt war.

(iii) Soweit der Schuldner von einem Lieferanten die Rückabtretung der ihm auf Grund eines verlängerten Eigentumsvorbehalts abgetretenen Forderungen oder die Abführung des ihm zugeflossenen Erlöses beanspruchen kann, tritt der Schuldner diese Ansprüche mit allen Nebenrechten bereits an die Bank ab. Die Bank ist berechtigt, den verlängerten Eigentumsvorbehalt durch Befriedigung des Lieferanten abzulösen.

(2) Mit der abgetretenen Forderung werden hiermit alle bestehenden und künftigen Rechte aus den betreffenden Geschäften einschließlich der für sie haftenden Sicherheiten und der dafür bestehenden Versicherungen sowie Ansprüche aus Kreditversicherungen auf die Bank übertragen. Der Schuldner ist verpflichtet, der Bank auf Verlangen eine Übertragungsurkunde zu erteilen. Soweit die für die Forderungen und Rechte bestehenden Sicherheiten nicht nach Satz 1 auf die Bank übergehen, kann die Bank deren Übertragung auf sich verlangen. Für den Fall, dass Zahlungen auf die der Bank abgetretenen Forderungen durch Schecks oder Wechsel erfolgen, sind Bank und Schuldner einig, dass das Eigentum an diesen Papieren übergeht, sobald der Schuldner es erwirbt. Die Übergabe der Schecks und Wechsel wird dadurch ersetzt, dass der Schuldner sie zunächst für die Bank in Verwahrung nimmt oder – falls er nicht deren unmittelbaren Besitz erlangt – den ihm zuste-

parts only, then the assignment hereunder shall only cover the remaining part; the balance shall transfer to the Bank only after it has ceased to be part of the extended retention of title arrangement. This shall not apply in cases where at the conclusion of the supplier arrangement the supplier was aware of the assignment agreed hereunder.

(iii) As far as the Debtor may require the supplier to re-assign any receivable prior assigned to the supplier or may claim refund of any proceeds collected by the supplier, the Debtor hereby assigns to the Bank such claims together will all ancillary rights. The Bank is entitled to release the extended retention of title trough payment of the supplier.

(2) The assignment of receivables to the Bank shall include all existing and future rights in relation to the underlying transactions including collateral granted or insurance cover or claims against insurers and credit insurers. The Debtor must upon demand of the Bank provide a transfer certificate. As far as the collateral granted for the above referenced receivables do not transfer in accordance with subparagraph 1 above, the Bank may require transfer of the same. As far as any discharge of the assigned receivables is made through cheques or promissory notes, Bank and Debtor agree that the ownership in relation to these documents shall transfer as soon as the Debtor shall acquire the same. The physical transfer of such cheques or promissory notes is replaced by the arrangement pursuant to which the Debtor agrees to hold the same in custody fort he benefit of the Bank or, alternatively, hereby assigns it right to repossession if he should not acquire

henden Herausgabeanspruch gegen Dritte bereits jetzt im Voraus an die Bank abtritt; er wird die Papiere mit seinem Indossament versehen und unverzüglich an die Bank abliefern.

(3) Besteht zwischen dem Schuldner und einem Drittschuldner ein Kontokorrentverhältnis und werden die abgetretenen Forderungen in dieses Kontokorrent eingestellt, so tritt der Schuldner der Bank hiermit zugleich die Saldoforderungen ab, die sich bei sämtlichen Rechnungsabschlüssen, insbesondere bei Beendigung des Kontokorrentverhältnisses, ergeben.

(4) Ist die zwischen den Parteien vereinbarte Globalzession aus irgendwelchen Gründen unwirksam, so sind sich Bank und Schuldner darüber einig, dass die von den nach § 2.3 einzureichenden Unterlagen erfassten Forderungen mit dem Eingang der jeweiligen Aufstellung oder Meldung an die Bank abgetreten sind.

(5) Der Schuldner ist ermächtigt, die abgetretenen Forderungen im eigenen Namen einzuziehen. Die Einziehungsermächtigung kann von der Bank unter den Voraussetzungen des § 3.7 widerrufen werden. Der Schuldner ist verpflichtet, der Bank jederzeit Einblick in die Zahlungseingänge aus diesen Forderungen zu verschaffen. Zu diesem Zweck gestattet er der Bank, jederzeit Einblick in seine Bücher und den Schriftwechsel mit dem Drittschuldner zu nehmen.

(6) Für den Fall, dass der Gegenwert der der Bank abgetretenen Forderungen ganz oder teilweise in bar oder mit Scheck beim Schuldner selbst oder bei einem anderen Geldinstitut für den Schuldner eingehen sollte, ist er verpflichtet, den Gegenwert unverzüglich an die Bank abzuführen.

(7) Bei Verzug des Schuldners mit durch diesen Vertrag gesicherten Ansprüchen kann die Bank unter Fristsetzung von mindestens einem Monat

physical control; he will make an endorsement note on such documents an deliver the same to the Bank without delay.

(3) If there is a current account arrangement between the Debtor and any third party debtor and if the receivables are part of such arrangement, then the Debtor hereby assigns to the Bank any credit balance that should arise at all account settlements, in particular the settlement statement at the end of the currant account arrangement.

(4) If, for any reason, the general assignment agreed hereunder shall be invalid, then Debtor and Bank are in agreement that the receivables covered by the documents submitted in accordance with § 2 (3) above shall transfer to the bank upon receipt of the relevant list or information of the Bank.

(5) The Debtor is authorised to collect the assigned receivables in its own name. The Bank may withdraw such authorisation only subject to the conditions set out in § 3 (7). The Debtor is obliged to the Bank to inspect payments in relation to these receivables at any time. For such purpose, the Bank is granted the right, to inspect the books and correspondence with third party debtors at any time.

(6) If the counter value of the receivables assigned to the Bank hereunder shall be received by the Debtor itself or by another bank, then it shall be obliged to immediately pay the counter value to the Bank.

(7) If the Debtor is in default with any claims owed hereunder then the Bank may threaten to realise the collateral specifying a deadline of at least one

dem Schuldner die Verwertung androhen. Nach Ablauf der Frist ist die Bank berechtigt, dem Drittschuldner die Abtretung in dem zur Begleichung des genannten Betrags erforderlichen Umfang anzuzeigen und insoweit die abgetretenen Forderungen einzuziehen. Ist der Schuldner Kaufmann im Sinne des Handelsgesetzbuches und gehört dieser Vertrag zum Betrieb seines Handelsgewerbes, so beträgt die vorgenannte Frist eine Woche.

(8) Der Schuldner verpflichtet sich, der Bank von etwaigen Beeinträchtigungen der abgetretenen Forderungen und allen bei diesen in Aussicht genommenen Veränderungen (insbesondere hinsichtlich des Fälligkeitstags oder eines Preisnachlasses) unverzüglich Kenntnis zu geben und nach ihren Weisungen zu verfahren. Ebenso wird er der Bank Mitteilung machen, wenn Drittschuldner Beanstandungen erheben oder wenn Umstände zur Kenntnis des Schuldners kommen, welche die Zahlungsfähigkeit eines Drittschuldners beeinträchtigen.

(9) Die Bank ist verpflichtet, ihre Rechte aus diesem Vertrag freizugeben, wenn sie wegen aller damit gesicherten Ansprüche gegen den Schuldner befriedigt ist. Die Bank hat auf Verlangen des Schuldners nach ihrer Wahl ihre Rechte aus diesem Vertrag oder etwaige andere ihr gestellte Sicherheiten bereits teilweise vorher freizugeben, soweit die in Nr. 2.4 vereinbarte Deckungsgrenze nicht nur vorübergehend überschritten wird.

(10) Zahlt ein Bürge oder ein Dritter an die Bank, so verpflichtet sie sich, sofern nicht eine Abrede des Schuldners mit ihr entgegensteht, die Sicherungsrechte auf den Dritten zu übertragen.

(11) Alle im Zusammenhang mit diesem Vertrag entstehenden Auslagen und Nebenkosten trägt der Schuldner.

(12) Jede Änderung oder Ergänzung dieses Vertrags oder eine Vereinbarung

month. After expiry of such deadline, the Bank may disclose to the third party the assignment of the claim and collect the amounts. If the Debtor is a registered tradesman and if this Agreement belongs to the conduct of its business, then the above deadline shall be one week.

(8) The Debtor agrees to immediately inform the Bank on any impacts on the assigned receivables and on all proposed changes in relation to these (such as due dates or reduction) and to act in accordance with instructions received by the Bank. It will also inform the Bank on any objections of any third party debtor or if it becomes aware of any incidents that have an adverse impact on the solvency of such third party debtor.

(9) The Bank is obliged to release its rights arising from this Agreement if all secured claims have been discharged. The Bank agreed to release upon demand of the Debtor collateral acquired under this Agreement or other collateral before such date if the coverage limit specified in § 2 (4) above is not merely momentarily exceeded.

(10) If a surety provider or a third party makes payments to the Bank, then it agrees to transfer the collateral to such party unless otherwise agreed with the Debtor.

(11) All expenses and ancillary costs arising from this Agreement shall be at the expense of the Debtor.

(12) Any change or supplement to this Agreement or an arrangment on its ter-

über dessen Aufhebung bedarf, um Gültigkeit zu erlangen, der Schriftform.

(13) Sollten einzelne Bestimmungen dieses Vertrages nicht Vertragsbestandteil geworden oder unwirksam sein bzw. nicht durchgeführt werden, so bleibt der Vertrag im Übrigen wirksam. Soweit Bestimmungen nicht Vertragsbestandteil geworden oder unwirksam sind, richtet sich der Inhalt des Vertrags nach den gesetzlichen Bestimmungen. Die Vereinbarungen dieses Vertrags treten an die Stelle früherer Vereinbarungen, soweit sie von diesen abweichen.

(14) Ergänzend gelten die Allgemeinen Geschäftsbedingungen der Bank (AGB). Die AGB können in den Geschäftsräumen der Bank eingesehen werden; auf Verlangen werden sie ausgehändigt.

Ort, Datum   Ort, Datum
....
Schuldner   Bank

mination shall not be valid unless made in writing.

(13) If any provisions of this Agreement shall not form part hereof or become invalid or shall not be executed then this shall be without prejudice to the validity of the remaining part of the Agreement. As far as arrangement shall not become part of this Agreement, the content shall be as provided by statutory law. The arrangements made in this Agreement replace any prior arrangement as far as the deviate therefrom.

(14) In addition, the standard business terms of the Bank shall apply. These terms are open for inspection at the offices of the Bank; upon demand these will be handed over.

Place, Date   Place, Date
....
Debtor   Bank

7. Negativerklärung mit Gleichstellungsverpflichtung

An die
...... Bank
Filiale ......

Verpflichtungserklärung

Sehr geehrte Damen und Herren,

im Hinblick auf alle bestehende und künftigen Ansprüche, die Ihnen aus der Geschäftsverbindung (insbesondere aus laufender Rechnung und der Gewährung von Krediten jeder Art), aus Bürgschaften oder sonstigen Gewährleistungen und aus abgetretenen oder kraft Gesetzes übergegangenen Forderungen sowie aus Wechseln (auch sowie diese von Dritten herein gegeben worden sind) gegen uns zustehen, verpflichten wir uns

  (i) dritten Gläubigern keine wie immer gearteten Sicherheiten zu bestellen, und

 (ii) Beteiligungen an anderen Unternehmen nicht zu veräußern, zu belasten oder in sonstiger Weise über sie zu verfügen, und

(iii) Keine Verpflichtungen einzugehen, die eine Bestellung von Sicherheiten für dritte Kreditgläubiger zum Gegenstand haben,

ohne dass wir Sie zuvor oder gleichzeitig und im gleichen Rang an diesen Sicherheiten beteiligt oder Ihnen gleichwertige Sicherheiten bestellt haben. Ausgenommen hiervon sind die üblichen Lieferantenkredite sowie die Sicherung dieser Kredite durch branchenübliche Eigentumsvorbehalt.

Wir räumen Ihnen das Recht zur Einsicht in die Grundbücher ein, in denen unser Grundbesitz verzeichnet ist und von uns Auskunft über den jeweiligen Grundbesitz zu verlangen.

Wir verpflichten uns, Ihnen unverzüglich Nachricht zu geben, wenn Zwangsvollstreckungsmaßnahmen gegen uns eingeleitet werden.

7. Negative Pledge and *Pari Passu* Commitment

To the
...... Bank
...... Branch

Commitment Letter

Dear Sirs,

In view of all current and future claims that you have based on the business relationship (arising from current accounts and the grant of loans of all kind), the provision of sureties or other warranties or on rights acquired through assignment or by law and promissory notes (including those presented by third parties) we undertake

  (i) Not to grant any collateral of any kind to any third party; and

 (ii) Not to sell, encumber or otherwise dispose any of the shareholdings that we hold in other entities;

(iii) Not to incur any commitment which deal with the creation to collateral for the benefit of any third party creditor

Without having simultaneously granted to you a share in such collateral at the same ranking or provided collateral of the same value to you. This does not apply to customary supplier credit and collateral for these credits through customary retention of title.

We hereby grant to you the right to inspect the land register in which our real estate is registered and to obtain information from ourselves on the respective real estate ownership.

We undertake to immediately inform you on any acts of execution that shall be started against us.

Diese Verpflichtungserklärung bleibt gültig, bis sie in gegenseitigem Einvernehmen schriftlich aufgehoben wird. Sie sind verpflichtet, in die Aufhebung einzuwilligen, wenn wir unsere sämtlichen Verbindlichkeiten gegenüber Ihrem Haus befriedigt haben.

This commitment letter shall remain in force until the same has been terminated trough mutual arrangement. You are obliged to consent so termination if we have discharged all our obligation vis á vis your company.

....
Ort/Datum   Kreditnehmer   Place/Date   Borrower

8. Patronatsklärung

An die
...... Bank
Filiale ......

Patronatserklärung

Sehr geehrte Damen und Herren,

wir haben davon Kenntnis, dass Sie beabsichtigen, der

**Firma ...... mit Sitz
in ......**
**– nachstehend „Kreditnehmerin"
genannt –**

einen Kredit in Höhe von ...... € (nachfolgend: „Kredit") nach Maßgabe des hierfür abzuschließenden Kreditvertrages zu gewähren, sofern die hierfür vorgesehenen Sicherheiten ordnungsgemäß bestellt werden, insbesondere von unserer Seite eine Patronatserklärung abgegeben wird.

Der Inhalt des Kreditvertrages ist uns bekannt. Am Stammkapital der Kreditnehmerin sind wir mit ......% beteiligt.

Dies vorausgeschickt, verpflichten wir uns dafür Sorge zu tragen, dass die Kreditnehmerin bis zur vollständigen Rückzahlung des Kredits finanziell so ausgestattet bleibt, dass sie ihren Verpflichtungen nach dem Kreditvertrag jederzeit nachkommen kann.

Die hiernach übernommene Erklärung unterliegt deutschem Recht. Nicht ausschließlicher Gerichtsstand ist ......

....
Ort/Datum   Unterschrift

8. Letter of Comfort

To the
...... Bank
...... Branch

Letter of Comfort

Dear Sirs,

We are aware that you intend to grant a loan of ...... € to (hereinafter "Loan")

**Messrs. ...... with its registered
seat ......**
**– hereinafter referred to as the
„Borrower" –**

in accordance with the terms and conditions of a loan agreement to be concluded for such purpose provided that the collateral agreed therefor is orderly granted and, in particular, a letter of comfort is issued from our side.

We are aware of the terms of the loan agreement. We hold ......% of the stated share capital of the Borrower.

Based thereon we undertake to procure that the Borrower shall until full repayment of the Loan be sufficiently funded to enable it to meet its obligations under the loan agreement at any time.

The declaration made hereunder shall be subject to German law. Non exclusive place of jurisdiction shall be ......

....
Place/Date   Signature

VIII. Arbeitsrecht

1. Briefliches Angebot eines Anstellungsvertrages

[Datum]
Persönlich/Vertraulich
[Name]
[Adresse]

Sehr geehrte(r) ......,

Gern unterbreite ich Ihnen unser Angebot auf eine Anstellung und freue mich, dass Sie unserem Unternehmen beitreten.[1] Ich möchte die Gelegenheit nutzen, Ihnen zu Ihrer Einstellung zu gratulieren und ich bin davon überzeugt, dass Sie einen wertvollen Beitrag für das Geschäft leisten werden.

Für Ihre Anstellung bei der ...... GmbH („Unternehmen") geltend die nachfolgenden Regelungen. Sie bestätigen hiermit, dass über die in diesem Angebotsschreiben getroffenen Regelungen hinaus keine anderweitigen Gewährleistungen oder Zusagen im Hinblick Ihre Anstellung getätigt wurden.

1. **Eintrittsdatum.** Ihre Anstellung bei dem Unternehmen beginnt am ......

2. **Position.** Ihr Titel wird der eines [Marketing Direktors] sein und Sie werden Pflichten und Verantwortlichkeiten haben, die überlicherweise dem Personenkreis in dieser Funktion auferlegt werden, sowie andere, mit Ihrer Funktion vereinbare Pflichten übernehmen, die Ihnen das Unternehmen im Einzelfall auferlegen wird. Sie werden an den Geschäftsführer oder an eine von dem Unternehmen im Einzelfall zu bestimmende Person berichten.

VIII. Labour Law

1. Employment Offer Letter

[Date]
Personal & Confidential
[Name]
[Address]

Dear ......,

I am delighted to confirm our offer of employment to you and truly look forward to you joining our Company. I would like to take this opportunity to congratulate you on this appointment and I am confident that you will make a valuable contribution to the business.

The following terms and conditions will apply to your employment with ...... GmbH (the "Company"). You acknowledge that, other than as set forth in this Offer Letter, no representations or warranties regarding your employment have been made to you.

1. **Commencement Date.** Your employment with the Company will commence on ......

2. **Position.** Your job title will be [Marketing Director] and you shall have such duties and responsibilities as are customarily assigned to persons serving in such position and such other duties consistent with your position as the Company specifies from time to time. You will report to Managing Director or such other person as the Company shall designate from time to time.

---

[1] Hier wird ein bereits erzieltes mündliches Einvernehmen unterstellt, obwohl der Anstellungsvertrag erst mit der Annahmeerklärung wirksam werden soll.

3. Gehaltsklasse. Ihre Person ist derzeit mit der Gehaltsklasse ...... dotiert; allerdings behält sich das Unternehmen vor, innerhalb einer angemessenen Ankündigungsfrist Ihre Position einer anderen höheren oder niedrigeren Gehaltsklasse zuzuordnen.

4. Tätigkeitsort. Ihre Tätigkeit wird im Großraum ...... wahrgenommen. Allerdings werden Sie, soweit es die Belange des Unternehmens erfordern, Reisen innerhalb und außerhalb Deutschlands unternehmen.

5. Vergütung.
Grundgehalt. Ihr jährliches Grundgehalt („Grundgehalt") wird € ...... (in Worten: € ......) brutto betragen und in 12 gleich hohen Raten zu den im Unternehmen üblichen Gehaltsfälligkeitstagen zahlbar sein.

Vertragsabschlussbonus. Das Unternehmen wird Ihnen einen einmaligen in bar zahlbaren Vertragsabschlussbonus in Höhe von brutto € ...... (in Worten: € ......) zusammen mit der ersten Gehaltszahlung zahlen. Sie sind verpflichtet, diesen gesamten Betrag zurückzuzahlen, wenn aufgrund Ihrer eigenen Willensentscheidung oder aus wichtigem Grund (wie nachfolgend definiert) das Anstellungsverhältnis mit dem Unternehmen innerhalb eines Jahres nach dem Eintrittsdatum beendet wird.

Bonus. Sie werden berechtigt sein, an dem Incentive Plan des Unternehmens („Bonusplan") nach Maßgabe der jeweils gültigen Regelungen dieses Bonusplanes (einschließlich aller darin enthaltenen Leistungsziele) teilzunehmen. Nach den Regelungen des gegenwärtigen Bonusplanes beträgt Ihr Zielbonus ......% Ihres Grundgehaltes. Ihr Zielbonus nach Maßgabe des Bonusplanes wird auf der Grundlage Ihres Eintrittsdatums anteilig ermittelt. Alle Einzelheiten des Bonus-

3. Grade. Your position is currently graded at level ......; however the Company reserves the right to regrade your position up or down on reasonable notice.

4. Location. Your position will be based in the ...... metropolitan area. However, you may be required to travel in and outside of Germany, as the needs of the Company's business dictate.

5. Compensation.
Base Salary. Your base salary will be € ...... (in words: € ......) gross per annum ("base salary"), payable in 12 equal installments on the Company's regular payroll dates.

Sign On Bonus. The Company will pay you a special one time cash sign on bonus in the gross amount of € ...... (in words: € ......) payable in your first paycheck. You are required to repay this entire amount should you voluntarily terminate your employment with the Company or be terminated for good cause (as such term is defined below) within one year of the Commencement Date.

Bonus. You will be eligible to participate in the Company's incentive plan ("Bonus Plan"), in accordance with the terms of the Bonus Plan (including any performance targets established under such plan) as in effect from time to time. Under the terms of the current Bonus Plan, your target bonus is ......% of your base salary. Your target bonus under the Bonus Plan will be pro-rated based upon your Commencement Date in accordance with the Bonus Plan. Full details of the Bo-

planes werden Ihnen kurzfristig mitgeteilt.

Der Bonusplan (einschließlich Ihres Zielbonusses nach diesem Plan) ist eine im Ermessen liegende, nicht verpflichtende Sonderleistung und bedarf der jährlichen schriftlichen Bestätigung des Unternehmens. Die Gewährung einer Bonuszahlung in einem oder mehreren Jahren begründet keine Berechtigung für zukünftige Jahre.

Dienstwagen. Sie werden in Übereinstimmung mit den Dienstwagenregularien des Unternehmens einen jährlichen Zuschuss erhalten, der derzeit € ...... (in Worten: € ......) beträgt. Diese Zahlung erfolgt zur Bestreitung der Kosten eines Leasings oder des Erwerbs eines Fahrzeuges sowie der anfallenden Betriebskosten einschließlich Versicherung, Kraftstoff, Steuer und Inspektion.

Das Unternehmen kann Ihnen stattdessen nach freiem Ermessen einen Dienstwagen in Übereinstimmung mit den Dienstwagenregularien zur Verfügung stellen. Sie werden mit dem Unternehmen eine separate Vereinbarung im Hinblick auf die Verwendung des unternehmensseitig zur Verfügung gestellten Wagens abschließen.

6. **Sozialleistungen für Angestellte.** Während der Dauer Ihrer Anstellung bei dem Unternehmen sind Sie berechtigt, an den von dem Unternehmen jeweils für Ihre Gehaltsklasse unterhaltenen Sozialleistungsprogrammen einschließlich der Pensionspläne teilzunehmen.

7. **Arbeitszeit/Urlaub.** Ihre normale Wochenarbeitszeit beginnt um ...... Uhr und endet um ...... Uhr. Die Aufteilung der Arbeitszeit erfolgt nach dem Ermessen des Unternehmens.

Sie sind verpflichtet, in angemessenem Umfang Überstunden zu leis-

nus Plan will be provided to you shortly.

The Bonus Plan (including your target bonus under such plan) is a discretionary, non-contractual benefit and needs to be confirmed by the Company in writing each year. The granting of a bonus in any given year or during several years will not create an entitlement for any subsequent years.

Company Car. You will receive an annual allowance in an amount in accordance with the Company's car policy, currently, € ...... (in words: € ......) gross. This allowance is intended for the lease or purchase of a car and associated expenses including insurance, gasoline, taxation and maintenance.

Alternatively, the Company, at its election, may make available to you a Company car in accordance with the Company's Car Policy. You and the Company will enter into a separate contract relating to your use of the Company-provided car.

6. **Employee Benefits.** During your employment with the Company, you will be eligible to participate in the employee benefit programs maintained by the Company which shall include pension plans.

7. **Working Time/Vacation.** Your regular weekly working time is from ...... a.m. until ...... p.m. The distribution of the working time is subject to the discretion of the Company.

Your are required to work reasonable overtime, such overtime being

ten; solche Überstunden gelten mit dem in Ziffer 5 geregelten Gehalt als abgegolten.

Während Ihrer Anstellung bei dem Unternehmen werden Ihnen jährlich ...... bezahlte Urlaubstage in Übereinstimmung mit den Urlaubsregularien des Unternehmens gewährt (nicht gerechnet sind insoweit gesetzliche nationale Feiertage). Nicht genommene Urlaubstage, die aus betrieblichen Gründen oder aufgrund persönlicher Hindernisse am Jahresende aufgelaufen sind, können bis zum 31. März des nachfolgenden Kalenderjahres übertragen werden. Nach Ablauf dieses Stichtages verfallen Ihre Urlaubsansprüche für nicht genommene Tage.

8. **Spesen.** Während der Dauer Ihrer Anstellung bei dem Unternehmen wird Ihnen das Unternehmen alle tatsächlich angefallenen, angemessenen, dienstlich veranlassten Auslagen erstatten, die Sie im Rahmen der Erfüllung Ihrer Dienstpflichten und Verantwortlichkeiten getätigt haben; allerdings nur in dem Umfang und in der Art und Weise, wie es in den jeweils gültigen Regularien des Unternehmens zum Auslagenersatz festgelegt ist.

9. **Erstattung von Umzugskosten.** Das Unternehmen wird Ihnen nach Maßgabe der auf Ihre Gehaltsklasse jeweils anwendbaren Richtlinien des Unternehmens Umzugskosten zahlen oder erstatten.

10. **Beendigung**
Ihr Anstellungsverhältnis mit dem Unternehmen kann von dem Unternehmen oder von Ihnen jederzeit durch schriftliche Erklärung unter Einhaltung der gesetzlichen Kündigungsfristen gekündigt werden. Verlängerte Kündigungsfristen sind für beide Parteien jeweils verbindlich.

compensated with your salary under paragraph 5.

During your employment with the Company, you will be entitled to receive ...... days of paid vacation on an annual basis (exclusive of public national holidays) in accordance with the Company's vacation policy. Any accrued vacation that is not used by the year end of the calendar year due to business reasons or personal inability to take such vacation may be carried forward until March 31, of the following calendar year. You shall forfeit any claim to vacation that is not used by such date.

8. **Business Expenses.** During your employment with the Company, the Company will reimburse you for reasonable business expenses actually incurred by you in the performance of your duties and responsibilities hereunder, but only to the extent and in the manner provided by the Company's business expense reimbursement policy, as in effect from time to time.

9. **Reimbursement of Relocation Expenses.** The Company will pay or reimburse you for relocation expenses, in accordance with the provisions of the Company's relocation policy applicable to employees at your grade level, as in effect from time to time.

10. **Termination**
Your employment with the Company may be terminated by the Company or by you at any time upon written notice adhering to the statutory notice periods. Extended statutory notice periods shall be binding for both parties.

Im Falle der Beendigung Ihres Anstellungsverhältnisses ist das Unternehmen berechtigt, Sie unter Fortzahlung der Bezüge und dem Einsatz nicht genommener Urlaubstage von Ihren Dienstpflichten freizustellen.

Im Falle der Beendigung Ihres Anstellungsverhältnisses, finden, sofern eine solche nicht aus wichtigem Grund (wie nachfolgend definiert) erfolgte, gelten die zum Beendigungszeitpunkt relevanten Regularien des Unternehmens zur Beendigung von Arbeitsverhältnisses betreffend Ihre Gehaltsklasse sowie, soweit anwendbar, die Regularien zur betriebsbedingten Beendigung.

Das Unternehmen ist jederzeit berechtigt, Ihr Anstellungsverhältnis aus wichtigem Grund zu kündigen. Im Falle der Kündigung aus wichtigem Grund stehen Ihnen über die zum Beendigungszeitpunkt bestehenden unbezahlten Gehaltsansprüche, über aufgelaufene Urlaubsansprüche sowie über genehmigte aber noch nicht geleistete Auslagenerstattungsansprüche hinaus keinerlei Ansprüche auf Zahlung von Gehalt oder sonstigen Leistungen (einschließlich Abfindungsleistungen) zu.

Im Sinne dieses Angebotsschreibens bedeutet „wichtiger Grund" (i) eine von Ihnen begangene schwere Verletzung der in diesem Angebotsschreiben niedergelegten Verpflichtungen; (ii) eine von Ihnen begangene schwere Verletzung von Unternehmensregularien (wie in Ziffer 15 definiert), (iii) die von Ihnen veranlasste Nichterfüllung hiernach übernommener vertraglicher Verpflichtungen (sofern eine solche nicht durch physische oder psychische Krankheit verursacht wurde), (iv) ein vorsätzliches oder grob fahrlässiges Fehlverhalten, durch das ein nachweisbarer Schaden für das Geschäft oder das Unternehmen oder für seinen Ruf verursacht wor-

In the event of a termination of your employment, the Company has the right to release you from your duties upon continued pay and consumption of any unused vacation.

In the event of a termination of your employment other than for cause (as defined below), the provisions of the Company's policies relating to termination applicable to employees at your grade level, and if applicable, the Company's Redundancy Policy, in each case, as in effect at the time of termination, will apply.

The Company shall have the right at any time, upon written notice, to terminate your employment for good cause. In the event of termination for cause, you shall have no right to receive any further compensation or benefits (including termination benefits), other than accrued salary, accrued but unused vacation pay, and approved but unreimbursed expenses that are owed to you as of the date of your termination.

For purposes of this Offer Letter, "cause" means" (i) a material breach by you of any provision of this Offer Letter; (ii) a material violation by you of any Company Policy (as defined in sec 15), (iii) the failure by you to perform your duties hereunder (other than as a result of physical or mental illness or injury); (iv) your willful misconduct or gross negligence that has caused or is reasonably expected to result in demonstrable injury to the business or the reputation of the Company; (v) your fraud or misappropriation of funds; or (vi) the commission by you of a felony or other serious crime involving moral turpitude; (vii) the justfied suspi-

den ist oder mit Wahrscheinlichkeit erwartet werden kann, (v) ein von Ihnen begangener Betrug oder die missbräuchliche Verwendung von Geldern, (vi) die Begehung eines Verbrechens oder einer anderen gravierenden Straftat in moralisch verwerflicher Weise; (vii) der begründete tatsachengestützte Verdacht, dass Sie eine der in (i), (ii), (iv), (v) oder (vi) genannten Handlungen begangen haben oder (vii) jeder andere wichtige Grund, der nach den Vorschriften des deutschen Rechts als solcher anerkannt ist.

Sofern das Unternehmen im Anschluss an die ordentliche Beendigung Ihres Anstellungsverhältnisses feststellt, dass das Anstellungsverhältnis nach den vorstehenden Regelungen hätte aus wichtigem Grund gekündigt werden können, kann Ihr Anstellungsverhältnis nach Wahl des Unternehmens durch schriftliche Erklärung aus wichtigem Grund gekündigt werden; in diesem Fall erfolgt die Beendigung mit sofortiger Wirkung.

cion based on facts that you have committed any of the deeds set out under (i), (ii), (iv), (v), or (vi); or (viii) any other serious reason recognised under German law.

If, subsequent to your termination of employment hereunder without cause, it is determined in good faith by the Company that your employment could have been terminated for cause under the clause above, your employment may, at the election of the Company, be terminated by the Company for Cause, by giving you written notice of termination for Cause, and in such event, termination will be effective immediately.

11. **Vertraulichkeit.** Es gilt als vereinbart, dass Sie während der Dauer Ihres mit dem Unternehmen bestehenden Anstellungsverhältnisses sowie nach dessen Ablauf (a) keine vertrauliche Information gegenüber anderen Personen offenlegen (ausgenommen während der Dauer Ihres Anstellungsverhältnisses gegenüber Angestellten des Unternehmens, die diese Informationen benötigen, um Ihre Dienstpflichten erfüllen zu können), (b) keine vertraulichen Informationen für eigene Zwecke oder für die Zwecke dritter Personen verwenden dürfen.

„Vertrauliche Informationen" bezeichnet vertrauliche, gesetzlich geschützte oder wirtschaftlich sensible Information, die sich beziehen auf (a) das Unternehmen oder mir ihr verbundener Unternehmen oder

11. **Confidentiality.** It is agreed that during your employment with the Company and thereafter, you will not, (a) disclose any Confidential Information to any person (other than, only with respect to the period that you are employed by the Company, to an employee of the Company who requires such information to perform his or her duties for the Company), or (b) use any Confidential Information for your own benefit or the benefit of any third party.

"Confidential Information" means confidential, proprietary or commercially sensitive information relating to (a) the Company or its affiliates, or members of their management or boards or (b) any third

auf Mitglieder ihres Managements oder der Geschäftsleitung oder (b) auf dritte Personen, die mit dem Unternehmen oder mit verbundenen Unternehmen in geschäftlicher Beziehung stehen, insbesondere Franchisenehmer oder Lieferanten. Vertrauliche Informationen umfassen insbesondere (aber ohne Beschränkung hierauf) Marketing Pläne, Geschäftspläne, Finanzinformationen und -unterlagen, Betriebsführungsmethoden, Personalinformation, Zeichnungen, Designskizzen, Informationen betreffend die Produktentwicklung, sonstige wirtschaftliche oder geschäftliche Informationen sowie jede sonstige der Öffentlichkeit nicht allgemein zugängliche Information. Sofern Sie durch ein Gericht oder eine Regierungsbehörde verpflichtet worden sind, vertrauliche Informationen offen zu legen, müssen Sie den Chefsyndikus des Unternehmens über diese Verpflichtung zur Offenlegung oder einem diesbezüglichen Verlangen spätestens (3) Arbeitstage nach dem Sie von Ihrer Verpflichtung oder der Aufforderung Kenntnis erlangt haben, informieren und dem Unternehmen gestatten, alle gesetzlich zulässigen Schritte einzuleiten, die als geeignet zur Abwendung oder Beschränkung der geforderten Offenlegung angesehen werden.

parties who do business with the Company or its affiliates, in particular franchisees and suppliers. Confidential Information includes, without limitation, marketing plans, business plans, financial information and records, operation methods, personnel information, drawings, designs, information regarding product development, other commercial or business information and any other information not available to the public generally. The foregoing obligation shall not apply to any Confidential Information that has been previously disclosed to the public or is in the public domain (other than by reason of your breach of your obligations to hold such Confidential Information confidential). If you are required or requested by a court or governmental agency to disclose Confidential Information, you must notify the General Counsel of the Company of such disclosure obligation or request no later than three (3) business days after you learn of such obligation or request, and permit the Company to take all lawful steps it deems appropriate to prevent or limit the required disclosure.

12. Wettbewerbsverbot. Sie sagen verpflichtend zu, dass Sie während Ihres Anstellungsverhältnisses dem Unternehmen Ihre gesamten Fähigkeiten und Kenntnisse zur bestmöglichen Erfüllung Ihrer Pflichten und Verantwortlichkeiten gegenüber dem Unternehmen einsetzen werden und dass Sie weder direkt noch indirekt bei einer anderen Person als das Unternehmen angestellt sein werden, für diese Dienstleistungen erbringen, mit dieser geschäftliche Beziehungen unterhal-

12. Non-Competition. You agree that during your employment with the Company, you shall devote all of your skill and knowledge to the performance of your duties and responsibilities to the Company to the best of your ability and you shall not, directly or indirectly, be employed by, render services for, engage in business with or serve as an agent or consultant to any person other than the Company. You further agree that during your employment with the Company and

ten oder als deren Vertreter oder Berater tätig sein werden. Sie verpflichten sich ferner, während der Dauer Ihres Anstellungsverhältnisses mit dem Unternehmen sowie für die Dauer eines Jahres nach Beendigung Ihres Anstellungsverhältnisses mit dem Unternehmen weder direkt noch indirekt Tätigkeiten nachgehen werden, die mit den Geschäften des Unternehmens in Konkurrenz stehen oder von nachteiligem Einfluss sind.

for the period of one year following any termination of your employment with the Company you shall not directly or indirectly engage in any activities that are competitive with or detrimental to any business conducted by the Company.

13. Abwerbeverbot. Sie verpflichten sich, während der Dauer Ihres Anstellungsverhältnisses bei dem Unternehmen sowie für die Dauer eines Jahres nach Beendigung Ihres Anstellungsverhältnisses bei dem Unternehmen weder direkt noch indirekt, durch Sie selbst oder durch eine dritte Person, weder im eigenen, noch im Namen einer dritten Person oder eines Unternehmens eine natürliche Person abzuwerben, die bei dem Unternehmen angestellt ist oder (im Zeitraum Ihrer Anstellung bei dem Unternehmen) angestellt war.

13. Non-Solicitation. During the period of your employment with the Company and for the one-year period following the termination of your employment, you shall not, directly or indirectly, by yourself or through any third party, whether on your own behalf or on behalf of any other person or entity solicit or endeavor to solicit any natural person who is or was (during your employment with the Company) an employee of the Company.

14. Arbeitsergebnisse. Soweit nicht im Widerspruch zum Arbeitnehmererfindungsgesetz stehend oder durch die Regelungen dieses Gesetzes verboten, erkennen Sie an, dass Ihre gesamten Arbeitsergebnisse (allein oder gemeinsam mit anderen Personen geschaffene Ergebnisse einschließlich etwaiger gewerblicher Schutzrechte an solchen Arbeitsergebnissen), die im Zusammenhang mit Ihrem Anstellungsverhältnis bei dem Unternehmen geschaffen, entwickelt oder hergestellt worden sind („Arbeitsergebnisse") das ausschließliche Eigentum des Unternehmens darstellen. Vorsorglich treten Sie hiermit unwiderruflich Ihre Rechte und Ansprüche an den Arbeitsergebnissen, einschließlich aller Urheberrechte und Patente, das Recht zur Registrierung, Erneue-

14. Work Product. Except to the extent contrary to or prohibited by the Employee Invention Act, you agree that all of your work product (created solely or jointly with others, and including any intellectual property rights in such work product), whether created, developed or prepared in connection with your employment with the Company ("Work Product") shall be the sole and exclusive property of the Company. For precautionary purposes, you hereby irrevocably assign to the Company all rights which you may have in such Work Product including without limitation any copyrights and patents, and the right to secure registrations, renewals and extensions thereof. The Company shall have the exclusive right to make full and complete use of, and

rung und Verlängerung an das Unternehmen ab. Dem Unternehmen steht das ausschließliche Recht zur vollständigen Verwendung und zur Veränderung jeglicher Arbeitsergebnisse ohne Beschränkung oder Verpflichtung irgendeiner Art zu. Außer im Rahmen und zum Zwecke der Nutzung im Zuge Ihres Anstellungsverhältnisses mit dem Unternehmen steht Ihnen kein Recht zu, derartiges Material zu verwenden. Sie verpflichten sich, alle erforderlichen und gesetzlich zulässigen Maßnahmen zu ergreifen und jedes Schriftstück auf Verlangen des Unternehmens zu unterzeichnen, um das Recht des Unternehmens an Arbeitsergebnissen zu sichern oder zu übertragen.

15. **Einhaltung der Unternehmensregularien.** Während der Dauer Ihres Anstellungsverhältnisses bei dem Unternehmen unterliegen Sie sämtlichen für Angestellte generell sowie für Angestellte Ihrer Gehaltsklasse geltenden Regularien.

16. **Rückgabe von Unternehmenseigentum.** Im Falle der Beendigung Ihres Anstellungsverhältnisses gleich aus welchem Grund sind Sie verpflichtet, alle im Eigentum des Unternehmens stehenden Gegenstände an das Unternehmen zurückzugeben. Sie verpflichten sich, keine Kopien, Duplikate, Reproduktionen oder Auszüge von Dokumenten zurückzubehalten. Es besteht kein Zurückbehaltungsrecht in Bezug auf die oben genannten Verpflichtungen.

17. **Vollständigkeit der Vereinbarungen, Änderungen.** Dieses Angebotsschreiben einschließlich seiner Anlage 1 stellt die gesamte Vereinbarung zwischen Ihnen und dem Unternehmen im Hinblick auf Ihr Anstellungsverhältnis dar und ersetzt sämtliche vorherig gewechselte Korrespondenz oder geschlosse-

make changes to all Work Product without restrictions or liabilities of any kind. You shall not have the right to use any such materials, other than within the legitimate scope and purpose of your employment with the Company. You shall take whatever additional lawful action may be necessary, and sign whatever documents the Company may require, in order to secure and vest in the Company all right in any Work Product.

15. **Compliance with Company Policies.** During your employment with the Company, you shall be governed by all Company policies applicable to employees generally or to employees at your grade level.

16. **Return of Company Property.** In the event of termination of your employment for any reason, you shall return to the Company all of the property of the Company. You agree not to retain any copies, duplicates, reproductions or ecerpts of any documents. There shall be no right of retention as regards the above duties.

17. **Entire Agreement and Modification.** This Offer Letter including its Annex 1 constitutes the entire agreement between you and the Company with respect to your employment, and supersedes all prior correspondence and arrangements. Changes to this Agreement must be made in writing.

nen Verträge. Änderungen zu dieser Vereinbarung bedürfen der Schriftform.

18. Anwendbares Recht. Die Regelungen dieses Angebotsschreibens und ihre Auslegung unterliegen dem Recht der Bundesrepublik Deutschland.

19. Kein Interessenkonflikt. Sie sichern zu, dass Ihr Anstellungsverhältnis mit dem Unternehmen und die Einhaltung der Regelungen dieses Angebotsschreibens keinen Konflikt oder die Verletzung einer Vereinbarung begründen, bei der Sie Vertragspartei sind.

Sofern Sie die auf dieser Grundlage ein Anstellungsverhältnis mit dem Unternehmen eingehen möchten, unterzeichnen Sie bitte beide Fassungen dieses Schreibens und senden Sie ein Original dieses Schreibens an die oben genannte Adresse zurück.

Mit freundlichen Grüßen
Angenommen durch:
……

18. Governing Law. The terms of this Offer Letter shall be governed by and construed in accordance with the laws of the Federal Republic of Germany.

19. No Conflict of Interests. You represent that your employment with the Company and compliance with the terms and conditions of this Offer Letter will not conflict with or result in the breach by you of any agreement to which you are a party.

If you wish to accept employment with the Company on this basis, please sign both copies of the letter and return one original copy of this letter to address indicated above.

Sincerely,
Agreed to and accepted by:
……

Anlage 1

Datenschutz. Sie nehmen zur Kenntnis, dass das Unternehmen unmittelbar selbst oder durch dritte Personen Ihre Person betreffende Daten sammelt und verarbeitet (einschließlich sensibler persönliche Daten und im e-Mail-Verkehr enthaltener Informationen). Sie erteilen dem Unternehmen die Zustimmung, sämtliche Ihre Person betreffenden Daten elektronisch oder manuell zu speichern und zu verarbeiten, soweit dies zur Verwaltung und Führung der Geschäftstätigkeit und der Erfüllung gesetzlicher Vorgaben erfolgt, wie etwa dem Einbehalt von Einkommensteuer und von Sozialversicherungsbeiträgen. Es ist wahrscheinlich, dass für das Unternehmen eine Übertragung persönlicher Informationen zu anderen Geschäftsstellen und zu verbundenen Un-

Annex 1

Data Protection. You acknowledge that the Company, directly or through third parties, collects and processes data (including personal sensitive data and information retained in email) relating to you. You consent to the Company holding and processing, both electronically and manually, the data, which relates to you for the purposes of the administration and management of its business and the compliance with legal obligations, such as income tax and social security withholdings. It is likely to be necessary for the Company to forward such personal information between offices and affiliated companies, both inside and outside the European Economic Area. You consent to the Company doing so. In accordance with the German Personal Data Protection

ternehmen innerhalb und außerhalb des europäischen Wirtschaftsraumes erforderlich werden wird. Sie erteilen dem Unternehmen hiermit Ihre diesbezüglich Zustimmung. Das Unternehmen wird in Übereinstimmung mit dem Bundesdatenschutzgesetz diese Information nur so lange aufbewahren, wie es im Rahmen Ihres Anstellungsverhältnisses mit dem Unternehmen gerechtfertigt ist.

Act, the Company will only hold this information for as long as it is appropriate to your employment relationship with the Company.

Vertraulichkeit von Daten. Das Unternehmen behält sich, um die Einhaltung gesetzlicher Vorschriften sowie den Schutz Ihrer Angestellten sicherzustellen, das Recht zur Überwachung der Verwendung sämtlicher Kommunikationsmedien des Unternehmens vor, die Sie während der Dauer Ihres Anstellungsverhältnisses bei uns nutzen.

Data Privacy. To ensure regulatory compliance and for the protection of its employees, the Company reserves the right to monitor all communication facilities provided by the Company which you may use during your employment with us.

Angenommen durch

......

[   ]

......

Datum

Agreed to and accepted by:

......

[   ]

......

Date

2. Geschäftsführer- anstellungsvertrag

2. Managing Director's Employment Agreement

§ 1 Anstellung/Laufzeit

§ 1 Employment/Term

(1) Herr/Frau ...... wird mit Wirkung zum .... als Geschäftsfüh-rer/in eingestellt.

(1) Effective .... Mr/Mrs ...... is hereby employed as managing director.

(2) Der Vertrag ist erstmals zum .... kündbar. Er verlängert sich um jeweils, wenn er nicht bis zum .... oder zum Ablauf eines der nachfolgenden 2-Jahreszeiträume ge-kündigt wird.

(2) The first date by which this Agree-ment may be terminated shall be ...... This Agreement shall automatically extend for a duration of ...... unless terminated before .... or upon expiry of consecutive 2 year pe-riod.

(3) Die Kündigung hat mit einer Frist von 6 Monaten zu erfolgen. Sie bedarf der Schriftform. Die Kündigung der Gesellschaft erfolgt durch Beschluss der Gesellschafterversammlung. Die Kün-digung durch den/die Geschäftsfüh-rer/in ist wirksam, wenn sie gegenüber einem Gesellschafter erklärt wird. Sämtliche Gesellschafter gelten inso-weit als empfangsbevollmächtigt.

(3) Notice of termination must be ser-ved with 6 (six) months notice period. It shall be in writing. Termination by the company shall be made by sharehold-ers' resolution. Termination by the ma-naging director shall be valid if notice of termination shall have been declared towards a shareholder. All shareholders shall, for such purposes, be regarded as authorised to receive such notice.

(4) Die Bestellung zum/zur Geschäfts-führer/in kann unbeschadet bestehen-der Schadensersatzansprüche durch Be-schluss der Gesellschafterversammlung jederzeit widerrufen werden. Der Wi-derruf gilt als Kündigung des Dienst-vertrages zum nächstzulässigen Ter-min.

(4) Notwithstanding any claims for compensation, the appointment as ma-naging director may be withdrawn at any time by a shareholders' resolution. Withdrawal shall be construed as notice of termination effective as at the next possible date.

(5) Die Gesellschaft kann den Ge-schäftsführer von der Arbeit freistellen, wenn der Anstellungsvertrag von der Gesellschaft oder dem Geschäftsführer ordentlich oder außerordentlich gekün-digt worden ist.

(5) Upon termination of the employ-ment agreement, by ordinary termina-tion or by termination for good cause the company may relieve the managing director from his/her service.

(6) Bei Umwandlung der Gesellschaft in eine offene Handelsgesellschaft oder eine Kommanditgesellschaft erhält der/die Geschäftsführer/in die Stel-lung eines Prokuristen.

(6) Upon transformation of the com-pany into a general or limited Partner-ship, the managing director shall be awarded the status as procurist holder.

(7) Das Dienstverhältnis endet am Ende des Monats, in dem der/die Geschäfts-führer/in das ...... Lebensjahr vollen-

(7) The employment agreement shall end upon expiry of the month at which the managing director shall have com-

det hat oder seine/ihre Berufs- oder Erwerbsunfähigkeit durch Rentenbescheid festgestellt worden ist.

pleted its …… anniversary or his/her inability to conduct employment has been confirmed by notice of pension payment.

§ 2 Aufgaben und Pflichten

(1) Herr/Frau …… ist durch Beschluss der Gesellschafterversammlung vom …… …… …… mit Wirkung zum …… …… …… zum Geschäftsführer bestellt worden. Er/Sie leitet die Geschäfte gemeinsam mit einem Geschäftsführer oder einem Prokuristen.

(2) Herr/Frau …… führt die Geschäfte der GmbH nach Maßgabe der Gesetze, des Gesellschaftsvertrages sowie der Geschäftsordnung für die Geschäftsführung der Gesellschaft.

§ 2 Duties and Obligations

(1) Effective …… …… …… the shareholders' resolution has appointed Mr/Mrs …… as managing director. He/she shall lead the business together with another managing director or procurist holder.

(2) Mr/Mrs …… shall conduct the business of the GmbH in accordance with the laws, the shareholders' agreement and any rules of procedure for the management of the company.

§ 3 Nebentätigkeit und Wettbewerb

(1) Herr/Frau …… wird seine/ihre Arbeitskraft ausschließlich für die Gesellschaft einsetzen. Die Übernahme einer entgeltlichen oder unentgeltlichen Nebentätigkeit im beruflichen Bereich, von Ehrenämtern, Aufsichts- oder ähnlichen Mandaten bedarf der vorherigen Zustimmung der Gesellschafterversammlung.

(2) Herr/Frau …… ist es untersagt, sich während der Dauer des Anstellungsvertrages an einem Unternehmen zu beteiligen, das mit der Gesellschaft in Konkurrenz steht oder im wesentlichen Umfang Geschäftsbeziehungen mit der Gesellschaft unterhält. Anteilsbesitz, der keinen Einfluss auf die Organe eines entsprechenden Unternehmens ermöglicht, gilt nicht als Beteiligung im Sinne dieses Vertrages.

§ 3 Secondary Employment and Restrictive Covenant

(1) Mr/Mrs …… shall dedicate his/her entire working capacity to the benefit of the company. The assumption of a professional employment with or without remuneration, of an honorary office, supervisory or similar offices shall require prior written consent of the company.

(2) During the term of this Agreement, Mr/Mrs …… shall not be authorised to engage in other business that shall be in competition with the company or has a material business relationship with the company. Any shareholding that shall not enable the exercise of any influence in the relevant company shall not be regarded as engagement according to this agreement.

§ 4 Diensterfindungen

Macht Herr/Frau …… während der Dauer des Anstellungsvertrages Erfindungen, so gelten die Vorschriften des Arbeitnehmererfindungsgesetzes in seiner jeweiligen Fassung entsprechend.

§ 4 Employee Inventions

If Mr/Mrs …… shall make any invention during the term of this agreement, then the provisions of the German Act on Employee Inventions, as amended, shall apply accordingly.

§ 5 Vergütung

(1) Herr/Frau ...... erhält für seine/ihre Tätigkeit:

a) Ein Brutto-Jahresgehalt in Höhe von ......, das in 12 gleichhohen Raten jeweils am Schluss eines jeden Monats nach Einbehaltung der gesetzlichen Abzüge ausgezahlt wird;

b) Eine Tantieme in Höhe von ......, zahlbar jeweils am ....

c) Eine Tantieme, die die Gesellschafterversammlung unter Berücksichtigung der wirtschaftlichen Ergebnisse des Geschäftsjahres nach Feststellung des Jahresabschlusses durch die Gesellschafterversammlung festsetzt.

(2) Einkünfte aus Dienstverträgen oder Ämtern, die Herr/Frau ...... im Interesse oder im Auftrag der Gesellschaft übernommen hat, werden auf die Bezüge nach Abs. (1) zu einem Vierteil angerechnet.

(3) Herr/Frau ...... erhält im Rahmen der von der Gesellschafterversammlung festgelegten Richtlinien

a) eine angemessene Wohnung sowie

b) einen Dienstwagen zu dienstlichen und privaten Nutzung.
Die auf die Sachbezüge entfallenden Steuern trägt der/die Geschäftsführer/in.

§ 6 Erstattung von Aufwendungen

Die Erstattung von Aufwendungen, die Herrn/Frau ...... in Ausübung seiner/ihrer Tätigkeit entstehen einschließlich Reise- und Bewirtungskosten richtet sich nach den jeweils geltenden Richtlinien der Gesellschaft.

§ 7 Vergütungsfortzahlung bei Krankheit, Unfall oder Tod

(1) Wird Herr/Frau ...... durch Arbeitsunfähigkeit infolge Krankheit an seiner/ihrer Dienstleistung verhindert, ohne dass ihn/sie hieran ein Verschul-

§ 5 Remuneration

(1) Mr/Mrs ...... shall receive as remuneration:

a) An annual gross salary of ...... which shall be payable in 12 (twelve) equal instalments by the end of each month after deduction of the statutory withdrawals.

b) A bonus payment of ......, payable as at ....

c) A bonus payment that the shareholders' meeting shall decide based on the financial results of the company after adoption of the annual report by the shareholders' resolution.

(2) Any income received through services or offices that Mr/Mrs ...... shall engage in the interest of the company or upon demand of the company shall be credited to the remuneration set out in subsection (1) above by $1/4$.

(3) Mr/Mrs ...... shall receive within the guidelines defined by the shareholders: meeting

a) a reasonable appartment and

b) a company car for employment and private use.
All taxes attached to such benefits in kind shall be borne by the managing director.

§ 6 Refunds of Expenses

Refunds of expenses that Mr/Mrs ...... shall incur in performance of his/her employment including travel and entertainment expenses shall be made in accordance with the guidelines of the company.

§ 7 Continuation of Remuneration Payments upon Sickness, Accident or Death

(1) If Mr/Mrs ...... shall be incapable of performing the service as a result of illness for which he/she shall not be liable, then the payment of remunera-

den trifft, so werden die Bezüge nach § 5 für die Zeit der Dienstunfähigkeit bis zur Dauer von ...... Monaten weitergezahlt.

(2) Stirbt Herr/Frau ...... während der Dauer seines/ihres Dienstvertrages, so erhalten seine/ihre Ehegatte/in und die gemeinsamen ehelichen Kinder als Gesamtgläubiger die Bezüge nach § 5 für den Sterbemonat und die drei darauf folgenden Monate. Die Bezüge nach § 5 (2) (b) und (c) werden entsprechend der Dauer der Tätigkeit anteilig berechnet.

(3) Herr/Frau ...... wird durch die Gesellschaft im üblichen Rahmen gegen Unfall versichert.

§ 8 Urlaub

Herr/Frau ...... erhält im Jahr einen Urlaub von 30 Werktagen, der auch in Teilabschnitten genommen werden kann.

§ 9 Alters- und Hinterbliebenenversicherung

(1) Die Gesellschaft schließt auf das Leben von Herrn/Frau ...... eine Lebensversicherung mit einer Versicherungssumme von ...... € und bei Unfalltod ...... € mit widerruflichem Bezugsrecht ab. Die Versicherungsprämien werden während der Laufzeit des Vertrages von der Gesellschaft gezahlt. Die Prämien werden den steuerpflichtigen Bezügen hinzugerechnet.

(2) Bezugsberechtigt aus der Lebensversicherung sind Herr/Frau ...... oder im Falle seines/ihres Todes die Personen, die er/sie bestimmt hat. Bei Fehlen einer Bestimmung sind die Erben bezugsberechtigt.

(3) Die Versicherungssumme ist fällig, wenn Herr/Frau ...... stirbt, berufs-

tion in accordance with § 5 above shall continue for a period of ...... months.

(2) Upon the decease of Mr/Mrs ...... during the term of his/her employment agreement, his/her spouse and/or the common matrimonial children shall have the right as joint creditors to receive the remuneration according to § 5 for the month of decease and a period of a further three months. The remuneration according to § 5 (2) (b) and (c) shall be paid on a pro rata basis in accordance with the duration of employment.

(3) Mr/Mrs ...... shall moreover receive ordinary insurance coverage against accident which shall be paid by the company.

§ 8 Holiday

Mr/Mrs ...... shall receive 30 working days as annual holiday which may be taken in instalments also.

§ 9 Old Age and Dependant's Provision

(1) The company shall enter into a life insurance agreement for the benefit of Mr/Mrs ...... which shall cover an insurance amount of ...... € and ...... € upon death caused by accident. The company shall pay the insurance premiums for the duration of this Agreement. The premiums shall be added to taxable remuneration.

(2) Mr/Mrs ...... shall be the beneficiary or in the event of his/her decease the individuals that he/she shall have designated. In the absence of a designation the heir(s) shall be the beneficiaries.

(3) The insurance amount shall be due and payable if Mr/Mrs ...... shall die,

oder erwerbsunfähig wird oder das ...... Lebensjahr vollendet.

(4) Endet der Anstellungsvertrag nach mindestens zehnjähriger Laufzeit, so wird die Gesellschaft den Versicherungsvertrag mit allen Rechte und Pflichten auf Herrn/Frau ...... übertragen.

(5) Endet der Anstellungsvertrag vor Ablauf von 10 Jahren, verliert Herr/Frau ...... die Ansprüche aus dem Versicherungsvertrag. In diesem Fall wird die Gesellschaft die auf die Versicherungsprämien entfallenden Steuern zurückerstatten.

§ 10 Wettbewerbsverbote

(1) Herr/Frau ...... wird für die Dauer von zwei Jahren nach Beendigung des Dienstvertrages nicht für eine Unternehmen tätig werden, das auf den Arbeitsgebieten der Gesellschaft tätig ist sowie auf diesen Arbeitsgebieten keine Geschäfte für eigene oder fremde Rechnung machen und keine Beteiligung an Konkurrenzunternehmen unmittelbar oder mittelbar erwerben, die einen Einfluss auf die Geschäftsführung ermöglicht.

(2) Für die Dauer des Wettbewerbsverbotes zahlt die Gesellschaft Herrn/Frau ...... eine Entschädigung in Höhe von 75% der zuletzt bezogenen Vergütung. Auf die Entschädigung werden Einkünfte angerechnet, die Herr/Frau während der Dauer des Wettbewerbsverbotes auf Grund seiner Tätigkeit bezieht, soweit die Einkünfte die zuletzt bezogene Vergütung um 10% übersteigen. Im Falle der notwendigen Verlegung des Wohnsitzes erhöht sich dieser Prozentsatz auf 25%.

(3) Die Gesellschaft kann vor Beendigung des Dienstvertrages mit einer Frist von einem Jahr auf das Wettbewerbsverbot verzichten.

become incapable of continuing employment or shall have completed his/her ...... anniversary.

(4) If the employment agreement shall end after a minimum term of 10 (ten) years, then the company shall transfer to Mr/Mrs ...... the insurance agreement with all rights and obligations attached to it.

(5) If the employment agreement shall end prior to a term of 10 years, then Mr/Mrs ...... shall lose his/her claims under the insurance agreement. In such case, the company shall refund all taxes attached to the insurance premiums paid.

§ 10 Restrictive Covenants

(1) Mr/Mrs ...... shall, for a period of 2 (two) years after expiry of this Agreement not engage in any employment with a company that is engaged in the same area of business as the company. Moreover, he/she shall not engage in any transactions on his/her own or third party account and shall not acquire any interest in competing entities, directly or indirectly, if the same shall be capable of influencing the management of such entity.

(2) For the duration of the restrictive covenant, the company shall pay to Mr/Mrs ...... as compensation 75% of the last remuneration received. Any other remuneration received during the term of the restrictive covenant shall be credited towards such compensation to the extent it shall exceed the last remuneration by 10%; in the event of a relocation, the percentage shall be increased to 25%.

(3) The company may prior to expiry of this Agreement waive the restrictive covenant with a notice period of one year.

§ 11 Sonstiges

(1) Herr/Frau ...... verpflichtet sich, über alle vertraulichen Angelegenheiten und Vorgänge, die ihm/ihr im Rahmen der Tätigkeit zur Kenntnis gelangen, auch nach dem Ausscheiden aus dem Anstellungsverhältnis Stillschweigen zu bewahren.

(2) Sollte eine Bestimmung dieses Vertrages ganz oder teilweise unwirksam oder undurchsetzbar sein, werden die Wirksamkeit und Durchsetzbarkeit aller übrigen Bestimmungen dieses Vertrages davon nicht berührt. Die unwirksame oder undurchsetzbare Bestimmung ist als durch diejenige wirksame und durchsetzbare Bestimmung als ersetzt anzusehen, die dem von den Parteien mit der unwirksamen oder undurchsetzbaren Bestimmung verfolgten wirtschaftlichen Zweck am nächsten kommt.

§ 11 Other Provisions

(1) Mr/Mrs ...... agrees to keep confidential also during the term after expiry of the employment all confidential matters and issues that he/she shall become aware of in conjunction with his/her employment.

(2) If any provision of this Agreement shall be entirely or partly invalid or unenforceable, this shall not affect the validity and enforceability of all other provisions of this Agreement. The invalid or unenforceable provision shall be regarded as replaced by such valid and enforceable provision that as closely as possible reflects the economic purpose that the parties hereto had pursued with the invalid or unenforceable provision.

3. Aufhebungs- und Abfindungsvereinbarung

3. Termination and Settlement Agreement

§ 1 Beendigung

Die Firma ...... (nachfolgend: „Arbeitgeber") und ...... (nachfolgend: „Arbeitnehmer") sind sich einig, dass das am ...... begründete Arbeitsverhältnis auf Veranlassung des Arbeitgebers mit Ablauf des ...... im beiderseitigen Einvernehmen enden wird.

§ 1 Termination

The Company ...... (hereinafter referred to as "the Employer") and ...... (hereinafter referred to as "the Employee") agree that the employment agreement entered into on ...... shall upon initiative of the Employer by mutual consent be terminated as of ......

§ 2 Abfindung

Für den Verlust des Arbeitsplatzes erhält der Arbeitnehmer eine Abfindung gem. § 3 Ziffer 9. Einkommensteuergesetz, §§ 9, 10 Kündigungsschutzgesetz in Höhe von ...... Der Arbeitgeber wird dem Arbeitnehmer hierüber im Rahmen der gesetzlichen Vorschriften eine Abrechnung erteilen.

Die Abfindung ist zur Zahlung fällig mit dem letzten Monatsgehalt, spätestens aber mit Ablauf des Monates, der dem Datum der rechtsverbindlichen Unterzeichnung dieser Aufhebungs- und Abfindungsvereinbarung folgt.

§ 2 Settlement Payment

As compensation for the loss of employment the Employee shall receive a settlement payment of ...... pursuant to § 3 No. 9 of the Income Tax Act, §§ 9, 10 of the Act on Protection against Unfair Dismissal. The Employer will provide the Employee with a settlement status in accordance with the provisions of statutory law.
The settlement payment shall be due and payable upon payment of the last monthly salary but in no event later than by the end of the month succeeding the date at which this Termination and Settlement Agreement shall have been duly signed by the parties hereto.

§ 3 Fortzahlung von Bezügen

Der Arbeitnehmer erhält bis zur Beendigung seiner Anstellung seine vertraglichen Bezüge.

§ 3 Continuous Payment of Salary

The Employee shall receive his/her salary until the end of his/her employment.

§ 4 Bonuszahlung

Der Arbeitnehmer erhält zur anteiligen Abgeltung der ihm für das laufende Geschäftsjahr zustehenden Tantieme einen Betrag in Höhe von ...... / 12 des ausgewiesenen Jahresgewinnes. Die Auszahlung erfolgt spätestens ...... Tage nach dem Ende des laufenden Geschäftsjahres und Erstellung der Bilanz.

§ 4 Bonus Payment

The Employee shall receive as compensation for the bonus to which he/she is entitled in relation to the current fiscal year an amount equal to ...... / 12 of the published earnings. Payment shall be made by no later than ...... days after closing of the current fiscal year and preparation of the balance sheet.

§ 5 Gratifikation

Der Arbeitnehmer erhält die vertraglich zusagte Gratifikation in voller Höhe. Kürzungen werden nicht vorgenommen.

§ 6 Dienstwagen

Dem Arbeitnehmer steht das Recht zu, den ihm/ihr überlassenen Dienstwagen mit dem polizeilichen Kennzeichen ...... auch während des Zeitraumes seiner Freistellung bis zum Vertragsende in der bisherigen Weise auch für private Zwecke zu nutzen. Der Arbeitnehmer ist berechtigt, den Dienstwagen zum Buchwert zu erwerben. Maßgebend für die Ermittlung ist der Zeitpunkt des Ausscheidens. Der Arbeitnehmer wird dem Arbeitgeber bis spätestens ...... mitteilen, ob er von dieser Option Gebrauch macht. Sofern der Arbeitnehmer von der Erwerbsoption keinen Gebrauch macht, ist der Dienstwagen zusammen mit den Fahrzeugpapieren spätestens am ...... zurückzugeben.

§ 7 Freistellung

Der Arbeitnehmer wird ab dem ...... unter Anrechnung auf den ihm noch zustehenden Urlaub in Höhe von ...... Werk-/Arbeitstagen unwiderruflich von seinen Dienstpflichten freigestellt. Der Arbeitnehmer ist berechtigt, insoweit bis zum Vertragsende über seine Arbeitskraft frei zu verfügen. Die Beteiligung an einem Konkurrenzunternehmen oder die Tätigkeit für ein Konkurrenzunternehmen ist nicht gestattet. Sofern der Arbeitnehmer während des Zeitraumes seiner Freistellung anderweitige Einkünfte erzielt, werden solche zur Hälfte auf die vertraglichen Bezüge angerechnet.

§ 8 Urlaub, Abgeltungzahlung

Der Arbeitnehmer verfügt noch über einen Urlaubsanspruch von ...... Werk-/

§ 5 Gratuity Payment

The Employee shall receive the agreed gratuity payment in full. No deductions will be made.

§ 6 Company Car

The Employee remains entitled to continue during the term of its release from its duties the use of the company car for private purposes with registration plate ...... until the end date of the Agreement. The Employee shall have the right to purchase the company car at its book value. The valuation shall be based on the date of leave. The Employee shall inform the Employer of its intention to exercise the option by no later than ...... If the Employee does not exercise the option, then the company car together with will all registration papers must be returned by ......

§ 7 Release

The Employer shall irrevocably release the Employee as from ...... form its duties using ...... days being the balance of outstanding holidays. The Employee may freely dispose of his/her working capacity until the end of the Agreement. The acquisition of a share in, or any work for the benefit of, any competing entity is not permitted. To the extent the Employee receives any income during the term of its release, 50% of such income shall be deducted from contractual payments owed to it hereunder.

§ 8 Holiday, Final Settlement

The Employee still remains to ...... working days of holiday which cannot

Arbeitstagen, der infolge der vorzeitigen Beendigung des Dienstverhältnisses nicht verwirklich werden kann. Der Arbeitgeber zahlt dem Arbeitnehmer daher zur vollständigen und endgültigen Abgeltung einen Betrag in Höhe von …… Dieser Betrag ist am …… fällig.

be taken as a result of the premature termination of the employment. The Employer therefore agrees to pay to the Employee for full and final settlement …… Such amount is due and payable on ……

§ 9 Dienstwohnung

Der Arbeitnehmer räumt die ihm überlassene Dienstwohnung bis spätestens zum ……

§ 9 Apartment

The Employee agrees to vacate by no later than …… the apartment made available to it.

§ 10 Arbeitgeberdarlehen, Antrittsprämie

Der Arbeitgeber hat dem Arbeitnehmer …… am …… ein Arbeitgeberdarlehen in Höhe von ……, verzinst mit ……% p.a. gegeben. Zum …… valutiert dieses Darlehen mit einem Betrag von …… Dieses Darlehen ist spätestens zum Zeitpunkt des Ausscheidens zurückzuführen. Die an den Arbeitnehmer zum Einstellungszeitpunkt geleistete Antrittsprämie in Höhe von …… verbleibt bei dem Arbeitnehmer und ist nicht zurückzugewähren.

§ 10 Employer's Loan, Signing Bonus

On …… the Employer has granted to the Employee an employer's loan with ……% interest thereon. The outstanding loan amount as at …… is …… This loan is to be repaid by no later than the date of leave. The Employee may retain the signing bonus of …… received at the commencement of employment and such amount is not to be repaid.

§ 11 Pensionszusage

Der Arbeitnehmer hat aufgrund der ihm im Anstellungsvertrag vom …… erteilten Zusage einen Anspruch auf betriebliche Altersversorgung gegen den Arbeitgeber. Die Anwartschaft aus dieser Versorgungszusage bleibt in vollem Umfang aufrechterhalten. Der Arbeitgeber wird dem Arbeitnehmer spätestens …… Wochen nach seinem Ausscheiden hierüber eine Bestätigung erteilen.

§ 11 Pension Commitment

Based on the employment agreement made on …… the Employee is entitled to receive from the Employer old age payments. The option based on such Commitment shall continue to remain in full force and effect. The Employee agrees to furnish the Employee by no later than …… weeks after its leave a confirmation to that extent.

§ 12 Nachvertragliches Wettbewerbsverbot

Das im Anstellungsvertrag vom …… vereinbarte nachvertragliche Wettbewerbsverbot wird durch diese Aufhebungsvereinbarung nicht berührt.

§ 12 Restrictive Covenant

The restrictive covenant agreed in the employment agreement of …… shall not be affected by this Termination Agreement.

§ 13 Vertraulichkeit

Der Arbeitnehmer verpflichtet sich, über alle ihm während seiner Dienstzeit für die Firma bekannt gewordenen betriebsinternen Vorgänge, insbesondere Betriebs- und Geschäftsgeheimnisse, auch nach seinem Ausscheiden Stillschweigen zu bewahren.

§ 13 Confidentiality

The Employee agrees to keep confidential also after his/her leave all internal issues, in particular company and business secrets made available to him/her during the term of employment.

§ 14 Diensterfindungen

Der Arbeitnehmer erhält für die am …… an den Arbeitgeber gemeldete Diensterfindung eine einmalige Vergütung von …… Damit sind alle Ansprüche nach dem Arbeitnehmererfindungsgesetz abgegolten.

§ 14 Employee Inventions

The Employee shall receive for the business invention notified to the Employer on …… a one off compensation of …… This shall be for full and final settlement of all claims arising from the Employee Invention Act.

§ 15 Arbeitsunterlagen

Der Arbeitnehmer verpflichtet sich, bis zum …… alle Arbeitsunterlagen abzugeben und dem Arbeitgeber …… schriftlich versichern, dass weitere Arbeitsunterlagen nicht in seinem Besitz sind

§ 15 Work Documents

The Employee agrees to return until …… all work documents and to certify to the Employer in writing that other work document are no longer in its possession.

§ 16 Zeugnisse

Der Arbeitnehmer erhält ein Zwischenzeugnis entsprechend dem diesem Vertrag als Anlage 1 beigefügten Entwurf. Der Arbeitgeber wird dem Arbeitnehmer bis spätestens zum …… ein Schlusszeugnis erteilen, dass inhaltlich mit dem Zwischenzeugnis übereinstimmen soll. Der Arbeitgeber wird dritten Personen Auskünfte nur im Sinne dieser Zeugnisse erteilen.

§ 16 References

The Employee shall receive an interim reference in accordance with the draft attached to this agreement as Annex 1. The Employer agrees to provide a final reference to the Employee by …… which contents shall be the same as in the interim reference. The Employer agrees to provide information to third parties only on the basis of these references.

§ 17 Salvatorische Klausel

Sollte eine Regelung dieses Vertrages unwirksam sein, wird die Wirksamkeit der übrigen Bestimmungen hierdurch nicht berührt. Arbeitnehmer und Arbeitgeber verpflichten sich, anstelle der unwirksamen Bestimmung eine wirksame Regelung zu treffen, die der unwirksamen Regelung wirtschaftlich so nahe wie möglich kommt.

§ 17 Partial Invalidity

Any invalidity of a provision of this Agreement shall not cause other provisions of it to be invalid. Employee and Employer agree to replace the invalid provision by a valid provision that shall from an economic perspective be as close to the invalid provision as possible.

§ 18 Arbeitsgerichtliche Auseinandersetzung

Der Arbeitnehmer verpflichtet sich, innerhalb einer Woche nach Abschluss dieser Vereinbarung die zum Arbeitsgericht ...... erhobene Klage mit dem Aktenzeichen ...... zurückzunehmen. Der Arbeitgeber erstattet dem Arbeitnehmer die insoweit entstandenen Anwaltkosten in Höhe der gesetzlichen Gebühren.

§ 18 Employment Dispute

The Employee agrees to withdraw within a week as from the conclusion of this Agreement the lawsuit filed with the Labour Court ...... file number ...... The Employer agrees to reimburse the Employee with the professional fees based on the statutory fee regulation.

§ 19 Abgeltungsklausel

Die Parteien sind sich einig, dass mit der Erfüllung der aller sich aus dieser Vereinbarung ergebenden Verpflichtungen keinerlei Ansprüche – gleich aus welchem Rechtsgrund – aus dem Arbeitsverhältnis und seiner Beendigung mehr bestehen und keine Tatsachen vorliegen, aus denen sich im Hinblick auf das Arbeitsverhältnis oder seine Beendigung Ansprüche herleiten lassen.

§ 19 Settlement Clause

The parties agree that upon full discharge of all obligations owed under this Agreement they shall have no further claims – based on whatever reason – arising from the employment agreement and its termination and that there are no incidents that could give rise to any other claims in relation to the employment agreement or its termination.

....
Ort/Datum   Ort/Datum
....
Arbeitgeber   Arbeitnehmer

....
Place/Date   Place/Date
....
Employer   Employee

4. Dienstwagenvereinbarung	4. Company Car Agreement

Zwischen der

......
　　　　　　 – nachfolgend Arbeitgeber –

und
Herrn ......
　　　　　 – nachfolgend Arbeitnehmer –

wird folgende

**Kraftfahrzeugüber-
lassungsvereinbarung**

geschlossen:

§ 1 Dienstwagen

Der Arbeitgeber stellt dem Arbeitneh-mer für die Dauer des Arbeitsverhält-nisses einen Dienstwagen des Typs ...... oder ein vergleichbares Fahrzeug zur Verfügung. Die Festlegung der Fahrzeugmarke und des Typs erfolgt durch den Arbeitgeber. Der Arbeitgeber ist berechtigt, das Fahrzeug jederzeit durch ein anderes, gleichwertiges Fahr-zeug zu ersetzen.

§ 2 Nutzung des Fahrzeuges

Dem Arbeitnehmer ist neben der Nut-zung zu dienstlichen Zwecken die Nut-zung des Dienstwagens zu privaten Zwecken gestattet. Im Falle von Ur-laubsfahrten sind diese zuvor dem Ar-beitgeber anzuzeigen.
Der Arbeitgeber erstattet dem Arbeit-nehmer gegen Abrechnung und Nach-weis die verauslagten Treibstoffkosten für dienstlich veranlasste Fahrten. Hierüber hat der Arbeitnehmer monat-lich abzurechnen. Durch Urlaubsfahr-ten veranlasste Treibstoffkosten trägt der Arbeitnehmer selbst.
Die Versteuerung des geldwerten Vor-teils der Privatnutzung obliegt dem Mitarbeiter.

The company car agreement is made between
......
　　　　 – hereinafter referred to as
　　　　　　　 „the Employer" –
and
Mr. ......
　　　　 – hereinafter referred to as
　　　　　　 "the Employer" –

§ 1 Company Car

The Employer agrees to make available to the Employee a company car of the type ...... or a comparable brand for the duration of the employment. The Em-ployer retains the right to determine the brand and the type of vehicle. The Em-ployee retains its right to replace the vehicle by a comparable vehicle at any time.

§ 2 Use of Vehicle

The Employee is, in addition to the use for company purposes, also entitled to use the vehicle for private purposes. The use for holiday tours must be noti-fied to the Employer in advance.

The Employee agrees to refund to the Employee any fuel costs for tours with company purpose against verification through an expense report. The Em-ployee agrees to submit the expense report on a monthly basis. Fuel costs cause by holiday tours shall be at the expense of the Employee.
Any taxation caused by the benefit of private use shall be at the expense of the Employee.

Der Arbeitnehmer verpflichtet sich, den Dienstwagen pfleglich zu behandeln. Er hat dafür Sorge zu tragen, dass sich das Fahrzeug in einem betriebsbereiten und verkehrssicheren Zustand befindet. Fällige Inspektionen und Prüfungen sind unaufgefordert in Abstimmung mit dem Arbeitgeber durchzuführen. Die Durchführung von Reparaturen bedarf der Zustimmung des Arbeitgebers. Dies gilt jedoch nicht für dringende Reparaturen, die für die Sicherstellung der Verkehrssicherheit erforderlich sind.

The Employee agrees to handle the company car with care. He agrees to ensure that the company car is at all times in an operable and safe shape. Any inspections and checks shall be done in coordination with the Employer without prior notice of the Employer. Repair works shall require prior consent of the Employer. This shall not apply to urgent repairs necessary to ensure a roadworthy shape of the vehicle.

Der Arbeitnehmer hat gegenüber dem Arbeitgeber keinen Anspruch auf Stellung eines Ersatzfahrzeuges während der Ausführung von Wartungs-, Inspektions- und Reparaturarbeiten.

The Employee shall not be entitled to any replacement vehicle for the duration of maintenance, inspection and repair works.

§ 3 Überlassung des Fahrzeuges an dritte Personen

§ 3 Use of the Vehicle by Third Parties

Eine Überlassung des Fahrzeuges an Dritte ist unzulässig. Hiervon ausgenommen ist die Überlassung an Familienangehörige oder Lebensgefährten, sofern diese eine gültige Fahrerlaubnis besitzen. Der Arbeitnehmer haftet für jeden Schaden, der bei unberechtigter Überlassung am Kraftfahrzeug im Zusammenhang mit der Kraftfahrzeugbenutzung entsteht.

The vehicle may not be made available to any third party. This shall not apply to relatives or the spouse provided they are in possession of a valid driver's license. The Employee is liable for any damage arising from any use caused by unauthorised disposal of the.

§ 4 Versicherungen/Haftung

§ 4 Insurance/Liability

Der Arbeitgeber wird den Dienstwagen Vollkasko versichern. Im Schadenfall beschränkt sich die Haftung des Arbeitgebers auf die Leistungen des Versicherers.

The Employee agrees to provide comprehensive insurance cover for the vehicle. In case of damage the liability of the Employer is limited to the payments of insurance company.

Der Arbeitnehmer haftet nicht, soweit ein Schaden durch eine Versicherung abgedeckt wird. Soweit eine Vollkaskoversicherung besteht und eintrittspflichtig ist, haftet der Arbeitnehmer in Höhe der Selbstbeteiligung und trägt den Verlust von Schadensfreiheitsrabatten.

The Employee shall not be liable to the extent that insurance cover is provided. As far as full coverage is available, the Employee's liability shall be limited to payment of the deductible and any loss of any non-claim bonuses.

Sofern ein Schaden durch die Versicherung nicht abgedeckt wird, so haftet der Arbeitnehmer für alle vorsätzlich

As far as no coverage is provided by the insurance, the Employee shall be liable for all damages of the vehicle

oder grob fahrlässig verursachten Beschädigungen des Kraftfahrzeuges auf vollen Schadensersatz.
Bei auf Privatfahrten entstandenen Schäden haftet der Arbeitnehmer in jedem Fall allein.

caused by wilful misconduct or gross negligence.

Damages arising during private use are at the expense of the Employee in any case.

§ 5 Freistellung

Im Falle der Freistellung von der Verpflichtung zur Arbeitsleistung ist der Arbeitgeber berechtigt, den Dienstwagen heraus zu verlangen. Gleiches gilt nach Ablauf des 6-Wochen-Zeitraumes gem. § 6 Entgeltfortzahlungsgesetz.
Die Geltendmachung eines Zurückbehaltungsrechts ist ausgeschlossen.
Die Herausgabepflicht besteht ebenso für den Fall der Beendigung des Arbeitsverhältnisses im Fall der ordentlichen oder außerordentlichen Kündigung. Die Erhebung einer Kündigungsschutzklage entbindet den Mitarbeiter nicht von seiner Rückgabeverpflichtung.
Verlangt der Arbeitgeber nach einer Freistellung des Arbeitnehmers die Herausgabe des Dienstwagens, so erhält der Arbeitnehmer für die bisherige Privatnutzung des Fahrzeuges eine Nutzungsentschädigung in Höhe des geldwerten Vorteils der Privatnutzung. Die Versteuerung obliegt dem Mitarbeiter.

§ 5 Suspension

The Employee may reclaim the vehicle upon having suspended the Employee from work. The same applies to the six months term based on § 6 of the German Act on Sick Payment.

No right of retention may be exercised.

The right to retransfer shall also apply in the event of termination of employment based on ordinary termination or termination for good cause. The filing of any action against unfair dismissal shall not relieve the Employee from the obligation to return the vehicle.
If the Employer reclaims the vehicle during the term of suspension, the Employee shall receive during such term a compensation equalling the financial benefit associated with the private use of the vehicle. Any tax liability associated therewith shall be at the expense of the Employee.

§ 6 Unfälle, Beschädigungen und Verlust

Unfälle, Verluste und Beschädigungen des Kraftfahrzeuges hat der Arbeitnehmer unverzüglich dem Arbeitgeber zu melden. Bei Unfällen mit Personenschäden ist in jedem Fall die Polizei zur Unfallaufnahme hinzuzuziehen.
Reparaturen des Fahrzeuges bedürfen der vorherigen schriftlichen Zustimmung des Arbeitgebers.

§ 6 Accident, Damages and Loss

The Employee agrees to immediately notify the Employer of any accidents, losses and damages of the vehicle. The policy must be called in all accidents with casualties for preparation of report.
Repair works on the vehicle must not be made without prior written consent of the Employer.

§ 7 Änderung des Vertrages

Änderungen oder Ergänzungen dieses Vertrages bedürfen der Schriftform.

§ 7 Changes to this Agreement

Changes of or amendments to this Agreement must be made in writing.

Auch die Aufhebung des Schriftformer-   This requirement shall also apply to
fordernisses bedarf der Schriftform.   this clause.

....
Ort/Datum   Place/Date

....
Ort/Datum   Place/Date

......
Ort/Datum

IX. Schiedsgerichts-wesen

1. Schiedsvertrag

§ 1 Unterwerfung

Alle Streitigkeiten zwischen den Parteien in Zusammenhang mit dem Vertrag vom …… (Datum) über …… sowie über die Gültigkeit dieses Vertrages werden unter Ausschluss des ordentlichen Rechtsweges durch ein Schiedsgericht entschieden.

§ 2 Zusammensetzung des Schiedsgerichts

Das Schiedsgericht wird für jeden Streitfall besonders gebildet, es besteht aus zwei Schiedsrichtern und einem Obmann.

§ 3 Ernennung der Schiedsrichter

(1) Jede Partei benennt einen Schiedsrichter; die benannten Schiedsrichter wählen einen Obmann, der die Befähigung zum Richteramt haben muss.

(2) Benennt eine Partei nicht innerhalb von 14 Tagen einen Schiedsrichter oder können sich die beiden Schiedsrichter nicht innerhalb von 14 Tagen nach Benennung des zweiten Schiedsrichters über die Person des Obmanns verständigen, so wird der Schiedsrichter bzw. der Obmann durch den Präsidenten des Oberlandesgerichts …… ernannt.

(3) Kann ein ernannter Schiedsrichter sein Amt nicht antreten oder fällt er nachträglich weg, so hat die ihn ernennende Partei binnen 14 Tagen einen weiteren Schiedsrichter zu benennen. Sollte diese Partei keinen Schiedsrichter innerhalb dieser Frist benennen, so wird dieser Schiedsrichter auf Antrag der Gegenpartei durch den Präsidenten des Oberlandesgerichts …… ernannt.

IX. Arbitration

1. Arbitration Agreement

§ 1 Submission

All Disputes among the Parties hereto in conjunction with the agreement dated …… …… …… with regard to the …… …… including the validity of such agreement shall be subject to the decision of an arbitration panel excluding ordinary proceedings.

§ 2 Composition of the Arbitration Panel

An arbitration panel shall be formed for each individual dispute and shall consist of two arbitrators and one chairman.

§ 3 Appointment of Arbitrators

(1) Each Party hereto shall name one arbitrator; the arbitrators appointed shall appoint a chairman who shall be qualified as a judge.

(2) If any Party hereto shall fail to appoint an arbitrator within 14 (fourteen) days or if both arbitrators not agreed on the appointment of a chairman within 14 (fourteen) days after appointment of the second arbitrator, then the arbitrator/chairman shall be appointed by the President of the High Court of ……

(3) If an appointed arbitrator shall not be able to start its office or if the same shall subsequently be discontinued, then the nominating Party shall within a period of 14 (fourteen) days appoint another arbitrator. If such Party fails to appoint an arbitrator within such period, such arbitrator shall upon demand of the counterpart be appointed through the President of the High

Kann ein Obmann sein Amt nicht antreten oder fällt er nachträglich weg, so verständigen sich die Schiedsrichter binnen 14 Tagen nach dessen Wegfall auf einen neuen Obmann. Erfolgt keine Einigung innerhalb dieser Frist, benennt der Präsident des Oberlandesgerichts ...... auf Antrag eines Schiedsrichters oder einer Partei einen neuen Obmann.

Court of ...... If a chairman shall not be able to start its office or if the same shall subsequently be discontinued, the arbitrators shall within a period of 14 (fourteen) days agree on another chairman. If the Parties shall fail to achieve an agreement within such period of time, then the President of the High Court of ...... shall upon demand of an arbitrator or of a Party hereto appoint a chairman.

§ 4 Annahme/Ablehnung der Schiedsrichtertätigkeit

§ 4 Acceptance/Decline of Arbitrator's Office

(1) Ein Schiedsrichter hat sich nach Bekanntgabe seiner Benennung unverzüglich über die Annahme des Amtes zu erklären.

(1) An arbitrator shall immediately after its appointment has been announced express his acceptance of such office.

(2) Ein Schiedsrichter ist verpflichtet, das Amt abzulehnen, wenn bei ihm einer der Fälle vorliegt, die auf Grund gesetzlicher Vorschriften den staatlichen Richter von der Ausübung des Richteramtes ausschließen. Er hat ferner den Parteien unverzüglich Mitteilung zu machen, wenn bei ihm nachträglich ein derartiger Fall eintritt oder ihm Umstände bekannt werden, die seine Ablehnung rechtfertigen könnten.

(2) An arbitrator shall be required to refuse acceptance of the office if any event shall occur that would, based on statutory law, exclude a judge from exercising the office of a judge. It shall further immediately notify the Parties hereto of the subsequent occurrence of any such event or of any ground that may justify his rejection.

§ 5 Ablehnung eines Schiedsrichters

§ 5 Rejection of an Arbitrator

(1) Lehnt eine Partei den von der Gegenseite ernannten Schiedsrichter oder den Obmann ab, so hat sie dies innerhalb einer Frist von 10 Tagen nach Bekanntwerden des Ablehnungsgrundes der Gegenpartei anzuzeigen. Falls die betreffende Partei die Erklärung der Ablehnung in Übereinstimmung mit der vorhergehenden Regelung versäumt hat, gilt der Schiedsrichter bzw. der Obmann als bestätigt.

(1) If a Party challenges the arbitrator appointed by the counterpart or the chairman, then it shall notify the counterpart of the same within a period of ten days after becoming aware of the reason for rejection. If such party shall fail to express the rejection in accordance with such provision, the arbitrator/chairman shall be deemed accepted.

(2) Eine Partei kann einen Schiedsrichter und/oder den Obmann nicht mehr ablehnen, wenn sie sich, ohne den ihr bekannten Ablehnungsgrund geltend zu machen, vor dem Schiedsrichter/

(2) A party may no longer challenge any arbitrator and/or the chairman if it shall have participated in a hearing or filed motions in the presence of the arbitrator/chairman without having ex-

Obmann in eine Verhandlung eingelassen oder Anträge gestellt hat.

pressly raised the grounds for challenge known to it.

§ 6 Schiedsverfahren

§ 6 Arbitration Proceedings

(1) Wünscht eine Partei die Einleitung eines schiedsgerichtlichen Verfahrens, so hat sie dies der Gegenseite mittels eingeschriebenen Briefes anzuzeigen. Das Schreiben muss die Bezeichnung der Parteien, den Grund des erhobenen Anspruchs nennen, einen bestimmten Antrag und einen Hinweis auf die Schiedsvereinbarung enthalten.

(1) A party intending to start arbitration proceedings shall notify the same to the counterpart in writing by registered mail. Such letter shall specify the parties, the grounds for the claim raised, a specific motion and a reference to the arbitration agreement.

(2) Die betreffende Partei hat ferner den von ihr gewählten Schiedsrichter in dem vorstehend genannten Schreiben zu benennen und die gegnerische Partei aufzufordern, ihr binnen 14 Tagen ebenfalls einen Schiedsrichter bekannt zu geben. Die Frist beginnt mit dem Tag des Empfanges des eingeschriebenen Briefes durch die beklagte Partei.

(2) The relevant party shall further specify in such letter the arbitrator appointed by it requesting the counterpart to notify to it an arbitrator within a period of 14 (fourteen) days. Such period shall start at the date on which the defending party shall have received the registered mail.

(3) Dieser Aufforderung hat die gegnerische Partei auch dann zu entsprechen, wenn sie den benannten Schiedsrichter ablehnt.

(3) The defending party shall comply with such request even if it rejects the counterpart's designated arbitrator.

§ 7 Verfahrensregelungen

§ 7 Rules of Procedure

(1) Das Schiedsgericht bestimmt das Verfahren nach freiem pflichtgemäßem Ermessen, den Vorschriften der Zivilprozessordnung über das schiedsrichterliche Verfahren und die Bestimmungen dieser Vereinbarung.

(1) The arbitration panel shall decide on the proceedings in its reasonable discretion, the statutory provisions of the German Code on Civil Procedure on arbitration proceedings and the provisions of this Agreement.

(2) An die Beweisanträge der Parteien ist das Schiedsgericht nicht gebunden. Es kann nach seinem eigenen pflichtgemäßen Ermessen Zeugen und Sachverständige vernehmen und Beweise auf andere Art erheben.

(2) The arbitration panel shall not be bound on motions for evidence of the Parties hereto. It may conduct hearings of witnesses or experts in its own reasonable discretion or obtain evidence by other means.

(3) Die Verhandlung vor dem Schiedsgericht ist mündlich. Zum Zwecke der Vorbereitung können die Parteien vorher Schriftsätze einreichen. In der Verhandlung sind die Parteien zu hören, soweit sie anwesend oder ordnungsgemäß vertreten sind. Die Öffentlichkeit ist ausgeschlossen.

(3) All hearings before the arbitration panel shall be oral. For the purpose of preparation, the parties may submit writs in advance thereto. In the hearings the parties shall be accepted if they are present or properly represented. The public shall have no access.

(4) Das Schiedsgericht hat den Parteien die gegnerischen Erklärungen und Anträge in Abschrift oder in Urschrift zu übermitteln. Es kann Zustellungen mit gleicher Wirkung an die Parteien oder an Bevollmächtigte vornehmen, die durch schriftliche Erklärung bestimmt worden sind.

(5) Über jede mündliche Verhandlung vor dem Schiedsgericht ist eine Niederschrift aufzunehmen und von den Schiedsrichtern zu unterzeichnen.

§ 8 Vertretung

Die Parteien können sich vor dem Schiedsgericht durch Beauftragte vertreten lassen. Kosten dieser Vertretung sind Kosten des schiedsgerichtlichen Verfahrens, soweit sie zur zweckentsprechenden Rechtsverfolgung oder Rechtsverteidigung notwendig waren.

§ 9 Kostenvorschüsse

Das Schiedsgericht kann die Durchführung des Verfahrens und eine etwaige Beweisaufnahme vom Eingang ausreichender Kostenvorschüsse abhängig machen.

§ 10 Bestimmung des Gegenstandswertes

Das Schiedsgericht legt den Gegenstandswert des Rechtsstreites nach freiem pflichtgemäßen Ermessen fest. Es hat vor der Festsetzung den Parteien Gelegenheit zur Stellungnahme zu geben.

§ 11 Beschlüsse des Schiedsgerichts

(1) Alle Beschlüsse des Schiedsgerichts und der Schiedsspruch werden mit Stimmenmehrheit gefasst. Kommt eine Mehrheit nicht zustande, entscheidet der Obmann. Bei der Beratung und der Beschlussfassung dürfen nur die Schiedsrichter und der Obmann anwesend sein.

(4) The arbitration panel shall forward to each party copies or originals of any of the counterpart's statements. It may serve writs with equal effect on the parties or on any representative that shall have been appointed in writing.

(5) Any hearing in front of the arbitration panel shall be recorded in minutes that shall be signed by the arbitrators.

§ 8 Representation

The Parties hereto may be represented through authorised representatives. Any costs of such representation shall be regarded as costs of the arbitration proceedings to the extent the same shall be required for properly pursuing or defending rights.

§ 9 Advance Payments

The arbitration panel is authorised to make the conduct of the arbitration proceedings or the obtaining of evidence contingent upon the provision of sufficient advance payments.

§ 10 Determination of Value of Dispute

The arbitration panel may rule on the value of the dispute in its own reasonable discretion. It shall prior to such ruling allow the Parties to give any comments thereon.

§ 11 Rulings of the Arbitration Panel

(1) All resolutions of the arbitration panel and the final decision shall be adopted by a majority of votes. In the absence of a majority, the chairman's vote shall prevail. Only the arbitrators and the chairman may be present at their deliberations and the ruling.

(2) Der Schiedsspruch ist vom Schiedsgericht schriftlich abzufassen und muss soweit die Parteien hierauf nicht ausdrücklich verzichten die Bezeichnung der Schiedsrichter, die bei der Entscheidung mitgewirkt haben; die Bezeichnung der Parteien, die Entscheidung in der Sache und über die Kosten des schiedsgerichtlichen Verfahren, den Tatbestand und die Begründung der Entscheidung, enthalten.

(2) The award of the arbitration panel shall be in writing and shall include reference to the parties, the ruling on the merits of the case including the costs of arbitration proceedings, a summary of facts and the reasons for the decision unless the parties shall have expressly waived the same.

§ 12 Mitteilungen

Der Schiedsspruch ist in sämtlichen Ausfertigungen unter Angabe des Tages sowie des Ortes der Abfassung von den Schiedsrichtern zu unterschreiben und jeder Partei in je einer Ausfertigung zu übersenden.

§ 12 Communication

Each copy of the award shall be signed by all arbitrators indicating the date and place. Each Party shall receive one copy thereof.

§ 13 Wirkungen des Schiedsspruches

Der Schiedsspruch hat zwischen den Parteien die Wirkung eines rechtskräftigen gerichtlichen Urteils.

§ 13 Effects of the Arbitration Ruling

The award shall have the same effect as a conclusive court decision among the Parties hereto.

§ 14 Unterstützung durch ordentliche Gerichte

(1) Zuständiges staatliches Gericht für die notwendig werdenden richterlichen Handlungen, Entscheidungen oder Beschlüsse nach den schiedsgerichtlichen Vorschriften der Zivilprozessordnung ist das Oberlandesgericht ......

(2) Für die Unterstützung bei der Beweisaufnahme und sonstige richterliche Handlungen ist das Amtsgericht zuständig, in dessen Bezirk die richterliche Handlung vorzunehmen ist.

§ 14 Support through Ordinary Courts

(1) The High Court of ...... shall be the designated court for any necessary acts of the court, decision or rulings according to arbitration provisions of the German Act on Civil Procedures.

(2) For any other acts of the court or for support on obtaining evidence, such local court shall be the designated court in which the proposed act of the court shall take place.

2. Schiedsklausel(n)

§ ...... Schiedsklausel (ICC)

(1) Alle Streitigkeiten, die sich im Zusammenhang mit dem Vertrag vom ...... betreffend ...... ergeben, werden nach der Schiedsordnung der Internationalen Handelskammer (ICC) in der zurzeit des Schiedsverfahrens jeweils gültigen Fassung unter Ausschluss des ordentlichen Rechtsweges entschieden. Diese Entscheidung wird durch einen oder mehrere Schiedsrichter endgültig getroffen. Das Schiedsgericht kann auch über die Gültigkeit dieser Schiedsklausel bindend entscheiden.

(2) Ort des Schiedsverfahrens ist ......

(3) Auf alle Ansprüche im Zusammenhang mit dem Vertrag findet ...... Recht Anwendung.

(4) Die Parteien vereinbaren ...... als die in dem Schiedsgerichtsverfahren anzuwendende Sprache.

2. Arbitration Clause(s)

§ ...... Arbitration Clause (ICC)

(1) All Disputes among the Parties hereto in conjunction with the agreement dated .... with regard to the .... shall be subject to a decision in accordance with the rules of arbitration of the International Chamber of Commerce as in force at the date of these proceedings excluding ordinary proceedings. Such conclusive decision shall be rendered through one or more arbitrators who shall be appointed in accordance with the provisions of those rules of arbitration. The arbitration panel shall also be entitled to decide on the validity of this arbitration clause.

(2) The place of arbitration proceedings shall be ......

(3) All claims in conjunction with this Agreement shall be governed by the laws of ......

(4) The Parties hereto agree on the ...... language as the language applicable to the arbitration proceedings.

X. Software und IT

1. Software Entwicklungsvertrag

zwischen
Firma ......
                                    – Auftraggeber –
Und
Firma ......
                                    – Auftragnehmer –

§ 1 Vertragsgegenstand;

(1) Der Auftragnehmer hat gemeinsam mit dem Auftraggeber die bei dem Auftraggeber vorhandene IT Architektur und die bei dem Auftraggeber verwendeten Softwareprogramme analysiert. Die Parteien haben übereinstimmend festgestellt, dass der Auftraggeber im Bereich der Warenwirtschaft Bedarf nach einer IT Lösung hat, die ihm dabei unterstützen soll, sein Unternehmenswachstum auf stabile organisatorische Grundlagen im Bereich der Warenwirtschaft zu stellen.

(2) Der Auftragnehmer übernimmt daher auf der Grundlage des von ihm mit Schreiben vom ...... unterbreiteten Angebotes, für den Auftraggeber ein IT Programm zur Warenwirtschaft zu planen, zu erstellen, zu liefern und bei dem Auftraggeber einzuführen. Er übernimmt es ferner, für das von ihm geschuldete IT Programm für den Auftraggeber eine Entwicklungs- und Anwenderdokumentation zu erstellen. Gegenstand, Zeiträume und verantwortliche Ansprechpartner der Vertragsparteien sind in einem Projektplan zusammengefasst, der auf der Grundlage des vorstehend genannten Angebotes des Auftragnehmers erstellt worden ist. Dieser Projektplan sowie das der Auftragserteilung zugrunde liegende Pflichtenheft ist dieser Vereinbarung

X. Software and IT

1. Software Development Agreement

between
Messrs. ......
                                    – Customer –
and
Messrs. ......
                                    – Contractor –

§ 1 Subject of Agreement;

(1) The Customer and the Contractor have jointly analysed the existing IT architecture and the software programs used by the Customer. The Parties have commonly discovered that the Customer is in need of an IT solution in the areas of inventory management which aims to support a solid foundation of its company growth in the area of inventory management.

(2) The Contractor therefore agrees to plan, develop, deliver and introduce for the Customer an IT program for inventory management based on the offer letter of ...... made by it. It further undertakes to prepare a development and user documentation for the Customer in relation to the IT program owed hereunder. The subject, the timelines and the contact persons of the Parties are recorded in the project plan that has been prepared based on the above referenced offer of the Contractor. The project plan and the system specification is enclosed to this Agreement as **Annex 1** and shall be binding on the Contractor in any phase of its service.

als **Anlage 1** beigefügt und für den Auftragnehmer im jeder Phase seiner Tätigkeit verbindlich.

§ 2 Projektdurchführung

(1) Der Auftragnehmer wird unverzüglich nach Unterzeichnung dieser Vereinbarung seiner Programmierungstätigkeit aufnehmen. Er wird den Auftraggeber monatlich schriftlich über den Fortgang seiner Tätigkeiten unterrichten. Auf Verlangen des Auftraggebers sind die monatlichen Berichte mündlich zu erläutern.

(2) Der Auftragnehmer verpflichtet sich, den Auftraggeber unverzüglich über zu erwartende oder tatsächliche Abweichungen von dem in Anlage 1 festgelegten Zeitplan schriftlich unter Angabe der hierfür maßgeblichen Gründe zu unterrichten. Die Parteien stellen klar, dass ein Anspruch des Auftragnehmers auf Veränderung der darin vorgesehenen Fristen nicht besteht.

(3) Der Auftraggeber ist verpflichtet, auch dem Auftragnehmer während der Programmerstellungsphase alle Informationen zur Verfügung zu stellen, die dieser zur vertragsgemäßen Leistungserbringungen benötigt.

(4) Der Auftraggeber ist berechtigt, von dem Auftragnehmer Änderungen gegenüber dem Pflichtenheft, der Programmbeschreibung oder den darauf beruhenden Entwicklungsstufen zu verlangen. Ein solches Verlangen ist durch schriftliche Erklärung auszuüben.

(5) Der Auftragnehmer ist verpflichtet, einem Änderungsverlangen gem. Abs. 4 zu entsprechen, sofern ihm das im Rahmen seiner betrieblichen Leistungsfähigkeit zumutbar ist. Die Parteien werden das Änderungsverlangen schriftlich dokumentieren; etwaige Mehrkosten des Auftragnehmers und Verschiebungen des Zeitplanes sind hierbei zu regeln.

§ 2 Execution of the Project

(1) Immediately upon signing this Agreement the Contractor will start its programming service. It agrees to inform the Customer on the progress of its activities in writing on a monthly basis. Upon demand of the Customer, the Contractor shall provide verbal comments on the content of these reports.

(2) The Contractor agrees to immediately inform the Customer in writing and give reasons for any expected or actual deviations from the time table set out in Annex 1. For the avoidance of doubt, the parties agree that the Contractor shall have no right to demand changes of the deadlines set out in Annex 1.

(3) The Customer is obliged to provide the Contractor during the program development phase with all information necessary to enable the provision of the services owed hereunder.

(4) The Customer may demand changes to the software specification by the Contractor, the program description or the development steps based thereon. Such demand must be made in writing.

(5) The Contractor must accept any demand of changes according so section (4) above if this is acceptable in view of it capacities. The parties agree to document such change demand in writing; any incremental costs on the side of the Contractor and shifts in the time schedule shall be recorded.

§ 3 Abnahme

(1) Die Abnahme der Programme setzt eine erfolgreiche Funktionsprüfung der von dem Auftragnehmer entwickelten Programme voraus. Diese wird nach den in Anlage 1 geregelten Modalitäten durchgeführt. Der Auftragnehmer ist verpflichtet, dem Auftraggeber die Übergabebereitschaft mit einer Ankündigungsfrist von mindestens 14 Tagen – bezogen auf den in Aussicht genommenen Abnahmetermin – mitzuteilen. Über die sodann stattfindende Funktionsprüfung ist ein Abnahmeprotokoll zu fertigen, das von beiden Parteien zu unterzeichnen ist.

(2) Erweist die Funktionsprüfung, dass die vom Auftraggeber entwickelten Programme die in Anlage 1 beschriebene Kriterien für die vertragskonforme Funktionalität erfüllen, ist von dem Auftraggeber die Abnahme zu erklären. Lediglich unwesentliche Abweichungen begründen kein Recht des Auftraggebers auf Verweigerung der Abnahme; insoweit erforderliche Restarbeiten sind im Abnahmeprotokoll zu dokumentieren von dem Auftragnehmer innerhalb einer angemessenen vom Auftraggeber zu setzenden Frist durchzuführen.

(3) Im Falle wesentlicher Abweichungen ist der Auftraggeber berechtigt, die Abnahme zu so lange zu verweigern, bis die von ihm beanstandeten Abweichungen gegenüber dem vertraglich festgelegten Anforderungen beseitig sind.

(4) Wenn der Auftraggeber nicht die Abnahme erklärt, ist der Auftragnehmer berechtigt, dem Auftraggeber eine Frist von drei Wochen zur Erklärung der Abnahme zu setzen. Nach fruchtlosem Verstreichen gilt die Abnahme als erfolgt, sofern der Auftraggeber keinen Hinderungsgrund im Sinne des Abs. 3 schriftlich unter Begründung darlegt.

§ 4 Vergütung; Fälligkeit

(1) Die Vergütung für die vom Auftragnehmer zu erbringenden vertragsge-

§ 3 Acceptance

(1) Acceptance shall require a full testing of the programs developed by the Contractor. This shall occur in accordance with the modalities described in Annex 1. The Contractor must notify the Customer of the readiness for acceptance no later than 14 days before the intended day of acceptance. The functionality testing must then be recorded in minutes of acceptance that shall be signed by both Parties.

(2) If the functionality testing proves that the software programs developed by the Contractor are in conformity with the criteria for the contractual specification as set out in Annex 1 then the Customer must declare acceptance. Merely minor deviations do not constitute a right to refuse acceptance; outstanding works shall be documented in the minutes of acceptance and be made within a reasonable deadline to be specified by the Costumer.

(3) The Customer may refuse acceptance in the event of material deficiencies versus the contractual specification until the Contractor shall have remedied such deficiencies.

(4) If the Customer shall refuse acceptance then the Contractor may set a deadline of three weeks demanding declaration of acceptance. Upon expiry of such deadline, acceptance shall be deemed to have occurred unless the Customer shall have indicated in writing a valid reason for refusing, giving reasons.

§ 4 Remuneration; Due Date

(1) The remuneration for contractual services is based on and owed in accor-

genständlichen Leistungen bestimmt sich nach den in Anlage 1 niedergelegten Stundensätzen. Die Parteien vereinbaren eine monatliche Abrechnung des Stundenaufwands durch den Auftragnehmer. Hierbei sind Art und Umfang der geleisteten Tätigkeiten entsprechend dem als **Anlage 2** beigefügten Formblatt zu dokumentieren und dem Auftraggeber zur Prüfung und Genehmigung vorzulegen.

(2) Aufwendungen für Spesen werden im Rahmen der steuerlich zulässigen Sätze gegen Nachweis erstattet und sind in die monatliche Abrechung gem. Abs. 1 aufzunehmen.

(3) Unbeschadet gesetzlicher Regelungen kann der Auftragnehmer bei nicht rechtzeitiger Zahlung ab Fälligkeit Verzugszinsen in Höhe von 5% über dem Leitzins der EZB berechnen, ohne dass es einer Mahnung bedarf. Höhere Zinsen können bei Nachweis berechnet werden.

§ 5 Programmdokumentation

Mit der Mitteilung gem. § 3 Abs. 1 stellt der Auftragnehmer dem Auftraggeber die von ihm entwickelten Programme in Quellen und in Objektprogramm-Form zur Verfügung. Er liefert ferner eine Dokumentation der Programmentwicklung und Programmanwendung. Bis zum Ablauf der in § 8 Abs. 2 geregelten Frist wird der Auftraggeber auch erforderliche Anpassung der Dokumentation.

§ 6 Schulungsmaßnahmen

(1) Der Auftragnehmer ist verpflichtet, das von dem Auftraggeber benannte Personal, das höchstens … Personen umfassen darf, in die Nutzung und Anwendung der vertragsgegenständlichen Programme einzuweisen. Die geschieht durch Schulungen, die in den Räumlichkeiten des Auftraggebers stattfinden.

dance with the hourly rates as set out in Annex 1. The Parties agree on a monthly invoicing of the hours spent by the Contractor. This shall specify kind and amount of work in accordance with the form attached hereto as **Annex 2** which shall be provided to the Customer for approval.

(2) Out of pocket expenses shall be reimbursed upon evidence in accordance with the rates generally accepted by tax authorities and shall be part of the invoice in accordance with (1) above.

(3) Notwithstanding any provisions of statutory law, the Contractor may in the event of late payments demand payment of a default interest of 5% above the prime rate of the ECB without being required to serve a warning notice. The Contractor shall be free to claim compensation of a proven higher interest amount.

§ 5 Program Documentation

Together with the notice in accordance with § 3 (1) above the Contractor shall provide the Customer with the software programs as the source code and object program format. It further agrees to deliver documentation on the program development and the program application. Until the expiry of the deadline set out in § 8 (2) the Contractor shall make necessary adjustments to the documentation.

§ 6 Training

(1) The Contractor is obliged to train the staff designated by the Customer which shall be no more than … individuals in relation to the use and application of the program agreed hereunder. This shall be done through training session which shall be held at the offices of the Customer.

(2) Der Auftragnehmer wird auf Verlangen des Auftraggebers weiter gehende als die in Abs. 1 genannten Schulungen durchführen. Hierfür hat der Auftraggeber allerdings die Kosten zu übernehmen. Diese werden nach Zeitaufwand auf der Grundlage eines Stundensatzes von € ...... berechnet.

(2) Upon demand of the Customer the Contractor shall offer training in addition to the services referred to in (1) above. The Customer shall assume the costs therefor. These are charged based on the time spent and based on an hourly rate of € ....

§ 7 Gewerbliche Schutzrechte

(1) Der Auftraggeber erhält das ausschließliche und zeitlich sowie räumlich unbeschränkte Recht, die vertragsgegenständlichen Programme zu nutzen. Er hat das Recht, diese ohne die Zustimmung des Auftraggebers nach seinen eigenen Bedürfnissen zu bearbeiten und umzugestalten.

(2) Der Auftraggeber hat das Recht, an den vertragsgegenständlichen Programmen Lizenzen an dritte Personen zu vergeben.

(3) Der Auftraggeber steht dafür ein, dass die vertragsgegenständlichen Leistungsergebnisse frei von Rechten Dritter sind und nach seiner Kenntnis auch keine sonstigen Rechte bestehen, die die freie Nutzung durch den Auftraggeber beschränken oder ausschließen.

(4) Wird die vertragsgemäße Nutzung durch Rechte Dritter beeinträchtigt, so steht dem Auftragnehmer das Recht zu, die vertraglichen Leistungen so abzuändern, dass diese nicht mehr in den Schutzbereich der Drittrechte fallen. Dies gilt jedoch nur, sofern die Funktionalität der vertragsgegenständlichen Programme als Folge einer solchen Änderung nicht beeinträchtigt wird. Andernfalls kann der Auftraggeber sich dem Änderungsverlangen widersetzen und vom Vertrag zurücktreten oder die Vergütung herabsetzen.

§ 7 Intellectual Property Rights

(1) The Customer shall be granted the exclusive right to use the programs without limitation in time and territory. It shall have the right to change and redesign the same without approval of the Customer at its own discretion.

(2) The Customer shall have the right to grant licenses to third parties for the programs developed under this Agreement.

(3) The Contractor represents and warrants that the contractual services are free of any third party rights that to the best of its knowledge there are no third party rights that restrict or exclude unrestricted use of the programs by the Contractor.

(4) Should the agreed use be restricted through third party rights then the Contractor shall have the right of changing the contractual services such that these do no longer fall into the scope of the third party rights. This shall apply only to the extent that the contractual programs are not adversely affected as a result of such change. Otherwise, the Customer may refuse to accept such change request and rescind the agreement or lower the remuneration.

§ 8 Haftung

(1) Der Auftragnehmer haftet nur im Falle von Vorsatz und grober Fahrlässigkeit. Jegliche Haftung für indirekte

§ 8 Liability

(1) The Contractor shall only be liable for wilful misconduct and gross negligence. Any liability for indirect and/or

und/oder Folgeschäden, insbesondere wegen entgangenem Gewinns oder Produktionsausfall ist ausdrücklich ausgeschlossen.

(2) Soweit der Auftragnehmer, seine Mitarbeiter oder Erfüllungsgehilfen von Dritten, delikts- bzw. produkthaftungsrechtlich von Dritten in Anspruch genommen wird – gleich aus welchen Gründen – hat der Auftraggeber den Auftragnehmer auf erstes Anfordern von solchen Schadenersatzansprüchen freizustellen. Dies gilt nicht, im Falle von vorsätzlichem oder grob fahrlässigem Handeln seitens des Auftragnehmers bzw. seiner Mitarbeiter bzw. Erfüllungsgehilfen.

§ 9 Geheimhaltung

(1) Der Auftragnehmer verpflichtet sich, die während der Durchführung der Entwicklungsarbeiten erzielten Entwicklungsergebnisse dem Auftraggeber zur Verfügung zu stellen und dem Auftraggeber übermittelte Berichte und Korrespondenz weder zu veröffentlichen noch Dritten bekannt zu geben, sofern ihm dies nicht vom Auftraggeber schriftlich gestattet worden ist. Der Auftragnehmer ist ferner verpflichtet, die vom Auftraggeber offenbarten Geschäfts- und Betriebsgeheimnisse, insbesondere auch das zum Zwecke der Durchführung der Entwicklungsarbeiten mitgeteilte Know-how weder im Rahmen eigener Arbeiten zu gebrauchen oder zu verwerten noch Dritten zur Kenntnis zu bringen.

(2) Die Vertragspartner sind verpflichtet, über entstandene Erfindungen und Schutzrechtsanmeldungen bis zum Tag der Offenlegung strengstes Stillschweigen zu bewahren.

(3) Der Auftragnehmer ist verpflichtet, Unterauftragnehmer, freie Mitarbeiter sowie von ihm eingesetzte Arbeitnehmer im Sinne der vorgenannten Bestimmungen zur Geheimhaltung schriftlich zu verpflichten.

consequential damages including loss of profit or loss of production shall be expressly excluded.

(2) To the extent that any third party shall (on whatever basis) raise any claims against the Contractor, its employees or agents, the Customer shall, upon first written demand, indemnify the Contractor against such damage compensation claims. This shall not apply in the event of gross negligence or wilful misconduct on the side of the Contractor, its employees or agents.

§ 9 Secrecy

(1) The Contractor agrees to make available to the Customer the development results obtained throughout the performance of the development works and shall not make public or available to any third party reports or correspondence sent to the Customer unless the same shall have been approved in writing by the Customer. The Contractor further agrees not to use for own works or exploit the same or make known to any third party any business secrets disclosed to it by the Customer including any know-how that he shall have provided with for the purposes of the development works.

(2) The parties agree that inventions made and intellectual property filings shall until the date of their disclosure shall be kept strictly confidential.

(3) The Contractor agrees to impose the confidentiality undertaking assumed under the foregoing provisions to subcontractors, free lancers and employees retained by it.

(4) Die Geheimhaltungsverpflichtungen nach diesen Bestimmungen werden nicht durch eine Beendigung dieses Vertrages berührt und bleiben noch über einen Zeitraum von drei Jahren ab Beendigung des Vertrages in Kraft.

(4) The confidentiality undertaking according to these provisions shall survive the expiry of this Agreement and remain in force for three years after expiry of this Agreement.

§ 10 Schlussbestimmungen

(1) Mündliche Nebenabreden sind nicht getroffen. Änderungen oder Ergänzungen zu dieser Vereinbarung einschließlich dieser Bestimmungen müssen schriftlich erfolgen.

(2) Sollte eine Bestimmung dieses Vertrages ganz oder teilweise unwirksam oder undurchsetzbar sein, werden die Wirksamkeit und Durchsetzbarkeit aller übrigen Bestimmungen dieses Vertrages davon nicht berührt. Die unwirksame oder undurchsetzbare Bestimmung ist als durch diejenige wirksame und durchsetzbare Bestimmung als ersetzt anzusehen, die dem von den Parteien mit der unwirksamen oder undurchsetzbaren Bestimmung verfolgten wirtschaftlichen Zweck am nächsten kommt.

(3) Diese Vereinbarung und ihre Auslegung unterliegen dem Recht der Bundesrepublik Deutschland. Nicht ausschließlicher Gerichtsstand für alle sich zwischen den Parteien aus dieser Vereinbarung ergebenden Streitigkeiten ist.

§ 10 Final Provisions

(1) No verbal side arrangements have been made. Amendments or supplements to this Agreement including this provision shall be in writing.

(2) If any provision of this Agreement shall be entirely or partly invalid or unenforceable, this shall not affect the validity and enforcement ability of all other provisions of this Agreement. The invalid or unenforceable provision shall be regarded as replaced by such valid and enforceable provision that as closely as possible reflects the economic purpose that the parties hereto had pursued with the invalid or unenforceable provision.

(3) This Agreement shall be governed and construed in accordance with the laws of the Federal Republic of Germany. The courts of … shall have non-exclusive jurisdiction for all disputes between the parties arising from this Agreement.

2. Vertrag zur Erstellung einer Website

zwischen

der Firma

......

– nachfolgend Agentur –

und

der Firma

......

– nachfolgend Auftraggeber –

§ 1 Vertragsgegenstand; Grundlagen der Zusammenarbeit

(1) Gegenstand dieses Vertrages ist Entwicklung eines Konzepts für eine Website sowie die Erstellung einer Website. Die Erstellung umfasst sowohl die inhaltliche und textliche Konzeption als auch das Design der Website.

(2) Der Auftraggeber schuldet ferner das Einstellen der nach § 1 Abs. 1 vollendeten Website in das World Wide Web.

(3) Gegenstand dieses Vertrages ist nicht die Überlassung von Server-Speicherplatz in den Serveranlagen der Agentur oder in fremden Servern (Web Hosting), die Pflege der Website oder die Beschaffung einer Internet Domain. Diese Dienstleistungen sind vielmehr Gegenstand eines gesonderten Vertrages.

(4) Die Agentur wird für den Auftraggeber zunächst ein Websitekonzept entwerfen und ihm dieses Konzept unter Verwendung von Präsentationsmaterialien vorstellen.

(5) Sobald der Auftraggeber zu dem Entwurf sein Einverständnis erteilt hat, wird die Agentur auf Basis des Entwurfes eine Website erstellen und im Internet veröffentlichen. Außerdem wird die

2. Website Development Agreement

made between

1. Messrs.

......

– hereinafter referred to as Agency –

and

2. Messrs

......

– hereinafter referred to as Customer –

§ 1 Subject of Agreement; Basis of Agreement

(1) This Agreement deals with the development of a website concept and with the creation of a website. The creation includes the content, text and design of the website.

(2) The Agency is furthermore responsible for implementation of the website completed in accordance with § 1 (1) into the world wide web.

(3) This Agreement does not deal with the provision of storage capacity on facilities of the agency or of unrelated servers (web hosting), the service of the website or the procurement of an internet domain. These services are subject of a separate agreement.

(4) The Agency will start by drafting a website concept for the Customer and will present such concept to the Customer using presentation material.

(5) As soon as the Customer shall have agreed to the draft, the Agency will create the website based on the draft and publish the same in the internet. In addition, the Agency agrees to register

Agentur die Website bei den gängigen Suchmaschinen anmelden.

the website with the relevant browsers.

§ 2 Fertigstellungsfrist; Ablauf der Erstellung

(1) Die Parteien sind sich darin einig, dass die Website innerhalb einer Frist von 8 Wochen nach Abschluss dieses Vertrages fertig gestellt und in das World Wide Web eingestellt sein muss. Diese Frist ist für die Agentur verbindlich. Sie verlängert sich nur in den Fällen, in denen der Auftraggeber seinen vertraglichen Mitwirkungspflichten nicht nachkommt.

(2) Die Agentur wird zunächst einen Entwurf der Website erstellen und in diesem Entwurf die Vorstellungen des Kunden einfließen lassen. Der Entwurf beinhaltet insbesondere die Entwicklung eines Seitendesigns (Optisches Design, auf dem alle Seiten aufbauen), sowie eines Seitenplanes (Welche Seite der Website enthält welche Inhalte) und eines Linkplanes (Welche Seiten werden wie verknüpft). Diesen Entwurf stellt die Agentur dem Kunden vor.

(3) Der Auftraggeber hat innerhalb von drei Werktagen nach Vorlage des Entwurfes und des von der Agentur zu unterbreitenden Kostenanschlages (siehe dazu unten) zu erklären, ob er sein Einverständnis erteilt. Im Falle von Änderungswünschen des Auftraggebers hat der Anbieter unter Berücksichtigung dieser Änderungswünsche einen neuen Entwurf zu erstellen und dem Auftraggeber zur Genehmigung vorzustellen.

(4) Sobald der Auftraggeber seine Genehmigung schriftlich erteilt hat, nimmt der Anbieter die eigentliche Erstellung der Website auf Grundlage des Entwurfes in der HTML-Programmierung vor. Der Auftraggeber wird der Agentur außerdem die notwendigen Daten und das notwendige Material (Fotos, Kartenausschnitte und Texte) im Printmedium, oder einem allgemein

§ 2 Completion Deadline; Development Schedule

(1) The Parties agree that the website shall be completed and be implemented into the world wide web by no later than 8 weeks after conclusion of this Agreement. Such deadline shall be binding on the Agency. It shall only be extended in cases where the Customer shall have failed to comply with ist support obligations owed under this Agreement.

(2) The Agency will start with drafting a website which shall incorporate ideas of the Customer. This draft shall include the development of a site design (visual design as a basis for all other pages), a site set up (which page contains which content) and a link plan (which sites are to be linked). The Agency shall present such draft to the Customer.

(3) The Customer agrees to decide on its approval by no later than three working days after having received the draft and the cost estimate by the Agency (see below). Should the Customer wish to make changes, then the Agency shall present a new to the Customer for approval a new draft where these changes are incorporated.

(4) As soon as the Customer has approved in writing, then the Agency shall based on the draft start with the technical website creation in the html format. The Customer agreed to provide the Agency with the necessary data and material (photographs, maps and text) as printed format or as commonly used data format.

üblichen Datenformat zur Verfügung stellen.

(5) Die Agentur wird dem Auftraggeber die erstellte Version vorstellen, damit dieser die Richtigkeit der Website und deren Inhalte bestätigen kann. Die Agentur wird dem Auftraggeber die Fertigstellung der Website anzeigen. Der Auftraggeber und der Auftraggeberwerden sodann eine gemeinsame Abnahme der Website durchführen. Hierzu wird die Website auf der Serverumgebung des Auftraggebers vorgeführt. Sobald der Auftraggeber die vertragskonforme Erstellung schriftlich bestätigt hat, wird die Website im Internet unterhalb der Internetadresse des Auftraggebers veröffentlicht. Der Auftraggeber ist zur Abnahme verpflichtet, sofern die Website vertragsgemäß hergestellt ist.

(6) Soweit nicht ausdrücklich etwas anderes vereinbart ist, wird die Agentur die Website im HTML-Format erstellen. Die Grafiken, Bilder, Tabellen und sonstige Inhalte wird die Agentur in einem allgemein verbreiteten Datenformat einbinden, so dass sämtliche Inhalte von den Browsern Netscape und Explorer dargestellt werden können.

(7) Die Schlüsselwörter der Website (key words) und die Stichworte zur Anmeldung bei den Suchmaschinen wird die Agentur mit dem Auftraggeber im Rahmen der Entwurferstellung erörtern.

§ 3 Rechte Dritter

(1) Der Auftraggeber stellt sicher, dass das von ihm gelieferte Material, insbesondere Fotos, Texte und Kartenausschnitte frei von Rechten Dritter sind. Sollte ein Dritter bei der Agentur die Verletzung von Rechten geltend machen, so unterrichtet die Agentur den Kunden unverzüglich hierüber. Der Auftraggeber hat in diesem Fall das Recht, die Verteidigung zu übernehmen

(5) The Agency shall present to the finalised version to the Customer to allow verify and confirm that the website and its content is completed as agreed. The Agency agrees to notify the Customer of the completion. Agency and Customer will then conduct a joint handover of the website. For such purposes, the website shall be run through the server facilities of the Customer. The website shall be published in the internet under the Customer's domain as soon as the Customer shall have confirmed in writing the due completion in accordance with the Agreement. The Customer shall be under an obligation to accept the handover if the website shall have been completed as specified in the Agreement.

(6) Unless expressly agreed otherwise, the Agency shall create the website in the html format. Graphics, pictures, tables and other content shall the included by the Agency in a commonly used data format such that all of its contents can be displayed by netscape and explorer browsers.

(7) The key words of the website and registration features shall be explained by the Agency during the course of the drafting.

§ 3 Third Party Rights

(1) The Customer shall ensure that the material delivered by it which shall include, without limitation, photographs, text and map extracts, shall be free of any third party rights. The Agency shall immediately inform the Customer if any third party should allege an infringement of any rights towards the Agency. In such case, the Customer shall have the right to as-

und stellt die Agentur von allen Ansprüchen und Schäden frei.

(2) Ebenso stellt der Auftraggeber sicher, dass das von ihm gelieferte Material und dessen Veröffentlichung nicht
in irgendeiner Form gegen die Rechtsordnung verstoßen. Wird ein solcher
Verstoß gegenüber der Agentur geltend
gemacht, benachrichtigt die Agentur
den Auftraggeber sofort. Der Auftraggeber hat auch in diesem Falle das
Recht, die Verteidigung zu übernehmen
und stellt die Agentur von allen Ansprüchen und Schäden frei.

(3) In beiden Fällen hat die Agentur das
Recht, den Zugang zur Website vorübergehend zu sperren, ohne ihres Ver-
gütungsanspruches verlustig zu gehen.

§ 4 Urheberrechte; Nutzungsrechte

(1) Die Agentur räumt dem Auftraggeber das ausschließliche, räumlich und
zeitlich unbeschränkte Recht ein, die
Website einschließlich der Dokumentation zu nutzen. Der Auftraggeber hat
insbesondere das Recht, die Website zu
bearbeiten, zu vervielfältigen, umzugestalten, zu vertreiben sowie in jeder
anderen Form zu nutzen.

(2) Der Agentur bleibt es erlaubt, die
Website mit einem Hinweis auf die Ur-
heberstellung zu versehen. Er ist auch
berechtigt, den Auftraggeber als Vertragspartner in ihrer eigenen Website
aufzuführen.

(3) Die Einräumung dieser Nutzungsrechte gem. Abs. 1 wird erste mit vollständiger Bezahlung der Vergütung
gem. § 6 dieses Vertrages wirksam.

§ 5 Vergütung

(1) Der Auftraggeber zahlt an die Agentur für die Erstellung der Website folgende Beträge:

sume the defense and shall indemnify
the Agency against any such claims and
damages.

(2) The Customer shall equally ensure
that the material provided by it an its
publication does not infringe any laws.
The Agency shall immediately inform
the Customer about any claim. In such
case, the Customer shall have the right
to initiate the defense and shall indemnify the Agency against all claims and
damages.

(3) In both cases, the Agency may suspend access to the website but shall
retain the right to receive remuneration.

§ 4 Copyrights; User Rights

(1) The Agency grants to the Customer
the exclusive and unlimited right in
relation to territory and time to use the
website including the documentation.
In particular, the Customer shall have
the right to work on, duplicate, change,
distribute or use the website in any
other form.

(2) The Agency remains authorized to
place a copyright notice on the website.
Is shall also have a right to make a reference to the Customer's website it its
own website.

(3) The grant of user rights hereunder
based on § 1 (1) above shall not take
effect before full payment of the remuneration according to § 6 of this Agreement.

§ 5 Remuneration

(1) In exchange for preparation of the
website, the Customer agrees to pay the
following fees to the Agency:

(i) In der Entwurfsphase wird die Leistung des Anbieters mit ...... € pro Mannstunde vergütet. Diese Beträge sind nach Vorlage des Entwurfes fällig.

(ii) In der Erstellungsphase wird die Leistung der Agentur mit ...... € pro Mannstunde vergütet. Diese Beträge sind nach der Abnahme bzw. Abnahmefähigkeit der Website fällig.

(iii) Mit der Vorlage des Entwurfes gibt der Anbieter eine Kosteneinschätzung zur Erstellung der Website ab. Diese Einschätzung gilt als Kostenanschlag im Sinne des § 650 BGB.

Für Webdesign und Änderungen, die nach Genehmigung des Entwurfes gewünscht werden und über den durch die Genehmigung des Entwurfes festgelegten Vertragsumfang hinaus gehen, kann die Agentur ...... € pro Mannstunde verlangen, wenn der Auftraggeber zur Realisierung einen ausdrücklichen schriftlichen Zusatzauftrag gegeben hat.

(2) Alle Beträge verstehen sich zuzüglich der gesetzlichen Mehrwertsteuer.

§ 6 Gewährleistung

(1) Für Mängel der Website haftet die Agentur nach Maßgabe der gesetzlichen Bestimmungen des Kaufrechts.

(2) Die Agentur ist für Inhalte, die der Auftraggeber bereitgestellt hat, nicht verantwortlich. Sie ist nicht verpflichtet, die Inhalte auf mögliche Rechtsverstöße zu überprüfen.

(3) Bei leichter Fahrlässigkeit haftet die Agentur nur bei Verletzung vertragswesentlicher Pflichten (Kardinalpflichten) sowie bei Personenschäden und nach Maßgabe des Produkthaftungsgesetzes. Im Übrigen ist die vorvertragliche, vertragliche und außervertragliche Haftung der Agentur auf Vorsatz und

(i) During drafting, a fee of ...... per man/hour shall be payable for the services of the Agency. These fees are due upon presentation of the draft.

(ii) During the development, a fee of ...... per man/hour shall be payable for the services of the Agency. These fees are due upon handover/readiness for handover of the website.

(iii) Upon presentation of the draft, the Agency shall provide a cost estimate for the preparation of the website. This estimate shall serve as estimate of costs as set out in § 650 of the Civil Code.

For web design and changes after approval of the draft, as far as they are in excess of what is owed under this Agreement the Agency may charge a fee of ...... per man/hour if the Customer shall have placed an additional order for such implementation in writing.

(2) All fees are to be paid with VAT thereon.

§ 6 Warranty

(1) The Agency shall be liable for any defects in accordance with the statutory provisions on sale and purchase.

(2) The Agency shall not be liable for contents made available by the Customer and shall be under no obligation to check the content in relation to possible infringements.

(3) The Agency shall only be liable in the event of negligence causing an infringement of key obligations as envisaged under this Agreement (key contractual obligations) and for injury in accordance with the Act on Product Liability. Any other liability, such as pre-contractual, contractual and non

grobe Fahrlässigkeit beschränkt. Diese Haftungsbegrenzung gilt auch im Falle des Verschuldens von Erfüllungsgehilfen der Agentur.

contractual shall only occur in cases of willful misconduct. The limitation set out hereunder shall equally apply to any misconduct of agents of the Agency.

3. Web Hostingvertrag

zwischen

der Firma

......

– nachfolgend Anbieter –

und

der Firma

......

– nachfolgend Auftraggeber –

§ 1 Vertragsgegenstand

Gegenstand dieses Vertrages ist die Überlassung von Speicherplatz auf einem an das Internet angeschlossenen Server durch den Anbieter zum Betrieb einer Internet Website. Der Server empfängt und sendet Daten in Verbindung mit dem World Wide Web. Der Auftraggeber verwendet den ihm von der Agentur nach Maßgabe der Regelungen dieses Vertrages vermieteten Speicherplatz zur Veröffentlichung einer Website.

§ 2 Leistungsinhalte; Verfügbarkeit

(1) Der Anbieter stellt auf einem von ihr selbst betriebenen Server Speicherplatz und Rechenkapazität zur Speicherung von Websites und zum Betrieb von über das Internet nutzbaren Anwendungen zur Verfügung. Der Auftraggeber ist für das Aufspielen von Daten selbst verantwortlich.

(2) Der Anbieter wird die Verbindung zwischen dem Server und dem Internet schaffen, gewähren und aufrecht erhalten, damit die auf dem Server abgelegten Daten auf Anfrage von außen stehenden Rechnern im Internet (Clients) jederzeit und störungsfrei mittels der im Internet gebräuchlichen Protokolle an den abrufenden Rechner weitergeleitet werden und bei entsprechender

3. Web Hosting Agreement

made between

1. Messrs.

......

– Service Provider –

and

2. Messrs.

......

– Customer –

§ 1 Subject of Agreement

The purpose of this Agreement is the provision of storage capacity by the Service Provider on a server linked to the internet for the operation of a website. The server receives and transfers data in connection with the world wide web. The Customer shall use the storage facility made available by the Service Provider in accordance with this Agreement for the publication of a website.

§ 2 Contents of Service; Availability

(1) The Service Provider agrees to make available storage and processing capacity for storage of website and for applications usable through the internet. The Customer shall be responsible for providing the data.

(2) The service provider agrees to procure and maintain the connection between the server and the internet so ensure that the data stored on the server can be processed at any time without interruption upon to outside servers (clients) upon their external demand through protocols commonly used and that customer data can be stored if the set up of the website so permits.

Funktionalität der Website Kundenda-
ten auch speicherbar sind.

(3) Vorbehaltlich Abs. 4 gewährleistet
der Anbieter, dass die vom Vertragspartner vertragsgemäß gespeicherten
Daten über das Internet von der Öffentlichkeit rund um die Uhr weltweit ab-
rufbar sind. Der Anbieter übernimmt
jedoch keine Verantwortung für den
Erfolg des jeweiligen Zugangs zu der
Website, soweit nicht ausschließlich
von dem Anbieter oder ihm unmittelbaren Auftragnehmern betriebene Net-
ze einschließlich deren Schnittstellen zu
Netzen Dritter benutzt werden.

(4) Zur Optimierung und Leistungs-
steigerung der für die Erbringung der
Dienste bereitgestellten Systeme sieht
der Anbieter Wartungsfenster vor, die
grundsätzlich außerhalb der üblichen
Geschäftszeiten, in der Regel sonntags
zwischen 1:00 Uhr und 5:00 Uhr, in Anspruch genommen werden, sofern sie
erforderlich sind. Während dieser War-
tungszeiten darf der Anbieter seine
technischen Einrichtungen im Notwendigen und auf ein Minimum begrenz-
ten Umfang außer Betrieb nehmen. Der
Auftraggeber wird über die Durchführung einer Wartung außerhalb des genannten Wartungsfensters frühzeitig
per E-Mail informiert.

(5) Der Anbieter schuldet während der
Kernzeiten täglich von 8:00 Uhr bis
18:00 Uhr eine Verfügbarkeit des Servers mit einem Zeitanteil von mindestens 98% und außerhalb der Kernzeiten
eine Verfügbar von mindestens 96%.
Die vorgenannten Mindestwerte werden auf Monatsbasis ermittelt.

(6) Der Anbieter führt täglich eine automatische Sicherung der gespeicherten
Daten durch. Die Sicherungskopien
werden in der Regel für einen Zeitraum
von 90 Tagen aufbewahrt.

(7) Auf Wunsch und nur nach Maßgabe
gesonderter Beauftragung durch den
Auftraggeber erstellt der Anbieter für

(3) Subject to subparagraph 4 below the
Service Provider warrants that the data
orderly stored in accordance with the
terms of this Agreement remain available to the public at all times on a
worldwide basis. However, the Service
Provider assumes to responsibility in
relation to the success of any access
attempt to the website unless those
networks (which shall include links to
third party networks) are used which
are exclusively operated by the Service
Provider or through third parties acting
as its contractors.

(4) In order to optimize and enhance
the performance of the systems procured for the services performed hereunder the Service Provider has introduced service windows which generally are outside the usual business hours;
normally Sundays between 1 and 5 a.m.
as required. During these hours the
Service Provider is permitted to suspend its operations as minimal as possible. The Customer shall be informed
by email about any service to be carried
out outside the service windows specified above.

(5) The Service provider shall ensure
access during key working hours which
shall be from 8 a.m. to 6 p.m. daily at a
minimum rate of 98% and 96% outside
these hours. The above minimum rates
shall be calculated on a monthly basis.

(6) The Service Provider shall perform a
daily automatic backup of the stored
data. The backup copies shall normally
be kept for 90 days.

(7) Upon demand but only subject to a
separate order placed by the Customer
the Service Provider shall provide ac-

den Auftraggeber Zugriffsstatistiken für den Webserver. Hierzu werden jeweils tagesaktuell die Server Logdateien ausgewertet. Der Kunde kann über eine geschützte Website aktuelle und historische Statistiken für beliebige Zeiträume abrufen. Die historischen Statistiken werden jeweils für einen Zeitraum von mindestens zwei Jahren aufbewahrt.

cess statistics in relation to the web server. For such purpose, the server log data shall be reviewed on a daily basis. The Customer may retrieve actual and historic statistics for any given period trough a protected website. The historic statistics shall be kept for a minimum term of two years.

§ 3 Verantwortlichkeiten; Temporäre Zugriffssperre

§ 3 Responsibilities; Temporary Access Suspension

(1) Dieser Vertrag bezieht sich nur auf eine Website und nur auf den oben namentlich erwähnten Auftraggeber. Der Auftraggeber ist jedoch berechtigt, einen Teil des Speicherplatzes weiter veräußern, bleibt jedoch auch für den Inhalt des weiter veräußerten Speicherplatzes im Rahmen dieses Vertrages verantwortlich.

(1) This Agreement shall refer to one website only and only to Customer specified above by name. However, the Customer shall have the right to dispose of parts of the storage facility but shall remain fully liable in accordance with the terms of this Agreement for the content of the transferred storage facility.

(2) Dieser Service darf nur im Rahmen gesetzlicher Vorschriften verwendet werden. Maßgebend sind die gesetzlichen Vorschriften des Heimatstaates des Auftraggebers und des Anbieters. Es ist nicht gestattet, diesen Service für oder im Zusammenhang mit Handlungen zu gebrauchen, welche geltendes Recht verletzen. Eine Nutzung für pornographische und Gewalt verherrlichende Inhalte ist unzulässig. Übermäßiger CPU Belastung des Servers, wie etwa. durch die Weitervermietung von auf dem Server installierten CGI Skripts, ist nicht gestattet. Die Auftraggeber übernimmt die alleinige inhaltliche Verantwortung für sein Angebot und stellt den Anbieter von allen Forderungen, Handlungen, Folgen von Handlungen, Verluste oder Schäden frei, die durch den Gebrauch dieses Services und durch Verletzung dieses Paragraphen durch die Auftraggeber entstehen.

(2) The service provided hereunder may only be used in accordance with statutory laws. For such purpose the laws of the home countries of the Customer and the Service Provider shall be applicable. It is not permitted to use this service for or in conjunction with any acts that contravene existing laws. No use for pornographic or violence supporting contents is permitted. The Customer assumes sole responsibility in relation to the contents of its offer and shall indemnify the Service Provider against all claims, actions, effects thereof, losses or damages arising from the use of this service or the infringement of this paragraph through the Customer.

(3) Der Anbieter ist berechtigt, die Anbindung der gespeicherten Daten zum Internet vorübergehend zu unterbrechen (Sperrung der Systeme), falls ein

(3) The Service Provider may temporarily suspend link between the stored data to the internet (system suspension) if it has reasons to believe that the

hinreichender Verdacht auf rechtswidrige Inhalte der gespeicherten Daten vorliegt, insbesondere infolge der Abmahnung eines vermeintlich Verletzten – es sei denn, diese ist offensichtlich unbegründet –, oder infolge von Ermittlungen staatlicher Behörden. Die Sperrung ist, soweit möglich, auf die vermeintlich rechtsverletzenden Inhalte zu beschränken. Der Auftraggeber ist über die Sperrung unter Angabe der Gründe unverzüglich zu benachrichtigen und aufzufordern, die vermeintlich rechtswidrigen Inhalte zu entfernen oder die Rechtmäßigkeit darzulegen und gegebenenfalls zu beweisen. Die Sperrung ist aufzuheben, sobald der Verdacht entkräftet ist.

(4) Der Auftraggeber verpflichtet sich, die gesetzlichen Verpflichtungen zur Anbieterkennzeichnung einzuhalten.

(5) Der Auftraggeber ist für die Pflege seiner Daten auf dem Server selbst verantwortlich. Um die Daten verändern und aktualisieren zu können, erhält der Auftraggeber ein Passwort und die Internetadresse mitgeteilt. Der Auftraggeber ist verpflichtet, die Zugangsdaten gegenüber unbefugten Dritten geheim zu halten. Der Auftraggeber wird den Anbieter unverzüglich informieren, sobald er davon Kenntnis erlangt, dass unbefugten Dritten das Passwort bekannt ist. Unbefugte Dritte sind nicht solche Personen, die den Speicherplatz, der Gegenstand des Vertrages ist, mit Wissen und Willen des Auftraggebers nutzen.

(6) Es obliegt dem Auftraggeber, ausreichende Sicherungskopien seiner Website und seiner sonstigen Daten vorzuhalten. Sofern die Website dem Auftraggeber Daten der Nutzer seins Internet Angebotes überspielt oder er in sonstiger Weise Zugriff auf solche Daten hat, obliegt dem Auftraggeber auch insoweit die Verantwortung für die Sicherung dieser Daten.

stored data has illegal contents, in particular as a result of a cease and desist letter from an alleged victim – except where this shall be evidently not the case – or as a result of a prosecution through public institutions. As far as possible the suspension shall be limited to the allegedly illegal content. The Customer shall be immediately notified of the suspension and be requested to remove the allegedly illegal contents or to demonstrate and prove the legality thereof. The suspension shall be discontinued as soon as the suspicion has ceased to exist.

(4) The Customer agrees to comply with provision of statutory law in relation to the offer labeling.

(5) The Customer assumes own responsibility for the update of its data on the server. The Customer shall receive a password and an internet account to enable it to amend or update the data. The Customer shall immediately notify the Service Provider upon becoming aware that an unauthorized party should have become aware of the password. Individuals using the storage facility agreed hereunder and known to the Customer and acting with its approval shall not be regarded as unauthorized third parties.

(6) The Customer shall be responsible to provide sufficient backup copies of its website and its other data. As far as the website shall transfer to the Customer any data of user of ist internet offer or it shall otherwise gain access to such data, the Customer shall equally be responsible for the backup of such data.

§ 4 Gewährleistung und Haftung

(1) Der Anbieter gewährleistet die Funktion des Servers im Rahmen der hiernach übernommenen vertraglichen Verpflichtungen, insbesondere die Verfügbarkeit betreffend.

(2) Der Anbieter ist nicht verantwortlich für die Daten des Kunden, insbesondere die einwandfreie Funktion der Website innerhalb der Server- und Systemumgebung des Anbieters.

(3) Daneben haftet der Anbieter nicht für Schäden gleich welcher Art, die durch Umgehung des Passwortschutzes und gleichartiger Schutzvorrichtungen im Wege des „Hackens" auf dem vom Auftraggeber genutzten Server entstehen. Der Anbieter und der Auftraggeber sind beiderseitig darüber informiert, dass eine verbindliche Zusicherung der Sicherheit dieser Schutzvorrichtungen auf Grund der mannigfaltigen Einwirkungsmöglichkeiten unbefugter Dritter im und über das Internet nicht möglich ist.

(4) Im Übrigen haftet der Anbieter bei leichter Fahrlässigkeit nur bei Verletzung vertragswesentlicher Pflichten (Kardinalpflichten) sowie bei Personenschäden und nach Maßgabe des Produkthaftungsgesetzes. Im Übrigen ist die vorvertragliche, vertragliche und außervertragliche Haftung des Anbieters auf Vorsatz und grobe Fahrlässigkeit beschränkt.

§ 5 Vergütung

(1) Für die hiernach erbrachten Leistungen des Anbieters schuldet der Auftraggeber eine monatliche Vergütung von € ...... zuzüglich gesetzlicher Umsatzsteuer. Die Vergütung ist quartalsweise im Voraus zahlbar. Sie ist zum Ende des Kalenderquartals für das nachfolgende Quartal zu Zahlung fällig.

(2) Andere, als die in diesem Vertrag erbrachten Leistungen, insbesondere

§ 4 Representation and Warranty

(1) The Service Provider warrants the due operation of the server within the scope of the obligation assumed hereunder which shall include, without limitation, the accessibility.

(2) The Service Provider shall not be responsible for the data of the Customer which shall include, without limitation, the proper function of the website within the server and system environment of the Service Provider.

(3) In addition, the Service Provider shall not be responsible for any damage of any kind on the server used by the Customer caused by misuse of the password protection or similar means of protection through "hacking". Service Provider and Customer are equally aware that a binding commitment in relation to the security of these protection systems is not possible as a result of the various ways of manipulation of and within the internet by unauthorized third parties.

(4) Moreover, the Service Provider shall only be liable in the event of negligence causing an infringement of key obligations as envisaged under this Agreement (key contractual obligations) and for injury in accordance with the Act on Product Liability. Any other liability, such as pre-contractual, contractual and non contractual shall only occur in cases of willful misconduct.

§ 5 Remuneration

(1) The Customer shall pay a monthly remuneration of € ...... plus VAT for the services of the Service Provider made available hereunder. The remuneration shall be payable in advance on a quarterly basis.

(2) Services other than those provided under this Agreement which shall in-

die in § 2 Abs. 7 genannten Leistungen werden auf der Grundlage eines Stundensatzes von € ...... zuzüglich Umsatzsteuer von dem Anbieter abgerechnet.

§ 6 Laufzeit

(1) Dieser Vertrag hat eine Laufzeit von ...... Monaten (Festlaufzeit) und verlängert sich danach auf unbestimmte Zeit. Nach Ablauf der Festlaufzeit ist der Vertrag mit einer Frist von 6 Wochen zum Kalenderquartal kündbar Die Kündigung bedarf der Schriftform.

(2) Das Recht zur außerordentlichen und fristlosen Kündigung bleibt unberührt. Im diesem Fall ist der Anbieter berechtigt, den Zugriff zum Server mit sofortiger Wirkung zu sperren.

(3) Der Auftraggeber ist im Falle der Vertragsbeendigung berechtigt, seinen auf dem Server gespeicherten Datenbestand zu übernehmen oder an Dritte zu übermitteln.

clude, without limitation, services in accordance with § 2 (7) above, shall be invoiced by the Service Provider on the basis of an hourly fee of € ...... plus VAT.

§ 6 Duration

(1) This Agreement shall have duration of ...... months (fixed term) and shall thereafter be extended for an indefinite term. After expiry of the fixed term in may be terminated with a notice period of 6 weeks before the end of any calendar quarter. Notice of termination shall be in writing.

(2) This shall be without prejudice to the right of termination for good cause. In such event the Service Provider shall have the right to immediate suspension of access.

(3) In case of termination the Customer shall have the right to take over the data stored on the server or to transfer the same to a third party.

4. Domain Kauf- und Übertragungsvertrag

zwischen

1. Firma

......

– nachfolgend Verkäuferin –

und

2. Firma

......

– nachfolgend Käuferin –

geschlossen:

§ 1 Vertragsgegenstand und Verkauf

(1) Die Verkäuferin ist Inhaberin der bei der DENIC e.G., 60329 Frankfurt („DE-NIC") registrierten Top Level Domain ...... (nachfolgend: „Domain" genannt).

(2) Die Verkäuferin verkauft hiermit der Käuferin sämtliche Rechte an der Domain. Die Käuferin nimmt das Kaufangebot an und verpflichtet sich gleichzeitig, die Domain abzunehmen.

(3) Der Kaufpreis für die Domain beträgt € ...... Der Kaufpreis ist mit dem Datum der Eintragung der Käuferin als Domaininhaber bei der DENIC zur Zahlung fällig.

§ 2 Übertragung der Domain; Wechselseitige Mitwirkungshandlungen

Die Verkäuferin tritt der Käuferin ihre gegenüber der DENIC zustehenden Rechte ab. Die Käuferin nimmt diese Abtretungserklärung an. Die Parteien verpflichten sich, alle für den Vollzug der Übertragung notwendigen Mitwirkungshandlungen gegenüber der DE-NIC vorzunehmen. Die Verkäuferin steht dafür ein, dass das von ihr beauftragte Providerunternehmen alle notwendigen Mitwirkungshandlungen

4. Domain Sale and Purchase Agreement

made between

1. Messrs

......

– hereinafter referred to as Seller –

and

2. Messrs

......

– hereinafter referred to as Buyer –

§ 1 Subject of Agreement and Sale

(1) Seller is the owner of the top level domain ...... (hereinafter referred to as „Domain") registered with DENIC e.G., 60329 Frankfurt ("Domain").

(2) Seller hereby agrees to sell to Buyer all rights attached to the Domain. Buyer agrees to accept such purchase offer and to accept the transfer of the Domain.

(3) The purchase price of the Domain is € ...... The purchase price is due at such date at which Buyer shall be registered as owner of the Domain with DENIC.

§ 2 Transfer of Domain; Mutual Right to Co-Operation

Seller hereby assigns to Buyer all ist rights towards DENIC. Buyer agrees to accept such declaration of assignment. The Parties agree to perform all acts of co-operation vis à vis DENIC necessary to complete the transfer towards DENIC. Seller guarantees that it contractual provider shall perform all necessary acts. Upon completion of the transfer, Buyer will inform Seller of the same.

vornimmt. Die Käuferin wird die Verkäuferin über den Vollzug der Übertragung informieren.

§ 3 Haftung der Verkäuferin

Die Verkäuferin versichert, dass zum Zeitpunkt der Unterzeichnung dieses Vertrages keine Ansprüche dritter Personen im Zusammenhang mit der Registrierung oder der Nutzung der Domain geltend gemacht werden (z.B. Dispute Eintrag, Abmahnungen). Die Verkäuferin hat nicht zugunsten anderer Personen über die Domain verfügt; sie hat insbesondere Nutzungsrechte an der Domain eingeräumt.

Eine weitergehende, als die hiernach geregelte Haftung wird von der Verkäuferin nicht übernommen.

§ 4 Sonstige Regelungen

(1) Änderungen und Ergänzungen dieses Vertrages bedürfen der Schriftform. Auf dieses Formerfordernis kann nur durch eine gesonderte Vereinbarung verzichtet werden.

(2) Sollte eine Bestimmung dieses Vertrages ganz oder teilweise unwirksam sein oder werden, so berührt dies die Gültigkeit der übrigen Bestimmungen dieses Vertrages nicht. Anstelle der ungültigen Bestimmung gilt dasjenige als vereinbart, was dem wirtschaftlichen Zweck der ungültigen Vertragsbestimmung möglichst nahe kommt.

§ 3 Liability of Seller

Seller represents and warrants that at the time of signing this Agreement there are no rights of third parties raised in conjunction with the registration ort he use of the Domain (such as dispute entries, cease and desist). Seller has not disposed of the Domain for the benefit of any third party and has in particular not granted any rights of use in relation to the Domain.

Seller does not asssume any liability other then referred to above.

§ 4 Other Provisions

(1) Changes or supplements to this Agreement shall not be valid unless made in writing. Such arrangement may only be waived through separate agreement.

(2) Should any provision of this Agreement be or become invalid or unenforceable, this shall be without prejudice to the other provisions of this Agreement. In lieu of the invalid provision such arrangement shall be deemed to have been agreed which reflects the economic purpose of the invalid provision as close as possible.

……   ……
Ort/Datum   Verkäuferin

……   ……
Ort/Datum   Käuferin

……   ……
Place/Date   Seller

……   ……
Place/Date   Buyer

XI. Sonstige Verträge und Erklärungen

1. Bauentwicklungsvertrag für eine Industrieanlage

§ 1 Vertragsgegenstand und Leistungsumfang

(1) Die Verpflichtungen des Unternehmers umfassen Entwurf, Planung, Entwicklung, Herstellung, Prüfung, Transport und Lieferung auf das Baugelände, Durchführung der Erschließungsarbeiten, Einrichtung, Erprobung, Inbetriebnahme und Wartung (einschl. Garantieleistung) der Industrieanlage in ...... zur Herstellung von ...... mit den Leistungsdaten gem. Anlage I innerhalb der in Anlage II aufgeführten Fristen und in Übereinstimmung mit den in Anlage III als Leistungsbeschreibung beigefügten technischen Unterlagen.

(2) Der Vertrag umfasst, soweit nicht ausdrücklich Abweichendes festgelegt ist, alle Lieferungen und Leistungen, die zur Herstellung der in Abs. 1 gekennzeichneten schlüsselfertigen Anlage erforderlich sind.

§ 2 Leistungsgrundlagen, Prüfungspflichten des Unternehmers

(1) Der Auftraggeber hat dem Unternehmer mit den Ausschreibungsunterlagen die erforderlichen Angaben über klimatischen und geologischen Bedingungen geliefert; es wird vorausgesetzt, dass das Angebot des Unternehmers auf diesen Angaben basiert. Der Unternehmer ist jedoch für seine Auslegung der genannten Unterlagen selbst verantwortlich.

XI. Other Agreements and Declarations

1. Industrial Plant Development Agreement

§ 1 Content of Agreement and Scope of Services

(1) The obligations of the Contractor under this Agreement shall include the drafting, the planning, the development, the completion, the evaluation, the transport and delivery onto the construction site, the procurement of land development works, the installation, the testing, the start of operations and maintenance (including guarantee services) of the industrial plant in ...... This shall be done for the purposes of completing a ...... according to the delivery specifications referred to in Annex I and within the deadlines set out in Annex II and in accordance with the technical features set out in the service specification of Annex III.

(2) Unless expressly agreed otherwise, this Agreement shall cover all deliveries and services that shall be necessary for the turnkey completion of the ready made plant referred to in subparagraph 1 above.

§ 2 Service Features; Principal's Obligation to Check

(1) Together with the tender documentation the Contractor has provided the Principal with all necessary information on the climate and geological conditions; in is anticipated that the offer of the Contractor shall be based on such information. However, the Contractor shall be liable for the layout of the referenced documentation.

(2) Weiter wird vorausgesetzt, dass der Unternehmer die Baustelle und deren Umgebung in Augenschein genommen und überprüft hat und dass er sich, soweit durchführbar, vor Vorlage seines Angebotes über Form und Beschaffenheit der Baustelle einschließlich der Untergrundbedingungen, der hydrologischen und klimatischen Bedingungen, über die Zugangsmöglichkeiten zur Baustelle, die notwendigen Unterkünfte und ganz allgemein über die Art der Lieferungen und Leistungen, die zur Herstellung und Inbetriebnahme der Anlage erforderlich sind, Gewissheit verschafft hat.

(3) Schließlich wird vorausgesetzt, dass der Unternehmer sich vor Abgabe seines Angebotes von der Richtigkeit und Zulässigkeit seines Angebotes für die Anlage überzeugt hat und dass die Preise im Angebot alle seine vertraglichen Lieferungen und Leistungen zur schlüsselfertigen Herstellung und Inbetriebnahme der Anlage, einschließlich Probebetrieb und Abnahmeversuche, abdecken, soweit im Vertrag nicht ausdrücklich Abweichendes festgelegt ist.

(4) Der Unternehmer bleibt während der Vertragsausführung verpflichtet, alle vom Auftraggeber erhaltenen oder künftig von diesem übergebenen technischen Unterlagen und Zeichnungen auf Richtigkeit und Vollständigkeit zu prüfen und ihn auf Fehler, Widersprüche und Unvollständigkeiten, welche die ordnungsgemäße Vertragserfüllung beeinträchtigen könnten, unverzüglich schriftlich hinzuweisen.

§ 3 Änderungen und Zusatzleistungen

(1) Der Unternehmer ist verpflichtet, auf Wunsch des Auftraggebers Lieferungen und Leistungen, die über die vertraglich festgelegten hinausgehen oder auf Grund nachträglicher Änderungen der Leistungsbeschreibung (Anlage III) von ihnen abweichen, unter

(2) It is further anticipated that the Contractor has inspected and evaluated the construction site and adjacent areas and that, as far as possible, the form and state of the construction site has been verified prior to the presentation of its offer. This shall include the underground conditions, the hydrological and climate conditions, the accessibility of the construction site, the necessary accommodation facilities and the type of deliveries and services in general that are required for the development and the start of operations of the plant.

(3) Finally, it is anticipated that, prior to providing the offer and save as expressly agreed otherwise, the Contractor has verified the accuracy and admissibility of its offer inrelation to the plant. The prices specified in the offer shall cover all contractual deliveries and services for the turnkey completion of the plant. This shall also include test operations and acceptance trials with regard to the plant.

(4) During the performance of this Agreement the Contractor shall remain liable to evaluate the accuracy and completeness of all technical documentation and drawings that have been or shall be obtained from the Principal. The Contractor shall notify the Principal in writing of any errors, contradictions or omissions that may adversely affect the proper performance of the contractual duties.

§ 3 Alterations and Additional Services

(1) Upon demand of the Principal the Contractor shall procure deliveries and services in accordance with the following provisions of this Agreement that shall go beyond the contractually agreed scope or that that shall arise as a result of subsequent altera-

Beachtung der nachfolgenden Vorschriften auszuführen.

(2) Für jeden Fall einer Änderung oder Zusatzleistung gem. Abs. 1 hat der Unternehmer ein Änderungsblatt auszuarbeiten und dem Projektverantwortlichen zur Genehmigung vorzulegen; die Genehmigung ist innerhalb von 15 (fünfzehn) Tagen seit Eingang des Änderungsblattes schriftlich zu erteilen. Erteilt der Projektverantwortliche innerhalb der genannten Frist die schriftliche Genehmigung nicht, so dürfen die Änderungen oder Zusatzarbeiten nicht – auch nicht auf vorläufiger Basis – durchgeführt oder begonnen werden. Unternehmer und Auftraggeber sollen sich vielmehr innerhalb einer weiteren Frist von 15 (fünfzehn) Tagen auf ein Verfahren einigen, durch das die weitere Vertragsdurchführung am besten sichergestellt wird.

(3) Alle mit Genehmigung des Projektverantwortlichen ausgeführten Änderungs- oder Zusatzarbeiten einschließlich zusätzlicher Planungsarbeiten – auch dann, wenn die entsprechenden Änderungen nicht zur Durchführung kommen – werden mit den im Vertrag festgelegten Preisen angesetzt, wenn diese nach Meinung des Projektverantwortlichen anwendbar sind. Soweit der Vertrag keine auf die Änderungs- oder Zusatzarbeiten anwendbaren Preise enthält, werden zwischen Auftraggeber und Unternehmer angemessene Preise vereinbart.

§ 4 Dokumentation

(1) Der Unternehmer ist verpflichtet, dem Auftraggeber über den Projektverantwortlichen im Zeitpunkt der vorläufigen Abnahme (s. § 21 unten) komplette Sätze aller für die Errichtung der Industrieanlage hergestellten Unterlagen, insbesondere auch die Ausführungszeichnungen nach dem Stand bei Abschluss der Errichtung, zur Verfügung zu stellen.

tions of the service specification in Annex III.

(2) For every alteration or additional service according to subparagraph 1 above the Contractor shall prepare an alteration sheet and submit such sheet to the project manager for approval; the approval must be given within a period of 15 (fifteen) days after receipt of the alteration sheet. The alterations or the additional works may not be started or carried out – not even on a preliminary basis – unless the project manager shall have given the permission within the referenced period of time. Within a further period of 15 (fifteen) days the Principal and the Contractor shall rather agree on a procedure that shall ensure the further performance of this Agreement at the best terms possible.

(3) All alterations or additional works carried out with approval of the project manager including the planning works – even if the relevant alterations shall not be implemented – shall be subject to the prices reflected in this Agreement if, in the opinion of the project manager, such prices are applicable. As far as the agreement does not make any reference to prices applicable to alteration works or to additional works, the Principal and the Contractor shall agree on reasonable prices.

§ 4 Documentation

(1) At the time of the preliminary acceptance (see § 21 below) the Contractor shall through the project manager provide the Principal with a complete set of all documentation necessary for the construction of the industrial plant. In particular, this shall include the execution drawings according to the status as at the completion of construction.

(2) Die Zeichnungen, Spezifikationen und sonstigen Unterlagen, die vom Unternehmer im Zusammenhang mit diesem Vertrag ausgearbeitet wurden und werden, bleiben Eigentum des Unternehmers, er behält das Urheberrecht daran. Der Auftraggeber hat jedoch das Recht, sie für den Betrieb und die Wartung der Anlage sowie für die Beschaffung von Ersatzteilen zu nutzen.

(2) The drawings, specifications and all other documentation that shall have been and will be prepared by the Contractor in conjunction with this Agreement shall remain the property of the Contractor who shall retain the copyright therein. However, the Principal shall have the right to use those for the operation and maintenance of the plant and for the procurement of spare parts.

§ 5 Betriebsanleitungen und Wartungsvorschriften

§ 5 Operating Instructions and Maintenance Regulations

(1) Der Unternehmer ist verpflichtet, dem Auftraggeber über den Projektverantwortlichen ...... Exemplare der Betriebsanleitungen und Wartungsvorschriften spätestens ...... Monate vor Beginn der Probeläufe der Industrieanlage (vgl. Fristenübersicht in Anlage II) zur Verfügung zu stellen.

(1) The Contractor shall through the project manager provide the Principal with ...... copies of the operating instructions and maintenance regulations by no later than ...... months prior to the commencement of the test operations of the industrial plant (see overview on deadlines in Annex II).

(2) Die Betriebsanleitungen und Wartungsvorschriften müssen alle Informationen, Beschreibungen, Diagramme etc. mit ausreichender Detailgenauigkeit enthalten, um den Auftraggeber in die Lage zu versetzen, die gesamte Anlage bedienen und warten zu können.

(2) The operating instructions and maintenance regulations shall contain all information, descriptions, diagrams etc. in sufficient detail to enable the Principal to operate and maintain the entire plant.

(3) Zu den genannten Unterlagen gehören Ersatzteillisten.

(3) The referenced documentation shall include spare part lists.

(4) Sämtliche vorgenannten Unterlagen bedürfen der Billigung durch den Projektverantwortlichen.

(4) All above referenced documentation shall be subject to the approval of the project manager.

§ 6 Schulung und Einweisung des Personals des Auftraggebers

§ 6 Training and Instruction of the Staff of the Principal

(1) Der Unternehmer übernimmt die Schulung und Einweisung des in Anlage IV genannten Betriebs- und Wartungspersonals des Auftraggebers.

(1) The Contractor shall provide the training and the instruction of the Principal's operating and maintenance staff referred to in Annex IV.

(2) Die Schulung und Einweisung wird im Wesentlichen während der Montage und der Inbetriebnahme mit den Probeläufen sowie während der Leistungstests durchgeführt. Sie umfasst insbesondere: An- und Abfahren der Industrieanlage und ihrer Teile, Einweisung

(2) The majority of the training and instruction shall be provided during the assembling and the start of test operations and during the performance testing. In particular it shall include the following: start and stop of the industrial plant and its parts, instruction in

in die Bedienung, Wartung, Reparatur und Instandhaltung, Verhalten bei Störfällen sowie Erreichen und Beibehalten der Garantiewerte.

(3) Einzelheiten der Schulung und Einweisung sind in Anlage IV geregelt. Die Schulung und Einweisung hat auch die Übertragung des für den Betrieb der Anlage erforderlichen technischen Wissens zu umfassen.

(4) Das Personal des Auftraggebers ist vor Beginn der Schulung über geltenden Arbeitsschutz, Gesundheitsschutz- und Sicherheitsbestimmungen zu belehren. Die mit der Schulung verbundenen Reise- und Aufenthaltskosten des Personals des Auftraggebers trägt dieser, die sonstigen Kosten der Unternehmer. Der Unternehmer wird auf Kosten des Auftraggebers eine angemessene Haftpflichtversicherung für das Personal des Auftraggebers abschließen und eventuell erkrankte Personen angemessen ärztlich versorgen lassen.

§ 7 Versicherungen

(1) Der Unternehmer ist verpflichtet, folgende Versicherungen für die gesamte Dauer seiner Tätigkeit auf der Baustelle abzuschließen und sie bis zur vorläufigen Abnahme durch den Auftraggeber und danach in dem dann noch erforderlichen Umfang bis zur Räumung der Baustelle aufrecht zu erhalten:

a) Eine Versicherung zum Neuwert gegen alle Baustellenrisiken, d.h. Verlust oder Schäden auf der Baustelle an Baustelleneinrichtung, Bauarbeiten, Material und allen zur Anlage gehörenden Zubehör sowie an allen beweglichen, auf der Baustelle vorhandenen Ausrüstungsgegenständen, die auf der Baustelle stationiert sind oder betrieben werden, gleichgültig, ob sie dem Unternehmer, dem Auftraggeber oder Dritten gehören.

the handling, maintenance, repair and cleaning, behaviour in operational incidents and achievement and keeping of the guaranteed features.

(3) Details of the training and instruction are set out in Annex IV. Training and instruction shall also comprise the transfer of the technical know how necessary for the operation of the plant.

(4) Prior to the commencement of training the staff of the Principal shall receive instructions on the applicable work environment protection, health protection and safety provisions. The Principal agrees to cover all travel and lodging expenses of its staff associated with the training; all other costs shall be borne by the Contractor. The Contractor agrees to procure reasonable liability insurance coverage for the staff of the Principal and shall provide reasonable medical treatment for all sick individuals.

§ 7 Insurance

(1) The Contractor agrees to procure the following insurance policies during the entire duration of its activities on the construction site and shall maintain the same until the preliminary acceptance by the Principal and, to the extent necessary, until vacation of the construction site:

a) An insurance coverage at the replacement value to cover all construction site risks, i.e. loss or damage of construction equipment on the construction site, construction works, material and all fittings belonging to the site. This shall cover also all moveable equipment of the construction site that is existing or applied on the construction site regardless of whether such equipment is the property of the Contractor, the Principal or any third party.

b) Eine Unfallversicherung für das Personal des Unternehmens und seiner Subunternehmer.

c) Eine Haftpflichtversicherung (unter Einschluss des Produkthaftungsrisikos) als Versicherung gegen Personen- und Sachschäden auf Grund oder im Zusammenhang mit der Durchführung der Arbeiten, unter Einschluss der Subunternehmer, mit einer Versicherungssumme von 10.000.000,– € (zehn Millionen €) pauschal je Schadensereignis.

(2) In allen Policen für die gem. Abs. 1 abgeschlossenen Versicherungen ist der Auftraggeber als Mitversicherter aufzuführen und der Regress des Versicherers gegen den Auftraggeber auf den Fall vorsätzlichen Handelns zu beschränken. Dementsprechend verzichten die Vertragspartner im Rahmen des Umfangs dieser Versicherungen untereinander auf die Geltendmachung von Regressansprüchen unter Einschluss von Ansprüchen wegen Schäden, die sich die Versicherten gegenseitig zufügen, ausgenommen im Fall vorsätzlichen Handelns. Der Unternehmer verpflichtet sich, entsprechende Regressverzichte seiner Subunternehmer zugunsten des Auftraggebers herbeizuführen.

(3) Die gültigen Versicherungspolicen und die Zahlungsbelege für die laufenden Prämien sind dem Auftraggeber auf Verlangen jederzeit vorzulegen. Die Arbeiten auf der Baustelle dürfen durch den Unternehmer und seine Subunternehmer vor Abschluss der Versicherungen nicht aufgenommen werden.

(4) Sofern der Unternehmer eine der in Abs. 1 genannten Versicherungen nicht abschließt oder nicht aufrechthält, ist der Auftraggeber berechtigt, diese Versicherungen selbst abzuschließen und aufrechtzuerhalten, die Prämien zu zahlen und die gezahlten Beträge gegen Zahlungen, die er dem Unternehmer schuldet, aufzurechnen oder deren Er-

b) An accident insurance coverage for the Principal's staff and its subcontractors.

c) A liability insurance coverage (including product liability risk) as insurance against personal injury and property damage arising from or in conjunction with the performance of works including subcontractors with a flat-rate based coverage of € 10,000,000 (in words: Ten Million €) per incident.

(2) All policies of the insurance arrangements referred to in subparagraph 1 above must name the Principal as additionaly insured and limit the insurer's recourse against the Principal to cases of wilful misconduct. Accordingly, the parties hereto mutually waive any claims against each other within the scope of such insurance arrangements. This shall include all damage caused to the detriment of the other party except in cases of wilful misconduct. The Contractor agrees to ensure that sub-contractors waive their rights of recourse accordingly.

(3) The applicable insurance policies and the payment certificates for the current premiums shall be made available to the Principal upon demand. The Contractor and its sub-contractors may not commence the works on the construction site unless the insurance arrangements have been concluded.

(4) If the Contractor shall not enter into the insurance arrangements referred to in subparagraph 1 above, then the Principal shall be entitled to agree and maintain such insurance on its own behalf. It shall be entitled to pay the premiums and deduct those premium payments from the amounts owed to the Contractor or to require reim-

stattung von dem Unternehmer zu verlangen.

bursement of the same by the Contractor.

§ 8 Prüfung und Genehmigung von Zeichnungen und technischen Unterlagen des Unternehmers

§ 8 Evaluation and Approval of Drawings and Technical Documentation of the Contractor

(1) Der Unternehmer ist verpflichtet, dem Auftraggeber alle Zeichnungen und technischen Unterlagen, die nach den Feststellungen in den Anlagen zu diesem Vertrag vorgesehen oder sonst erforderlich sind, zu den dort vorgesehenen Zeitpunkten zur Genehmigung bzw. Freigabe vorzulegen; dasselbe gilt für weitere eventuell von Auftraggeber und Unternehmer einvernehmlich festgelegte Zeichnungen und technische Unterlagen.

(1) The Contractor agrees to make available to the Principal for approval and/or clearance all drawings and technical documentation that, based on the statements in the Annexes to this Agreement, shall be required or otherwise necessary; this shall be done at the dates specified therein. The same shall apply to any further drawings and technical documentation that shall have been agreed upon by the Principal and Contractor.

(2) Der Unternehmer ist für alle Ungenauigkeiten, Fehler und Auslassungen in den Zeichnungen und technischen Unterlagen, die er vorgelegt hat, verantwortlich, gleichgültig, ob sie vom Auftraggeber genehmigt bzw. freigegeben worden sind oder nicht, es sei denn, sie beruhen auf fehlerhaften oder ungenauen Informationen, die der Auftraggeber dem Unternehmer schriftlich zur Verfügung gestellt hat. Kosten für Zusatzarbeiten auf Grund derartiger fehlerhafter oder ungenauer Informationen hat der Auftraggeber dem Unternehmer zu ersetzen; im Übrigen trägt der Unternehmer die Kosten für Zusatzarbeiten auf Grund von Ungenauigkeiten, Fehlern und Auslassungen in den Zeichnungen und technischen Unterlagen.

(2) The Contractor shall be liable for all inaccuracy, faults and omissions in the drawings or technical features that he shall have submitted regardless of whether these have been approved and/or cleared by the Principal or not. This shall not apply if these are caused by wrongful or inaccurate information that the Principal shall have made available to the Contractor in writing. All costs for additional works caused by such wrongful or inaccurate information shall be reimbursed by the Principal for the benefit of the Contractor; in all other cases the Contractor shall bear the costs for all incremental works caused by inaccuracy, faults and omissions in the drawings or technical features.

§ 9 Unterrichtung über Gesetzesänderungen

§ 9 Information on Law Changes or Amendments

Der Auftraggeber verpflichtet sich, den Unternehmer rechtzeitig vom Erlass neuer oder von Änderungen bestehender gesetzlicher Vorschriften und sonstiger Regelungen, insbesondere auch Sicherheitsvorschriften, zu unterrich-

The Contractor agrees to notify the Principal in a timely manner of any adoption or change of any existing laws or other regulations, in particular security regulations that shall come into force after the signing of this Agree-

ten, die nach Unterzeichnung dieses Vertrages in Kraft treten und für die Erfüllung des Vertrages von Bedeutung sind.

ment and are relevant for the performance of this Agreement.

§ 10 Übergabe der Baustelle

§ 10 Hand-Over of the Construction Site

(1) Der Auftraggeber verpflichtet sich, kostenlos und rechtzeitig innerhalb der in Anlage II dafür genannten Frist die Baustelle zu übergeben. Hierzu hat er dem Unternehmer im Einzelnen zur Verfügung zu stellen:

(1) The Principal agrees to hand over the construction site free of charge. This shall be done in a timely manner within the relevant deadline specified in Annex II. For such purposes, it agrees to make available to the contractor the following:

– das Grundstück für die Baustelle;

– den Zugang zur Baustelle, und zwar durch Herstellung und Unterhaltung einer neuen Straße, die von der Hauptstraße abzweigt und für die zur Vertragserfüllung erforderlichen Transporte geeignet ist;

– einen gesäuberten, für die Errichtung der Baustelle vorbereiteten Baustellenbereich ohne irgendwelche Hoch- und Tiefbauten;

– planierte Flächen für die Lagerung von Materialien und Baustellenausrüstung sowie für die Errichtung der provisorischen Unterkünfte für das Personal des Unternehmens und der Subunternehmer im Baustellenbereich;

– ausreichend Wasser im Baustellenbereich für den technischen und sanitären Bedarf, sodann rechtzeitig Bohr- und Pumpgenehmigungen für das auf der Baustelle erforderliche Wasser;

– elektrischen Strom in dem für den Baustellenbetrieb und später für den Betrieb der Industrieanlage erforderlichen Umfang;

– Telefoneinrichtungen, die für den ordnungsgemäßen Betrieb der Baustelle erforderlich sind;

– sonstige in Anlage III aufgeführte Bestandteile der Infrastruktur, die für die Unterbringung des Personals für die Errichtung, die Inbetriebnahme

– The premises for the construction site;

– Access to the construction site; provision and maintenance of a new road that shall branch off from the main road and be suitable for all transports required for the due performance of this agreement;

– A clean construction area prepared for the installation of the construction site without any construction and civil engineering;

– Levelled areas for storage of material and construction equipment and for installation of the provisional staff accommodation of the Contractor's staff and of the subcontractors within the construction area;

– Sufficient water supply on the construction area for technical and sanitary requirements; thereafter, the timely provision of drill and pumping authorisations for the water required for the construction site;

– Electrical power necessary to procure the operation of the construction site and, at a later stage, the operation of the industrial plant;

– Telecommunication facilities to ensure the proper operation of the construction site;

– Other parts of the infrastructure referred to in Annex III that shall be necessary for accommodation of the staff, the erection, the start of opera-

und den späteren Betrieb der Zementwerkanlage erforderlich sind.

(2) Der Auftraggeber meldet dem Unternehmer die Übergabebereitschaft einschließlich eines Leistungsnachweises und fordert den Unternehmer zur Übernahme der Baustelle auf. Binnen 15 (fünfzehn) Tagen nach Eingang dieser Aufforderung hat der Unternehmer die Baustelle zu übernehmen. Hierüber ist ein gemeinsames Protokoll aufzunehmen. Kommt der Unternehmer der Aufforderung nicht nach und weist er die Übernahme nicht ausdrücklich zurück, gilt sie mit Ablauf der Frist als erfolgt.

§ 11 Beistellungspflichten

(1) Der Auftraggeber verpflichtet sich, dem Unternehmer Materialien und sonstige Gegenstände/Leistungen gem. Anlage III kostenlos und rechtzeitig in Übereinstimmung mit den entsprechenden Anforderungen des Unternehmers zur Verfügung zu stellen.

(2) Sollte der Auftraggeber abweichend hiervon den Unternehmer auffordern, diese Materialien/Gegenstände oder Leistungen selbst zu beschaffen und zu liefern, so muss er einen Betrag mit dem Unternehmer vereinbaren, der zu ihrer Bezahlung zur Verfügung steht. Zahlung aus dieser Summe erfolgt monatlich gegen Vorlage einer entsprechenden Abrechnung mit Quittungen durch den Unternehmer.

§ 12 Arbeitsprogramm; Feststellung eines verbindlichen Terminplans

(1) Der Unternehmer ist verpflichtet, sobald wie möglich, spätestens jedoch nach Ablauf von …… Monaten seit Vertragsunterzeichnung dem Auftraggeber das Arbeitsprogramm zur Genehmigung vorzulegen. Dieses soll alle

tions and the subsequent operations of a cement plant.

(2) The Principal agrees to notify the Contractor of the readiness to deliver physical control including the delivery certificate and demand the Contractor to take possession of the construction site. The Contractor shall take possession of the construction site within fifteen (15) days after receipt of such notice. This shall be recorded in jointly prepared minutes. If the Contractor shall not comply with such request but fails to expressly refuse the acceptance then the transfer shall be deemed to have occured upon expiry of the deadline.

§ 11 Duty to Contribution

(1) The Principal agrees to provide the Contractor free of charge and in a timely manner with all material and other equipment/services according to Annex III and in accordance with corresponding requests of the Contractor.

(2) If the Principal, in deviation from such obligation, shall demand the Contractor to procure and deliver such material/equipment or services on its own, then it shall agree with the Contractor on an amount that shall be available for the payment of such items. The payment of such amount shall be made on a monthly basis if the Contractor provides the Principal with a corresponding statement and with bills.

§ 12 Working Schedule; Agreement on a Binding Time Schedule

(1) The Contractor agrees to submit to the Principal the working schedule for approval as soon as possible but in no event later than …… months after the execution of the Agreements. This shall describe all actions and the execution of

Maßnahmen und den Ablauf der Ausführung der vollständigen, schlüsselfertigen Anlage vom Entwurf über Fertigung und Lieferung auf die Baustelle,
Erschließungsarbeiten, Errichtung und
Erprobung bis zur Inbetriebnahme darstellen.

the development of the entire plant on
a turnkey basis from projection and
production to delivery on the construction site. It shall also cover development works, erection and testing of the
plant until the start of operations.

(2) Auf Anforderung des Projektverantwortlichen ist der Unternehmer verpflichtet, diesem schriftlich ergänzende
Einzelheiten insbesondere über den
Ablauf der Arbeiten, den Einsatz des
Personals des Unternehmers und der
Subunternehmer und die Baustellenausrüstung mitzuteilen. Darüber hinaus ist der Unternehmer verpflichtet,
dem Auftraggeber einen gesonderten
Katalog aller an den Orten der Herstellung des Materials und auf der Baustelle vorzunehmenden Inspektionsmaß-
nahmen und Tests zur Verfügung zu
stellen.

(2) Upon demand of the project manager the Contractor shall provide the
Principal in writing with details, in particular referring to the course of works,
the use of staff by the Contractor and
the sub-contractors and the construction site equipment. Moreover, the Contractor shall also provide the Principal
with a separate list of all audit and testing activities to be conducted at the
places where the material is produced
or at the building site.

(3) Auf der Grundlage der Anlage II
und des Arbeitsprogramms wird im
Einvernehmen mit dem Unternehmer
ein Terminplan in Form eines Netzplans erstellt, der für jede vertragliche
Einzelleistung mindestens den jeweils
früheren und spätesten Anfangs- und
Endtermin zeigen muss.

(3) Based on Annex II and the working
schedule, a time table in the form of a
project plan shall be drawn up with the
Contractor that shall specify at least the
earliest start and latest end date for
every single contractual working part,
respectively.

(4) Das Arbeitsprogramm und der
Netzplan werden Bestandteil dieses
Vertrages; die aus letzterem ersicht-
lichen Anfangs- und Endtermine jeder
Einzelleistung gelten als zwischen den
Vertragspartnern vertraglich vereinbart.
Die Genehmigung des Arbeitspro-
gramms und des Netzplans befreien
den Unternehmer jedoch nicht von ir-
gendeiner vertraglichen Verpflichtung.

(4) The working schedule and the project plan shall become part of this
Agreement; all start and end dates of
every single contractual working part
arising from the latter shall be regarded
as contractually binding among the
parties. The approval of the working
schedule and the project plan shall not
relieve the Contractor from any other
contractual obligation.

§ 13 Abweichungen vom
Terminplan

§ 13 Deviations from the
Time Schedule

Entspricht der tatsächliche Arbeitsfort-
schritt nicht dem festgelegten Netzplan,
so hat der Unternehmer die eingetretenen Planabweichungen dem Projektverantwortlichen zu melden und auf
dessen Ersuchen ein überarbeitetes Ar-

If the actual progress shall not comply
with the agreed project plan, then the
Contractor shall notify the project manager of any deviations from the plan
that shall have occurred. It shall, upon
demand of the project manager, submit

beitsprogramm mit solchen Änderungen ihm zur Billigung vorzulegen, die im Hinblick auf den tatsächlichen Stand der Arbeiten erforderlich sind, um die Fertigstellung und Inbetriebnahme der Industrieanlage innerhalb der in Anlage II festgelegten vertraglichen Fristen zu gewährleisten. Dieser geänderte Terminplan ist dann verbindlich; § 12 Abs. (4) gilt entsprechend.

§ 14 Meldung der Lieferbereitschaft, Versand

(1) Der Unternehmer hat den Projektverantwortlichen durch Telefax und bestätigendes Schreiben zu benachrichtigen, wenn Material für die Lieferung zur Baustelle bereit ist und er beabsichtigt, die Versendung zu veranlassen; dabei sind die Versanddaten anzugeben.

(2) Ist nach Meldung der Lieferbereitschaft der Versand zur Baustelle aus nicht vom Unternehmer zu vertretenden Gründen nicht möglich, so ist der Unternehmer berechtigt, das entsprechende Material auf Kosten und Gefahr des Auftraggebers bei einem zuverlässigen Spediteur oder Lagerhalter einzulagern, bis der Versand möglich ist. Er hat die Gegenstände für die Zeit der Einlagerung zu versichern.

§ 15 Organisation der Baustelle, Ablauf der Arbeiten

(1) Der Unternehmer ist verpflichtet, alle Einrichtungen für die angemessene Unterbringung aller auf der Baustelle Beschäftigten zu schaffen, einschließlich aller Einrichtungen für Hygiene und Sicherheit; er hat insbesondere auch alle Vorkehrungen zu treffen, um den Ausbruch von Feuer auf der Baustelle zu vermeiden.

(2) Zu der vom Unternehmer zu stellenden Einrichtung der Baustelle gehören auch die Büroräume für sein Büro-

for its approval a revised working programme that, in view of the actual status of works, shall be necessary to ensure the completion and operations start of the industrial plant within the contractual deadlines referred to in Annex II. The revised time schedule shall then become binding; § 12 (4) shall apply accordingly.

§ 14 Notification of Readiness for Delivery

(1) The Contractor shall notify the project manager by fax letter and confirmation copy when any material is ready for delivery to the construction site and it intends to procure the shipment; the delivery dates must be specified therein.

(2) If, after notification of readiness, the shipment to the construction site should not be possible due to reasons beyond the control of the Contractor, then the Contractor shall be entitled to store such material with a reliable distributor or warehousing company at the expense and risk of the Principal. Such storage shall persist until the date at which delivery shall be possible. It shall procure insurance for the material for the duration of the storage.

§ 15 Organisation of the Construction Site; Execution of Works

(1) The Contractor agrees to procure all facilities for the appropriate accommodation of the staff working on the construction site including all facilities for hygiene and sanitation; in particular, the Contractor shall take necessary precautions to avoid the breakout of fire on the construction site.

(2) The facilities of the construction site that must be provided by the Contractor shall also include office facilities for

personal sowie Kantinen- und Sozial-
gebäude und Erste-Hilfe-Einrichtun-
gen.

the office staff and canteen and living
facilities together with first aid facilities.

(3) Der Unternehmer ist innerhalb des
Baustellengeländes verantwortlich für
die Planung, Lieferung, Installation
und Wartung aller Leitungen und Roh-
re für die Versorgung der Baustelle mit
Strom und Wasser sowie für deren Verlegung nach den Bedürfnissen des Ar-
beitsfortschritts.

(3) Within the area of the construction
site, the Contractor shall be fully
responsible for the planning, delivery,
installation and maintenance of all
pipes and tunnels for the supply of the
construction site with electricity and
water and shall procure their laying
according to the progress of works.

(4) Der Unternehmer muss eine ordnungsgemäße Bewachung seines Materials und des Materials der Subunternehmer bis zur Abnahme sicherstellen;
hierzu gehört auch die ordnungsgemäße Umzäunung und Beleuchtung der
Baustelle.

(4) The Contractor must ensure the
proper safeguard of its own and the
sub-contractor's material until acceptance; this shall include the proper fenc-
ing and lighting of the construction site.

(5) Der Unternehmer hat alle von zuständigen Stellen erlassenen Vorschriften betreffend die Disziplin und Sicherheit auf der Baustelle einzuhalten.

(5) The Contractor agrees to comply
with all regulations adopted by the authorities for the construction site in relation to discipline and security on the
construction site.

(6) Der Unternehmer ist verpflichtet,
die Baustelle und ihre Umgebung jederzeit während der Durchführung der
Arbeiten in ordentlichem Zustand zu
halten.

(6) The Contractor agrees to at all times
maintain the construction site and its
adjacent areas in good shape during the
performance of works.

(7) Die Bauarbeiten und Stahlbauten,
die für die Errichtung der Industrieanlage erforderlich sind, umfassen insbesondere die Vorbereitung der Baustelle, die Herstellung der Fundamente,
Maschinenfundamente und Gebäude,
Gräben, Leitungen, Becken, Beton- und
Stahlkonstruktionen, Bühnen, Treppen,
Leitern, Geländer, Wandverkleidungen
und Dachkonstruktionen. Die Monta-
gearbeiten umfassen insbesondere die
Lagerung des Materials auf der Baustelle, die Überprüfung des Materials und
der Maschinen auf Vollständigkeit und
Richtigkeit und den Einbau des Materials einschließlich Maschinen in der
Anlage, die Probeläufe und die Inbetriebnahme der Anlage. Hieran schließt
sich die Wartung an. Die Einzelheiten
ergeben sich aus den Anlagen III und V
(Inbetriebnahme, Probelauf).

(7) The construction works and steel
works required for the erection of the
industrial plant shall include the preparation of the construction site, the laying of the foundation, the machine
foundation and buildings, ditches,
pipes, the basin, concrete and steel construction, stages, staircases, ladders,
railing, wall cladding, and roof construction. The installation works shall
include the storage of the material at
the construction site, the accuracy and
completeness check of the material and
the machinery and the installation of
the material including the machinery
into the plant, test operations and the
operations start of the plant. Thereafter,
maintenance shall be undertaken. Details follow from the Annexes III and V
(start of operations, test operations).

(8) Nach Beendigung des Vertrages hat der Unternehmer die Baustelle zu räumen. Er hat insbesondere die gesamte Baustelleneinrichtung und alle vorübergehenden Einrichtungen und Anlagen sowie Abfälle aller Art zu entfernen und Baustelle und Anlage sauber und in arbeitsfähigem Zustand zur Zufriedenheit des Auftraggebers zurückzulassen.

(8) The Contractor agrees to vacate the construction site upon termination of the Agreement. In particular, it shall remove the entire construction site equipment and all temporary facilities and equipment together with garbage of every kind and shall leave the plant in a clean and workable condition satisfactory to the Principal.

§ 16 Oberleitung durch den Unternehmer

(1) Der Unternehmer hat während der Einrichtung, Erprobung und Inbetriebnahme bis zu ihrer endgültigen Abnahme der Industrieanlage die Leitung der Ausführung in vollem Umfang zu übernehmen. Ein kompetenter Vertreter des Unternehmers, den er schriftlich gegenüber dem Auftraggeber benennt, hat ständig auf der Baustelle zu sein und seine gesamte Arbeitskraft der Leistungsfunktion zu widmen.

(2) Der Auftraggeber ist berechtigt, der Bestellung dieses Vertreters zu widersprechen oder seine Abberufung durch den Unternehmer aus wichtigem Grund zu verlangen.

(3) Wird Einvernehmen über die Abberufung erzielt oder ordnet der Auftraggeber die Abberufung an, so wird der Unternehmer den Abberufenen ohne schriftliche Zustimmung des Auftraggebers nicht mehr auf der Baustelle beschäftigen und so bald wie möglich durch einen kompetenten, vom Auftraggeber gebilligten Vertreter ersetzen.

§ 16 Master Supervision through the Contractor

(1) During the installation, testing and operations start and until the final acceptance of the industrial plant, the Contractor shall assume the full lead in implementation. Any authorised representative of the Contractor who shall be appointed to the Principal in writing shall remain permanently present on the construction site and shall dedicate its full capacity to the role.

(2) The Principal shall be entitled to object to the appointment of such representative or require the withdrawal by the Contractor for good cause.

(3) If a withdrawal has been agreed upon or the Principal shall order a withdrawal, then the Contractor shall no longer employ the individual so withdrawn at the construction site without written approval of the Principal. As soon as possible it shall procure a replacement through a capable representative who shall be approved by the Principal.

§ 17 Prüfung der Qualität der Materialien und der Arbeitsausführung

(1) Alle Materialien und die Arbeitsausführung müssen den vertraglichen Spezifikationen und Normen entsprechen. Sie werden von Mitarbeitern des Auftraggebers oder durch von diesem beauftragten Dritten am Ort der Herstellung oder Fabrikation oder auf der Baustelle geprüft.

§ 17 Quality Check of the Material and Execution of Works

(1) All material and the execution of works must meet the contractual specifications and provisions. They shall be assessed by employees of the Principal or by a designated third party at the place of production or manufacturing or at the construction site.

(2) Der Unternehmer stellt die Instrumente, Maschinen, Materialien und Arbeitskräfte zur Verfügung, die üblicherweise für die Untersuchung, Messung und Prüfung von Menge, Gewicht und Qualität des benötigten Materials sowie aller Arbeiten auf der Baustelle und an der Industrieanlage erforderlich sind und gewährt den Mitarbeitern des Auftraggebers und den vom Auftraggeber beauftragten Dritten bei den Prüfungen in angemessenem Umfang Unterstützung.

(2) The Contractor shall provide the tools, machinery, materials, and workforce that normally are required for the evaluation, assessment and checking of the amount, weight and quality of the necessary material and all works on the construction site and on the industrial plant. It agrees to provide reasonable assistance to the employees of the Principal and for third parties retained by the Principal for evaluations.

(3) Der Unternehmer stellt vor Verwendung oder Verarbeitung von Materialien bei der Herstellung der Industrieanlage im angemessenen Umfang Materialmuster auf eigene Kosten bereit; darüber hinausgehende Proben gehen zu Lasten des Auftraggebers. Diese Regelung gilt sinngemäß auch für die Kosten von Prüfungen; die Kosten sind grundsätzlich nur dann vom Unternehmer zu tragen, wenn sie in dem Leistungsprogramm gem. Anlage III vorgesehen sind. Darüber hinausgehende Prüfungen gehen nur dann zu seinen Lasten, wenn die Prüfung ergibt, dass die überprüften Gegenstände nicht vertragsgemäß ausgeführt sind.

(3) The Principal shall at its own expense and in reasonable quantity provide samples of material prior to the use or manufacture of any material for the development of the industrial plant; all further samples shall be at the expense of the Principal. This shall apply accordingly to evaluation costs; such costs shall basically be at the expense of the Principal only if these are reflected in the service schedule according to Annex III. All further evaluations shall not be at its own expense unless such evaluation demonstrates that the checked items have not been executed in accordance with the Agreement.

(4) Inspektionen, Untersuchungen oder Prüfungen durch den Auftraggeber oder andere von ihm oder vom Auftraggeber beauftragten Dritten führen nicht zur Entlassung des Unternehmers aus vertraglichen Pflichten.

(4) Inspections, evaluations or audits carried out by the Principal or by other third parties retained by the Principal shall not lead to a relief of the Contractor from its contractual duties.

§ 18 Sachmängelbeseitigung vor vorläufiger Abnahme

§ 18 Correction of Defective Material prior to Preliminary Acceptance

(1) Wenn der Projektverantwortliche zu irgendeinem Zeitpunkt vor der vorläufigen Abnahme feststellt, dass geleistete Arbeiten oder gelieferten Materialien nicht vertragsgemäß oder fehlerhaft sind und unverzüglich den Unternehmer schriftlich über seine Feststellungen unter Angabe von Einzelheiten der behaupteten Mängel unterrichtet hat, so ist der Unternehmer verpflichtet, un-

(1) If, at any time prior to the preliminary acceptance, the project manager realises that either services provided or material supplied shall not be in line with contractual arrangements, or if those shall be defective, then the Contractor shall immediately correct the deficiencies at its own expense provided that such observations shall have been notified to the Contractor in writing.

verzüglich und auf seine Kosten die angegebenen Mängel zu beseitigen.

(2) Ansprüche des Auftraggebers wegen Verzug bleiben unberührt.

§ 19 Inbetriebnahme (Probeläufe – Leerlauftests)

(1) Die Inbetriebnahme findet auf Verantwortung und unter der Leitung des Unternehmers statt. Er führt sie mit dem Betriebs- und Wartungspersonal des Auftraggebers durch.

(2) Bei der Inbetriebnahme hat der Auftraggeber sich davon zu überzeugen, dass das Betriebs- und Wartungspersonal in der Lage ist alle erforderlichen Arbeiten anhand der Betriebsanleitungen und Wartungsvorschriften auszuführen. Eventuell noch vorhandene Ausbildungsmängel sind vom Auftraggeber vor der vorläufigen Abnahme zu beheben, sofern dies nicht zweckmäßigerweise während der Leistungstests oder der Gewährleistungsfrist geschieht.

(3) Die Inbetriebnahme erfolgt durch probeweise Vornahme der Leerlauftests (Probeläufe) nach näherer Maßgabe der Anlage V.

§ 20 Mitwirkungspflichten des Auftraggebers bei der Inbetriebnahme

(1) Der Auftraggeber ist verpflichtet, innerhalb von …… Tagen nach der Meldung des Unternehmers über die Bereitschaft zur Inbetriebnahme Bedienungs- und Wartungspersonal in ausreichender Anzahl und kostenlos zur Verfügung zu stellen.

(2) Der Unternehmer ist berechtigt, Personal zurückzuweisen, das nach seiner begründeten Ansicht ungeeignet ist.

§ 21 Vorläufige Abnahme

(1) Sobald die Industrieanlage derart fertiggestellt ist, dass ihre Errichtung

(2) Any claims of the Principal based on default shall remain unaffected.

§ 19 Start of Operations (Test Operations – Dry Run)

(1) The start of operations shall be made under the responsibility and supervision of the Contractor. It shall direct such operations by the operations and maintenance staff of the Principal.

(2) Upon the start of operations the Principal agrees to ensure that the operations and maintenance staff shall be qualified to do all necessary works based on the operating instructions and maintenance provisions. Prior to preliminary acceptance the Principal shall cure any training shortfall unless the same shall be advisable during performance testing or during the warranty term.

(3) The start of operations shall be made through a dry run for testing purposes in accordance with the conditions set out in Annex V.

§ 20 Co-operation Duties of the Principal upon Start of Operations

The Principal shall provide a sufficient number of operations and maintenance staff free of charge within …… days after the Contractor's notice on the readiness for operations start.

(2) The Contractor may refuse such staff that it, based on reasonable grounds, regards as unsuitable.

§ 21 Preliminary Acceptance

(1) As soon as the industrial plant shall have been completed such that its erec-

abgeschlossen und die Montage been- | tion is completed and all installation
det ist und die Leerlauftests vorgenom- | works have been made and dry run
men werden können, benachrichtigt der | testing maybe started, then the Con-
Unternehmer den Auftraggeber schrift- | tractor shall notify the Principal in
lich von seiner Bereitschaft zur Durch- | writing of its readiness to start the
führung der vorläufigen Abnahme. | preliminary acceptance. Any minor
Kleinere Arbeiten, die weder die Be- | works that do not adversely affect the
nutzung der Gesamtanlage noch eines | contractual use of the plant in its en-
ihrer Teile für den vertraglich vorgese- | tirety or parts thereof shall not affect
henen Zweck mehr als nur unwesent- | completion hereunder.
lich beeinträchtigen, stellen kein Hin-
dernis für die Abnahme nach diesen
Bestimmungen dar.

(2) Innerhalb von 15 Tagen nach Ein- | (2) The Principal and the Contractor
gang dieser Benachrichtigung hat der | shall perform the preliminary accep-
Auftraggeber gemeinsam mit dem Un- | tance within 15 (fifteen) days after re-
ternehmer die vorläufige Abnahme | ceipt of such notice. Such acceptance
durchzuführen. Dabei wird die ord- | shall include the evaluation on the due
nungsmäßige Ausführung aller Teile | completion of all parts of the industrial
der Industrieanlage geprüft und es | plant. Final dry run testing shall then
werden die endgültigen Leerlauftests | be made; upon its successful comple-
vorgenommen, mit deren erfolgreichem | tion the industrial plant shall be re-
Abschluss die Industrieanlage als vor- | garded as preliminarily accepted.
läufig abgenommen gilt.

(3) Sofern größere Mängel festgestellt | (3) If major deficiencies shall be en-
oder Leerlauftests nicht erfolgreich | countered or a dry run testing shall
durchgeführt werden und dadurch die | prove to be unsuccessful and if the
Benutzung der Gesamtanlage oder | same shall cause a material adverse
eines ihrer Teile mehr als nur unwe- | effect on the use of the industrial plant
sentlich beeinträchtigt wird, ist die vor- | of parts thereof then the preliminary
läufige Abnahme auf Kosten des Un- | acceptance shall be repeated at the ex-
ternehmers zu wiederholen. Hierfür | pense of the Contractor. For such pur-
setzt der Unternehmer einen Termin an, | poses the Principal shall fix a date that
der unter Berücksichtigung aller Um- | shall be set as soon as possible after the
stände so bald wie möglich nach dem | date of the unsuccessful preliminary
Termin der fehlgeschlagenen vorläufi- | acceptance.
gen Abnahme liegt.

(4) Über die erfolgreiche vorläufige Ab- | (4) The Principal shall prepare minutes
nahme erstellt der Unternehmer inner- | of a successful preliminary acceptance
halb von …… Tagen ein Protokoll, das | within …… days; such minutes shall
gegebenenfalls auch eine Liste der fest- | also include a list of insignificant defi-
gestellten unwesentlichen Mängel und | ciencies and a proposed deadline for
der vorgesehenen Frist für ihre Behe- | the corrections, as required. The min-
bung enthält. Das Protokoll ist unter | utes shall contain the date at which the
Angabe des Datums des Abschlusses | preliminary acceptance has been com-
der vorläufigen Abnahme zu unter- | pleted and shall be signed.
zeichnen.

(5) Sollte die vorläufige Abnahme aus | (5) If, due to reasons outside the Princi-
Gründen, die der Auftraggeber zu ver- | pal's control, the preliminary accept-

treten hat, nicht bis zum Ablauf der vertraglichen oder gem. diesem Vertrag verlängerten Fertigstellungsfrist durchgeführt sein, so darf der Auftraggeber für Anlagenteile, die bereits fertiggestellt sind, eine gesonderte vorläufige Abnahme verlangen. Kommt der Unternehmer auch diesem Verlangen des Auftraggebers nicht innerhalb von 15 Tagen aus Gründen nach, die der Unternehmer zu vertreten hat, so gilt die gesamte Industrieanlage als vorläufig abgenommen; die Gefahr geht auf den Auftraggeber über.

ance shall not have been completed within the contractual completion term or within any extended term that the Parties should have agreed upon, then the Principal may request a separate preliminary acceptance for those parts of the plant that shall have been completed within such term. If the Principal responds to such request within 15 days and if such refusal shall be on grounds for which the Contractor is responsible, then the entire industrial plant shall be regarded as preliminarily accepted; the risk shall transfer to the Principal.

§ 22 Gefahrübergang, Eigentum

(1) Die Gefahr bezüglich aller Teile der Industrieanlage geht – unabhängig von einem früheren Zeitpunkt des Eigentumsübergangs – mit der vorläufigen Abnahme (§ 21 oben) auf den Auftraggeber über. Für Teile der Industrieanlage, die der Auftraggeber einvernehmlich mit dem Unternehmer vor der vorläufigen Abnahme in Gebrauch nimmt, geht jedoch die Gefahr bereits mit der Ingebrauchnahme über.

(2) Lagert der Unternehmer gem. § 14 Abs. 2 Material für den Auftraggeber ein, geht die Gefahr für dieses Material auf den Auftraggeber über. Sobald der Versand vorgenommen werden kann, geht im Verhältnis zum Auftraggeber die Gefahr wieder auf den Unternehmer über.

(3) Das Eigentum an der Industrieanlage geht mit der vorläufigen Abnahme auf den Auftraggeber über, soweit er es nicht bereits vorher kraft Gesetzes oder durch gesonderte Vereinbarung erworben hat.

§ 22 Transfer of Risk, Ownership

(1) The risk associated with all parts of the industrial plant shall transfer to the Principal upon preliminary acceptance (§ 21 above); such transfer shall be regardless of any earlier transfer of ownership. For those parts of the industrial plant that the Principal, based on an arrangement with the Contractor, shall start to use prior to the preliminary acceptance the risk shall transfer at the time such use is started.

(2) If the Contractor shall store any material for the Principal in accordance with § 14 (2) then the risk associated with such material shall transfer to the Principal. As soon as a delivery can be made the risk shall transfer from the Principal to the Contractor.

(3) The ownership of the industrial plant shall transfer to the Principal upon preliminary acceptance unless the title has been transferred by operation of law or through separate agreement already at an earlier date.

§ 23 Leistungstests, Minderung

(1) Die Leistungstests zum Nachweis der in Anlage VI näher spezifizierten garantierten Leistungen der Industrieanlage sollen so bald wie möglich nach der vorläufigen Abnahme von Unter-

§ 23 Performance Testing, Reduction

(1) The performance testing for confirmation that the industrial plant complies with the guaranteed specifications according to Annex VI hereof shall be completed as soon as possible after the

nehmer unter Einsatz des Betriebs- und Wartungspersonals des Auftraggebers durchgeführt und spätestens innerhalb der in Anlage II festgesetzten Frist abgeschlossen werden.

(2) Der Unternehmer kündigt dem Auftraggeber seine Bereitschaft zur Durchführung der Leistungstest mit einer Frist von 15 Tagen schriftlich an. Das tatsächliche Datum des Beginns der Leistungstest wird von den Vertragsparteien gemeinschaftlich innerhalb von ...... Tagen nach Eingang der Ankündigung beim Auftraggeber festgelegt.

(3) Die Einzelheiten der Leistungstests ergeben sich aus der Anlage VI. Dasselbe gilt für die Modalitäten der Wiederholung von Leistungstests im Falle ihres Fehlschlagens.

(4) Die Leistungstests und deren Abschluss werden nach näherer Maßgabe von Anlage VI protokolliert.

(5) Soweit am Ende des in Abs. 1 genannten Zeitraums oder seiner einvernehmlich festgelegten Verlängerung, die spätestens mit der Gewährleistungsfrist endet, garantierte Leistungen nicht erreicht werden, kann der Auftraggeber die Zahlung der für diese Fälle in Anlage VI festgelegten pauschalierten Minderung vom Unternehmer fordern. Weitere Ansprüche auf Grund Nichterreichung von garantierten Leistungen sind ausgeschlossen.

§ 24 Gewährleistungszeit

(1) Die Gewährleistungszeit für die Anlage beträgt zwölf Monate, gerechnet vom Zeitpunkt der vorläufigen Abnahme.

(2) Tritt während der Gewährleistungszeit ein Mangel oder Schaden an der Industrieanlage auf, so hat ihn der Unternehmer schnellstmöglich zu beheben. Dies gilt auch dann, wenn die Behebung eines in der Gewährleistungs-

preliminary acceptance by the Contractor who shall do such testing and shall use the operations and maintenance staff of the Principal therefor. Testing shall be completed by no later than the deadline specified in Annex II.

(2) The Contractor shall notify the Principal of the readiness for performance testing in writing with a notice period of 15 (fifteen) days. The actual date at which the performance testing shall start shall be subject to mutual agreement of the Parties hereto which shall be made within by no later than ...... days after the date at which the Principal shall have received the notice.

(3) Details of the performance testing are set out in Annex VI. The same shall apply for procedures for repeating the performance testing in case of the failure of the performance testing.

(4) The performance testing and its completion shall be recorded in accordance with the Annex VI.

(5) If, at the date at which the term set out in subparagraph 1 above or at any other term agreed by the parties (which shall end by no later than the expiry of the warranty term), the performance shall not meet the guaranteed specifications, then the Principal shall be entitled to receive a pre-agreed reduction in accordance with Annex VI. Any further claims arising from the non-performance of guaranteed specifications shall forthwith be excluded.

§ 24 Warranty Term

(1) The warranty term, within which warranty claims may be raised shall be twelve months and shall start at the date of the preliminary acceptance.

(2) If, during the warranty term, any fault or damage shall occur at the industrial plant, then the Contractor shall rectify such fault a quickly as possible. This shall apply also to cases where the correction of such fault (occurred wit-

zeit aufgetretenen Mangels über diesen Zeitraum hinaus andauert.

(3) Tritt ein Mangel oder Schaden auf, so benachrichtigt der Auftraggeber den Unternehmer unverzüglich darüber, wobei die Art des Mangels oder Schadens schriftlich festzuhalten ist; eine entsprechende Benachrichtigungspflicht trifft den Unternehmer gegenüber dem Auftraggeber, wenn er selbst einen Mangel oder Schaden entdeckt.

(4) Beruht der Mangel oder Schaden nachweislich auf fehlerhafter Konstruktion, ausgenommen vom Auftraggeber vorgegebene oder bestimmte Konstruktionen, fehlerhaften Materialien oder fehlerhafter Arbeit, so treffen die in diesem Zusammenhang verursachten Kosten den Unternehmer, und zwar einschließlich der Kosten der Demontage und erneuten Montage sowie eventueller Transportkosten zwischen dem Ort der Reparatur und der Baustelle.
Ersetzt oder erneuert der Unternehmer Teile, so gelten die Vorschriften dieses Paragraphen auch für die ersetzten und erneuter Teile der Anlage; insbesondere läuft für sie eine neue Gewährleistungsfrist von zwölf Monaten.

(5) Die Kosten aller übrigen Reparaturen trägt der Auftraggeber, insbesondere, wenn ein Schaden auf üblichen Verschleiß, Handlungen oder Unterlassungen des Auftraggebers oder seiner Erfüllungs- und Verrichtungsgehilfen, wie falsche Bedienung oder unsachgemäße Überwachung, zurückzuführen ist, oder wenn es sich um Schäden an Teilen handelt, weil diese ohne schriftliche Zustimmung des Unternehmers durch den Auftraggeber oder Dritte repariert, geändert oder ersetzt wurden.

(6) Sollten Schäden oder Mängel nicht innerhalb einer angemessenen Frist, auf die sich Unternehmer und Auftraggeber einigen, vom Unternehmer behoben sein, so kann der Auftraggeber die Arbeiten zu Lasten des Unternehmers

hin the warranty term) shall go beyond the expiry of such term.

(3) The Principal shall notify the Contractor immediately upon the occurrence of a fault or damage specifying the type of fault or damage in writing; the Contractor shall have a corresponding obligation to notify the Principal of any fault or damage that it should become aware of.

(4) If the fault or damage should have been provably caused by defective construction (except such construction that shall have been dictated or predetermined by the Principal) or by defective material by or defective work, then the Contractor shall assume all costs associated therewith. Such costs shall include the costs of demolishing and reinstallation and any transport costs between the place of repair and the construction site.
If the Contractor replaces or refurbishes any parts, then the provisions of this paragraph shall also apply to such replaced or refurbished parts of the plant; in particular, these shall be subject to a new warranty period of twelve months.

(5) The Principal agrees to cover the costs of all other repair, in particular, if damage shall have been caused by ordinary wear and tear, acts or omissions (of the Principal or any vicarious agent) such as wrongful use or improper monitoring. This shall also apply to any damage to components that the Principal or any third party shall have altered or replaced without the written consent of the Contractor.

(6) If damage or faults shall not have been cured by the Contractor within a reasonable period of time that shall be agreed by the Contractor and the Principal, then the Principal shall have the right to perform the necessary works on

selbst durchführen oder durch fach-
kundige Dritte durchführen lassen.

(7) Soweit durch Schäden oder Mängel
oder durch Maßnahmen zu ihrer Behebung garantierte Leistungen der
Industrieanlage beeinträchtigt werden
könnten, hat der Unternehmer nach
Abschluss dieser Maßnahmen die Leistungsfähigkeit der entsprechenden Teile
der Industrieanlage erneut gem. den Einzelheiten in Anlage VI nachzuweisen.

(8) Bis zum Ende der Gewährleistungsfrist, gegebenenfalls bis zur Behebung
des letzten während der Gewährleistungszeit aufgetretenen Mangels oder
Schadens, hat der Unternehmer ein
Zugangsrecht zu allen Teilen der Industrieanlage und zu den Berichten
über ihre Arbeit und Leistung. Dieses
Recht auf Zugang kann während der
Arbeitsstunden auf Kosten und Risiko
des Unternehmers von ihm und seinen
dem Auftraggeber schriftlich benannten
Vertretern ausgeübt werden. Der Unternehmer ist berechtigt, auf eigene
Kosten und eigenes Risiko alle Prüfungen durchzuführen, die er für die Erfüllung seiner Aufgaben im Rahmen der
Gewährleistungshaftung für erforderlich hält, wobei er jedoch in Abstimmung mit dem Auftraggeber und dem
Projektverantwortlichen darauf Bedacht
zu nehmen hat, dass der Betrieb der
Industrieanlage durch den Auftraggeber nicht behindert und so wenig wie
möglich beeinträchtigt wird.

§ 25 Eigentumsrechte, Patent- und Urheberrechte etc. Dritter (Rechtsmängel)

(1) Der Unternehmer ist verpflichtet,
dem Auftraggeber die Industrieanlage
im Zeitpunkt der vorläufigen Abnahme
frei von Rechten Dritter zu verschaffen,
insbesondere von Ansprüchen Dritter
in Bezug auf die Industrieanlage, in
ihr verwandte Materialien oder ange-
wandte Verfahren auf Grund von Eigen-

its own or through a competent third
party. Such works shall be at the expense of the Contractor.

(7) If the guaranteed performance of the
industrial plant could be adversely affected by damage or faults or by remedial works, then the Contractor shall
have the obligation to prove the due
performance of such parts of the industrial plant in accordance with the details set out in Annex VI hereto.

(8) The Contractor shall have full access
to all parts of the industrial plant and to
any documentation of its work and performance until the expiry of the warranty term or the remedy of any fault or
defect that shall be the latest incident
occurring within such term. Such right
of access may be exercised by the Contractor itself or by a representative who
shall have been designated in writing
during normal working hours and at
the expense and risk of the Principal.
The Contractor shall be entitled to conduct at its own risk and expense all
evaluations that it shall regard necessary for the discharge of its responsibilities within the warranty responsibilities. However, it shall consult with the
Principal and the project manager to
ensure that the operation of the industrial plant shall not be hindered and be
impeded to the minimum extent possible.

§ 25 Intellectual Property Rights; Patent and Copyrights of Third Parties etc. (Lack of Title)

(1) At the date of the preliminary acceptance the Contractor shall deliver
the industrial plant to the Principal free
of any rights of third parties including,
without limitation, third party rights in
the industrial plant, in any material or
procedure applied arising from intellectual property rights, patents, utility

tumsrechten oder auf Grund von Patenten, Gebrauchsmuster, eingetragenen Designs, Urheberrechten, Marken oder ähnlichen Rechten (nachstehend insgesamt „Schutzrechte" genannt).

models, registered design, copyrights, trademarks or similar rights (collectively referred to as "Intellectual Property Rights").

(2) Werden Ansprüche gem. Abs. 1 gegen den Auftraggeber geltend gemacht oder Klagen auf dieser Grundlage gegen ihn erhoben, so hat der Auftraggeber den Unternehmer unverzüglich hierüber schriftlich zu unterrichten. Der Unternehmer ist verpflichtet, den Auftraggeber von allen derartigen Ansprüchen freizustellen, insbesondere also von Ansprüchen auf Grund erheblicher Verletzungen von Eigentums- oder Schutzrechten Dritter. Der Unternehmer ist berechtigt, auf eigene Kosten alle ihm in diesem Zusammenhang notwendigen oder nützlichen Maßnahmen zu ergreifen, insbesondere Vergleichsverhandlungen mit den anspruchstellenden Dritten zu führen, dem Auftraggeber in den gegen ihn eingeleiteten Verfahren als Streitgenosse beizutreten oder die Verfahren durch Bevollmächtigte des Unternehmers betreiben zu lassen. Der Auftraggeber ist ohne Zustimmung des Unternehmers nicht berechtigt, Anerkenntnisse auszusprechen, Vergleiche zu schließen oder sonstige Maßnahmen zu ergreifen, die von Nachteil für den Unternehmer oder den Auftraggeber sein könnten. Der Auftraggeber ist verpflichtet, den Unternehmer auf dessen Verlangen bei der Abwehr solche Ansprüche in jeder angemessenen Weise zu unterstützen, wobei der Unternehmer dem Auftraggeber die dadurch entstehenden Kosten zu erstatten hat.

(2) If any claims referred to in subparagraph 1 shall be raised against the Principal or any lawsuit shall be started against it on such basis, then the Contractor shall notify the Principal immediately thereof. The Contractor agrees to indemnify the Principal against any such claim, in particular against claims arising from a material violation of third party intellectual Property Rights. The Contractor shall be entitled to initiate all necessary and advisable steps at its own expense including, without limitation, to conduct settlement negotiations with the third party claimant, to join the Principal as supporting party[1] in a lawsuit or to have the lawsuit conducted through representatives of the Principal. The Principal may not declare any acceptance of claims, agree any settlement or do any other act that may be to the detriment of the Contractor or the Principal without approval of the Contractor. Upon demand of the Contractor, the Principal shall support the Contractor in a reasonable manner in the defence against such claims but the Contractor shall reimburse the Principal for all costs arising therefrom.

(3) Der Unternehmer hat alle rechtskräftig festgestellten Ansprüche der vorgenannten Art anstelle des Auftraggebers zu befriedigen. Gegebenenfalls muss der dem Auftraggeber Lizenzen berechtigter Dritter beschaffen, wenn anders der Betrieb der Industrieanlage nicht aufrechterhalten werden kann.

(3) The Contractor shall settle all claims of the aforementioned kind in lieu of the Principal if these should have been proved. It shall obtain licences from any entitled third parties as necessary if the operation of the industrial plant cannot be maintained otherwise.

---

[1] Hier wurde terminologisch umschrieben.

§ 26 Endgültige Abnahme

Nach Behebung des letzten in der Gewährleistungszeit aufgetretenen, vom
Unternehmer zu vertretenden Mangels
oder Schadens erteilt der Auftraggeber
dem Unternehmer die Bescheinigung
der endgültigen Abnahme.

§ 27 Unterbrechung der Arbeiten auf Wunsch des Auftraggebers

(1) Auf schriftliche Weisung des Auftraggebers unterbricht oder verlang-
samt der Unternehmer die Ausführung
der Arbeiten, und zwar im Einzelnen
gem. entsprechender schriftlicher Anweisung. Er ist verpflichtet, während
solcher Unterbrechung oder Verlang-
samung der Arbeiten die Industrieanlage, soweit erforderlich, angemessen
zu schützen und zu sichern.

(2) Über zusätzlich entstehende Kosten
und Ausgaben, die der Auftraggeber
dem Unternehmer zu ersetzen hat, sollen Auftraggeber und Unternehmer vor
Eintritt der Unterbrechung oder Ver-
langsamung der Arbeiten verhandeln
und Einigung erzielen. Im Falle der
Nichteinigung entscheidet hierüber das
Schiedsgericht.

§ 28 Verzögerung oder Behinderung der Arbeiten durch den Unternehmer

(1) Wenn der Unternehmer
– die Arbeiten nicht in Übereinstimmung mit den vertraglichen Regelungen ausführt,
– ohne angemessenen Grund die Arbeiten nicht aufnimmt oder sie unterbricht und nicht innerhalb von
  15 Tagen nach Erhalt einer schriftlichen Aufforderung des Auftraggebers zur Fortführung wieder aufnimmt,
– nachhaltig und erheblich die Erfüllung vertraglicher Verpflichtungen
  unterlässt,

§ 26 Final Acceptance

After remedy of the fault or damage
that shall be the last incidence within
the warranty term for which the Contractor is responsible, the Principal shall
provide the Contractor with the certificate of final acceptance.

§ 27 Suspension of Works upon Demand of the Principal

(1) The Contractor shall suspend or
delay the execution of works upon
written instruction of the Principal in
accordance with details of such written
instruction. During such suspension or
delay of works it shall protect and safeguard the industrial plant, as appropriate.

(2) Prior to any suspension or delay, the
Contractor and the Principal shall negotiate and agree on any additional costs
or expenses that the Principal shall reimburse the Contractor. In case of a lack
of agreement, the arbitration panel shall
decide thereon.

§ 28 Delay or Hindrance of Works by the Contractor

(1) If the Contractor
– fails to execute the works in accordance with the contractual arrangements,
– without having valid reasons therefore, fails to start the works or suspend such work and fails to resume
  to work within a period of 15 (fifteen)
  days after receipt of a written request
  of the Principal to resume work,

– significantly and materially fails to
  perform contractual duties,

– die Arbeiten so langsam ausführt, dass die rechtzeitige Vertragserfüllung ausgeschlossen erscheint,

– es unterlässt, die erforderliche Anzahl von qualifizierten Führungs- und Überwachungspersonal sowie von Fachkräften ständig auf der Baustelle zu halten,

hat der Auftraggeber das Recht, den Unternehmer schriftlich unter Benennung der zu beanstandenden Umstände abzumahnen.

(2) Nach Zugang der Abmahnung hat der Unternehmer unverzüglich alle notwendigen Maßnahmen zu ergreifen, um innerhalb angemessener Frist die beanstandeten Umstände zu beheben. Weitergehende Ansprüche des Auftraggebers bleiben unberührt.

§ 29 Unvorhersehbare Hindernisse

Trifft der Unternehmer während der Errichtung der Industrieanlage physikalische Bedingungen oder andere Hindernisse an, welche geeignet sind, die Vertragserfüllung zu erschweren oder verzögern, und die nach seiner Ansicht billigerweise von einem erfahrenen Unternehmer nicht vorhergesehen werden konnten, so hat er den Auftraggeber hierüber unverzüglich, möglichst innerhalb von 15 Tagen nach Kenntnis, schriftlich zu unterrichten.

§ 30 Höhere Gewalt

(1) Tritt ein Fall höherer Gewalt ein, benachrichtigt der betroffene Vertragspartner den anderen unverzüglich, möglichst innerhalb von 15 Tagen nach Kenntnis, schriftlich von dem Vorfall. Dabei hat er das eingetretene Ereignis näher zu kennzeichnen und anzugeben, welche vertraglichen Verpflichtungen er infolgedessen nicht oder nur mit Verzögerung erfüllen kann. Der betroffene Vertragspartner hat die dadurch bedingte Verzögerung oder Unmöglichkeit nicht zu vertreten.

– delays the performance of the contractual works such that the timely completion appears impossible,

– fails to ensure that the necessary number of qualified management and supervisory staff plus expert staff is permanently available on the construction site,

then the Principal shall have the right to serve a written default notice to the Contractor specifying the issues of complaint.

(2) Upon receipt of such default notice the Contractor shall immediately initiate the necessary steps to rectify the issues that have been adressed in such notice. This shall be without prejudice to any other claims that the Principal may raise.

§ 29 Unforeseen Barriers

If, during the development of the industrial plant, the Contractor encounters unforeseen physical or other barriers that may hinder or delay the performance of the Agreement, then it shall notify the Principal thereof by no later than 15 (fifteen) days after becoming aware thereof. This shall apply only to such barriers that any experienced contractor could not have reasonably foreseen.

§ 30 Force Majeure

(1) If a case of force majeure should occur, then the affected party to this Agreement shall immediately notify its counterpart of such event in writing; if possible, within 15 (fifteen) days after becoming aware thereof. It shall describe the event in detail and specify which contractual duties cannot be discharged or discharged with delay as a result of such incident. The affected party to this Agreement shall not be responsible for the delay or inability caused by such incident.

(2) Als höhere Gewalt im Sinne dieses Vertrages gelten alle unvorhersehbaren Ereignisse oder solche Ereignisse, die außerhalb des Einflussvermögens der Vertragspartner liegen und deren Auswirkungen auf die Vertragserfüllung durch zumutbare Bemühungen der Vertragspartner nicht verhindert werden können. Hierzu zählen u.a. Krieg (erklärt oder nicht), kriegsähnlicher Zustand, Aufruhr, Revolution, Rebellion, Militär- oder Zivilputsch, Aufstand, Tumult, Ausschreitungen, Blockade, Embargo, Regierungsanordnung, Sabotage, Streiks, Bummelstreiks, Aussperrung, Epidemien, Feuer, Überschwemmungen, Sturmfluten, Taifun, Orkan oder andere Unwetter im Ausmaß einer Katastrophe, Erdbeben, Erdrutsch, Blitzschlag, allgemeiner Werkstoffmangel, schwere Transportunfälle, Ausschusswerden und Neufertigung wichtiger Anlageteile aus Gründen, auf die der Unternehmer keinen Einfluss hat, soweit dies zur Verlängerung von Lieferfristen führt.

(2) Only those incidents shall be regarded as a case of force majeure under this Agreement that are beyond the control of the parties to this Agreement and where the impacts on the performance of this Agreement cannot be avoided by reasonable efforts of the parties to this Agreement. This shall include, without limitation, acts of war (whether declared or undeclared), a state of quasi war, insurrection, revolution, rebellion, military or civil coup, revolt, uproar, riot, blockade, embargo, government act, sabotage, strike, goslow, lock-out, epidemic disease, fire, flood, storm, flood, hurricane, heavy storm or other thunderstorm with disastrous effects, earthquakes, landslide, lightning, general shortage of fuel, heavy transport accidents, any destruction or new production of material parts of the plant due to reasons outside the control of the Contractor if this should lead to an extension of the delivery term.

§ 31 Rechtsfolgen der nicht vom Unternehmer zu vertretenden Behinderungen

§ 31 Legal Effects of Impacts outside the Control of the Principal

(1) Wird der Unternehmer durch einen der in §§ 29, 30 genannten Umstände in der Fertigstellung der Industrieanlage behindert oder wird diese dadurch unterbrochen und unterrichtet der Unternehmer innerhalb von 15 Tagen nach Eintritt der Behinderung oder Unterbrechung über seine daraus resultierende Forderung nach Verlängerung der Fertigstellungsfrist sowie der sonstigen in Anlage II festgelegten Fristen, so wird ihm eine angemessene Verlängerung eingeräumt, über deren Dauer der Auftraggeber und der Unternehmer sich einigen sollen.

(1) If the Contractor, due to reasons specified in §§ 29 and 30 above, shall be hindered with respect to the completion of industrial plant or if a completion is suspended and the Contractor has notified the Principal within 15 (fifteen) days after the occurrence of such hindrance or suspension of its request to extend the completion term or any other term defined in Annex II, then it shall be entitled to a reasonable extension the duration of which shall be subject to an agreement between the Principal and the Contractor.

(2) Abs. 1 gilt auch in allen Fällen nicht vom Unternehmer zu vertretender Behinderungen im vorgesehenen Arbeitsablauf, insbesondere bei

(2) Subsection 1 above shall also apply to certain incidents outside the control of the Contractor within the pre-agreed working schedule which shall include, without limitation,

a) Forderung zusätzlicher Lieferungen oder Leistungen, durch den Auftraggeber gem. § 3; dies gilt für verlangte Planungsarbeiten auch dann, wenn die entsprechenden Änderungen nicht durchgeführt werden;

b) Änderung von Vorschriften und Regelungen, die nach Vertragsunterzeichnung in Kraft treten und für die Erfüllung des Vertrags von Bedeutung sind und die aus Gründen, welche der Unternehmer nicht zu vertreten hat, zu einer Verschiebung der festgesetzten Termine führen;

c) Verzögerung der Aufnahme der Arbeiten auf Grund behördlicher Anordnungen oder Verfügungen.

(3) In den Fällen des Abs. 1 und 2 kann der Unternehmer unverzüglich nach Eintritt der dort genannte Geschehnisse vom Auftraggeber zusätzliche Zahlungen zur Abgeltung zusätzlicher Leistungen oder Kosten fordern.

(4) Steht zu erwarten, dass eine Unterbrechung gem. Abs. 1 oder 2 länger als zwei Monate andauern wird, so können die bis dahin erbrachten Lieferungen und Leistungen, einschließlich der nicht fertiggestellten, auf Verlangen des Unternehmers zu den Einheitspreisen gem. der Preisaufgliederung (Anlage XI) abgerechnet und bezahlt werden.

(5) Weitergehende Ansprüche als diejenigen auf Fristverlängerung und gegebenenfalls zusätzliche Zahlungen sowie Zwischenabrechnung und -zahlung hat der Unternehmer in den Fällen des Abs. 1 und 2 gegen den Auftraggeber nicht, soweit nicht im Vertrag ausdrücklich etwas anderes vorgesehen ist.

§ 32 Ersatzvornahme bei Behinderungen oder Verzögerungen durch den Unternehmer

(1) Stellt der Unternehmer die beanstandeten Umstände nicht innerhalb

a) Any demand of the Principal for additional deliveries or services in accordance with § 3 above; this shall apply to all requested planning services even if the corresponding changes should not have been made;

b) Any amendment of provisions or regulations that shall enter into force after the conclusion of this Agreement and that shall be relevant for the performance of this Agreement and, for reasons outside the control of the Contractor, will cause a delay of the fixed dates;

c) Any delay in the commencement of works as a result of public authority orders or regulations.

(3) In the events described in subsections 1 and 2 above, the Contractor may demand from the Principal additional payments to cover additional services or costs immediately after occurrence of the events referenced therein.

(4) If the suspension according to subsections 1 and 2 above can expected to exceed 2 (two) months then the deliveries and services performed until such date including any uncompleted deliveries or services may, upon demand of the Contractor, be invoiced and paid in accordance with the price specifications (Annex XI).

(5) Save as otherwise provided in this Agreement, the Contractor shall, in the events referenced in subsections 1 and 2 above, have no further claims except those relating to the extension of the completion term and additional payments or interim payment and invoicing, as applicable.

§ 32 Substitute Action in case of Hindrance or Delays of the Contractor

(1) If the Contractor receives a notice from the project manager in accordance

von 30 (dreißig) Tagen nach Empfang der Mitteilung des Projektverantwortlichen gem. § 28 Abs. 2 ab, so kann der Auftraggeber nach Wahl die mangelhaft oder nicht ausgeführten Teile der Arbeiten auf Kosten des Unternehmers selbst ausführen oder durch einen Dritten ausführen lassen.

(2) Der Unternehmer ist in solchen Fällen grundsätzlich berechtigt, Zahlung des Vertragspreises – gegebenenfalls mit den im entsprechenden Zeitpunkt eingetretenen Anpassungen gem. § 3 – zu verlangen; er muss sich jedoch den Betrag der Kosten abziehen lassen, die dem Auftraggeber durch die Ersatzvornahme entstanden sind oder die er auf Grund dessen erspart oder den Betrag, den er durch anderweitige Verwendung von Material und Personal erwirbt, und zwar den höheren der genannten Beträge.

§ 33 Verzug, Vertragsstrafe

Gelingt es dem Unternehmer aus den von ihm zu vertretenden Gründen nicht, die Industrieanlage in der vertraglichen oder einer verlängerten Fertigstellungsfrist derart fertigzustellen, dass spätestens mit deren Ablauf die vorläufige Abnahme (§ 21 oben) durchgeführt werden kann, so hat er den Auftraggeber wegen dieses Verzuges eine Vertragsstrafe zu zahlen, deren Höhe sich aus Anlage VII ergibt.

§ 34 Verletzung von Mitwirkungspflichten des Auftraggebers

(1) Wird der Unternehmer durch die Verletzung von Mitwirkungspflichten in der Erfüllung seiner Leistungspflichten behindert und entstehen ihm dadurch, insbesondere in Abwendung eingetretener oder drohender Vertragsstörungen, Mehrkosten, so ist der Auftraggeber zum Ersatz nachgewiesener Mehrkosten verpflichtet.

with § 28 (2) but shall not rectify the referenced issue within a period of 30 (thirty) days, then the Principal shall be free to complete (or have a third party complete) the defective or unfinished parts of the work.

(2) In such events the Contractor shall generally be entitled to receive payment of the contractual remuneration with adjustments applicable at the relevant date, as applicable (§ 3). However, it shall allow a deduction of those amounts that the Principal shall have incurred as a result of the substitute action or of such amount that shall have been saved as a result thereof. This shall also apply to any amount that it shall earn as a result of any alternative use of material and staff, whichever shall be the higher amount.

§ 33 Performance Default; Penalty

If the Contractor fails to complete the industrial plant either within the contractual completion deadline or within any other extended deadline agreed in accordance with the above mentioned provisions in a manner sufficient to allow a preliminary acceptance (§ 21 above), then it shall pay to the Principal a penalty for such default the amount of which shall follow from Annex VII.

§ 34 Violation of Co-operation Duties by the Principal

(1) If the Principal hinders the Contractor from the discharge of its service duties through a violation of co-operation duties and should this cause any incremental costs (in particular costs to prevent actual or imminent contractual defaults), then the Principal shall provide compensation for any proven incremental costs.

(2) Wird die Erfüllung der Leistungspflichten des Unternehmers durch die Verletzung von Mitwirkungspflichten des Auftraggebers oder eine sonstige durch den Auftraggeber zu vertretende Behinderung verzögert, so sind dem Unternehmer angemessene Fristverlängerungen einzuräumen.

(3) Weitere Ansprüche stehen dem Unternehmer in diesem Zusammenhang nicht zu.

§ 35 Vorzeitige Vertragsbeendigung durch Kündigung

(1) Überschreitet eine Unterbrechung gem. § 30 einen Zeitraum von sechs Monaten, so kann jeder Vertragspartner den Vertrag durch Übersendung einer schriftlichen Kündigung beenden. Nach erfolgter Kündigung sollen die Vertragspartner erneut zusammentreffen, um die Möglichkeiten für eine Fortsetzung des Vertragsverhältnisses unter Berücksichtigung der neuen Umstände zu überprüfen. Falls keine Einigung binnen eines Monats seit Zugang der Kündigung erzielt wird, bleibt es bei der Kündigung.

(2) Überschreitet eine Unterbrechung gem. § 27 oben einen Zeitraum von sechs Monaten, so ist der Unternehmer zur Kündigung berechtigt; Abs. 1 gilt entsprechend.

(3) Darüber hinaus ist der Auftraggeber jederzeit vor der Beendigung der vorläufigen Abnahme berechtigt, den Vertrag durch Übersendung einer schriftlichen Kündigung an den Unternehmer zu beenden.

(4) Für die vom Auftraggeber im Falle einer Kündigung gem. Abs. 1 zu leistenden Zahlungen gilt die Regelung des § 31 Abs. 4 entsprechend. Kündigt der Unternehmer gem. Abs. 2 oder der Auftraggeber gem. Abs. 3 den Vertrag, so ist der Unternehmer berechtigt, Zahlung des Vertragspreises – gegebenen-

(2) If the Principal delays the discharge of the contractual duties of the Contractor through a violation of any co-operation duties or should the discharge be delayed by any other incident for which the Principal is responsible, then the Contractor shall receive a reasonable extension of deadlines.

(3) In this context, the Principal shall not be entitled to other claims.

§ 35 Premature Termination of Agreement through Notice of Termination

(1) If suspension in accordance with § 30 above exceeds a period of six months, then each Party to this Agreement may terminate this Agreement by written notice which shall be served to the other party. After such termination the parties shall convene to evaluate a continuation of the contractual relationship in view of the new issues. If no agreement shall have been achieved within one month after receipt of the notice of termination, then notice shall remain conclusive.

(2) If a suspension in accordance with § 27 above shall exceed a period of six months, then the Contractor may terminate this Agreement; subsection 1 above shall apply accordingly.

(3) Moreover, the Principal may terminate this Agreement at any time prior to completion of the preliminary acceptance through delivery of a written notice of termination to the Contractor.

(4) § 31 (4) shall apply accordingly to payments that the Principal shall owe in case of a termination pursuant to subsection 1 above. If the Contractor shall terminate this Agreement pursuant to subsection 2 above or if the Principal shall terminate this Agreement pursuant to subsection 3 above, then

falls mit den im Zeitpunkt der Beendigung eingetretenen Anpassungen gem. § 3 – zu verlangen; er muss sich jedoch diejenigen Beträge davon abziehen lassen, die er auf Grund der Beendigung nachweislich erspart oder dadurch erwirbt, dass er in Arbeit befindliche oder fertiggestellte Lieferungen oder Leistungen sowie für die Vertragserfüllung eingesetztes Personal anderweitig verwenden kann.

the Contractor shall be entitled to receive the contractual remuneration (subject to any adjustments at the date of termination in accordance with § 3 above). However, it shall accept the deduction of those amounts that it saves as a result of the termination. This shall also apply to any amount earned through the use of pending or completed works or by any alternative use of the staff.

§ 36 Haftung des Unternehmers und Haftungsbegrenzung

§ 36 Liability of the Contractor and Limitation of Liability

(1) Für den Zeitraum vom Inkrafttreten des Vertrages bis zur vorläufigen Abnahme ist der Unternehmer für alle Schäden an der Industrieanlage einschließlich des Materials sowie an der Baustelleneinrichtung verantwortlich.

(1) The Contractor shall assume full liability for all damages on the industrial plant including the material and the equipment on the construction site during the period from the conclusion of this Agreement until preliminary acceptance.

(2) Der Unternehmer haftet bis zur Räumung der Baustelle durch sein Personal für alle Schäden des Auftraggebers, die durch seine Handlungen oder Unterlassungen, die seines Personals, seiner Subunternehmer oder seiner sonstigen Erfüllungs- und Verrichtungsgehilfen verursacht werden, sowie für Schäden, die durch Teile der vom Unternehmer eingesetzten Materialien oder Baustelleneinrichtung bewirkt werden. Diese Haftung ist jedoch – gleich aus welchem Rechtsgrunde – begrenzt auf den Haftungsumfang und die Deckungssummen der gem. § 7 oben abgeschlossenen Versicherungen.

(2) At any time prior to the vacation of the construction site, the Contractor shall assume full liability for any damage that shall have been caused by any act or omission of its staff, its subcontractors or other vicarious agent. This shall cover also any damage that shall have been caused by parts of the material applied or by parts of the construction site equipment. The liability shall, irrespective of the underlying grounds, be limited to the scope of liability and the coverage amount of the insurance policies agreed in accordance with § 7 above.

(3) Bis zur Räumung der Baustelle steht der Unternehmer dem Auftraggeber für die Befriedigung aller Ansprüche ein, die auf Grund von Personen- oder Sachschäden Dritter geltend gemacht werden, welche im Zusammenhang mit der Erfüllung des Vertrages eintreten und auf Handlungen oder Unterlassungen des Unternehmers, seines Personals, seiner Subunternehmer oder seiner sonstigen Erfüllungs- und Verrichtungsgehilfen beruhen. Der Unternehmer ist verpflichtet, den Auftrag-

(3) At any time prior to the vacation of the construction site, the Principal shall assume full responsibility towards the Contractor for all claims that shall be raised on the basis of third party damages for personal injury or property damages and that shall have been caused by acts or omissions of the Principal, its staff, its sub-contractors or any other vicarious agent in the context of the performance of this Agreement. The Contractor agrees to indemnify the principal against any such liability.

geber von derartigen Ansprüchen freizustellen. Im Verhältnis zum Auftraggeber ist diese Haftung jedoch begrenzt auf den Haftungsumfang und die Deckungssummen der gem. § 7 oben abgeschlossenen Versicherungen.

(4) Die Gesamtsumme aus Vertragsstrafen gem. § 33 und pauschalierter Minderung gem. § 23 Abs. 5 darf in keinem Fall 10% (zehn Prozent) des Vertragspreises übersteigen.

(5) Der Unternehmer haftet in keinem Fall für den Ersatz mittelbarer Schäden, insbesondere nicht für entgangenen Gewinn oder Verluste des Auftraggebers.

(6) Die Vertragsparteien verpflichten sich wechselseitig, die vorstehenden Haftungsbegrenzungen jeweils zugunsten des anderen Vertragspartners und dessen Erfüllungsgehilfen mit ihren eigenen Erfüllungsgehilfen oder sonstigen Vertragspartnern ebenfalls zu vereinbaren.

(7) Die Haftung gem. § 1 Produkthaftungsgesetz bleibt unberührt.

§ 37 Vergütung

(1) Der vom Auftraggeber zu zahlende Vergütung für alle Lieferungen und Leistungen mit Ausnahme der in Abs. 3 genannten beträgt € ......

(2) Der in Abs. 1 genannte Preis ist ein Pauschal-Festpreis; er unterliegt keinerlei Änderungen, insbesondere auch nicht auf Grund von Lohn- oder Materialkostenänderungen.

(3) Als vorläufige Summe werden vereinbart
a) für die erste Ausstattung des Auftraggebers mit Ersatzteilen ...... €
b) für die Ausbildung des Personals des Auftraggebers ...... €. Über Um-

However, for the purposes of the internal relationship with the Principal the scope of such liability shall not exceed the coverage amount of the insurance policies referred to in § 7 above.

(4) The total amount of the penalties according to § 33 and the lump sum reduction according to § 23 (5) shall in no event exceed 10% (ten percent) of the contractual remuneration.

(5) Under no circumstances shall the Contractor assume liability for consequential damages, in particular, for loss of profits or losses of the Principal.

(6) The Parties to this Agreement mutually agree that the above limitations agreed for the benefit of the counterpart and its respective vicarious agents shall also apply to any own vicarious agent or other parties to any subcontract.

(7) Any liability according to § 1 of the German Product Liability Act shall not be affected.

§ 37 Contractual Remuneration

(1) The contractual remuneration payable by the Principal for all deliveries and services excluding those referred to in subsection 3 hereof shall be € ......

(2) The remuneration referred to in subsection 1 above shall be a flat rate fixed price; it is not subject to any variations, in particular, there shall be no variation as a result of a change of wages or equipment costs.

(3) The preliminary amounts are as follows:
a) for the initial supply to the Principal of spare parts € ......
b) for the training of the staff of the Principal € ...... The amount and in-

fang und Abrechnung der Leistungen zu a) und b) werden gesonderte Vereinbarungen getroffen.

voicing of the services under a) and b) above shall be subject to separate arrangements.

§ 38 Zahlungsbedingungen, Bankgarantien

§ 38 Condition of Payments; Bank Guarantees

(1) Für die Zwecke dieser Zahlungsbedingungen wird die in § 37 Abs. 1 festgelegte Vergütung wie folgt unterteilt:

(1) For the purposes of these payment conditions, the contractual remuneration according to § 37 (1) shall be split as follows:

a) Preis für die Lieferung von Material frei Baustelle: ...... €
b) Preis für Bauarbeiten, Montage, Errichtung und Inbetriebnahme: ...... €.

a) remuneration for the delivery of material on site: € ......
b) remuneration for construction works, installation, erection and start of operations: € ......

(2) Der Auftraggeber überweist nicht später als 20 (zwanzig) Tage nach Vertragsunterzeichnung auf das Konto des Unternehmers bei seiner Hausbank in ...... 20% (zwanzig Prozent) des Vertragspreises, mithin ...... € (in Worten: ...... €) als Anzahlung, vorausgesetzt, dass dem Auftraggeber vom Unternehmer zuvor die folgenden Garantieerklärungen übergeben worden sind:

(2) By no later than 20 (twenty) days after execution of this Agreement, the Principal shall pay 20% of the contractual remuneration as advance payment, i.e. € ...... (in words: € ......) to the Principals account ...... with its bank provided that it shall have received the following guarantees from the Principal:

a) Eine Garantieerklärung zugunsten des Auftraggebers über einen Betrag in Höhe der Anzahlung, ausgestellt als Anzahlungsgarantie von der Bank des Unternehmers. Der Betrag dieser Garantie verringert sich pro rata mit dem Fortschritt der Lieferungen an die Besteller; sie erlischt demgemäß nach der vorläufigen Abnahme gem. § 21 oben. Der Unternehmer hat jedoch die Verlängerung der Gültigkeit der Anzahlungsgarantie auf Ersuchen des Auftraggebers herbeizuführen, wenn eine solche Verlängerung auf Grund verspäteten Abschlusses der Errichtung erforderlich wird.
Die Anzahlungsgarantie muss dem als Anlage VIII diesem Vertrag beigefügten Muster entsprechen.
b) Eine Garantieerklärung zugunsten des Auftraggebers über einen Betrag in Höhe von 10% (zehn Prozent) der Vergütung, ausgestellt als Erfüllungsgarantie von der Bank des Un-

a) A guarantee for the benefit of the Principal equalling the advance payment issued as advance payment guarantee by the bank of the Contractor. The amount of such guarantee shall be reduced on a pro rata basis in accordance with the progress of the deliveries made to the Principal; it shall cease upon preliminary completion in accordance with § 21 above. However, the Contractor shall upon demand of the Principal cause the extension of the validity of the guarantee if such extension should become necessary as a result of any delay of the completion of the erection.
The advance guarantee shall be in form and substance as outlined in Annex VIII to this Agreement.
b) A guarantee for the benefit of the Principal of 10% (ten percent) of the contractual remuneration, issued as contract guarantee by the bank of the Contractor. Such guarantee shall re-

ternehmers. Diese Garantie bleibt in Kraft, bis der Unternehmer alle vertraglichen Lieferungs- und Leistungsverpflichtungen erfüllt hat. Sie hat demgemäß eine Grundlaufzeit bis zu dem vertraglich für die vorläufige Abnahme gem. § 21 oben festgelegten Zeitpunkt (vgl. Anlage II). Der Unternehmer hat jedoch die Verlängerung der Gültigkeit der Erfüllungsgarantie auf Ersuchen des Auftraggebers herbeizuführen, wenn eine solche Verlängerung auf Grund verspäteter vorläufiger Abnahme erforderlich wird.

Die Erfüllungsgarantie muss dem als Anlage IX diesem Vertrag beigefügten Muster entsprechen.

c) Eine Garantieerklärung zugunsten des Auftraggebers über einen Betrag in Höhe von 5% (fünf Prozent) der Vergütung, ausgestellt als Gewährleistungsgarantie von der Bank des Unternehmers. Diese Garantie bleibt in Kraft, bis der Unternehmer alle Gewährleistungsverpflichtungen erfüllt hat. Sie hat demgemäß eine Grundlaufzeit bis zu dem für die endgültige Abnahme gem. § 26 oben festgelegten Zeitpunkt (vgl. Anlage II). Der Unternehmer hat jedoch die Verlängerung der Gültigkeit der Gewährleistungsgarantie auf Ersuchen des Auftraggebers herbeizuführen, wenn eine solche Verlängerung auf Grund verspäteter endgültiger Abnahme erforderlich wird.

Die Gewährleistungsgarantie muss dem als Anlage X diesem Vertrag beigefügten Muster entsprechen.

(3) Für Änderungen und Zusatzaufträge (§ 3 oben) werden Zahlungen wie folgt geleistet, soweit nicht im Einzelfall Abweichendes vereinbart wird:

a) 20% (zwanzig Prozent) unverzüglich nach Erteilung des Auftrages an den Unternehmer durch direkte Überweisung;

b) 70% (siebzig Prozent) bei Fertigstellung der jeweils beauftragten Arbeiten;

main in full force and effect until the Contractor shall have completed all contractual delivery and service obligations. Accordingly, it shall have a base term until the date that has been contractually defined as the date of preliminary acceptance in accordance with § 21 (see Annex II). However, the Contractor shall upon demand of the Principal cause the extension of the validity of the guarantee if such extension should become necessary as a result of any delay of the preliminary acceptance.

The performance guarantee shall be in the form and substance as outlined in Annex IX to this Agreement.

c) A guarantee for the benefit of the Principal of 5% (five percent) of the contractual remuneration, issued as contract guarantee to cover warranty claims issued by the bank of the Contractor. Such guarantee shall remain in full force and effect until the Contractor shall have satisfied all warranty claims. Accordingly, it shall have a base term until the date of the final acceptance in accordance with § 26 (see Annex II). However, the Contractor shall upon demand of the Principal cause the extension of the validity of the guarantee if such extension should become necessary as a result of any delay of the final acceptance.

The performance guarantee shall be in the form and substance outlined in Annex X to this Agreement.

(3) For changes or additional orders (§ 3 above) the following payments shall be made, unless otherwise agreed from time to time:

a) 20% (twenty percent) immediately after placement of the order to the Contractor through direct transfer of funds:

b) 70% (seventy percent) upon completion of the works that shall have been ordered;

c) 10% (zehn Prozent) nach vorläufiger Abnahme der Anlage und Vorlage der vorläufigen Abnahmebescheinigung (§ 21 oben).

(4) Zum Zwecke der Bewertung von Zusatz- und Änderungsaufträgen und von möglichen Schadensersatzansprüchen ist die vertragliche Vergütung gem. Abs. 1 in der als Anlage XI beigefügten „Aufgliederung des Preises" für jede Baugruppe aufgeteilt worden.

§ 39 Vertragsübergang, Unteraufträge

(1) Der Unternehmer darf ohne schriftliche Zustimmung des Auftraggebers den Vertrag weder ganz noch teilweise auf Dritte übertragen; dies gilt auch für einzelne Rechte aus dem Vertrag, ausgenommen die Abtretung von fälligen oder künftigen Zahlungsansprüchen an Banken des Unternehmers zum Zwecke der Refinanzierung.

(2) Der Unternehmer darf nicht die Herstellung der Industrieanlage als Ganzes weitervergeben. Unteraufträge über Teile der Industrieanlage, insbesondere z. B. den Bauteil, darf der Unternehmer – soweit im Vertrag nicht anders vorgesehen – nur mit vorheriger schriftlicher Zustimmung des Auftraggebers erteilen, die nicht ohne triftige Begründung verweigert werden darf. Eine solche Zustimmung befreit den Unternehmer jedoch nicht von irgendeiner vertraglichen Verpflichtung. Der Unternehmer ist für Handlungen und Unterlassungen von Subunternehmern, ihrer Vertreter, Angestellten und sonstigen Mitarbeiten sowie Verrichtungsgehilfen voll verantwortlich.

(3) Der Unternehmer hat unbeschadet seiner eigenen Verantwortung Subunternehmer durch entsprechende vertragliche Regelungen zu verpflichten, die vom Unternehmer übernommenen vertraglichen Verpflichtungen im Rahmen des Gegenstandes des Unterauf-

c) 10% (ten percent) upon preliminary acceptance of the plant and presentation of the preliminary certificate of acceptance (§ 21 above).

(4) The valuation of additional orders or change orders and possible damage claims shall follow from the section "Breakdown of the Remuneration" according to Annex XI hereto which shall break down the contractual remuneration pursuant to subsection 1 into building categories

§ 39 Transfer of Agreement; Subcontracting

(1) The Contractor may not transfer this Agreement or parts thereof to third parties without written approval of the Principal; this shall apply also for individual rights under this Agreement except the assignment of mature or future payments claims to banks of the Contractor for the purposes of refinancing.

(2) The Contractor may not delegate the development of the industrial plant as a whole. Unless otherwise agreed hereunder, the Contractor may sub-contract a part of the industrial plant, in particular the building part with prior written approval of the Principal which shall not be unreasonably withheld. Any such approval shall not relieve the Contractor from any of its contractual duties. The Contractor shall be fully liable for acts or omissions of sub-contractors, their representatives, their staff and other employees and vicarious agents.

(3) Notwithstanding its own responsibility, the Contractor shall commit the sub-contractors through appropriate contractual provisions to fulfil the contractual obligations of the Contractor within the scope of the sub-contract. For such purposes, the Contractor shall,

trages zu erfüllen. Hierzu soll der Unternehmer, soweit möglich, die Bedingungen dieses Vertrages im Verhältnis zwischen sich und dem Unterauftragnehmer für anwendbar erklären.

if possible, ensure that the terms and conditions apply to its agreement with the sub-contractor.

§ 40 Vertraulichkeit

(1) Die Vertragspartner verpflichten sich, den Vertrag, seine Anlagen und alle im Zusammenhang mit der Vertragsabwicklung entstandenen oder entstehenden Unterlagen vertraulich zu behandeln und die vertrauliche Behandlung durch ihre Mitarbeiter sicherzustellen. Sie werden technische und kaufmännische Informationen, die sie im Zusammenhang mit dem Vertrag voneinander erlangen, nicht weitergeben.

(2) Diese Geheimhaltungspflicht gilt nicht für Unterlagen und Informationen, die nachweislich
– allgemein bekannt sind oder allgemein bekannt werden, ohne dass dies von dem betroffenen Vertragspartner zu vertreten ist,
– dem betroffenen Vertragspartner bereits bekannt waren, bevor sie ihm von dem anderen Vertragspartner zugänglich gemacht wurden,
– durch einen Dritten zur Kenntnis des betroffenen Vertragspartners gelangt sind, ohne dass eine Verletzung der Geheimhaltungspflicht vorliegt, die diesem gegenüber dem anderen Vertragspartner obliegt.

(3) Die vorstehenden Verpflichtungen bleiben auch nach Beendigung des Vertrages für die Dauer von 5 (fünf) Jahren in Kraft.

§ 41 Veröffentlichungen

(1) Die Industrieanlage kann jeweils mit Zustimmung des anderen Vertragspartners zum Gegenstand von Veröffentlichungen oder Werbung gemacht werden. Die Zustimmung darf nicht unbillig verweigert werden.

§ 40 Confidentiality

(1) The parties to this Agreement shall treat this Agreement, its Annexes and all documents that shall exist or be prepared in the context of this Agreement confidential and ensure confidential treatment by their staff. They shall not make available any technical or business information that they shall mutually obtain in the context of this Agreement.

(2) This duty of confidentiality shall not apply to documents or information that in a proven manner
– shall be or become common knowledge, save as caused by either party hereof,
– were already known to the relevant party to this Agreement before the same shall have been made available to it,
– shall be made available to the relevant party to this Agreement through a third party, unless this is caused by a violation of the confidentiality undertaking towards the counterpart of this Agreement.

(3) The aforementioned undertaking shall remain in full force and effect for a period of 5 (five) years after expiry of this Agreement.

§ 41 Publications

(1) The industrial plant may be dealt with in publications or advertising if the same shall have been approved by the counterpart, provided that such approval shall not be unreasonably withheld.

(2) Vorbehaltlich der Zustimmung durch den Auftraggeber ist der Unternehmer auch berechtigt, Besuche der Industrieanlage zu arrangieren, vornehmlich zu dem Zweck, die Industrieanlage seinen Kunden oder Interessenten vorzuführen.

(2) Subject to approval of the Principal, the Contractor may arrange visits of the industrial plant for the main purpose of showing the industrial plant to customers or persons interested.

§ 42 Zustellung von Mitteilungen

§ 42 Service of Notices

(1) Sofern in diesem Vertrag nicht ausdrücklich Abweichendes festgelegt ist, werden Mitteilungen, die nach dem Vertrag erforderlich sind, schriftlich übermittelt; sie sind durch Telefax oder Telegramm unter Bestätigung durch einen eingeschriebenen Brief oder schriftlich per Boten gegen Empfangsbestätigung zuzustellen und wie folgt zu adressieren:

a) an den Auftraggeber: ......
b) an den Unternehmer: ......

(1) Unless otherwise agreed in this Agreement, all notices required under this Agreement shall be made in writing; these shall be delivered by fax-letter or telegraph transmission with confirmation or by registered mail or by written instrument delivered by messenger with confirmation of receipt to the following address:

a) to the Principal: ......
b) to the Contractor: ......

(2) Die Vertragspartner können ihre Zustellungs-Adressen jederzeit ändern; die Änderungsnachricht unterliegt denselben Zustellungsvorschriften wie in Abs. 1 festgelegt.

(2) The parties to this Agreement shall be free to change the address of service; any notice of such change shall be subject to the same provisions for service as set out in subsection 1 above.

(3) Der gesamte Schriftwechsel zwischen den Vertragspartnern in Zusammenhang mit der Vertragserfüllung ist an die in Abs. 1 angegebenen oder gem. Abs. 2 geänderten Adressen zu richten.

(3) The entire correspondence between the parties to this Agreement in the context of the performance of the Agreement shall be made to the address specified in subsection 1 above or to any changed address in accordance with subsection 2 above.

(4) Als Projektverantwortlichen benennt der Auftraggeber:
......
Als Projektverantwortlichen benennt der Unternehmer:
......
Die Vertragspartner haben das Recht, mit einer Ankündigungsfrist von einem Monat einen anderen geeigneten Projektverantwortlichen zu benennen. § 16 oben bleibt unberührt.

(4) The Principal shall designate the following project manager:
......
The Contractor shall designate the following project manager:
......
The parties to this Agreement may designate another project manager with a notice period of one month. § 16 above shall remain unaffected.

§ 43 Anlagen zum Vertrag

§ 43 Annexes to this Agreement

Die Anlagen I bis XI, die von beiden Vertragspartnern zu unterzeichnen

The annexes I to XI attached hereto which shall be executed by both parties

sind, stellen wesentliche Bestandteile des Vertrages dar.

shall form integral parts of this Agreement.

§ 44 Anwendbares Recht

Für alle Rechtsbeziehungen, die sich für die Parteien und ihre Rechtsnachfolger aus diesem Vertrag und aus eventuellen Nebengeschäften ergeben, gilt das Recht der Bundesrepublik Deutschland; die Geltung des UN-Kaufrechts ist ausgeschlossen.

§ 44 Applicable Law

All legal relationships that shall arise for the parties or its successors from this Agreement or from possible ancillary arrangements shall be subject to German law; UN trade laws shall not be applicable.

§ 45 Schiedsgericht

Etwaige Streitigkeiten aus diesem Vertrag oder in Zusammenhang mit diesem Vertrag, insbesondere auch über seinen Bestand oder seine Beendigung, entscheidet unter Ausschluss des ordentlichen Rechtsweges endgültig und bindend ein Schiedsgericht, das aus drei Schiedsrichtern besteht, gem. gesondert geschlossenem Schiedsvertrag. Das Verfahren richtet sich nach der Schiedsordnung.

§ 45 Arbitration

Any disputes arising from this Agreement or in the context of this Agreement, in particular disputes on validity or termination shall, with excluding effect in relation to ordinary proceedings be subject to a decision of an arbitration panel consisting of three arbitrators in accordance with an arbitration agreement that shall be agreed separately.

§ 46 Änderungen, Wirksamkeit

(1) Änderungen und Ergänzungen des Vertrages bedürfen zu ihrer Wirksamkeit der Schriftform; sie sind in einem beiderseits rechtsverbindlich unterzeichneten Dokument mit Datum und fortlaufender Nummer der Vertragsergänzungen niederzulegen, von dem jeder Vertragspartner ein Exemplar erhält.

§ 46 Changes, Validity

(1) Amendments or supplement to this Agreement shall be in writing; they shall be recorded in a document and signed by both parties with numbering of any supplement; each party shall receive one copy thereof.

(2) Sollte eine der Bestimmungen dieses Vertrages unwirksam sein oder werden, wird dadurch die Wirksamkeit der übrigen nicht berührt. Die Vertragspartner werden vielmehr zusammenwirken, um an die Stelle der unwirksamen Bestimmung eine rechtlich zulässige und wirksame zu setzen, welche geeignet ist, den mit der unwirksamen Bestimmung beabsichtigen Erfolg zu erreichen. Entsprechendes gilt für die Ausfüllung von Vertragslücken.

(2) If a provision of this Agreement shall be or become invalid, then this shall not affect the validity of the other provisions. The parties of this Agreement shall co-operate to replace the invalid provision by a legally permissible and valid provision that shall achieve the result that should have been achieved by the invalid provision. This shall apply accordingly to any gaps in the Agreement.

2. Entwicklungsvertrag	2. Development Agreement

zwischen
Firma ......
                                    – Auftraggeber –
Und
Firma ......
                        – Auftragnehmer –

between
Messrs. ......
                                        – Customer –
and
Messrs. ......
                                    – Contractor –

§ 1 Vertragsgegenstand; Räumlichkeiten

§ 1 Subject of Agreement; Premises

(1) Der Auftragnehmer hat dem Auftraggeber das als Anlage 1 beigefügte Angebot zur technischen Entwicklung von ...... unterbreitet. Dieses Angebot ist Grundlage in Anlage 2 niedergelegten Lieferungen und Leistungen des Auftragnehmers sowie des darin festgelegten Zeitplanes und der im Rahmen des Zeitplanes zu einzuhaltenden Meilensteine. Anlage 1 und Anlage 2 bilden den Gegenstand der vom Auftragnehmer nach dieser Vereinbarung geschuldeten Tätigkeiten.

(1) The Contractor has provided the Customer with an offer to technical development of ...... attached hereto as Annex 1. Such offer constitutes the basis for the supplies and services of the Contractor as per Annex 2 including the time table and milestones to be completed within such time table. Annex 1 and Annex 2 constitute key contents of the Contractor's works owed under this Agreement.

(2) Der Auftragnehmer übernimmt es, die Entwicklungsarbeiten gem. Abs. 1 mit Abschluss dieser Vereinbarung aufzunehmen und bis zum ...... zu vollenden.

(2) The Contractor agrees to start upon conclusion of this Agreement and complete by ...... the development works referred to in subsection 1 above.

(3) Zur Durchführung der Tätigkeiten des Auftragnehmers stellt der Auftraggeber dem Auftragnehmer die in Anlage 3 bezeichneten Räumlichkeiten nebst zugehöriger Ausstattung zur Verfügung. Der Auftraggeber stellt sicher, dass der Auftragnehmer, seine Beschäftigten sowie vom Auftragnehmer eingeschaltete dritte Personen, insbesondere Lieferanten und Unterauftragnehmer, uneingeschränkten Zutritt zu diesen Räumlichkeiten erhalten.

(3) For the purposes of the Contractor executing these works, the Customer shall make available to the Contractor the premises referred to in Annex 3 hereto which shall include the equipment belonging to such premises. The Customer ensures that the Contractor, its employees or third parties retained by the Contractor including suppliers and sub-contractors shall have unrestricted access to such premises.

§ 2 Informationsaustausch

§ 2 Exchange of Information

(1) Der Auftragnehmer wird den Auftraggeber zum Ende eines jeden Kalenderquartals, erstmals jedoch zum ......

(1) The Contractor agrees to inform the Customer by the end of each calendar quarter and initially on the ...... on the

über den Fortgang seiner Tätigkeiten in Form eines schriftlichen Berichtes unterrichten. Dieser hat eine zusammenfassende Darstellung der durchgeführten Entwicklungsarbeiten und der hierbei erzielten Ergebnisse zu enthalten. Auf Verlangen des Auftraggebers ist der Inhalt dieser Berichte vom Auftragnehmer mündlich zu erläutern.

(2) Der Auftragnehmer verpflichtet sich, den Auftraggeber unverzüglich über zu erwartende oder tatsächliche Abweichungen von dem in Anlage 2 festgelegten Zeitplan oder von dem Vollendungszeitpunkt gem. § 1 Abs. 2 schriftlich unter Angabe der hierfür maßgeblichen Gründe zu unterrichten. Die Parteien stellen klar, dass ein Anspruch des Auftragnehmers auf Veränderung der in Anlage 2 vorgesehenen Fristen nicht besteht.

(3) Der Auftraggeber ist berechtigt, nach vorheriger rechtzeitiger Vorankündigung und Abstimmung mit dem Auftragnehmer, während der üblichen Geschäftszeiten den Fortgang der Entwicklungsarbeiten zu beobachten und sich über den Stand der Arbeiten informieren. Auf Wunsch des Auftraggebers können sich die Vertragspartner einvernehmlich verständigen, dass das Recht gem. Satz 1 von einem sachverständigen Dritten wahrgenommen wird. Der Auftragnehmer kann seine Zustimmung hierzu nur aus wichtigem Grund verweigern.

(4) Dem Auftragnehmer ist bekannt, dass die vom Auftraggeber gestellten Qualitätsmindestanforderungen sich an DIN ISO 9000 orientieren. Der Auftragnehmer erklärt, dass er eine entsprechende Zertifizierung besitzt. Weiterhin erklärt der Auftragnehmer, dass er seine Entwicklungsarbeiten unter Zugrundelegung der als Anlage 4 beigefügten Qualitätssicherungsrichtlinien des Auftraggebers durchführen wird. Der Auftraggeber ist jederzeit berechtigt, die Einhaltung dieser Qualitätssicherungsrichtlinien in den Entwicklungsstät-

progress of its works through a written report. This shall include a summary presentation of the development works and the results achieved. Upon demand of the Customer, the Contractor shall provide verbal comments on the content of these reports.

(2) The Contractor agrees to immediately inform the Customer in writing and give reasons for any expected or actual deviations from the time table set out in Annex 2 or the completion date as agreed in § 1 subsection 2 above. For the avoidance of doubt, the parties agree that the Contractor shall have no right to demand changes of the deadlines set out in Annex 2.

(3) The Customer is entitled to verify the progress of the development works and to update itself on the status of such works after giving advance notice and consultation with the Contractor. Upon demand of the Customer, the parties may mutually agree that such inspection rights set out in subsection 1 above may be exercised by a qualified third party. The Contractor shall not unreasonably withhold its consent hereto.

(4) The Contractor is aware that the minimum quality requirements of the Customer are based on DIN ISO 9000. The Contractor represents that it is certified accordingly. The Contractor further represents that it will conduct its development works in accordance with the Customer's quality assurance guidelines set out in Annex 4 hereto. The Customer shall at all times be entitled to verify compliance with these quality assurance guidelines in the development facilities of the Contractor or have such audit performed through

ten des Auftragnehmers zu überprüfen oder durch einen neutralen externen Qualitätssicherungsfachmann überprüfen zu lassen.

an independent external quality assurance expert.

(5) Die Vertragspartner teilen dem jeweils anderen Vertragspartner innerhalb von 10 Tagen nach Unterzeichnung des Vertrages einen Ansprechpartner sowie dessen Stellvertreter schriftlich mit. Für den Auftragnehmer ist der Leiter dieses Entwicklungsprojektes als Ansprechpartner zu benennen.

(5) By no later than 10 days after conclusion of this Agreement the parties shall nominate towards their counterpart a person in charge and its deputy. On the Contractor's side, this shall be the project leader.

§ 3 Übertragbarkeit von Verpflichtungen

§ 3 Transfer of Obligations

(1) Die Parteien sind sich darin einig, dass die Beauftragung des Auftragnehmers entscheidend auf die Sachkunde des Auftragnehmers beruht und die nach dieser Vereinbarung geschuldeten Tätigkeiten grundsätzlich von dem Auftragnehmer höchstpersönlich zu erbringen sind.

(1) The parties agree that the mandate of the Contractor is mainly based on his expertise and that the services owed under the terms of this Agreement shall generally be provided in person only.

(2) Jegliche – auch nur teilweise – Übertragung von Verpflichtungen nach dieser Vereinbarung an dritte Personen bedarf der vorherigen schriftlichen Einwilligung des Auftraggebers.

(2) Any transfer (including a partial transfer) of obligations under this Agreement to any third party shall require prior written consent of the Customer.

(3) Die Rechte aus diesem Vertrag dürfen von keinem Vertragspartner ohne vorherige schriftliche Zustimmung des anderen Vertragspartners ganz oder teilweise an einen Dritten übertragen werden.

(3) No party may transfer any rights under this Agreement or parts thereof to any third party without prior written consent of the counterpart.

§ 4 Vergütung; Fälligkeit

§ 4 Remuneration; Due Date

(1) Die Gesamtvergütung für die vom Auftragnehmer zu erbringenden vertragsgegenständlichen Lieferungen und Leistungen gem. § 1 Abs. 1 dieses Vertrages, beträgt pauschal € ...... zuzüglich gesetzlicher Umsatzsteuer. Damit sind alle durch den Auftragnehmer zu erbringenden Leistungen (einschließlich nach § 3 Abs. 2 gestatteter Drittleistungen) abgegolten.

(1) The total remuneration for the supplies and services (of the Contractor) provided under this Agreement under § 1 subsection 1 shall be € ...... plus VAT. This shall cover all works of the Contactor (including any third party services permitted in accordance with § 3 subsection 2).

(2) Die Gesamtvergütung ist in Teilbeträgen fällig, die sich nach der vertragsgemäßen Erfüllung der Meilensteine gem. Anlage 2 richtet. Die Parteien vereinbaren folgende Fälligkeitsregelung mit der Maßgabe, dass der Auftraggeber die Zahlungen jeweils gegen jeweilige Rechnung des Auftragnehmers innerhalb einer Frist von 14 Tagen leisten wird.

(2) The total remuneration shall be payable in instalments in accordance with the achievement of the milestones according to Annex 2. The parties agree on the following due dates provided that the Customer shall make the payments within 14 days after having being invoiced by the Contractor.

€ ...... nach Inkrafttreten dieses Vertrages

€ ...... upon conclusion of this Agreement

€ ...... nach Vollendung Meilenstein 1

€ ...... upon completion of milestone 1

€ ...... nach Vollendung Meilenstein 2

€ ...... upon completion of milestone 2

€ ...... nach Vollendung Meilenstein 3

€ ...... upon completion of milestone 3

€ ...... nach Vollendung Meilenstein 4

€ ...... upon completion of milestone 4

€ ...... nach Abnahme gem. § 5

€ ...... upon acceptance in accordance with § 5

€ ...... nach Ablauf der Gewährleistungsfrist gem. § 10.

€ ...... upon expiry of the warranty term in accordance with § 10.

(3) Der Auftragnehmer ist berechtigt, die Zahlung der Schlussrate auch vor Ablauf der Gewährleistungsfrist zu verlangen, wenn er dem Auftraggeber eine Gewährleistungsgarantie in gleicher Höhe übergibt. Anfallende Avalprovisionen für eine solche Gewährleistungsgarantie trägt der Auftragnehmer. Spätestens zehn Tage nach Ablauf der Gewährleistungsfrist wird der Auftraggeber dem Auftragnehmer die Originalurkunde der Gewährleistungsgarantie herausgeben.

(3) The Contractor is entitled to demand payment of the final instalment prior to expiry of the warranty term if he provides the Customer with a bank guarantee of even amount to cover any warranty claims. Any fees for such bank guarantee shall be at the expense of the Contractor. By no later than ten days after expiry of the warranty term the Customer will hand over to the Contractor the guarantee deed.

(4) Unbeschadet gesetzlicher Regelungen kann der Auftragnehmer bei nicht rechtzeitiger Zahlung ab Fälligkeit Verzugszinsen in Höhe von 5% über dem Leitzins der EZB berechnen, ohne dass es einer Mahnung bedarf. Höhere Zinsen können bei Nachweis berechnet werden.

(4) Notwithstanding any provisions of statutory law, the Contractor may in the event of late payments demand payment of a default interest of 5% above the prime rate of the ECB without being required to serve a warning notice. The Contractor shall be free to claim compensation of a proven higher interest amount.

§ 5 Abnahme

(1) Der Auftragnehmer wird dem Auftraggeber ...... Tage vor dem vertraglichen Abnahmezeitpunkt gem. § 1 Abs. 2 schriftlich die Abnahmebereitschaft des Entwicklungsergebnisses anzukündigen. Die Vertragspartner werden sodann eine förmliche Abnahme durchführen. Grundlage der Abnahme ist der Spezifikations- und Leistungskatalog gem. Anlage 5. Über die Abnahme ist ein Protokoll zu erstellen, dass von beiden Parteien unterzeichnet wird.

(2) Sofern wesentliche Mängel vorliegen, ist der Auftraggeber berechtigt, die Abnahme zu verweigern, bis der Auftragnehmer innerhalb einer hierfür zu setzenden angemessenen Frist die beanstandeten Mängel beseitigt hat. Im Falle nicht wesentlicher Mängel ist der Auftraggeber zur Abnahme verpflichtet. Mängel sind im Abnahmeprotokoll zu dokumentieren. Der Auftragnehmer ist verpflichtet, diese Mängel innerhalb einer angemessenen Frist zu beseitigen.

(3) Sollte sich die Abnahme aus Gründen, die der Auftragnehmer nicht zu vertreten hat, verzögern, gilt die Abnahme als an dem Vollendungszeitpunkt gem. § 1 Abs. 2 erfolgt. Die Abnahme gilt ebenfalls als erfolgt, wenn der Auftraggeber den Vertragsgegenstand in Besitz nimmt oder in sonstiger Weise nutzt.

§ 6 Vertragsstrafe

(1) Befindet sich der Auftragnehmer mit dem vertraglich vereinbarten Abnahmetermin in Verzug, ist er zur Zahlung einer Vertragsstrafe an den Auftraggeber verpflichtet. Diese beträgt pro vollendeter Woche des Verzuges ......% des Netto-Gesamtvergütungsbetrages; die Höhe ist auf ......% des Netto-Gesamtvergütungsbetrages begrenzt.

(2) Dem Auftraggeber bleibt das Recht der Geltendmachung weitergehender Schadenersatzansprüche vorbehalten;

§ 5 Acceptance

(1) ...... days prior to the anticipated date of acceptance as set out in § 1 subsection 2, the Contractor shall notify the Customer in writing on the readiness of acceptance of the development result. The parties shall thereupon conduct a formal acceptance procedure. The specification and service list attached hereto as Annex 5 shall form the basis of the acceptance. The acceptance shall be recorded in minutes and be signed by both parties.

(2) The Customer may refuse acceptance in the event of material faults until the Contractor shall have remedied such faults with a reasonable grace period that the Customer shall specify for such purpose. In the event of non-material faults, the Customer shall be under an obligation to accept. All faults shall be recorded in the minutes of acceptance. The Contractors is obliged to remedy these fault within a reasonable period of time.

(3) If, for reasons outside the control of the Contractor, the acceptance date shall be delayed, then acceptance is deemed to have occurred at the completion date as set out in § 1 sub-section 2 above. Acceptance shall also be deemed to have occurred if the Customer takes possession of, or uses otherwise, the contractual equipment.

§ 6 Penalty

(1) If the Contractor shall be late in meeting the date of acceptance agreed hereunder, then it shall pay a penalty to the Customer. This shall be ......% of the overall net remuneration for each complete week of default provided that the maximum amount shall be no more than ......% of the overall net remuneration.

(2) This shall be without prejudice of the Customer's right to claim further damage compensation; in such case,

in diesem Falle sind geleistete Vertragsstrafenzahlungen auf einen solchen Anspruch anzurechnen.

any penalty payments shall be credited towards such claims.

§ 7 Gewerbliche Schutzrechte

(1) Die Parteien stellen übereinstimmend fest, dass der Auftragnehmer zum Vertragsschlusszeitpunkt über die in Anlage 6 aufgeführten gewerblichen Schutzrechte verfügt. Unbeschadet einer etwaigen Verwendung im Rahmen dieses Vertrages verbleiben diese Schutzrechte bei dem Auftraggeber.

(2) Erfindungen, die Arbeitnehmer des Auftragnehmers während der Dauer im Rahmen der Erfüllung der Vertragspflichten tätigen, wird der Auftragnehmer dem Auftraggeber unverzüglich zur Kenntnis bringen und zur Übernahme anbieten. Der Auftraggeber wird dem Auftragnehmer innerhalb einer Frist von 4 Wochen nach Zugang dieses Angebotes schriftlich mitteilen, ob er die Rechte an der Erfindung übernimmt. Der Auftraggeber wird die Erfindung und alle ihm darüber mitgeteilten Einzelheiten so lange geheim halten, wie es für die reibungslose Durchführung einer Schutzrechtsanmeldung erforderlich ist.

(3) Falls der Auftraggeber schriftlich mitteilt, kein Interesse an der Übernahme der Rechte an der Erfindung zu haben, ist der Auftragnehmer berechtigt, diese beschränkt oder unbeschränkt in Anspruch zu nehmen und auf eigene Kosten zum Schutzrecht anzumelden. Das Schutzrecht steht dann dem Auftragnehmer uneingeschränkt zur Benutzung zu.

(4) Beabsichtigt der Auftragnehmer, ein von ihm nach vorstehendem Abs. 3 angemeldetes Schutzrecht nicht fortzuführen oder aufrechtzuerhalten, ist er verpflichtet, den Auftraggeber über diese Absicht rechtzeitig schriftlich zu informieren und ihm das Schutzrecht zur kostenlosen Übernahme anzu-

§ 7 Intellectual Property Rights

(1) The parties mutually confirm that, at the time of the conclusion of this Agreement, the Contractor owns the intellectual property rights as listed in Annex 6 hereto. Notwithstanding any use for the purposes of this Agreement, these property rights shall remain with the Contractor.

(2) The Contractor agrees to immediately inform the Customer and offer for acquisition any inventions that employees of the Contractor shall make during the term and in the course of discharging the contractual obligations of this Agreement. The Customer shall within 4 weeks after receipt of such offer inform the Contractor in writing whether it assumes the rights attached to such invention. The Customer agrees to keep confidential the invention and all details having been made available to it so long as necessary ensure a smooth filing of intellectual property.

(3) If the Customer states in writing that it has no interest in taking over the rights attached to the invention, then the Contractor shall have the right to use it (or parts thereof) and to file as intellectual property at it own expense. Such intellectual property shall then be at the unrestricted disposal of the Contractor.

(4) If the Contractor intends to discontinue the use or maintenance of an intellectual property that it has filed in accordance with subsection 3 above, then it shall notify the Customer of such intention in writing and shall offer to it the proprietary rights for take over free of charge. If the Customer accepts

bieten. Erklärt der Auftraggeber die schriftliche Annahme dieses Übernahmeangebotes binnen 4 Wochen nach Zugang, hat er die Kosten der Übertragung sowie Fortführung und Aufrechterhaltung dieses Schutzrechtes zu tragen; anderenfalls ist der Auftragnehmer ohne weitere Nachricht berechtigt, die beabsichtigte Schutzrechtsaufgabe durchzuführen. Im Falle der einvernehmlichen Übernahme eines solchen Schutzrechtes werden die Vertragspartner alle zur Übertragung erforderlichen Handlungen vornehmen und Erklärungen abgeben.

(5) Der Auftragnehmer räumt dem Auftraggeber ein nicht ausschließliches, nicht übertragbares Benutzungsrecht an den unter § 7 Abs. 1 dieses Vertrages genannten Schutzrechten ein, soweit die jeweils zugrundeliegenden Erfindungen das Entwicklungsergebnis zumindest mitverursacht haben. Die Vertragspartner werden sich rechtzeitig vor Benutzung solcher Schutzrechte über den Abschluss eines Lizenzvertrages zu angemessenen und branchenüblichen Bedingungen verständigen. Im Streitfall entscheidet über die Angemessenheit und Branchenüblichkeit ein von den Vertragsparteien zu benennender Sachverständiger als Dritter im Sinne des § 317 BGB. Falls sich die Vertragspartner binnen 4 Wochen auf keinen gemeinsamen Sachverständigen einigen können, hat der Präsident der Industrie- und Handelskammer in ...... auf Antrag eines Vertragspartners einen neutralen Sachverständigen zu bestimmen.

§ 8 Gewährleistung

(1) Der Auftragnehmer gewährleistet die Durchführung der Projektarbeiten nach dem Stand von Wissenschaft und Technik. Außerdem gewährleistet der Auftragnehmer, die Entwicklungsleistungen so zu erbringen bzw. den Entwicklungsgegenstand so herzustellen, dass sie die zugesicherten Eigenschaften haben und nicht mit Fehlern behaf-

such offer in writing by no later than four weeks after having received the offer, then it shall assume all costs of transfer, continuation and maintenance of the property right; if not, then the Contractor may without further notice proceed with the proposed discontinuation. In the event of an agreed transfer of such property right, the parties will do all acts and file all declarations necessary to implement such transfer.

(5) The Contractor grants to the Customer a non-exclusive and non-transferable right to use the proprietary rights referred to in § 7 sub-section 1 above to the extent the underlying inventions have been of (at least of a partial) causal effect to the development results. The parties hereto will well ahead of the use of such property agree on the use of such rights through conclusion of a license agreement at terms that shall be appropriate and reflect common business practice. Failing such agreement, a third party expert appointed by the parties shall determine in accordance with § 317 of the German Civil Code what shall be appropriate and reflect common business practice. If the parties should be unable to agree within four weeks on a common expert, then the president of the Chamber of Industry and Commerce of ...... shall appoint such expert upon demand of one on the parties hereto.

§ 8 Warranty

(1) The Contractor represents and warrants that the project works will be conducted in accordance with the state of the art science and technical expertise. The Contractor further agrees to perform the development works and to procure completion of the developed equipment such that it is in accordance with the agreed specification and free

tet sind, die den Wert oder die Taug-
lichkeit zu dem gewöhnlichen oder
dem nach dem Vertrage vorausgesetzten Gebrauch aufheben oder mindern.
Die Gewährleistungsfrist beträgt ......
Monate ab dem Zeitpunkt der förm-
lichen Abnahme.

(2) Im Falle mangelhafteter Lieferun-
gen/Leistungen wird der Auftragnehmer binnen angemessener Frist entweder nachbessern oder die mangelhaften
Lieferungen bzw. Teile durch neue ersetzen. Dieses Recht auf Nachbesserung
bzw. Nachlieferung steht dem Auftragnehmer für jeden Gewährleistungs-
fall zwei Mal zu. Nach dem erfolglosen
Ablauf der zweiten Beseitigungsfrist
kann der Auftraggeber Rückgängigma-
chung des Vertrages oder Herabsetzung der Vergütung verlangen. Jegliche
Gewährleistungsansprüche sind ausgeschlossen, falls der Entwicklungsgegenstand ohne vorherige schriftliche Zustimmung des Auftragnehmers verändert oder repariert wird.

(3) Der Auftragnehmer haftet nicht für
weitergehende bzw. Folgeschäden bzw.
für solche Schäden, die nicht am Entwicklungsgegenstand auftreten, es sei
denn, dem Auftragnehmer ist vorsätzliches oder grob fahrlässiges Handeln
vorzuwerfen. Von der Gewährleistung ausgeschlossen sind normale Ver-
schleißteile sowie Teile, die einer betriebsbedingten Abnutzung unterliegen.

(4) Der Auftragnehmer übernimmt keine Gewährleistung dafür, dass die erzielten Entwicklungsergebnisse nicht
gegen Schutzrechte Dritter verstoßen.
Er wird sich jedoch nach besten Kräfte
bemühen, einen solchen Verstoß zu
vermeiden. Im Rahmen dieser Bemü-
hung wird der Auftragnehmer auf
eigene Kosten mit der eigenüblichen
Sorgfalt nach potentiell entgegenste-
henden deutschen Schutzrechten re-
cherchieren. Über das Ergebnis dieser
Recherche wird er den Auftraggeber in
Kenntnis setzen.

of defects that would jeopardise or de-
teriorate the value or the ability of
being used generally or as assumed
under this Agreement. The warranty
term shall be ...... months starting at
the date of formal acceptance.

(2) In the event of defective deliveries/
services the Contractor shall, within a
reasonable period of time either cure
the same or replace defective deliveries
through new parts. The Customer may
exercise such right to demand remedial
works or replacement delivery twice
for each warranty case. Upon unsuc-
cessfully expiry of the second grace
period, the Customer may rescind this
Agreement or demand a reduction of
the remuneration. Warranty claims
shall not exist if the developed equip
ment shall have been altered or re-
paired without prior written consent of
the Contractor.

(3) The Contractor does not assume any
liability for further damages or consequential damages or damages outside
the developed equipment unless such
damages shall have been caused by
gross negligence or wilful misconduct.
The warranty shall not cover those
parts that are subject to normal or
operationally caused wear and tear.

(4) The Contractor does not assume any
warranty that the development results
achieved will not infringe any third
party intellectual property rights. However, it agrees to use its best efforts to
avoid such infringement. As part of
such efforts, the Contractor will with
reasonable care at its own expense conduct a research on possibly conflicting
intellectual property. It will inform the
Customer of the results of such research.

§ 9 Haftung

(1) Der Auftragnehmer haftet nur im Falle von Vorsatz und grober Fahrlässigkeit. Jegliche Haftung für indirekte und/oder Folgeschäden, insbesondere wegen entgangenem Gewinns oder Produktionsausfall ist ausdrücklich ausgeschlossen.

(2) Soweit der Auftragnehmer, seine Mitarbeiter oder Erfüllungsgehilfen von Dritten, delikts- bzw. produkthaftungsrechtlich von Dritten in Anspruch genommen wird – gleich aus welchen Gründen – hat der Auftraggeber den Auftragnehmer auf erstes Anfordern von solchen Schadenersatzansprüchen freizustellen. Dies gilt nicht, im Falle von vorsätzlichem oder grob fahrlässigen Handeln seitens des Auftragnehmers bzw. seiner Mitarbeiter bzw. Erfüllungsgehilfen.

§ 10 Geheimhaltung

(1) Der Auftragnehmer verpflichtet sich, die während der Durchführung der Entwicklungsarbeiten erzielten Entwicklungsergebnisse dem Auftraggeber zur Verfügung zu stellen und dem Auftraggeber übermittelte Berichte und Korrespondenz weder zu veröffentlichen noch Dritten bekannt zu geben, sofern ihm dies nicht vom Auftraggeber schriftlich gestattet worden ist. Der Auftragnehmer ist ferner verpflichtet, die vom Auftraggeber offenbarten Geschäfts- und Betriebsgeheimnisse, insbesondere auch das zum Zwecke der Durchführung der Entwicklungsarbeiten mitgeteilte Know-how weder im Rahmen eigener Arbeiten zu gebrauchen oder zu verwerten noch Dritten zur Kenntnis zu bringen.

(2) Die Vertragspartner sind verpflichtet, über entstandene Erfindungen und Schutzrechtsanmeldungen bis zum Tag der Offenlegung strengstes Stillschweigen zu bewahren.

(3) Der Auftragnehmer ist verpflichtet, Unterauftragnehmer, freie Mitarbeiter

§ 9 Liability

(1) The Contractor shall only be liable for wilful misconduct and gross negligence. Any liability for indirect and/or consequential damages including loss of profit or loss of production shall be expressly excluded.

(2) To the extent that any third party shall (on whatever basis) raise any claims against the Contractor, its employees or agents, the Customer shall, upon first written demand, indemnify the Contractor against such damage compensation claims. This shall not apply in the event of gross negligence or wilful misconduct on the side of the Contractor, its employees or agents.

§ 10 Secrecy

(1) The Contractor agrees to make available to the Customer the development results obtained throughout the performance of the development works and shall not make public or available to any third party reports or correspondence sent to the Customer unless the same shall have been approved in writing by the Customer. The Contractor further agrees not to use for own works or exploit the same or make known to any third party any business secrets disclosed to it by the Customer including any know-how that it shall have provided with for the purposes of the development works.

(2) The parties agree that inventions made and intellectual property filings shall until the date of their disclosure shall be kept strictly confidential.

(3) The Contractor agrees to impose the confidentiality undertaking assumed

sowie von ihm eingesetzte Arbeitnehmer im Sinne der vorgenannten Bestimmungen zur Geheimhaltung schriftlich zu verpflichten.

(4) Die Geheimhaltungsverpflichtungen
nach dieser Bestimmungen werden
nicht durch eine Beendigung dieses
Vertrages berührt und bleiben noch
über einen Zeitraum von drei Jahren ab
Beendigung des Vertrages in Kraft.

§ 11 Kündigung

(1) Der Auftraggeber kann diesen Vertrag mit einer Frist von einem Monat
zum Ende eines Kalendervierteljahres
kündigen, erstmals jedoch zum ......

(2) Der Auftraggeber trägt die bis zum
Zeitpunkt des Wirksamwerdens der
Kündigung beim Auftragnehmer ange-
fallenen und nicht mehr abwendbaren
durch diesen Vertrag bedingten Kosten.
Alle Zahlungen einschließlich dieser
Restabgeltung dürfen die Vergütung
gem. § 4 im Falle eines ungekündigten
Vertrages nicht übersteigen.

(3) Unbeschadet der vorstehenden Regelungen kann dieser Vertrag von den
Vertragspartnern ohne Einhaltung einer
Kündigungsfrist aus wichtigem Grund
gekündigt werden. Ein wichtiger
Grund zur außerordentlichen Kündigung durch den Auftragnehmer ist insbesondere dann gegeben, wenn der
Auftraggeber seine Zahlungen trotz
Mahnung mit Nachfristsetzung nicht
oder nicht rechtzeitig leistet.

§ 12 Schlussbestimmungen

(1) Mündliche Nebenabreden sind nicht
getroffen. Änderungen oder Ergänzungen zu dieser Vereinbarung einschließlich dieser Bestimmungen müssen
schriftlich erfolgen.

(2) Sollte eine Bestimmung dieses Vertrages ganz oder teilweise unwirksam
oder undurchsetzbar sein, werden die
Wirksamkeit und Durchsetzbarkeit al-

under the foregoing provisions to sub-
contractors, free lancers and employees
retained by it.

(4) The confidentiality undertaking according to these provisions shall survive the expiry of this Agreement and
remain in force for three years after
expiry of this Agreement.

§ 11 Termination

(1) The Customer may terminate this
Agreement with a notice period of one
month effective as at the end of any
calendar quarter, but in no event earlier
than by ......

(2) The Customer agrees to assume all
costs accrued on the Contractor's side
(including unavoidable costs) until
such time at which the termination
takes effect. All payments including the
settlement payment hereunder may not
exceed the overall remuneration owed
under § 4 if the Agreement had not
been terminated.

(3) Without prejudice to the foregoing
provisions, either party may terminate
this Agreement for good cause. A good
cause on the Contractor's side shall be
the failure of the Customer to make its
payments or to make the payments
timely despite a warning notice and
specifying a cure period.

§ 12 Final Provisions

(1) No verbal side arrangements have
been made. Amendments or supplements to this Agreement including this
provision shall be in writing.

(2) If any provision of this Agreement
shall be entirely or partly invalid or
unenforceable, this shall not affect the
validity and enforceability of all other

ler übrigen Bestimmungen dieses Vertrages davon nicht berührt. Die unwirksame oder undurchsetzbare Bestimmung ist als durch diejenige wirksame und durchsetzbare Bestimmung als ersetzt anzusehen, die dem von den Parteien mit der unwirksamen oder undurchsetzbaren Bestimmung verfolgten wirtschaftlichen Zweck am nächsten kommt.

(3) Diese Vereinbarung und ihre Auslegung unterliegt dem Recht der Bundesrepublik Deutschland. Nicht ausschließlicher Gerichtsstand für alle sich zwischen den Parteien aus dieser Vereinbarung ergebenden Streitigkeiten ist ......

provisions of this Agreement. The invalid or unenforceable provision shall be regarded as replaced by such valid and enforceable provision that as closely as possible reflects the economic purpose that the parties hereto had pursued with the invalid or unenforceable provision.

(3) This Agreement shall be governed and construed in accordance with the laws of the Federal Republic of Germany. The courts of ...... shall have non-exclusive jurisdiction for all disputes between the parties arising from this Agreement.

3. Sponsorenvertrag

Zwischen

......

– nachfolgend als Sponsor
bezeichnet –

und

......

– nachfolgend als der Gesponserte
bezeichnet –

Der Sponsor befasst sich mit der Produktion von ...... und ist daran interessiert, seine Bekanntheit und die seiner Produkte im Wege des Sponsorings zu steigern.

Der Gesponserte ist Sportler mit nationaler und internationaler Bekanntheit und daran interessiert nach Maßgabe der Regelungen dieser Vereinbarung, durch den Sponsor unterstützt und ausgerüstet zu werden.

Daher treffen die Parteien folgende Vereinbarung:

§ 1 Zahlungen des Sponsors

(1) Der Sponsor verpflichtet sich, an den Gesponserten einen jährlichen Betrag von € ...... zzgl. Ust zu leisten. Dieser Betrag ist in 12 gleich hohen Teilbeträgen auf ein von dem Gesponserten zu bezeichnendes Konto zu leisten. De Teilbeträge sind zum dritten Werktag eines jeden Kalendermonats zur Zahlung fällig.

(2) Der Sponsor verpflichtet sich ferner, an den Gesponserten einen Betrag von € ...... für jede Erwähnung des Gesponserten in allen solchen elektronischen oder Printmedien zu zahlen, die in der Aufstellung gem. Anlage 1 genannt sind. Der Sponsor behält sich das Recht zur Überprüfung und Veränderung dieser Liste vor, soweit er dies für angemessen hält. Jedoch darf die Gesamtanzahl der elektronischen Medien in keinem Fall ...... und die Gesamtanzahl der Printmedien ...... unterschreiten.

3. Sponsoring Agreement

Between

......

– hereinafter referred to as
the Sponsor –

and

......

– hereinafter referred to as
the Sponsored –

The Sponsor manufactures ...... and is interested in increasing the reputation of his products through sponsoring.

The Sponsored is a sportsman with national and international reputation and is interested in being supported and equipped by the Sponsor in accordance with the terms and conditions of this Agreement.

Therefore, the parties have agreed as follows:

§ 1 The Sponsor's Payments

(1) The Sponsor agrees to pay to the Sponsored an annual amount of € ...... plus VAT. Such amount shall be payable in 12 equal instalments to a bank account which shall be specified by the Sponsored. The monthly instalments shall be due and payable by the 3rd working day of each calendar month.

(2) The Sponsor further agrees to pay to the Sponsored € ...... plus VAT for each featuring of the Sponsored in such electronic or print media as specified in the media list attached hereto as Annex 1 hereto. The Sponsor reserves its right to review and change the media list and as it deems appropriate. However, the overall number of electronic media shall in no event be less than ...... and the number of print media shall be no less than ......

(3) Der Sponsor verpflichtet sich darüber hinaus, an den Gesponserten einen Leistungsbonus zu zahlen, der sich nach den Turniererfolgen des Gesponserten richtet. Für diese Zwecke haben die Parteien die Turniere in die Kategorien 1, 2 und 3 unterteilt. Die Zahlungsmodalitäten in Bezug auf den Leistungsbonus sind in Anlage 2 niedergelegt.

(4) Falls der Sponsor mit vertraglich geschuldeten Zahlungen in Verzug kommt, stehen dem Gesponserten Verzugszinsen auf den rückständigen Betrag in Höhe von ......% über dem Basiszinssatz der Europäischen Zentralbank zu. Dem Gesponserten bleibt die Geltendmachung weiter gehender Schadensersatzansprüche vorbehalten.

§ 2 Überlassung von Ausrüstung durch den Sponsor

(1) Der Sponsor verpflichtet sich, dem Gesponserten die in Anlage 3 bezeichneten Ausrüstungsgegenstände zur Verfügung zu stellen (nachfolgend „die Ausrüstung" genannt). Zwischen den Parteien besteht Einvernehmen, dass es sich bei der Ausrüstung um das aktuelle Produktprogramm des Sponsors handelt. Der Gesponserte verpflichtet sich, die Ausrüstung ausschließlich für eigene berufliche Zwecke zu verwenden und die Ausrüstungen Dritten nicht zu überlassen.

(2) Dem Gesponserte wird die Ausrüstung innerhalb von 10 Tagen nach Unterzeichnung dieser Vereinbarung übergeben. Die Parteien stellen klar, dass das Eigentum an der Ausrüstung auf den Gesponserten übergeht. Der Gesponserte ist für einen von ihm für die Ausrüstungsgegenstände gewünschten Versicherungsschutz selbst verantwortlich.

(3) Der Gesponserte verpflichtet sich, die Ausrüstung mit der üblichen Sorgfalt behandeln und keine Veränderun-

(3) The Sponsor further agrees to pay to the Sponsored a performance bonus which shall be determined in accordance with the tournament achievements of the Sponsored. For such purposes, the parties have classified the tournaments in category 1, 2 and 3. The payment terms and conditions of the performance bonus are set out in Annex 2 hereto.

(4) If the Sponsor shall be in default with its payments to be made hereunder, the Sponsored shall receive on the overdue amount a default interest of ......% above the base rate of the European Central Bank that was applicable at the date when the payment default occurred. This shall be without prejudice to further damage compensation that the Sponsored may seek.

§ 2 The Sponsor's Supply of Equipment

(1) The Sponsor agrees to provide the Sponsored with such equipment as listed in Annex 3 hereto ("the Equipment"). It is understood and agreed that the Equipment represents the most recent product range of the Sponsor. The Sponsored agrees to use the Equipment exclusively for own professional purposes and may not make available the equipment to any third individual.

(2) The Sponsored shall receive the Equipment by no later than 10 days after the parties shall have signed this Agreement. For the avoidance of doubt, the parties agree that the Sponsored shall acquire ownership in the Equipment. The Sponsored shall be responsible to provide insurance coverage for the Equipment if it is so desired.

(3) The Sponsored shall use and treat the Equipment with reasonable care and shall not make any alterations to

gen an der Ausrüstung vorzunehmen, insbesondere die Marken oder Kennzeichen des Sponsors zu entfernen oder Marken dritter Personen anzubringen.

(4) Der Gesponserte verpflichtet sich, an den Sponsor schadhafte Teile der Ausrüstung zurück zu geben und wird im Gegenzug vom Sponsor einen nach Art und Wert gleichwertigen Ersatzgegenstand erhalten.

(5) Der Sponsor verpflichtet sich, dem Gesponserten solche Ausrüstungsgegenstände einer künftigen Produktlinie zur Verfügung zu stellen, die der aktuellen Produktlinie nachfolgt. Auf Verlangen des Gesponserten wird der Sponsor dem Gesponserten eine solche künftige Ausrüstung im Austausch gegen die bestehende Ausrüstung zur Verfügung stellen.

(6) Die Regelungen dieses Paragraphen gelten dann für eine solche künftige Ausrüstung entsprechend.

§ 3 Verpflichtungen des Gesponserten

(1) Der Gesponserte verpflichtet sich, seine beruflichen Aktivitäten mit der gebotenen Sorgfalt zur verfolgen und, ausgenommen in Fällen von Verletzung und Krankheit, an den Turnieren teilnehmen, die die Parteien in Anlage 2 als „verpflichtend" gekennzeichnet haben.

(2) Als Gegenleistungen für die Leistungen gem. §§ 1, 2 dieser Vereinbarung räumt der Gesponserte dem Sponsor das Recht ein, für Zwecke der weltweiten werblichen Verwendung den Namen, die Initialen, Fotografie, die Stimme und andere auf den Gesponserten hinweisende Bezugnahmen zu verwenden (nachfolgend zusammenfassend „Bezugnahmen" genannt. Die Parteien sind sich darin einig, dass Bezugnahmen im Einzelfall von dem Gesponserten oder einer von ihm zu bezeichnenden Person zu genehmigen sind.

the Equipment which shall include, without limitation, the removal of the Sponsor's trademarks or signs or the placement of any third party trademarks.

(4) The Sponsored agrees to return to the Sponsor any defective parts of the Equipment whereupon the Sponsor shall provide the Sponsored with a replacement of even kind and value.

(5) The Sponsor agrees to provide the Sponsored with such equipment that shall be part of any future product range of the Equipment succeeding the current product range. Upon demand of the Sponsored, the Sponsor shall provide the Sponsored with such future equipment in exchange for the Sponsored returning the current Equipment.

(6) The terms of this paragraph shall apply accordingly to any such future equipment.

§ 3 Obligations of the Sponsored

(1) The Sponsored agrees to pursue its professional activities with reasonable care and, save as in the event of sickness or injury, to participate in such tournaments that the parties have marked "mandatory" in Annex 2 hereto.

(2) In exchange for receiving the benefits set out in §§ 1 and 2 above, the Sponsored grants to the Sponsor for the purposes of world wide marketing the right to use the name, the initials, photographs the voice and other references (collectively: "the Reference") to the Sponsored. The parties agree that any Reference shall be first approved by the Sponsored or by any representative that the Sponsored shall have designated.

XI. Sonstige Verträge und Erklärungen

(3) Der Gesponserte wird dem Sponsor zur Verfügung stehen für alle Veranstaltungen, die in Anlage 4 bezeichnet sind sowie für andere vom Sponsor im Einzelfall zu benennenden Veranstaltungen, deren Gesamtanzahl pro Kalenderquartal jedoch nicht ...... übersteigen darf. Sofern der Sponsor sich nicht anderweitig verpflichtet hat, unterliegt die Teilnahme an solchen Veranstaltungen keiner zusätzlichen Vergütung, sondern ist vielmehr durch die in § 1 (1) geregelten Zahlungen abgegolten.

(3) The Sponsored agrees to make it self available in person for all events listed in Annex 4 hereto or other events as the Sponsor may specify from time to time the total number of which may not exceed ...... per calendar quarter. Unless the Sponsor shall have undertaken otherwise, the participation in any such event shall not be subject to any additional remuneration but shall be fully covered by the amount set out in § 1 (1) above.

(4) Der Gesponserte verpflichtet sich, bei allen öffentlichen Veranstaltungen, insbesondere bei Pressekonferenzen, in geeigneter Weise auf den Sponsor hinzuweisen. Kein Hinweis auf den Sponsor oder auf seine Produkt darf negativ sein und sollte stets von Loyalität und Respekt getragen sein.

(4) The Sponsored agrees to make appropriate reference to the Sponsor in all public relations which shall include, without limitation, any kind of press conference. Any such reference to the Sponsor or to his products or services must not be negative but should at all times be driven by loyalty and respect.

§ 4 Exklusivität

§ 4 Exclusivity

(1) Die Vertragsparteien sind sich darin einig, dass das Sponsoring zugunsten des Gesponsorten auf ausschließlicher Grundlage erfolgt, soweit es den Geschäftsbereich des Sponsors betrifft. Der Gesponserte verpflichtet sich, während der Laufzeit dieser Vereinbarung keinen Sponsorenvertrag mit einem anderen Sponsor abzuschließen, der in einem Wettbewerbsverhältnis zum Sponsor steht. Sponsorenverträge mit anderen Sponsoren bedürften der vorherigen Genehmigung des Sponsors, deren Erteilung nicht ohne triftigen Grund verweigert werden darf.

(1) The parties agree that the sponsorship of the Sponsor shall be exclusive for the Sponsor's area of business. The Sponsored may throughout the term of this Agreement not enter into sponsoring agreements with other sponsors that are in a competitive relationship with the Sponsor. Sponsoring agreements with other entities shall require prior approval of the Sponsor which shall not be unreasonably withheld.

(2) Sofern der Sponsor ein ernsthaftes Sponsorenangebot erhält, wird er den Sponsor unverzüglich hierüber unterrichten; die Parteien werden sodann Möglichkeiten sondieren, um einem solchen Sponsor die Rolle eines Nebensponsors einzuräumen.

(2) If the Sponsored receives a bona fide sponsoring offer it shall immediately inform the Sponsor thereof whereupon the parties shall jointly evaluate opportunities of awarding a subordinate sponsor status to such proposed sponsor.

§ 5 Keine Delegation oder Übertragung

§ 5 No Delegation or Transfer

(1) Es besteht Einvernehmen darüber, dass die Entscheidung des Sponsors

(1) It is understood and agreed that the Sponsor's decision to enter into the

zur Eingehung eines Sponsorings nach Maßgabe dieser Vereinbarung ausschließlich auf die persönlichen Leistungen des Gesponserten gegründet ist. Der Gesponserte verpflichtet sich daher, alle Verpflichtungen nach dieser Vereinbarung höchstpersönlich zu erfüllen und Verpflichtungen nach dieser Vereinbarung oder Teile hiervon nicht ohne vorherige Zustimmung des Sponsors auf Dritte zu übertragen.

(2) Forderungen und Ansprüche nach dieser Vereinbarung sind nicht abtretbar oder in sonstiger Weise übertragbar, sofern nicht der andere Teil hierzu seine Einwilligung erteilt hat.

§ 6 Laufzeit des Sponsorings; Verlängerung

(1) Diese Vereinbarung tritt an dem Tag in Kraft, an dem beide Parteien diese Vereinbarung unterzeichnen. Sie hat eine Festlaufzeit von …… Jahren und endet danach, ohne dass es der Kündigung einer Partei bedarf.

(2) Der Sponsor hat das Recht, diese Vereinbarung zu denselben Bedingungen durch schriftliche Erklärung für dieselbe Laufzeit zu verlängern. Die Erklärung muss bis spätestens 3 (drei) Monate vor Ablauf dieses Vertrages gegenüber dem Gesponserten abgegeben werden.

§ 7 Kündigung der Vereinbarung

(1) Jede Partei ist berechtigt, diese Vereinbarung außerordentlich und fristlos aus wichtigem Grund zu kündigen. Der Eintritt eines der nachfolgenden (nicht abschließend aufgezählten) Ereignisse rechtfertigt eine solche Kündigung:

a) Eine Partei verletzt hiernach übernommene Verpflichtungen und versäumt es, den Verstoß innerhalb einer angemessenen, vom anderen Vertragsteil zu setzenden Mahnung mit Abhilfefrist, zu heilen. Einer

sponsorship agreed hereunder is exclusively based on the personal performance of the Sponsored. The Sponsored therefore agrees to discharge all obligations assumed hereunder in person and not to delegate any obligations of parts thereof to any third party without prior written consent of the Sponsor.

(2) Any claims and rights hereunder may not be assigned or transferred otherwise unless the same shall have been approved by the counterpart to this Agreement.

§ 6 Term of Sponsorship; Renewal

(1) This Agreement shall commence on the date at which both parties hereto shall have signed this instrument. It shall have a fixed term of …… years and shall expire thereafter without any party having to serve notice of termination.

(2) The Sponsor shall have the right to extend this Agreement once for an even duration and at the same terms and conditions through written notice. Such notice shall be given to the Sponsored by no later than 3 (three) months prior to the expiry of this Agreement.

§ 7 Termination of Agreement

(1) Either party may terminate this Agreement for good cause and with immediate effect. The occurrence of any of the following events (which numbering shall not be exhaustive) shall justify such termination:

a) Any party is in breach of the obligations assumed hereunder and such breach is not remedied within a reasonable deadline as specified in a cure notice by the counterpart. A cure notice shall not be required if

Mahnung mit Abhilfeverlangen bedarf es nicht, wenn der Vertragsverstoß nicht heilbar ist.

b) Eine Partei wird Gegenstand eines Insolvenz- oder ähnlichen Verfahrens oder die Eröffnung eines solchen Verfahrens wird mangels Masse rechtskräftig abgelehnt.

(2) Der Sponsor ist ferner zur Kündigung dieser Vereinbarung berechtigt, wenn:

a) Der Gesponserte auf Grund Krankheit, Verletzung, Unfall oder eines vergleichbaren Ereignisses nicht in der Lage ist, seinen vertraglichen Verpflichtungen nachzukommen und hieran für einen Zeitraum von mehr als 4 Monaten ab Eintritt des Ereignisses gehindert ist;

b) Bezugnahmen auf den Gesponserten, wie in vorstehend § 2 (2) definiert, auf Grund Turnierbestimmungen, anderer Richtlinien oder berufsmäßiger Vorgaben ungesetzlich oder verboten werden;

c) Der Gesponserte in schwerwiegender Weise gegen anwendbare berufliche Regeln oder Turniervorschriften verstößt.

(3) Nach Beendigung dieser Vereinbarung erlöschen die hierin geregelten wechselseitigen Rechte und Pflichten. Der Gesponserte verpflichtet sich, an den Sponsor die Ausrüstung innerhalb einer Frist von 15 Tagen nach Zugang der Kündigungserklärung herauszugeben.

(4) Verstirbt der Gesponserte, endet diese Vereinbarung automatisch, ohne dass es einer Kündigungserklärung des Sponsors bedürfte.

§ 8 Verschiedenes

(1) Aufrechnungsrechte können nur mit unbestrittenen, rechtskräftig festgestellten oder zugestandenen Gegenforderungen ausgeübt werden.

the breach of contract is not capable of being remedied.

b) Any party becomes subject of insolvency or similar proceedings or an application to open such proceedings has been conclusively rejected due to insufficient assets.

(2) The Sponsor may further terminate this Agreement if:

a) The Sponsored, as a result of sickness, injury, accident or a similar incident, proves unable to comply with the terms of this Agreement and such inability has lasted more than 4 moths after the day the incident occurred;

b) The Reference to the Sponsored as defined in § 2 (2) above shall, as a result of tournament regulations or other directives or professional guidelines, become illegal or disapproved.

c) The Sponsored is in material breach of obligations owed under applicable professional rules or guidelines or tournament regulations.

(3) Upon termination of the Agreement, the mutual obligations owed hereunder shall cease to apply. The Sponsored shall return the Equipment to the Sponsor by no later than 15 days after having received the notice of termination.

(4) In the event of decease of the Sponsored, this Agreement shall automatically terminate without the need on the side of the Sponsor to serve notice of termination.

§ 8 Miscellaneous

(1) A right of set-off shall only be possible with undisputed, conclusively determined or accepted counter-claims.

(2) Mündliche Nebenabreden sind nicht getroffen. Änderungen oder Ergänzungen zu dieser Vereinbarung einschließlich dieser Bestimmungen müssen schriftlich erfolgen.

(3) Die Parteien sind sich darin einig, dass der Inhalt dieser Vereinbarung, insbesondere die hierin geregelten Verpflichtungen strikt vertraulich sind. Eine Offenlegung von Regelungen dieser Vereinbarung, gleich welcher Art, gegenüber Dritten ist unzulässig, es sei denn, der andere Vertragsteil hat einer solchen schriftlich zugestimmt oder eine solche Offenlegung ist nach zwingenden Gesetzesregelungen vorgeschrieben. Diese Verpflichtung gilt nach Beendigung dieser Vereinbarung fort.

(4) Sollte eine Bestimmung dieses Vertrages ganz oder teilweise unwirksam oder undurchsetzbar sein, werden die Wirksamkeit und Durchsetzbarkeit aller übrigen Bestimmungen dieses Vertrages davon nicht berührt. Die unwirksame oder undurchsetzbare Bestimmung ist als durch diejenige wirksame und durchsetzbare Bestimmung als ersetzt anzusehen, die dem von den Parteien mit der unwirksamen oder undurchsetzbaren Bestimmung verfolgten wirtschaftlichen Zweck am nächsten kommt.

(5) Diese Vereinbarung und ihre Auslegung unterliegt dem Recht der Bundesrepublik Deutschland. Nicht ausschließlicher Gerichtsstand für alle sich zwischen den Parteien aus dieser Vereinbarung ergebenden Streitigkeiten ist ......

(2) No verbal side arrangements have been made. Amendments or supplements to this Agreement including this provision shall be in writing.

(3) The parties mutually agree that the content of this Agreement, in particular the obligations set out hereunder shall be kept confidential. No disclosure of contractual arrangements of any kind towards a third party may be made unless counterpart shall have approved the same in writing or such disclosure is dictated by the application of mandatory provisions of statutory law. Such undertaking shall continue to apply after expiry of this Agreement.

(4) If any provision of this Agreement shall be entirely or partly invalid or unenforceable, this shall not affect the validity and enforceability of all other provisions of this Agreement. The invalid or unenforceable provision shall be regarded as replaced by such valid and enforceable provision that as closely as possible reflects the economic purpose that the parties hereto had pursued with the invalid or unenforceable provision.

(5) This Agreement shall be governed and construed in accordance with the laws of the Federal Republic of Germany. The courts of ...... shall have non-exclusive jurisdiction for all disputes between the parties arising from this Agreement.

| **4. Rechtliche Stellungnahme zum deutschen Recht (Legal Opinions) erstellt im Zusammenhang mit den Sicherheitenverträgen betreffend die Refinanzierung der ...... Gruppe** | **4. Legal Opinion on German Law Rendered in Connection with the Collateral Documentation in Relation to the Refinancing of ...... Group of Companies** |

I. Einführung	**I. Introduction**
Wir haben die ABC Banking Limited („**ABL**") als deutsche Rechtsanwälte im	We have advised ABC Banking Limited (hereinafter referred to as "**ABL**") as

Zusammenhang mit der zugunsten der XYZ Gruppe („**XYZ Europe**") erfolgten Refinanzierung beraten.

1. Bitte zur Abgabe einer Rechtlichen Stellungnahme

a) XYZ Europe Holding S.A. („**XYZ Holding**"), handelnd in ihrer Eigenschaft als ein Geschäftsbereich der XYZ Holdings International Corporation mit eingetragenem Sitz in ......, U.S.A., („**XYZ Holdings International**") und mit Geschäftstätigkeit in zahlreichen Europäischen Rechtsräumen, ist mit der Restrukturierung und Erweiterung Ihrer Bankgeschäfte und sonstigen Aktivitäten in Europa befasst. Das relevante Mitglied der erweiterten Kreditnehmergruppe ist die ...... GmbH, eine Gesellschaft mit beschränkter Haftung, die ordnungsgemäß nach den Gesetzen der Bundesrepublik Deutschland gegründet und tätig ist, („**Gesellschaft**").

b) Aufgrund der vorstehenden Fakten haben wir die einschlägigen Sicherheitenverträge im bezug auf das relevante Anlage- und Umlaufvermögen, das Grundvermögen und die Anteile an der Gesellschaft entworfen (zusammenfassend: die „**Sicherheitenverträge**"). Die von uns erstellten Sicherheitenverträge umfassen insbesondere:

(1) Ein Vertrag über die **Verpfändung von Anteilen** zwischen ABL (handelnd als Sicherheitentreuhänderin im eigenen Namen und im Namen der Begünstigten (wie nachfolgend in 2. definiert)) sowie der XYZ Holding im Hinblick auf das Gesellschaftskapital der Gesellschaft;

(2) Eine **Sicherungsgrundschuld** vereinbart zwischen ABL (handelnd als Sicherheitentreuhänderin im eigenen Namen und im Namen der Begünstigten) und der Gesellschaft betreffend das Grundvermögen und das Gebäude der Gesellschaft bestehend aus der Grundschuldbestellungsurkunde und der Sicherungszweckvereinbarung.

German Counsel in connection with the refinancing made available to the XYZ European Group of Companies (the "**XYZ Europe**").

1. Request for Opinion

a) XYZ Europe Holding S.A. ("**XYZ Holding**"), acting in its capacity as a division of XYZ Holdings International Corporation with its registered seat in ......, U.S.A., ("**XYZ Holdings International**") and operating in various European jurisdictions, is restructuring and enlarging its banking and other operations across Europe. The relevant member of the Enlarged Borrowing Group is ...... GmbH, a company with limited liability duly organised and existing under the laws of Germany (the "**Company**").

b) Based on the above facts we have drafted the relevant collateral documentation in relation to all relevant fixed and current assets, all real property and shares in the Company (collectively: the "**Collateral Documentation**"). In particular, the Collateral Documentation that we have prepared include:

(1) A **Share Pledge Agreement** between ABL (acting as Security Trustee on its own behalf and on behalf of the Beneficiaries (as defined in 2. below)) and XYZ Holding in relation to the share capital of the Company;

(2) A **land charge** between ABL (acting as Security Trustee on its own behalf and on behalf of the Beneficiaries) and the Company over the Company's land and buildings consisting of a Land Charge Agreement and a Security Purpose Agreement.

(3) Eine **Sicherungsübereignungsver-einbarung** zwischen ABL und der Gesellschaft betreffend das Umlaufvermögen der Gesellschaft.

c) Wir sind von ABL gebeten worden, diese rechtliche Stellungnahme im Hinblick auf die Sicherheitenverträge abzugeben (**„Stellungnahme"**). Wir sind **nicht** gebeten worden, andere Aspekte der Refinanzierungstransaktion zu prüfen oder andere Unterlagen als die Sicherheitenverträge zu prüfen.

(3) A **Security Transfer Agreement** between ABL and the Company over the Company's current assets.

c) We have been requested by ABL to render this legal opinion in respect of the Security Documentation (the **"Opinion"**). We have **not** been requested to examine other aspects of the refinancing transaction or to review documents other than with respect to Security Documentation.

2. Hintergrund der Transaktion

ABL hat zu einem früheren Zeitpunkt an Konzernunternehmen von XYZ Europe bestimmte Kreditfazilitäten, insbesondere einen revolvierenden Kreditrahmen auf der Grundlage eines am ...... geschlossenen Vertrages zwischen ...... (UK) Holding Company Limited, Mitgliedern von XYZ Europe und ABL gewährt (**„Alter Rahmenkreditvertrag"**).

Nunmehr beabsichtigen ABL und andere Unternehmen zum Zwecke der Restrukturierung, Konsolidierung und Erweiterung der Bankgeschäfte und der sonstigen Geschäftstätigkeiten in Europa einen neuen Rahmenkreditvertrag (**„Rahmenkreditvertrag"**) sowie andere hierauf bezogene Kreditverträge abzuschließen (zusammenfassend **„Finanzierungsdokumente"** genannt). ABL beabsichtigt, die gesamte Kreditfazilität oder Teile davon zu syndizieren und handelt daher in ihrer Eigenschaft als Sicherheitentreuhänderin für jeden am Syndizierungsprozess beteiligten Darlehensgeber (die **„Begünstigten"**).

2. Background of Transaction

ABL has previously made available to affiliates of XYZ Europe certain facilities namely a ...... revolving credit facilities pursuant to an agreement dated ...... and made between ... (UK) Holding Company Limited, members of XYZ Europe and ABL (the **"Old Master Agreement"**).

Now, for the purposes of restructuring, realigning and enlarging the banking and other operations across Europe, the companies of XYZ Europe, ABL and others intend to enter into a new master facilities agreement (the **"Master Facilities Agreement"**) and other facility agreements related hereto (collectively referred to as the **"Finance Documents"**). ABL envisages syndicating all or parts of the new facilities and is therefore acting in the capacity as security trustee for any lender participating in the syndication process (the **"Beneficiaries"**).

3. Auslegung/Sprache

a) Sofern nicht hier oder in den Sicherheitenverträgen anderweitig definiert oder der Sachzusammenhang auf etwas anderes schließen lässt, haben alle in den Sicherheitenverträgen, dem Rahmenkreditvertrag und dem alten Rahmenkreditvertrag definierten Be-

3. Interpretation/Language

a) Unless otherwise defined herein or in the Collateral Documentation or the context otherwise so requires, all terms defined in the Collateral Documentation, the Master Facilities Agreement and the Old Master Agreement shall have the same meaning in this Opinion.

griffe die gleiche Bedeutung wie in dieser Stellungnahme.

b) Überschriften und Zwischenüberschriften in dieser Stellungnahme dienen lediglich der besseren Übersicht und der Vereinfachung der Bezugnahme und berühren nicht ihre Interpretation.

c) Sämtliche Bestandteile der Sicherheitenverträge sowie die Stellungnahme sind in übersetzter Form erstellt worden und haben daher Konzepte des Deutschen Rechts in der englischen Sprache dokumentiert, statt den originären Begriff der deutschen Sprache zu verwenden. Es ist daher möglich, dass Begriffe und/oder Beschreibungen in ihrer Bedeutung nicht identisch mit dem zugrundeliegenden rechtlichen Konzept der deutschen Sprache sind. Deutsche Gerichte werden Diskrepanzen in der Interpretation, soweit sie im Hinblick auf diese Stellungnahme oder die in der englischen Sprache abgefassten Sicherheitenverträgen entstehen sollten nach den Grundsätzen des deutschen Rechts auslegen, und wir geben keine Stellungnahme dazu ab, welche Interpretation deutsche Gerichte für solche Begriffe und Beschreibungen zugrundelegen werden.

4. Umfang der Prüfung

a) Wir haben nicht den Ursprung und die Wirksamkeit der Forderungen geprüft, die Gegenstand der Abtretung nach Maßgabe der Finanzierungsdokumente sein sollten, und daher geben wir keine Stellungnahme zur Wirksamkeit, Gesetzeskonformität und Vollstreckbarkeit der danach begründeten Forderungen ab.

b) Wir geben keine Stellungnahme ab zu den Auswirkungen einer Insolvenz der Gesellschaft oder seiner Kunden auf die Wirksamkeit und Durchsetzbarkeit der Forderungen als solcher sowie den Verträgen, die den Verkäufen von Vertragsprodukten an Kunden zu Grunde liegen.

b) Headings and sub-headings in this Opinion are for convenience for ease of reference only and do not affect its interpretation.

c) All parts of the Security Documentation as well as the Opinion have been prepared as translation and are therefore documenting concepts of German law in the English language instead of using their original German expression. Therefore, expressions and/or descriptions may not be entirely identical in their respective meaning in relation to the underlying German law concept. However, any discrepancies of interpretation arising in respect of this Opinion or the Collateral Documentation which is in the English language will be determined by German courts in accordance with the principles of German law, and we render no opinion on the interpretation that German courts may apply to any such expressions or descriptions.

4. Scope of Examination

a) We have conducted no research in relation to the origin and the validity of the receivables designated to be assigned under the Finance Documents and, accordingly, we express no opinion in relation to the validity, legality or enforceability of the receivables originated thereunder.

b) We express no opinion in relation to the effects of any insolvency of the Company or any of the Company's customers on the validity and enforceability of the receivables as such and the underlying contracts for the sale of certain contractual products with customers.

c) Wir haben keine steuerlichen Aspekte oder die Frage geprüft, inwieweit eine Steuerschuld aufgrund oder im Zusammenhang mit den Finanzierungsdokumenten oder ihrer Unterzeichnung, Begründung oder Durchführung oder durch darin vorgesehene Handlungen oder Tätigkeiten verursacht oder begründet wird.

d) In dieser Stellungnahme geben wir keine Stellungnahme im Hinblick auf die Wirksamkeit der Transaktion nach Gesetzesvorschriften des deutschen Bankrechts insbesondere zur Frage der Konsequenzen der Verletzung derartiger Gesetzesvorschriften zur Darlehensgewährung durch ABL an die Gesellschaft ab.

5. Deutsches Recht

Diese Stellungnahme beschränkt sich auf das Deutsche Recht, Gesetzesvorschriften und Urteile, wie sie zum heutigen Zeitpunkt gelten. Wir geben daher keine Stellungnahme zu anderen Gesetzen als denen der Bundesrepublik Deutschland in ihrer gegenwärtigen Anwendung und Interpretation durch deutsche Gerichte ab. Wir geben jedoch keine Stellungnahme zur Interpretation durch ein bestimmtes Gericht in einem bestimmten Einzelfall ab. Wir haben zur Abgabe dieser Stellungnahme keine Aspekte geprüft, Prüfung von Aspekten angestellt, die sich auf Umstände außerhalb des deutschen Rechts beziehen und geben daher insoweit weder ausdrücklich noch indirekt eine Stellungnahme ab.

II. Unterlagen und Tatsachengrundlagen

1. Geprüfte Unterlagen

Für die Zwecke der Abgabe dieser Stellungnahme haben wir in unserer Eigenschaft als Berater der ABL Kopien oder e-Mails (wo dies erwähnt ist) im Hinblick auf die nachfolgenden Dokumente geprüft:

c) We have not evaluated any fiscal matters or any tax liability which may arise or be incurred as a result of, or in connection with, the Finance Documents or their execution, creation, consummation of the transactions or operations contemplated thereby.

d) In this Opinion, we express no opinion in relation to the validity of the transaction under German Banking Law regulations or any effects on a breach of such laws by any agreement, in particular in relation to the granting of facilities by ABL to the Company.

5. German law

This Opinion is confined to German law, statutory and case law, in force as at the date hereof. Accordingly, we hereby express no opinion in relation to any law other than the laws of the Federal Republic of Germany as currently applied and interpreted by German courts. However, we express no opinion on the specific application and interpretation by a court in any individual court case. We have made no investigations on matters relating to the laws of jurisdictions other than Germany for the purposes of rendering this Opinion and do not express or imply to express any opinion thereon.

II. Documents and Facts

1. Documents examined

For the purposes of rendering this Opinion we have, in our capacity as counsel to ABL reviewed drafts, copies or e-Mails (as indicated) in relation to the following documents:

(1) Den Entwurf des Rahmenkreditvertrages vom ......, der zwischen bestimmten Konzernunternehmen von XYZ Europe und ABL abgeschlossen werden soll;

(2) Den Entwurf einer Konsortial- und Sicherheitentreuhandvereinbarung zwischen ...... Holdings International, bestimmten Konzernunternehmen von XYZ Europe und ABL;

(3) Die Kopie des alten Rahmenkreditvertrages vom ...... (von ABL an bestimmte Konzernunternehmen von XYZ Europe zur Verfügung gestellte Kreditfazilitäten zur Refinanzierung von Kreditlinien für das Betriebskapital);

(4) Den Entwurf einer Schuldbeitrittsverpflichtung der Gesellschaft im Hinblick auf den alten Rahmenkreditvertrag vom ......;

(5) Beglaubigte Kopien der Handelsregisterauszüge der Gesellschaft vom ......;

(6) Eine Bonitätsauskunft, die am ...... von ...... eingeholt wurde;

(7) Den Entwurf eines Gesellschaftsbeschlusses betreffend die Gesellschaft vom ......;

(8) Den Entwurf einer Vollmacht der Gesellschaft zugunsten bestimmter darin aufgeführter leitender Angestellter;

(9) Die Kopie einer Übersicht über die Hauptbestandteile der Sicherheitenverträge, die von ...... verfasst worden ist.

2. Nicht geprüfte Dokumente und Fakten

Wir geben keinerlei Stellungnahme zu Fakten, Dokumenten oder zu Umständen ab, die uns nicht offenbart worden sind. Sofern nicht oben anderweitig angegeben, haben wir weder Verträge, Urkunden noch andere Dokumente geprüft, an deren Abschluss die Gesellschaft beteiligt ist oder von denen sie betroffen sein kann, noch andere gesellschaftsrelevanten Unterlagen der Ge-

(1) A draft dated ...... of the Master Facilities Agreement to be entered into between *inter alia* ......, certain members of XYZ Europe and ABL;

(2) A draft ...... of the Intercreditor & Trust Deed between ...XYZ Holdings International, certain members of XYZ Europe and ABL;

(3) A copy of the Old Master Agreement dated ...... (Credit Facilities relating to the provision of refinancing and working capital facilities for *inter alia* certain members of XYZ Europe provided by ABL);

(4) A draft of the Co-Debtor Deed for the Company to enter the Old Master Agreement dated ......;

(5) Certified copies of trade register excerpts regarding the Company dated ......;

(6) A credit rating search performed on ...... by ......;

(7) A draft shareholder resolution in relation to the Company dated ......;

(8) A draft power of attorney of the Company for the benefit of certain managers listed in therein;

(9) A copy of a template listing the key elements of Collateral Documentation provided by ......

2. Documents/Facts not examined

We express no opinion in relation to facts, documents or events not disclosed to us. Except as indicated above, we have not examined any contracts, instruments or other documents entered into by, or affecting, the Company or any corporate record of the Company, and have not made any other enquiries concerning the Company other than a credit rating search con-

sellschaft; wir haben, abgesehen von der Einholung einer Bonitätsauskunft durch Dun & Bradstreet vom ...... keinerlei Nachforschungen in bezug auf die Gesellschaft angestellt. Wir sind insbesondere nicht zur Durchführung einer *due diligence* Tätigkeit im Hinblick auf die Parteien des Rahmenkreditvertrages oder im Hinblick auf deren frühere und/oder gegenwärtige Bonität beauftragt gewesen, sondern haben uns vielmehr vollständig auf die oben aufgeführten Dokumente gestützt.

ducted by Dun & Bradstreet dated ...... In particular, we have not been instructed to undertake and, therefore, have not undertaken any due diligence work in respect of any of the parties to the Master Facilities Agreement or with respect to their past or present financial and/or economic status, but have relied solely on the documents listed above.

III. Grundlagen

Bei der Erstellung dieser Stellungnahme haben wir folgende Umstände als gegeben unterstellt:

III. Assumptions

In rendering this Opinion, we have assumed the following:

1. Unterlagen

a) Dass die von uns im Entwurfszustand geprüften Unterlagen in einer mit der Entwurfsfassung übereinstimmenden Form unterzeichnet und übergeben werden; d.h., dass ohne unsere Kenntnis keine Veränderungen der Regelungen vorgenommen werden;

1. Documents

a) That the documents examined by us as drafts will be executed or delivered in the form of that draft, i.e. no changes will be made without our knowledge of the terms and conditions of any such change;

b) Dass alle relevanten im Zusammenhang mit der Transaktion zu unterzeichnenden Unterlagen ordnungsgemäß unterzeichnet worden sind oder werden, und dass insbesondere alle ausgewiesenen Unterschriften unter diese Unterlagen authentisch sind;

b) That all relevant documents to be executed in conjunction with the transaction have been or will be properly signed, in particular that all signatures appearing on any of such documents will be genuine;

c) Dass alle Kopien der Handelsregister, wie oben in Ziffer II Nr. 1 (5) erwähnt, eine genaue und vollständige Wiedergabe der zum Zeitpunkt dieser Stellungnahme gültigen Handelsregistereintragung der Gesellschaft darstellen;

c) That all copies of trade register as referred to in section II No. 1 (5) above are an accurate and complete reflection the trade register entry in relation to the Company as of the date of this Opinion;

d) Dass die Wahl der Rechts von England und Wales als das für die Finanzierungsverträge maßgebliche Recht nicht in missbräuchlicher Absicht getroffen wurde, namentlich in der Absicht, die Rechtsfolgen von Gesetzesvorschriften einer anderen relevanten Rechtsordnung zu vermeiden;

d) That the choice of the laws of England and Wales as the governing law of the Finance Documents was validly made in good faith and not with a view to avoiding the consequences of the laws of any other relevant jurisdiction;

e) Dass die Finanzierungsdokumente für die Gesellschaft eine gültige und bindende Rechtsverpflichtung begründen oder begründen werden und in Übereinstimmung mit den darin getroffenen Regelungen vollstreckbar sind.

e) That the Finance Documents create or will create for the Company a valid and binding legal obligation and are therefore enforceable in accordance with its terms;

2. Gesellschaftsrechtliche Handlungsbefugnis, Bevollmächtigung und Unterzeichnung der Schriftstücke

2. Corporative power, Representation and Signing of the Documents

a) Dass jede Partei über die erforderliche gesellschaftsrechtliche und sonstige organisationsrechtliche Berechtigung verfügt, ihre nach den Finanzierungsdokumenten übernommenen Verpflichtungen zu erfüllen;

a) That each party has the requisite corporate or other organisational power to preform its obligations under the finance documents;

b) Dass die Finanzierungsdokumente ordnungsgemäß gebilligt, unterzeichnet und von jeder den darin genannten Parteien unterfertigt werden;

b) That the Finance Documents will be duly authorised, executed and delivered by each party thereto;

c) Dass die Unterzeichnung und Ausfertigung jedes der Finanzierungsdokumente durch die Gesellschaft sowie jede Handlung, Unterlassung oder Erklärung, die in Erfüllung der darin übernommenen Verpflichtungen oder im Zusammenhang mit denselben geschieht, jeweils zu marktüblichen Konditionen erfolgt und erfolgen wird und unter Gegebenheiten geschieht, die auch eine dritte Partei dazu bewegt hätte, ein gleichartiges Geschäft zu den gleichen Konditionen abzuschließen, um für sich die mit einem solchen Geschäft verbundenen wirtschaftlichen Vorteile zu erlangen;

c) That the execution and delivery of each of the Finance Documents by the Company and any act, omission or declaration made in discharge of the obligations contained therein or in connection therewith, is and will be made at market terms and conditions and under circumstances which would have induced any third party to enter into a transaction of the same type and nature upon the same conditions with a view to obtaining economic benefits for itself from such transaction;

d) Dass die Durchführung der Transaktionen und der in sämtlichen Finanzierungsdokumenten vorgesehenen Handlungen von der Zustimmung umfasst bleiben;

d) That the consummation of the transactions and operations contemplated by any of the Finance Documents will remain authorised;

e) Dass die Gesellschaft keinerlei vertraglichen oder ähnlichen Bindungen unterliegt (ausgenommen die nach Maßgabe der Finanzierungsdokumente vereinbarten Beschränkungen), die die in dieser Stellungnahme gemachten Schlussfolgerungen beeinflussen würden;

e) That there are no contractual or similar restrictions binding on the Company (other than those restrictions set out in the Finance Documents) which would affect the conclusions set out in this Opinion;

f) Dass jede Partei die Finanzierungs-dokumente und die hiermit verbunde-nen Transaktionen in redlicher Absicht und ohne Arglist, Zwang, Irrtum oder unlauterer Beeinflussung durch eine andere Partei der Finanzierungsdoku-mente abgeschlossen hat.

f) That each party has entered into and will enter into the Finance Documents and the related transactions, operations or legal acts in good faith and in the absence of fraud, coercion, mistake or undue influence on the part of any of the Parties to the Finance Docu-ments.

3. Nichtvorliegen einer Insolvenz

3. Absence of Insolvency

a) Dass zum Zeitpunkt der Unterzeich-nung der Verträge keine der Vertrags-parteien der Finanzierungsdokumente (als Konsequenz des Abschlusses der Finanzierungsdokumente oder der Er-füllung einer hiernach übernommenen Verpflichtung oder einer Gestattung oder Handlung, die nach den Finanzie-rungsdokumenten vorgesehen, erlaubt oder als Verpflichtung der betreffen-den Partei vorgesehen ist) in eine der nachfolgend geschilderten Situationen gerät:
– Die Unfähigkeit, anfallende Verbind-lichkeiten bei ihrer jeweiligen Fällig-keit zu bezahlen;
– Die drohende Unfähigkeit, Verbind-lichkeiten bei ihrer jeweiligen Fällig-keit zu bezahlen;
– Die Überschuldung;
– Jede sonstige vergleichbare Situation, die in anderen als den deutschen Ge-setzesvorschriften als solche beschrie-ben ist.

a) That at the date of the execution of the documents no party to the Finance Documents is or would (as a conse-quence of entering into any of the Finance Documents or discharging any obligation thereof or allowing or doing anything which any of the Finance Documents contemplates, permits or requires such party to do) be in one of the following situations:

– The inability to satisfy its debt, as the fall due);

– The imminent inability to satisfy its debts as they fall due;

– Overindebtedness;
– Any other similar situation as con-templated by the laws of any jurisdic-tion other than Germany.

b) Dass, ohne hierüber konkrete finan-zielle Informationen über die Gesell-schaft zu haben (mit Ausnahme der Bonitätsauskunft, die am ...... einge-holt wurde), die Gesellschaft zum heu-tigen Tage sich in einem finanziell soli-den Zustand befindet und finanziell in der Lage ist, alle Ihre Verpflichtungen nach den Finanzierungsdokumenten zu erfüllen;

b) That, without having any specific financial information about the Com-pany other than the credit rating search that was performed on ......, the Com-pany is in a proper financial situation as at the date hereof and financially capa-ble of delivering and performing all of its obligations under the Finance Documents;

c) Dass zum Zeitpunkt der Unterzeich-nung der Finanzierungsdokumente we-der ABL noch eine ihrer Führungskräfte oder Berater Grund zur Annahme oder positive Kenntnis über einen gegenwär-tigen, drohenden oder vorhersehbaren

c) That at the time of the execution of the Finance Documents neither ABL nor any of its officers or advisors had any reason to assume or did have ac-tual knowledge of a present, imminent or foreseeable economic collapse of one

wirtschaftlichen Zusammenbruch von einer oder mehreren Vertragsparteien des Rahmenkreditvertrages hatten.

or more of the parties to the Master Facilities Agreement.

4. Vertragsparteien

a) Dass über die Gesellschaft hinaus jede andere Vertragspartei in Übereinstimmung mit ihren Gesellschaftsverträgen geführt und verwaltet wird oder werden wird;

b) Dass über die Gesellschaft hinaus jede Vertragspartei der Finanzierungsdokumente ordnungsgemäß gegründet wurde, wirksam besteht und, soweit anwendbar, sich in ordnungsgemäßem Zustand nach Maßgabe der Rechtsregelungen derjenigen Jurisdiktion befindet, die an ihrem eingetragenen oder tatsächlichen Gesellschaftssitz gilt.

4. Parties

a) That each Party other than the Company is and will be managed and administered in accordance with its constitutional documents;

b) That each party to the Finance Documents other than the Company is duly incorporated, validly existing and, where applicable, in good standing under the laws of its jurisdiction of incorporation or domicile of effective management.

5. Abtretung

a) Dass zum Zeitpunkt, an dem Abtretung der Forderungen nach den Regelungen der Finanzierungsdokumente wirksam wird, die Gesellschaft oder jeder andere Zedent über die volle Berechtigung verfügt und diese nicht durch eine Verpfändung, Belastung oder ein sonstige Sicherheitsrecht einer dritten Person im Hinblick auf die Forderungen eingeschränkt ist;

b) Dass die Gesellschaft und jeder andere Zedent die Forderungen nicht wirksam an eine andere Partei als den Zessionar abgetreten hat oder hiermit aufgerechnet oder die Forderung in sonstiger Weise vor der Abtretung zum Erlöschen gebracht hat;

c) Dass die Übertragbarkeit von Ansprüchen nach den Finanzierungsdokumenten nicht durch vertragliche Regelungen, Gerichtsurteil oder durch verfahrensrechtliche oder behördliche Verfügung beschränkt ist;

d) Dass die gesellschaftsvertraglichen Regelungen der Gesellschaft die Abtretbarkeit der Anteile gestatten.

5. Assignment

a) That, at the time when the assignment of the receivables pursuant to any of the Finance Documents becomes effective, the Company or any other assignor, has full title, free and clear of any charge, encumbrance, other security interest of any other person to the receivables;

b) That the Company and any other assignor has not validly assigned any of the receivables to any party other than to the assignee or has offset or otherwise brought to forfeiture the receivables prior to the assignment;

c) That the transferability of claims under the Finance Documents is not restricted by agreement or court order or procedural or administrative rulings;

d) That the corporate statutes of the Company allow the transferability of the shares.

6. Unterzeichnung durch die Vertragsparteien

a) Dass die jeweils erfolgende individuelle Unterzeichnung der Sicherheiten- und Finanzierungsdokumente zum Zeitpunkt der Unterschriftsleistung ordnungsgemäß autorisiert worden ist und für diejenigen verbindlich ist, für die jeweils unterzeichnet worden ist;

b) Dass die Regelungen der Finanzierungsdokumente und das darin geregelte Verfahren von jeder der darin genannten Parteien beachtet worden ist und werden wird.

7. Ausländisches Recht

Dass keine der in dieser Stellungnahme gegebenen Gewährleistungen oder Erklärungen durch andere als die Gesetzes von Deutschland, insbesondere durch Vorschriften des *ordre public* berührt werden.

IV. Stellungnahmen

Auf der Grundlage und im Vertrauen auf die vorstehenden Umstände und vorbehaltlich der nachfolgend aufgeführten Vorbehalte und anderer uns gegenüber nicht offen gelegter Umstände sind wir der folgenden Auffassung.

1. Status, Handlungsmacht und Vertretung der Gesellschaft

a) Die Gesellschaft ist nach den Gesetzen von Deutschland gegründete und bestehende Gesellschaft mit beschränkter Haftung, eingetragen im Handelsregister des Amtsgerichts ...... unter HRB Nr. ...... mit eingetragenem Geschäftssitz in ...... Die Gesellschaft besteht so lange fort, bis sie beendet und/oder liquidiert worden ist und kann im eigenen Namen klagen und verklagt werden

b) Die Gesellschaft verfügt über die Fähigkeit, die Finanzierungs- und Si-

6. Signing of the Parties

a) That the individual signing the Collateral Documentation and the Finance Documents will be, at the date at which such signature shall be made validly authorised or otherwise legally binding on the entity for which the signing has been made;

b) That the terms of the Finance Documents and the procedures set out therein are and will continue to be duly observed by each of the parties hereto.

7. Foreign Law

That no representation or statement of this Opinion is or will be affected by the laws, in particular the public policy of any jurisdiction other than Germany.

IV. Opinion

Based and relying upon, and subject to the foregoing and to the qualifications hereinafter expressed, and subject to any matters not disclosed to us, we are of the opinion that:

1. Status, Power and Capacity of the Company

a) The Company is a limited liability company incorporated and validly existing under the laws of the Federal Republic of Germany, registered with the trade register of the Local Court of ...... under HRB No. ...... and having its registered office at ...... The Company remains in corporate existence until its termination and/or liquidation and possesses the capacity to sue and to be sued in its own name.

b) The Company is capable of executing the Finance Documents and the Collat-

cherheitenverträge zu unterzeichnen und die darin übernommenen Rechte und Pflichten wahrzunehmen.

c) Ausweislich des Handelsregisters regeln die Satzungsbestimmungen der Gesellschaft, dass in den Fällen, in denen mehrere Geschäftsführer bestellt sind, diese nur gemeinsam befugt sind, die Gesellschaft zu vertreten und dass dieses Erfordernis bei der Unterzeichnung, der Ausfertigung und der Erfüllung der Finanzierungsdokumente zu beachten ist. Ausweislich des Handelsregisterauszuges, der am ...... eingeholt worden ist, sind ...... beide Geschäftsführer der Gesellschaft. Daher sind diese Geschäftsführer lediglich gemeinsam berechtigt, die Gesellschaft zu vertreten.
Wir bestätigen hiermit, dass die Geschäftsführer der Gesellschaft ...... durch Gesellschaftsbeschluss vom ...... ermächtigt worden sind, im Namen der Gesellschaft und mit Wirkung für die Gesellschaft die Finanzierungsdokumente und Sicherheitenverträge, bei denen die Gesellschaft Vertragspartei ist, als bevollmächtigte Vertreter zu unterzeichnen; und zwar im Wesentlichen in Form und Inhalt identisch mit dem Entwurf, der der Gesellschafterversammlung vorgelegt worden ist einschließlich solcher Änderungen, die genehmigt worden sind.

d) Wir sind nicht in der Lage festzustellen, ob Maßnahmen zur Bestellung eines Insolvenzverwalters, eines Masseverwalters oder eines Sequester oder eines vergleichbaren Funktionsträgers in Hinblick auf die Vermögenswerte der Gesellschaft eingeleitet worden sind, da diese Angelegenheiten nicht Gegenstand öffentlicher Register sind bevor nicht eines der vorgenannten Verfahren amtlich eröffnet worden ist. Wir können jedoch bestätigen, dass der Handelsregisterauszug, der am ...... eingeholt wurde, keine Eintragung einer derartigen Bestellung dokumentiert.

eral Documentation and performing its rights and obligations thereunder.

c) According to the trade register, the corporate statutes of the Company determine that, where the Company has appointed several directors, these are only jointly authorised to represent and to take any action on behalf of the Company and that such requirement is to be observed in relation to the execution, the delivery and performance of the Finance Documents. The trade register extract obtained on ...... indicates ...... as being the two directors of the Company. Therefore, these directors are only jointly authorised to represent the Company.

We hereby confirm that the directors of the Company, ..., have been authorised by the shareholder's resolution dated ......, to authorise ...... to enter into and to execute on behalf of the Company the Finance Documents and the Collateral Documentation to which the Company is party in form an substance equal to the drafts produced to the Shareholders of the Company, together with any such amendments as may have been approved.

d) We are unable to ascertain whether or not any steps have been or are being taken to appoint any receiver, administrator or sequestrator or other similar official over or in respect of either the Company or any of its assets, as these matters are not matters of public record until any of the above proceedings have been officially instituted. We can, however, confirm that in the trade register extract obtained on ...... does not show any entry of such appointment.

2. Rechtswahl

a) Die Wahl des deutschen Rechts als das auf die Sicherheitenverträge anwendbare Recht wird von den zuständigen Gerichten in Deutschland nach Art. 27 Abs. 1 EGBGB anerkannt und für wirksam gehalten.

b) Unabhängig von der Wirksamkeit der Rechtswahl würde auch die objektive Anknüpfung zur ausschließlichen Geltung deutschen Rechts führen.
Eine Verpfändung von Anteilen einer Gesellschaft unterliegt dem gleichen Recht, das auf die betreffende Gesellschaft anwendbar ist. Nach deutschem Recht ist das auf die Gesellschaft anwendbare Recht das Recht, in dessen Geltungsbereich die Gesellschaft ihren satzungs- oder verwaltungsmäßigen Sitz hat. Die Gesellschaft hat ihren Sitz in ...... Daher unterliegt die Anteilsverpfändung deutschem Recht.

Der Grundsatz der *lex rei sitae* regelt das auf eine Grundschuldbestellung anwendbare Recht. Da das Grundstück und die im Eigentum der Gesellschaft stehenden Gebäude in Deutschland belegen sind, unterliegt die Grundschuldbestellung deutschem Recht.

Schließlich regelt der Grundsatz der *lex rei sitae* auch das auf die Übertragung des Umlaufvermögens anwendbare Recht. Das gesamte übertragene Umlaufvermögen ist in ...... belegen. Daher unterliegt die Sicherungsübereignungsvereinbarung deutschem Recht.

3. Das Sicherungsgut

Die Sicherheitenverträge begründen eine wirksame, verbindliche Rechtsverpflichtung der Gesellschaft, die in Übereinstimmung mit ihren Regelungen vollstreckbar ist. Jeder Bestandteil der Sicherheitenverträge ist in der erforderlichen Form erstellt worden um sicherzustellen, dass diese vor den zuständigen Deutschen Gerichten durchsetzbar ist. Solche Dokumente müssen jedoch ins Deutsch übersetzt werden,

2. Choice of Law

a) The choice of German law as governing law of the Collateral Documentation will be recognised and upheld by the competent courts of Germany pursuant to Art. 27 sec. 1 of the Introductory Act to the German Civil Code.

b) Irrespective of the validity of the choice of law, the objective determination would also provide for the exclusive applicability of German law:
A pledge of shares in a company is governed by the same laws which govern the respective company. Under German law, the laws governing a company are the laws of the jurisdiction in which the respective company has its statutory or administrative seat. The Company has its seat in ...... Therefore, the share pledge is governed by German law.

The *lex rei sitae principle* determines the relevant law applicable to a land charge. As land and buildings owned by the Company are located in Germany, the land charge is governed by German law.

Finally, the *lex rei sitae* principle also determines the relevant law applicable to the transfer of current assets. All of the current assets transferred are located in ...... Therefore, the Security Transfer Agreement is governed by German law.

3. Collateral

The Collateral Documentation creates a valid, binding and legal obligation of the Company enforceable against the Company in accordance with its terms. Each part of the Collateral Documentation has been prepared in the requisite form to ensure that it can be enforced in the courts of Germany having jurisdiction. However, such documents will need to be translated into German if the same were to be introduced into legal

wenn sie in einem Gerichtsverfahren in der Bundesrepublik eingeführt werden sollen.

Wir bestätigen hiermit, dass mit der rechtsverbindlichen Unterzeichnung der Sicherheitenverträge das gesamte Umlaufvermögen in wirksamer Weise verpfändet oder zur Besicherungszwecken auf ABL bzw. auf ABL ihrer Eigenschaft als Sicherheitentreuhänderin übertragen worden ist.

proceedings in the Federal Republic of Germany.

We hereby confirm that with the valid signing of the Collateral Documentation all current assets will be validly pledged or transferred for security purposes, to the ABL or to ABL acting as security trustee for the Beneficiaries, respectively.

4. Konsequenzen einer Insolvenz für das Sicherungsgut

4. Effects of Insolvency to the Collateral

a) **Allgemeines.** Die Sicherheitenverträge gewähren für den hierdurch Begünstigten ein Absonderungsrecht. Im Gegensatz zum Aussonderungsrecht, bei dem der Begünstigte ein Recht erwirbt, das nicht Teil der Insolvenzmasse ist, hat das Absonderungsrecht zur Folge, dass der Begünstigte ein dingliches Recht an einem Vermögensgegenstand erwirbt, das zur Insolvenzmasse gehört. Daher hat der Inhaber eines derartigen Rechts das Recht zur Befriedigung unabhängig und getrennt vom Insolvenzverfahren. Daraus folgt, dass das Absonderungsrecht dem Begünstigten ein Vorzugsrecht gegenüber allen gewöhnlichen ungesicherten Gläubigern der Insolvenzmasse gibt.

Da jedoch das auf ABL nach den Sicherheitenverträgen übertragene Sicherungsgut nach wir vor Teil der Insolvenzmasse bleibt, (unbeschadet des Rechts der Absonderung), behält der von einem Amtsgericht bestellte Insolvenzverwalter das Recht zur Verwertung desselben. In diesem Fall würde der Insolvenzverwalter eine Gebühr in Höhe von insgesamt 9% erheben (4% Bewertungsgebühr, 5% Verwertungsgebühr).

a) **General.** The Collateral Documentation creates rights of separation in favour of the respective beneficiary. In contrast to a right of segregation where the beneficiary has title to an object not being part of the insolvency estate, a right of separation means that the beneficiary has a right in rem with respect to an object belonging to the insolvency estate. Accordingly, the beneficiary of such right is entitled to satisfaction independently of, and separate from, the insolvency procedure. Consequently, the right to separation awards to its beneficiary a preferential right over all ordinary unsecured creditors of the insolvency estate.

However, as any collateral transferred to ABL pursuant to the Collateral Documentation still remains a part of the insolvency estate (without prejudice of the right to separation) the receiver appointed by any local court retains the right to sell the same. The receiver would in such event charge an overall fee of 9% (4% assessment fee, 5% realisation fee) on the realised amount.

b) **Vertrag über die Verpfändung von Geschäftsanteilen.** In ihrer Eigenschaft als Gesellschafterin der Gesellschaft, verpflichtet sich die XYZ Holding durch Unterzeichnung des Vertrages über die Verpfändung von Geschäftsan-

b) **Share Pledge Agreement.** In its capacity as sole shareholder of the Company XYZ Holding, by signing the Share Pledge Agreement, agrees to pledge its shares in the Company to ABL acting as security trustee of the

teilen, ihre Anteile an der Gesellschaft an die ABL als Sicherheitentreuhänderin der Begünstigten zu verpfänden. Daher ist keine Einwilligung oder Genehmigung der Gesellschaft erforderlich. Die Verpfändung muss lediglich analog § 16 GmbHG der Gesellschaft angezeigt werden. Diese Anzeige erfolgt durch den Notar nach Beglaubigung der Anteilsverpfändung.
Die Anteilsverpfändung gewährt ABL und den Begünstigten ein Recht zur Absonderung und ermächtigt diese, gem. § 50 Abs. 2 InsO, §§ 1204 ff BGB zur Befriedigung außerhalb des Insolvenzverfahrens.

c) **Grundschuld.** Zur wirksamen Bestellung einer Grundschuld muss der Eigentümer oder eine verfügungsberechtigte Person sich mit dem Begünstigten über die Bestellung einer Grundschuld durch eine Grundschuldbestellungsurkunde einig sein. Die Grundschuldbestellungsurkunde muss beglaubigt und die Grundschuld in das Grundbuch eingetragen werden. Dem Notar obliegt die Verantwortlichkeit, für die Eintragung zu sorgen.
Weiterhin ist erforderlich, dass die Parteien im Wege einer sogenannten Sicherungszweckerklärung eine Vereinbarung über den zugrundeliegenden Sicherungszweck treffen, die im Übrigen keiner Beglaubigung bedarf.
Die Verwertung der Grundschuld kann unabhängig von einem Insolvenzverfahren durch einen zwangsweisen Verkauf und/oder Sequestration nach dem Zwangsversteigerungsgesetz („ZVG") erfolgen. Gleichwohl bleibt der Insolvenzverwalter berechtigt, nach der Eröffnung des Insolvenzverfahrens den Zwangsverkauf zu betreiben (vgl. § 172 ZVG. Der Absonderungsberechtigte ist aufgrund seiner dinglichen Rechte allerdings zum Beitritt nach § 27 ZVG berechtigt.

d) **Die Sicherungsübereignungsvereinbarung.** Durch die Sicherungsübereignungsvereinbarung wird das Eigen-

Beneficiaries. Therefore, no consent or approval by the Company is needed. The pledge must only be notified to the Company in analogous application of § 16 of the German Act on Limited Liability Companies. This notification is filed by the notary after certification of the Share Pledge.

The share pledge grants to ABL and the Beneficiaries a right of separation authorising these to satisfaction independently of the insolvency procedure pursuant to §§ 50 sec. 1 German Insolvency Act (InsO), 1204 et seq. of the German Civil Code (BGB).

c) **Land Charge.** To create a valid land charge, the owner or any individual having authority of disposal of the land and buildings must agree with the beneficiary on the creation of the land charge through a land charge agreement. The Land Charge Agreement is to be certified and the land charge to be registered with the land charge register. The notary is responsible for procuring the registration.

Furthermore, it is necessary that the parties also agree on the underlying security purpose in a so-called Security Purpose Agreement, which does not require any certification.

The realisation of the land charge may be effected independently of any insolvency proceedings through compulsory sale and/or sequestration according to the German Act on Compulsory Sales ("ZVG"). Nevertheless, the receiver remains entitled to start execution proceedings even after the opening of the insolvency procedure, (see § 172 ZVG). The beneficiary of the right to separation is by virtue of its right in rem entitled to join this execution procedure pursuant to § 27 ZVG.

d) **Security Transfer Agreement.** Through the Security Transfer Agreement ownership of tangible assets re-

tum an den beweglichen Sachen im Hinblick auf das hierin bezeichnete Inventar wirksam auf ABL übertragen, allerdings nur, wenn und soweit die Gesellschaft Eigentümerin dieser Vermögenswerte ist. Bestehende Eigentumsvorbehalte, vorrangige Verpfändungen, vorgehende Rechte von Vermietern und Lagerhaltern sowie im Range vorgehende Sicherungsübereignungen können die Übertragung des Sicherungsgutes auf ABL vereiteln oder verzögern.

garding the inventory as defined therein will be validly transferred to ABL only if and to the extent the Company is the owner of such assets. Existing title retention rights, prior pledges, priority rights of landlords and warehouse operators and prior security transfers may hinder or delay the transfer of the collateral to ABL.

5. Anerkennung des Sicherheitentreuhänders

Nach deutschem Recht ist die Treuhand ein allgemein akzeptierte Rechtsinstitut und die Sicherheitentreuhand ist ein allgemein anerkannte spezielle Form der Treuhand. Die Begründung eines Treuhandverhältnisses ist allgemein anerkannt im Hinblick auf alle Arten von Vermögenswerten, wie etwa bewegliche Sachen, Forderungen, Grundvermögen und Anteile am Kapital einer Gesellschaft.
Allerdings ist der Treuhänder bei einer Insolvenz des Treugebers nicht zur Aussonderung berechtigt; er behält jedoch sein Recht zu Absonderung nach § 51 Nr. 1 der Insolvenzordnung.

5. Recognition of Security Trustee

Under German law, a trust relationship is a recognised legal concept and a security trust is a generally recognised special type of trust. The creation of a trust relationship is commonly accepted with respect to all kinds of assets such as moveable assets, receivables, real property and shares in the capital of a company.

However, in case of insolvency of any principal, the trustee is not entitled to segregation but to retains the right to separation in accordance with § 51 Nr. 1 German Insolvency Act.

6. Abzugssteuer

Durch Zahlungen, die die Gesellschaft nach den Sicherheitenverträgen zu leisten hat, wird kein Abzug oder Einbehalt im Hinblick auf von Behörden der Bundesrepublik Deutschland oder von einer sonstigen Behörde erhobene Steuer, steuerliche Belastungen oder Abgabe oder einer Belastung sonstiger ausgelöst.

6. Withholding Tax

No deduction or withholding for, or on account of any, taxes, levies, duties or charges of any nature imposed in the Federal Republic of Germany or by any authority of it will be required to be made as a result of a payment by the Company under the Collateral Documentation.

7. Stempelsteuern

Die Unterzeichnung der Sicherheitenverträge durch die Gesellschaft oder die Erfüllung oder die gerichtliche Durchsetzung der Sicherheitenverträge

7. Stamp Duties

No stamp or registration duty, documentary tax or similar taxes or charges of any kind are payable in the Federal Republic of Germany in respect of the

löst keine Stempel- oder Anmeldesteuer, Dokumenten- oder eine ähnliche Steuer oder sonstige Abgabe in Deutschland aus.

execution or delivery of the Collateral Documentation by the Company or the performance or enforcement of the Collateral Documentation by legal proceedings or the admissibility thereof in the courts of the Federal Republic of Germany.

8. Vorzugsrechte

In Deutschland existieren keine Gesetze, die irgendeiner Klasse von Gläubigern ungesicherter Forderungen ein Vorrecht einräumen, das ausschließlich auf das Datum der Begründung der Verbindlichkeit, des Zahlungsortes oder der Nationalität des Gläubigers gestützt ist.

8. Preferences

There are no laws in Germany granting any preference to any class of unsecured obligations solely by reason of date of incurrence, place of payment or nationality of the creditor.

V. Vorbehalte und Einschränkungen

Die hierin abgegebene Stellungnahme unterliegt folgenden Vorbehalten:
1. In dieser Stellungnahme geben wir keinerlei Stellungnahme zur Wirksamkeit oder Durchsetzbarkeit von anderen, als den Verbindlichkeiten der Gesellschaft ab.
2. Nach Deutschem Recht ist besteht keine Möglichkeit festzustellen, ob das Umlaufvermögen oder die Anteile an der Gesellschaft, die nach Maßgabe der Sicherheitenverträge übertragen worden sind,
   – bereits vor Unterzeichnung der Sicherheitenverträge anderweitig zugunsten einer dritten Partei belastet worden sind; in diesem Falle würde jene Belastung vorrangig sein
   – ob die Gesellschaft Eigentümerin des Umlaufvermögens ist.
3. Falls die Gesellschaft nicht Eigentümerin des nach den Sicherheitenverträgen übertragenen Umlaufvermögens ist, erwirbt ABL keine Rechte an solchen Gegenständen, da das Deutsche Recht einen gutgläubigen Erwerb an Ansprüchen und Rechten nur dann anerkennt, wenn und so

V. Qualifications and Limitations

The Opinion expressed herein is subject to the following qualifications:
1. In this Opinion, we express no opinion on the validity or enforceability of any obligation other than the obligations of the Company.
2. Under German law, it is not possible to ascertain whether or not the current assets or the shares in the company transferred under the Collateral Documentation

   – have been encumbered in favour of any third party prior to the execution of the Security Agreements in which case the encumbrance would take priority

   – the Company is the legal owner of the current assets.
3. If the Company is not the legal owner of the moveable assets transferred under the Collateral Documentation, ABL does not acquire any rights relating to such assets as German law does not provide for any bona fide acquisition of claims and rights if and to the extent that no

weit unmittelbarer Besitz an dem relevanten Vermögenswert erworben worden ist.

4. Sofern ein mit der Gesellschaft verbundenes Unternehmen (nicht jedoch ein direktes oder indirektes Tochterunternehmen) der Gesellschaft ein Darlehen in einer Situation gibt, in der nach § 32 a GmbHG ein als ordentlicher Kaufmann handelnder Gesellschafter Eigenkapital zur Verfügung gestellt hätte und insoweit Sicherungsrechte zugunsten von ABL und/oder den Begünstigten bestellt worden sind, könnten ABL und/oder die Begünstigten an der Durchsetzung Ihrer Rechte gegen die Gesellschaft nach den Sicherheitenverträgen in dem Umfang gehindert sein, in dem solche Rechte bestellt worden sind.

5. § 30 GmbHG, der bestimmte Beschränkungen der Geschäftsführung einer GmbH im Hinblick auf die Ausschüttung von Gewinnen an die Gesellschafter der GmbH zur Erhaltung ihres eingetragenen Stammkapitals vorsieht, findet aufgrund seines zwingenden Charakters ohne Ausnahme auf alle von der GmbH eingegangenen Verbindlichkeiten Anwendung, gleichgültig ob diese Verbindlichkeit selbst deutschem oder ausländischem Recht unterliegt. Daher kann, sofern die GmbH zugunsten ihrer Gesellschafter eine Garantie gewährt oder im Zuge einer solchen Gewährung eine Zahlung erfolgt und dann festgestellt wird, dass es sich hierbei um ein nach § 30 GmbHG unzulässiges Geschäft handelt, das in § 30 GmbHG niedergelegte Verbot Anwendung finden. Der BGH hat jedoch in einer Entscheidung vom 19. März 1998 festgestellt, dass ein Verstoß gegen § 30 GmbHG weder die Wirksamkeit der zugrundeliegenden Verbindlichkeit selbst noch eine Zahlung zur Erfüllung einer solchen Verbindlichkeit berührt basierend auf der Annahme, dass § 30 GmbHG unmittelbar nur auf

4. If any affiliate of the Company (other than a direct or indirect subsidiary) extends a loan to the Company in a situation where, in accordance with § 32 a of the German Act on Limited Liability Companies, a shareholder, acting as a reasonable tradesman, would have provided equity, and if a collateral is provided for the benefit of ABL and/or the Beneficiaries, ABL and/or the Beneficiaries may be prevented from enforcing their rights against the Company under the Collateral Documentation to the extent that such rights were granted.

5. § 30 of the German Act on Limited Liability Companies which provides for certain restrictions on the management of a German limited liability company with respect to the distribution of assets to shareholders of such company required for the preservation of its registered share capital will, as a result of such provision being mandatory, apply without exception to any and all obligations incurred by such German limited liability company, regardless of whether the obligation itself is governed by German or foreign law. Thus, if the entering into a guarantee or the payment hereunder of a German limited liability company for liabilities of its shareholders is found to constitute an unlawful payment for the purposes of § 30 of the German Act on Limited Liability Companies, the prohibition of § 30 of the German Act on Limited Liability Companies would apply. However, the German Federal Court has held in a decision of 19 March 1998 that a violation of § 30 Act on Limited Liability Companies would not affect the validity of either the obligation itself or any payment made in discharge of such

die Gesellschaft, deren Gesellschafter und auf die Geschäftsführung der Gesellschaft, jedoch nicht auf dritte mit der Gesellschaft befasste Personen Anwendung finden.

§ 30 GmbHG findet gegenüber dritten Personen nur in solchen Fällen Anwendung, in denen die Gesellschaft und ihre Gesellschafter gemeinsam mit der dritten Person zum Nachteil von Gläubigern der Gesellschaft kollusiv zusammengewirkt haben. Der BGH hat (im Zusammenhang mit der Finanzierung eines Unternehmensverbundes) entschieden, dass ein Geschäft zwischen der Gesellschaft und/oder ihren direkten oder indirekten Gesellschaftern einerseits und einem Kreditinstitut andererseits als kollusiv angesehen werden kann, wenn zum Zeitpunkt, an dem der Darlehensvertrag abgeschlossen worden ist, das Kreditinstitut Gründe zur Annahme oder positive Kenntnis darüber hatte, dass die Unternehmensgruppe des Schuldners vor einem drohenden wirtschaftlichen Zusammenbruch stand oder eine solcher bereits eingetreten war.

Jeder der vorstehend genannten Umstände kann einen Einfluss auf die Wirksamkeit und Durchsetzbarkeit von Rechten haben, die im Hinblick auf das Sicherungsgut begründet wurden.

6. Sofern die Gesellschaft wissentlich zum Nachteil ihrer Gläubiger gehandelt hat, indem sie wesentliche Vermögenswerte und Eigentumsrechte auf ein Kreditinstitut übertragen hat und/oder in Fällen der Insolvenz der Gesellschaft könnte jeder Vertrag nach deutschem Recht möglicherweise als nichtig und damit anfechtbar angesehen werden.

7. Sofern ein Gericht entscheiden würde, dass ein Geschäft oder ein Vertrag in erheblicher Weise über den

obligation, based on the assumption that § 30 of the German Act on Limited Liability Companies will only apply directly to the Company, its shareholders and the Company's management, but will not apply vis-à-vis third parties dealing with the Company.

§ 30 of the German Limited Liability Companies Act will only be applied vis-à-vis any third party in circumstances where the Company and its shareholder have jointly conspired with such third party to the detriment of the Company's creditors. The German Federal Court (in the context of the financing of a group of companies) has a transaction agreed between the Company and/or its direct or indirect shareholder(s) on the one side and a financing institution on the other side could be deemed to constitute an act of conspiracy if, at the time of execution of the relevant loan agreement, the financing institution had reasons to believe or did have actual knowledge of an imminent or actual economic collapse of the borrower's group.

Any of the aforementioned implications may have an impact on the validity and enforceability of rights granted with respect to the collateral.

6. If the Company acted knowingly to the detriment of its creditors by transferring a large part of its assets and property to a financial institution and/or in cases of insolvency of the Company, any Agreement could be considered void or challengeable under German Law.

7. If a court would hold that any transaction or agreement would excessively go beyond scope of the Com-

Unternehmensgegenstand der Gesellschaft, wie in ihrer Satzung definiert, hinaus gehen würde, könnte ein solcher Vertrag nach der gegenwärtigen Rechtsprechung des Bundesgerichtshofes und abhängig von dem Umständen des Einzelfalls unwirksam sein.

8. Ein deutsches Recht kann von ABL und/oder den Begünstigten verlangen, Teile des Sicherungsgutes freizugeben oder – unbeschadet der Verpflichtung von ABL und/oder den Begünstigten, Teile des nach den Sicherheitenverträgen übertragenen Sicherungsgutes freizugeben – eine oder mehrere Regelungen für undurchsetzbar erklären wenn nach Auffassung des Gerichts der Wert des Sicherungsgutes die besicherten Verbindlichkeiten erheblich übersteigt.

9. Sofern die oben in Ziffer III getroffenen Annahmen sich jetzt oder künftig als unrichtig erweisen, könnten die in den Finanzierungsdokumenten und den Sicherheitenverträgen vorgesehenen Rechtsgeschäfte als dem Deutschen Recht widersprechend beurteilt werden, was wiederum einen nachteiligen Einfluss auf die Wirksamkeit und Durchsetzbarkeit dieser Rechtsgeschäfte haben kann. Dies umfasst (ohne hierauf beschränkt zu sein) Situationen, in denen der wirtschaftliche Wert des von der Gesellschaft gegebenen Sicherungsgutes die der Gesellschaft mit der Erfüllung des Kreditrahmenvertrages zufließenden Vorteile signifikant übersteigt.

pany's business, as defined in its corporate statutes, then such agreement could, based on current rulings of the Federal Court, be held void depending on circumstances of the specific case.

8. A German court may request ABL and/or the Beneficiaries to release parts of the Collateral or hold one of the Collateral Documentation or one or several of its provisions unenforceable – irrespective of the obligations of ABL and/or the beneficiaries to release parts of the Collateral given under the Collateral Documentation – if, in the opinion of the court, the value of the collateral is significantly exceeding the secured obligations.

9. If the assumptions made by us under section III above prove to be or become incorrect, then the transactions contemplated by the Finance Documents and the Collateral Documentation could be held to contravene German law which in turn could have an adverse impact on the validity and enforceability of such transactions. This includes, but is not limited to a situation where the economic value of the collateral to be provided by the Company does substantially exceed the Company's economic benefits from the performance of the Master Facilities Agreement.

VI. Verschiedenes

1. Grenzen der Stellungnahme

Soweit wir ausgeführt haben, dass wir für bestimme Gegenstände nicht verantwortlich zeichnen oder wir zu bestimmten Fragen keine Stellung genommen haben, haben wir dies auf Ihre

VI. Miscellaneous

1. Limits of Opinion

Where we have stated herein that we have not been responsible for any matter, or that do not express an opinion on any matter we have done so upon express instructions or with your consent.

ausdrückliche Anweisung oder mit
Ihrer Zustimmung getan.

2. Rechtsstreitigkeiten

Diese Stellungnahme unterliegt deutschem Recht. Das Landgericht München hat die ausschließliche Zuständigkeit für alle Streitigkeiten, die auf
Grund oder im Zusammenhang mit
dieser Stellungnahme entstehen.

3. Datum der Stellungnahme

Diese Stellungnahme wurde am ......
abgegeben.

4. Adressat der Stellungnahme

Diese Stellungnahme wurde gegenüber
ABL und nur zu seinen Gunsten im
Zusammenhang mit den oben genannten Transaktionen abgegeben. Sie darf
ohne unsere vorherige schriftliche Zustimmung weder von ABL für andere
Zwecke, noch von dritten Personen,
Firmen oder Unternehmen für irgendwelchen Zwecke als Grundlage heran-
gezogen werden.

(Unterschrift/en)

2. Legal Disputes

This Opinion is governed by German
law. The District Court of Munich shall
have exclusive jurisdiction over all disputes arising hereunder or in connection herewith.

3. Date of Opinion

This Opinion has been rendered on
....

4. Benefit of Opinion

This Opinion is rendered only to ABL
and is solely for its benefit in connection with the above transactions. It may
not be relied upon by ABL for any other
purposes, or relied upon by any other
person, firm or corporation for any
purpose without our prior written consent.

(Signature/s)

5. Abgrenzungsvereinbarung

zwischen

1. Firma ......
        – nachstehend „A" genannt –
und

2. Firma ......
        – nachstehend „B" genannt –

Präambel

A ist Inhaberin der Marke ......, die in den Klassen ...... des deutschen Patent- und Markenamtes in München („DPMA") eingetragen ist.
B hat am ...... die Marke ...... bei dem DPMA in den Klassen angemeldet. A hat hiergegen vollumfänglich Widerspruch erhoben.
Die Parteien haben sich auf den Abschluss der nachfolgenden Vereinbarung zur Abgrenzung der von Ihnen behaupteten Rechte verständigt. Dies vorausgeschickt, treffen die Parteien folgende Vereinbarung:

§ 1 Verpflichtungen von B

(1) B verpflichtet sich, das Waren- und Dienstleistungsverzeichnis der in der Präambel genannten Marke im Wege der Teillöschung auf die in der **Anlage 1** zu dieser Vereinbarung genannten Waren/Dienstleistungen zu beschränken.

(2) B verpflichtet sich ferner, die in der Präambel genannte Marke nur für die in der Anlage 1 genannten Waren/Dienstleistungen zu benutzen.

(3) B verpflichtet sich außerdem, aus der Benutzung und Eintragung der in der Präambel genannten Marke keine Rechte gegen A herzuleiten, insbesondere auch keinen Widerspruch zu erheben. B wird Neueintragungen ähnlicher Marken mit Ausnahme von ...... dulden.

5. Delimitation Agreement

Made between

1. Messrs ......
        – hereinafter referred to as "A" –
and

2. Messrs ......
        – hereinafter referred to as „A –

Whereas

A is the owner of the trademark ...... registered in classes ...... with the German Patent and Trademark office in Munich ("DPMA").
B has filed on ...... for registration of the trademark ...... with the DPMA in classes ...... A has filed opposition proceedings against such registration.
The parties have agreed to enter into the following arrangement for delimitation of their alleged rights. Based thereon, the parties agree as follows:

§ 1 Undertakings of B

(1) B undertakes to limit by way of partial cancellation the goods and service classification of the trademark referred to the recitals to the goods/services as more specifically described in **Annex 1.**

(2) B further agrees to use the trademark referred to in the recitals for no goods/classes other than those referred to in Annex 1.

(3) B further undertakes not to exercise any rights against A based on use or registration of the trademark referred to in the recitals which includes, without limitation, the abstention from filing opposition proceedings. B agrees to accept new entries of similar trademarks except ......

§ 2 Verpflichtungen von A

(1) A verpflichtet sich, der Eintragung und Benutzung der für B in der Präambel aufgeführten Marke unter den unter Ziffer 1 genannten Voraussetzungen zuzustimmen.

(2) A verpflichtet sich den Widerspruch gegen die Marke der B zurückzunehmen, sofern B die Erfüllung der nach § 1 übernommenen Verpflichtungen in geeigneter Weise nachgewiesen hat.

§ 2 Undertakings of A

(1) A agrees to consent to the registration and use of the trademark referred to in the recitals for the benefit of B subject to the terms and conditions specified in paragraph 1 above.

(2) A agrees to withdraw its opposition against the trademark of B provided that B has proved in a satisfactory manner to the complete discharge of the obligations owed under paragraph 1 above.

§ 3 Anwendungsbereich dieser Vereinbarung

Diese Vereinbarung gilt für alle Länder, in denen A über ältere Rechte verfügt. In Ländern, in denen B über ältere Rechte verfügt, wird sie A die Eintragung und Benutzung der genannten Marke unter den gleichen Voraussetzungen gestatten.

§ 3 Scope of the Agreement

This Agreement applies to all countries in which the A has preferential rights. In those countries where B has preferential rights, B agrees to consent for the benefit of A to registration and use of those trademarks subject to the same terms and conditions.

§ 4 Rechtsnachfolge

Diese Vereinbarung und die sich hieraus ergebenden Rechte und Pflichten gilt auch für die Rechtsnachfolger der Parteien dieses Vertrages, ihre jeweiligen Lizenznehmer, Tochterfirmen oder andere verbundene Unternehmen.

§ 4 Succession

This Agreement and the rights and obligations arising hereunder shall apply to any successors of the Parties hereto, its licensees, subsidiaries or their affiliates.

§ 5 Gerichtsstand

Für alle Streitigkeiten aus diesem Vertrag wird die Zuständigkeit des Landgerichts ...... vereinbart. Dies gilt auch bei Streitigkeiten über den Bestand dieser Vereinbarung.

§ 5 Venue

The Parties agree that the District Court of ...... shall be the proper forum to decide on all disputes arising from this Agreement shall be. This shall include any disputes on the validity of this Agreement.

§ 6 Anwendbares Recht

Auf den Vertrag und seine Auslegung findet das Recht der Bundesrepublik Deutschland mit Ausnahme der Bestimmungen des deutschen internationalen Privatrechts Anwendung.

§ 6 Applicable Laws

This agreement and its interpretation shall be subject to German law except the provisions of private international law.

§ 7 Sonstige Regelungen

(1) Alle Änderungen und Ergänzungen dieser Vereinbarung bedürfen zu ihrer Wirksamkeit der Schriftform. Dies gilt auch für eine Änderung dieser Schriftformklausel.

(2) Sollte eine der Bestimmungen dieses Vertrages unwirksam sein, wird die Wirksamkeit des Vertrages im Übrigen dadurch nicht berührt. Die Parteien sind in diesem Fall verpflichtet, die unwirksame Bestimmung durch eine wirksame Bestimmung zu ersetzen, die dem angestrebten wirtschaftlichen Ergebnis möglichst nahe kommt.

§ 7 Other Provisions

(1) Any amendments or supplements to this Agreement shall not be valid unless made in writing. This shall also apply to any change of this clause.

(2) Should any of the provisions of this Agreement be invalid, then this shall be without prejudice to the validity of the other provisions of this Agreement. The Parties agree that in such case this invalid provision shall be replaced by a provision reflecting the common economic purpose as close as possible.

XII. Glossar

(Zahlen = Seiten)

Bitte beachten Sie, dass dieses Glossar streng kontextbezogen ist, d. h. die Termini können sich in einem anderen Kontext ändern.

Markenverletzung – trademark infringement 15, 46, 48, 76
Mehrheit der abgegebenen Stimmen – majority of votes cast 113
Mehrpersonengesellschaft – company with up to three shareholders 167
Mietanpassung – rent adjustment 344
Miete – lease payment 344 f
Mietgegenstand – the premises 344 ff.
Mietminderungsrecht – right of reduction of rent payments 355
Mietvertrag, Mietverhältnis – lease agreement 23, 235
Mietzeit – lease term 335
Mietzweck – purpose of lease 335
Mindestdeckungssumme – minimum coverage amount 50, 331
Mindestlizenzgebühr – minimum royalty 82
mit Eintragung wirksam werden – to come into full force and effect upon registration 218
mit Wirkung zum ...... – effective as of 192, 197, 215, 223
Mitbestimmung – co-determination 304
Mitfinanzierung – co-financing 40
Mitgesellschafter – co-shareholder 21
Mithaft – co-liability, joint liability 55
Mitteilung – notice 52, 65 f, 86
mittelbare Versorgungszusage – indirect pension commitment 252
monatliche Leasingrate – monthly lease payments 364, 367
Monatsbruttomiete – gross monthly rent 345
mündliche Nebenabreden – verbal side arrangements 372
Muster – sample 330
Musterprotokoll – Standard Form for Minutes 166
Musterzeichnung – specimen drawing 268

nach der Staffelmethode – on an equated basis 118, 130
Nachfolge (von Todes wegen) – succession upon decease 113, 126, 143, 148

Nachfrist – grace period 24, 58 f, 321, 340, 341, 345
Nachschuss – additional contributions 130, 136
Nachweis – evidence, proof 9
nachweislich – provable 493, 502, 507
nachvertragliche Pflichten – post contractual duties 87
Namensunterschrift – name signature 3, 11
Nebenabrede – side arrangement 235
Nebenkosten – ancillary costs 345 f
Nebenkostenvorauszahlungen – monthly prepayments for ancillary costs 346
Nebenleistung – ancillary service, ancillary payment 230
Nebensponsor – subordinate sponsor 524
Negativbescheinigung – Certificate of waiver 237
Netto-Gesamtvergütungsbetrag – overall net remuneration 514
Neubestellung (eines Geschäftsführers) – Re-Appointment of (a director) 11
Neufeststellung des Gesellschaftsvertrages – Re-enactment of the shareholders' agreement 215
nicht ausschließlich – non-exclusive 62, 78, 88, 116, 128, 146, 265
Nichtigkeitsklagen – actions for aviodance/nullity 48
Niederlassung – branch 72
Nießbrauch – usufruct 123, 139
Notar – notary 1, 2, 210, 211, 227, 230, 237 f
Notariatsangestellte – notary's employee 236, 238
Nutzen – benefit 9
Nutung von Marken – use of trademarks 15
Nutzungsrecht – right to use 21, 310
Nutzungsvertrag – utilisation agreement 312

Oberlandesgericht – high court, higher regional court 447, 448, 451
Obmann – chairman 447 f
offen gelegte Informationen – information directly or indirectly disclosed 263 f